谨以此书献给我国房地产“租购并举”新时代

TUDI FANGWU ZULIN YINAN WENTI
LILUN JIEDA YU ANLI ZHIYIN

土地、房屋租赁疑难问题
理论解答与案例指引

刘国林　编著

人民法院出版社

图书在版编目（CIP）数据

土地、房屋租赁疑难问题理论解答与案例指引/刘国林编著. —北京：人民法院出版社，2018.7

ISBN 978 - 7 - 5109 - 2196 - 4

Ⅰ.①土…　Ⅱ.①刘…　Ⅲ.①土地法—基本知识—中国②租房—房地产法—基本知识—中国　Ⅳ.①D922.304

中国版本图书馆 CIP 数据核字（2018）第 142518 号

土地、房屋租赁疑难问题理论解答与案例指引

刘国林　编著

责任编辑　路建华
出版发行　人民法院出版社
地　　址　北京市东城区东交民巷 27 号（100745）
电　　话　（010）67550660（责任编辑）　67550558（发行部查询）
　　　　　　65223677（读者服务部）
网　　址　http：//www.courtbook.com.cn
E - mail　courtpress@sohu.com
印　　刷　三河市国英印务有限公司
经　　销　新华书店

开　　本　787 × 1092 毫米　1/16
字　　数　480 千字
印　　张　31
版　　次　2018 年 7 月第 1 版　2018 年 7 月第 1 次印刷
书　　号　ISBN 978 - 7 - 5109 - 2196 - 4
定　　价　98.00 元

前　　言

土地、房屋租赁作为一种重要的财产交易方式，虽然不涉及土地、房屋所有权的转移，但却和土地、房屋的买卖与赠与一样，自古以来就在人们的经济生活中发挥着巨大作用，并且对一个国家的社会稳定以及经济发展都具有重大意义。

中华人民共和国成立后的较长时间内，由于全面实行计划经济，我国土地、房屋租赁活动并不活跃，相关纠纷的数量很少，法律对此项活动的相关规定也较少。改革开放后，随着我国房地产市场从计划经济向市场经济的转变、城市化进程的加快、民营经济的活跃、人口流动性的增加等，土地、房屋租赁市场日益活跃。相关纠纷的数量也随之激增，现已成为人民法院和仲裁机构受理的最主要的民商事纠纷之一。可以预见的是，随着《国务院办公厅关于加快培育和发展住房租赁市场的若干意见》（国办发〔2016〕39号）的出台，这类纠纷今后将会越来越多。

尽管近年来我国土地、房屋租赁相关法律规范大量出台，最高人民法院也于2009年公布了《最高人民法院关于审理城镇房屋租赁合同纠纷案件具体应用法律若干问题的解释》，但因多种原因，土地、房屋租赁法治现状尚与社会实践的迫切需求存在一定的距离，这不仅表现在实务中的不少问题尚缺乏统一、明确的具体规定，还表现在“同案不同判”“同案不同裁”的现象时常出现。

基于上述原因，笔者不揣浅陋，在大数据分析的基础上，以成熟的民商事法学理论为基，以我国相关法律、法规和司法解释的最新规定为据，对我国土地、房屋租赁活动中最具争议的四十七个疑难问题作出科学合理的理论解答，并以真实典型的司法案例加以实务指引。此外，为方便读者从事土地、房屋租赁相关工作，本书还在附录中收录了我国现行有效的相关法律、法规和规范性文件目录以及相关合同参考文本。

鉴于土地、房屋租赁横跨物权法和债权法两大领域，涉及的问题较多且较为复杂，而本人又才疏学浅、信息来源渠道不足和写作时间有限等，本书疏漏和错谬之处在所难免，恳请读者诸君不吝批评、指正。

刘国林

2018年3月28日

目　录

一、如何理解涉外房屋租赁争议受我国法律管辖的合同约定

（一）理论解答

随着我国对外开放的大力推进，涉外房屋租赁日益增多。涉外房屋租赁实务中，由于多种原因的并存，相关人员对有关争议受我国法律管辖的合同约定经常产生不同的理解。有不少人认为，既然合同约定了争议受我国法律管辖，依《中华人民共和国民事诉讼法》第三十三条和《最高人民法院关于适用〈中华人民共和国民事诉讼法〉的解释》第二十八条第二款的规定，相关纠纷就应当由房屋所在地的我国人民法院依据我国现行程序法和实体法依法处理。本书认为这种理解显然是不正确的，理由在于以下两方面。

首先，依我国参加的国际公约，很多外国当事人（主要包括外国政府和一些国际组织）在我国享有司法程序豁免权（司法管辖豁免权）。因此，在涉外房屋租赁活动中，当事人即使约定了相关纠纷受我国法律的管辖，也并不意味着一定受我国法院的管辖，除非该外方当事人明显不享有或明确放弃了我国的司法程序豁免权（司法管辖豁免权）。

其次，依我国现行的司法解释，涉外房屋租赁中受我国法律管辖的合同约定也仅系对租赁合同准据法（实体法）的约定。《最高人民法院关于审理涉外民事或商事合同纠纷案件法律适用若干问题的规定》第一条就规定："涉外民事或商事合同应适用的法律，是指有关国家或地区的实体法，不包括冲突法和程序法。"

（二）案例指引

李晓波诉红十字国际委员会东亚地区代表处房屋租赁合同纠纷案[①]

自然人李晓波向北京市朝阳区人民法院起诉称：2007年9月10日，其将其拥有的北京市朝阳区西大望路蓝堡国际公寓H－903号房间出租给被起诉人红十字国际委员会东亚地区代表处，双方约定租期至2009年9月9日，房屋仅作住宅使用，同时约定因承租人过失致房屋及设施损坏的由承租人承担赔偿责任；2008年8月1日，被起诉人提出要提前终止合同，起诉人同意，但在双方办理交房过程中，起诉人发现房屋的墙面、门窗、地板等存在大量损坏，对此，物业公司进行了记录并由装修公司进行了评估，被起诉人虽认可损坏的事实，但明确表示需通过法院诉讼途径解决赔偿问题，故起诉人诉至法院，要求被起诉人赔偿其损失共计122492元。

该案中，当事人双方签订的租赁合同第十条约定："本合同的成立，其有效性、解释、签署和解决与其有关的一切纠纷应受中华人民共和国法律的管辖并依据中国法律解释。"

案件审理过程中，红十字国际委员会东亚地区代表处向北京市朝阳区人民法院提出豁免申请。该院根据《最高人民法院关于人民法院受理涉及特权与豁免的民事案件有关问题的通知》（2007年5月22，法释〔2007〕69号）向北京市高级人民法院报告。

2009年6月4日，北京市高级人民法院向最高人民法院提出《关于李晓波诉红十字国际委员会东亚地区代表处房屋租赁合同纠纷一案豁免问题的请示》（京高法〔2009〕238号）。

2009年10月14日，最高人民法院作出《关于李晓波诉红十字国际委员会东亚地区代表处房屋租赁合同纠纷一案豁免问题的请示的复函》（〔2009〕民四他字第25号），认为：《中华人民共和国政府和红十字国际委员会协议》第四条第一款规定，红十字国际委员会及其财产和资产享有

---

① 案例来源：《最高人民法院关于李晓波诉红十字国际委员会东亚地区代表处房屋租赁合同纠纷一案豁免问题的请示的复函》（〔2009〕民四他字第25号）。

法律程序豁免，包括免受搜查、征用、没收、征收。在特殊情况下，经红十字国际委员会明示放弃其豁免时，不在此限。东亚地区代表处作为红十字国际委员会在我国境内设立的代表机构，享有该条规定的法律程序豁免权。双方当事人在租赁合同第十条中的约定系对准据法的约定，并不构成东亚地区代表处对豁免权的放弃，也没有其他证据证实该会愿意接受我国法院的管辖。

二、出租人未告知房屋已抵押对租赁合同的效力有何影响

（一）理论解答

《最高人民法院关于适用〈中华人民共和国担保法〉若干问题的解释》第六十六条规定："抵押人将已抵押的财产出租的，抵押权实现后，租赁合同对受让人不具有约束力。抵押人将已抵押的财产出租时，如果抵押人未书面告知承租人该财产已抵押的，抵押人对出租抵押物造成承租人的损失承担赔偿责任；如果抵押人已书面告知承租人该财产已抵押的，抵押权实现造成承租人的损失，由承租人自己承担。"从该项规定可以看出，尽管已抵押的房屋可以出租，但与一般的房屋出租相比，承租人的持续承租权和优先购买权等相关权益明显不足。此外，该项规定并未明确出租人未告知房屋已抵押的事实对租赁合同的效力究竟有何影响。

有观点认为，出租人隐瞒出租房屋已被抵押的事实违反了先合同义务，合同有效成立情况下仍可成立缔约过失责任。又有观点认为，出租人事先未告知房屋已抵押的事实属于欺诈，根据《中华人民共和国合同法》第九十四条的规定，承租人可以自知道或应当知道这一事由之日起一年期间请求法院撤销或变更合同。还有观点认为，出租人事先未告知房屋已抵押有与抵押权人恶意串通的嫌疑，应依《中华人民共和国合同法》第五十

二条的规定认定合同无效。

本书认为，出租人出租房屋时，虽然未曾向承租人告知房屋已经先行抵押，但是抵押权人对该项抵押物的出租，不仅事先未表示异议、事后亦表示同意与支持，且事实上在抵押期间均未行使抵押权、未干涉承租人对房屋的实际使用的，应认定租赁合同合法有效。理由在于以下三个方面。

首先，缔约过失责任的赔偿范围只能是信赖利益损失，这种损失只能产生于合同未成立、成立但未生效、无效或者被撤销的情况，不存在于合同可有效履行的场合。我国法律及行政法规并未禁止抵押人出租抵押物，未告知已抵押行为并不必然导致房屋租赁合同不能履行。

其次，抵押人出租抵押房产时未能告知承租人该房屋已经设定抵押的事实，有违诚实信用原则是显然的，但该违信行为既不必然会使承租人违背真实意思订立合同，也不必然会使承租人遭受意外损失。在合同履行过程中，若出现出租人不能继续履行将租赁物交给承租人使用的主要义务，承租人对出租人主张违约责任可足以保护其合法权益。

最后，提出他人恶意串通损害自己合法权益的主张必须要有证据支持，因为让当事人举证证明自己没有从事某种行为在客观上是不符合事理逻辑的。

须特别指出的是，承租人行使后履行抗辩权应以负有在先履行义务的出租人存有重大违约或履约行为存有重大瑕疵为前提条件，出租人仅隐瞒租赁设定抵押的真实情况，未造成房屋租赁合同不能履行的后果的，承租人仍应依约支付租金。否则，仍然应当承担违约责任。

（二）案例指引

成都泰华房地产开发有限公司与四川远通物业管理有限责任公司房屋租赁纠纷案[①]

1997 年 12 月 19 日，四川远通物业管理有限责任公司（以下简称远通公司）与成都泰华房地产开发有限公司（以下简称泰华公司）签订《租房协议》约定：泰华公司将泰华大厦商场 1—5 层租赁给远通公司，租期 5

① 案例来源：《最高人民检察院公报》2005 年第 3 号（总第 86 号）。

年，自1998年4月19日至2003年4月18日止，第一年租金为1000万元，第二年租金为1250万元；自第三年起按国家公布的物价上涨指数逐年递增，从1998年4月19日计租，远通公司第一次付款后的租金均按季度一次性付给泰华公司，交付时间均为本季度的租金于上一季度的最后7日内交齐；泰华公司保证远通公司拥有大楼商场的使用权，在1998年10月15日前完成该房屋配套设施和周边环境的完整化并办齐相关合格手续交给远通公司使用；远通公司如严重违反本协议或者拖延45天未能交足本季度租金时，泰华公司有权终止本协议，收回房屋使用权，并要求赔偿损失；远通公司须按时向泰华公司支付房屋租金，如拖欠支付，应按拖欠额和拖欠时间向泰华公司支付每月5%的违约金，泰华公司如严重违反本协议，远通公司有权终止本协议，并要求赔偿损失。远通公司可以自己的名义与本商场一、二楼购房业主分别签订租赁协议，泰华公司按购房面积计算一楼租金认定为每平方米160元，二楼租金为每平方米130元，每年按每平方米5元递增等。

泰华公司在出租房的第三层占用800平方米堆放货柜，于1998年11月27日搬走。泰华公司于1996年为他人贷款担保将所出租房屋的第四层、第五层抵押给中国农业银行成都市分行国际业务部（以下简称农行国际部），成都市中级人民法院于1998年12月7日对抵押房屋进行查封，但同意远通公司继续使用第四层的500平方米房屋，该院于1998年12月11日以（1998）成执字第884号裁定将该租赁房屋的第四层、第五层产权抵偿农行国际部。

泰华公司将第三楼堆放货柜占用房屋以外的房屋按协议约定的时间交给远通公司，但未按约定时间交付租赁房屋的消防、客梯、货电梯等设施。远通公司从1997年12月23日至1999年4月18日期间，直接支付给泰华公司房租5048901.2元，向泰华大厦业主支付租金2811237.6元，代泰华公司向苏迅公司支付电梯款40万元，代泰华公司向成都锦安典当行支付借款利息13.6万元、向成都市公安局盐市口派出所支付拆迁过渡费10万元、支付水电（含用于发电的油费）及电话费等211609.14元，共计支付租金8707747.94元。

1999年4月7日，泰华公司以远通公司拖欠房租为由向成都市中级人民法院起诉，请求解除双方的《租房协议》并判令远通公司支付1925030元租金及违约金452389.94元。

成都市中级人民法院审理认为：双方所签《租房协议》合法有效。在签订协议时，泰华公司已将租赁房屋第四层、第五层为他人担保抵押给债权人而未告知远通公司，致使该租赁房屋第四层、第五层被法院查封，远通公司只能使用其中500平方米。远通公司不愿意继续租赁第四层、第五层，且有拖欠租金事实，对泰华公司解除合同的主张，予以支持。由于泰华公司的过错造成远通公司无法使用的第四层和第五层部分以及泰华公司占用的租赁房屋第三层，应扣减相应租金。1999年4月18日以前，远通公司欠租金1091682.8元，扣除远通公司已支付的租金、法院查封部分租金、双方同意抵扣租金后，远通公司尚欠泰华公司294513.1元。1999年4月19日以后的租金每月471560.1元。泰华公司主张的违约金，由于其在履行协议中也有违约事实，不予支持。该院于1999年7月26日作出（1999）成民初字第177号民事判决：1. 解除双方的《租房协议》；2. 远通公司支付至1999年7月18日所欠泰华公司租金1709193.4元；3. 远通公司腾退租赁房屋给泰华公司，从1999年7月19日以后按每月471560.1元租金给付泰华公司至腾退之日；4. 驳回泰华公司的其他诉讼请求。

一审宣判后，远通公司、泰华公司不服，均提出上诉。

四川省高级人民法院二审认为：泰华公司在签订协议时已将租赁房屋的第四层、第五层为他人担保抵押给债权人，未告知远通公司，故《租房协议》对第四、五层的租赁内容无效，其余内容合法有效。泰华公司未按约交付全部租赁房屋第三层以及整栋楼的消防、客梯、货电梯和配套设施，属违约。泰华公司在第三层楼房内堆放货柜，租金应扣除，但由于远通公司不能提供其要求泰华公司交付第三层房屋的有关证据，扣除的租金作为损失，由双方各承担50%。因泰华公司过错造成远通公司无法使用的第四层、第五层部分，租金应扣除。按照成都市物价局、成都市房地产管理局成价发〔1996〕第360号文件规定，对第三、四、五层应扣减部分租金和使用费。截至1999年4月18日，远通公司以各种方式支付泰华公司租金共计8707747.94元，按双方原约定一至五层租金1000万元，远通公司尚欠1292252.06元，扣除远通公司租金和使用费1777825.87元后，远通公司多付给泰华公司485573.81元，并未欠租违约。泰华公司主张解除协议的请求，既不符合双方约定条件，也不符合法律法规规定条件，不予支持。该院于1999年12月7日作出（1999）川民终字第125号民事判决：1. 维持一审判决的第四项；2. 撤销一审判决的第一、二、三项；3. 双方所签《租房协议》除约定第四层、第五层房屋的租赁关系无效外，其余内容有效，应继续履行；4. 双方签订的《租房协议》中，泰华大厦第一、二、三楼房屋，1999年4月19日至2000年4月18日的年租金为7870370.36元，远通公司应将已发生的租金与泰华公司结算付清，今后的房租仍应按约定时间支付给泰华公司；5. 远通公司使用第四层500平方米的房屋从1999年4月19日至退还给泰华公司止，按每日1286元支付给泰华公司。

二审判决后，泰华公司不服，向最高人民法院提出申诉。最高人民法院于2001年以（2001）民一监字第126号民事裁定，指令四川省高级人民法院再审。

四川省高级人民法院再审认为：双方签订的《租房协议》有效，双方基本上按协议履行了各自的义务。原审判决扣除第三层堆放货柜部分租金以及对第四层、第五层扣除使用费的认定和计算方法，均无不当。双方继续合作已失去基础，泰华公司请求解除《租房协议》，予以支持。导致租房协议不能继续履行，泰华公司有主要过错，应承担相应的违约责任。该院于2002年9月4日作出（2002）川民再终字第22号民事判决：1. 维持该院二审判决第一项；2. 撤销该院二审判决第二、三、四、五项；3. 解除《租房协议》；4. 泰华公司承担违约金365万元；5. 远通公司使用泰华大厦，从1999年4月19日至2001年2月18日的租金为15194355.36元，抵扣违约金后为11544355.36元，由远通公司支付给泰华公司。

远通公司不服该判决，向四川省人民检察院提出申诉。该院审查后提请最高人民检察院抗诉。

最高人民检察院经审查认为：四川省高级人民法院（2002）川民再终字第22号民事判决判令远通公司向泰华公司支付从1999年4月19日至2001年2月18日的15194355.36元租金，判决内容超出当事人的诉讼请求范围，违反法定程序，认定事实的主要证据不足。1. 终审判决违反法定程序。泰华公司于1999年4月7日起诉时的诉讼请求是解除租赁协议，要求远通公司支付1999年4月之前的租金1925030元及违约金452389.94元。本案经过法院一审、二审和再审三次审理，均认定截至1999年4月18日（第一年度截止日），远通公司并未拖欠租金。终审判决判令远通公司支付自1999年4月19日至2001年2月18日的房屋租金15194355.36元，超出了当事人的诉讼请求范围。按照《中华人民共和国民事诉讼法》第一百八十四条的规定，本案的再审判决即为生效判决，当事人无上诉权。最高人民法院《关于适用〈中华人民共和国民事诉讼法〉若干问题的意见》第一百八十四条规定："在第二审程序中，原审原告增加独立的诉讼请求或原审被告提出反诉的，第二审人民法院可以根据当事人自愿的原则就新增加的诉讼请求或反诉进行调解，调解不成的，告知当事人另行起诉。"本案终审法院对诉讼请求之外的事项未经审理和调解，径自作出判决，违反法定程序，致使远通公司就该事项不能举证、辩论与上诉，有碍判决公正。2. 终审判决认定事实的证据不足。终审法院在法庭审理过程中，仅就双方当事人1999年4月19日前的合同履行情况进行调查和审理，并未组织当事人对1999年4月19日至2001年2月18日的合同履行情况进行举证和辩论，在未查明远通公司是否欠租的情况下即判决远通公司支付1999年4月19日至2001年2月18日的租金15194355.36元，属认定事实不清，证据不足。据此，最高人民检察院于2004年3月5日以高检民抗〔2004〕11号民事抗诉书，就此案向最高人民法院提出抗诉。

最高人民法院受理最高人民检察院抗诉后，于2004年7月20日公开开庭审理此案，最高人民检察院派员出席法庭支持抗诉。

最高人民法院经审理查明：1998年5月7日，远通公司向泰华公司出具《关于交纳租用泰华大厦商场1—5层一季度租金的情况书》，载明：至该情况书出具之日，扣除已付定金150万元以及支付购房户一季度租金等额外，仅一季度租金尚有233189.2元未付。同年7月8日，远通公司再次向泰华公司出具《关于交纳租用泰华大厦商场1—5层一季度租金的情况书》一份，载明：至该情况书出具之日，尚欠一季度租金120210.09元。同年7月30日，远通公司向泰华公司出具《承诺书》五份，承诺：泰华公司在典当行贷款40万元，贷款利息4%（月息）由其承担，期限两个月，到期由其还本金，此笔贷款充抵租金。1999年1月26日，远通公司再次向泰华公司出具《承诺书》一份，承诺：1999年2月20日前支付泰华公司租金60万元，3月20日前支付租金50万元，4月20日前支付租金80万元。同月29日，远通公司向泰华公司出具书面函称：同意泰华公司在外借款40万元，期限一个月，利息按月息5%计算，如其未按1月26日承诺支付租金，则借款利息由其按月支付。

最高人民法院另查明：成都市中级人民法院于2000年出具《情况说明》一份，证明出租房屋第四、五层虽经查封及产权冻结，但允许泰华公司经营。2001年中国农业银行四川省分行也出具《情况说明》一份，承认农行国际部对泰华公司于查封后继续出租并经营使用抵押房屋是同意并予以支持的。

最高人民法院还查明：远通公司于诉讼期间曾多次支付租金。双方于2000年12月1日依据二审判决签署《对账单》一份，载明：截至2001年1月18日，远通公司仍欠租金644212.19元，违约金67017.1元。2000年12月2日至2001年2月26日，远通公司多次向泰华公司支付租金及违约金共计1334212元。2001年2月28日，远通公司因成都市中级人民法院的强制执行搬出，腾退全部租赁房屋。再审期间，远通公司与泰华公司在调解未能达成一致情形下，为本案所涉租金及因租金支付而产生的违约金结算事宜，当庭陈述并向法庭分别提交书面说明，一致认可以上述《对账单》及所付款额作为泰华公司起诉后直至远通公司腾退租赁房屋之前的租金结算依据，并一致认可本案所涉全部租金及因租金支付而产生的违约金均已结清。

最高人民法院经审理认为：原再审判决认定本案双方所签《租房协议》合法有效，并无不当。本案出租房屋第四、五层，虽属泰华公司先行抵押而后出租的情形，但抵押权人农行国际部对该项抵押物的出租，不仅事前未表示异议，而且事后亦表示同意与支持，且事实上直至远通公司腾退房屋之前，农行国际部始终未行使此项抵押物的过户或变卖权利，未干涉远通公司对该项抵押物的实际使用，而远通公司在得知该项抵押物被查封之后，直至泰华公司提起本案诉讼之前，亦一直未就该项抵押物的继续租赁提出任何异议且继续占用该抵押房屋，故远通公司关于本案《租房协议》中涉及出租房屋第四、五层的内容，仅因泰华公司出租之时未曾向其告知已设抵押的事实而应为无效的主张，于法无据，不予支持。泰华公司提起本案诉讼之前，第四、五层出租房屋的租金，远通公司仍应依约支付。第三层虽堆放泰华公司货柜，但究竟是为留存远通公司使用还是泰华公司强行占用，双方诉讼中说法不一，而纠纷发生之前远通公司自身所出具的多份有关租金支付的情况说明以及承诺之中，均未就此提出任何异议，亦未将堆放货柜面积的租金从其所欠租金中予以扣减，故远通公司关于因该项货柜堆放而应予扣减租金的事后主张，不能成立。但鉴于泰华公司自愿承担一审判令其所承担的占用期间一半的租金计349204.9元，故该部分租金可予扣减。依照双方协议，自1998年4月19日至1999年4月18日，远通公司应付1—5层出租房屋租金1000万元，但远通公司实际所付租金加上其代泰华公司对外实际支付的全部款项仅为8707747.94元，即便加上泰华公司自愿承担的第三层货柜堆放期间的租金数额，与应付租金相抵后，远通公司仍然欠租。远通公司所出具的两份《关于交纳租用泰华大厦商场1—5层一季度租金的情况书》已足可表明，远通公司原本依协议于1998年4月19日前即应付清的第一季度租金，拖欠至1998年7月8日仍未付清，其首季度应付租金即已逾期超过45天；之后各季度所应支付租金，远通公司多份承诺函亦可表明其均未能按约支付。泰华公司依据远通公司欠租情形诉请解除《租房协议》，应予支持。诉讼过程中，远通公司实际占用租赁房屋，原再审判决在判决解除双方所签《租房协议》的情形下，判令远通公司应予支付诉讼期间直至其腾退房屋之前所应支付的租金及使用费，未超越本案审理范围。但原再审判决就本案诉讼期间所实际发生的租金款额未经质证，即判令远通公司仍应支付诉讼期间直至腾退房屋之前的租金数额15194355.36元，确有不妥，且在远通公司欠租违约情况下，单方面确认泰华公司违约并责令承担违约金，亦属不当，均应予以纠正。泰华公司就出租房屋第四、五层事先设置抵押未告知远通公司，确有违约之处。再审期间，双方均认同2000年12月1日双方所签《对账单》以及此后远通公司所付款额，认可本案所涉全部租金及因租金支付而发生的违约金均已全部结清，双方均不得就此再行追究。远通公司主张解除合同的过错在泰华公司，要求赔偿其可得利益的请求，缺乏事实依据，不予支持。最高人民法院于2005年1月27日作出（2004）民一抗字第7号民事判决：1. 维持四川省高级人民法院（2002）川民再终字第22号民事判决第三项，即解除泰华公司与远通公司于1997年12月19日签订的《租房协议》；2. 撤销四川省高级人民法院（2002）川民再终字第22号民事判决第一、二、四、五项和（1999）川民终字第125号民事判决及成都市中级人民法院（1999）成民初字第177号民事判决；3. 驳回双方当事人的其他诉讼请求。

三、业委会可否废除前期物业服务企业订立的业主共有房屋租赁合同

（一）理论解答

业主、业主大会、业主委员会（简称业委会）是随着建筑物区分所有权的出现而出现的新词汇，是我国社会和法律中的新鲜事物。2003年，我国《物业管理条例》第一次提出了业主、业主大会和业主委员会的概念，2007年《中华人民共和国物权法》从人大立法的高度确立了业主组织——业主大会和业主委员会的法律地位。在法律上，房屋的所有权人为业主，业主委员会为业主大会的执行机构，业主对小区建筑物业主专有部分外的共有部分享有共有和共同管理的权利。尽管法律上有了明确的界定，但由于多种原因，很多物业小区的业主大会和业主委员会都迟迟不能及时成立和有效运作，使得建设单位为实施前期物业管理而临时选聘的物业服务企业实际上在长期地代表业主管理着专有部分以外的共有部分的租赁等事务。因法律对这些租赁合同的租期没有进行明确的规定，在司法实务中存在不同的意见。

有观点认为，根据我国《物业管理条例》第二十六条的规定，前期物业管理服务合同即使约定了期限也不能约束后成立的业主委员会，故前期

物业服务企业代表业主签订的业主共有房屋租赁合同也应如此。

另有观点认为，物业管理服务合同与共有房屋租赁合同的性质不同，不能一视同仁。前者的签约主体是建设单位和其认可的物业服务企业（有很多本身就是建设单位的下属企业），建设单位有很大的可能性为一己之私而损害广大业主的利益，故法律作上述规定是合理的。而后者的签约主体是物业服务企业和社会租户，物业服务企业作为业主的代理人和利益共同体为租户利益而损害广大业主的利益的可能性很小，故在法律没有明确确定的情况下应另作处理才合理。

本书认为，基于前期物业管理的临时性特征，前期物业服务企业与业主之间的法律关系并非一般的委托代理关系，而是临时的委托代理关系，由此也决定了在小区业主委员会成立前，建设单位及前期物业服务企业可以基于小区业主的共同利益，对作为业主共有的会所等房屋进行短期出租（其收益应在扣除合理成本后归全体业主所有），但基于前期管理而订立的相关租赁合同不得限制、损害业主的权利，业主委员会依法成立后有权代表业主决定其存废。

（二）案例指引

无锡市康桥丽景花园小区业主委员会诉无锡市缤纷世界文化娱乐服务有限公司等房屋租赁及财产权属纠纷案[①]

2006年年底，宁波宁兴房产公司下属的宁波宁兴房地产开发集团有限公司无锡分公司（以下简称宁兴房产无锡分公司）（甲方）与无锡市缤纷世界文化娱乐服务有限公司（以下简称缤纷文化娱乐公司）（乙方）、上海陆家嘴物业管理有限公司（以下简称陆家嘴物业公司）（丙方）签订一份康桥丽景花园会所（以下简称会所房屋）租赁合同。合同载明：甲方将套内面积为966平方米的会所房屋出租给乙方，在无锡市康桥丽景花园小区业主委员会（以下简称康桥丽景业委会）成立前，由甲方、丙方作为康桥丽景业委会代理人与乙方建立租赁关系，合同签订后，租赁期内日常管理由丙方全权负责。合同明确租赁期限及租金：2007年1月10日前向乙方

① 详见：江苏省无锡市北塘区人民法院（2010）北民初字第505号民事判决书。

交付会所房屋，租赁期自2007年1月10日起至2010年3月9日止。2007年1月10日至2008年3月9日为乙方的试运营期，租金35000元；2008年3月10日至2010年3月9日，租金为20万元；租赁管理费每年支付一次，每次提前两个月交费，租金由丙方收取，用于全体业主。同时明确：本合同仅为业委会成立前的临时性约定，一旦业委会成立后，就会所房屋的租赁使用与乙方或与其他任何第三方达成协议的，甲乙双方签署的本合同即自行终止、自行失效。乙方需要继续使用，向业委会重新签订合同，物业公司将全力配合。

此后，缤纷文化娱乐公司、宁兴房产无锡分公司、陆家嘴物业公司又签订了一份补充协议，补充协议载明："租赁期限协商为十年，年租金为：第一、第二年为筹备期，每年为35000元，第三年起至第十年期间均为10万元。因需沟通及乙方前期办理各种营业执照的原因，甲方、丙方改于2007年9月28日前向乙方交付会所房屋，两个月为装修期，租赁期限为自2007年11月29日起至2017年11月28日止。在业委会成立前，甲方、丙方作为业委会代理人与乙方建立租赁关系，合同签订后，租赁期间的日常管理，由丙方全权负责，业委会成立后，本补充协议依然有效。租赁期满，乙方如需继续租用，必须与业委会重新签订合约方可使用。原合同中对租赁期限及业委会成立后由乙方重新签订协议的约定条款，按本补充协议的条款执行。乙方在自主合法经营过程中，在经营范围内可以出租、出让、承包第三方。本补充协议是原合同不可分割的一部分，具有同等效力。"租赁合同及补充协议均未签署日期。

2003年10月9日，宁兴房产无锡分公司与陆家嘴物业公司签订了一份康桥丽景前期物业管理委托合同，合同约定物业管理期限自合同签订之日起至业委会成立止。2005年1月，无锡市房产管理局向宁波宁兴房产公司发放了康桥丽景会所商业用房的商品房预（销）售许可证，建筑面积为4327.07平方米。该会所为三层结构，本案讼争房屋位于会所第三层。宁波宁兴房产公司在承建该会所时，实际已将含三楼争讼房屋在内的1629.85平方米混合纳入小区商品房建设成本。诉讼中，宁波宁兴房产公司不能否认会所讼争房屋系业主共有物业。

2007年11月，缤纷文化娱乐公司接收承租房屋后即按旅馆用途对房屋进行装修。2008年5月2日，缤纷文化娱乐公司法定代表人刘某明（甲方）与被告沈某泽（乙方）签订一份客房转让协议，协议约定：甲方将诉争房屋三楼已装潢好的旅社、营业面积约780平方米客房内设备和设施以60万元人民币转让给乙方（含2007年11月29日到2008年11月28日的房租）；房屋租赁期限为十年，从2007年11月29日起到2017年11月28日止；房租半年一付，前二年房租金每年为35000元，从2009年11月29日到2017年11月28日八年，房租金为每年10万元。当日，刘某明出具收条一份，载明收到沈某泽转让费40万元（含原支付的定金3万元）。同年5月15日，刘某明（出租方）与沈某泽（承租方）签订一份房地产租赁契约，约定将该780平方米房屋出租给沈某泽作商业用房使用，年租金10万元，租赁期限自2008年5月14日至2011年5月13日，房产管理部门对该契约予以鉴证备案。同年6月30日，刘某明出具收到沈某泽转让款20万元的收条一份。2008年7月29日，经工商部门核准，沈某泽开设了个人独资企业无锡市康桥旅馆（以下简称康桥旅馆）。

2007年4月18日，工商部门核准了对宁兴房产无锡分公司的注销登记。2007年11月4日，陆家嘴物业公司收取缤纷文化娱乐公司房租金35000元（发票上写为物业管理费）。2008年9月20日，康桥丽景业委会成立。2008年11月，陆家嘴物业公司收取康桥旅馆房租金18000元（发票上写为物业管理费）。在康桥丽景业委会成立前后，缤纷文化娱乐公司在陆家嘴物业公司的协调下，两次将其承租房屋中的部分房屋（共96平方米）让与康桥丽景业委会使用。2009年3月31日，康桥丽景业委会与陆家嘴物业公司对小区楼盘的物业管理进行移交，同时书面约定对本案讼争房屋签署的租赁协议及补充协议所产生的责任问题作为遗留问题由双方沟通处理。同年4月，该小区由无锡威孚物业有限公司进行物业管理。2009年7月，无锡威孚物业有限公司收取康桥旅馆交纳的2009年6月至2009年12月31日的房租金17000元。对于966平方米的讼争房屋实际使用状况，康桥丽景业委会表示已取回96平方米，缤纷文化娱乐公司认可其实际使用为90平方米，沈某泽、康桥旅馆认可其实际使用为780平方米。

2010年3月25日，康桥丽景业委会以宁波宁兴房产公司、缤纷文化娱乐公司、陆家嘴物业公司、康桥旅馆、沈某泽为被告向无锡市北塘区人民法院提起诉讼，请求：确认宁兴房产无锡分公司、陆家嘴物业公司与缤纷文化娱乐公司签订的租赁协议及补充协议无效；现使用人缤纷文化娱乐公司、康桥旅馆、沈某泽搬出讼争房屋；由被告赔偿原告的房屋收益损失。

诉讼中，康桥丽景业委会撤回了对宁波宁兴房产公司的起诉并获得了法院的准许。

经审理，无锡市北塘区人民法院认为：

业主对小区建筑物业主专有部分外的共有部分享有共有和共同管理的权利。纳入小区共建配套且不能有效抗辩排除已纳入建设成本部分的建筑物为业主共有部分。原告主张本案讼争房屋系小区业主共有，对此小区建设单位即开发商无由抗辩而不持异议，且被告方在签订合同时明知。因此，足以认定本案讼争房屋为业主共有。

业主委员会系业主大会的执行机构，应当维护全体业主的合法权益，业主共有权受损时，业主委员会有权代表业主进行权利主张。依据《中华人民共和国物权法》等法律规定，业主共有房屋出租系业主共有和共同管理的重大事项，应当经多数业主同意。国务院《物业管理条例》规定，建设单位应当在销售物业之前，制定临时公约，对有关物业的使用、维护、管理，业主的共同利益，业主应当履行的义务，违反临时公约应当承担的责任等事项依法作出约定。同时又规定，前期物业服务合同期限未满但业主委员会与物业服务企业签订的物业服务合同生效的，前期物业服务合同终止。《江苏省物业管理条例》规定，前期物业管理合同内容可以包括物业共有部分和物业共用设施的日常维护和管理。因此，在业主大会召开和业主委员会成立前，建设单位并前期物业管理单位可以在符合业主利益前提下代业主对物业共有部分和物业共用设施进行维护和管理，业主委员会成立后，该项权利应当移交。因此，建设单位及前期物业管理单位代表业主就讼争物业签订的第一份合同，在其履行职权范围内，应为有效，该合同对业主及合同签订人均有约束力，但合同的有效履行期间至2008年9月20日止。补充协议明显违反《中华人民共和国物权法》及《物业管理条例》的规定，限制了业主对共有物业的管理权，故该补充协议对业主不产生法律效力。被告方据此主张业主及业主委员会应当继续履行补充协议，无法律依据，不能支持。

依据第一份合同，业主委员会成立后，该合同即为失效。承租方如需继续承租，则应与业主委员会另行签订合同后方享有使用权利。由于补充协议中缤纷文化娱乐公司可以转租的约定不符合法律规定，故缤纷文化娱乐公司与沈某泽签订的租赁合同对业主委员会不产生法律效力。至此，被告方（房屋实际使用人）不再享有合同规定的房屋使用权利，应当交出房屋，并支付无权使用期间的使用费。缤纷文化娱乐公司、康桥旅馆、沈某泽向物业公司支付的款项，在本案中视为已向康桥丽景业委会支付，故应予扣除。基于870平方米讼争房屋现由缤纷文化娱乐公司实际使用90平方米，由康桥旅馆、沈某泽实际使用780平方米的状况，各使用人应按各自使用面积比例支付相应的使用费，但缤纷文化娱乐公司需对康桥旅馆、沈某泽的使用费支付义务负连带责任。关于缤纷文化娱乐公司、康桥旅馆、沈某泽要求赔偿的主张，不属本案审理范围。

2011年4月18日，无锡市北塘区人民法院依照《中华人民共和国物权法》第七十条、第七十一条、第七十三条，《物业管理条例》第二十一条、第二十二条、第二十七条之规定判决如下：1. 缤纷文化娱乐公司、康桥旅馆、沈某泽于判决发生法律效力之日起1个月内搬出康桥丽景小区的康桥丽景会所三楼房屋。2. 缤纷文化娱乐公司、康桥旅馆、沈某泽自2009年1月1日起至应搬出之日止，按每年人民币100000元的标准向康桥丽景业委会支付房屋使用费。此款由缤纷文化娱乐公司、康桥旅馆、沈某泽按各自使用面积比例支付相应费用，缤纷文化娱乐公司对康桥旅馆、沈某泽应支付部分负连带清偿责任（康桥旅馆、沈某泽已支付35000元）。3. 驳回康桥丽景业委会的其他诉讼请求。

本案一审宣判后，原、被告均未上诉，判决已发生法律效力。

四、部队单位擅自与地方单位订立的房屋租赁合同是否有效

（一）理论解答

军队利用空余房地产开展的租赁活动，是加强空余房地产管理的重要手段，既发挥了空余房地产的资源效益，支援了地方经济建设，又弥补了国防经费不足，对保障战备、服务部队起到了积极作用。

关于军产房的租赁，中国人民解放军总政治部、总后勤部颁布的《军队空余房地产租赁管理规定》规定：部队单位与地方单位签订的《房地产租赁合同》必须报经中国人民解放军相关管理部门审批，未履行审批手续，任何单位和个人不得出租军队空余房地产。《中华人民共和国建设部、国家工商行政管理总局、国家税务总局、中国人民解放军总后勤部关于进一步加强军队空余房地产租赁管理工作的通知》（后营字〔2004〕1285号）第五条规定：“出租军队空余房地产，必须使用军队统一制式的《军队房地产租赁合同》范本，签订书面合同，并经军队房地产管理部门审核同意后，方可生效。”但对于未经相关管理部门审批的军产房租赁合同在司法实务中是否有效，法律理论界和司法实务界存在不同意见，有的认为应属无效，有的认为应为有效。

《中华人民共和国合同法》第五十二条第（五）项规定：违反法律、行政法规的强制性规定的合同无效。《中华人民共和国立法法》规定，法律由全国人民代表大会和全国人民代表大会常务委员会行使国家立法权制定，行政法规由国务院根据宪法和法律制定，军事法规、军事规章在武装力量内部实施。中央军委及其总政治部、总后勤部关于军产房的规定既不是法律，也不是行政法规，军产房租赁既涉及军事力量内部单位又涉及军

事力量外部的地方租赁人，与《中华人民共和国合同法》关于合同效力的规定无法直接对应，这是产生军产房法律适用及军产房租赁合同效力争议的根源所在。

本书认为，从后营字〔2004〕1285号文可以看出，《军队空余房地产租赁管理规定》仅系调整军队空余房地产出租活动的内部管理规章，地方单位或个人要获取其具体内容往往十分困难，要地方当事人在司法上都受其约束显然并不公平。根据《中华人民共和国合同法》《中华人民共和国立法法》以及应最大程度地维护民商事合同的效力之现代司法理念，如无其他导致合同无效的情节，应对部队单位擅自（未报部队相关管理部门批准）与地方单位订立的房屋租赁合同的效力予以肯定。当然，这类合同即使有效，在中央军委有新的相关政策出台时，军队单位亦可依情势变更原则依法予以解除。

（二）案例指引

湖北省军区珞珈山招待所与武汉市珞珈科技信息产业园有限公司租赁合同纠纷案[①]

湖北省军区珞珈山招待所（以下简称省军区招待所）向湖北省武汉市中级人民法院起诉称：2003年6月25日，武汉市珞珈科技信息产业园有限公司（以下简称珞珈信息公司）从湖北省军区后勤部（以下简称后勤部）的合作方湖北三环房地产开发有限公司（以下简称三环公司）转租到我所的1号楼、美食城及附属设施设备。随后，珞珈信息公司不顾后勤部、三环公司的反对，亦未办理任何报建审批手续，便将1号楼由5层加高到7层，并且在其北侧新建了附属楼。2004年11月6日，后勤部与珞珈信息公司签订《房地产租赁合同》，直接将我所的1号楼、美食城及附属设施设备整体出租给珞珈信息公司，用于商业经营。双方在该合同中约定了租赁期限、租金、支付方式及其他权利义务等条款。2005年3月18日，我

---

① 详见：湖北省武汉市中级人民法院（2013）鄂武汉中民商初字第00264号民事判决书、湖北省高级人民法院（2014）鄂民一终字第00071号民事判决书、最高人民法院（2014）民申字第1798号民事裁定书。

所根据后勤部的指示，并征得珞珈信息公司同意，取代后勤部作为出租方，与珞珈信息公司重新签订了《房地产租赁合同》，除租金标准变更外，重新约定的租赁标的物、租金支付方式及其他权利义务等条款的内容与前一租赁合同全部相同。合同签订后，我所按照合同的约定履行了自己的全部义务。在珞珈信息公司拆除美食城后，后勤部于2005年6月17日作出批复，同意珞珈信息公司新建一幢9层教学综合楼，并要求收到批复后抓紧组织图纸设计和建设施工方案报送审批。但珞珈信息公司未按后勤部的要求报批，亦未履行任何房屋建设申报手续，擅自于2007年12月建成11层楼房一幢（简称2号楼）对外出租。由于涉案房屋的建造未取得政府相关部门的规划许可，故双方签订的房地产租赁合同因标的物的违法而无效。另外，2013年4月12日，珞珈信息公司的法定代表人张某、股东袁某英等人因涉嫌犯罪，已被公安机关采取刑事强制措施，给我所声誉造成负面影响。为了维护自身的合法权益，诉至法院请求判令：1. 确认省军区招待所与珞珈信息公司签订的《房地产租赁合同》无效；2. 珞珈信息公司迁出并返还涉案房地产及相关配套设施设备；3. 珞珈信息公司向省军区招待所支付逾期腾退占有使用费（参照合同约定租金标准，自2013年8月6日起至腾退移交之日止）；4. 由珞珈信息公司承担本案全部诉讼费用。

案件审理中，省军区招待所进一步明确诉讼请求为：1. 确认2005年3月18日省军区招待所与珞珈信息公司签订的《房地产租赁合同》无效；2. 珞珈信息公司迁出并返还位于武汉市武昌区珞珈山街八一路483号（原115号）内的1号楼（共7层）、2号楼（共11层）房产及场地、道路、绿化等空地（约3000平方米）；3. 珞珈信息公司向省军区招待所支付逾期腾退的占有使用费（参照合同约定租金标准，自2013年8月6日起计算至实际腾退移交之日止）；4. 由珞珈信息公司承担本案全部诉讼费用。

珞珈信息公司答辩称：1. 双方签订的《房地产租赁合同》合法有效，未违反法律禁止性规定，且我公司已履行了合同义务，建造都是经过批准的，不存在擅自建造的问题，即使新建的未经报批，也不能成为租赁合同无效的理由，只是违约行为；2. 我公司对外经营是以自己的名义，没有给省军区招待所的声誉造成不良影响，公司的相关人员是否犯罪与合同的效力无关联。

湖北省武汉市中级人民法院审理查明：

2001 年 5 月 30 日，三环公司与中国人民解放军湖北省军区（以下简称省军区）签订了一份《房地产租赁合同》，约定省军区将其坐落在武汉市武昌区八一路 483 号的珞珈山招待所车队北侧围墙以南的房地产（房屋建筑面积 24500 平方米、土地面积 31700 平方米）及配套的固定设施整体出租给三环公司用于开发学生公寓，租赁期限 20 年。合同签订后，在承租期内，三环公司征得省军区的同意，于 2003 年 6 月 25 日与瑞华公司签订了一份《房地产租赁合同》，约定三环公司将已租赁的省军区招待所的 1 号楼（占地面积 2549 平方米，建筑面积 12336 平方米）及美食城（占地面积 730 平方米，建筑面积 1160 平方米）转租给瑞华公司经营，租赁期限为 20 年。当日，省军区以后勤部基建营房处的名义向三环公司发出一份《情况说明》，主要载明同意三环公司将原 1 号楼和美食城转租。三环公司收到后，即向瑞华公司移交了原 1 号楼及美食城，由瑞华公司进行经营、管理。嗣后，瑞华公司对原 1 号楼及美食城进行装饰改造过程中，在未经三环公司及省军区同意的情况下，擅自对原 1 号楼进行加层改造，并新建附属楼。为此，省军区两次致函三环公司要求按约定拆除新建的附属楼及 1 号楼的加层部分，三环公司便要求瑞华公司立即拆除，但均遭到瑞华公司的拒绝。

之后，三环公司与瑞华公司因租赁合同产生纠纷，诉至湖北省武汉市武昌区人民法院，该院于 2003 年 12 月 10 日作出（2003）武区经初字第 480 号民事判决，判决解除三环公司与瑞华公司签订的租赁合同，由瑞华公司将 1 号楼及美食城恢复原状，并向三环公司支付 366666 元租金。判决后，三环公司和瑞华公司均不服提起上诉，湖北省武汉市中级人民法院于 2005 年 7 月 20 日作出（2004）武民终字第 596 号民事裁定，因双方当事人和解，二审裁定准许双方撤回上诉。

上述判决生效后，在瑞华公司并未将 1 号楼及美食城恢复原状的情况下，2004 年 11 月 6 日，后勤部（甲方）与瑞华公司（乙方）签订了一份《房地产租赁合同》，该合同主要约定：1. 甲方将其坐落于湖北省武汉市武昌区八一路 483 号（原 115 号）内的 1 号楼（占地面积 2549 平方米，建筑面积 12336 平方米）、美食城（占地面积 730 平方米，建筑面积 1160 平方米）以及场地、道路、绿化等空地（面积约3000平方米）整体出租给乙方用于商业经营（含东门通道以南一层），租赁范围以省军区房地产管理部门盖章的红线图（见附图）为准，租赁期限20年。2. 租金按甲方实际提供的整体房屋和连片土地面积从2005年1月1日计租，乙方整体承租甲方房屋、土地及配套的固定设施设备，年租金为270万元，每4年为一递增周期，递增率为上一周期的4%。全年租金每年分2次支付，分别在3月20日和9月20日前5日内，每次支付租金的50%。3. 甲方的权利义务：（1）工程建设以甲方的名义立项，甲方负责协助乙方协调与工程建设有关的地方部门之间的关系，费用由乙方负担；（2）负责向乙方提供租赁土地地下管线等隐蔽设施的资料，配合乙方拆迁影响施工的现有房屋、线路、管道、锅炉及通信等设施，配合乙方协调好与相邻单位地界结合部有关事宜；（3）协助乙方办理水电增容手续，可以甲方的名义报装，所需费用由乙方承担；（4）具有建设、设计、规划、施工方案选定的参与权，投资和施工质量监督权；（5）保证所出租的房地产权属清楚，若发生产权纠纷，由甲方负责处理。4. 乙方的权利义务：（1）乙方在合同签订后分2次向甲方支付2004年度租金和职工安置金230万元，合同签订7日内支付115万元，12月20日前支付115万元。（2）按时缴纳租金，逾期交付租金，每滞后1天追回欠交款的万分之3.5的滞纳金。（3）承租期内具有建设、改造、使用管理权和依法经营自主权。原有、改造、新建、扩建的房屋、土地等固定资产在租赁期内产权归甲方，使用权属乙方。租赁期满后，新、扩、改建房屋，原有和新增的固定设施设备等均无偿移交给甲方，归甲方所有。乙方中途违约终止合同，租赁范围内的房地产及配套设施设备均无偿交给甲方所有。乙方不得将租用的不动产（包括新、扩、改建的房屋）产权和设备用于对外担保、变卖或抵押。租赁期内的物业管理由乙方负责，并承担相关费用，水、电、暖等费用单独计量计价，由乙方承担。（4）乙方对租赁范围内的规划、建设、改造方案必须经甲方审查认可，以甲方名义建设。（5）独立在地方有关部门办理立项及具备开业条件的一切手续，甲方给予配合，费用由乙方负责，组织地质勘探、图纸设计、建设施工、建筑装修、质量监督等工作，并承担一切费用。（6）承租期内，必须遵守国家的法律、法规和政策，不得以甲方名义做任何经营开发广告或从事经营性活动。乙方自主合法经营，自负盈亏，期间所发生的债权、债务均与甲方无关。凡涉及经营、管理范围内的事宜由乙方独立负责处理，并独立承担民事和法律责任。(7) 承租期间，对承租房地产办理综合财产保险。承租和新建房屋的安全保卫、防火、防盗以及按地方政府规定办理的有关事宜均由乙方负责。在承租范围内发生的除不可抗力原因造成的其他事故及灾害损失（包括其他连带责任）由乙方负责，对甲方造成的损失由乙方赔偿。租赁期内，加强对学生的管理，保持安定文明。乙方商请地方公安部门在公寓区内设立治安执勤点。(8) 租赁范围内的水电增容由乙方组织安装并承担一切费用，乙方自主管理。(9) 不在所承租的房屋和场地上存放对周边环境和房地产及其附属设备有腐蚀、污染和破坏的有害物品，否则，乙方对其所造成的损失应当依据有关规定给予赔偿。(10) 乙方拆除甲方现在建筑物前，需进行估价，乙方如不能履行合同，则照价赔偿，并赔偿所造成的间接损失。5. 合同的变更和解除。(1) 乙方如有下列情况之一，甲方有权提前解除合同，并由乙方支付当年全部租金和赔偿由其造成的一切直接、间接损失：乙方擅自将承租甲方的房地产和新、扩建的房屋作为自身的固定资产变卖、抵押给他人或进行财产担保；拖欠或拒付租金超过 3 个月；(2) 如因军事需要或地方城市规划建设需要提前终止合同的，甲方应当提前 1 个月通知乙方并出示后勤部的上级机关有关文件证明，乙方应及时将承租房地产交还给甲方；(3) 因不可抗力原因（含政府行为，国家和军队政策法规重大调整等）造成合同无法履行的，甲乙双方均不承担责任；(4) 合同期满，甲方如继续出租上述房地产，乙方也愿意续租，在同等条件下应优先乙方承租；(5) 本合同签订生效后，双方均严格履行本合同规定的条款，一方严重违约，另一方有权提前解除本合同，所造成的损失由责任一方承担。6. 其他：(1) 甲方同意乙方结合现有道路、绿地、场地统一规划新建，保留 1 号楼（含北侧场地）及新增附属建筑物，改造、装修后使用，并对美食城拆除后重建；(2) 除第五条中的第一、三项和不可抗力的原因外，甲方因其他原因需提前终止合同的，除返还乙方已付租金外，并适当赔偿因此给乙方造成的经济损失；(3) 乙方在土建工程竣工后，必须按国家城市绿化要求实施绿化；(4) 本合同经双方签字盖章后生效。该合同上由后勤部和瑞华公司的法定代表人签名，并加盖了公章。

2004年11月10日，后勤部向武汉大学后勤保障部出具一份《关于恢复1号楼投入使用的函》，主要称：经调查后，武汉市房地产管理局房屋安全监测站对1号楼进行了监测，结论是主体结构承载力基本能满足正常使用要求，特此函告1号楼可以投入正常使用。同年11月18日，瑞华公司向后勤部报送《瑞华大厦建设方案的审批报告》及附件，主要称：根据合同约定，瑞华公司已将美食城拆除完毕，预备在其原基础上新建一楼教学综合楼瑞华大厦（即2号楼），建设方案设计为15层，长约39米，宽约20米，占地面积约780平方米，总建筑面积约1.2万平方米，请后勤部批准。

2005年3月18日，省军区招待所根据后勤部的指示作为出租方与承租方瑞华公司又重新签订了一份《房地产租赁合同》，除租金标准改变外，该合同的内容与2004年11月6日《房地产租赁合同》内容全部相同，由双方法定代表人签名并加盖公章。同年6月17日，后勤部向瑞华公司作出《关于美食城改建的批复》，同意对美食城改建设计方案，新建9层、总高度不超过32米、总建筑面积7359平方米的教学综合楼（其用途仅限于作教学楼及学生宿舍），该楼北距三环学生食堂9米，东距乔森公司房屋1.9米，请瑞华公司收到批复后抓紧组织图纸设计及建设施工，并报送后勤部审核。之后，瑞华公司未按后勤部的要求办理报批手续，亦未履行任何房屋建设申报手续，于2007年擅自在美食城拆除后的基础上新建了一幢11层的楼房（即2号楼），并对外出租经营。

2008年10月22日，瑞华公司名称变更为珞珈信息公司。

2013年4月12日，因涉嫌犯罪，监利县公安局依法对张某、袁某英、彭某涛、张某林、李某波、熊某执行逮捕，送监利县看守所羁押。嗣后，因合同的履行双方产生分歧，省军区招待所遂向一审法院提起了诉讼。

庭审中，省军区招待所和珞珈信息公司均确认，在租赁期间内珞珈信息公司已交纳了截至2013年10月的租金；双方确认珞珈信息公司承租后自行将1号楼加盖了两层（共7层），并在拆除美食城的基础上新建了一幢11层的2号楼，租赁期间一直用于对外租赁经营，并收取了租金。

另查明，2007年6月5日，后勤部取得坐落于武汉市武昌区珞珈山街八一路 115 号，国有土地使用权证号为武国用（2007）第 378 号、地号 F12020020，使用权类型划拨，使用面积 95367.79 平方米的土地的使用权，省军区招待所享有该地块的直接使用权和管理权，涉案争议的地块属于地号 F12020020 中的一部分。

本案一审争议焦点为：2005 年 3 月 18 日省军区招待所与珞珈信息公司签订的《房地产租赁合同》是否有效。

一审法院认为：省军区招待所与珞珈信息公司签订的《房地产租赁合同》系无效合同。首先，从《房地产租赁合同》的内容分析，双方约定由省军区招待所将 1 号楼、美食城及场地、道路、绿化等整体出租给珞珈信息公司用于商业经营，并要求珞珈信息公司按省军区招待所批准的条件对原有的建筑物进行改造、新建、扩建，而珞珈信息公司在租赁期间内对原有的及改造、新建、扩建的房屋和土地等均只享有经营使用权，同时还需要向省军区招待所支付相应的租金；租赁期满后，对新、扩、改建房屋以及原有、新增的固定设施设备均无偿移交给省军区招待所，产权归省军区招待所享有，珞珈信息公司则无条件退出。该合同内容实质上是名为土地、房屋租赁合同实为以租代建的合同，即承租方以出资建设费用为前提，提前支付租赁土地和房屋的部分租金，其他部分租金按约定向省军区招待所支付。珞珈信息公司租用的是省军区招待所在其使用的土地范围内建设的用于租赁经营的房屋，只是签订租赁合同时该房屋尚未完全建成，由珞珈信息公司按使用要求自行承建。其次，从新建或改造房屋的建造手续分析，无论是 1 号楼加层扩建（北侧带有附属楼）还是拆除美食城后新建的 2 号楼，在建设之前及建设过程中均未办理建设施工规划批准及备案手续，1 号楼和 2 号楼建成后也没有办理相关的权属备案手续，仅是省军区招待所同意珞珈信息公司对美食城进行改建设计，并要求珞珈信息公司按条件报审图纸设计和建设施工方案，但珞珈信息公司并未向省军区招待所报批设计规划及施工方案就新建了 2 号楼。事实上，1 号楼的改、扩建和美食城拆除后新建的 2 号楼均未经过省军区招待所的同意，亦未向其报批相关设计规划。至本案诉讼时，1 号楼和 2 号楼仍未办理合法的建设规划手续。依据 2005 年《军队空余房地产租赁管理规定》，省军区招待所与珞珈信息公司签订的上述合同必须报经中国人民解放军总后勤部批准备案，但省军区招待所未向中国人民解放军总后勤部报批，且省军区招待所、珞珈信息公司在本案一审诉讼结束前实际也未补办相应的建设规划及登记备案手续。据此，根据2009年9月1日起实施的《最高人民法院关于审理城镇房屋租赁合同纠纷案件具体应用法律若干问题的解释》（法释〔2009〕11号）第二条“出租人就未取得建设工程规划许可证或者未按照建设工程规划许可证的规定建设的房屋，与承租人订立的租赁合同无效。但在一审法庭辩论终结前取得建设工程规划许可证或者经主管部门批准建设的，人民法院应当认定有效”之规定，珞珈信息公司代省军区招待所建设的用于经营的房屋，无论是之前已经改建成的1号楼及附属楼，还是之后拆除美食城后新建的2号楼，均未取得建设工程规划许可证，且已不能在规定的时间内取得。因此，省军区招待所与珞珈信息公司签订的《房地产租赁合同》违反法律的禁止性规定，系无效合同。依据我国《合同法》中对无效合同处理的规定，珞珈信息公司应向省军区招待所移交位于武汉市武昌区珞珈山街八一路483号（原115号）内的1号楼（共7层）、2号楼（共11层）房产及场地、道路、绿化等空地（约3000平方米）。同时，依据《最高人民法院关于审理城镇房屋租赁合同纠纷案件具体应用法律若干问题的解释》第五条第一款“房屋租赁合同无效，当事人请求参照合同约定的租金标准支付房屋占有使用费的，人民法院一般应予以支持”的规定，珞珈信息公司逾期未移交的，应按照合同约定的标准向省军区招待所承担逾期腾退的占有使用费。省军区招待所主张支付逾期腾退土地房屋的占有使用费的起算时间，因双方对合同的履行产生分歧，并未对是否腾退及腾退的时间达成一致意见，省军区招待所请求从2013年8月6日起计算逾期腾退的占有使用费并无事实和法律依据，一审法院不予支持，珞珈信息公司应向省军区招待所承担自法定腾退期限届满后仍未腾退的占有使用费。

综上，省军区招待所与珞珈信息公司签订的《房地产租赁合同》，因未办理法律规定的手续且在规定补救时间内仍然无法完善，违反法律禁止性规定，系无效合同。珞珈信息公司因无效合同取得的财产应当予以返还，即珞珈信息公司应将占用的省军区招待所的房产及土地予以返还，法定期限届满后仍未腾退的，应向省军区招待所支付逾期腾退土地及房屋期间的占有使用费。依据《中华人民共和国合同法》第五十二条第（五）项、第五十八条，《最高人民法院关于审理城镇房屋租赁合同纠纷案件具体应用法律若干问题的解释》第二条、第五条第一款，《中华人民共和国民事诉讼法》第一百四十二条之规定，判决：1. 2005 年 3 月 18 日省军区招待所与珞珈信息公司签订的《房地产租赁合同》无效；2. 珞珈信息公司于判决生效之日起 30 日内向省军区招待所返还位于武汉市武昌区珞珈山街八一路 483 号（原 115 号）内的 1 号楼（共 7 层）、2 号楼（共 11 层）房产及场地、道路、绿化等空地（约 3000 平方米）；3. 珞珈信息公司逾期履行上述第二项返还义务的，应向省军区招待所支付逾期腾退房屋土地的占有使用费（按合同约定的租金标准 237.95 万元/年，从逾期之日起至腾退完毕之日止计算）；4. 驳回省军区招待所的其他诉讼请求。

一审判决宣判后，省军区招待所、珞珈信息公司均不服，均向湖北省高级人民法院提起上诉。

省军区招待所上诉称：1. 从判决的实质看，判决是法院对已经发生纠纷的法律事实正确认定的前提下作出的权威判定。一审判决第三项是针对珞珈信息公司逾期履行该判决第二项返还义务的情况作出的判定。然而，珞珈信息公司是否逾期履行该项判决，根据法律规定须待一审判决生效一个月后才有可能判断，对尚未发生且不一定发生的事实率先下判，缺乏法律依据，显属不当。2. 从民事诉讼法律程序来看，审判与执行分属于两个不同的诉讼阶段，任务各不相同。与此对应的是人民法院分设审判和执行机构，各司其职。生效判决履行与不履行均属对判决执行的范畴，应由执行机构依照民事诉讼执行程序规范调整，审判机构对逾期履行判决行为直接判定缺乏法律依据，显属不当。请求二审法院撤销一审判决的第三判项。

珞珈信息公司针对省军区招待所的上诉答辩称：由于我们的上诉请求包括了省军区招待所的上诉请求，故对于其请求不持异议。

珞珈信息公司上诉称：1. 珞珈信息公司与省军区招待所签订的《房地产租赁合同》合法有效，一审判决部分事实认定不清，导致适用法律错误。第一，珞珈信息公司与省军区招待所签订的《房地产租赁合同》系双方当事人真实意思表示，其主体适格，内容合法，没有违反军队有关房地产租赁的规定。第二，2003 年 6 月，三环公司与珞珈信息公司签订《房地产租赁合同》，将承租于省军区招待所的 1 号楼、美食城转租给珞珈信息公司经营，后三环公司因 1 号楼加层纠纷向湖北省武汉市武昌区人民法院提起诉讼，湖北省武汉市武昌区人民法院经过审理认定三环公司与珞珈信息公司签订的租赁合同合法有效。珞珈信息公司于 2005 年 3 月 18 日与省军区招待所签订的《房地产租赁合同》与湖北省武汉市武昌区人民法院审理的合同相比，除了签订合同的主体不同外，合同的标的物、合同的权利及义务都基本一致。一审法院在适用同一部法律的情形下作出截然相反的认定，珞珈信息公司认为该认定有误。第三，1 号楼的加层和 2 号楼的建设，在建设前均已取得了省军区招待所的同意，因租赁土地上的建设属军队营房建设，应按军区内部的审批程序进行报建，且属省军区招待所内部报批的问题，是否报批珞珈信息公司无权过问。第四，一审法院因珞珈信息公司没有向地方行政机关办理规划报批手续，并引用地方法律、法规来认定合同无效系适用法律错误。珞珈信息公司建设房屋的用地属军事特殊用地，应适用军队内部管理规定，而不是地方法律、法规。2. 一审法院判决珞珈信息公司将 1 号楼（共 7 层）、2 号楼（共 11 层）返还省军区招待所没有任何事实和法律依据，该项判决明显与法律规定相悖。第一，依据《最高人民法院关于审理城镇房屋租赁合同纠纷案件具体应用法律若干问题的解释》第九条之规定，即使本案诉争的合同无效，双方终止租赁关系后，对珞珈信息公司加建的房屋及装饰装修，省军区招待所同意利用的，应对同意利用部分财产进行折价并补偿珞珈信息公司；省军区招待所不同意利用的，由珞珈信息公司进行拆除或恢复原状。第二，依据《中华人民共和国合同法》第五十八条之规定，在本案一审庭审中，珞珈信息公司提交相关证据证实 1 号楼的扩建和 2 号楼的新建均得到省军区招待所的同意，对于扩建 1 号楼、新建 2 号楼省军区招待所明显存在过错，而一审判决仅作出返还处理，只字不提赔偿或者补偿问题，判决明显不当。即使 1 号楼加建的两层未经过省军区招待所同意，一审判决将该两层直接判决返还省军区招待所也与法律规定不符。请求二审法院依法撤销一审判决，驳回省军区招待所的全部诉讼请求，本案的全部诉讼费用由省军区招待所承担。

省军区招待所针对珞珈信息公司的上诉答辩称：珞珈信息公司的上诉

理由无事实和法律依据，应当驳回其全部上诉请求。

省军区招待所在二审庭审中确认其上诉请求为依法撤销一审判决的第三判项，即“珞珈信息公司逾期履行上述第二项返还义务的，应向省军区招待所支付逾期腾退房屋土地的占有使用费（按合同约定的租金标准237.95万元/年，从逾期之日起至腾退完毕之日止计算）”。

本案二审的争议焦点为：1. 省军区招待所与珞珈信息公司签订的《房地产租赁合同》效力如何认定；2. 一审判决珞珈信息公司向省军区招待所返还1号楼、2号楼是否具有依据；3. 一审判决珞珈信息公司承担逾期返还房屋土地的占有使用费是否恰当。

结合案件事实及双方诉辩意见，湖北省高级人民法院评析如下：

1. 关于省军区招待所与珞珈信息公司签订的《房地产租赁合同》效力如何认定的问题。

本院认为：省军区招待所与珞珈信息公司于2005年3月18日签订的《房地产租赁合同》约定，省军区招待所将1号楼、美食城及场地、道路、绿化等整体出租给珞珈信息公司用于商业经营，珞珈信息公司按省军区招待所批准的条件对原有的建筑物进行改造、新建、扩建，并支付相应的租金，租赁期届满后，珞珈信息公司将新建、扩建、改建房屋以及原有、新增的固定设施设备无偿移交给省军区招待所，产权归省军区招待所享有。从合同内容来看，珞珈信息公司承租的主要是省军区招待所出租场地上的改建、新建、扩建的建筑物及固定设施设备，该合同的性质应为房屋租赁合同。

虽然省军区招待所同意珞珈信息公司对美食城进行改建设计，但是要求珞珈信息公司按条件报审图纸设计和建设施工方案，而珞珈信息公司将美食城拆除后新建2号楼并未向省军区招待所报批图纸设计和建设施工方案，且珞珈信息公司加层扩建1号楼并未征得省军区招待所的同意。由于1号楼和2号楼在建设之前及建设过程中均未办理建设施工规划批准及备案手续，在建成后也未办理权属备案手续，根据合同签订时尚属有效的《中华人民共和国城市规划法》（1989年12月26日颁布）第二十九条“城市规划区内的土地利用和各项建设必须符合城市规划，服从规划管理”，第三十条“城市规划区内的建设工程的选址和布局必须符合城市规划。设计任务书报请批准时，必须附有城市规划行政主管部门的选址意见书”，第三十一条“在城市规划区内进行建设需要申请用地的，必须持国家批准建设项目的有关文件，向城市规划行政主管部门申请定点，由城市规划行政主管部门核定其用地位置和界限，提供规划设计条件，核发建设用地规划许可证。建设单位或者个人在取得建设用地规划许可证后，方可向县级以上地方人民政府土地管理部门申请用地，经县级以上人民政府审查批准后，由土地管理部门划拨土地”，第三十二条“在城市规划区内新建、扩建和改建建筑物、构筑物、道路、管线和其他工程设施，必须持有关批准文件向城市规划行政主管部门提出申请，由城市规划行政主管部门根据城市规划提出的规划设计要求，核发建设工程规划许可证件。建设单位或者个人在取得建设工程规划许可证件和其他有关批准文件后，方可申请办理开工手续”，以及其后修订的《中华人民共和国城乡规划法》第三十七条“在城市、镇规划区内以划拨方式提供国有土地使用权的建设项目，经有关部门批准、核准、备案后，建设单位应当向城市、县人民政府城乡规划主管部门提出建设用地规划许可申请，由城市、县人民政府城乡规划主管部门依据控制性详细规划核定建设用地的位置、面积、允许建设的范围，核发建设用地规划许可证。建设单位在取得建设用地规划许可证后，方可向县级以上地方人民政府土地主管部门申请用地”，第四十条“在城市、镇规划区内进行建筑物、构筑物、道路、管线和其他工程建设的，建设单位或者个人应当向城市、县人民政府城乡规划主管部门或者省、自治区、直辖市人民政府确定的镇人民政府申请办理建设工程规划许可证”的规定，1 号楼和 2 号楼属于违法建筑。《最高人民法院关于审理城镇房屋租赁合同纠纷案件具体应用法律若干问题的解释》第二条规定：“出租人就未取得建设工程规划许可证或者未按照建设工程规划许可证的规定建设的房屋，与承租人订立的租赁合同无效。”一审判决据此认定省军区招待所与珞珈信息公司签订的《房地产租赁合同》无效并无不当。珞珈信息公司上诉主张《房地产租赁合同》合法有效，缺乏事实和法律依据，本院不予支持。

依据 2005 年《军队空余房地产租赁管理规定》，省军区招待所与珞珈信息公司签订的《房地产租赁合同》必须报经中国人民解放军总后勤部批准备案，但省军区招待所未向中国人民解放军总后勤部报批，珞珈信息公司上诉主张《房地产租赁合同》没有违反军队有关房地产租赁的规定，因与事实相悖，本院不予采信。三环公司与珞珈信息公司签订的《房地产租赁合同》与本案非属同一法律关系，湖北省武汉市武昌区人民法院对该合同效力的认定与本案没有关联性，且该认定不属《最高人民法院关于民事诉讼证据的若干规定》第九条规定的免证事实，珞珈信息公司据此上诉主张《房地产租赁合同》有效，缺乏事实和法律依据。因珞珈信息公司改建、扩建1号楼和新建2号楼均未得到省军区招待所的同意，珞珈信息公司亦未将设计图纸和建设施工方案报送省军区招待所，省军区招待所无法完成报建报批程序，珞珈信息公司上诉主张已征得省军区招待所同意，报批建设手续属省军区招待所内部报批的问题、是否报批珞珈信息公司无权过问，缺乏事实依据，本院不予支持。

2. 关于一审判决珞珈信息公司向省军区招待所返还1号楼、2号楼是否具有依据的问题。

本院认为：因省军区招待所与珞珈信息公司签订的《房地产租赁合同》无效，根据《中华人民共和国合同法》第五十八条“合同无效或者被撤销后，因该合同取得的财产，应当予以返还；不能返还或者没有必要返还的，应当折价补偿。有过错的一方应当赔偿对方因此所受到的损失，双方都有过错的，应当各自承担相应的责任”的规定，珞珈信息公司应将位于武汉市武昌区珞珈山街八一路483号（原115号）内的1号楼（共7层）、2号楼（共11层）房产及场地、道路、绿化等空地（约3000平方米）返还给省军区招待所，珞珈信息公司对1号楼、2号楼的新建及改建部分的投入，省军区招待所只能折价补偿。故一审判决珞珈信息公司将1号楼、2号楼返还给省军区招待所并无不当。至于省军区招待所将珞珈信息公司对1号楼、2号楼的投入折价补偿及装饰装修的处理问题，因珞珈信息公司在本案中未就此提出反诉，不属本案审理范围，珞珈信息公司可另行主张权利。

3. 关于一审判决珞珈信息公司承担逾期返还房屋土地的占有使用费是否恰当的问题。

本院认为：因省军区招待所在一审起诉时提出要求珞珈信息公司向其

支付逾期腾退占有使用费的诉讼请求，一审依据《最高人民法院关于审理城镇房屋租赁合同纠纷案件具体应用法律若干问题的解释》第五条第一款的规定判决珞珈信息公司在法定期限届满后仍未腾退的，应向省军区招待所支付逾期腾退房屋期间的占有使用费并无不当。但省军区招待所二审上诉要求撤销一审判决的相关判项，系对支付逾期腾退占有使用费诉讼请求的放弃，因省军区招待所放弃该诉讼请求的行为系对自己民事权利的处分，未违反法律、行政法规的强制性规定，亦未损害国家、集体或第三人的合法权益，本院依法予以照准。

综上，珞珈信息公司的上诉请求缺乏事实和法律依据，本院予以驳回。省军区招待所的上诉请求系对自己一审相关诉讼请求的放弃，本院予以照准。一审判决认定事实清楚，适用法律正确。

2014 年 8 月 20 日，湖北省高级人民法院依照《中华人民共和国民事诉讼法》第一百七十条第一款第（二）项之规定，判决如下：1. 维持湖北省武汉市中级人民法院（2013）鄂武汉中民商初字第 00264 号民事判决主文第一、二项；2. 撤销湖北省武汉市中级人民法院（2013）鄂武汉中民商初字第 00264 号民事判决主文第三、四项；3. 驳回省军区招待所的其他诉讼请求。一审案件受理费按一审判决执行。二审案件受理费 280116 元，由珞珈信息公司负担。

二审判决后，珞珈信息公司不服，向最高人民法院申请再审。申请人珞珈信息公司申请再审称：1. 本案合同为有效合同，二审判决适用法律错误。本案合同约定签字生效，没有约定附生效条件，当时的法律也无批准、登记生效的规定。合同标的物既有房产证，也有土地使用权证，不是“违法建筑物”。二审判决以合同及工程未按规定报批、违反法律认定无效缺乏证据。《最高人民法院关于审理城镇房屋租赁合同纠纷案件具体应用法律若干问题的解释》第二条规定的立法本意是不保护以违法建筑物为标的物订立的房屋租赁合同，而申请人系在合法房产、土地之上建设房屋。二审判决适用上述司法解释认定本案租赁合同无效违反立法本意。《军队空余房地产租赁管理规定》属于军事规章且于本案合同签订后生效，不适用于本案民事案件。2. 二审判决认定事实错误。依据合同约定，被申请人是工程报批责任主体，其未履行报批义务，导致建筑违章，构成违约且无权主张合同无效。申请人有权建设房屋且与本案合同效力无关。即使改扩建1号楼及附属楼、拆除美食城新建的2号楼成为违章建筑，也属于申请人与案外人房屋租赁合同的效力问题，与本案无关。3. 在申请人投巨资、租赁合同已履行近10年的情况下，被申请人起诉主张合同无效，违反了合同法的公平、诚实、信用等原则。被申请人非法驱逐租户，给申请人造成巨大损失，其应在赔偿申请人损失后，继续履行合同。

被申请人省军区招待所答辩称：1. 依法成立的合同在符合法律生效要件时才能生效。一、二审法庭调查时，双方均确认涉案房地产只有土地证而没有房产证。本案房屋租赁和建设未经有关机关审批是一、二审时双方确认的事实，标的物的改扩建、新建均未经规划部门审批，没有取得建设工程规划许可证，属非法建筑，二审法院认定合同无效的依据是《中华人民共和国城乡规划法》和《最高人民法院关于审理城镇房屋租赁合同纠纷案件具体应用法律若干问题的解释》，非申请人所称军事管理规章。法院据此认定就非法建筑而签的租赁合同无效适用法律正确。2. 本案合同成立时，1号楼非法改扩建，已属违法状态，2号楼至一审法庭辩论终结前，仍未取得有关建设规划许可。根据谁建设谁报批的原则和合同约定，报批责任主体是申请人，被申请人负协助，申请人在未取得任何规划审批手续的情况下，违法扩建1号楼、新建2号楼，主观恶意明显。为此，被申请人请求法院确认合同无效合法。3. 本案二审判决生效后，申请人拒不执行该判决，其要求继续履行合同和赔偿损失没有法律依据。

最高人民法院经审理认为：

1. 涉案房产自始即为违法建筑，以违法建筑为租赁标的而订立的租赁合同依法应认定为无效合同。一、二审法庭调查时，双方均确认涉案房地产只有土地证而没有房产证。本案租赁合同除租赁房屋内容外，涉及以租代建的内容，但最终目的亦为出租、承租，故合同性质仍为租赁合同。依据合同签订时的《中华人民共和国城市规划法》《中华人民共和国城乡规划法》的规定，城乡房地产开发建设与房屋新建、改扩建等工程建设，必须办理建设工程规划许可证，擅自施工建设的，其行为不受法律保护。《最高人民法院关于审理城镇房屋租赁合同纠纷案件具体应用法律若干问题的解释》第二条明确规定：“出租人就未取得建设工程规划许可证或者未按照建设工程规划许可证的规定建设的房屋，与承租人订立的租赁合同无效。”该解释的立法本意，正如珞珈信息公司在再审申请中所述，是通过对承租违法建筑物的承租人利益否定的方式，达到减少违法建筑的目的。从本案《房地产租赁合同》签订时的情况看，2005 年 3 月 18 日的《房地产租赁合同》是省军区招待所替代后勤部与承租方珞珈信息公司签订的，除租金标准改变外，其他内容与 2004 年 11 月 6 日的《房地产租赁合同》内容全部相同，后一合同客观上是前一合同的延续，并构成了合同主体的变更。因此，考察合同签订时标的物的状况应当追溯到前一合同订立时的状况。2003 年 6 月 25 日，经出租方省军区同意，由原承租方三环公司将涉案房地产转租给珞珈信息公司后，珞珈信息公司擅自对原 1 号楼进行加层改造，并新建附属楼，形成了违法建筑。省军区和三环公司要求珞珈信息公司拆除时遭拒。三环公司以该租赁合同纠纷起诉后，一审法院于 2003 年 12 月 10 日判决解除该租赁合同，由珞珈信息公司将 1 号楼和美食城恢复原状等。二审中，因双方和解，法院裁定按撤诉处理。但珞珈信息公司始终未对违法建筑予以拆除恢复原状。显然，本案租赁合同签订前，合同标的物已属违法建筑，至本案合同签订时该建筑违法的事实并未改变。在违法建筑未拆除的情况下，省军区招待所与珞珈信息公司签订的租赁合同中的房产事实上包含了上述改扩建的房屋，因此，省军区招待所对租赁合同无效亦有过错。至于 2 号楼的重建，确系本案合同履行中发生的事实，但因其重建过程中未办理工程建设规划许可证，亦导致该建筑为违法建筑。二审判决依据当时的《中华人民共和国城市规划法》、《中华人民共和国城乡规划法》以及《最高人民法院关于审理城镇房屋租赁合同纠纷案件具体应用法律若干问题的解释》第二条的规定，认定涉案租赁合同无效，适用返还原则处理，适用法律正确。

《军队空余房地产租赁管理规定》系调整军队房地产出租的内部管理规章，虽在本案合同签订后实施，但因之前没有相关规范性规定，二审判决依据该规定认定省军区招待所在合同签订后没有向上级机关报备该租赁合同符合客观事实。以该规定约束省军区招待所，适用法律并无不当。

2. 关于工程报建责任主体的问题。本案租赁合同签订时，作为合同标的物的 1 号楼及附属楼已属违法建筑，其前因是珞珈信息公司未经省军区、三环公司同意，并在未取得建设工程许可的情况下擅自所为，与省军区和三环公司无关。2 号楼的重建，虽在本案租赁合同签订后，根据该合同约定重建工程以后勤部名义立项，但鉴于工程建设的实际实施者是珞珈信息公司，故双方约定后勤部的义务是负责审查珞珈信息公司提供的建设规划、改造方案，协助珞珈信息公司在地方有关部门办理立项等手续。即整个工程的立项、开发、建设，是以后勤部的名义由珞珈信息公司具体实施的，后勤部负有协助报建立项的义务。从 2 号楼的重建过程看，珞珈信息公司曾向后勤部报送过《瑞华大厦建设方案审批报告》，后勤部回复同意其改建设计方案时，提出了限高、限总面积等要求，同时要求珞珈信息公司报送设计图纸及建设施工方案以审核。但珞珈信息公司不仅未按约定和要求将设计图纸和建设施工方案上报，致省军区招待所无法履行报备等手续，亦未提请后勤部或省军区招待所协助办理建设工程规划许可证，而于 2007 年擅自新建了 2 号楼。可见，珞珈信息公司作为责任主体，对 1 号楼、2 号楼成为违法建筑导致合同无效负有不可推卸的责任。珞珈信息公司认为违建与本案租赁合同效力无关的主张与事实不符。其称二审判决认定事实缺乏证据的理由并不充分，本院不予支持。

3. 关于珞珈信息公司提出的损失赔偿问题。人民法院对民事纠纷案件的处理原则是“不告不理”。一审时，省军区招待所作为原告的诉讼请求是：(1) 确认本案房地产租赁合同无效；(2) 珞珈信息公司返还租赁的房地产；(3) 珞珈信息公司支付其逾期腾退房地产的占有使用费。二审时，省军区招待所放弃了第三项主张。而珞珈信息公司在一、二审中并未提出任何反诉请求。申请再审中，珞珈信息公司要求省军区招待所赔偿驱逐其租户的损失，不属于本案的审理范围，珞珈信息公司可通过另诉主张权利。

综上，珞珈信息公司的申请再审事由不能成立。

2014 年 11 月 26 日，最高人民法院依照《中华人民共和国民事诉讼法》第二百零四条第一款的规定，裁定如下：驳回珞珈信息公司的再审申请。

五、未经竣工验收的建筑物租赁合同是否有效

（一）理论解答

社会实践中，租赁未经竣工验收的建筑物的现象并不少见，如何认定这类合同的法律效力，法学理论和司法实务界存在不同看法。

《中华人民共和国合同法》第二百七十九条规定："建设工程竣工后，发包人应当根据施工图纸及说明书、国家颁发的施工验收规范和质量检验标准及时进行验收。验收合格的，发包人应当按照约定支付价款，并接收该建设工程。建设工程竣工经验收合格后，方可交付使用；未经验收或者验收不合格的，不得交付使用。"《中华人民共和国建筑法》第六十一条规定："交付竣工验收的建筑工程，必须符合规定的建筑工程质量标准，有完整的工程技术经济资料和经签署的工程保修书，并具备国家规定的其他竣工条件。建筑工程竣工经验收合格后，方可交付使用；未经验收或者验收不合格的，不得交付使用。"《中华人民共和国城市房地产管理法》第二十七条规定："房地产开发项目的设计、施工，必须符合国家的有关标准和规范。房地产开发项目竣工，经验收合格后，方可交付使用。"《中华人民共和国消防法》第十条第三款规定："按照国家工程建筑消防技术标准进行消防设计的建筑工程竣工时，必须经公安消防机构进行消防验收；未经验收或者经验收不合格的，不得投入使用。"《城市房地产开发经营管理条例》第十七条规定："房地产开发项目竣工，经验收合格后，方可交付使用；未经验收或者验收不合格的，不得交付使用。房地产开发项目竣工后，房地产开发企业应当向项目所在地的县级以上地方人民政府房地产开发主管部门提出竣工验收申请。房地产开发主管部门应当自收到竣工验收申请之日起30日内，对涉及公共安全的内容，组织工程质量监督、规划、消防、人防等有关部门或者单位进行验收。"基于此，有意见认为，建筑方应当确保建筑工程质量和安全符合国家的建筑安全标准，该标准是建筑

行业的核心，未通过竣工验收即签订房屋租赁合同的当事人应承担合同无效的法律后果。①

还有意见认为，租赁房屋经竣工验收合格不应是租赁合同生效的必要条件。理由在于四个方面：1. 无论从目的解释的角度还是从体系解释的角度来看，上述法律法规中的“验收合格方可交付使用”的规定都不是一种效力性强制性规定，而是一种管理性强制性规定。② 2. 根据《村庄和集镇规划建设管理条例》规定，农村居民住宅建设开工的审批手续，由省、自治区、直辖市人民政府规定。实践中各地对于农村住宅建设的审批权一般都是由提出申请的村民所在村的村民委员会掌握。因此，农村居民房屋的设计、施工、验收均缺少具体、严格的标准。尚无依据认定农村村民建设个人住宅缺少消防设计或者未经竣工验收本身构成违法，当然也谈不上使用、出租这类房屋违法。3. 除了新开发的房地产项目，城市中一些形成于不同年代的古、旧建筑也完全有可能不符合现在的消防设计、施工标准，甚至可能根本没有相应的消防设施，现行法律没有也不可能规定这类房屋一概不允许使用、出租。4. 从公众聚集场所未经消防安全检查或者经检查不符合消防安全要求的处罚规定看，公安消防机关处罚的对象是公众聚集场所的开办者或经营者，而不是开办者或经营者之外的出租房屋者。

另有意见认为：依据合同法理论及相关立法精神，依法必须经过公安消防机关验收的房屋，未经消防验收合格而订立的房屋租赁合同，因违反标的需确定、可能和合法的合同有效要件之规定，应当认定合同相对无效。但在一审法庭辩论终结前经消防验收合格，租赁标的物符合法律规定，无效合同经过补正已变为有效，且效力具有溯及力，自合同成立时发生效力。③

本书认同第二种意见，除上述理由外，还因为：上述法律中“建筑工

① 最高人民法院民事审判第一庭编：《最高人民法院二审民事案件解析》，人民法院出版社 2007 年版，第 17 页。

② 参见吴兆祥主编：《房屋买卖、租赁案件裁判要点与观点》，法律出版社 2016 年版，第 336 ~339 页。

③ 李如兴、付春杰：《未经消防验收合格而订立的房屋租赁合同效力》，载《人民司法·案例》2012 年第 16 期。

程竣工经验收合格后，方可交付使用；未经验收或者验收不合格的，不得交付使用”的立法本意在于防止不安全建筑投入使用，从而确保安全事故的不发生或少发生，但一项建筑工程是否安全除可通过“竣工验收合格”这一途径证明外，还可通过“专业鉴定”或“司法鉴定”等途径确定，不能因未经竣工验收合格就认定一定不安全。

（二）案例指引

江油市农村信用合作联社与江油市精益商贸有限公司房屋租赁合同纠纷案[①]

江油市农村信用合作联社（以下简称信用社）原名为“江油市农村信用合作社联合社”，2008 年 12 月 11 日经江油市工商行政管理局核准，变更为现名。2001 年 8 月信用社取得 10 号楼的房屋产权共计 16197.73 平方米（地下室 2635.16 平方米、一层 2190.57 平方米、二至六层 11372 平方米）及相应面积的土地使用权。2001 年 4 月 1 日起，江油市精益商贸有限公司（以下简称精益公司）按每年 26 万元租用 10 号楼临街门面三间，共计 400 平方米（每平方米每月 54.17 元）。2005 年 10 月，信用社将 10 号楼对外招租，招租公告载明的房屋面积为：地下室面积约 2600 平方米，一楼约 1900 平方米，二至六楼分别约 2270 平方米。2005 年 11 月 1 日，精益公司致函信用社，要求在同等条件下优先承租 10 号楼，并称：10 号楼在十几年前是一座无人问津的破烂、凌乱的烂尾楼，在此情况下我公司投资 100 多万元进行装修、改造，至今形成一个繁华的商业地段。2005 年 12 月 8 日精益公司向信用社支付保证金 100 万元。

2005 年 12 月 28 日，信用社（甲方）与精益公司（乙方）、李某华（丙方）签订《房屋租赁合同》，约定：1. 甲方将 10 号楼的地下室 2635.15 平方米、一楼至六楼房产面积约 15800 平方米（该面积不包含已出租给江油市移动公司和鳄鱼恤服装专卖店的约 400 平方米一楼商业门

---

① 详见：四川省绵阳市中级人民法院（2013）绵民初字第 139 号民事判决书、四川省高级人民法院（2015）川民终字第 291 号民事判决书、最高人民法院（2016）最高法民申 761 号民事裁定书。

面）出租给乙方用于商业经营；2. 租赁期限10年，自2006年1月1日起至2015年12月31日止；3. 租金每租赁年度80万元；4. 乙方需在计算租金的起日前15日内向甲方支付六个月的租金40万元，租赁六个月期满前15日内向甲方支付后六个月的租金40万元，每年以此类推……6. 该租赁物由于设施有待完善，乙方需对租赁物进行改造、装修及完善设施，甲方鉴于此情况为乙方考虑半年时间的免租期，乙方应缴纳的租金从2006年7月1日起计算；7. 双方在租赁期起日（2006年1月1日）前五日内办好租赁物的交付手续，在租赁期起日后的五日内乙方未向甲方提出交付租赁物的要求，视为甲方已向乙方交付了合同约定的租赁物；8. 乙方应向甲方交履约保证金100万元，此保证金为对租赁物设施完善及装修投入而设定的保证金，乙方可在不改变房屋建筑主体结构，符合国家相关规定的前提下进行装修改造，同时投入总价须符合该合同约定的最低投入标准，对租赁物进行设施完善、装饰装修须在合同约定的期限内完成，并经相关部门验收合格后方可退还保证金，否则作为违约金归甲方所有；9. 乙方在甲方交付租赁物后的12个月内对租赁物进行设施完善、改造和装修，装修投入不得低于600万元，装修改造的方案需报甲方、建设主管和消防管理部门审定；10. 乙方所投入的消防、电力、供水、卫生、环境等设施及附属设施的产权归甲方所有……15. 租赁期内，租赁物的维修和保养由乙方负责并承担相应的费用……20. 在乙方不按合同约定期限向甲方支付租金时，甲方有权选择提前终止合同，若提前终止合同，乙方应及时搬离并退还租赁物，租金照实计算……23. 乙方未按期向甲方支付租金，应按每日5‰向甲方支付违约金。合同还约定由李某华在乙方不履行合同义务时承担连带保证责任。

因信用社未按约定的时间交付租赁房屋，精益公司多次函告信用社，要求按照合同约定交付租赁房屋。2006年6月7日，四川鼎天律师事务所受信用社的委托，向精益公司发出《关于移交房屋事宜的函》，载明：因原租赁户晶星公司与精益公司未就续租事宜达成一致，致租赁物未能交付，现已通知晶星公司在十日内清场，请精益公司做好接手准备。2006年9月28日，信用社向精益公司交付10号楼一至六楼钥匙33把，李某华向信用社出具收条，载明：今收到10号楼壹至陆楼钥匙叁拾叁把，由我李某华代管。具体移交手续以后现场勘查、照相和双方协商补充为准。

2007年6月27日，四川科大律师事务所受精益公司的委托，向信用社发出律师函，要求信用社完全交付合同约定的租赁标的，并提交主体工程的竣工验收合格证。2008年1月18日，精益公司向信用社申请退还保证金100万元。2008年4月14日，精益公司向信用社发出《关于房屋租赁合同在履行中有几个问题需要双方共同协商的函》，称信用社延期11个月交付租赁物，要求按合同支付违约金、对2006年10月19日要求赔偿损失的函件予以回复、对2008年1月24日通知精益公司“立即停止对该楼的装修”给精益公司造成的损失如何赔偿及承担违约责任予以答复、退还保证金、协商解决有关10号楼的设施设备和鉴定房屋费用的相关事宜。2008年4月19日，精益公司向信用社发出《关于〈房屋租赁合同〉有关问题的函》，称已于2008年3月28日通过消防验收，要求信用社及时退回履约保证金，以便精益公司支付消防工程款；同时告知信用社因《房屋租赁合同》条款中信用社未将房屋未经验收的事实告知精益公司，精益公司单方委托鉴定机构进行了鉴定，要求信用社承担鉴定费（15元/平方米）。2008年10月22日，精益公司向信用社发出《关于10号楼承租期间有关问题的函》，要求信用社退还履约保证金100万元，支付质量鉴定费24万元，承担迟延交房11个月的违约责任，支付要求停止装修、不许营业的损失，赔偿因出租屋漏水导致的货损35万元并要求信用社对因“5·12”地震对10号楼造成的损害进行加固。

合同签订后，精益公司分别于2007年6月1日交纳租金10万元、2007年6月12日交纳租金10万元、2007年7月10日交纳租金20万元、2007年11月19日交纳租金40万元、2008年3月20日交纳租金40万元，合计120万元。

2007年11月，信用社委托绵阳嘉信拍卖有限公司对10号楼进行拍卖。2007年11月27日，精益公司向信用社、拍卖公司、投标单位发出告知书，载明：精益公司已租用10号楼地下室至六楼，现精益公司已投资1000余万元对租赁物进行装饰、装修、设施安装完善及改造，其中一楼已投入使用，每月已盈利，二至三楼已装修完毕，正在进入营业使用，其余部分正在整改、装饰中，要求按《中华人民共和国合同法》第二百二十九条“租赁物在租赁期间发生所有权变动的，不影响租赁合同的效力”履行。2007 年 11 月 28 日，信用社将该租赁房屋通过公开拍卖的方式转让给四川润森恒发实业有限公司（以下简称润森公司）。2007 年 12 月 8 日，信用社、润森公司、四川绵阳嘉信拍卖有限公司三方签订《资产转让合同》，约定：信用社将已租赁给精益公司的房屋转让给润森公司，转让价 2950 万元，合同还特别约定了该房屋已出租给精益公司，在《资产转让合同》签订之前出租方应承担的法律责任和经济责任由信用社承担。2007 年 12 月 4 日信用社书面告知精益公司租赁房屋已处置的事实。2008 年 1 月 24 日，信用社通知精益公司 10 号楼已拍卖，希望精益公司停止装修。2008 年 8 月 1 日信用社与润森公司签订《关于“10 号楼”的补充协议》。2008 年 12 月 30 日信用社与润森公司签订《“10 号楼”资产转让补充协议》约定：因在履行资产转让合同过程中发生了“5·12”特大自然灾害，转让资产受到地震因素损坏，需对转让标的物进行安全质量鉴定，由双方共同委托鉴定机构进行鉴定，费用由信用社承担；如鉴定结果为必须拆除的危房，资产转让合同终止，鉴定结果为可以使用或加固后使用，加固由双方认可的设计单位制定加固维修方案并预算工程造价由双方认可，费用由信用社承担。

2009 年 12 月 1 日，信用社、刘某斌、润森公司三方签订《资产转让合同的权利义务转让协议书》，协议约定，润森公司将与信用社签订的《资产转让合同》及系列补充协议的全部权利义务转让给刘某斌。刘某斌于 2010 年 7 月 30 日取得房屋产权证，2010 年 8 月 12 日取得土地使用权证。2010 年 10 月 22 日，刘某斌给精益公司和李某华邮寄送达了租赁房屋的房屋产权证和土地使用权证复印件及催缴租金的通知一份，告知精益公司和李某华租赁房屋产权变动的情况，要求精益公司和李某华 2010 年 8 月 1 日以后的租金应按照原租赁合同约定的支付方式支付给刘某斌。精益公司和李某华收到通知后未向刘某斌支付租金。2011 年 7 月 5 日，刘某斌给精益公司和李某华送达《关于解除租赁合同的通知》一份，书面告知精益公司和李某华，三方于 2005 年 12 月 28 日签订的《房屋租赁合同》因承租人未按约定期限支付租金，出租人依照合同的约定提前终止，租赁合同解除，要求精益公司在 2011 年 8 月 3 日前迁离并向刘某斌退还房屋，同时要求精益公司付清2010年8月1日至2011年8月3日期间的房屋租金和合同约定的违约金。精益公司和李某华收到通知后未向刘某斌支付租金和违约金，也未返还所租赁的房屋。

另：10号楼工程未经竣工验收，江油市人民政府以未经消防验收为由，于2006年4月29日作出江府发（2006）29号决定，责令四川江油晶星物资有限公司晶星购物城二楼超市停产停业（晶星物资公司于2001年起租用10号楼一楼门面300平方米、仓库400平方米，二楼2000平方米作经营用，2003年租金为42万元）。2006年11月22日，信用社向江油市公安消防大队出具《关于对金轮干道10号楼消防事宜的备案报告》，称10号楼已于2005年12月出租给精益公司，相关消防事宜由精益公司与消防大队联系。2007年6月19日，江油市公安消防大队向江油市委作出《关于银鹰大厦等几处建筑物办理消防行政许可的情况汇报》［江公消发（2007）14号］，称10号楼未经验收擅自投入使用，承诺在相关资料符合要求的情况下，一天以内办理好行政许可。2007年8月7日江油市人民政府召开市长办公会，听取了有关部门关于精益公司10号楼消防隐患整改的情况汇报，成立了10号楼消防隐患整改工作协调领导小组，领导小组成员包括江油市公安局、消防大队等有关部门负责人和精益公司负责人，明确首先确保精益公司租赁的一至六楼及时整改，在整改验收前所有商业用房不得使用和营业。2007年8月20日，江油市建设工程质量安全监督站向信用社发出《关于“10号楼”投入使用的函告》，载明：你单位的“江油市10号楼”工程项目至今未按基本建设程序要求组织竣工验收，房屋建筑必须在工程质量合格的基础上并经消防、环保、防雷中心等专业部门分别验收合格后方能投入使用。2007年8月23日，江油市建设工程质量安全监督站致函绵阳市消防支队，称其已接受业主委托对10号楼土建工程进行质量鉴定，请绵阳市消防支队对消防整改方案进行审核、批复、验收。2007年8月24日，江油市人民政府致函绵阳市消防支队，称为妥善解决好精益公司10号楼消防隐患问题，同意省消防总队意见，对整幢大楼进行统一设计、分步实施，首先确保精益公司租赁的一至六楼及时整改；在整改验收前，所有商业用房不得使用和营业。2007年9月29日，江油市公安消防大队出具江公消审（2007）第72号《关于同意江油市精益商贸有限公司金轮干道10号楼消防改造工程消防设计的审核意见》，同意精益公司所报消防改造设计方案。2008年3月28日，江油市公安消防大队出具江公消验（2008）第13号《建筑工程竣工消防验收意见书》，通过了10号楼一至三层的消防验收。

2008年6月30日，信用社张贴公告，称因受“5·12”地震的影响，10号楼可能存在安全隐患，需进行鉴定。2009年7月3日，信用社与绵阳市富阳建筑工程有限公司工程拆除分公司（以下简称富阳公司拆除分公司）签订《安全协议书》，将10号楼受损危房拆险及恢复工程发包给富阳公司拆除分公司实施。同日，信用社通知精益公司对富阳公司拆除分公司的排危工作提供方便。2010年7月27日，信用社的代理人贾某强在接受绵阳市中级人民法院民二庭审判员的询问时表示同意对10号楼进行震后加固处理。2010年8月9日，信用社不良资产部经理何某、职工周某光、委托的律师贾某强与李某华在绵阳市中级人民法院民二庭审判员的主持下对租赁房屋的加固事宜进行了协商，信用社同意富阳公司拆除分公司在四个月内进场，加固工期八个月，保证金和房屋租金待维修加固好后双方再协商。2010年8月24日，信用社通知精益公司：因加固维修10号楼的需要，2010年8月24日信用社周某光及设计人员四人、公证处三人共八人需到现场进行勘察设计，请贵公司给予配合。后（2010年10月）因信用社委托的质量鉴定认为不需加固，故信用社未对租赁房屋进行加固维修。

精益公司2008年4月24日委托四川省建筑工程质量检测中心对10号楼进行房屋结构安全性鉴定，该中心于2008年7月30日出具检测鉴定报告，结论：1. 该房屋的地基基础、框架柱的安全性满足要求；2. 除六层J/12－13轴、六层12/J－H轴处楼盖悬挑梁安全性不满足要求应进行加固处理外，其余钢筋混凝土梁的安全性基本满足要求；3. 该房屋四层至十层钢筋混凝土剪力墙的安全性不满足要求，应进行加固处理，其余部位钢筋混凝土剪力墙暗柱箍筋直径满足6度抗震设防（房屋设计和建设时期江油市系按6度抗震设防）的要求，不满足7度抗震设防（现行规范规定江油市系按7度抗震设防）的要求；4. 房屋钢筋混凝土板的安全性基本满足要求；5. 应对地震后出现裂缝及倒塌的填充墙进行维修或拆除重砌。在对房屋上述部位进行加固或维修处理后，房屋安全性能方能满足正常使用要求。同时，该报告第4.2.4条载明：经现场检查表明，该房屋二层及以上楼层均未进行二次装修，除底层、六层投入使用外，其余楼层均未投入使用。

“5·12”地震后，信用社于2008年7月委托四川省建筑科学研究院对10号楼受地震影响的情况进行鉴定，该院于2008年8月22日出具《江油市金轮干道10号楼地下室至十四层（不含附楼公寓部分）房屋结构受震害损伤的技术鉴定》，鉴定结论为：根据现场检查、检测的情况，江油市金轮干道10号楼地下室至十四层（不含附楼公寓部分）房屋遭遇地震影响时，地基、基础完好，钢筋混凝土框架柱、梁、剪力墙未发现明显变形及受力裂缝，框架柱、梁节点未发现可见裂缝及破损；现浇钢筋混凝土楼（屋）盖板未发现明显变形及受力裂缝；部分填充墙出现斜裂缝及X形裂缝，出现局部酥碎、坍塌现象，部分吊顶出现轻微损坏；根据《地震灾后建筑鉴定与加固技术指南》［建标（2008）132号］，该房屋地震破坏等级评定为中等破坏。建议：对房屋受损部位进行维修处理后，可以继续投入使用。

后信用社又委托绵阳创艺建筑设计研究有限公司对10号楼进行安全性鉴定，该公司于2010年9月5日出具鉴定报告，检测结论为：1. 该房屋结构布置与原设计基本相符；2. 房屋整体无不均匀沉降，倾斜率满足相关规范要求；3. 抽测的混凝土强度满足设计要求；4. 抽测的构件尺寸满足设计要求；5. 原设计按6度抗震设防，不满足现规范规定的7度设防要求；6. 该鉴定单元安全性评级为Bsu级，根据（1990）建抗字第377号文件，属于轻微损坏。相关建议为：1. 对于非承重墙开裂破坏部位，拆除后按原设计图纸恢复重建；2. 对于楼面板裂缝部位采用环氧树脂水泥浆压力灌缝处理；3. 对于屋面防水层破坏，应拆除原屋面防水层，对于楼面板裂缝部位采用环氧树脂水泥浆压力灌缝处理后，按西南03J201－1第18页2206重新铺设屋面防水和防护措施；4. 对外墙面抹灰层剥落严重的，应铲除外墙装饰，铺贴外墙面砖；5. 对于外墙及窗户未按设计施工完成的应及时完善。

本案原告信用社的诉讼请求是：请求判令精益公司和李某华连带支付欠付租金及违约金并承担诉讼费。

一审法院认为，本案各方当事人对案涉《房屋租赁合同》无异议，原审法院予以确认，各方当事人应当严格按照合同的约定履行各自的义务。针对当事人争议的焦点，分述如下：

1. 关于房屋质量的争议及地震后是否需要加固、维修的问题。

精益公司 2008 年 4 月委托四川省建筑工程质量检测中心对 10 号楼进行房屋结构安全性鉴定，该中心于 2008 年 7 月 30 日出具检测鉴定报告，该鉴定报告存在以下问题：1. 载明的“该房屋二层及以上楼层均未进行二次装修，除底层、六层投入使用外，其余楼层均未投入使用”与本案查明的事实明显不符；2. 鉴定负责人陈某所作六层挑梁未作检测的陈述；3. 对刘某斌关于省检测中心不具备鉴定资质的主张未举证；4. 属单方委托鉴定且对方当事人不予认可。

“5·12”地震后信用社于 2008 年 7 月委托四川省建筑科学研究院所作鉴定为震后应急鉴定，鉴定负责人陈某与四川省建筑工程质量检测中心所作鉴定主检人陈某为同一人，两份鉴定结论意见相左，陈某对此未作出合理解释。

2010 年 9 月，信用社委托绵阳创艺建筑设计研究有限公司对 10 号楼进行安全性鉴定，该公司本身不具备鉴定资质，依据四川省《汶川地震灾区城镇受损房屋建筑安全鉴定及修复加固拆除实施意见》其可以参与灾后应急鉴定，但 2010 年其是否仍可依据该实施意见进行鉴定无相关依据。

上述鉴定均为当事人单方委托，相互对对方委托的鉴定均不认可，因各方均不能证实己方鉴定结论的合法性，故对上述鉴定结论均不认定。10 号楼作为已取得房屋产权的房屋，虽因历史原因未经竣工验收，但行政管理部门对其颁发房屋产权证的行为表明对其合法性的认可。从江油市人民政府江府发（2006）29 号决定、2007 年 8 月 10 日江油市人民政府第 34 期市长办公会纪要、2007 年 8 月 24 日江油市人民政府向绵阳市消防支队致函的内容以及 10 号楼一至三层在通过消防验收后即可使用的事实看，10 号楼启用的前提条件是完善消防设施和通过消防验收，事实亦是 10 号楼在通过消防验收后即投入正常使用。据此，一审法院认定 10 号楼属保留使用权的房屋，在没有证据证明其存在质量问题前可以使用。

2. 关于租赁物交付、使用时间的争议。

2006年9月28日信用社将10号楼一至六层33把钥匙交予精益公司李某华。2008年4月14日精益公司出具的《关于房屋租赁合同在履行中有几个问题需要双方共同协商的函》称“延期交房近11个月”，2008年10月22日精益公司出具的《关于10号楼承租期间有关问题的函》载明“请求贵社承担延迟11个月交房的违约责任，进行赔付”，119号案中精益公司起诉请求之一为赔偿迟延交房（2006年1月1日至11月30日）租金利润损失365万元。精益公司自认信用社迟延交房的时间为11个月，一审法院予以确认。

3. 因未经消防验收被要求停止使用和信用社以出租房已出售为由，要求精益公司停止装修是否需顺延租期的问题。

（1）《房屋租赁合同》第六条约定：“该租赁物由于设施有待完善，乙方需对租赁物进行改造、装修及设施完善，甲方鉴于此情况为乙方考虑半年时间的免租期。”第九条约定：“乙方在承租该合同项下的租赁物后，必须在甲方交付租赁物后12个月内对租赁物进行设施完善、改造和装修，方案必须报甲方、建设土管和消防管理部门审定后方可实施。投入不得低于人民币大写陆佰万元整、小写6000000元，且投入情况需报中介审计机构认定。若对租赁物的设施完善、改造和装修投入低于人民币大写陆佰万元整、小写6000000元，乙方所交纳的履约保证金中的人民币大写伍拾万元整作为违约金悉归甲方所有，同时甲方有权解除该合同并收回租赁物。”第十条约定：“乙方根据用途须对租赁物进行消防、电力、供水、卫生、环境等设施的完善和改造，所产生的费用概由乙方承担，并保证符合政府的要求和标准。水电增容的所有权为甲方。水电增容的费用由乙方支付。所投入的消防、电力、供水、卫生、环境等设施及其附属设施的产权归甲方所有，因甲方在房屋租金中已考虑了该项费用，乙方租赁期满后不得将其拆除或损坏，应保证完整地交付甲方，甲方不予任何补偿。乙方所投入的中央空调和电梯（附属于租赁物其他所有的设施除外）在租赁期满后，乙方可选择拆除，但甲方不予任何补偿，亦可选择与甲方协商作价后交于甲方使用，甲乙双方协商不成，乙方须自行拆除，拆除时不得毁坏租赁物的原状，否则造成的经济损失由乙方承担。”合同约定精益公司需对消防设施进行完善并达到相关标准，费用由其承担，通过消防验收的时间应为

2006 年 1 月 1 日（约定交房时间）+11 个月（迟延交房时间）+12 个月（完成消防改造时间）即 2007 年 11 月，实际是至此精益公司未启动四至六楼的消防改造，因消防未经改造、验收导致的房屋无法使用，责任在精益公司。

（2）2008 年 1 月 24 日，信用社通知精益公司 10 号楼已拍卖，希望精益公司停止装修。2007 年 11 月 27 日精益公司向拍卖部门及各投标单位发出的告知书载明：其中一楼已投入使用，每月已盈利；二至三楼已装修完毕，正在进入营业使用；其余部分正在整改、装饰中。信用社发出该通知时，一至三楼的装修已经完成，四至六楼的装修未动工，精益公司关于该通知延误其经营的请求证据不足，不予支持。

4. 关于面积的争议。

信用社所有的 10 号楼的房屋产权共计 16197.73 平方米（地下室 2635.16 平方米、一层 2190.57 平方米、二至六层 11372 平方米），《房屋租赁合同》约定信用社将 10 号楼的地下室 2635.15 平方米、一楼至六楼房产面积约 15800 平方米（该面积不包含已出租给江油市移动公司和鳄鱼恤服装专卖店的约 400 平方米一楼商业门面）出租给精益公司，合同约定面积（15800 平方米 +2635.15 平方米 =18435.15 平方米）超过了信用社实际所能交付的面积（16197.73 平方米 -400 平方米 =15797.73 平方米），信用社已将除双方明确约定不在出租范围内的面积之外的部分全部交付，不存在还有未交付的面积，合同约定面积中一至六楼“约 15800 平方米”系大概数，不是准确数，实际是以整个出租范围打包，精益公司认为信用社未完成交付义务的理由不成立，原审法院不予支持。

5. 关于履约保证金。

合同第八条约定“履约保证金：乙方需向甲方交纳履约保证金大写人民币壹佰万元整、小写 1000000 元。此保证金为对租赁物设施完善及装修投入而设定的保证金，乙方可在不改变租赁房屋建筑主体结构，符合国家相关规定的前提下进行装修改造、装饰装修。同时，投入总价须符合该合同所约定的最低投入标准，对租赁物进行设施完善、装饰装修也须在此合同所约定的期限内完成，并经相关部门验收合格后方可退还保证金，否则作为违约金归甲方所有。”精益公司至今未对四至六楼进行消防改造，构成违约，应承担违约责任。

综上，合同约定起租时间为2006年1月1日，信用社实际交房时间为2006年11月底，信用社应当承担违约责任；按照合同约定，精益公司应在出租方交付租赁物后的12个月内对租赁物进行设施完善、改造和装修。从交付之日（2006年11月底）至约定的完成装修、改造之日（2007年11月底），精益公司仅启动了一至三楼的装修、改造并于2008年3月取得了一至三楼的消防验收，未启动对四至六楼的装修、改造，而2007年9月29日通过的消防设计审核意见书是整个10号楼的消防改造工程设计方案。在2007年11月底之前，并不存在信用社通知精益公司停止装修的情形（2008年1月通知），亦不存在租赁物存在质量问题的证据（精益公司主张存在质量问题的鉴定于2008年4月委托），精益公司未启动对四至六楼的装修、改造的原因显然不是其主张的信用社要求停止装修的通知和租赁物存在质量问题，结合2008年3月一至三楼通过消防验收后即可使用的事实看，10号楼未经竣工验收并不影响其使用，而真正影响使用的是消防验收，即一定要通过消防验收，江油市政府2007年8月10日的市长办公会纪要（第34期）亦明确在消防竣工验收前，所有商业用房不得使用和营业，故不存在精益公司所称未经竣工验收导致其无法使用的问题。精益公司未按约定对四至六楼进行装修、改造，其行为构成违约，且该行为与其在2007年11月27日的告知书中所称“一楼已投入使用，每月已盈利；二至三楼已装修完毕，正在进入营业使用；其余部分正在整改、装饰中”相矛盾。因信用社和精益公司均存在违约行为，违约责任相互抵消。因信用社迟延交房，租期应顺延，精益公司应按约支付租金。截至2010年7月30日出租房产权变更时止，精益公司应向信用社支付38个月租金［租金支付时间为2006年1月1日（约定交房时间）+11个月（延期交房时间）+6个月（免租金时间）即2007年6月1日前15日交纳6个月租金40万元，至2010年7月30日，计38个月］计80÷12×38＝2533333元，实际至2008年3月精益公司共交纳租金120万元，下欠1333333元。

综上，一审法院依照《中华人民共和国合同法》第二百二十六条之规定，判决如下：1. 精益公司于判决生效后30日内向信用社支付下欠租金1333333元，由李某华承担连带清偿责任；2. 驳回信用社的其他诉讼请求。

一审宣判后，精益公司不服，向四川省高级人民法院提起上诉。

二审法院认为，本案系信用社以精益公司欠付租金为由，要求支付租金及违约金。二审中，精益公司主张信用社、润森公司和刘某斌之间的房屋转让无效，不属本案审理范围。在本院（2011）川民终字第202号民事判决及最高人民法院（2011）民申字第1664号民事裁定中，已认定转让合法。对精益公司二审中提供的主张房屋转让无效的相关证据，本院不予采信。《信访事项复查意见书》与本案纠纷无关，亦不予采信。

案涉10号楼修建于1994年，2001年信用社以抵债方式取得10号楼地下室及一至四层产权，并办理房屋产权证。案涉10号楼因历史原因未进行竣工验收，但实际一直在使用。2006年江油市人民政府责令部分房屋停产停业，原因是存在消防隐患。精益公司在签订本案《房屋租赁合同》前，已租赁一层400平方米门面。根据精益公司要求整体承租的函件及《房屋屋租赁合同》的约定，精益公司承诺进行改造、完善，由此以较为低廉的价格进行承租，应明知该房屋未竣工验收的实际状况。结合精益公司取得了一至三层的消防验收的合同履行情况，说明租赁房屋未进行竣工验收并未影响精益公司完成其合同义务。精益公司关于信用社交付的租赁物未经竣工验收构成违约的主张不能成立。

10号楼虽未取得竣工验收的相关手续，但已经办理房屋产权证。不能以未进行竣工验收而认定房屋主体质量不合格。精益公司主张房屋主体质量不合格，依据其单方委托四川省建筑工程质量检测中心对10号楼进行房屋结构安全性作出的鉴定，因该鉴定报告载明的“该房屋二层及以上楼层均未进行二次装修，除底层、六层投入使用外，其余楼层均未投入使用”与本案查明的事实明显不符，鉴定负责人陈某在一审诉讼中出庭陈述六层挑梁未作检测，一审判决未予采信并无不当。精益公司在一审诉讼中明确表示不申请对房屋是否存在质量问题进行鉴定。在没有相关证据及行政主管部门的结论下，精益公司关于10号楼存在质量问题的主张不能成立。精益公司以信用社交付的租赁物存在质量问题为由构成违约的主张不能成立。“5·12”地震后，因可能存在的安全隐患，信用社公告称需进行鉴定，2009年精益公司向绵阳市中级人民法院起诉后撤诉，双方分别委托进行鉴定，但并无证据证明，精益公司在地震后，因信用社未进行房屋加固维修，造成其停止经营的事实。精益公司主张信用社未进行震后房屋加固构成违约的主张，亦不能成立。

关于租赁面积问题，信用社的产权面积为16197.73平方米（地下室2635.16平方米、一层2190.57平方米、二至六层11372平方米），《房屋租赁合同》约定信用社将10号楼的地下室2635.15平方米、一楼至六楼房产面积约15800平方米（该面积不包含已出租给江油市移动公司和鳄鱼恤服装专卖店的约400平方米一楼商业门面）出租给精益公司，精益公司据此主张租赁合同约定面积应为18000平方米的理由不能成立，其主张信用社交付房屋面积违约不能成立。

根据《房屋租赁合同》的约定及本案事实，租金应从房屋实际交付起半年后起算，提前15日交纳半年租金40万元，即应从2007年6月1日起算租金。2007年6月至12月应交纳租金40万元，2008年应交纳租金80万元，2009年应交纳租金80万元，2010年1月至产权变更时2010年7月30日应交纳7个月租金（按月租金66666元计算为466662元），精益公司共计应向信用社交纳租金为2466662元，精益公司实际交纳租金120万元，欠付租金1266662元。因李某华并非本案当事人，一审判决判令李某华承担连带清偿责任不当，本院予以纠正。

据此，精益公司的上诉请求不能成立。一审判决对合同履行中双方责任的认定及精益公司欠付信用社租金的基本事实认定正确，但认定精益公司欠付信用社租金金额及判令李某华承担连带责任不当，本院依法纠正。

2015年10月12日，四川省高级人民法院依照《中华人民共和国合同法》第二百二十六条、《中华人民共和国民事诉讼法》第一百七十条第一款第（二）项之规定，经本院审判委员会讨论决定，判决如下：1. 撤销绵阳市中级人民法院（2013）绵民初字第139号民事判决；2. 精益公司于判决生效后30日内向信用社支付下欠租金1266662元；3. 驳回信用社的其他诉讼请求。

二审判决后，精益公司不服，向最高人民法院申请再审，称：1. 交付经竣工验收合格的租赁房屋系出租人的法定义务，签订《房屋租赁合同》时精益公司对于租赁物未经竣工验收的情况不知情，租赁房屋未经竣工验收合格严重影响了精益公司租赁合同项下权利的行使。信用社交付的租赁物未经竣工验收构成违约，二审法院对此未予认定错误。2. 租赁房屋竣工验收包括消防验收的责任主体在于信用社而非精益公司。初始消防验收责任在于信用社，精益公司承担的仅为二次消防验收责任，相关政府部门均认定应由信用社履行竣工验收和消防验收责任。一、二审法院混淆初始消防和二次消防责任，认定精益公司违约未履行消防责任，明显属于没有正确认定事实和划分责任。3. 租赁房屋存在质量问题，信用社未对租赁房屋进行加固维修构成违约。信用社应承担租赁房屋质量合格的证明责任，信用社亦多次承认租赁房屋质量存在问题需要加固；就双方各自委托的鉴定而言，精益公司委托的鉴定机构作出的鉴定结论证明力更强。4. 精益公司在支付租金方面并无不妥，不存在欠付租金情况。根据《中华人民共和国合同法》第六十七条关于先履行抗辩权的规定，基于信用社的违约行为，精益公司有权拒绝支付地下室和四至六层对应的租金，以及 2009 年 9 月 28 日以前一至三层对应的租金。因 2009 年 9 月 28 日精益公司方开始真正使用租赁房屋，考虑到《房屋租赁合同》第六条赋予了精益公司半年时间的免租期，因此一至三层租金的起算时间应从 2010 年 3 月 27 日计算，而非二审法院认定的应从 2007 年 6 月 1 日起算租金。鉴于 2010 年 8 月 9 日信用社在绵阳市中级人民法院表示"同意在四个月内进场加固，加固期八个月，保证金和房屋租金待维修加固好后双方再协商"，信用社已认可精益公司暂不支付 2010 年 8 月 9 日后的租金。但随后信用社并未履行维修加固义务，也未就租金支付问题进行协商。《房屋租赁合同》约定的租赁面积为 18435.15 平方米，信用社实际交付 15797.73 平方米，因此合同中约定的年租金应由 80 万元相应调减至 68.6 万。精益公司应向信用社支付的租金仅为首期一至三层的租金，即 15.9 万元，而精益公司此前已向信用社累计支付 120 万元租金，已经超额支付租金。二审法院认定精益公司欠付租金 1266662 元，未能考虑到信用社违约致使地下室和四至六层不能使用以及租赁面积短少等因素，与事实不符，适用法律错误。精益公司依据《中华人民共和国民事诉讼法》第二百条第（二）项、第（六）项的规定申请再审。

最高人民法院认为，本案争议的焦点问题是：信用社在房屋质量、消防验收、房屋加固、交付房屋面积等方面是否存在违约，精益公司是否拖欠信用社租金。

关于房屋质量问题。案涉10号楼修建于1994年，2001年信用社以抵债方式取得10号楼地下室及一至四层产权，并办理了房屋产权证。案涉10号楼因历史原因未进行竣工验收，但实际一直在使用。案涉房屋虽未取得竣工验收的相关手续，但已经办理房屋产权证。故不能以未进行竣工验收而认定房屋主体质量不合格。精益公司主张房屋主体质量不合格，依据是其单方委托四川省建筑工程质量检测中心对10号楼进行房屋结构安全性作出的鉴定，因该鉴定报告载明的“该房屋二层及以上楼层均未进行二次装修，除底层、六层投入使用外，其余楼层均未投入使用”与本案查明的事实明显不符，对该鉴定结论，一、二审判决未予采信并无不当。精益公司在一审诉讼中明确表示不申请对房屋是否存在质量问题进行鉴定。精益公司以信用社交付的租赁物存在质量问题为由构成违约的主张缺乏证据证明，本院不予支持。

关于消防验收问题。2006年江油市人民政府责令部分房屋停产停业，原因是存在消防隐患。精益公司在签订案涉《房屋租赁合同》前，已租赁一层400平方米门面。根据精益公司要求整体承租的函件及《房屋租赁合同》的约定，精益公司承诺由其进行投资改造、完善，由此以较为低廉的价格进行承租，应明知该房屋未竣工验收的实际状况。《房屋租赁合同》约定由精益公司承担的消防验收义务并未分初次验收和二次验收。精益公司于2008年3月28日取得了一至三层的消防验收，履行了合同义务，说明租赁房屋未进行竣工验收并不必然导致消防不能验收。精益公司关于信用社交付的租赁物未经消防验收构成违约的主张不能成立。

关于房屋加固问题。“5·12”地震后，因可能存在的安全隐患，信用社虽称予以加固，但经委托鉴定认为无重大质量隐患而没有进行加固，但并无证据证明，精益公司在地震后，因信用社未进行房屋加固维修，造成其停止经营的事实。精益公司主张信用社未进行震后房屋加固构成违约的主张，亦不能成立。

关于租赁面积问题。信用社的产权面积为16197.7平方米，《房屋租赁合同》约定信用社将10号楼的地下室2635.15平方米、一楼至六楼房产面积约15800平方米出租给精益公司。因案涉房屋系整体出租，精益公司接收使用房屋多年，精益公司对《房屋租赁合同》约定面积与房屋产权证记载面积不完全吻合应属明知，信用社不存在未交付部分，精益公司主张信用社交付房屋面积不足构成违约的理由不能成立。

关于是否拖欠租金问题。根据《房屋租赁合同》的约定及本案查明的事实，租金应从房屋实际交付起半年后起算，提前15日交纳半年租金40万元，即应从2007年6月1日起算租金。2007年6月至12月应交纳租金40万元，2008年应交纳租金80万元，2009年应交纳租金80万元，2010年1月至2010年7月30日产权变更时应交纳7个月租金（按月租金66666元计算为466662元），精益公司共计应向信用社交纳租金为2466662元，精益公司实际交纳租金120万元，欠付租金1266662元。精益公司主张应从2009年9月28日开始计算租金，其不欠信用社租金的理由不能成立。

综上，精益公司的再审申请不符合《中华人民共和国民事诉讼法》第二百条第二项、第六项规定的情形。

2016年6月27日，最高人民法院依照《中华人民共和国民事诉讼法》第二百零四条第一款之规定，裁定驳回精益公司的再审申请。

六、擅自改变房屋使用功能的房屋租赁合同是否有效

（一）理论解答

房屋租赁实践中，出租人擅自将工业厂房、住宅、仓库等改作商业用房出租的现象十分常见。关于这类租赁合同的法律效力，我国现行法律没有直接、明确的规定，法学理论界和法律实务界的看法也不一致。

无效主张者的主要理由是，根据我国“房地合一”的基本政策，改变房屋的使用功能就等于改变了土地的用途，违反了《中华人民共和国物权

法》第一百四十条“建设用地使用权人改变土地用途，应当经有关行政主管部门批准”、《中华人民共和国土地管理法》第五十六条“建设单位改变土地建设用途，应当经土地行政主管部门批准”、《中华人民共和国城市房地产管理法》第十八条“土地使用者改变土地用途的，必须经受让方和市、县城市规划行政主管部门同意”、《中华人民共和国城镇国有土地使用权出让和转让暂行条例》第十八条“土地使用者需要改变土地使用权出让合同规定的土地用途的，应当征得出让方同意并经土地管理部门和城市规划部门批准”等规定，而《中华人民共和国合同法》第五十二条规定：“违反法律、行政法规的强制性规定的合同无效。”

本书认为，房屋租赁合同不应因房屋使用功能的擅自改变而无效，这类房屋租赁合同并没有直接违反《中华人民共和国物权法》《中华人民共和国土地管理法》《中华人民共和国城市房地产管理法》《中华人民共和国城镇国有土地使用权出让和转让暂行条例》等法律、行政法规的强制性规定。其一，从调整的对象看，《中华人民共和国物权法》第一百四十条规定了建设用地使用权人、《中华人民共和国土地管理法》第五十六条规定了建设单位、《中华人民共和国城市房地产管理法》第十八条规定了土地使用者均不能随意改变土地用途，调整的对象是建设用地使用权人、建设单位、土地使用者等利用土地进行建设的建设方，而非调整房屋的所有权人。其二，以上法律条文调整的是建设方利用土地开始建设这一改变土地用途的法律行为，而非调整建设完成后房屋利用、处分等法律行为，更不属于调整改变物业租赁用途和改变房屋使用功能的法律行为。其三，《中华人民共和国土地管理法》第四条第二款、《中华人民共和国土地管理法实施条例》第十条等相关法律明确将土地用途分为农用地、建设用地、未利用地。只有在以上这三种土地用途之间的转换，才属于法律意义上的“改变土地用途”。

（二）案例指引

郑某梅与深圳市光明晟大五金商贸有限公司房屋租赁合同纠纷案[①]

郑某梅向广东省深圳市宝安区人民法院提起诉讼称：其于2012年12月9日与深圳市光明晟大五金商贸有限公司（以下简称晟大公司）签订商铺租赁合同书一份，租赁商铺号为一期一层A6号，租期3年，从2012年12月18日起至2015年12月17日止，月租金3200元。晟大公司签订合同时明确告知郑某梅，五金商贸城从经营者的利益出发，设计了一整套投资者和经营者共赢的商业模式，真正实行统一规划、统一设计、统一形象宣传、统一招商招租和统一市场管理等确保经营者生意成功的条件，郑某梅要求把上述条件写入商铺租赁合同，但是晟大公司拒绝写入商铺租赁合同中，并说明合同由晟大公司方统一拟订。晟大公司在印刷的宣传资料上写明了晟大公司的义务，并把宣传资料与合同一起交给郑某梅，并承诺晟大公司将会严格按宣传资料上的经营条件执行。租赁合同第二条明确约定：为了保证整个市场经营的统一性和规范性，预防销售假冒伪劣商品等违法经营行为，郑某梅向晟大公司交纳经营保证金9600元，并约定晟大公司应该为郑某梅等经营者提供商务电话、广告位、货运、仓储等服务。晟大公司宣传资料和招商中明确告知前来咨询的投资者，该五金商贸城分为一期和二期，并向投资者提供了一期、二期的平面图，一楼公共部位铺地砖和吊顶，安设手扶电梯一台。郑某梅基于晟大公司的宣传资料和做出的承诺而与晟大公司签订了商铺租赁合同，并入场晟大公司出租的商铺，进行了商铺装修、联系货源、进货、聘请工人看店。当郑某梅准备入场经营时，发现多家已开业商户陆续搬离五金城，晟大公司并没有实现统一规划招商，五金建材城内引进了与五金建材不相关的项目，其中有“深圳市光明新区自主创业孵化基地”，五金商贸城大门口招进了福利彩票经营店及其

---

① 详见：广东省深圳市宝安区人民法院（2013）深宝法公民初字第2051号民事判决书、广东省深圳市中级人民法院（2014）深中法房终字第2099号民事判决书、广东省高级人民法院（2015）粤高法民二申字第747号民事判决书。

他加工制造项目，以致无法形成一个规模统一的五金建材市场。郑某梅入场后晟大公司除了派人收取租金外，没有进行对五金建材城其他宣传，公共部位没有铺地砖和吊顶，没有安装手扶电梯，也根本没有所谓的二期，更没有向投资者提供所谓的货运、仓储、商务电话等服务，且晟大公司一直都只是在试营业中未正式开业。由于晟大公司没有正式开业，也没有继续对五金城进行宣传和招商，并撤走招商处的工作人员，没有履行向先期投资者的承诺，晟大五金城没有及时形成市场，以致郑某梅无法经营。郑某梅和其他投资者为了帮助晟大公司形成市场及双方的共同利益，与晟大公司管理处协商，并要求晟大公司严格履行当时向投资者所做出的承诺，继续加大宣传力度，组织招商工作人员尽快开业，尽快形成市场。但晟大公司对郑某梅和其他投资者的合理要求置之不理，郑某梅等其他投资者询问晟大公司的工作人员得知，没有正式开业的原因主要是晟大公司不积极作为所致。其中晟大公司的商贸城的消防没有通过相关部门的验收，故迟迟不能正式开业。郑某梅于2013年4月再次与晟大公司管理处协商，要求暂时降低郑某梅和现有入场租户的租金，使郑某梅和先期入场的租户能维持经营，并要求晟大公司加大招商力度，尽快形成市场，晟大公司不同意郑某梅和先期入场租户的要求，并驱赶现有的其他租户。直到2013年10月10日，晟大公司为了稳定现有的租户，才制作公告、降低租金。郑某梅看到相关公告，前往管理处按通知缴纳租金时，晟大公司又不同意按通知的规定执行减免，故郑某梅只能暂时停止缴租，要求晟大公司按通知的规定履行。综上所述，晟大公司作为一个市场经营的主体，应当依法履行招商时对投资者的承诺，依法形成统一的五金建材市场，以确保市场内经营者有一个统一、安全、合法的市场环境，而晟大公司却采用虚假宣传、欺骗手段，骗取郑某梅等租户入场，待其入场后却不履行承诺，导致其无法经营，给其造成严重的经济损失。为维护自身的合法权益，郑某梅诉至法院，请求判令：1. 确认郑某梅、晟大公司签订的租赁合同无效，退还郑某梅商铺经营保证金9600元；2. 晟大公司赔偿郑某梅因违约造成的经济损失，包括铺面装修费48558元、租金（含水电、物管费）13124元、工人工资10000元；3. 由晟大公司承担本案的诉讼费。

晟大公司辩称：1. 晟大公司作为出租方，已经尽到了己方的义务：将租赁物交付给郑某梅使用、收益，并投入巨资为光明晟大五金城进行了大量而广泛的广告宣传，还设置专职部门扩大招商力度，吸收商户，将五金城打造成了一个具有良好经营环境和条件的专业五金建材产品销售市场。郑某梅要求晟大公司承担责任，无非是因所谓的晟大公司虚假宣传、违约或未尽到己方义务，但晟大公司实际并不存在虚假宣传、违约的任何事实。

(1) 关于晟大公司宣传广告虚假，误导郑某梅入驻五金城，未兑现宣传内容，构成违约的问题。此说法与事实不符，于法无据。第一，郑某梅提交的宣传材料即三份宣传单，未显示晟大公司的任何签章。该种宣传单制作容易，制作主体不限，郑某梅并不能证明此宣传单属晟大公司印发。第二，宣传单的主要内容是五金城简介、招租对象、已进驻品牌、租金优惠措施、所处位置地图、五金城效果图、联系方式、五个统一的商业模式、潜在客户情况、地理位置和交通情况、提供全方位多渠道的采购平台和配套设施、对光明新区的介绍。该宣传单大部分内容为五金城的客观情况描述，晟大公司对之未进行虚假宣传。涉及五金城市场定位、市场前景与潜力、潜在客户等宣传内容，是结合五金城周边乃至光明新区的客观情况而做出的有根据的合理判断和推测，这些判断、推测是结合当时的外部环境而做出的，这些内容受到外部环境及租户自身经营水平的限制，无论后期的发展变化是否符合当时的预期，都不能否认晟大公司结合当时客观环境而做出判断和推测的合理性和正当性，这种判断和推测不构成虚假宣传，这种预想的市场前景潜力至今也存在。如果郑某梅等租户不努力经营开发，即使存在该种市场潜力，其也不可能不劳而获，更不应该将责任推卸到晟大公司身上。涉及晟大公司规划实施的建设项目、配套设施、配合服务等，晟大公司也已落实或因项目自身性质还在落实当中。其一，关于五金城一期二期规划的问题。此规划是五金城一个长期的规划，晟大公司未表明该规划的具体时间表，故不意味着晟大公司须在某一固定期限内完成，且该规划也可能因客观环境的变化而变化，其中郑某梅等不按时缴纳租金，致使晟大公司后期落实规划的资金不足就是其中一个重要的原因。其二，关于落实五个统一的商业模式的问题。从始至今，晟大公司都在五金城设置专门的招商处进行统一对外招商，招商处现依然在正常运作。从项目筹建至今共投入广告费约50万元，用来扩大五金城知名度、提升凝聚力。晟大公司对五金城进行统一规划、统一设计、统一市场管理更是不言而喻，五金城的规划、设计、建设、租户的加盟、后期晟大公司应负担的管理责任等，晟大公司在所有可能统一的范围内，为租户提供统一的安排和支持。故郑某梅所称晟大公司未落实“五个统一”，严重违背事实。其三，关于晟大公司提供停车空间、仓储空间的问题，晟大公司也已完全做到，在五金城内设有多个停车位足以满足租户和客户停车需求。晟大公司在五金城主楼后及其附近建设了仓库，只要郑某梅提出使用仓库的需求，晟大公司就能满足其需求，但郑某梅从来没有提出过要使用仓库。郑某梅在本案提出晟大公司未建仓库的问题，只是为其无理要求寻找一个由头。总之，晟大公司的宣传是客观真实的，即使宣传单中有夸张成分也并未超出广告宣传单应有的合理适度，这种合理适度的夸张在电视广告、平面媒体中都十分常见，这是由广告本身的性质决定的。第三，晟大公司宣传单不同于双方《商铺租赁合同书》，对晟大公司不具有法律约束力。双方的权利义务应以《商铺租赁合同书》及其补充确定，而不是以宣传单为准。正式的《商铺租赁合同书》及其补充协议、郑某梅《经营承诺书》是确定双方权利义务的正式文件，并未包含宣传单中的内容，这一点是符合常理的，郑某梅也是明知的、接受的，郑某梅对正式文件从未提出过异议，却以宣传单为由来扩大晟大公司的义务，是没有法律依据的。第四，郑某梅诉称“因看到晟大公司的宣传单和晟大公司的承诺而与晟大公司签订商铺租赁合同，并进入租赁商铺……”没有事实和法律根据。郑某梅得知晟大公司五金城招租信息后，多次到五金城进行实地考察，并向晟大公司及其他租户了解五金城信息，进而才比对挑选商铺，最终才慎重地与晟大公司签下《商铺租赁合同书》。郑某梅的说法是严重违背事实的。作为一般的经营者在确定一项投资之前，都不会仅靠宣传单而做出决定。从法律角度，可因对方承诺而达成合同的必须是“要约”，房屋租赁的宣传单也只能是要约邀请。

（2）关于晟大公司未兑现其所谓对外宣传或介绍中的口头承诺的说法与事实不符。郑某梅诉称晟大公司告知其五金城“一楼公共部位铺地砖和吊顶，并设手扶梯一台”，但并没有证据加以证明，应当承担举证不能的责任。晟大公司十分重视五金城内外部经营环境的提升，已在一楼安装了垂直电梯，且目前二楼商铺还没有任何租户入驻，故并没有安装手扶梯的必要，待必要时，晟大公司会安装手扶梯。晟大公司已经在一楼公共部位铺设地砖。因各个租户租赁的商铺为自行独立装修，部分租户的装修（包括吊顶）尚未完成，五金城公共部分吊顶只有等单独的租户装修完成之后才能进行。故晟大公司未对公共部分吊顶是客观原因造成的，等条件满足时晟大公司会立即开展吊顶工作。

（3）有关晟大公司只进行试业未正式开业的说法与事实不符。晟大公司具备营业执照等合法手续后即择日开业，晟大公司在对外的宣传中表示为试业，只不过是一个宣传的说法，具有谨慎开业、严肃认真的内涵，这样一个对外的宣传说法并不影响晟大公司的试业即为开业的性质。即便五金城营业之初进行试业，但早已进入正式营业。

（4）有关晟大公司“引进了与五金建材不相关的项目……以致无法形成一个规模统一的五金建材市场”的说法与事实不符。郑某梅所述晟大公司引进的“深圳市光明新区自主创业孵化基地”、福利彩票经营店，只说明因该两项目导致无法形成一个规模统一的五金建材市场，却未说明为何有此影响。首先晟大公司没有引进不相关的项目，郑某梅所谓的两个“项目”，根本称不上项目；其次实际上这两个所谓“项目”，对五金城没有任何负面影响，更不会导致五金城不能形成“规模统一的五金建材市场”。

（5）有关消防验收不合格导致商贸城不能正式开业的说法不实。商贸城已完全进入开业状态，不存在因任何原因而未开业的情况。五金城消防验收问题，属于消防部门对五金城进行消防管理的行政法律关系，与本案租赁合同法律关系属于两种法律关系，与本案无关。

（6）关于郑某梅请求晟大公司降低租金，晟大公司仅出台一次降租措施，且拒绝落实降租措施的说法严重失实。晟大公司与郑某梅双方经《商铺租赁合同书》约定了租金价格，正常租赁期间，郑某梅不遵守合约，竟无故要求降租，晟大公司在减免合同生效后前三个月租金的基础之上，又于2013年4月18日、2013年10月10日两次出台降租措施，而不是郑某梅所述只有10月10日一次降租措施。在4月份降租方案出台后，五金城内租户即按该优惠方案缴纳了租金。郑某梅未与晟大公司执行10月份的降租措施，完全系郑某梅自身原因所致。当时的真实情况是，郑某梅要求晟大公司进一步降低租金并曲解晟大公司优惠措施的原意，晟大公司没有同意此无理要求。

（7）关于郑某梅所说晟大公司驱赶商户的问题，根本不存在这种情况。晟大公司建造五金城，目的就是使五金城的生意兴隆，互利共赢，晟大公司投入大量人力、财力、物力吸收商户，对晟大公司来说自然是商户越多越好，怎么会存在驱赶商户的可能。

2. 郑某梅要求提前解约，且在承租期间对晟大公司严重违约，至今仍欠晟大公司租金和其他费用未予缴纳。双方《商铺租赁合同书》第九条约定："本合同期满，乙方无违法经营行为，无违约行为，缴清租金及各项应缴费用后，甲方在一个月内不计利息退还乙方所交租赁经营保证金。"根据该约定，租赁期限未届满，郑某梅即要与晟大公司解除租赁合同，晟大公司依约可不予退还该保证金9600元。郑某梅要求晟大公司退还保证金没有法律和事实依据，且郑某梅承租期间，存在迟延交租、欠租等严重违约行为，至今未向晟大公司缴清租金及其他各项应缴费用。

3. 晟大公司没有任何违约行为，不应赔偿郑某梅所谓的任何经济损失。

（1）关于48558元铺面装修费。首先，郑某梅没有证据证明其为铺面装修支出48558元。其次，双方2012年12月9日签署的《经营承诺书》第二条约定"铺位装修由乙方负责，但乙方进行装修前，须提前7日提出装修方案报甲方审批同意后，方可入场装修……"，郑某梅并未将其装修方案向晟大公司报批，晟大公司对郑某梅的装修行为不予认可，故不应承担其装修费用。郑某梅未经晟大公司同意即在店铺内建造阁楼，属于违建，晟大公司保留追究其违建责任的权利。最后，所做的装修现已被郑某梅全部拆除搬离，郑某梅存在违约。根据《经营承诺书》第七条"商铺租赁合同期满或因乙方违约等终止合同后，该商铺的固定装修和设施乙方不得拆除，无偿归甲方所有"之规定，该部分归晟大公司所有，且晟大公司无须向郑某梅支付任何费用。

（2）关于13124元租金（含水电、物管费）。根据《中华人民共和国合同法》第二百一十二条"租赁合同是出租人将租赁物交付承租人使用、收益，承租人支付租金的合同”及第二百二十六条“承租人应当按照约定的期限支付租金”之规定，郑某梅理应交纳租金，而物管费、水电费与下述用工成本一样，应由郑某梅承担。

（3）关于10000元工人工资。郑某梅承租商铺后，商铺的具体经营由郑某梅负责，其聘请工人以及支付工人工资是其应有的经营行为和应承担的成本，与晟大公司无关。

总之，晟大公司已将房屋交付给郑某梅使用、收益，并依约为其营造了良好的经营环境；郑某梅不履行向晟大公司按时缴纳租金等重要义务，构成违约，故请求法院依法驳回郑某梅的诉讼请求。

晟大公司反诉称：合同订立后，晟大公司履行出租义务，交付了租赁物，并投入巨资为光明晟大五金城进行了大量宣传，培育了五金城的知名度，设置专职部门吸收商户，将五金城打造成了一个良好的五金产品销售市场。按照《商铺租赁合同书》的第一条、第五条的约定，郑某梅应按3200元/月的标准于每月20日前缴纳租金，按288元/月的标准缴纳管理费，但郑某梅却屡次迟延缴纳或不予缴纳。按照合同第七条约定，郑某梅逾期缴纳应缴费用，从逾期第8日起，晟大公司可每日按郑某梅当月应缴租金的5%收取其违约金。为维护晟大公司合法权益，特提出反诉，请求法院依法判令：1. 郑某梅支付晟大公司租金16000元、水电管理费1440元、违约金48134.40元，共计65574.40元；2. 由郑某梅承担本案的诉讼费。

针对反诉，郑某梅辩称：第一，晟大公司在反诉中陈述其拒绝缴纳租金是因其违约，没有事实依据。因晟大公司至今未取得建设施工许可证，未向城建部门报建，根据相关法律规定，郑某梅、晟大公司签订的租赁合同无效。第二，在合同租赁期限内并不是郑某梅不缴纳租金，而是晟大公司未尽到合同义务。1. 晟大公司在郑某梅签订租赁合同时交给郑某梅的宣传资料上明确约定，该市场是五金建材市场，晟大公司的宣传资料明确要做到五个统一，晟大公司应当履行五个统一义务，直至郑某梅进场以后晟大公司都未履行该义务，也没有进行宣传和大力招商，违背了晟大公司所谓“统一规划”的承诺。2. 在租金缴纳方式方面的义务。晟大公司曾出具缴纳租金的通知，文件编号2013041801和2013101001的文件上第一、二条明确言明，凡积极依该文件缴纳8月份的租金并在2013年10月18日前一次性缴纳8至12月份租金的租户，公司按缴纳租金50%给予减免，凡按规定执行本通知第二条的商户公司给予奖励一个月的租金。当郑某梅依据这个通知去缴纳租金的时候，晟大公司单方面变更通知的内容，认为奖励一个月的租金要从8月至12月的租金中扣除，这样计算下来的话，晟大公司就把奖励的租金列到8月至12月份。晟大公司不依据所出具的通知执行，导致郑某梅请求晟大公司解释清楚文件之后再缴纳租金。以上事实可证明郑某梅并不是不愿意缴纳租金，而是晟大公司未履行在先义务且不遵守通知。根据《中华人民共和国合同法》的规定，郑某梅未依约缴纳租金是在行使先履行抗辩权。第三，关于反诉状的违约金，从晟大公司所列的租金和违约金的比例来看，违约金远高于租金。假设这个租赁合同有效，在郑某梅拖欠租金没有任何理由的情况下，违约金的计算也远高于晟大公司的损失，且本案中的租赁合同是无效的，因此在签订租赁合同时晟大公司存在严重的缔约过失。晟大公司不履行合同义务在先，郑某梅是在行使《中华人民共和国合同法》规定的抗辩权，保护自己的合法权益。故晟大公司反诉没有事实和法律依据，请求法院依法驳回。

深圳市宝安区人民法院经审理查明：

2011年9月1日，晟大公司法定代表人马某龙与光晟玩具（深圳）有限公司签订房屋租赁合同一份，合同约定光晟玩具（深圳）有限公司将位于深圳市光明新区光明街道光明大街194号A、B栋建筑面积4845.99平方米的房产（房地产证号：深房地字第50××10、50××14）出租给马某龙，租赁期限为10年（2011年10月1日至2021年10月1日），双方于2011年9月21日办理了租赁合同备案手续，租赁用途为商业用途。根据深圳市光明新区光明办事处翠湖社区工作站及光晟玩具（深圳）有限公司出具的证明，深圳市光明新区光明大街194号A、B栋一、二楼即是宗地号A520－0110，房地产证号为50××10、50××14号所示的柑山工业区A、B栋一、二楼。

郑某梅、晟大公司于2012年12月9日签订商铺租赁合同书一份，合同约定，晟大公司将位于深圳市光明新区晟大五金商贸城一期一层A6号商铺租给郑某梅使用，建筑面积为72平方米，租赁期限为三年，2012年

12 月 18 日至 2015 年 12 月 17 日，每月租金为 3200 元，2012 年 12 月 18 日至 2013 年 3 月 17 日为免租期，免租期间晟大公司不向郑某梅收取租金。郑某梅在签订合同时，向晟大公司交纳商铺租赁经营保证金 9600 元。自 2012 年 12 月 18 日起，郑某梅每月向晟大公司交纳综合管理费 288 元，承租商铺的水电费用由郑某梅自行承担，市场内部公共用电、公共用水费用由郑某梅按租赁面积分摊。如果郑某梅在合同约定的缴费期限内未向晟大公司付清应缴费用，并超过合同约定的缴费期限 7 日，则晟大公司有权从第 8 日起，每日向郑某梅收取相当于当月租金总额的 5% 的费用作为违约金，并可对郑某梅承租的商铺采取停止供应水电、封闭其营业场所等相应措施，直至郑某梅缴清相关费用；如郑某梅拖延至第 15 日仍未缴清相关费用，则晟大公司有权单方面解除合同并收回摊位租赁使用权，郑某梅所缴纳租赁保证金不予退还。合同期满，郑某梅无违法经营行为、无违约行为，缴清租金及各项应缴费用后，将所租铺面（含设施）完好无损交还晟大公司，晟大公司在一个月内不计利息退还郑某梅所交租赁经营保证金 9600 元。

合同签订后，晟大公司依约将商铺交付给郑某梅使用，郑某梅向晟大公司交纳三个月押金及一个月租金（2013 年 3 月 17 日至 2013 年 3 月 31 日）共计 10980 元，并交纳 2013 年 4 月 1 日至 2013 年 6 月 30 日管理费 864 元。2013 年 6 月 28 日，郑某梅向晟大公司交纳 2013 年 4 月租金 3200 元，5 月至 7 月租金共计 7680 元（9600 × 80%）。目前郑某梅已自行搬离商铺，但并未与晟大公司办理交接手续。

根据郑某梅的申请，深圳市宝安区人民法院依职权向深圳市公安局光明分局消防监督管理大队调查涉案商铺的消防验收情况，该大队于 2013 年 12 月 5 日出具复函称：经查，深圳市光明晟大五金商贸有限公司于 2012 年 6 月 14 日以厂房的使用性质在广东省公安厅消防局网上进行了消防设计备案和竣工验收备案，如果该场所作为商业用途，需另行申请。该单位未申请对光明晟大五金建材城进行开业前的消防安全检查。

深圳市宝安区人民法院认为，本案是租赁合同纠纷，争议的焦点在于合同的效力及双方当事人权利义务的确定。

第一，关于郑某梅、晟大公司签订的商铺租赁合同书的效力问题。涉案房产的所有权人为光晟玩具（深圳）有限公司，该房产依法办理了房地产证，晟大公司法定代表人马某龙依法承租该房产，并按规定办理了房屋租赁合同备案手续。晟大公司对涉案房产依法享有使用权。郑某梅、晟大公司之间签订的租赁合同系双方真实意思表示，未违反法律、行政法规的强制性规定，合法有效。该房产已经以厂房的使用性质进行了消防设计备案和竣工验收备案，作为商业用途后，虽未申请进行开业前的消防安全检查，但郑某梅可以另行向公安消防部门反映情况要求处理，这并不足以否定郑某梅、晟大公司之间合同的效力。同样，虽然房地产证登记的土地用途为工业用地，但房屋租赁凭证上租赁用途处明确写明系商业用途，故郑某梅主张晟大公司改变土地用途而认定合同无效的主张，本院亦不予采信。故关于郑某梅要求确认租赁合同无效的诉讼请求，本院不予支持。郑某梅、晟大公司双方仍需按合同约定履行各自的义务。因郑某梅未按期交纳租金存在违约行为，故对于郑某梅要求晟大公司返还租赁经营保证金9600元的诉讼请求，本院不予支持。因郑某梅、晟大公司签订的租赁合同合法有效，郑某梅已实际使用承租商铺开展经营行为，且郑某梅提交的证据不足以证明晟大公司存在违约行为，故对于郑某梅要求晟大公司赔偿因违约造成的经济损失（含铺面装修费、租金、工人工资）的诉讼请求，本院不予支持。

第二，关于郑某梅是否应支付租金、管理费及违约金的问题。郑某梅认可从2013年8月1日起未再向晟大公司交纳租金、管理费的事实，但以晟大公司提供的租赁房屋存在消防瑕疵作为抗辩理由。本院认为，郑某梅在签订合同时，应对租赁房屋的相关情况有充分了解，且该抗辩理由既非法定也非约定的拒付租金、管理费的理由，因此本院支持反诉关于2013年8月1日至2013年12月31日期间的租金16000元（3200元/月×5）、管理费1440元（288元/月×5）的诉讼请求。关于逾期支付租金、管理费的违约金，根据合同约定，郑某梅需在每月20日前向晟大公司交纳下月的各项费用（含租金、管理费、水电费等），如果郑某梅在合同约定的缴费期限内未向晟大公司付清应缴费用，并超过合同约定的缴费期限7日，则晟大公司有权从第8日起，每日向郑某梅收取相当于当月租金总额的5%的费用作为违约金。郑某梅未按时交纳租金，应依约承担违约责任。因合同约定的违约金过高，本院酌情调整为按中国人民银行同期贷款利率的四倍计算违约金。

2014年7月5日，深圳市宝安区人民法院依照《中华人民共和国合同法》第一百零七条、第二百一十二条，《中华人民共和国民事诉讼法》第六十四条第一款之规定，判决如下：1. 郑某梅于本判决生效之日起十日内向晟大公司支付2013年8月1日至2013年12月31日期间的租金16000元、管理费1440元及违约金（以租金16000元作为基数，按中国人民银行同期贷款利率的四倍从超过合同约定的缴费期限第8日起算至本判决指定支付之日止）；2. 驳回郑某梅的全部诉讼请求；3. 驳回晟大公司的其他反诉请求。

一审宣判后，郑某梅不服，向深圳市中级人民法院提起上诉。

深圳市中级人民法院审理认为：本案为房屋租赁合同纠纷。根据深圳市光明新区光明办事处翠湖社区工作站及光晟玩具（深圳）有限公司出具的证明，涉案商铺所在的深圳市光明新区光明大街××号A栋即柑山工业区A栋，涉案商铺系合法建筑，一审法院认定涉案商铺租赁合同有效，认定正确。郑某梅上诉称涉案商铺所在的光明晟大五金建材城改变了房屋用途，未进行开业前的消防安全检查，也未取得市场登记证书，涉案商铺租赁合同为无效合同。本院认为，改变房屋用途应经相关主管部门批准，涉案晟大五金城在开业前也应当进行消防安全检查，并办理市场登记证书，但上述规定并非导致房屋租赁合同无效的效力性强制性规定，不能以此认定房屋租赁合同无效。如果确实存在上述问题，郑某梅可申请相关行政主管部门就上述问题作出行政处理。

涉案房屋租赁合同有效，双方均应按合同约定履行义务。郑某梅自2013年8月1日起未再向晟大公司支付租金和管理费，构成根本违约，一审法院判决郑某梅支付拖欠的租金、管理费及违约金，处理正确。

综上，上诉人郑某梅上诉无理，应予驳回。一审法院认定事实清楚，适用法律正确，应予维持。

2014年11月3日，深圳市中级人民法院依照《中华人民共和国民事诉讼法》第一百七十条第一款第（一）项之规定，判决如下：驳回上诉，维持郑某梅判。

二审判决后，郑某梅不服，向广东省高级人民法院申请再审。

广东省高级人民法院认为：

本案为房屋租赁合同纠纷。根据二审法院确认一审法院查明的事实，涉案租赁商铺所在的深圳市光明新区光明大街194号A栋即柑山工业区A栋系合法建筑。因此，二审法院确认一审判决认定涉案房屋的租赁合同有效适用法律正确。

郑某梅为具有完全民事行为能力的民事主体，应当预期签订本案房屋租赁合同的法律后果，并应承担合同约定义务。郑某梅认为晟大公司有欺诈行为的事实损害其利益，应承担损害赔偿责任。对此，郑某梅应承担举证责任。由于郑某梅未能进一步举证，故应承担举证不能的法律责任。二审法院据此维持一审判令郑某梅支付拖欠的租金、管理费及违约金的判决，符合《最高人民法院关于民事诉讼证据的若干规定》的相关规定。

郑某梅申请再审为主张其因合同无效导致损害的获偿权利，提交了《光明规划土地监察中队关于晟大五金城信访举报核实情况的复函》《关于晟大五金城检查情况说明》《情况说明》等证据材料复印件。但上述材料内容均不能证实本案房屋租赁合同有导致合同无效的情形。郑某梅的再审申请理由均不能成立。

综上所述，郑某梅的再审申请不符合《中华人民共和国民事诉讼法》第二百条规定的情形。

2015年8月18日，广东省高级人民法院依照《中华人民共和国民事诉讼法》第二百零四条第一款之规定，裁定如下：驳回郑某梅的再审申请。

七、如何认定利用农用土地进行非农建设的租赁合同的效力

（一）理论解答

近年来，随着经济建设和房地产开发的升温，租赁农用土地进行非农建设的现象比较严重。造成这种现象的主要原因，除了巨大商业利益的驱动外，还在于人们对《中华人民共和国土地管理法》第六十三条规定的“农民集体所有的土地的使用权不得出让、转让或者出租用于非农建设”的规范属性有着不同的认识。

不少人认为，《中华人民共和国土地管理法》的上述规定属于管理性规定，不属于效力性强制性规定，出租农用土地用于非农建设并不必然导致合同无效。

本书认为，正确理解、识别效力性强制性规定与管理性规定，不仅关系到民商事合同的效力维护，还影响市场交易的安全与稳定。判断某项规定属于效力性强制性规定还是管理性规定的根本，在于违反该规定的行为是否严重侵害国家、集体和社会公共利益，是否需要国家权力对当事人意思自治行为予以干预。具言之，认定《中华人民共和国土地管理法》的有关规定是效力性强制性规定还是管理性规定，应当根据该规定的意旨，对相互冲突的权益进行综合权衡。

我国人多地少，守住耕地红线和基本农田红线，是农业发展和农业现代化建设的根基和命脉，是国家粮食安全的基石。在新形势下，严格划定、特殊保护永久基本农田，是增强现代农业发展的物质基础，是强化城市发展边界约束，促进新型城镇化健康发展的有效之举，也是倒逼节约集约用地，缓解资源环境承载压力，促进生态文明建设的重要之措，更是推

进基本农田落地到户，切实维护广大农民土地权益的有力保障。而严格规范农用地管理、强化耕地保护红线硬约束，既是新形势下落实“稳增长、调结构、促改革、惠民生”的重要举措，也是审慎稳妥推进农村土地制度改革的底线要求。

禁止农民集体所有土地使用权出让、转让或者出租用于非农业建设，主要是基于保护耕地的需要。如不加以严格执行，将会又有大量耕地变为建设用地，保护耕地的目标将难以实现。因此，保护农业用地关系到国家的根本利益，违反《中华人民共和国土地管理法》第六十三条的规定改变农地用途，将会损害国家、集体和社会公共利益。据此，《中华人民共和国土地管理法》第六十三条应属于效力性强制性规定。所以，利用农用土地进行非农建设的租赁合同的效力应为无效。

（二）案例指引

广东省新丰县广增农产品有限公司与苏某租赁合同纠纷案①

2009 年 5 月 12 日，苏某（乙方）与新丰县××镇××村正下片小组（甲方）签订《租山用地合同》，租用正下片小组龙井窝至烧瓦坪天水山地。苏某租用该片山地后，动工开挖了十个浸泡池，建设了 720 平方米厂房（7 字型）、工人住宿平房及水泥柱结构石棉瓦天面的晾干棚用于经营烧瓦坪纸厂。该建设施工行为未办理相关用地手续。该纸厂经营至 2011 年 7 月。

新丰县广增农产品有限公司（以下简称广增公司）于 2010 年 12 月 1 日注册成立，住所地为新丰县××镇××村，法定代表人为区某华，经营范围为农产品种植、收购、销售与中药材种植（依法经批准的项目，经相关部门批准后方可开展经营活动）。

2014 年 11 月 19 日，苏某为甲方，广增公司为乙方，签订《厂房租赁合同》，主要内容：1. 租赁物：厂房。甲方将自建位于新丰县××镇××村烧瓦坪（原纸厂），厂房占地面积 720 平方米，厂房外空地（连十个水

① 详见：新丰县人民法院（2015）韶新法民一初字第 287 号民事判决书、广东省韶关市中级人民法院（2016）粤 02 民终 756 号民事判决书。

池）约2500平方米及生活区一排（十个房间）、地磅。茶厂对面小山坡可以给乙方发展用途，如乙方需要扩展用途需另行签订合同。所有工程费用由乙方支付。以上厂房建筑物及设备（包括供给变压器使用）作价180000元，乙方一次性支付给甲方。2. 租赁期限2014年11月19日至2039年11月18日。3. 押金36000元，承包期最后三年不用支付租金给甲方。（1）租厂押金：乙方签0约同时支付给甲方押金36000元，乙方提前终止合同押金全部归甲方；（2）租金及交租时间：每月1000元，在每月10日前支付。4. 租赁期间的其他事项约定：……（2）乙方必须按照政府的有关规定，自行申领相关证照，并缴纳相关费用，甲方只提供协助，不作任何保证其能申领到相关证照……（4）乙方应该注意爱护，不得破坏厂房装修、结构及设备、设施，否则应该照价赔偿；（5）如乙方需要增加水、电设施，由甲方聘请有资质的技工施工，一切费用由乙方支付，到期归甲方所有，乙方不得拆迁……（7）厂房只限乙方使用，乙方不得私自转租、改变使用性质或者作非法用途……甲方签字：苏某；乙方签字：区某华。广增公司租赁苏某厂房后，用于经营药草、鱼草等收购、加工、销售业务。

2014年12月13日，广增公司与新丰县文宾装饰部签订《合同书》，由新丰县文宾装饰部方为广增公司修建位于××镇××村原纸厂的大坑瓦铁皮雨篷（在原有水池上方修建铁皮雨篷）。建好铁皮雨篷后，广增公司共向新丰县文宾装饰部支付了116792元工程款。

2015年7月6日，广增公司员工何某军向新丰县公安局××派出所报案，称其在新丰县××镇××村管理的广增公司撤场时与××村村民发生纠纷，撤场车辆被当地村民拦下。同日，广增公司支付山路维护补偿费用22000元。针对上述事件，新丰县公安局××派出所于2015年10月16日出具《情况说明》，内容为："2015年7月6日110转事主求助称：其在新丰县××镇××村管理的广增公司撤场时与长坪村民发生纠纷，撤场车辆被当地村民拦下。民警出警后了解情况，广增公司在建设与经营过程中开路损坏部分村民的竹子和损坏村民的围墙，广增公司与受损村民没有达成赔偿协议，现广增公司撤场，受损村民拦路，在得到赔偿损失前不让该厂撤场。民警到现场后，事主与村民同意私下进一步协商处理，撤场车辆已经开始离开。"

2015年7月16日，新丰县国土资源局向何某军发出《责令停止国土资源违法行为通知书》［新国土资责停字（2015）第72号］，责令何某军立即停止非法占地建厂房行为，听候处理。

2015年9月1日，广增公司向新丰县人民法院提起诉讼，诉称：2014年11月19日，广增公司与苏某签订《厂房租赁合同》，广增公司向苏某租赁位于新丰县××镇××村烧瓦坪原纸厂厂房用于经营药草、鱼草等收购、加工、销售。合同约定：1. 广增公司须购买厂房建筑物和设备，作价180000元；2. 租赁押金36000元；3. 每月租金1000元。2014年12月13日，经苏某同意，广增公司在租赁厂房内建设一铁皮车间用于加工生产，并与新丰县文宾装饰部签订了合同，广增公司先后支付了工程款116792元。该工程是苏某叫来施工的，实际是其本人控制的公司即其本人施工。租赁场地后，苏某未协调好村民关系，致广增公司遭到村民刁难，支付了迁坟费15000元，同时，到达租赁地有一条必经之路，是广增公司2009年租赁使用的，控制权由村民徐某红、徐某卫掌握。广增公司租赁之后，徐某红、徐某卫不准许广增公司使用，致使广增公司支付了22000元买路款。经过广增公司半年的经营，2015年7月2日与开平市双利食用农产品配送有限公司（下称双利公司）签订了销售鱼草等的《经销合同》，约定由广增公司向该公司每月销售保底300吨鱼草、每吨价格为1100元，广增公司从农民手上收取鱼草价格为每吨250元。2015年7月，苏某强行要求广增公司以300000元收购其位于租赁场地附近的一栋建筑物。同时村民举报，苏某利用村长职务之便，违法租赁××镇××村烧瓦坪土地建设厂房出租赢利，相关行政部门对苏某厂房建筑物作出限令拆除处理，并要求广增公司停止建设铁皮车间，限令拆除。加上村民阻止广增公司进行加工生产，致广增公司无法经营。为此，广增公司无法履行与双利公司签订的《经销合同》，给广增公司造成经济损失675000元。苏某利用职务之便，未经村民自治表决程序和违法利用农村土地进行非农用建设，因此，双方签订的《厂房租赁合同》无效，合同无效的法律后果为：1. 相互返还财产；2. 赔偿损失。苏某应该返还厂房建筑物及设备购买费用180000元和返还押金36000元，并赔偿广增公司迁坟费15000元、道路使用费22000元、建设铁皮车间工程费116792元、《经销合同》无法履行给广增公司造成可得利益损失 675000 元，共计 1044792 元。请求新丰县人民法院判令：1. 确认广增公司、苏某于 2014 年 11 月 19 日签订的《厂房租赁合同》无效；2. 苏某返还广增公司厂房建筑物及设备购买费用 180000 元和押金 36000 元；3. 苏某赔偿广增公司因合同无效产生的经济损失 825542 元；4. 本案诉讼费用由苏某负担。

苏某则于 2015 年 10 月 15 日提起反诉，反诉称：苏某与广增公司于 2014 年 11 月 19 日签订《厂房租赁合同》，根据该合同第四条约定，广增公司不得破坏厂房装修、结构及设备、设施，否则要照价赔偿，但是广增公司在苏某不知情的情况下拆除一幢面积 328 平方米的厂房，造价为 135129 元，2015 年 6 月苏某发现后要求广增公司赔偿，广增公司口头答应《厂房租赁合同》到期后赔偿给苏某，但是现在广增公司起诉要求确认《厂房租赁合同》无效，请求原审法院判令：1. 广增公司赔偿苏某拆除厂房的经济损失 135129 元；2. 广增公司负担本案的全部诉讼费用；3. 广增公司赔偿损坏厂房的损失 5000 元。

庭审期间，广增公司提出其经济损失包含购买机械设备费用 325900 元、工人工资 430584 元。

苏某为支持其主张的厂房损失，提交了 2009 年 8 月 6 日的《装修工程工料（结）算表》及何桂林出具的收条，拟证实广增公司拆除的厂房造价为 135129 元，亦提交了《新丰县建筑工程公司建筑工程结算书封面》，拟证实重建拆除厂房所需建造结算价为 111343.43 元。

2015 年 9 月 7 日，新丰县国土资源局向苏某作出《行政处罚决定书》[新国土资（罚）字（2015）31 号]，认定苏某在未办理相关用地手续的情况下在××镇××村蕃长坳地段林地上建造一间纸厂非法占地的行为，后又转租给广增公司生产饲料，违反了《中华人民共和国土地管理法》第四十三条、第四十四条规定。决定处罚如下：1. 限期十五日内拆除在林地上所建的建筑物和其他设施，恢复种植条件；2. 并处以每平方米 10 元罚款，合计 66539 元。2015 年 12 月 18 日，苏某向新丰县国土资源局缴纳罚款人民币 66539 元。

2016 年 1 月 8 日，新丰县人民法院组织双方当事人现场勘查，并绘制现场勘查图，确认现场建筑物：广增公司搭建铁皮棚十个水池的面积

1627.3平方米，苏某出租给广增公司的平房面积199.4平方米、厂房面积294.2平方米，并注明苏某认为被广增公司拆除的厂房已无实物（面积约320平方米，与294.2平方米的厂房组成“7”字型厂房），而广增公司赔偿坟地款的坟地不在苏某的出租范围内。

新丰县人民法院认为：本案的争议焦点为：一是双方签订的《厂房租赁合同》是否有效，二是广增公司是否存在损失，三是广增公司有无拆除及损坏苏某的厂房。

1. 关于《厂房租赁合同》的效力问题。新丰县国土资源局向苏某作出《行政处罚决定书》［新国土资（罚）字（2015）31号］，认定苏某在未办理相关用地手续的情况下在××镇××村蕃长坳地段林地上建造一间纸厂非法占地的行为，后又转租给广增公司生产饲料，违反了《中华人民共和国土地管理法》第四十三条、第四十四条规定，并作出如下决定处罚：1. 限期十五日内拆除在林地上所建的建筑物和其他设施，恢复种植条件；2. 并处以每平方米10元罚款，合计66539元。《中华人民共和国合同法》第五十二条规定：“有下列情形之一的，合同无效：……（五）违反法律、行政法规的强制性规定。”苏某涉案厂房未办理相关用地手续，属于违法占地行为，其出租该厂房给广增公司违反法律强制性规定，该《厂房租赁合同》应属无效合同。

2. 广增公司是否存在损失。《中华人民共和国合同法》第五十八条规定：“合同无效或者被撤销后，因该合同取得的财产，应当予以返还；不能返还或者没有必要返还的，应当折价补偿。有过错的一方应当赔偿对方因此所受到的损失，双方都有过错的，应当各自承担相应的责任。”因此，合同被认定无效，合同双方应该承担相互返还的义务，苏某以厂房、生活区等建筑物及设备作价180000元出租给广增公司及收取36000元押金，这两笔款项应该返还给广增公司，广增公司应将租赁苏某的厂房返还给苏某。

广增公司因租苏某厂房经营，建设铁皮车间支付费用116792元是广增公司的实际损失。苏某明知其厂房无相关的用地手续仍将其出租给广增公司，对造成合同无效及广增公司该项损失存在一定过错。广增公司作为一个企业法人，在租赁经营场地过程中对该租赁的厂房有无相应的用地手续没有尽到相应的审查义务，对造成合同无效及其本身的损失亦存在一定的过错。双方的过错责任相当，双方对广增公司的上述损失应各承担50%的责任，即由苏某赔偿广增公司58396元。

广增公司要求苏某赔偿支付的迁坟费15000元的请求，由于双方已经确认该坟地不在《厂房租赁合同》的租赁范围内，苏某并非坟主，该笔费用亦不是支付给苏某本人，广增公司要求苏某赔偿该笔费用没有法律依据，该院不予支持。

广增公司要求苏某赔偿道路通行费22000元的诉讼请求，新丰县公安局××派出所2015年10月16日所作的《情况说明》已经明确，广增公司支付的该笔道路通行费是因为广增公司在建设与经营过程中开路与村民产生矛盾所支付的赔偿费，与本案无关，该诉讼请求该院不予支持。

广增公司要求苏某赔偿经济损失675000元的诉讼请求，另赔偿购买设备费用325900元、工资430584元。因双方签订的《厂房租赁合同》是无效合同，广增公司以此要求苏某赔偿可得利益损失675000元，没有法律依据，该诉讼请求该院不予支持。广增公司于2015年7月6日撤场时已运走了机器设备，说明广增公司机器设备仍有使用价值，并不存在设备损失，广增公司亦没有提供其设备有损失的证据，其要求赔偿购买设备的损失325900元，该院不予支持。广增公司没有提供证据证明其公司经营亏损，因此其支付工人工资不应认定是实际损失，对其要求赔偿工资损失430584元的诉讼请求，该院不予支持。

3. 广增公司有无拆除及损坏苏某的厂房。苏某反诉要求广增公司赔偿因擅自拆除一幢厂房及损坏一幢厂房的损失共计140129元。《最高人民法院关于民事诉讼证据的若干规定》第二条规定："当事人对自己提出的诉讼请求所依据的事实或者反驳对方诉讼请求所依据的事实有责任提供证据加以证明。没有证据或者证据不足以证明当事人的事实主张的，由负有举证责任的当事人承担不利后果。"因苏某并无证据证实该厂房在双方签订《厂房租赁合同》时存在或完好无损，亦无证据证实该厂房何时被何人拆除或损坏，苏某应承担举证不能的责任，对该反诉请求，该院不予支持。

苏某反诉要求广增公司共同承担新丰县国土资源局行政处罚款60000元，因新丰县国土资源局《行政处罚决定书》［新国土资（罚）字

(2015) 31号〕行政相对人为苏某，所处罚的是苏某在未办理相关用地手续的情况下在××镇××村蕃长坳地段林地上建造一间纸厂的非法占地行为，与本案无关，该反诉请求，该院不予支持。

对于第二次庭审结束后，苏某提交的2014年度卫星影像图复印件和2015年度卫星影像图复印件及《评估经济损失申请书》，因苏某没有在举证期限内提交上述材料，且上述材料不能证明案件的基本事实，所以该院对苏某提交的上述材料，不予采纳。

基于上述内容，新丰县人民法院依照《中华人民共和国合同法》第五十二条、第五十八条，《最高人民法院关于民事诉讼证据的若干规定》第二条的规定，于2016年2月16日作出（2015）韶新法民一初字第287号民事判决：1. 广增公司与苏某签订的《厂房租赁合同》无效；2. 限苏某在判决生效后十天内返还广增公司216000元；3. 限苏某在判决生效后十天内赔偿广增公司经济损失58396元；4. 广增公司在判决生效后十天内将租赁苏某位于新丰县××镇××村燎瓦坪的厂房返还给苏某；5. 驳回广增公司其他诉讼请求；6. 驳回苏某的反诉请求。如果未按判决指定的期间履行给付金钱义务，应当依照《中华人民共和国民事诉讼法》第二百五十三条之规定，加倍支付迟延履行期间的债务利息。

一审宣判后，广增公司不服，向韶关市中级人民法院提起上诉称：1. 原审法院认定事实不清。（1）原审法院认定广增公司确认所迁坟地不在租赁范围不当。①广增公司从未确认所迁坟不在租赁范围，原审法院歪曲事实；②合同无效系信赖利益，广增公司是按照苏某的指示支付迁坟费并由苏某某收取，是否支付给他人、支付多少是另一法律关系。（2）原审法院认定道路通行费22000元系广增公司撤场时，损坏村民竹子和围墙的赔偿费错误。（3）原审法院未认定广增公司机械设备、工人损失不当。首先，广增公司提供了在韶关等地购买机械设备的等证据，如在新丰县广增农产品有限公司购买手扶拖拉机发票，而原审法院却违背常理作出认定。其次，原审法院认定广增公司已将机械设备拖走，没有任何证据证实。广增公司成立经营了一段时间当然会产生工人工资，并提供了工资单。依审判实践，应当综合经营时间、机械闲置时间等酌情作出一定数额损失的认定。（4）原审法院认定苏某支付了行政罚款66539元，没有任何证据证实。2. 原审法院适用法律不当。本案苏某出租建筑物、土地均违法。土地、建筑物合法使用是出租人的法定义务。而承租人对于这一瑕疵存在未尽审慎义务的过错。因此，该损失出租人的责任应大于承租人，苏某应负主要过错责任。3. 原审法院程序不合法。苏某反诉在第一次庭审前就已提出，但原审法院不将反诉状依法送达广增公司，过后近三个月才将反诉状让广增公司代理人签收，倒签签收日期，剥夺了广增公司诉讼权利。据此，广增公司请求：1. 维持原审判决第一项、第二项、第三项、第四项、第六项；2. 变更原审判决第五项，由苏某赔偿迁坟费 15000 元、道路通行费 22000 元，赔偿机械设备损失 325900 元、工人工资损失 430584 元。3. 本案诉讼费用由苏某负担。

苏某也不服一审判决，向韶关市中级人民法院提起上诉称：

1. 原审判决第三项判令苏某赔偿广增公司经济损失 58396 元，是完全错误的，既没有事实根据，更没有法律依据。事实和理由如下：（1）广增公司请求赔偿的损失 116792 元，系在签订《厂房租赁合同》后，广增公司在未经苏某同意和新丰县国土资源管理局及城建等相关部门批准的情况下，擅自搭建铁皮雨篷，而支付给新丰县文宾装饰部的工程款。显然，此款属于经营费用，经营风险应由经营者自己承担。从广增公司在原审提交的证据新丰县广增农产品有限公司 2014 年 12 月至 2015 年 6 月出库明细表可看出，在这期间广增公司出售成品 808.23 吨，广增公司自认每吨收购价为 250 元，卖出价为 1100 元，即每吨利润为 850 元，据此，计得广增公司经营的六个多月间获利 808.23 × 850 = 686995.5 元。另外，在第二次开庭时，广增公司的代理人当庭承认，在经营的六个多月期间已经获利 20 多万元。广增公司在经营期间所获得的利润已经大大超过其所谓的损失 116792 元。广增公司无法经营下去的主要原因是其没有自己的草场，又没有处理好与当地村民的关系，而无法收购到足够的原草料。广增公司是在 2015 年 7 月 6 日撤场的，且从广增公司提交的撤场照片可清晰看到车辆上运载有机械、设备，而新丰县国土资源局新国土资责停字（2015）第 72 号《责令停止国土资源违法行为通知书》是在同月的 16 日制作的。可见，广增公司撤场在前，收到通知书在后。广增公司这笔经营损失与《厂房租赁合同》被确认无效完全无关。（2）退一万步来说，假若将这 116792 元工程款作为损失，也应当由广增公司自己承担。理由如下：①广增公司是在未征得苏某同意的情况下，擅自搭建铁皮雨篷的。据此，参照《最高人民法院关于审理城镇房屋租赁合同纠纷案件具体应用法律若干问题的解释》第五条（该条规定，房屋租赁合同无效，当事人请求参照合同约定的租金标准支付房屋占有使用费的，人民法院一般应予支持。当事人请求赔偿因合同无效受到的损失，人民法院依照合同法的有关规定和本司法解释第九条、第十三条、第十四条的规定处理）和第十三条（该条规定，承租人未经出租人同意装饰装修或者扩建发生的费用，由承租人负担。出租人请求承租人恢复原状或者赔偿损失的，人民法院应予支持）之规定，这笔扩建费用依法应当由广增公司自己承担。②《厂房租赁合同》被确认无效，过错在广增公司，此项损失应当全部由广增公司承担。理由如下：第一，徐浩才等人的证人证言证实：在签订《厂房租赁合同》时，广增公司已经知晓苏某出租的厂房没有办理报批手续；第二，广增公司在与苏某签订《厂房租赁合同》之前，已经在苏某出租厂房附近向他人租用了两幢同样没有办理报批手续的厂房，且至今还在使用；第三，《厂房租赁合同》第四条第二点约定："乙方（即广增公司）必须按照政府的有关规定，自行申领相关的证照，并缴纳相关的费用。甲方（即苏某）只提供协助，不作任何保证其能领取到相关的证照。"可见，申领相关证照的义务人系广增公司。

2. 原审判决第六项驳回苏某的反诉请求，属于认定事实错误，适用法律不当，理由如下：（1）原审判决认为，因苏某并无证据证实该厂房在双方签订《厂房租赁合同》时存在或完好无损，亦无证据证实该厂房何时被何人拆除或损坏，苏某应承担举证不能的责任。这是完全不顾事实，违反法律规定的。根据双方都提交的证据《厂房租赁合同》足以证实，苏某出租给广增公司的厂房占地面积720平方米（有两幢），厂房的建筑物及设备作价180000元，第四条第三点约定甲方提供完好的厂房及供电供水设施、设备。出租物中包含有两幢720平方米的完好无损的厂房。从广增公司已经一次性支付给苏某180000元的对价，就足以推断《厂房租赁合同》中约定的720平方米完好无损的厂房确实存在。这就是说，假若720平方米的完好无损的厂房不存在的话，广增公司是不可能支付180000元的对价的。在原审诉讼期间现场勘查，可清楚地看到损坏的一幢厂房主体还在，没有天面了。苏某在举证时提供了大量清晰的现场照片予以证实。原审法院也在现场勘查图中确认了被拆除的厂房的具体位置。从新丰县国土资源局提取的卫星拍摄的现场照片证实，在 2014 年年底前确实存在两幢厂房，自 2015 年 1 月后，就只剩下一幢被损坏的厂房了。结合双方签订《厂房租赁合同》的时间为 2014 年 11 月 19 日，就足以证实广增公司拆除及损坏厂房的事实。原审判决驳回苏某的全部反诉请求，与《厂房租赁合同》第四条“租赁期间的其他约定事项”第三点约定“甲方提供完好的厂房及供电供水设施、设备”和第四点约定“乙方应该注意爱护，不得破坏厂房装修、结构及设备、设施，否则应按价赔偿”，以及原审判决第四项判令广增公司在判决生效后十天内将租赁苏某位于新丰县××镇××村烧瓦坪的厂房返还自相矛盾。(2) 原审判决将厂房在什么时候、被什么人拆除或损坏的举证责任推给苏某，明显属于本末倒置，有违法律规定和当事人的约定。根据《中华人民共和国合同法》第二百二十二条（该条规定承租人应当妥善保管租赁物，因保管不善造成租赁物毁损、灭失的，应当承担损害赔偿责任）和《租赁合同》第四条第四点约定，在租赁期间，妥善保管租赁物既是广增公司的法定义务，也是约定义务。这就是说，厂房何时被何人拆除或损坏的举证责任应由广增公司承担。

3. 原审判决以新丰县国土资源局《行政处罚决定书》［新国土资（罚）字（2015）31 号］行政相对人为苏某，所处罚的是苏某在未办理相关用地手续的情况下建造一间纸厂的非法占地行为为由，未支持苏某的反诉请求错误。苏某 2010 年 6 月在租用山地上搭建好临时厂房，使用至广增公司擅自搭建铁皮雨篷时，已经五年多了，从来没有人阻扰过，也没有任何部门认定苏某此行为属于违法。后来，在广增公司租赁厂房后，在未经苏某同意和经新丰县国土资源管理局及城建等相关部门批准的情况下，擅自搭建铁皮雨篷，非法占地建厂房的行为人系广增公司，责令停建人也是广增公司。广增公司未经批准擅自扩建厂房面积为 1666.1 平方米，每平方米应缴纳罚款 10 元，应当承担的罚款为 16661 元。

4. 广增公司拆除的一幢厂房和损坏的另一幢厂房经新丰县建筑工程公司评估（编制人：俞某文，全国建设工程造价员专用章号粤 F×××××）核定，重建拆除那幢厂房所需建造结算价为 111343.43 元，修复损坏的那幢厂房所需费用为60087.72元。据此，苏某请求：（1）撤销原审判决第三项，改判驳回广增公司请求苏某赔偿经济损失58396元的诉讼请求；（2）撤销原审判决第六项，改判支持苏某的反诉请求，即判令广增公司赔偿苏某的经济损失188042.15元（其中：被拆除的厂房损失价值111343.43元，被损坏的厂房需要修复费用60087.72元，垫付国土局罚款16611元）；（3）一、二审全部诉讼费用由广增公司负担。

苏某于二审期间向韶关市中级人民法院提交以下证据：1. 新丰县国土资源局卫星图片，拟证实2014年拍摄的照片中有两幢厂房，但2015年拍摄的照片中有一幢厂房损坏，另一幢厂房已经不存在了。2. 现场照片四张，拟证实广增公司的违章建筑是国土局拆除的，但是处罚款项是苏某交纳。3. 收条一份，拟证实广增公司支付的迁坟费苏某转交给了案外人邱文送。

广增公司对上述证据的质证意见为：第一份证据以法院调取的材料为准，第二份证据与本案无关，第三份证据表明广增公司是按照苏某的指示支付该款项，谁是坟主与本案无关。

二审调查询问期间，苏某主张《厂房租赁合同》中约定厂房建筑物及设备作价180000元，包含"7"字型厂房（两栋）、平房宿舍及十个水池、地磅、变压器，广增公司亦认可租赁物包含"7"字型厂房（两栋）、十个水池及员工宿舍。

韶关市中级人民法院认为：本案系租赁合同纠纷，广增公司及苏某在二审期间对于原审法院判决双方签订的《厂房租赁合同》无效及苏某返还广增公司216000元均未提出异议，本院对此予以确认。根据广增公司及苏某在二审中的上诉，本案争议焦点是：1. 苏某应否赔偿广增公司迁坟费15000元、道路通行费22000元、机械设备损失325900元及工人工资损失430584元；2. 苏某应否承担广增公司建设铁皮车间支付的费用；3. 广增公司应否赔偿苏某厂房重建及修复费用的问题；4. 广增公司应否承担苏某向新丰县国土资源局缴纳的罚款；5. 原审判决程序是否妥当的问题。

1. 关于苏某应否赔偿广增公司迁坟费15000元、道路通行费22000元、机械设备损失325900元及工人工资损失430584元的问题。

（1）广增公司要求苏某支付迁坟费15000元的问题。根据原审法院组织双方当事人现场勘查并绘制的现场勘查图，广增公司赔偿坟地款的坟地并不在苏某的出租范围内，并且苏某已提交证据证实该笔费用为案外人收取，因该笔费用并不是支付给苏某，且与《厂房租赁合同》的履行情况无关，广增公司要求苏某返还该笔费用依据不足，原审法院未予支持并无不当，本院予以维持。

（2）广增公司要求苏某支付道路通行费 22000 元的问题。新丰县公安局××派出所于 2015 年 10 月 16 日出具《情况说明》，证实该笔费用的发生系因广增公司在建设与经营过程中开路损坏部分村民的竹子和损坏村民的围墙，广增公司与受损村民达成赔偿协议后支付山路维护补偿费用 22000 元，该费用并不是支付给苏某，且与《厂房租赁合同》的履行情况无关，广增公司要求苏某返还该笔费用依据不足，原审法院未予支持并无不当，本院予以维持。

（3）广增公司要求苏某赔偿机械设备损失 325900 元的问题。广增公司于本案一、二审期间均未提交任何证据证实其机械设备存在损毁、灭失，其要求苏某赔偿机械设备的原始购买价格无任何事实及法律依据，本院不予支持。

（4）广增公司要求苏某赔偿工人工资损失 430584 元的问题。广增公司在经营期间支付的工人工资属于其经营期间的正常成本及开支，不应视为其损失，其要求苏某赔偿无任何事实及法律依据，原审法院未予支持并无不当。

2. 关于苏某应否承担广增公司建设铁皮大篷支付的费用的问题。广增公司租赁苏某厂房经营后，在租赁物水池上方建设铁皮大篷支付了 116792 元，后因新丰县国土资源局向苏某作出《行政处罚决定书》，导致广增公司建设的铁皮大篷被拆除。该笔费用系广增公司经营过程中的实际损失，因苏某在未办理相关用地手续的情况下非法占地建设纸厂并转租给广增公司，原审法院认定苏某对造成广增公司该项损失存在一定过错，应对广增公司该项损失承担相应赔偿责任并无不妥，本院予以维持。

3. 关于广增公司应否赔偿苏某厂房重建及修复费用的问题。苏某上诉主张广增公司拆除及损坏其厂房，应赔偿重建拆除厂房所需建造结算价 111343.43 元及修复损坏厂房所需费用 60087.72 元。但是，根据新丰县国土资源局于2015年9月7日向苏某作出的《行政处罚决定书》[新国土资(罚)字(2015)31号],苏某应拆除在林地上所建的建筑物和其他设施,恢复种植条件。在行政处罚已要求苏某拆除非法占地建造的建筑物的情形下,苏某主张建筑物的重建及修复费用与行政处罚相冲突,对其该上诉请求,本院不予支持。

4. 关于广增公司应否承担苏某向新丰县国土资源局缴纳的罚款的问题。根据审理查明的事实,新丰县国土资源局于2015年9月7日向苏某作出《行政处罚决定书》,该行政处罚针对的是苏某在未办理相关用地手续的情况下在××镇××村蕃长坳地段林地上建造一间纸厂的非法占地行为,并非广增公司搭建铁皮雨篷的行为,且广增公司仅是在苏某原有水池上方搭建铁皮雨篷,并不存在扩建行为,苏某上诉主张广增公司应承担擅自扩建厂房面积1666.1平方米的罚款依据不足,原审法院未予支持并无不当,本院予以维持。

5. 关于原审判决程序是否妥当的问题。广增公司上诉提出原审法院未将反诉状依法送达广增公司,过后近三个月才将反诉状让广增公司代理人签收,剥夺了广增公司的诉讼权利。根据审理查明的事实,苏某于2015年10月15日向原审法院提交书面反诉状,原审第一次开庭期间(2015年10月19日)苏某已当庭陈述反诉请求、事实及理由,广增公司亦已针对苏某的反诉陈述答辩意见,广增公司的诉讼权利未被剥夺。广增公司该上诉主张,本院不予采纳。

综上所述,原审法院认定的事实基本清楚,实体处理并无不当。广增公司、苏某的上诉主张理由均不充分,对其上诉请求本院均不予支持。

2016年7月26日,韶关市中级人民法院依照《中华人民共和国民事诉讼法》第一百六十八条、第一百六十九条第一款、第一百七十条第一款第(一)项、第一百七十五条的规定,判决如下:驳回上诉,维持原判。

八、如何认定国有划拨土地租赁合同的法律效力

（一）理论解答

根据《中华人民共和国土地管理法》，我国的土地制度实行全民所有制和集体所有制，以有偿使用为原则，无偿使用为例外，其中无偿使用的国有土地基本上都属于划拨用地；因土地使用人并未缴纳土地出让金，可以理解为实际上划拨用地的所有者和使用者为国家，所以我国对划拨用地的转让、出租、抵押等进行了严格的监管。

《中华人民共和国城镇国有土地使用权出让和转让暂行条例》（1990年5月19日 中华人民共和国国务院令第55号发布）第四十四条规定："划拨土地使用权，除本条例第四十五条规定的情况外，不得转让、出租、抵押。"第四十五条规定："符合下列条件的，经市、县人民政府土地管理部门和房产管理部门批准，其划拨土地使用权和地上建筑物，其他附着物所有权可以转让、出租、抵押：（一）土地使用者为公司、企业、其他经济组织和个人；（二）领有国有土地使用证；（三）具有地上建筑物、其他附着物合法的产权证明；（四）依照本条例第二章的规定签订土地使用权出让合同，向当地市、县人民政府补交土地使用权出让金或者以转让、出租、抵押所获收益抵交土地使用权出让金。"第四十六条规定："对未经批准擅自转让、出租、抵押划拨土地使用权的单位和个人，市、县人民政府土地管理部门应当没收其非法收入，并根据情节处以罚款。"

因法律理论界和实务界对《中华人民共和国城镇国有土地使用权出让和转让暂行条例》第四十四条的规定究竟是效力性强制性规范还是管理性强制性规范存在不同认识，各地法院对国有划拨土地租赁合同的法律效力的认定很不统一，可谓"见仁见智"。

本书认为，第四十四条的规范性质应属管理性强制性规定，理由在于以下四个方面。

1. 对违反了《中华人民共和国城镇国有土地使用权出让和转让暂行条例》第四十四条的行为，《中华人民共和国城镇国有土地使用权出让和转让暂行条例》第四十六条只是规定主管部门有权没收其非法收入并处以罚款，并没有否认该行为在民商法上的效力。

2. 从《中华人民共和国城镇国有土地使用权出让和转让暂行条例》的目的及意图来看，其本旨仅在于通过管理和处罚违反规定的行为以加强对国有土地使用权的行政管理。

3. 从鼓励交易、物尽其用、盘活资产的角度出发，对划拨土地出租合同的法律效力亦不应予以轻易否定。

4. 《最高人民法院关于审理城镇房屋租赁合同纠纷案件具体应用法律若干问题的解释》（法释〔2009〕11号）所列举的租赁合同无效之情形中并未包括未经批准出租划拨土地的出租合同。

（二）案例指引

开封市回春皮鞋厂与王某确认合同无效纠纷案①

2012年2月12日，开封市回春皮鞋厂（以下简称回春皮鞋厂）与自然人王某签订了土地租赁协议书一份。协议书约定：回春皮鞋厂将位于魏都路146号院门东侧东西长50米、南北长35米的土地使用权出租给王某，王某具有该宗地16年的土地使用权，时间从2012年7月8日至2028年7月7日，每年租金10000元。协议签订后，王某按约定向回春皮鞋厂交纳了租赁费，其中2015年5月5日王某向回春皮鞋厂交纳租金30000元。

2015年10月30日，回春皮鞋厂向开封市金明区人民法院提起诉讼，请求：1. 确认双方2012年签订的土地租赁协议书无效；2. 王某将占用的位于魏都路146号院门东侧东西长50米、南北长35米的土地腾出，交付于回春皮鞋厂。

① 详见：开封市金明区人民法院（2015）金民初字第2071号民事判决书、河南省开封市中级人民法院（2016）豫02民终273号民事判决书。

开封市金明区人民法院法院审理认为：原告回春皮鞋厂与被告王某签订的土地租赁协议书是双方当事人的真实意思表示，合法有效，受法律保护。《最高人民法院关于适用〈中华人民共和国合同法〉若干问题的解释（一）》第四条规定："合同法实施以后，人民法院确认合同无效，应当以全国人大及其常委会制定的法律和国务院制定的行政法规为依据，不得以地方性法规、行政规章为依据。"原告回春皮鞋厂所主张的《划拨土地使用权管理暂行办法》并非全国人大及其常委会制定的法律和国务院制定的行政法规。因此，原告回春皮鞋厂请求依据《划拨土地使用权管理暂行办法》认定原、被告双方签订的土地租赁协议书为无效协议，于法无据，不予支持。原告回春皮鞋厂请求被告王某返还租赁土地，没有事实根据，亦不予支持。

2015年12月6日，开封市金明区人民法院依据《最高人民法院关于适用〈中华人民共和国合同法〉若干问题的解释（一）》第四条、《中华人民共和国民事诉讼法》第六十四条之规定判决：驳回原告回春皮鞋厂的诉讼请求。

一审宣判后，回春皮鞋厂不服，向开封市中级人民法院提出上诉，称：一审法院认为上诉人是依据《划拨土地使用权管理暂行办法》的规定来请求确认双方之间的租赁合同无效，认定上诉人请求于法无据，其如此认定本身没有法律依据。上诉人认为双方之间租赁合同无效是违反我国的相关法律规定，不只是违反《划拨土地使用权管理暂行办法》。回春皮鞋厂与王某签订的合同违反《中华人民共和国城镇国有土地使用权出让和转让暂行条例》第四十四和第四十五条的规定，即国有划拨土地使用权未经市、县人民政府土地管理部门批准、登记，不得转让、出租和抵押。回春皮鞋厂出租的土地属于国有划拨土地，双方签订合同时未按规定办理批准登记手续，违反国家强制性规定，系无效协议。法院应当正确选择适用法律进行判决。请求二审法院撤销一审判决，改判支持回春皮鞋厂的诉讼请求。

王某答辩称：被答辩人是独立的法人，属于商事主体，具有对外签订租赁协议的资格，双方之间的土地租用协议符合我国《中华人民共和国合同法》的规定，是合法有效的。一审判决事实清楚，适用法律正确，请求二审法院驳回上诉，维持原判。

开封市中级人民法院认为：涉案土地系回春皮鞋厂具有的国有划拨性质的土地。回春皮鞋厂称其出租该地块给个人王某使用，未取得主管部门的批准，违反了《中华人民共和国城镇国有土地使用权出让和转让暂行条例》有关划拨土地不得出租的规定，双方的合同违反国家强制性规定，双方签订的土地租赁合同应是无效的。然而，《最高人民法院关于适用〈中华人民共和国合同法〉若干问题的解释（二）》第十四条："合同法第五十二条第（五）项规定的'强制性规定'，是指效力性强制性规定。"即在这里明确规定强制性规定是指效力性强制性规定而非管理性强制性规定。《中华人民共和国城镇国有土地使用权出让和转让暂行条例》第四十六条规定："对未经批准擅自转让、出租、抵押划拨土地使用权的单位和个人，市、县人民政府上地管理部门应当没收其非法收入，并根据情节处以罚款。"《中华人民共和国城镇国有土地使用权出让和转让暂行条例》并未规定"登记后才生效"，当事人未办理登记手续不影响合同的效力，因此《中华人民共和国城镇国有土地使用权出让和转让暂行条例》有关划拨土地使用权不得出租的规定属于管理性强制性规定，此类规范旨在管理和处罚违反规定的行为，以禁止其行为为目的，但并不否认该行为的法律效力。本案双方当事人订立的合同并未违反行政法规效力性强制性规定，一审法院认定涉案合同合法有效，符合法律规定。回春皮鞋厂提出涉案合同违反行政法规效力性强制性规定，应系无效合同的上诉理由不能成立，本院不予采纳。

综上，一审判决认定事实清楚，适用法律正确，判决结果应予维持。对于开封市回春皮鞋厂的上诉理由，本院不予支持。

2016年4月19日，开封市金明区人民法院依照《中华人民共和国民事诉讼法》第一百七十条第一款第（一）项之规定，判决如下：驳回上诉，维持原判。

九、产权分散的大商场商铺所有权人是否必须将商铺统一出租

（一）理论解答

社会实践中，有开发商将设计的大商场分割成若干个小块单元的商铺对外销售。这种情形往往会形成一个大商场购买者众多、产权分散的局面。购买者投资此类商铺的目的往往是对外出租。但是，对这类商铺的出租是否必须统一进行，我国法律、法规没有明确的规定或指引。

有观点认为，从这类商铺的特点来看，可谓之“产权式商铺”。按照国际通行做法，对这类商铺采取所有权和经营权分离的模式进行规范才最合理，即商铺的所有人应将产权商铺统一出租。实践中，许多项目都是通过开发商或第三方公司整体委托品牌经营商进行统一经营的。

另有观点认为，既然购买者获得了独立的产权，就应当尊重其物权自由。依据物权的绝对权性质，此情况下的商铺所有人既可以将商铺统一出租，也可以自己单独对外出租。

本书认为，既然是投资商铺，就应当“在商言商”，即应当把商业利益放在其他个人利益之上。这类商铺的“类共有”性质决定了统一出租才能最大程度地维护每个产权人的商业利益。因此，对这类商铺，产权人不可太过“任性”，只能按照“少数服从多数”的原则行使自己的单个物权。

同时，参照我国《中华人民共和国物权法》第七十六条[①]关于对共有物进行决策的规定，选择受托人及决定租赁期限、租金标准等事项应当经专有部分占建筑物总面积过半数的业主且占总人数过半数的业主同意。

（二）案例指引

姜某与广东永旺天河城商业有限公司珠海扬名广场分公司等租赁合同纠纷案[②]

珠海市扬名房产开发有限公司是扬名广场的开发商。2001年12月31日，珠海市扬名房产开发有限公司（甲方）与广东吉之岛天贸百货有限公司（乙方）签订《珠海扬名广场租赁合同》（下称2001年租赁合同），约定：甲方将坐落于珠海市凤凰路的扬名广场二、三、四层店铺出租给乙方使用，乙方在该店铺经营大型综合购物商场，乙方有权依据经营需要对该店铺及场地进行规划、布局、装修和不影响主体结构情况下的功能改造，合同约定商场开业之日为起租日，甲方出租该店铺的期限为一百零八个月（经双方确认租期从2002年12月18日至2011年12月18日止）。上述合同签订后，珠海市扬名房产开发有限公司依约将扬名广场二、三、四层店铺交付广东吉之岛天贸百货有限公司珠海扬名广场分公司（系广东吉之岛天贸百货有限公司下设的分公司）使用。广东吉之岛天贸百货有限公司珠海扬名广场分公司在此经营超市和百货零售。

在租赁期间，珠海市扬名房产开发有限公司将扬名广场内的店铺进行分拆销售。其中，石某庆向珠海市扬名房产开发有限公司购买了涉案的珠

---

① 《中华人民共和国物权法》第七十六条规定："下列事项由业主共同决定：（一）制定和修改业主大会议事规则；（二）制定和修改建筑物及其附属设施的管理规约；（三）选举业主委员会或者更换业主委员会成员；（四）选聘和解聘物业服务企业或者其他管理人；（五）筹集和使用建筑物及其附属设施的维修资金；（六）改建、重建建筑物及其附属设施；（七）有关共有和共同管理权利的其他重大事项。决定前款第五项和第六项规定的事项，应当经专有部分占建筑物总面积三分之二以上的业主且占总人数三分之二以上的业主同意。决定前款其他事项，应当经专有部分占建筑物总面积过半数的业主且占总人数过半数的业主同意。"

② 详见：珠海市香洲区人民法院（2013）珠香法民一初字第1152号民事判决书、广东省珠海市中级人民法院（2013）珠中法民三终字第524号民事判决书、广东省高级人民法院（2015）粤高法民申字第793号民事裁定书。

海市香洲凤凰南路1088号扬名商业广场第二层2302号商铺，该房用途为商业，建筑面积为10.34平方米（其中套内建筑面积为6.36平方米）。

2005年8月4日，石某庆（甲方）与珠海市扬名百货有限公司（乙方）、珠海市扬名房产开发有限公司（丙方）、珠海市安德胜担保有限公司（丁方）就上述商铺分别签订《扬名广场一期商铺代理出租合同》（下称代理出租合同），主要约定：1. 甲方将其购买的位于珠海市凤凰南路1088号扬名广场一期二层2302号建筑面积为10.34平方米的铺位交由乙方和丙方全权代理出租，并同意委托乙方作为该商铺所在经营场所的管理公司。2. 商铺购买价格为人民币196460元，代理出租合同的期限为2005年8月4日起至2011年12月18日止，代理方权限包括以自己名义与租户签订租赁合同、代甲方向租户收取租金、代甲方缴纳相关出租税费等。3. 乙方和丙方保证在代理出租期内甲方收取的商铺租金达到以下标准：（1）商铺起租日起至2005年12月31日止，商铺每月租金收入按不低于甲方购买该商铺价款9%的年回报率来支付，即人民币1473元；（2）2006年1月1日起至2007年12月31日止，商铺每月租金收入按不低于甲方购买该商铺价款8%的年回报率来支付，即人民币1310元；（3）2008年1月1日起至2009年12月31日止，商铺每月租金收入按不低于甲方购买该商铺价款9%的年回报率来支付，即人民币1473元；（4）2010年1月1日起至2011年12月18日止，商铺每月租金收入按不低于甲方购买该商铺价款10%的年回报率来支付，即人民币1637元。乙方和丙方代理出租商铺的实际租金收入超过或不足上述租金时，差额部分归丙方所有或负责弥补，除此之外，甲方不再支付乙方和丙方任何代理费用。租金每季度结算一次，乙方和丙方在每季度的第二个月内以银行转账方式向甲方支付。若乙方和丙方未能按合同约定时间支付租金，延期超过当季第三个月后，每延迟一天，乙方和丙方须向甲方支付应付租金的万分之二点二的滞纳金；延期超过90天后，超过90天后的每延迟一天，乙方和丙方须向甲方支付应付租金的万分之三的滞纳金；延期超过180天后，甲方有权提前解除本合同。4. 扬名广场二、三、四层商场全体业主必须于2011年9月30日前就本合同代理期限结束后是否统一与乙方重新签订代理出租合同进行表决，代理出租条件甲乙双方届时协商决定，如同意重新签订代理出租合同的业主所拥有扬名广场二、三、四层各层商场面积分别达到本层面积80%以上（含80%）的，则甲方必须与乙方重新签订代理出租合同，如达不到上述条件，则甲方有权自行决定包括与乙方重新签订代理出租合同在内的经营方式。上述合同签订后，珠海市扬名百货有限公司和珠海市扬名房产开发有限公司依据代理出租合同向石某庆支付商铺收益。姜某于2010年向石某庆购买了上述涉案商铺，并承继石某庆在上述代理出租合同中的权利义务。

2011年12月18日，前述2001年租赁合同和代理出租合同同时到期，因各方就商铺租赁价格未能达成一致意见，故各方未能签订新的租赁合同和代理出租合同。但广东吉之岛天贸百货有限公司珠海扬名广场分公司继续使用扬名广场二、三、四层商铺。

为了解决商铺续租等事宜，扬名广场二、三、四层业主在珠海市香洲区香湾街道办朝阳社区居民委员会的见证下，于2012年1月7日至2012年1月12日进行投票，对扬名广场二、三、四层商铺2011年12月18日之后的租赁事宜进行表决。投票经过了商场张贴公告、报纸刊登公告、短信通知业主等多种通知途径，投票表决结果符合《扬名商业广场业主公约》《扬名商业广场业主大会议事规则》关于投票业主人数过半、建筑面积过半的规定，通过了2011年12月18日之后将扬名商业广场二至四层商铺续租给广东吉之岛天贸百货有限公司珠海扬名广场分公司的决议。

2012年3月14日，珠海市香洲区扬名商业广场小区业主委员会向珠海市扬名百货有限公司出具授权委托书，授权珠海市扬名百货有限公司按"第一、第二年的年回报率为税前8.2%，第三、第四年的年回报率为税前8.42%，第五、第六年的年回报率为8.6%"的租赁条件与广东吉之岛天贸百货有限公司珠海扬名广场分公司签订扬名商业广场二、三、四层的租赁合同。

2012年4月9日，珠海市扬名百货有限公司（甲方）与广东吉之岛天贸百货有限公司（乙方）签订《珠海扬名商业广场租赁合同》（下称2012年租赁合同），主要约定：甲方将坐落于珠海市凤凰路的扬名商业广场二、三、四层店铺出租给乙方使用；租赁面积共15400平方米；租赁期限分临时租赁期和正式租赁期，临时租赁期从2011年12月19日至2012年2月29日，正式租赁期从2012年3月1日至2018年2月28日；租赁期内乙方按约支付租金给甲方，每月租金为每平方米77元；因乙方向甲方缴纳的租金低于甲方承诺给业主的租金回报，相应差额由甲方自行向业主支付。合同还约定了双方权利、义务、违约责任、特别招商条款等。该合同签订后，广东吉之岛天贸百货有限公司珠海扬名广场分公司即按约定向珠海市扬名百货有限公司支付了扬名广场二、三、四层商铺（含姜某的商铺）的租金。

2012年5月，姜某向珠海市香洲区人民法院提起诉讼，提出由珠海市扬名百货有限公司支付租金等诉请，该院对此于2012年8月17日作出（2012）珠香法民一初字第2171号民事判决书，判决：1. 广东吉之岛天贸百货有限公司珠海扬名广场分公司于判决发生法律效力之日起十日内，向姜某支付自2011年12月19日起至判决确定的履行期限届满之日止、按每月1342元计算的租金；2. 广东吉之岛天贸百货有限公司珠海扬名广场分公司于判决发生法律效力之日起十日内，向姜某支付所欠租金按中国人民银行同期一年期贷款利率计算的滞纳金（以应付租金为本金从2012年1月20日起分段计算，每月20日为滞纳金起算日）；3. 珠海市扬名百货有限公司在收取姜某商铺租金的范围内对上述租金及滞纳金承担连带责任。……对此，珠海市中级人民法院于2012年12月20日以（2012）珠中法民三终字第525号民事判决书作出了维持判决。

广东吉之岛天贸百货有限公司珠海扬名广场分公司于2013年4月8日经工商行政管理部门核准变更名称为广东永旺天河城商业有限公司珠海扬名广场分公司。

此后，姜某向珠海市香洲区人民法院提起诉讼，请求判令：1. 广东永旺天河城商业有限公司珠海扬名广场分公司立即停止侵权；2. 广东永旺天河城商业有限公司珠海扬名广场分公司将姜某位于珠海市香洲凤凰南路1088号扬名商业广场第二层2302号商铺返还给姜某；3. 广东永旺天河城商业有限公司珠海扬名广场分公司向姜某支付自2013年1月9日起至实际返还之日止的商铺占有使用费（占有使用费暂按1637元/月的标准进行计算）及逾期支付占有使用费的利息（利息按中国人民银行同期贷款利率为标准进行计算）；4. 珠海市扬名百货有限公司对上述占有使用费及利息承担连带清偿责任；5. 广东永旺天河城商业有限公司珠海扬名广场分公司、珠海市扬名百货有限公司承担本案所有的诉讼费用。

珠海市香洲区人民法院审理认为：业主对其建筑物专有部分享有占有、使用、收益和处分的权利，业主行使权利不得损害其他业主的合法权益。在本案中，自扬名广场的商铺分割出售之前，扬名广场的二、三、四层已整体出租给广东吉之岛天贸百货有限公司珠海扬名广场分公司经营使用。作为受让人的全部小业主在购买上述商铺时，已清楚知道买卖的商铺带有租约的事实，并与开发商珠海市扬名房产开发有限公司及珠海市扬名百货有限公司达成了委托珠海市扬名百货有限公司为经营场所的管理公司，由小业主按受让商铺价格的一定比例收取收益的代理出租合同，且约定代理出租合同期满后就是否统一与珠海市扬名百货有限公司重新签订代理出租合同进行表决。上述合同到期后，扬名广场二、三、四层业主在珠海市香洲区香湾街道办朝阳社区居民委员会的见证下，通过投票表决，大多数业主又与珠海市扬名百货有限公司达成了代理出租合同，并同意继续出租给广东吉之岛天贸百货有限公司珠海扬名广场分公司。根据上述事实，可以认定扬名广场二、三、四层商铺由珠海市扬名百货有限公司进行统一管理，并委托其出租给广东吉之岛天贸百货有限公司珠海扬名广场分公司进行统一经营的模式是历史形成的且经过了大部分业主的同意。现姜某要求广东永旺天河城商业有限公司珠海扬名广场分公司返还其名下的商铺，显然与大多数业主的意见相悖。此外，扬名广场的业主人数众多，商铺产权分散，若不进行统一经营管理，将会造成整个商业广场经营无序，不利于维护全体业主的利益。从业主们的租金回报率来看，同意委托珠海市扬名百货有限公司出租给广东永旺天河城商业有限公司珠海扬名广场分公司的大多数业主均是按第一、第二年为税前8.2%的年回报率，第三、第四年为税前8.42%的年回报率，第五、第六年为税前8.6%的年回报率，实现了较大的且稳定的利益回报，故该经营模式并未侵害姜某的利益。况且，在广东永旺天河城商业有限公司珠海扬名广场分公司租赁经营期间已根据经营的需要重新布局，现姜某要求归还其名下的商铺不利于统一经营的整体模式，并会造成其他业主的利益受损。据此，对姜某要求广东永旺天河城商业有限公司珠海扬名广场分公司返还商铺的诉请，法院难以支持。

基于上述理由，珠海市扬名百货有限公司虽然未与姜某签订代理出租合同，但其基于先前的经营模式且经大部分业主同意并得到了扬名广场业主委员会的授权，与广东永旺天河城商业有限公司签订了 2012 租赁合同，将包括涉案商铺在内的扬名广场二、三、四层整体出租给广东永旺天河城商业有限公司，并已收取了广东永旺天河城商业有限公司珠海扬名广场分公司支付的租金。故珠海市扬名百货有限公司应参照其他继续委托珠海市扬名百货有限公司与广东永旺天河城商业有限公司续签租赁合同的业主的租金标准，即按涉案商铺首次销售价计算首两年为税前 8.2% 的年回报率，之后的第三、第四年为税前 8.42% 的年回报率，第五、第六年为 8.6% 的年回报率，向姜某支付使用费。

姜某主张与珠海市扬名百货有限公司的代理出租合同于 2011 年 12 月 18 日到期后，与广东永旺天河城商业有限公司和广东永旺天河城商业有限公司珠海扬名广场分公司成立了不定期商铺租赁关系。但是根据《中华人民共和国合同法》第二百三十六条规定，租赁期间届满，承租人继续使用租赁物，出租人没有提出异议的，原租赁合同继续有效，但租赁期限为不定期。在本案中，虽然广东永旺天河城商业有限公司扬名广场分公司继续使用了租赁物，但在各方商讨续约事宜时，对商铺租金标准未能协商一致，且 2012 年 5 月姜某向原审法院提出诉讼，请求珠海市扬名百货有限公司支付租金，可见姜某并非对广东永旺天河城商业有限公司珠海扬名广场分公司继续使用涉案商铺的行为没有异议，故由此可知，姜某与广东永旺天河城商业有限公司珠海扬名广场分公司之间并未构成不定期租赁合同关系。

姜某主张租金标准按代理出租合同的约定，但代理出租合同对广东永旺天河城商业有限公司珠海扬名广场分公司没有约束力且已经到期，故姜某主张按此标准计付租金没有合同依据和法律依据。鉴于其他继续委托珠海市扬名百货有限公司与广东永旺天河城商业有限公司续签租赁合同的业主是按购房款第一、第二年为税前 8.2% 的年回报率，之后的第三、第四年为税前 8.42% 的年回报率，第五、第六年为 8.6% 的年回报率，来获得租金收益，故该租金收益率为现时与涉案商铺所在同地段、同楼层商铺的合理租金收入，可参照作为涉案商铺的使用费标准。（2012）珠中法民三终字第525号民事判决书对此已确认从2011年12月19日起至判决确定的履行期限届满之日止按1342元/月来计算租金，在此之后珠海市扬名百货有限公司应按2013年1月9日至2014年2月28日止为税前8.2%的年回报率即196460×8.2% ÷12 =1342元/月，之后两年为税前8.42%的年回报率即1378.5元/月，再之后的两年为8.6%的年回报率即1408元/月的标准向姜某支付使用费。因珠海市扬名百货有限公司未按月向姜某支付使用费，故姜某请求按中国人民银行同期贷款利率以使用费为本金从2013年1月9日起计算利息，原审法院予以支持。珠海市扬名百货有限公司于2013年4月26日通过银行转账，向姜某支付了租金1558元。故使用费逾期支付的利息应暂计至2013年4月25日。因广东永旺天河城商业有限公司珠海扬名广场分公司实际使用了涉案商铺，故应对珠海市扬名百货有限公司的上述付款义务承担补充清偿责任。

基于上述内容，珠海市香洲区人民法院依照《中华人民共和国物权法》第七十一条、《中华人民共和国民法通则》第四条之规定，判决如下：1. 珠海市扬名百货有限公司于判决生效之日起十日内向姜某支付商铺使用费，其中从2013年1月9日至2014年2月28日止按1342元/月（税前）的标准支付，之后两年按1378.5元/月（税前）及再之后的两年按1408元/月（税前）的标准支付使用费；2. 珠海市扬名百货有限公司于判决生效之日起十日内向姜某支付欠付使用费的利息（按中国人民银行同期贷款利率，以应付使用费为本金从2013年1月9日起至2013年4月25日止）；3. 广东永旺天河城商业有限公司珠海扬名广场分公司对珠海市扬名百货有限公司的上述义务承担补充清偿责任；在履行上述付款义务时，可相应扣除珠海市扬名百货有限公司已向姜某支付的1558元；4. 驳回姜某的其他诉讼请求。

一审宣判后，姜某不服，向珠海市中级人民法院提出上诉，请求：1. 撤销原审判决第一、二、三、四项；2. 广东永旺天河城商业有限公司珠海扬名广场分公司立即停止侵权，并在5日内将姜某位于珠海市香洲凤凰南路1088号扬名商业广场第二层2302号商铺返还给姜某；3. 广东永旺天河城商业有限公司珠海扬名广场分公司向姜某支付商铺占有使用费（占有使用费标准为每月1637元，从2013年1月9日计算至实际返还之日止)；4. 珠海市扬名百货有限公司对上述占有使用费及利息承担连带清偿责任；5. 广东永旺天河城商业有限公司珠海扬名广场分公司、珠海市扬名百货有限公司承担本案所有的诉讼费用。事实和理由如下：

1. 关于本案占有使用费的支付义务主体问题。一审法院判决认定由珠海市扬名百货有限公司承担商铺的使用费支付义务是不正确的。理由如下：(1) 本案姜某拥有所有权的商铺的实际使用人为广东永旺天河城商业有限公司珠海扬名广场分公司，商铺占有使用费的支付主体也应该是广东永旺天河城商业有限公司珠海扬名广场分公司，而不是与姜某没有存在任何法律关系的珠海市扬名百货有限公司。(2) 一审法院认为珠海市扬名广场业主委员会已经授权珠海市扬名百货有限公司与广东永旺天河城商业有限公司珠海扬名广场分公司签订了 2012 年租赁合同，因此认定珠海市扬名百货有限公司应该向姜某支付使用费。即一审法院认定业主委员会的授权对业主产生法律效力，这一点违背了《物业管理条例》第十九条规定“业主大会、业主委员会不得作出物业管理无关的决定，不得从事与物业管理无关的活动”，且与一、二审法院以往判决结果互相矛盾。另外，姜某根本没有授权业主委员会对外出租商铺，一审法院仍然认定业主委员会授权对外出租商场的行为对姜某产生法律约束力错误。(3) 姜某在诉讼请求中，占有使用费的支付所请求的是要求商铺实际侵权人广东永旺天河城商业有限公司珠海扬名广场分公司承担，而判决的结果却由珠海市扬名百货有限公司承担，明显违背了民法的“处分原则”和姜某的诉请。关于姜某商铺的所有权及使用费的主张问题，无论在事实上还是法律上，都不能认定珠海市扬名百货有限公司与广东永旺天河城商业有限公司珠海扬名广场分公司的租赁合同与姜某存在任何关系。因此，姜某所有的商铺侵权使用人为广东永旺天河城商业有限公司珠海扬名广场分公司，而不是珠海市扬名百货有限公司，应当由广东永旺天河城商业有限公司珠海扬名广场分公司承担使用费的支付义务。

2. 关于占有使用费的标准与期限问题。(1) 占有使用费的标准问题。一审法院认定姜某主张按原代理合同的租金标准对广东永旺天河城商业有限公司珠海扬名广场分公司没有约束力且已经到期，不能按原代理合同的标准计算使用费，对此认定是错误的。首先，姜某提交的原代理合同，只是用以证明姜某在2011年12月18日前两年的租金标准，在双方没有租赁合同关系的情况下，自2011年12月18日之后的租金标准应当参照之前的标准进行计算。这一点符合《最高人民法院关于审理城镇房屋租赁合同纠纷案件具体应用法律若干问题的解释》第五条规定："房屋租赁合同无效，当事人请求参照合同约定的租金标准支付房屋占有使用费的，人民法院一般应予支持。"其次，一审法院既然认定珠海市扬名百货公司承担使用费的支付义务，那么在双方没有合同关系的情况下，使用费的标准按照之前双方所签订的委托代理合同所约定的租金标准，也符合常理和以往法院的司法实践。因此，姜某与广东永旺天河城商业有限公司珠海扬名广场分公司在没有租赁合同关系的情况下，姜某的占有使用费应该按照之前的标准支付，姜某提交了之前的租金收入情况，应该视为姜某对此使用费的标准已经进行了充分的举证。广东永旺天河城商业有限公司珠海扬名广场分公司、珠海市扬名百货有限公司如果对姜某主张的租金标准有异议，应该由其进行举证，一审法院把举证的责任分配到姜某是错误的。（2）关于占有使用费的支付期限问题。一审法院判决了2012年2月29日之后六年的租金标准问题，是与姜某的诉讼请求相违背的。姜某所诉请的占有使用费期限为判决停止侵权、返还商铺之日，既然一审法院不能支持姜某返还商铺的请求，那么占有使用费的计算期限应该在判决生效之日，而不是判决之日的往后若干年，这一点是严重违背了姜某的诉请和事实的，一审法院不可能预知未来市场占有使用费的标准。在双方没有租赁合同关系的情况下，占有使用费随着经济发展和市场规律发生变化而变化，未来几年的租金标准根本无法确认。

3. 关于商铺返还问题。一审法院认定姜某行使商铺的所有权是损害其他业主合法权益的行为，因此认定姜某的商铺不能返还，其推断没有事实和法律依据，是错误的，应予以撤销。（1）《中华人民共和国物权法》第四条规定："国家、集体、私人的物权和其他权利人的物权受法律保护，任何单位和个人不得侵犯。"第七十条规定："业主对建筑物内的住宅、经营性用房等专有部分享有所有权，对专有部分以外的共有部分享有共有和共同管理的权利。"第三十七条规定："侵害物权，造成权利人损害的，权利人可以请求损害赔偿，也可以请求承担其他民事责任。"第三十九条规定："所有权人对自己的不动产或者动产，依法享有占有、使用、收益和处分的权利。"因此，当姜某的商铺被非法侵占时，完全可以依据《中华人民共和国物权法》的规定要求侵权人返还商铺、停止侵权。（2）一审法院认定姜某主张的商铺返还会损害其他业主的合法权益，是没有任何依据的推断。首先，姜某对商铺享有独立的房产权，姜某的商铺在空间上是独立的，完全可以自己控制和管理，具有独立的使用价值。在庭审过程中，姜某已经提交了各楼层的商铺分布图及《商铺买卖合同》，可以看出各商铺是相对独立、可以分割使用的，且扬名广场其他楼层如一楼的格局与二、三、四楼完全一致，而能独立出租。一审的判决对此只字未提，对法律条文断章取义，根本没有考虑到扬名广场的实际情况，是严重违背事实的。何况姜某对商铺行使所有权，其他业主已经委托扬名百货公司代为出租并不会受到影响，而且广东永旺天河城商业有限公司珠海扬名广场分公司也在庭审中确认了其商铺大部分是分割出租的，既然广东永旺天河城商业有限公司珠海扬名广场分公司分割出租不会影响其他业主权益，姜某的商铺独立经营亦不会影响其他业主权益。其次，珠海市扬名百货有限公司依据对姜某无效的决议，将姜某涉案商铺私自进行出租的行为，侵害了姜某的物权，现姜某依据法律规定行使物业所有权能，维护自身利益，对其他业主的权益不但没有侵害，反而是代表其他业主揭发珠海市扬名百货有限公司及珠海市扬名房产有限公司一系列降租行为、投票行为都是违法违规的，姜某是为其他业主揭发事件真相。因此，姜某行使物权没有损害其他业主的合法权益。最后，一审法院认定姜某行使权利不得损害其他业主的合法权益，那么其他业主行使权利同样不可以损害姜某的合法权益，因为姜某的权益也是合法权益。（3）一审法院认为原代理出租合同约定代理出租合同期满后是否统一与珠海市扬名百货有限公司重新签订代理出租合同进行表决，因此，在2012年2月份通过的无效、不符合程序规定的表决应该对姜某产生效力，这种不符合法律明确规定的推断是严重错误的。首先，一审法院一方面认为原委托代理合同已经过期，不能产生法律约束力，一方面又断章取义，将不利于姜某的约定强制要求对姜某具有法律效力，是严重不公平且不符合事实的。其次，原代理出租合同所谓的约定代理重新签订出租合同进行表决是有期限的，即必须在2011年9月30日之前，一审法院无视这个日期规定，将 2012 年 2 月份完全与原代理出租合同没有关联且不合法的表决相互联系挂钩，是严重错误的，并且认定统一经营模式是历史形成的，更是无理由的推断。（4）关于其他业主签订委托代理合同的问题。经过庭审，广东永旺天河城商业有限公司珠海扬名广场分公司并没有提交相关的大部分业主签约的资料，具体签约的人数根本无法确认，姜某根本没有见过任何资料，更未进行质证。一审法院在没有任何根据的情况下认定大部分业主已经签约是错误的。

珠海市中级人民法院经审理认为，本案的争议焦点主要包括：1. 姜某关于停止侵权、返还商铺的诉讼请求应否得到支持；2. 占有使用费的支付主体、标准及期限。

关于焦点一，本院认为，姜某要求停止侵权、返还商铺的诉请，本院难以支持，具体理由如下：1. 涉案商铺与一般商铺相比具有特殊性。涉案商铺属于扬名广场四层的一部分，在整个四层中，业主与业主所购买的商铺在平面上紧密相连，在空间上没有墙体分割，属于无墙体分割的虚拟隔离，涉案商铺不构成有墙有顶的封闭空间，而是一个开放空间，与一般形成房屋的商铺有较大差别。将涉案商铺的这一特点放置于扬名广场二、三、四层大部分业主已经将大部分商铺委托出租给广东永旺天河城商业有限公司珠海扬名广场分公司这一情况下，本院认为，涉案商铺在独立使用的功能上会受到限制。2. 涉案商铺在独立使用功能上所受到的限制主要体现在业主在对其建筑物专有部分行使权利时，不得损害其他业主的合法权益。本案中，扬名广场二、三、四层商铺由珠海市扬名百货有限公司进行统一管理，并委托其出租给广东吉之岛天贸百货有限公司珠海扬名广场分公司进行统一经营的模式是历史形成的且经过了大部分业主的同意。现姜某要求广东永旺天河城商业有限公司珠海扬名广场分公司停止侵权、返还商铺，显然与大多数业主的意见相悖。此外，扬名广场的业主人数众多，商铺产权分散，若不进行统一经营管理，将会造成整个商业广场经营无序，不利于维护全体业主的利益。从业主们的租金回报率来看，同意委托珠海市扬名百货有限公司出租给广东永旺天河城商业有限公司珠海扬名广场分公司的大多数业主均是按第一、第二年为税前 8.2%，第三、第四年为税前 8.42%，第五、第六年为 8.6% 的年回报率，实现了较大的且稳定的利益回报。况且广东永旺天河城商业有限公司珠海扬名广场分公司租赁经营期间已根据经营的需要重新布局，现姜某要求归还其名下的商铺不利于统一经营的整体模式，并会造成其他业主的利益受损。据此，姜某要求广东永旺天河城商业有限公司珠海扬名广场分公司停止侵权、返还商铺的诉请，本院难以支持。

关于焦点二，本院认为，涉案商铺的实际使用人确为广东永旺天河城商业有限公司珠海扬名广场分公司，但鉴于广东永旺天河城商业有限公司珠海扬名广场分公司已经按照2012年租赁合同向珠海市扬名百货有限公司支付租金，原审法院据此判定由珠海市扬名百货有限公司向姜某支付占有使用费及其利息，并由广东永旺天河城商业有限公司珠海扬名广场分公司承担补充清偿责任较为妥当，亦是对姜某权益的保障。同时鉴于其他继续委托珠海市扬名百货有限公司与广东永旺天河城商业有限公司续签租赁合同的业主是按购房款第一、第二年为税前8.2%，之后的第三、第四年为税前8.42%，第五、第六年为8.6%的年回报率来获得租金收益，且该租金收益率为现时与涉案商铺所在同地段、同楼层商铺的合理租金收入，因此，原审法院将该租金收益率作为涉案商铺的占有使用费参照标准较为合理，本院予以维持。关于占用使用费的支付期限问题，本院认为，如前所述，基于涉案商铺独立使用功能的特殊性和避免侵害其他业主权益的原因，本院对姜某要求停止侵权、返还商铺的主张未予支持，又由于大多数业主委托珠海市扬名百货有限公司出租给广东永旺天河城商业有限公司珠海扬名广场分公司经营的租赁期限为2012年3月1日至2018年2月28日，同理，本院认为，姜某亦应遵循上述期限以维护扬名广场全体业主的共同利益。

综上所述，原审判决认定事实清楚，法律适用正确，本院予以维持。姜某的上诉缺乏事实和法律依据，本院予以驳回。

2013年12月20日，珠海市中级人民法院依照《中华人民共和国民事诉讼法》第一百七十条第一款第（一）项之规定，判决如下：驳回上诉，维持原审判决。

二审判决后，姜某仍不服，向广东省高级人民法院申请再审。

广东省高级人民法院审理认为，本案争议的焦点是：1. 姜某提出的返还商铺的诉讼请求应否得到支持；2. 占有使用费的支付主体、标准及期限。

关于应否支持姜某提出的返还商铺的诉讼请求的问题。涉案商铺位于扬名广场的二层，属于扬名广场四层的一部分。在扬名广场四层，各业主购买的商铺在平面上紧密相连，在空间上没有墙体分割，属于无墙体分割的虚拟隔离，即涉案商铺不属于有墙有顶的封闭空间，而是一个开放空间，与一般有墙有顶的商铺有较大差别。因扬名广场二、三、四层的大部分业主均已委托珠海市扬名百货有限公司将大部分商铺出租给广东永旺天河城商业有限公司珠海扬名广场分公司，故姜某请求对涉案商铺行使独立使用权，满足的前提必须是不得损害其他业主的合法权益。鉴于扬名广场二、三、四层商铺已由珠海市扬名百货有限公司进行统一管理，并受大部分业主委托出租给广东永旺天河城商业有限公司珠海扬名广场分公司进行统一经营，姜某要求广东永旺天河城商业有限公司珠海扬名广场分公司停止侵权、返还商铺，显然有违大多数业主的意愿。同时，扬名广场的业主人数众多，商铺产权分散，若不进行统一经营管理，则会造成整个商业广场经营无序，不利于维护全体业主的利益。从业主的租金回报率看，同意委托珠海市扬名百货有限公司出租给广东永旺天河城商业有限公司珠海扬名广场分公司的大多数业主均是按第一、第二年为税前 8.2%，第三、第四年为税前 8.42%，第五、第六年为 8.6% 的年回报率，已是实现了较大且稳定的利益回报。广东永旺天河城商业有限公司珠海扬名广场分公司在租赁经营期间已根据经营的需要对扬名广场二、三、四层商铺作了整体的重新布局，姜某要求归还其名下的商铺不利于统一经营的整体模式，并会造成其他业主的利益受损，一、二审判决据此不予支持姜某要求归还其名下商铺的请求，处断恰当。

关于涉案商铺占有使用费的支付主体、标准及期限的认定问题。虽然涉案商铺的实际使用人为广东永旺天河城商业有限公司珠海扬名广场分公司，但广东永旺天河城商业有限公司珠海扬名广场分公司已经按照 2012 年的租赁合同向珠海市扬名百货有限公司支付租金，故一、二审法院据此判令由珠海市扬名百货有限公司向姜某支付占有使用费及其利息，并由广东永旺天河城商业有限公司珠海扬名广场分公司承担补充清偿责任，既符合本案事实，亦是对姜某权益的保障，处理恰当。鉴于其他继续委托珠海市扬名百货有限公司与广东永旺天河城商业有限公司续签租赁合同的业主是按购房款首两年为税前8.2%，之后的第三、第四年为税前8.42%，第五、第六年为8.6%的年回报率来获取租金收益，且该租金的收益率与诉讼期间涉案商铺所在同地段、同楼层商铺的合理租金收入基本一致，故一、二审判决以上述租金收益率作为涉案商铺占有使用费的参照标准相对合理，本院予以支持。关于占有使用费的支付期限问题，因涉案商铺在独立使用上受限及避免侵害其他业主的权益，一、二审法院根据大多数业主已委托珠海市扬名百货有限公司出租给广东永旺天河城商业有限公司珠海扬名广场分公司经营，租赁期限为2012年3月1日至2018年2月28日的事实，认定姜某亦应遵循上述期限以维护扬名广场全体业主的共同利益，据此判令珠海市扬名百货有限公司应向姜某支付商铺使用费及其利息，广东永旺天河城商业有限公司珠海扬名广场分公司对扬名百货有限公司的付款义务承担补充清偿责任，并无不当。

至于姜某提出的一、二审法院未经其质证便采信对方提交的证据复印件，并作为定案依据的问题，因姜某不服一审判决提出上诉时，并无就该主张提出上诉，而广东永旺天河城商业有限公司珠海扬名广场分公司及珠海市扬名百货有限公司在二审期间并无提交新证据，故姜某以此为由申请再审，无事实和法律依据，本院不予支持。

综上，姜某的再审申请不符合《中华人民共和国民事诉讼法》第二百条规定的情形。

2015年4月20日，广东省高级人民法院依照《中华人民共和国民事诉讼法》第二百零四条第一款之规定，裁定如下：驳回姜某的再审申请。

十、对解约后承租人可利用的全新装饰装修应如何处理

（一）理论解答

实务中，承租人获得租赁房屋的使用权后，一般都要对租赁房屋进行一些装饰装修。有时，这类装饰装修还是比较彻底和工程量巨大的。而装饰装修完成后，因承租人违约导致合同解除的情况也不在少数。此时，对一些全新且能够被继续利用的装饰装修该如何处理，经常成为当事人争议的焦点和司法难题。

有观点认为，此时的装饰装修即使是全新且能够被继续利用的，也应被视为装饰装修残物，若出租人不同意利用，应按照《最高人民法院关于审理城镇房屋租赁合同纠纷案件具体应用法律若干问题的解释》第十一条的有关规定①来进行处理，即承租人不得对此请求出租人给予赔偿或补偿。

另有观点认为，把这些可利用的全新装饰装修定义为装饰装修残物是不合乎社会日常情理的。鉴于这些装饰装修客观上尚具有很大的利用价值，即使承租人存在过错且出租人在纠纷发生时表示不同意利用，也不应机械地照搬《最高人民法院关于审理城镇房屋租赁合同纠纷案件具体应用

① 《最高人民法院关于审理城镇房屋租赁合同纠纷案件具体应用法律若干问题的解释》第十一条规定："承租人经出租人同意装饰装修，合同解除时，双方对已形成附合的装饰装修物的处理没有约定的，人民法院按照下列情形分别处理：（一）因出租人违约导致合同解除，承租人请求出租人赔偿剩余租赁期内装饰装修残值损失的，应予支持；（二）因承租人违约导致合同解除，承租人请求出租人赔偿剩余租赁期内装饰装修残值损失的，不予支持。但出租人同意利用的，应在利用价值范围内予以适当补偿；（三）因双方违约导致合同解除，剩余租赁期内的装饰装修残值损失，由双方根据各自的过错承担相应的责任；（四）因不可归责于双方的事由导致合同解除的，剩余租赁期内的装饰装修残值损失，由双方按照公平原则分担。法律另有规定的，适用其规定。"

法律若干问题的解释》第十一条的有关规定来进行处理。

本书认为，在房屋租赁合同因承租人的过错被解除后，对承租人的可利用的全新装饰装修，应根据《中华人民共和国民法通则》第四条[①]及《最高人民法院关于贯彻执行〈中华人民共和国民法通则〉若干问题的意见（试行）》第86条的规定[②]予以适当补偿。理由在于：尽管装饰装修是一个比较个人化和主观化的产物，但也具有一定的普适标准，尊重个性自由和扩大物尽其用都应成为人类社会的普遍追求。在承租人投入大量人力物力对租赁房屋进行全新的装饰装修但未享受到这些装饰装修成果即遭合同解除时，出租人往往就是这些全新且能够被继续利用的装饰装修的实际受益人，即使承租人在合同解除的问题上存在过错且出租人在双方发生纠纷时表示不同意利用，但如不对此时的承租人给予任何补偿，不符合《中华人民共和国民法通则》第四条及《最高人民法院关于贯彻执行〈中华人民共和国民法通则〉若干问题的意见（试行）》第86条的立法本意。

（二）案例指引

内蒙古锦联投资顾问有限公司与呼和浩特市理德企业管理服务有限责任公司房屋租赁合同纠纷再审案[③]

再审申请人内蒙古锦联投资顾问有限公司（以下简称锦联公司）因与被申请人呼和浩特市理德企业管理服务有限责任公司（以下简称理德公司）房屋租赁合同纠纷一案，不服内蒙古自治区高级人民法院（2012）内民一终字第5号民事判决，向最高人民法院申请再审。

锦联公司申请再审称：1. 有新的证据，足以推翻二审判决。(1) 内蒙古自治区呼和浩特市公证处于2009年8月13日作出的（2009）呼证内字

---

① 《中华人民共和国民法通则》第四条规定："民事活动应当遵循自愿、公平、等价有偿、诚实信用的原则。"

② 《关于贯彻执行〈中华人民共和国民法通则〉若干问题的意见（试行）》第86条规定："非产权人在使用他人的财产上增添附属物，财产所有人同意增添，并就财产返还时附属物如何处理有约定的，按约定办理；没有约定又协商不成，能够拆除的，可以责令拆除；不能拆除的，也可以折价归财产所有人；造成财产所有人损失的，应当负赔偿责任。"

③ 详见：最高人民法院（2013）民申字第562号民事裁定书。

5454号公证书，并附《现场工作记录》一份及光盘一张，拟证明理德公司的装修工程量较小。内蒙古佳世达工程造价咨询有限责任公司（以下简称佳世达公司）于2011年9月19日作出的内佳世达基字（2011）第190号鉴定报告（以下简称鉴定报告）严重失实。（2）汉庭星空（上海）酒店管理有限公司呼和浩特分公司（以下简称汉庭公司）与上海海银建筑装饰工程公司于2009年9月20日签订的《上海市建设工程施工合同》，拟证明案涉房屋已由汉庭公司进行了二次装修。（3）内蒙古自治区呼和浩特市北方公证处于2013年7月4日作出的（2013）呼北证内字第10692号公证书，并附《工作记录》一份及光盘一张，拟证明案涉房屋经过汉庭公司装修后的状况。2. 根据《最高人民法院关于审理城镇房屋租赁合同纠纷案件具体应用法律若干问题的解释》第十一条第（二）项的规定，出租人利用原有装修的，仅在"利用价值范围内予以适当补偿"，而二审判决却将原有装修的全部造价作为补偿范围，认定事实错误。3. 佳世达公司作出的鉴定报告严重失实，鉴定依据不足，鉴定程序违法，鉴定方法错误，且鉴定结论明显高于理德公司自报的装修造价，不能作为本案定案依据。4.《最高人民法院关于审理城镇房屋租赁合同纠纷案件具体应用法律若干问题的解释》第十一条第（二）项明确规定："因承租人违约导致合同解除，承租人请求出租人赔偿剩余租赁期内装饰装修残值损失的，不予支持。"故锦联公司对理德公司违约退场的装修损失不应承担任何责任。一、二审判决不适用该条规定，而适用《最高人民法院关于贯彻执行〈中华人民共和国民法通则〉若干问题的意见（试行）》第86条的规定，适用法律错误，且根据案涉《房屋租赁合同》第七条第九项的约定，锦联公司也不应对理德公司的装修损失承担补偿责任。锦联公司依据《中华人民共和国民事诉讼法》第二百条第（一）项、第（二）项、第（六）项的规定申请再审。

理德公司提交意见称：1. 理德公司请求锦联公司返还、赔偿的是未经使用的租赁房屋添附价值，不属于装修残值，故二审判决未适用《最高人民法院关于审理城镇房屋租赁合同纠纷案件具体应用法律若干问题的解释》第十一条第（二）项的规定，并无不当。2. 二审判决并未将原有装修的全部造价作为补偿范围，而是将原装修造价的保留部分作为补偿范围。3. 二审判决判令锦联公司按照鉴定结论的70%予以补偿，已经是适当补偿。理德公司请求驳回锦联公司的再审申请。

最高人民法院认为，本案再审审查主要涉及以下问题：1. 锦联公司申请再审时提交的证据材料是否属于新的证据；2. 二审判决认定的补偿数额是否适当；3. 鉴定报告能否作为本案定案依据；4. 二审判决适用法律是否错误。

1. 关于锦联公司申请再审时提交的证据材料是否属于新的证据的问题。证据 1 和证据 2 在本案一、二审期间就已经存在，但锦联公司无正当理由未予提交。证据 3 虽然形成于二审判决作出之后，但该证据所拟证明的事实在本案一、二审期间也已经存在，锦联公司无正当理由未及时提交相应证据。故上述证据均不符合《最高人民法院关于适用〈中华人民共和国民事诉讼法〉审判监督程序若干问题的解释》第十条关于“新的证据”的规定，不属于新的证据。

2. 关于二审判决认定的补偿数额是否适当的问题。2008 年 11 月 20 日，锦联公司与理德公司签订一份《房屋租赁合同》，约定由理德公司承租案涉房屋经营宾馆。同日锦联公司将该房屋交付给理德公司进行装修。后因理德公司未支付首期租金和管理费，锦联公司向其发出《解除合同通知》，并于 2009 年 9 月 15 日自行收回案涉房屋，此时理德公司尚未对外营业。2009 年 9 月 22 日，锦联公司又将案涉房屋出租给汉庭公司继续从事宾馆经营。理德公司对案涉房屋进行了长达 10 个月的装修，投入了大量的人力、物力，但并未享受到该装修成果，出租人锦联公司成为实际受益人。二审判决判令锦联公司对理德公司的装修费用进行补偿，符合公平原则。关于补偿数额，佳世达公司作出的鉴定报告在“审核鉴定结论”部分载明“鉴定报审施工造价值为 5078495 元，鉴定审定施工造价值为 4227680 元，核减值 850815 元”，一、二审判决并未将理德公司施工的原有装修的全部造价作为补偿范围，而是参照上述鉴定结论，并结合本案实际情况判令锦联公司补偿工程总造价 4227680 元的 70% 即 2959376 元，该补偿数额属于适当补偿，较为公平合理。故锦联公司的该项申请再审理由不能成立。

3. 关于鉴定报告能否作为本案定案依据的问题。本案一审期间，理德公司申请对其在案涉房屋中的装修工程造价进行审计。一审法院司法技术鉴定处于2010年12月30日退卷，退卷理由为本鉴定暂无工程造价依据，无法鉴定，请法庭对所需资料确认后再行委托。为此，一审法院于2011年5月11日再次要求双方对案涉房屋的装修工程量提交书面证据，并向锦联公司释明如有其他施工人也可以一并举证，以便确认争议的装修工程究竟由谁施工。在规定的期限内，理德公司提交了装修材料明细、管理人员工资等六组证据，锦联公司不认可理德公司提交的证据，但也未能提交相反证据予以反驳，应承担不利的法律后果。佳世达公司于2011年6月23日到案涉房屋现场进行了勘验、核实，并结合理德公司提交的装修资料及现场勘查笔录等作出鉴定报告，依据充分，程序合法。二审法院参照该鉴定报告的结论作出判决并无不当。

4. 关于二审判决适用法律是否错误的问题。《最高人民法院关于审理城镇房屋租赁合同纠纷案件具体应用法律若干问题的解释》第十一条第（二）项是关于装修残值应当如何处理的规定，而本案中理德公司装修后尚未对外营业案涉房屋即被锦联公司收回并出租给汉庭公司，即装修物是全新的且能够被继续利用，不能定义为装修残值，故一审判决未适用上述司法解释的规定，而适用《中华人民共和国民法通则》第四条及《最高人民法院关于贯彻执行〈中华人民共和国民法通则〉若干问题的意见（试行）》第86条的规定，二审判决予以维持，并无不当。此外，《房屋租赁合同》第七条第九项约定："租赁期限满或本合同解除后三日内，如届时乙方（理德公司）未按照约定时间腾空房屋，视同乙方对存放在租赁物内的任何财产放弃权利，甲方（锦联公司）有权任意处置，且无须给乙方任何补偿。"根据该条约定的文义并结合上下文，"存放在租赁物内的财产"应指承租人存放在房屋内可搬动的物品，与理德公司主张的已与案涉房屋形成附合的装修物并非同一法律概念，故锦联公司依据该条约定主张其不应对理德公司承担补偿责任，亦不能成立。

综上，锦联公司的再审申请不符合《中华人民共和国民事诉讼法》第二百条第（一）项、第（二）项、第（六）项规定的情形。

2013年8月9日，最高人民法院依照《中华人民共和国民事诉讼法》第二百零四条第一款之规定，裁定如下：驳回锦联公司的再审申请。

十一、没有办理合法建设手续的部队房产出租协议是否有效

（一）理论解答

为有效遏制违章建筑的建设，使违法者无利可图，自2009年9月1日起施行的《最高人民法院关于审理城镇房屋租赁合同纠纷案件具体应用法律若干问题的解释》规定："出租人就未取得建设工程规划许可证或者未按照建设工程规划许可证的规定建设的房屋，与承租人订立的租赁合同无效。但在一审法庭辩论终结前取得建设工程规划许可证或者经主管部门批准建设的，人民法院应当认定有效。"同时，鉴于依照国家福利政策承租的公有住房、经济适用房和廉租住房，具有政府福利性、保障性，其租赁关系不属于完全的民事法律关系，故《最高人民法院关于审理城镇房屋租赁合同纠纷案件具体应用法律若干问题的解释》又规定：当事人依照国家福利政策租赁公有住房、廉租住房、经济适用住房产生的纠纷案件不适用这一效力判定规则。但是，对于没有办理合法建设手续的部队房产出租协议是否有效，《最高人民法院关于审理城镇房屋租赁合同纠纷案件具体应用法律若干问题的解释》却没有涉及。

有观点认为，军队房屋的建设有其特殊性，在其对外进行租赁时也应"特殊问题特殊对待"。按照法无明文限制皆不受否定的民法基本原理和严格限制合同无效的现代司法理念，对没有办理合法建设手续的部队房产出租协议的效力判定应不适用《最高人民法院关于审理城镇房屋租赁合同纠纷案件具体应用法律若干问题的解释》的有关规定。

另有观点认为，既然《最高人民法院关于审理城镇房屋租赁合同纠纷案件具体应用法律若干问题的解释》没有明确排除对于军产房的租赁适用，没有办理合法建设手续的部队房产对外出租协议也应属无效。

本书认为，军产房的对外租赁合同也应适用《最高人民法院关于审理城镇房屋租赁合同纠纷案件具体应用法律若干问题的解释》第二条确立的效力判定规则。理由在于以下两个方面。

1. 军产房固有其特殊性，但其建设也需要像地方房屋一样经过相关部门的严格审查批准、非经依法批准就属违章建筑也是不争的事实。

2. 军产房的对外租赁基本属于完全的市场行为，并不存在类似公有住房、廉租住房、经济适用住房那样的特殊情形，在合同效力的评价上不能因出租方的身份特殊就区别对待。

3. 在法律的适用范围上，非经法律明确排除应一律适用是基本原则。

（二）案例指引

湖北省军区珞珈山招待所与武汉世纪人文科技辅导学院租赁合同纠纷案[①]

湖北省军区珞珈山招待所（以下简称省军区招待所）诉至一审法院称：2000 年 6 月 26 日，我所与武汉乔森经贸有限公司（以下简称乔森公司）签订《土地、房屋租赁合同书》，约定将武汉市武昌区八一路 483 号沿路临湖地段 2000 平方米及地上简易房屋租赁给乔森公司经营使用，还明确约定了租赁期限、租金、支付方式及权利义务等条款。2008 年 8 月 8 日，乔森公司与武汉世纪人文科技辅导学院（以下简称科技学院）签订《协议书》，约定乔森公司将其与我所签订的《土地、房屋租赁合同书》中房屋经营权全部转让给科技学院。据此，我所与科技学院于 2011 年 8 月 1 日签订了《土地、房屋租赁合同书》，该租赁合同除一方变更为科技学院外，其他内容不变。合同签订后，我所按照合同的约定履行了全部义务。乔森公司承租期间，拆除了租赁物中的简易房屋，按合同约定于 2001 年 11 月建造一幢 5000 平方米的 2 层楼房（以下简称 3 号楼）对外经营。科技学院于 2008 年 8 月取代乔森公司取得上述标的物的承租权后，在未经我

① 详见：湖北省武汉市中级人民法院（2013）鄂武汉中民商初字第 00263 号民事判书、湖北省高级人民法院（2014）鄂民一终字第 00072 号民事判决书、最高人民法院（2014）民申字第 1799 号民事裁定书。

所同意、未履行任何房屋建设申报手续的情况下，擅自在3号楼的基础上加盖了3层楼一并对外出租。2009年11月，科技学院在未经我所同意、未履行任何房屋建设申报手续的情况下，又擅自将3号楼西北侧的房屋拆除，新建一幢8层的楼房（以下简称4号楼）对外出租。经查，科技学院将非法改扩建的3号楼3至4层及4号楼转租给武汉震旦法商专修学院（以下简称专修学院）和武汉华远教育投资有限公司（以下简称华远公司）用于学生住宿。由于上述楼房建造未经地方相关部门审批、未经消防审核、未经竣工验收，楼体及消防安全存在重大隐患，威胁人身安全。2013年4月12日，科技学院的法定代表人张某、股东袁某英等人因涉嫌妨害公务、强迫交易等罪，已被公安机关采取刑事强制措施，给我所声誉造成负面影响。由于涉案的房地产租赁及房屋的建造均未按照规定报经相关机关的批准，故双方签订的《土地、房屋租赁合同书》因违反相关的法律法规而无效。综上，为了维护合法权益，诉至法院请求判令：1. 确认省军区招待所与科技学院签订的《土地、房屋租赁合同书》无效；2. 科技学院迁出并返还涉案房地产及相关配套设施设备；3. 科技学院向省军区招待所支付擅自扩建房屋的占有使用费（参照合同约定的租金标准，自竣工之日起至拆除之日止）及逾期腾退的占有使用费（按照合同约定租金标准，自2013年8月6日起至腾退移交之日止）；4. 科技学院承担本案全部诉讼费用。

审理中，省军区招待所进一步明确诉讼请求为：1. 确认2011年8月1日省军区招待所与科技学院签订的《土地、房屋租赁合同书》无效；2. 科技学院迁出并返还位于武汉市武昌区珞珈山街八一路483号（原115号）沿路临湖地段的土地（2000平方米）及地上建筑物3号楼（共5层）和4号楼（共8层）房产；3. 科技学院向省军区招待所支付逾期腾退土地房屋的占有使用费（按照《土地、房屋租赁合同书》约定租金标准，即44.96万元/年，从2013年8月6日起至腾退移交之日止）；4. 科技学院承担本案的案件受理费。

科技学院辩称：1. 我方与省军区招待所签订的房屋租赁合同合法有效，系双方当事人真实意思表示，不违反法律法规禁止性规定，且我方定期交纳租金；2. 事实上，改、扩建及新建的房屋都是经省军区招待所同意的，即使未经其同意，也不应成为合同无效的理由，只能算是违约行为，与合同的效力无关联；3. 我方承租房屋对外经营是以科技学院的名义进行的，虽然我方的法定代表人及股东被采取强制措施，但不存在对省军区招待所的声誉造成任何影响。

一审法院查明：2000 年 6 月 26 日，省军区招待所（甲方）与乔森公司（乙方）签订一份《土地、房屋租赁合同书》，主要约定甲、乙双方就土地、房屋租赁事宜达成如下条款：1. 甲方提供武汉市武昌区八一路 483 号沿路临湖地段土地 2000 平方米及地上相应简易房屋租赁给乙方经营使用。由乙方承租后拆除地上建筑物，出资 400 万元开发重建 5000 平方米 2 ~3 层全框架结构门面房屋。2. 乙方承租后投资新建门面房屋所有权归甲方，乙方租赁经营使用 20 年（自 2000 年 8 月 1 日至 2020 年 7 月 31 日），租赁期满，合同终止。甲方收回上述土地及房屋，乙方无条件退出。若乙方需要继续租用，在同等条件下享有优先承租权，另行签订租赁合同。3. 甲方负责与地方政府部门协调，视情拆除土地相邻的景香园酒楼房屋。4. 乙方在租赁期内向甲方缴纳租金：（1）在景香园酒楼未拆除情况下，第一年租金 27 万元，以后每年在前一年基础上增加 4%。（2）租期内景香园酒楼如拆除，则当年租金在前一年递增 4% 后的基础上增加到 8 万元，以后每年在前一年基础上递增 4%。（3）租金按租赁年度，每年分两次支付，每次提前 30 日，即每年的 7 月 1 日前支付下一租赁年度年租金的 50%，1 月 1 日前支付另一半。合同签字当日，乙方向甲方支付第一个租赁年度前半年租金 13.5 万元（2000 年 8 月 1 日至 2001 年 1 月 31 日），附租金明细表。5. 乙方同意按甲方设计要求全额投资重建甲方东大门（通道以上限 2 层），大门通道以上部分的房屋归乙方经营使用，不计收租金，使用期限与土地、房屋租赁期限相同，通道以南一层归甲方使用，产权、使用权全部归甲方。6. 乙方以甲方名义投资建设房屋，在建设期间甲方负责与地方政府职能部门的协调工作，如果因地方规划、土地等职能部门干预影响施工，致使该项目无法继续时，由甲方负担相关经济损失。7. 甲方的权利义务。（1）负责办理军内建设许可；（2）具有房屋建筑规划、建筑形式、房屋结构、设计图纸决定权；（3）具有投资审计参与权、施工监督、质量验收权。8. 乙方的责任及权利义务。（1）负责承租土地上旧房的拆除、清渣、地质勘探、图纸设计、建筑施工、建筑装修工作并承担相应费用；

（2）乙方使用甲方水电，单独装表，按武汉市水电价加价5%，按月向甲方缴纳；（3）在承租期内，自主经营，自负盈亏，并服从甲方营院管理规定；（4）不得以任何形式将承租土地及房屋作为抵押物；（5）不得以甲方或军队名义从事经营活动或广告宣传，不得违法经营；（6）乙方在承租期内应办理综合财产保险，对房屋安全及其他安全事宜（含施工过程人身安全）负完全责任，因火灾等原因造成甲方、乙方和第三者损失，均由乙方负责。9. 违约责任。（1）合同生效至租赁期满，如单方提前终止合同，视为违约，违约方承担因违约对另一方所造成的一切损失；（2）合同签订30日内，甲方不能提供合同所述土地给乙方，视作甲方违约，甲方应按所收租金的双倍退款乙方，合同终止；（3）乙方如投资资金少于400万元、建设总面积不足5000平方米（不含东大门上部）、建设工期自合同生效之日起超过300天、建设过程中未按甲方审定图纸施工、工程质量不符合国家标准、施工过程中不服从甲方监管、欠付租金（含水电费）超过30日、违反本合同第10条第1款规定，出现任一情况均视作乙方严重违约，甲方收回土地及乙方已投资建设的一切建筑物，扣留乙方已交款项，合同终止，乙方无条件退场；（4）如果乙方不能按时足额缴纳租金（含水电费），在30日以内，除如数缴纳租金外，每日处欠缴额1‰的滞纳金。10. 其他。（1）土地和建筑房屋所有权、使用权，甲、乙双方均不得作为债务抵押、经济担保，否则视为无效法律行为，不具有法律效力；（2）租期内乙方经营的房屋，如果与第三方签订超越乙方租赁期限的合同，视为无效，且因此所造成的损失由乙方承担；（3）因不可抗力因素（自然灾害、国家、军队重大政策调整）协议被提前终止，双方应本着互谅、互让、互利原则，友好协商解决；（4）合同执行过程中如发生争议，协商不成时，依法裁决；（5）正式协议经双方盖章、签字，乙方第一期租金到甲方账后生效。

上述合同签订后，省军区招待所按约定履行了义务，乔森公司在承租期间，亦按约拆除了租赁物中的简易房屋，并建造了一幢5000平方米的2层楼房，即3号楼对外经营。

2008年7月7日，乔森公司向省军区招待所出具一份《申请报告》，载明将上述2000年6月26日《土地、房屋租赁合同书》项下的房屋经营权一次性全部转让给科技学院经营管理，请支持批准。次日，省军区招待所在该报告上签署同意，并加盖了公章。

2008年8月8日，乔森公司与科技学院签订了一份《协议书》，约定将乔森公司与省军区招待所签订合同约定至2020年7月31日止的房屋经营权，全部转让给科技学院经营（含张某平、张某福出资新建、改建武汉市武昌区八一路483号临湖地段项目中的权益），转让价为60万元，双方还对经营项目形成的债务承担进行了约定。

2008年9月6日，针对转让事宜，乔森公司和科技学院共同向有关单位发出通知予以告知。同年8月28日，科技学院向省军区招待所申请变更租赁单位，根据乔森公司与科技学院的约定，自2008年8月8日经营权转让之日起，将乔森公司享有的2000年6月26日《土地、房屋租赁合同书》项下房屋经营权转让给科技学院，自2008年8月8日起由其承继合同项下所有的权利与义务，据此申请将该合同中的乙方乔森公司变更为科技学院。当日，省军区招待所在该申请上签字同意并加盖公章。

2008年12月28日，乔森公司的股东吴某、杨某华、高某、肖某明向科技学院发出《紧急公函》，主要称：在现场发现科技学院在租用的房屋上进行加层盖房，特说明：1. 在房屋上进行加层，乔森公司完全不知情；2. 乔森公司建房时是经过勘探设计施工验收等基本建设的程序进行的，科技学院进行加层亦应遵守基建规范，如已报经省军区招待所审查同意，请提供相关文件；3. 如果未报告审批，施工也未经省军区主管质量监管的部门验收，该房屋暂不能投入使用，正在施工的应立即停工，如强行使用或施工，进行违章建设，发生安全责任事故自行承担法律和经济责任；4. 因加层盖房造成原房的损坏所有权人有权要求承担全部赔偿的责任。

2011年8月1日，省军区招待所与科技学院签订了一份《土地、房屋租赁合同书》，主要内容与2000年6月26日《土地、房屋租赁合同书》一致。

审理中，当事人双方确认科技学院从2008年8月受让乔森公司与省军区招待所签订的《土地、房屋租赁合同书》项下的全部权利义务后，科技学院自行将3号楼加盖了3层，并新建了一幢8层的4号楼对外用于租赁经营、收取租金。省军区招待所自认科技学院已按合同约定的标准支付了截止至2013年9月30日的租金。

另查明：

1. 2007年6月5日，中国人民解放军湖北省军区后勤部享有坐落于武汉市武昌区珞珈山街八一路115号、国有土地使用权证号为武国用（2007）第378号、地号F12020020、使用权类型划拨、使用权面积95367.79平方米土地的使用权，省军区招待所享有该地块的使用权和管理权。

2. 2013年4月12日，湖北省监利县公安局因对张某、袁某英、彭某涛、张某林、李某波、熊某涉嫌犯罪，对其依法执行逮捕，送监利县看守所羁押。嗣后，省军区招待所向一审法院提起诉讼。

本案争议焦点：关于2011年8月1日省军区招待所与科技学院签订的《土地、房屋租赁合同书》是否有效。

一审法院认为，省军区招待所与科技学院签订的《土地、房屋租赁合同书》系无效合同。

首先，从《土地、房屋租赁合同书》约定的内容来看，省军区招待所与科技学院签订的是名为土地、房屋租赁合同实为以租代建的合同，合同约定由科技学院承租后拆除地上建筑物，出资400万元开发重建5000平方米2~3层全框架结构门面房屋，投资新建门面房屋的所有权归省军区招待所享有，科技学院在租赁期间内仅享有经营使用权，且还需向省军区招待所支付相应的租金，待租赁期限届满后，省军区招待所有权收回租赁土地及房屋，科技学院无条件退出，即新建的门面房屋交还给省军区招待所。合同实质上是以科技学院的建设费用提前支付租赁土地和房屋的部分租金，其他部分租金按每半年度向省军区招待所支付。科技学院实质上租用的系省军区招待所在其使用的土地范围内建设的用于租赁经营的房屋，只是签订租赁合同时该房屋尚未建成，由承租人科技学院按照使用要求自行承建。

其次，无论是乔森公司还是科技学院在建设之前及建设过程中均未办理建设施工规划批准及备案手续。3号楼、4号楼建成后也没有办理相关的权属备案手续，仅是乔森公司在建设前将原3号楼（2层、5000平方米）的设计规划报告给省军区招待所，而科技学院承继乔森公司的权利义务后，对3号楼的加层及4号楼的新建均未经过省军区招待所的同意，亦未向其报批相关设计规划。直至本案诉讼时，3号楼和4号楼仍未办理合法的建设规划手续。依据2005年《军队空余房地产租赁管理规定》，省军区招待所与科技学院签订的上述合同必须报经中国人民解放军总后勤部批准备案，而省军区招待所就上述租赁合同未向中国人民解放军总后勤部报批，且省军区招待所、科技学院在本案一审诉讼结束前也未补办相应的建设规划及登记备案手续。根据2009年9月1日起实施的《最高人民法院关于审理城镇房屋租赁合同纠纷案件具体应用法律若干问题的解释》（法释〔2009〕11号）第二条“出租人就未取得建设工程规划许可证或者未按照建设工程规划许可证的规定建设的房屋，与承租人订立的租赁合同无效。但在一审法庭辩论终结前取得建设工程规划许可证或者经主管部门批准建设的，人民法院应当认定有效”之规定，科技学院代省军区招待所建设的用于经营的房屋无论是之前乔森公司已经建成的，还是科技学院的改、扩建和新建的均未取得建设工程规划许可证，且已不能在规定的时间内取得。因此，省军区招待所与科技学院签订的《土地、房屋租赁合同书》违反法律的禁止性规定，系无效合同。

依据《中华人民共和国合同法》中对无效合同处理的规定，科技学院应向省军区招待所移交位于武汉市武昌区珞珈山街八一路483号（原115号）沿路临湖地段的土地（2000平方米）及地上建筑物3号楼（共5层）和4号楼（共8层）房产。同时，依据《最高人民法院关于审理城镇房屋租赁合同纠纷案件具体应用法律若干问题的解释》第五条第一款“房屋租赁合同无效，当事人请求参照租赁合同约定的租金标准支付房屋占有使用费的，人民法院一般应予以支持”的规定，科技学院逾期未移交的，应按照合同约定的标准支付给省军区招待所逾期腾退的占有使用费。省军区招待所主张支付逾期腾退土地房屋的占有使用费的起算时间，因双方对合同的履行产生分歧，并未对是否腾退及腾退的时间达成一致意见，省军区招待所请求从2013年8月6日起计算逾期腾退的占有使用费并无事实和法律依据，一审法院不予支持，科技学院应向省军区招待所承担自法定腾退期限届满后仍未腾退的占有使用费。

综上，省军区招待所与科技学院签订的《土地、房屋租赁合同书》，因未办理法律规定的手续且在规定补救时间内仍无法完善，违反法律禁止性规定，系无效合同。科技学院因无效合同取得的财产应当予以返还。依据《中华人民共和国合同法》第五十二条第（五）项、第五十八条，《最高人民法院关于审理城镇房屋租赁合同纠纷案件具体应用法律若干问题的解释》第二条、第五条第一款，《中华人民共和国民事诉讼法》第一百四十二条之规定，判决：1. 2011 年 8 月 1 日省军区招待所与科技学院签订的《土地、房屋租赁合同书》无效；2. 科技学院于判决生效之日起 30 日内向省军区招待所返还移交位于武汉市武昌区珞珈山街八一路 483 号（原 115 号）沿路临湖地段的土地（2000 平方米）及地上建筑物 3 号楼（共 5 层）和 4 号楼（共 8 层）房产；3. 科技学院逾期履行上述第二项返还义务的，应向省军区招待所支付逾期腾退房屋土地的占有使用费（从逾期之日起至腾退完毕之日止，按合同约定的租金标准 44.96 万元/年计算）；4. 驳回省军区招待所的其他诉讼请求。

一审判决宣判后，省军区招待所、科技学院均不服，向湖北省高级人民法院提起上诉。

省军区招待所上诉称：1. 从判决的实质看，判决是法院对已经发生纠纷的法律事实正确认定的前提下作出的权威判定。一审判决第三项是针对科技学院逾期履行该判决第二项返还义务的情况下作出的判定。然而，科技学院是否逾期履行该项判决，根据法律规定须待一审判决生效一个月后才有可能判定，对尚未发生且不一定发生的事实率先下判，缺乏法律依据，显属不当。2. 从民事诉讼法律程序来看，审判与执行分属于两个不同的诉讼阶段，任务各不相同。与此对应的是人民法院分设审判和执行机构，各司其职。生效判决履行与不履行均属对判决执行的范畴，应由执行机构依照民事诉讼执行程序规范调整，审判机构对逾期履行判决行为直接判定缺乏法律依据，显属不当。请求二审法院依法撤销一审判决的第三判项。

科技学院针对省军区招待所的上诉答辩称：由于我们的上诉请求包括了省军区招待所的上诉请求，故对于其请求不持异议。

科技学院上诉称：1. 科技学院与省军区招待所签订的《土地、房屋租赁合同书》合法有效，一审法院判决认定为无效，适用法律错误。（1）科技学院与省军区招待所签订的《土地、房屋租赁合同书》系双方当事人真实意思表示，其主体适格，内容合法，没有违反军队有关房地产租赁的规定。（2）3号楼加层、4号楼的建设不属于诉争租赁合同标的。无论3号楼加层、4号楼的建设是否按规定程序报经批准，均不涉及合同约定租赁标的合法性问题，只涉及科技学院是否违反合同约定，并不影响本案争议合同的效力。（3）3号楼加层、4号楼新建，科技学院在建设前均已取得省军区招待所的同意，因租赁土地上的建设属军队营房建设，应按军区内部的审批程序进行报建，且属省军区招待所内部报批的问题，是否报批科技学院无权过问。（4）一审法院以科技学院没有向地方行政机关办理规划报批手续，并引用地方法律、法规来认定合同无效，系适用法律错误。科技学院建设房屋的用地属军事特殊用地，应适用军队效力内部管理规定，而不是地方法律、法规。2. 一审法院判决科技学院将3号楼（共5层）、4号楼（共8层）返还省军区招待所没有任何事实和法律依据，判决明显错误。（1）3号楼加层和新建4号楼并不是双方租赁合同项下的租赁标的物，因此即使本案诉争的合同系无效合同且上述建筑系违规建筑，其也不属于合同无效后应当返还的财产。（2）该项判决明显与法律规定相悖。①依据《最高人民法院关于审理城镇房屋租赁合同纠纷案件具体应用法律若干问题的解释》第九条之规定，即使本案诉争的合同无效，双方终止租赁关系后，对科技学院加建的房屋及装饰装修，省军区招待所同意利用的，应对同意利用部分财产进行折价并补偿科技学院；省军区招待所不同意利用的，由科技学院进行拆除或恢复原状。②依据《中华人民共和国合同法》第五十八条之规定，在本案一审庭审中，科技学院提交了相关证据证实3号楼的扩建和4号楼的新建均得到了省军区招待所的同意，对于扩建3号楼、新建4号楼省军区招待所明显存在过错，而一审判决仅作出返还处理，只字不提赔偿或者补偿问题，判决明显不当。请求二审法院依法撤销一审判决，驳回省军区招待所的全部诉讼请求，本案的全部诉讼费用由省军区招待所承担。

省军区招待所针对科技学院的上诉答辩称：科技学院的上诉理由无事实和法律依据，应当驳回其全部上诉请求。

省军区招待所在二审庭审中确认其上诉请求为依法撤销一审判决的第三判项，即科技学院逾期履行上述第二项返还义务的，应向省军区招待所支付逾期腾退房屋土地的占用使用费（从逾期之日起至腾退完毕之日止，按合同约定的租金标准44.96万元/年计算）。

本案二审的争议焦点为：1. 省军区招待所与科技学院签订的《土地、房屋租赁合同书》效力如何认定；2. 一审判决科技学院向省军区招待所返还3号楼和4号楼是否具有依据；3. 一审判决科技学院承担逾期返还房屋土地的占有使用费是否恰当。结合案件事实及双方诉辩意见，本院评析如下。

1. 关于省军区招待所与科技学院签订的《土地、房屋租赁合同书》的效力如何认定的问题。

本院认为：省军区招待所与科技学院于2011年8月1日签订的《土地、房屋租赁合同书》约定，省军区招待所将武汉市武昌区八一路483号沿路沿湖地段土地2000平方米及地上相应简易房屋租赁给科技学院，科技学院承租后拆除地上建筑物，出资400万元开发重建5000平方米2~3层全框架结构门面房屋，新建门面房屋的所有权归省军区招待所享有，科技学院仅享有经营使用权并应支付相应的租金。从合同内容来看，科技学院承租的主要是省军区招待所出租场地上新建的门面房屋，该合同的性质应为房屋租赁合同。

虽然乔森公司在建设前将3号楼（2层、5000平方米）的设计规划报告给省军区招待所，但是科技学院在与乔森公司签订《协议书》承继乔森公司的权利义务后，对3号楼的加层及4号楼的新建均未征得省军区招待所的同意，也未向其报送相关设计规划。由于3号楼和4号楼在建设之前及建设过程中均未办理建设施工规划批准及备案手续，在建成后也未办理权属备案手续，根据《中华人民共和国城乡规划法》第三条（“城市和镇应当依照本法制定城市规划和镇规划。城市、镇规划区内的建设活动应当符合规划要求。县级以上地方人民政府根据本地农村经济社会发展水平，按照因地制宜、切实可行的原则，确定应当制定乡规划、村庄规划的区域。在确定区域内的乡、村庄，应当依照本法制定规划，规划区内的乡、村庄建设应当符合规划要求。县级以上地方人民政府鼓励、指导前款规定以外的区域的乡、村庄制定和实施乡规划、村庄规划。”）、第九条第一款（“任何单位和个人都应当遵守经依法批准并公布的城乡规划，服从规划管理，并有权就涉及其利害关系的建设活动是否符合规划的要求向城乡规划主管部门查询。”）、第三十七条（“在城市、镇规划区内以划拨方式提供国有土地使用权的建设项目，经有关部门批准、核准、备案后，建设单位应当向城市、县人民政府城乡规划主管部门提出建设用地规划许可申请，由城市、县人民政府城乡规划主管部门依据控制性详细规划核定建设用地的位置、面积、允许建设的范围，核发建设用地规划许可证。建设单位在取得建设用地规划许可证后，方可向县级以上地方人民政府土地主管部门申请用地。”）以及第四十条（“在城市、镇规划区内进行建筑物、构筑物、道路、管线和其他工程建设的，建设单位或者个人应当向城市、县人民政府城乡规划主管部门或者省、自治区、直辖市人民政府确定的镇人民政府申请办理建设工程规划许可证。”），3 号楼和 4 号楼属于违法建筑。《最高人民法院关于审理城镇房屋租赁合同纠纷案件具体应用法律若干问题的解释》第二条规定：“出租人就未取得建设工程规划许可证或者未按照建设工程规划许可证的规定建设的房屋，与承租人订立的租赁合同无效。”一审判决据此认定省军区招待所与科技学院签订的《土地、房屋租赁合同书》无效并无不当。科技学院上诉主张《土地、房屋租赁合同书》合法有效，缺乏事实和法律依据，本院不予支持。

依据 2005 年《军队空余房地产租赁管理规定》，省军区招待所与科技学院签订的《土地、房屋租赁合同书》必须报经中国人民解放军总后勤部批准备案，但省军区招待所未向中国人民解放军总后勤部报批，科技学院上诉主张《土地、房屋租赁合同书》没有违反军队有关房地产租赁的规定，因与事实相悖，本院不予采信。虽然《土地、房屋租赁合同书》约定的租赁标的不包括 3 号楼加层和 4 号楼，但是 3 号楼加层和 4 号楼建设均发生在科技学院依约占有使用省军区招待所交付的土地房屋后，对于租赁标的的合法性有重大影响。因科技学院对 3 号楼加层和新建 4 号楼均未得到省军区招待所的同意，科技学院亦未将设计图纸和建设施工方案报送省军区招待所，省军区招待所无法履行报建报批程序，科技学院上诉主张已征得省军区招待所同意，报批建设手续属省军区招待所内部报批的问题，是否报批科技学院无权过问，缺乏事实依据，本院不予支持。

2. 关于一审判决科技学院向省军区招待所返还 3 号楼、4 号楼是否具有依据的问题。

本院认为：因省军区招待所与科技学院签订的《土地、房屋租赁合同书》无效，根据《中华人民共和国合同法》第五十八条（“合同无效或者被撤销后，因该合同取得的财产，应当予以返还；不能返还或者没有必要返还的，应当折价补偿。有过错的一方应当赔偿对方因此所受到的损失，双方都有过错的，应当各自承担相应的责任。”）的规定，科技学院应将位于武汉市武昌区珞珈山街八一路483号（原115号）沿路临湖地段的土地（2000平方米）及地上建筑物3号楼（共5层）和4号楼（共8层）房产返还给省军区招待所，科技学院对3号楼、4号楼的投入，省军区招待所只能折价补偿。故一审判决科技学院将3号楼、4号楼返还给省军区招待所并无不当。至于省军区招待所将科技学院对3号楼、4号楼的新建及改建部分折价补偿及装饰装修的处理问题，因科技学院在本案中未就此提出反诉，不属本案审理范围，科技学院可另行主张权利。

3. 关于一审判决科技学院承担逾期返还房屋土地的占有使用费是否恰当的问题。

本院认为：因省军区招待所在一审起诉时提出要求科技学院向其支付逾期腾退占有使用费的诉讼请求，一审依据《最高人民法院关于审理城镇房屋租赁合同纠纷案件具体应用法律若干问题的解释》第五条第一款的规定判决科技学院在法定期限届满后仍未腾退的，应向省军区招待所支付逾期腾退房屋期间的占有使用费并无不当。但省军区招待所二审上诉要求撤销一审判决的相关判项，系对支付逾期腾退占有使用费诉讼请求的放弃，因省军区招待所放弃该诉讼请求的行为属对自己民事权利的处分，未违反法律、行政法规的强制性规定，亦未损害国家、集体或第三人的合法权益，本院依法予以照准。

综上，科技学院的上诉请求缺乏事实和法律依据，本院予以驳回。省军区招待所的上诉请求系对自己一审相关诉讼请求的放弃，本院予以照准。一审判决认定事实清楚，适用法律正确。依照《中华人民共和国民事诉讼法》第一百七十条第一款第（二）项之规定，判决如下：1. 维持湖北省武汉市中级人民法院（2013）鄂武汉中民商初字第00263号民事判决主文第一、二项；2. 撤销湖北省武汉市中级人民法院（2013）鄂武汉中民商初字第00263号民事判决主文第三、四项；3. 驳回湖北省军区珞珈山招待所的其他诉讼请求。一审案件受理费按一审判决执行。二审案件受理费68080元，由科技学院负担。

二审判决后，科技学院不服，向最高人民法院申请再审称：1. 原审判决适用法律错误。本案《土地、房屋租赁合同书》约定签字生效，没有附生效条件，当时的法律也无批准、登记生效的规定。原审判决以《最高法院关于审理城镇房屋租赁合同纠纷案件具体应用法律若干问题的解释》和《军队空余房地产租赁管理规定》为依据认定合同无效，适用法律错误。2. 省军区招待所非法驱逐租户，给科技学院造成巨大损失，其应赔偿损失后继续履行合同。

省军区招待所提交书面意见认为：1. 本案房屋的改扩建、新建均未经规划部门审批，属违章建筑，原审判决依据相关法律认定合同无效，适用法律正确。2. 原审判决生效后，科技学院拒不执行，其要求继续履行合同赔偿损失没有法律依据。

最高人民法院经审查认为，科技学院的申请再审事由不能成立，应予驳回。理由有如下两个方面。

1. 原审判决认定本案《土地、房屋租赁合同书》无效，适用法律并无不当。根据查明的事实，尽管在建设之前乔森公司就3号楼的设计规划向省军区招待所提出过报告，但是科技学院在与乔森公司签订《协议书》承继乔森公司的权利义务后，对3号楼的加层及4号楼的新建均未征得省军区招待所的同意，也未向其报送相关设计规划。由于在建设之前及建设过程中均未办理建设规划施工许可，在建成后也未补办相关手续，所以3号楼和4号楼依法属于违法建筑。虽然省军区招待所和科技学院双方对本案违法建筑的形成都有过错，但《最高人民法院关于审理城镇房屋租赁合同纠纷案件具体应用法律若干问题的解释》第二条规定“出租人就未取得建设工程规划许可证或者未按照建设工程规划许可证的规定建设的房屋，与承租人订立的租赁合同无效”，原审判决依据该规定认定《土地、房屋租赁合同书》无效，适用法律并无不当。另外，《军队空余房地产租赁管理规定》系调整军队房地产出租的内部管理规定，原审判决认为该规定对省军区招待所具有约束力并无不当。科技学院关于本案《土地、房屋租赁合同书》为有效合同，原审判决适用法律错误的主张不能成立，应当不予支持。

2. 原审判决没有判令省军区招待所赔偿科技学院损失符合法律规定。人民法院对民事纠纷案件的处理原则是“不告不理”。本案中，省军区招待所作为原告的诉讼请求是：（1）确认省军区招待所与科技学院签订的《土地、房屋租赁合同书》无效；（2）科技学院迁出并返还涉案房产；（3）科技学院向省军区招待所支付逾期腾退土地房屋的占有使用费；（4）科技学院承担本案的案件受理费。而科技学院并未提出反诉请求。科技学院要求省军区招待所赔偿损失不属于本案的审理范围，其可通过另诉解决。科技学院关于省军区招待所非法驱逐租户给其造成巨大损失，省军区招待所应赔偿损失后继续履行合同的主张，本院不予支持。

综上，科技学院的申请再审理由不符合《中华人民共和国民事诉讼法》第二百条规定之情形。

2014 年 12 月 13 日，最高人民法院依照《中华人民共和国民事诉讼法》第二百零四条第一款的规定，裁定如下：驳回科技学院的再审申请。

十二、如何确定合约承租人与其所属的实际承租人之间的法律关系

（一）理论解答

经营用房租赁实务中，不少当事人（特别是施行连锁经营的企业）往往都是先以自己的名义与出租人签订房屋租赁合约，然后再以租赁房屋为经营场所注册成立新的经营实体，并由该经营实体履行交纳租金等义务。由此，如何确定合约承租人与其所属的实际承租人之间的法律关系便成了当事人经常争议的焦点问题之一。

有观点认为，此种情况构成转租，即合约承租人与其所属的实际承租人之间此时存在转租的法律关系，实际承租人不应对出租人承担直接的合同责任。

还有观点认为，此种情况构成债务转移，即合约承租人的合同责任在这种情况下应由实际承租人独立承担。

另有观点认为，此种情况构成履行承担，即出租人此时并没有取得对实际承租人的直接请求权，实际承租人也无须向出租人承担违约责任。

第四种观点认为，若合约承租人在涉案房屋注册成立了自己的经营实体，且该经营实体以自己的名义向出租人履行交纳租金等合同义务的，应当认定该经营实体对合约承租人的租赁合同债务构成债务加入，应对出租人承担连带合同责任。

本书认同上述最后一种观点，理由在于以下四个方面。

1. 此种情况不构成转租。租赁是一种定型化了的合同类型。法学理论和法律实务界一致认为，房屋转租是指房屋承租人将承租的房屋部分或者全部租赁给第三人，由第三人向承租人支付租金的合同。从转租的这一一致定义来看，直接向出租人交纳租金的实际承租人与合约承租人之间并不存在转租的法律关系。

2. 此种情况不构成债务转移。债务转移又称为债务承担，是指合同的债权人、债务人与第三人之间达成协议将合同债务转移给第三人承担。构成债务转移必须是三方就债务转移达成了一致的明确意思表示，仅凭出租人接受了实际承租人交纳房屋租金就认定三方达成了债务转移的一致意思表示是不充分的。

3. 此种情况不构成履行承担。履行承担，又称为债务清偿承担，是指债务人与第三人约定，由第三人代为向债权人履行债务，从而使债权、债务归于消灭的一种制度。在履行承担中，承担人并不加入原存债务关系中，与债权人之间不存在直接的债权、债务关系，债权人对承担人不享有请求权，承担人未履行或履行不符合约定的，债权人只能向债务人主张权利。从履行承担的概念和特点可以看出，认定实际承租人与合约承租人之间构成履行承担不仅不能充分反映租赁物的实际使用状况，也不利于维护出租人的合法权益和租赁市场的稳定。

4. 只有债务加入认定才最符合连锁经营“一致对外、内部独立”的特质。连锁经营是指经营同类商品或服务的若干个企业，以一定的形式组成一个联合体，在整体规划下进行专业化分工，并在分工基础上实施集中化管理，把独立的经营活动组合成整体的规模经营，从而实现规模效益的一种经营模式。债务加入的法律后果是，第三人承担与原债务具有同一内容和范围的债务，但同时原债务人的债务并未消灭，由于债务加入并不免除债务人的义务，因此并不一定需债权人的明确表示同意。由此，债务加入的特点正好与品牌连锁的“一致对外、内部独立”的特质相契合。

（二）案例指引

北京华安房地产开发有限公司与北京倪氏海泰餐饮有限公司等房屋租赁合同纠纷案[1]

2005年8月26日，北京华安房地产开发有限公司（以下简称华安公司）与北京倪氏海泰餐饮有限公司（以下简称倪氏公司）签订《租赁合同》，约定：华安公司提供涉案房屋在良好状态下租给倪氏公司用于餐饮经营；合同租赁期限为10年，自2006年4月1日起至2016年3月31日止；自2005年10月1日至2006年3月31日为倪氏公司装修期，装修期免收租金；涉案房屋交接定于2005年10月1日，交接房屋时，物业应达到的交房条件按本合同补充协议第四条的约定执行；年租金为1600万元，季租金为400万元，从第三计租年起每计租年递增一次，每次在前一计租年租金的基础上递增2%，倪氏公司应于每季之前15日内缴纳当季租金，逾期交付者，除补交当季租金外，每逾期一日按未付租金部分的5‰计算滞纳金；合同签订后3日内倪氏公司向华安公司付800万元定金……双方交接涉案房屋时，该定金中的400万元转为保证金，保证金被用于保证华安公司因倪氏公司不如约履行职责、违反本合同带来的损失补偿或能得到的经济补偿，租赁到期，倪氏公司付清本合同约定的各种费用，将租赁物业及其附属物归还给华安公司，保证金将在十天内如数退还给倪氏公司，

[1] 详见：北京市第二中级人民法院（2015）二中民初字第06217号民事判决书、北京市高级人民法院（2016）京民终255号民事判决书。

其余400万元在计租期开始转为首期租金；华安公司按合同和补充协议按期完成工程进度，并完成工程竣工、消防验收，不影响倪氏公司营业，2006年3月15日再支付200万元租金；若因华安公司原因导致合同不能履行，华安公司应全额返还倪氏公司所交1000万元，并另赔偿倪氏公司1000万元，若因倪氏公司原因导致合同不能履行，则倪氏公司所交1000万元，华安公司不予返还；在合同期内，任一方均不能单方提前解除合同，若倪氏公司单方提前解除合同，倪氏公司所交付的定金、保证金将不予返还，倪氏公司全部装修投资无偿归华安公司，并追加赔偿华安公司一年租金1600万元；若华安公司单方提前解除合同，华安公司应全额返还倪氏公司所交定金、保证金和垫付的工程款，赔偿倪氏公司全部装修投资2000万元，并追加赔偿倪氏公司一年租金1600万元；本合同附件及补充协议是本合同不可分割的部分，与本合同有同等法律效力。

《租赁合同》签订当日，华安公司与倪氏公司签订《补充协议》，就涉案房屋所在大厦的建设、装修及相关交房事宜达成一致补充意见：通风空调工程由华安公司委托倪氏公司负责组织施工，工程款434.45万元，由倪氏公司垫资，从倪氏公司所交租金中扣除；华安公司承诺，由华安公司负责的工程初装验收备案、消防工程验收的事宜和给排水外管网、供电、厨房燃气外管线、物业楼全部外装的工程，力争在2005年10月1日前完成，最迟要在2005年11月1日前完成，若其中任一项未能在2005年11月1日前完成，租赁合同的计租期、租期将向后顺延，顺延的时间最迟不超过两个月，超过两个月属华安公司违约，应承担违约赔偿责任；华安公司承诺，涉案房屋所在大楼的整体工程竣工验收和消防工程竣工验收保证在2006年3月15日前完成，保证不影响倪氏公司2006年3月15日后投入使用，若影响倪氏公司使用，视为华安公司违约，应承担违约赔偿责任；该物业门前地上110个车位的停车场由倪氏公司管理，倪氏公司每年交华安公司车场管理费，具体事宜由双方与物业公司另行商定并签订补充协议予以约定。

2007年8月22日，华安公司与倪氏公司签订《补充协议书（二）》，约定：装修、免租、起租时间变更为：装修时间为2005年10月1日至2006年5月31日，装修期间免收租金，免租时间为2006年6月1日至

2006 年 11 月 30 日，起租时间为 2006 年 12 月 1 日；华安公司应按照租赁合同要求继续尽快完成供水工程、竣工验收及合同约定的其他义务；本协议与《租赁合同》具有同等效力，本协议与《租赁合同》不一致的，执行本协议。

2008 年 12 月 22 日，华安公司与倪氏公司签订《备忘录》，约定：根据双方 2007 年 8 月 22 日签订的《补充协议书（二）》，倪氏公司在该协议签订前为华安公司垫付的工程款项，华安公司已经支付完毕，由于倪氏公司到目前为止尚有 3326162.50 元未能提供正常发票，倪氏公司同意抓紧时间在 2009 年 1 月 31 日前解决发票问题。

2010 年 4 月 30 日，华安公司与倪氏公司签订《协议书》，约定：倪氏公司没有按照合同约定按时缴纳租金，华安公司要求倪氏公司支付自 2008 年 12 月 1 日截止到 2010 年 3 月 9 日滞纳金总计为 3115860 元，经双方协商就相关问题达成如下条款：华安公司同意免责倪氏公司应缴滞纳金的金额为 1615860 元；剩余滞纳金 150 万元倪氏公司应在本协议签订后三日内向华安公司支付，支付方式为 100 万元及价值 50 万元的倪氏公司就餐消费卡；华安公司在全额收到倪氏公司的上述款项及消费卡后，不再向倪氏公司收取免责滞纳金，如倪氏公司不按期或按协议金额支付，视为倪氏公司违约，免责滞纳金取消，并有权按每日 5‰追究未支付滞纳金逾期再次产生的滞纳金；倪氏公司承诺今后严格按照《租赁合同》约定按期支付房租，如倪氏公司违反承诺，华安公司所承诺的免责滞纳金优惠取消。《协议书》下方倪氏公司盖章处盖有北京倪氏海泰白云餐饮有限公司（以下简称白云公司）的公章。该《协议书》签订后，白云公司向华安公司支付 100 万元及 50 万元就餐消费卡。

2012 年 8 月 30 日，倪氏公司向华安公司发出《解除合同通知》，载明："自开始营业至今，我方对贵方不但不交 110 个车位管理权且安排他人以不让车辆进入停车场等方式胁迫我方缴纳停车费，甚至不与我方协商停车费数额随意借口涨价的行为已经忍无可忍，贵方的违约行为已经使我方的经营无法维持，故通知贵方：1. 解除与贵方签订的《租赁合同》及《补充协议》；2. 自合同解除之日 10 日内，返还我方保证金 400 万元；3. 自合同解除之日起 15 天内赔偿我方装修损失 2000 万元，其他损失 1000

万元；4. 贵方返还加赔偿我方款项后一周内双方办理房屋交接手续。”华安公司于2012年9月5日收到上述《解除合同通知》，并于2012年9月10日向倪氏公司发出《通知函》，载明：“我司依约履行了合同义务，不存在任何违约行为，相反，你司却多次拖欠我司房屋租金，截至2012年9月4日你司欠我司租金4329728.64元、滞纳金9857575.96元，以上两项合计14187304.6元。你司发出的解除合同通知，属于单方提前解除合同的违约行为。我司郑重函告你司：在接到本通知函后15日内付清所欠款项，继续履行合同义务。如你司拒不履行交付租金的合同义务并执意提前解除合同，我司将采取必要措施，维护我司的合法权益。”

2013年2月1日，华安公司、倪氏公司与北京京联达停车场管理有限公司（以下简称京联达公司）签订《白云时代大厦南向停车场移交协议》，约定：由倪氏公司负责承包南向停车场，京联达公司退出南向停车场的管理工作，华安公司、京联达公司向倪氏公司移交该停车场。

2013年3月1日，倪氏公司向华安公司发出《商榷函》，载明：“近期在国家相关政策的影响下，餐饮酒店行业全面陷入困境，我公司自2012年12月开始至今营业额明显下降，经营收入与以往相比下降了约60%。我们建议贵司在原租金的基础上对租金予以下调，在新的租金协议未达成之前，允许我公司缓交租金，待经营形势好转后再恢复原租金。”

2013年7月22日，倪氏公司向华安公司发出《通知书》，载明：“2012年8月30日，我单位向贵司送达了《解除合同通知》，明确告知贵司：1. 解除与贵方签订的《租赁合同》及《补充协议》……4. 贵方返还和赔偿我方款项后一周内双方办理房屋交接手续，并告知贵公司通知到达贵公司即生效。特别是今年春节后，餐饮业受到政策层面影响已无法经营，贵方无视我司多次协商的要求，故意拖延时间，造成我司严重亏损。现再次书面通知贵司，于2013年7月31日前与我司办理租赁物交接手续，逾期视为我司将租赁物按合同约定完好交予贵公司。办理完交接手续后，其他事宜双方再另行协商解决。”华安公司于2013年7月23日收到上述《通知书》，并于2013年7月25日向倪氏公司发出《关于〈通知书〉的通知函》，载明：“截止2013年7月31日，贵司拖欠租金及逾期滞纳金共计47342123.76元，共欠发票金额3326162.50元。贵司于2013年7月22日发出的《通知书》，属于贵司单方提前解除合同的违约行为。鉴于贵司单方撤离会产生租赁财产及公共安全的风险，为顾全大局，我司将派专人组成接管小组，于7月31日开始与贵司办理白云时代大厦租赁房屋及附属设施设备接管工作。我司在此郑重函告，我司概不接受贵司《通知书》所提出的不履行《租赁合同》的任何借口和理由，贵司在接到本通知函的10日内付清所欠款项，并承担提前解除合同的违约金及相应责任。另告之，租赁财产的移交，只代表租金本金的停止计算，并不代表所欠租金滞纳金的停止计算。”

2013年9月3日，华安公司与倪氏公司就涉案房屋办理了交接，并签订《房屋交接证明》，载明：“自即日起，房屋交还给华安公司，倪氏公司不再使用该房屋。租金计算截止日期为2013年7月31日。”

2014年5月5日，华安公司向倪氏公司发出《对账单通知函》，载明：“经我司核算，截至2014年4月30日贵司欠我司租金16106590.53元、滞纳金55963997.53元、违约金1600万元，扣除贵司支付的500万元，合计欠83070588.06元。请贵司见函后予以核实，如有异议请在十日内给予书面反馈意见，并就欠款结算问题给予明确答复。”2014年6月1日，倪氏公司向华安公司发出《关于欠付房租的商榷函》，载明：“经查我司在2012年9月1日至2013年7月31日共欠贵司租金16106590.56元，我司于2013年先后付给贵司500万元。我司在贵司存有保证金400万元，预付停车场租用费及保证金共计125万元，合计欠贵司租金5856590.56元。我司曾于2013年7月与贵司进行了坦诚友好的交谈，决定房屋租金的计算时间截止于2013年7月31日，放弃追究我司的违约责任，对于前期产生的滞纳金双方协商解决。在此，我们再次提议贵司郑重考虑。对租金的欠付余额，我们将以最大努力尽快付清。”

华安公司向北京市第二中级人民法院起诉请求：1. 倪氏公司支付拖欠的房屋租金16106590.53元、提前解除合同违约金1600万元、延期付款滞纳金82621294.87元（暂计算至2015年5月20日），以上款项共计114727885.40元；2. 倪氏公司支付至实际支付全部欠款本金之日止的延期付款滞纳金（每逾期一日，按未付租金部分的5‰计算）；3. 倪氏公司交付金额为3326162.50元的发票；4. 与本案有关的诉讼费用（包括但不限于案件受理费、财产保全费）全部由倪氏公司承担；5. 白云公司对上述款项承担连带清偿责任。

北京市第二中级人民法院审理认为：

华安公司与倪氏公司签订的《租赁合同》及相关协议，均系双方当事人真实意思表示，不违反法律、行政法规的强制性规定，应属合法有效，双方当事人均应按照《租赁合同》及相关协议的约定全面履行自己的义务。承租人倪氏公司在涉案房屋注册成立了白云公司，且白云公司以自己的名义向出租人华安公司履行交纳租金及滞纳金的义务，应当视为白云公司对倪氏公司的合同债务构成债务加入，故白云公司亦应作为《租赁合同》及相关协议的当事人。

《租赁合同》及相关协议履行过程中，倪氏公司、白云公司于2012年8月30日向华安公司发出《解除合同通知》，以华安公司未按《补充协议》约定交付停车场为由提出解除《租赁合同》。根据双方陈述及华安公司、倪氏公司与京联达公司于2013年2月1日签订的停车场移交协议可以看出，华安公司确未按照《补充协议》约定履行交付停车场的义务。虽然华安公司主张因《补充协议》约定停车场的具体事宜另行商定，而双方未就停车场问题另行协商，因此华安公司不负有交付停车场的义务，但应当指出的是，《补充协议》中就交付停车场问题约定的条款内容，既包括华安公司交付停车场，又包括具体事宜由双方另行商定，并未说明另行协商是交付停车场的前提条件。因此，上述内容均应作为该合同条款不可分割的一部分，双方均应按照该合同条款履行自己的义务，双方未履行就停车场问题另行协商的义务，并不能免除华安公司履行交付停车场的义务，故对华安公司就交付停车场问题的意见，法院不予采信。但是，华安公司未交付停车场的违约行为并不构成根本违约，不足以成为倪氏公司、白云公司行使合同解除权的正当理由，因此，倪氏公司、白云公司以此为由发出的《解除合同通知》并未发生合同解除的效力，而且华安公司在其于2012年9月10日向倪氏公司、白云公司发出的《通知函》中，明确要求倪氏公司、白云公司继续履行《租赁合同》，此后倪氏公司、白云公司亦继续使用了涉案房屋，双方实际继续履行了《租赁合同》，因此，双方《租赁合同》此时并未解除。倪氏公司、白云公司于2013年7月22日再次向华安公司发出《通知书》，以倪氏公司和白云公司已于2012年8月30日向华安公司送达《解除合同通知》、华安公司置倪氏公司和白云公司多次协商于不顾造成倪氏公司、白云公司严重亏损为由提出解除合同。根据华安公司、倪氏公司与京联达公司于2013年2月1日签订的停车场移交协议，可以看出华安公司在倪氏公司、白云公司此次提出解除合同时已交付停车场，因此，倪氏公司、白云公司此次提出解除合同没有正当理由，其发出的《通知书》亦未发生合同解除的效力，但华安公司于2013年7月25日就倪氏公司、白云公司发出的《通知书》向倪氏公司、白云公司发出《关于〈通知书〉的通知函》，明确表示将与倪氏公司、白云公司办理涉案房屋接管工作，且双方于2013年9月3日实际办理了涉案房屋交接手续，并确定了租金计算截止日期，因此，双方《租赁合同》此时已经解除。综上，法院认定双方《租赁合同》已经解除，倪氏公司、白云公司无正当理由提出解除合同，导致《租赁合同》不能继续履行，属于单方提前解除合同。

对于华安公司的诉讼请求，可以分为租金、违约金、滞纳金、发票四个部分。

第一部分：关于租金问题。

第一，《租赁合同》签订后，华安公司交付了涉案房屋，倪氏公司、白云公司应当按照《租赁合同》约定向华安公司交纳租金。华安公司与倪氏公司、白云公司均认可，自2012年9月1日起，倪氏公司、白云公司未按照《租赁合同》约定交纳全部租金16106590.53元，仅于2013年10月21日、2013年12月20日交纳了500万元，于2013年9月5日、2014年5月13日给付了洗浴卡20万元。根据双方《房屋交接证明》，倪氏公司、白云公司应交纳租金至2013年7月31日。故对华安公司要求倪氏公司、白云公司支付2012年9月1日至2013年7月31日期间租金的诉讼请求，法院予以支持。因华安公司就倪氏公司、白云公司交纳的上述520万元开具的收据中，明确上述520万元为租金或抵扣同数额租金，故倪氏公司、白云公司应支付的租金数额中应扣除上述520万元。

第二，对于倪氏公司、白云公司称华安公司主张的租金已经超过诉讼时效的抗辩意见，根据《中华人民共和国民法通则》第一百三十六条的规定，延付或拒付租金的诉讼时效期间为一年。本案中，华安公司主张的租金系2012年9月1日至2013年7月31日的租金，包括2012年9月1日至2012年11月30日、2012年12月1日至2013年2月28日、2013年3月1日至2013年5月31日、2013年6月1日至2013年7月31日四个期间的租金。根据《租赁合同》约定，上述四个期间的租金对应的最迟交纳时间分别为2012年8月31日、2012年11月30日、2013年2月28日、2013年5月31日，华安公司主张上述四个期间租金的最迟时间分别为2013年8月31日、2013年11月30日、2014年2月28日、2014年5月31日，华安公司在2013年7月25日向倪氏公司、白云公司发出的《关于〈通知书〉的通知函》中，明确主张上述期间的租金，诉讼时效应当中断并重新计算。华安公司在2014年5月5日向倪氏公司、白云公司发出的《对账单通知函》中，再次明确主张上述期间的租金，诉讼时效应当再次中断并重新计算，倪氏公司、白云公司在2014年6月1日向华安公司发出的《关于欠付房租的商榷函》中，确认并同意支付华安公司主张的上述期间的租金，诉讼时效应当再次中断并重新计算。华安公司于2015年5月26日起诉至法院，要求倪氏公司、白云公司支付上述期间的租金。因此，华安公司要求支付租金的诉讼请求未超过诉讼时效，故对倪氏公司、白云公司的该项抗辩意见，法院不予采信。

第三，对于倪氏公司、白云公司称华安公司收到《解除合同通知》后，双方《租赁合同》已经解除，此后应为房屋占用费的抗辩意见，如前所述，倪氏公司、白云公司于2012年8月30日向华安公司发出的《解除合同通知》并未发生合同解除的效力，故对倪氏公司、白云公司的该项抗辩意见，法院不予采信。

第四，对于倪氏公司、白云公司主张以华安公司在倪氏公司、白云公司处消费的金额抵扣其应交纳的租金的抗辩意见，因上述费用与本案不属于同一法律关系，现华安公司不同意在本案中予以抵扣，故对倪氏公司、白云公司的该项抗辩意见，法院不予采信，倪氏公司、白云公司可另行解决。

第五，对于倪氏公司、白云公司主张以其已交纳的400万元定金抵扣其应交纳的租金的抗辩意见，因双方《租赁合同》约定上述定金系合同履行保证金，被用于保证华安公司因倪氏公司不如约履约产生的损失，并未约定上述定金可用于抵扣倪氏公司、白云公司应交纳的租金，而倪氏公司、白云公司无正当理由单方提前解除合同，应当承担相应的违约责任，故倪氏公司、白云公司主张其已交纳的400万元定金应当抵扣租金的抗辩意见，法院亦不予采信。

第二部分，关于违约金问题。

第一，根据《租赁合同》约定，倪氏公司、白云公司单方提前解除合同，其已交纳的定金不予退还，并应向华安公司支付数额为1600万元的违约金。现倪氏公司、白云公司单方提前解除合同，应当承担相应的违约责任。

第二，应当指出的是，双方《租赁合同》约定的定金、违约金均系单方提前解除合同违约行为的责任承担方式。根据《中华人民共和国合同法》第一百一十六条的规定，当事人既约定违约金，又约定定金的，一方违约时，对方可以选择适用违约金或者定金条款。因此，在倪氏公司、白云公司单方提前解除合同时，华安公司可以选择适用违约金或者定金条款，不能同时适用违约金和定金条款。本案中，华安公司既主张不退还倪氏公司、白云公司已交纳的400万元定金，同时还要求倪氏公司、白云公司另支付1600万元的违约金，缺乏法律依据。

第三，对于倪氏公司、白云公司称华安公司主张的违约金过高，请求予以减少的抗辩意见，因华安公司未就其实际损失提供证据予以证明，法院结合双方《租赁合同》的实际履行情况、双方的违约情况、涉案房屋的交接时间、涉案房屋空置可能产生的租金损失等因素，根据公平原则和诚实信用原则，酌情确定倪氏公司、白云公司因提前解除合同应承担的违约责任为支付华安公司违约金800万元，但应扣除倪氏公司、白云公司已交纳的定金400万元。

第四，对于倪氏公司、白云公司称华安公司主张的违约金已经超过诉讼时效的抗辩意见，根据《中华人民共和国民法通则》第一百三十五条的规定，向人民法院请求保护民事权利的诉讼时效期间为二年。[①] 因倪氏公司、白云公司于2013年7月22日单方提前解除合同，而华安公司于2015年5月26日起诉至法院，要求倪氏公司、白云公司支付提前解除合同违约金，因此，华安公司主张违约金的诉讼请求未超过诉讼时效。故对倪氏公司、白云公司的该项抗辩意见，法院不予采信。

第三部分，关于滞纳金问题。

第一，根据《租赁合同》约定，滞纳金适用于倪氏公司、白云公司逾期交纳租金的情形，因此，双方在《租赁合同》中约定的滞纳金具有违约金的性质。虽倪氏公司、白云公司称民事法律中没有滞纳金的概念，华安公司主张滞纳金没有法律依据，但双方在《租赁合同》中约定滞纳金不违反法律、行政法规的强制性规定，约定滞纳金的合同条款应属合法有效，故对倪氏公司、白云公司的该项抗辩意见，法院不予采信。

第二，对于《协议书》约定的滞纳金问题。首先，根据《协议书》约定：2008年12月1日至2010年3月9日，倪氏公司、白云公司应支付的滞纳金为3115860元，华安公司同意免除其中的1615860元，倪氏公司、白云公司应在三日内履行支付剩余150万元滞纳金的义务；倪氏公司、白云公司如未按《协议书》约定履行支付剩余150万元滞纳金的义务，应补交华安公司同意免除的滞纳金，并按每日5‰支付滞纳金逾期再次产生的滞纳金；倪氏公司、白云公司如今后未按期交纳租金，应补交华安公司同意免除的滞纳金。因倪氏公司、白云公司在《协议书》签订后存在未按期交纳租金的情形，故华安公司有权要求倪氏公司、白云公司按照《协议书》约定补交华安公司同意免除的滞纳金1615860元；因倪氏公司、白云公司已按《协议书》约定履行了支付剩余150万元滞纳金的义务，故华安公司无权要求倪氏公司、白云公司支付上述1615860元滞纳金逾期再次产生的滞纳金。其次，对于倪氏公司、白云公司称华安公司主张的该部分滞纳金已经超过诉讼时效的抗辩意见，因倪氏公司、白云公司自2012年9月1日起未按期交纳租金，至今仍未全部支付，其未按期交纳租金的行为处

① 自2017年10月1日起施行的《中华人民共和国民法总则》第一百八十八条已将这里的“二年”修改为“三年”。

于持续状态，因此，华安公司要求支付该部分滞纳金的诉讼请求未超过诉讼时效，对倪氏公司、白云公司的该项抗辩意见，法院不予采信。最后，对于倪氏公司、白云公司称华安公司主张的该部分滞纳金过高、请求予以减少的抗辩意见，因双方未明确该部分滞纳金的计算依据，且双方通过《协议书》对该部分滞纳金的具体数额予以明确约定，现倪氏公司、白云公司请求对该部分滞纳金予以减少，没有法律依据，故对倪氏公司、白云公司的该项抗辩意见，法院亦不予采信。

第三，对于2010年9月1日至2012年8月31日倪氏公司、白云公司逾期交纳租金产生的滞纳金问题。根据《租赁合同》约定，倪氏公司、白云公司逾期交纳租金，应向华安公司支付滞纳金。首先，对于倪氏公司、白云公司称《租赁合同》对于应交纳租金的时间约定不明确，其已于每季之“前15日内”交纳了当季租金，不存在逾期交纳租金问题的抗辩意见，因《租赁合同》对于应交纳租金时间的约定为“于每季之前15日内”，该约定可以确定倪氏公司、白云公司应交纳租金的时间，并不属于约定不明确，倪氏公司、白云公司对于应交纳租金时间的理解与通常理解不符，故对倪氏公司、白云公司的该项抗辩意见，法院不予采信。根据倪氏公司、白云公司实际交纳租金的时间，法院认定倪氏公司、白云公司在2010年9月1日至2012年8月31日期间确有逾期交纳租金的行为，应向华安公司支付相应的滞纳金。其次，对于倪氏公司、白云公司称华安公司主张的该部分滞纳金已经超过诉讼时效的抗辩意见，如前所述，主张滞纳金的诉讼时效期间为二年。本案中，华安公司主张的该部分滞纳金系倪氏公司、白云公司因逾期交纳自2010年9月1日至2012年8月31日的租金产生的滞纳金。法院结合华安公司应主张与实际主张上述八个计租季租金产生的滞纳金的时间，对该部分滞纳金是否超过诉讼时效进行认定：华安公司曾于2012年9月10日向倪氏公司、白云公司发出《通知函》，明确主张截止至2012年9月4日的滞纳金，此时，华安公司主张的2010年9月1日至2010年11月30日的租金产生的滞纳金已经超过诉讼时效；华安公司曾于2013年7月25日向倪氏公司、白云公司发出《关于〈通知书〉的通知函》，明确主张截止至2013年7月31日的滞纳金，此时，华安公司主张的2010年12月1日至2011年8月31日的租金产生的滞纳金已经超过诉讼时效。综上，华安公司主张的2010年9月1日至2011年8月31日的租金产生的滞纳金已经超过诉讼时效，华安公司主张的2011年9月1日至2012年8月31日的租金产生的滞纳金未超过诉讼时效。故对倪氏公司、白云公司称该部分滞纳金已经超过诉讼时效的抗辩意见中的合理部分，法院予以采信。最后，对于倪氏公司、白云公司称华安公司主张的该部分滞纳金过高，请求予以减少的抗辩意见，因滞纳金具有违约金的性质，法院结合双方《租赁合同》的实际履行情况、双方的违约情况等因素，根据公平原则和诚实信用原则，依法对倪氏公司、白云公司应支付的该部分滞纳金的数额予以酌定。

第四，对于2012年9月1日至2013年7月31日倪氏公司、白云公司未交纳部分及逾期交纳部分的租金产生的滞纳金问题。首先，因倪氏公司、白云公司未按《租赁合同》约定交纳上述期间的全部租金，仅于2013年9月5日、2013年10月21日、2013年12月20日、2014年5月13日共交纳520万元，故华安公司有权要求倪氏公司、白云公司支付未交纳部分及逾期交纳部分的租金产生的滞纳金。其次，对于倪氏公司、白云公司称华安公司主张的该部分滞纳金已经超过诉讼时效的抗辩意见，如前所述，主张滞纳金的诉讼时效期间为二年。本案中，华安公司主张的该部分滞纳金系倪氏公司、白云公司因未交纳或逾期交纳自2012年9月1日至2013年7月31日的租金产生的滞纳金，该部分滞纳金可分为未交纳部分的租金产生的滞纳金与逾期交纳部分的租金产生的滞纳金。对于未交纳部分的租金，因倪氏公司、白云公司至今仍未交纳，因此，未交纳部分的租金产生的滞纳金不存在超过诉讼时效的问题；对于逾期交纳部分的租金，因倪氏公司、白云公司系于2013年、2014年交纳部分租金，而华安公司曾于2013年7月25日向倪氏公司发出《关于〈通知书〉的通知函》，明确主张上述逾期交纳部分的租金产生的滞纳金，诉讼时效应当中断并重新计算，华安公司于2015年5月26日起诉至法院，要求倪氏公司、白云公司支付上述滞纳金，因此，逾期交纳部分的租金产生的滞纳金亦未超过诉讼时效。综上，华安公司要求支付该部分滞纳金的诉讼请求未超过诉讼时效，故对倪氏公司、白云公司的该项抗辩意见，法院不予采信。最后，对于倪氏公司、白云公司称华安公司主张的该部分滞纳金过高，请求予以减少的抗辩意见，如前所述，因滞纳金具有违约金的性质，法院结合双方《租赁合同》的实际履行情况、双方的违约情况及倪氏公司、白云公司逾期交纳租金的期限等因素，根据公平原则和诚实信用原则，依法对倪氏公司、白云公司应支付的该部分滞纳金的数额予以酌定。

第五，对于华安公司主张的倪氏公司、白云公司应支付的全部欠款本金产生的延期付款滞纳金问题。因《租赁合同》未对违约金及滞纳金产生的滞纳金作出约定，而租金产生的滞纳金华安公司已经主张，故对华安公司的该项诉讼请求，因没有依据，法院不予支持。

第四部分，关于交付发票问题。

虽双方《备忘录》中约定倪氏公司、白云公司应向华安公司交付金额为3326162.50元的垫付工程款发票，但开具发票属于有关税务机关的规范范畴，不属于民事案件的审理范围，故对华安公司要求倪氏公司、白云公司交付发票的诉讼请求，法院不予支持，华安公司可另行解决。

基于上述内容，北京市第二中级人民法院判决：1. 倪氏公司、白云公司于判决生效后15日内支付华安公司2012年9月1日至2013年7月31日的租金109659.53元；2. 倪氏公司、白云公司于判决生效后15日内支付华安公司违约金400万元；3. 倪氏公司、白云公司于判决生效后15日内支付华安公司2008年12月1日至2010年3月9日的滞纳金1615860元；4. 倪氏公司、白云公司于判决生效后15日内支付华安公司2011年9月1日至2012年8月31日的租金产生的滞纳金74000元；5. 倪氏公司、白云公司于判决生效后15日内支付华安公司2012年9月1日至2013年7月31日的租金产生的自2012年9月1日计算至判决送达之日的滞纳金1200万元；6. 倪氏公司、白云公司于判决生效后15日内以判决第一项确定的租金数额为计算基数、自判决送达之次日起计算至实际支付判决第一项确定的租金之日止、按照中国人民银行同期贷款基准利率四倍支付华安公司2012年9月1日至2013年7月31日的租金产生的滞纳金；7. 驳回华安公司的其他诉讼请求。

一审宣判后，华安公司与倪氏公司、白云公司均不服，均向北京市高级人民法院提出上诉。

北京市高级人民法院审理认为：

关于白云公司的诉讼主体问题。白云公司系倪氏公司以涉案房屋为经营场所注册成立，且白云公司以自己的名义按照《租赁合同》及相关协议的约定履行了向华安公司交纳租金及滞纳金等合同义务，白云公司对倪氏公司的合同债务构成债务加入，一审法院根据华安公司的申请追加白云公司为一审的共同被告是正确的。倪氏公司、白云公司关于华安公司无权向白云公司主张权利的请求缺乏法律依据，本院不予支持。

关于华安公司与倪氏公司签订的《租赁合同》第九条第二款的法律效力问题。该条款约定"在合同期内，任一方均不能单方提前解除合同……"，其内容是单方任意提前解除合同所应承担的违约责任，该约定与合同法关于法定情形下当事人可以解除合同的规定并不矛盾，并未排除合同当事人法定解除权的适用。因此，《租赁合同》第九条第二款的内容并未违反法律、行政法规的强制性规定，倪氏公司和白云公司关于该合同条款因违反法律规定而无效的理由不能成立。

关于《租赁合同》解除的时间问题。倪氏公司和白云公司称，由于华安公司不履行停车场交付义务而构成根本违约，自2012年9月5日华安公司收到倪氏公司发出的《解除合同通知》起，双方签订的《租赁合同》已经解除。但根据华安公司、倪氏公司与京联达公司于2013年2月1日签订的《白云时代大厦南向停车场移交协议》约定的内容，华安公司、京联达公司向倪氏公司移交了停车场。且在此之后，倪氏公司向华安公司发出《商榷函》商请下调租金数额和缓交租金事宜，直至2013年9月3日双方办理了涉案房屋的交接。因此，一审判决认定双方《租赁合同》于此时予以解除是正确的。倪氏公司、白云公司关于《租赁合同》已经于2012年9月5日解除的上诉主张没有事实和法律依据。2012年9月1日至2013年7月31日仍在合同履行期内，倪氏公司和白云公司应向华安公司支付此期间的租金，对倪氏公司和白云公司将此期间的租金作为房屋占用费的请求，本院不予支持。

关于违约金，实质是合同解除后出租人寻找涉案房屋新承租人期间的经济损失应由承租人来合理承担责任的问题。首先，依照《租赁合同》第三条第二款约定的内容，即"合同签订后3日内乙方向甲方交付捌佰万元定金……双方交接房产时，该定金中的肆佰万元转为保证金。保证金被用于保证甲方因乙方不如约履行职责、违反本合同带来的损失或能得到的经济补偿”，倪氏公司签约时向华安公司交付了800万元定金，其中400万元在双方交接涉案房屋时依约转化为保证金，该保证金用于保证华安公司因倪氏公司不如约履行合同义务而产生的损失补偿或能得到的经济补偿。由此可见，该400万元保证金系双方对于如约履行合同义务的一种金钱担保，系违约行为的责任承担方式。本案中，倪氏公司单方提前解除合同，按照合同约定，400万元保证金应用于承担违约责任。其次，由于倪氏公司、白云公司以违约金过高为由请求予以减少，华安公司未就其实际损失提供证据予以证明，依据《中华人民共和国合同法》第一百一十四条第二款、《最高人民法院关于适用〈中华人民共和国合同法〉若干问题的解释（二）》第二十九条的规定，本院根据本案的具体情形，酌情确定本案违约金数额。由于《租赁合同》约定租赁期限为10年，在双方实际履行合同近七年中，华安公司长达六年未按约定交付停车场，存在违约行为。倪氏公司、白云公司欠付房屋租金并单方要求提前解除合同，构成根本违约。因此，综合衡量合同履行程度、双方的过错、违约的严重程度、合同的剩余租期以及涉案房屋空置可能产生的租金损失等因素，本院酌情确定倪氏公司、白云公司因提前解除合同应承担的涉案房屋空置期的违约责任为支付华安公司违约金400万元，倪氏公司已向华安公司交付的400万元保证金予以抵扣。华安公司主张不退还400万元保证金，同时要求倪氏公司、白云公司另支付1600万元的违约金，该上诉请求缺乏事实和法律根据，本院不予支持。

关于逾期支付租金所产生的滞纳金问题。首先，《租赁合同》约定倪氏公司对于逾期交纳的租金需支付滞纳金，该滞纳金具有违约金的性质，且《租赁合同》对于交付租金的时间有明确约定，倪氏公司、白云公司对其逾期交纳的租金所产生的滞纳金负有向华安公司进行支付的义务。因此，倪氏公司、白云公司关于滞纳金并非民事法律概念以及华安公司无权主张滞纳金的理由无事实和法律依据，其关于双方未明确约定租金支付时间的理由不符合通常理解和交易习惯。其次，关于《协议书》约定的滞纳金一节。依照华安公司与倪氏公司2010年4月30日签订的《协议书》第一条、第四条的约定，如倪氏公司违反按期支付房租的承诺，则华安公司取消关于免除倪氏公司1615860元滞纳金的承诺。由于倪氏公司在此之后存在未按期支付房租的情形，因此华安公司有权主张倪氏公司、白云公司依约履行支付该笔滞纳金的义务。但双方对于延期给付该笔滞纳金的责任未进行约定，华安公司要求倪氏公司、白云公司支付该笔滞纳金每日5‰的滞纳金的请求没有事实和法律依据，本院不予支持。最后，关于倪氏公司、白云公司欠付的2011年9月1日至2012年8月31日的租金以及2012年9月1日至2013年7月31日租金产生的滞纳金问题，本院依据双方在合同解除后往来函件的内容以及双方对商议解决租金纠纷的陈述，综合考虑倪氏公司、白云公司逾期交付租金的恶意程度以及逾期的时间等因素酌情确定。

关于交付发票问题。由于开具发票不属于民事案件的审理范围，故对华安公司要求倪氏公司、白云公司交付发票的请求，本院不予支持，双方可另行解决。

综上所述，倪氏公司、白云公司的上诉请求部分成立。

2017年6月27日，北京市高级人民法院依照《中华人民共和国民事诉讼法》第一百七十条第一款第（一）项之规定，判决如下：1. 维持北京市第二中级人民法院（2015）二中民初字第06217号民事判决第一、三、七项；2. 撤销北京市第二中级人民法院（2015）二中民初字第06217号民事判决第二、四、五、六项；3. 倪氏公司、白云公司于收到本判决后15日内向华安公司支付逾期交付的租金计算至收到本判决之日产生的滞纳金1200万元；4. 倪氏公司、白云公司于收到本判决后15日内以未付租金10906590.53元为计算基数、自收到本判决之次日起计算至实际支付该租金之日止、按照中国人民银行同期贷款基准利率三倍支付该租金产生的滞纳金；5. 驳回华安公司的全部上诉请求；6. 驳回倪氏公司的其他诉讼请求；7. 驳回白云公司的其他诉讼请求。

十三、如何理解《最高人民法院关于适用〈中华人民共和国担保法〉若干问题的解释》第六十六条规定的“已抵押书面告知”

（ ）理论解答

《中华人民共和国合同法》第四十二条规定：“当事人在订立合同过程中有下列情形之一，给对方造成损失的，应当承担损害赔偿责任：（一）假借订立合同，恶意进行磋商；（二）故意隐瞒与订立合同有关的重要事实或者提供虚假情况；（三）有其他违背诚实信用原则的行为。”《最高人民法院关于审理城镇房屋租赁合同纠纷案件具体应用法律若干问题的解释》第二十条规定：“租赁房屋在租赁期间发生所有权变动，承租人请求房屋受让人继续履行原租赁合同的，人民法院应予支持。但租赁房屋具有下列情形或者当事人另有约定的除外：（一）房屋在出租前已设立抵押权，因抵押权人实现抵押权发生所有权变动的；（二）房屋在出租前已被人民法院依法查封的。”从上述法律和司法解释的规定可见，在租赁活动中，房屋是否已设定抵押、抵押是何时设定的以及抵押事项是否已告知，对出租人和承租人都意义重大。

为此，《最高人民法院关于适用〈中华人民共和国担保法〉若干问题的解释》第六十六条规定：“抵押人将已抵押的财产出租的，抵押权实现后，租赁合同对受让人不具有约束力。抵押人将已抵押的财产出租时，如果抵押人未书面告知承租人该财产已抵押的，抵押人对出租抵押物造成承租人的损失承担赔偿责任；如果抵押人已书面告知承租人该财产已抵押的，抵押权实现造成承租人的损失，由承租人自己承担。”但是，对这里的“已抵押书面告知”应如何理解，法律和司法解释没有进一步的明确，实务中长存争议。最常见的争议是，出租人在签订租赁合同时向承租人出示了载有抵押登记的房屋产权证是否构成对已抵押书面告知。

本书认为，仅出示了已办理抵押登记的房屋产权证不能构成对已抵押的书面告知。原因在于以下两个方面。

1. 书面告知的已抵押内容应当全面。根据《中华人民共和国担保法》的有关规定，抵押应当包括以下内容：（1）被担保的主债权种类、数额；（2）债务人履行债务的期限；（3）抵押物的名称、数量、质量、状况、所在地、所有权权属或者使用权权属；（4）抵押担保的范围；（5）抵押的登记。因此，仅出示已办理抵押登记的房屋产权证属于对已抵押的未全面书面告知。

2. 书面告知的已抵押内容应当明确、有效。《最高人民法院关于适用〈中华人民共和国担保法〉若干问题的解释》第十二条明确规定：“当事人约定的或者登记部门要求登记的担保期间，对担保物权的存续不具有法律约束力。”这一规定表明，在登记部门登记的抵押期间对抵押权的存续并无法律效力，抵押权并不因抵押期间过期而消灭。如果债权人主债权到期未受清偿，无论登记的抵押期间是否过期，债权人都可行使抵押权，直至主债权诉讼时效结束后的两年内。因此，仅出示已办理抵押登记的房屋产权证不能使承租人获得明确、有效的抵押信息。

（二）案例指引

成都优高投资有限公司与成都大业国际投资股份有限公司等房屋租赁合同纠纷案[①]

2009 年 4 月 1 日，成都大业国际投资股份有限公司（以下简称大业投资公司）、成都大业物业管理有限责任公司（以下简称大业物管公司）作为出租房屋及附属设施的出租方，未告知出租标的物已抵押给中国建设银

① 详见：四川省成都市中级人民法院（2013）成民初字第 37 号民事判决书、四川省高级人民法院（2014）川民终字第 555 号民事判决书、最高人民法院（2015）民申字第 1492 号民事裁定书。

行股份有限公司成都市第七支行（以下简称建行成都七支行）等数家机构且已被司法查封的事实，与承租方成都优高投资有限公司（以下简称优高公司）签订房屋租赁合同，将成都市锦江区大业路39号大业大厦地下一层至地上五层的全部物业出租给优高公司经营使用（可以转租），租赁期限为18年，租赁费分段计付：2009年11月5日至2012年11月5日，每年年租费900万元；2012年11月5日至2014年11月5日，每年年租费945万元；以后逐年分段计算至2027年11月5日。

合同中特别约定：在本合同有效期内，若租赁标的物发生任何抵押、转让、继承、赠与及类似情形，出租方均应向相关方面告知租赁标的物已按本合同约定出租的事实，并确保本合同的履行不因该抵押、转让、继承、赠与等情形而受到任何影响，促成新的产权人与优高公司继续履行本合同的各项权利义务。出租方无须向优高公司告知、披露租赁标的物的抵押情况，但出租方在租赁标的物发生转让、继承、赠与前，应提前3个月书面通知优高公司。若因出租方违反合同约定的相关义务和承诺，导致优高公司无法继续使用出租房屋或对优高公司正常经营活动造成严重影响和妨害，优高公司有权停止支付租赁费。若该情形累计持续超过1个月，视为根本违约，根本违约金数额按该违约行为发生时剩余租期内应付租赁费总额的10%计收，且优高公司有权单方解除合同，并要求出租方承担违约责任。若因承租方原因导致合同不能履行或提前解除，承租方交纳的150万元保证金不予退还。任何一方根本违约时，若按约定支付的根本违约金不足补偿对方的经济损失的，还应补足赔偿因此给对方造成的经济损失。

签订合同后，大业投资公司、大业物管公司交付了出租房屋及附属设施。优高公司交纳了履约保证金150万元，并与深圳市金城艺装饰设计工程有限公司签订装饰设计服务合同，进行装饰装修设计，支付设计费40万元。同时，又与四川精成建设工程有限公司签订关于大业大厦一至五楼装饰装修工程总包的协议，将租赁房屋内、外装饰装修发包给其施工。2009年9月28日，租赁双方签订房屋租赁合同补充协议，对优高公司请求因装饰装修需要延长扣除相应承租期限达成一致意见："同意装修期在原约定基础上增加45天。即原租赁合同第2.2款修改为：装修期自2009年5月30日交房日起计算满200日止。装修期内免租赁费。"装饰装修完成后，优高公司自用了部分楼层，其余部分转租给了第三方。

2010 年 3 月 9 日、2010 年 3 月 22 日，案涉房屋的多个抵押权人分别向优高公司发出通知函，告知该出租房屋抵押在先，抵押权人为实现抵押权要求优高公司停止使用案涉房屋。2011 年 1 月 24 日，人民法院将案涉房屋整体抵偿给建行成都七支行等 12 家债权人以结算大业投资公司的债务。

优高公司支付了 2010 年 6 月 20 日之前的租赁费 450 万元后，拒绝支付后续租赁费。大业投资公司、大业物管公司因此提起诉讼。该案经四川省高级人民法院二审终审，于 2012 年 8 月 30 日作出（2012）川民终字第 337 号民事判决书，认定优高公司依法行使不安抗辩权，逾期支付租金不构成违约，大业投资公司、大业物管公司解除房屋租赁合同及要求优高公司承担违约责任的理由不成立，但优高公司应当支付 2010 年 6 月 20 日至 2011 年 1 月 24 日使用租赁房屋的租金 647.3 万元。之后，租赁双方就欠付租金及后续租赁房屋事宜进行了协商，但未达成一致。

2012 年 11 月 23 日，优高公司向案涉房屋的多个抵押权人分别公证送达洽商函，请求洽商以达成继续租赁的新协议，未果。2012 年 11 月 29 日，优高公司向大业投资公司、大业物管公司公证送达了解除合同通知书，通知解除房屋租赁合同。

2012 年 12 月 5 日，优高公司提起诉讼，请求法院判令解除双方租赁合同；出租方退还履约保证金 150 万元，支付根本违约金 1844.80 万元，赔偿损失 2244.54 万元。

2012 年 12 月 28 日，通过公开竞价拍卖方式，案外人杜某蓉、罗某娟取得案涉房产所有权，并于 2013 年 4 月 1 日告知各使用单位：新产权人已经产生，自产权变更之日起案涉房屋产生的收益全部归买受人所有，优高公司使用和处分该部分房屋没有合法依据，无权取得该部分房屋的收益。建议各使用单位暂停向优高公司支付任何费用。

2013 年 4 月，优高公司委托四川京都君益工程造价咨询事务所有限公司（以下简称京都君益造价公司）就承租房屋的装饰装修造价进行审核，审核结果为 12012623 元。

四川省成都市中级人民法院一审经审理认为：优高公司起诉主张解除

租赁合同，大业投资公司、大业物管公司同意解除合同，双方合意解除租赁合同，予以支持。因双方合意解除合同，故合同不能履行不是基于双方的原因，履约保证金150万元应予退还。案涉租赁房屋面积较大，租期较长，优高公司作为承租人，在签订合同时应对租赁标的物的相关情况进行调查了解，优高公司应当知道承租房屋是否存在抵押、查封的事实，故优高公司主张出租方根本违约不成立。优高公司主张赔偿损失与合同约定不符。一审法院判决：双方解除房屋租赁合同；出租方退还履约保证金150万元；驳回优高公司的其他诉讼请求。

优高公司不服一审判决，上诉请求四川省高级人民法院支持原诉讼请求。理由是：1. 大业投资公司、大业物管公司作为房屋出租方未告知优高公司出租房屋已经抵押和被查封，导致抵押权人及新产权人拒绝履行原租赁合同义务，优高公司的合同目的不能实现。优高公司基于合同约定的解除条件成就而解除合同。2. 出租方的根本违约行为致使优高公司虽然签订了长达18年的租赁合同但不到3年即被迫撤场，巨额投资的装修也被新产权人拆除，还面临多起次承租人的起诉，优高公司的巨大损失客观存在，出租方应当按照合同约定赔偿损失并支付违约金。

大业投资公司、大业物管公司不服一审判决，上诉认为优高公司违约单方解除合同，其履约保证金150万元不应退还。

四川省高级人民法院二审经审理认为：

本案出租方违反先合同义务，在出租房屋和附属设施时未将标的物存在抵押和被司法查封的重大事项按照法律规定告知承租方优高公司，且在新的产权人出现后，未实现其在合同中承诺的确保租赁合同的履行不因抵押、转让、继承、赠与等情形而受到任何影响，促成新的产权人与优高公司继续履行其租赁合同的各项权利义务，并最终导致其不能继续提供租赁合同标的物，其违约行为成就了租赁合同约定的合同解除条件。对优高公司于2012年11月29日公证送达解除合同通知书解除合同的效力予以确认。由于解除租赁合同的原因是出租方不能继续提供合同标的物的根本违约行为，故其应当承担相应的合同违约责任。

优高公司接收租赁标的物后，进行了委托装饰装修设计，并发包给四川精成建设工程有限公司总包施工。装饰装修完成后，优高公司自己使用一部分，转租给次承租人一部分。虽然优高公司未能提供充分的实际支付装饰装修费用凭证，但其退还的租赁房屋已经发生装饰装修添附的客观事实存在，其装饰装修造价经具有司法鉴定资格的京都君益造价公司审核为12012623元。经审查，该审核意见应予采信。根据合同相对性原则，租赁合同解除后，其装饰装修添附价值连同租赁房屋一并由出租方接收，出租方应当向合同相对人承担支付装饰装修添附物残值价值的责任。对于装修残值损失的具体金额，参照装饰装修费用在租赁期内摊销完毕的装修残值平均损失计算原则，优高公司的装饰装修残值损失为10343852.50元。

鉴于优高公司作为一个商法人，在签订房屋租赁合同时，未能尽到对租赁标的物是否进行抵押、查封的必要审慎注意，签订长达18年的租赁合同并进行巨额装修投入，因其疏忽大意对其发生的损失应当承担一定责任。综合本案出租方违约情形、双方约定违约金确实过高、装饰装修残值计算误差、优高公司存在的疏忽大意等因素，出租方按前述装修残值损失的70%即7240696.75元承担赔偿责任后，不再承担惩罚性违约责任。

综上，二审法院判决案涉房屋租赁合同自2012年11月29日送达解除合同通知书之日解除，出租方退还履约保证金150万元并赔偿损失7240696.75元，驳回优高公司的其他诉讼请求。

二审判决后，大业投资公司、大业物管公司不服，向最高人民法院申请再审称：1. 大业投资公司、大业物管公司在出租房屋时向优高公司提供了房屋产权证，房屋产权证注明了房屋抵押情况，大业投资公司、大业物管公司系通过提供房屋产权证的方式向优高公司告知房屋抵押情况，二审判决认定的“优高公司承租时不知晓房屋抵押情况”与事实不符。2. 大业投资公司、大业物管公司促成租赁物新产权人继续履行房屋租赁合同的义务是附条件的、在后履行的义务，优高公司单方面通知解除合同时，优高公司支付租金的先履行义务未履行、租赁物的新产权人未产生，该条件尚未成就，二审判决认定大业投资公司、大业物管公司未履行“促成”义务，属明显错误，优高公司单方面解除合同没有依据。3. 优高公司单方面解除合同后，仍长期占有、使用涉案房屋并收取次承租人的租金，优高公司主张新的产权人明确表示拒绝其继续使用案涉房屋、房屋租赁合同无法继续履行，均未提交相应的证据证明。4. 优高公司未提交付款凭证，没有证据证明装饰装修实际发生和支出金额，二审法院主观臆断优高公司的损失金额。故依据《中华人民共和国民事诉讼法》第二百条第二项、第六项的规定申请再审。

最高人民法院经审查认为：

1. 关于大业投资公司、大业物管公司是否在出租房屋时书面告知优高公司该房屋已抵押的问题。根据《最高人民法院关于适用〈中华人民共和国担保法〉若干问题的解释》第六十六条第二款“抵押人将已抵押的财产出租时，如果抵押人未书面告知承租人该财产已抵押的，抵押人对出租抵押物造成承租人的损失承担赔偿责任”的规定，大业投资公司、大业物管公司对优高公司的损失是否承担赔偿责任取决于其在出租房屋时是否书面告知优高公司房屋已抵押。大业投资公司、大业物管公司没有证据证明在出租时书面告知优高公司房屋已抵押，其主张通过向优高公司提供房屋产权证的方式告知了房屋抵押情况，但仅提供房屋产权证、未以书面方式专门声明房屋设定抵押情况不能构成《最高人民法院关于适用〈中华人民共和国担保法〉若干问题的解释》第六十六条第二款规定的“书面告知”，大业投资公司、大业物管公司该项申请再审理由不能成立。

2. 关于大业投资公司、大业物管公司是否应履行“促成”义务的问题。本案优高公司享有合同解除权的主要依据是大业投资公司、大业物管公司在签订房屋租赁合同时未书面告知优高公司房屋已设定抵押，抵押权人实现抵押权后，优高公司与大业投资公司、大业物管公司之间的房屋租赁合同不能继续履行。无论大业投资公司、大业物管公司是否应履行“促成”义务，都不能改变其签订租赁合同时未书面告知房屋抵押情况、房屋租赁合同无法继续履行的事实，不影响优高公司合同解除权的成立，大业投资公司、大业物管公司以二审判决认定其未履行“促成”义务属明显错误为由申请再审的理由不能成立。

3. 关于新的产权人是否明确表示拒绝优高公司继续使用案涉房屋的问题。根据二审查明的事实，四川省高级人民法院已经发生法律效力的（2012）川民终字第337号民事判决认定：2010年3月9日农行成都经开支行向优高公司发出《通知函》、2010年3月22日交行省分行向优高公司发《函》，表明抵押权人为实现抵押权已明确要求优高公司停止租赁。

2013年4月1日，新产权人及大业大厦资产整治项目组联合发出《告知函》，告知的内容中包括“成都优高投资有限公司使用和处分该部分（-1楼至5楼）房屋没有合法依据”。2013年6月25日，新产权人的委托代理人发出《特别公告》，公告的内容中包括新产权人“不受优高公司与大业投资公司签订房屋租赁合同之约束”“权利人自始至今并未认可优高公司对大业大厦-1至5层房屋享有合法使用权或‘承租权’”。上述事实表明，在优高公司2012年11月29日向大业投资公司、大业物管公司送达解除合同通知书之前，抵押权人已明确表示拒绝优高公司继续租赁，抵押权实现后，新的产权人亦明确表示不受原房屋租赁合同的约束、不认可优高公司对房屋的承租权。大业投资公司、大业物管公司认为优高公司没有证据证明合同无法继续履行的申请再审理由不能成立。

4. 关于优高公司的损失认定问题。二审判决认定的优高公司损失是装饰装修添附物的残值损失，该损失有优高公司与四川精成建设工程有限公司签订的《关于大业大厦一至五楼装饰装修工程总包的协议》、优高公司与大业投资公司和大业物管公司签订的《房屋租赁合同补充协议》、优高公司与深圳市金城艺装饰设计工程有限公司签订的《装饰设计服务合同》、设计费用支付凭证、京都君益造价公司作出的《关于大业大厦一至五楼装饰装修工程竣工结算审核报告》等证据证明。虽然优高公司未能提供充分的装饰装修费用的实际支付凭证，但租赁房屋已经装饰装修添附的事实客观存在，其装修装饰添附造价经京都君益造价公司审定，大业投资公司、大业物管公司没有提交相反的证据否定该审定意见，二审判决根据上述证据认定优高公司的损失并无不当。

综上，大业投资公司、大业物管公司的再审申请不符合《中华人民共和国民事诉讼法》第二百条规定的情形。

2015年9月21日，最高人民法院依照《中华人民共和国民事诉讼法》第二百零四条第一款之规定，裁定如下：驳回大业股份公司、大业物管公司的再审申请。

十四、承租人造成租赁房屋损坏时应如何向出租人进行赔偿

（一）理论解答

租赁活动中，妥善保管租赁物是承租人的主要义务之一。这一义务源自于承租人对租赁物享有的仅是占有和使用权，而非租赁物的所有权，承租人在使用完毕后，最终要将租赁物返还给出租人。然而，房屋租赁特别是住宅用房租赁中，因承租人的原因造成租赁物被不同程度损坏的现象司空见惯。

《中华人民共和国合同法》第二百二十二条规定："承租人应当妥善保管租赁物，因保管不善造成租赁物毁损、灭失的，应当承担损害赔偿责任。"但究竟应如何进行赔偿，我国法律对此并无明确具体的规定，当事人也往往为尽快达成交易而没有进行详细约定。为此，承租人造成租赁房屋损坏时应如何向出租人进行赔偿，不仅经常是当事人争议的焦点问题之一，而且司法实务界也常存有不同意见。

有观点认为，损害赔偿的范围应仅限于被损坏的租赁物的更换或维修。另有观点认为，损害赔偿的范围不仅应包括租赁物本身的更换或维修，还应包括房屋不能正常使用期间的占有损失。还有人认为，损害赔偿的范围除应包括租赁物本身的更换或维修费用以及房屋不能正常使用期间的占有损失外，还应包括出租人为此付出的时间和精力。

本书认为：

根据《中华人民共和国物权法》和《中华人民共和国合同法》的有关规定，承租方违反租赁合同约定损坏租赁房屋，侵害出租人财产权益的，

既构成违约，又构成侵权，即产生违约与侵权的竞合，此时的出租方有权选择要求承租人承担违约损害赔偿责任或侵权损害赔偿责任之任一种。

损坏物的更换或维修需要一定的时间，且更换或维修期间会造成租赁房屋不能正常使用，这一情况既是客观常识，也没有超出承租人与出租人订立租赁合同时的预知，故无论出租人选择要求承租人承担的是违约损害赔偿责任还是侵权损害赔偿责任，赔偿的范围皆应包括租赁物本身的更换或维修以及房屋不能正常使用期间的占有损失。

若承租人对更换或维修责任选择支付赔偿金而具体数额又不能与出租人达成一致的，应由具有相应资质的独立第三方进行鉴定确定。在鉴定时，出租人为此付出的时间和精力成本也应考虑在内。

（二）案例指引

刘某与贺某珍房屋租赁合同纠纷案[①]

刘某向重庆市九龙坡区人民法院（以下简称一审法院）起诉请求：1. 判令贺某珍支付尚欠的两季度房租 7800 元；2. 判令贺某珍恢复或维修好出租使用期间损坏的洗衣机、浴霸、灯、气灶、厨房及厕所线路等或者给付等价赔偿；3. 判令贺某珍立即归还液晶彩电，结清拖欠的近 251 元水电气费用；4. 判令贺某珍支付违约金 1804 元，同时支付刘某代贺某珍维修厕所门的费用 495 元、误工费和交通费 1190 元、更换客厅床头床尾的费用 150 元、其他更换费用 197 元、补交 5 月份房租 300 元；5. 判令贺某珍支付因不办理交接影响出租而产生的房屋占有使用费 5366 元。一审诉讼中，刘某将该请求具体化为按 46.6 元/天计算，自 2014 年 8 月 19 日起至贺某珍承认维修房屋内受损物品时止。

一审审理查明：2012 年 2 月 21 日，刘某（甲方）作为出租方与重庆市江北区泰香米饮食有限公司（乙方，以下简称泰香米公司）签订出租协议约定：1. 甲方将××支路××号×栋×单元 3－1 的 3 室 1 厅房屋出租

---

① 详见：重庆市九龙坡区人民法院（2015）九法民初字第 02110 号民事判决书、重庆市第五中级人民法院（2015）渝五中法民终字第 05966 号民事判决书、重庆市高级人民法院（2016）渝民再 190 号民事判决书。

给乙方，月租1300元，每季度收取3个月租金共3900元。2. 水电气及垃圾费8元按据支付。收取机顶盒、新洗衣机、长虹19寸液晶新电视、新家具、新灯具、热水器、空调（1台）押金1000元。退房时结清有关费用（出租期间损坏的家电家具等，乙方应负责修理好）。3. 乙方承诺租期最短为12个月，不满12月则退房时扣除1000元损失。此外每次届满前要继续承租，乙方需要提前15天交房租或汇款，否则按每天8元收取滞纳金（户名为刘某，工行账号为×××××，以后直接汇款，打款凭据留存），如不继续租赁，任何一方需提前10天通知。

另查明，泰香米公司已于2010年6月29日进行了注销登记，贺某珍系该公司法定代表人。在注销登记过程中，贺某珍负责办理工商营业执照注销登记。

一审诉讼中，刘某举示了水电气缴费票据、购买电视机发票、照片、收条、收据等，拟证明其代为贺某珍缴纳了2014年6月至8月的水电气费251元、修理门花费495元、更换客厅床头柜花费150元、维修机顶盒花费130元、次卧室床板维修花费220元、换锁花费50元，并就受损坏的灯具、燃气灶、浴霸、主卧床、线路及空调主张相应的维修费用。贺某珍针对刘某所举示的证据，对其真实性及物品受损的事实予以认可，但认为与本案没有关联性。

一审法院认为：

法人或者其他组织依法终止后，行为人仍以法人或者其他组织名义进行民事活动的，以行为人为当事人。本案中，刘某与泰香米公司签订的租赁合同是双方真实意思表示，未违反法律禁止性规定，系合法有效的合同，受法律保护。刘某与泰香米公司于2012年签订出租协议，但泰香米公司已于2010年6月29日进行了注销登记，而贺某珍作为泰香米公司的法定代表人，在注销登记过程中，贺某珍系该公司所指定代表或者委托诉讼代理人、清算组成员、清算组组长，据此可以推定该公司印章由贺某珍掌握，在该公司已经依法终止后，贺某珍仍以该公司名义与刘某签订出租协议，故本案出租协议的相关权利义务应由贺某珍承担。对合同是否履行发生争议的，由负有履行义务的当事人承担举证责任。现刘某主张贺某珍尚有租金8100元未支付，且在履行协议过程存在逾期交纳租金的情况，逾期时间为105天。贺某珍未举示充分证据证明其如期履行了交付房租的义务，依法应当承担举证不利的法律后果，故该院对于刘某所主张的要求贺某珍支付租金8100元及违约金的诉讼请求予以支持。对于违约金的金额，根据双方协议“按每天8元收取滞纳金”的约定，因其约定并不违反法律规定，故违约金应为840元（105天×8元/天）。

关于刘某所主张的要求贺某珍支付房屋占有使用费的问题。根据双方协议关于“如不继续发生租赁关系，任何一方需提前10天通知”的约定，刘某自认2014年8月19日被通知解除合同，且于2014年8月23日取得租赁房屋钥匙，故一审法院认定双方所签订的出租协议已于2014年8月23日解除。对于刘某主张的自2014年8月19日至贺某珍承认维修之日止的房屋占有使用费问题，由于刘某已于2014年8月23日取得了租赁房屋的钥匙，刘某并未举示充分证据证明贺某珍在此之后仍继续占有使用租赁房屋，故对于刘某的此项诉讼请求，不予支持。

关于刘某所主张的要求贺某珍支付水电气费251元问题。一审法院审查刘某所举示的相关水电气缴费发票，该发票的时间为2014年6月至8月，一审法院对该发票的真实性、关联性及合法性予以确认，水电气费产生的时间系在贺某珍承租房屋期间，双方的协议虽未对水电气费由谁缴纳进行约定，该贺某珍作为房屋使用人在此费用产生期间实际进行了使用，根据租赁房屋的交易习惯及常理常情，此费用应由贺某珍进行支付，故一审法院对于刘某的此项诉讼请求予以支持。

关于刘某所主张的要求贺某珍支付其修理门花费495元，更换客厅床头柜花费150元，维修机顶盒花费130元，次卧室床板维修花费220元，换锁花费50元，以及就受损坏的灯具、燃气灶、浴霸、主卧床、线路及空调主张相应的维修费用的问题。根据双方协议关于“家电家具等在出租期间损坏乙方应负责修理好”的约定，因贺某珍认可物品受损的事实，故按照协议约定，贺某珍应对租赁房屋的物品进行维修。对于刘某主张的其已经垫付的门、客厅床头柜、维修机顶盒、次卧室床板、换锁等费用问题，该院审查刘某所举示的相关证据，由于其证据仅系手写收据、收条以及购物小票，并无正规票据，故该院对刘某所举示的此组证据的合法性不予确认，对于刘某所主张的其已经支付的上述费用，因证据不足，该院不予支持。

关于刘某所主张的受损坏的灯具等物品，由于贺某珍认可物品受损的事实，根据双方约定，应由贺某珍负责维修。

关于刘某所主张的要求贺某珍归还液晶彩电的问题。双方在出租协议列明了刘某向贺某珍交付的是长虹 19 英寸液晶新电视，而贺某珍将该液晶电视更换为非液晶电视，现双方租赁合同已经解除，贺某珍应当归还刘某的此件物品并取回现有的非液晶电视机。

关于刘某所主张的要求贺某珍赔偿其误工费、交通费的诉讼请求，因刘某的此两项主张于法无据，不予支持。

基于上述内容，一审法院判决：1. 贺某珍于本判决生效之日起 15 日内给付刘某房屋租赁费 8100 元及违约金 840 元；2. 贺某珍于本判决生效之日起 15 日内给付刘某为其垫付的水电气费 251 元；3. 贺某珍于本判决生效之日起 15 日内对位于重庆市九龙坡区 × × 支路 × × 号 × 栋 × 单元 3 - 1 房屋内的受损灯具、燃气灶、浴霸、主卧床、线路及空调进行维修；4. 贺某珍于本判决生效之日起 15 日内归还刘某所有的长虹牌 19 英寸液晶电视机；5. 驳回刘某的其他诉讼请求。

一审宣判后，刘某、贺某珍均不服，向重庆市第五中级人民法院（以下简称二审法院）提起上诉。刘某请求二审法院撤销一审判决，改判支持其全部诉讼请求。贺某珍请求撤销一审判决并予以改判。

二审中，刘某举示 2014 年 7 月 11 日更换淋浴阀 70 元的收据 1 份，拟证明其进行了修理；举示 2015 年 8 月 31 日购买洗涤剂 78. 29 元的发票一张，拟证明其清理厕所使用洗涤剂。贺某珍质证后认为，对洗涤剂发票的真实性和关联性不予认可；对淋浴阀收据真实性认可，但关联性不认可。贺某珍举示户主为贺某和李某某的银行交易明细五份，拟证明 2013 年 5 月至 2014 年 5 月期间均每季度转账 3900 元房租给刘某，未欠租金。刘某认为，李某某的钱是租刘某妹妹的房屋打给刘某的钱，贺某的钱是还的借款，且认为该证据已经过了举证期限，与本案没有关联性，拒绝质证。

二审法院另查明：2013 年 5 月 11 日贺某银行转账 3900 元至刘某账户；2013 年 8 月 9 日贺某银行转账 3900 元至刘某账户；2013 年 11 月 21 日李某某银行转账 3900 元至刘某账户；2014 年 2 月 12 日贺某银行转账

3900元至刘某账户；2014年5月16日贺某银行转账3900元至刘某账户。刘某于2014年8月19日取得租赁房屋钥匙。

二审法院认为：

关于刘某主张租金问题。贺某珍在二审中提交了该期间以李某某、贺某名义缴纳租金的银行转账凭证，虽然刘某对该组证据拒绝质证并认为李某某的转账系租赁其他房屋的租金，贺某的转账系归还的借款，但刘某并未举示相应证据予以佐证。贺某珍在二审中逾期提交缴纳租金的证据具有重大过失，但因该证据与案件基本事实相关，该院依法予以采信并决定对贺某珍进行罚款。因贺某珍在二审中提交的新证据证实其在2013年5月至2014年5月均足额支付了刘某房屋租金，故刘某的该诉讼请求并无相关事实和法律依据，该院依法不予支持。

关于违约金840元的问题。刘某主张贺某珍在合同履行的过程中存在逾期交纳租金的情况，逾期时间为105天。根据双方提交的租金交纳明细可以看出，贺某珍每季度交纳租金时间并不一致，贺某珍也并未举证证明其按约定按时交纳了房屋租金。根据双方合同"每次届满前要继续承租，乙方应提交15天交房租或汇款，否则每天8元收取滞纳金"的约定，贺某珍认为其不应当支付违约金的上诉理由不能成立。

关于修理厕所门495元，更换床头柜150元，维修机顶盒花费130元，次卧室床板维修费220元及二审中举示的淋浴阀70元等问题。因刘某已经提交了相应的收据、收条及购物小票等证据，且有相关照片予以佐证，一审法院认为无正规票据不予认可不当，该院予以纠正。刘某在一审诉讼请求中对该部分费用共计主张842元（修理厕所门495元+床头床尾150元+其他更换部分费用197元）不违反法律规定，该院予以支持。

对于二审中刘某举示的2015年8月31日购买洗涤剂78.29元的发票，该院认为该发票购物时间为合同解除后一年，刘某并未举示相应证据证明该洗涤剂用于案涉房屋的修理事宜，该院不予采信。另外，刘某提出一审未判决贺某珍修理洗衣机的问题，该院认为，双方当事人的租赁合同中已明确刘某将新洗衣机交付给贺某珍使用并约定在出租期间损坏应由贺某珍负责修理，故贺某珍应当按约进行维修。

关于刘某提出的要求贺某珍支付房屋占有使用费的问题。该院认为，双方当事人均认可刘某于2014年8月19日取得了租赁房屋的钥匙，该房屋自该日起事实上已经处于刘某控制之下，刘某亦未举示证据证明贺某珍在此之后仍然占有使用该租赁房屋，故刘某的该诉讼请求于法无据，该院不予支持。

基于上述内容，二审法院判决：1. 维持一审法院（2015）九法民初字第02110号民事判决第二项、第四项；2. 撤销一审法院（2015）九法民初字第02110号民事判决第五项；3. 变更一审法院（2015）九法民初字第02110号民事判决第一项为“贺某珍于本判决生效之日起15日内给付刘某违约金840元”；4. 变更一审法院（2015）九法民初字第02110号民事判决第三项为“贺某珍于本判决生效之日起15日内对位于重庆市九龙坡区××支路××号×栋×单元3－1房屋内的受损洗衣机、灯具、燃气灶、浴霸、主卧床、线路及空调进行维修”；5. 驳回刘某的其他诉讼请求。

二审判决后，刘某仍不服，向重庆市高级人民法院申请再审请求：撤销二审判决，改判由贺某珍支付18个月房屋占用损失25200元，并支付厕所门修理费495元、床头柜修理费150元、机顶盒修理费130元、次卧室床板维修费220元及淋浴阀修理费70元等费用。事实和理由：1. 其为了防止财物丢失才于2014年8月19日将案涉房屋大门钥匙和两个主卧室钥匙进行了更换，重新配置了3把钥匙，以便于自己管理案涉房屋。虽然如此，由于案涉房屋没有正式交接过，双方对贺某珍所雇员工在居住案涉房屋期间损坏家具的修理问题未达成协议，因此贺某珍仍然应当承担此后18个月的房屋占用损失。2. 即使集中时间对被损坏家具进行修理，也需要10天左右。3. 原审法院认定刘某于2014年8月23日取得房屋钥匙并完成了交接是错误的，因为贺某珍到现在也未结清水电气费，未退还闭路电视卡，未支付机顶盒修理费130元。4. 二审判决说理部分认为“关于刘某上诉提出的要求贺某珍支付修理厕所门495元，更换床头柜150元，维修机顶盒花费130元，次卧室床板维修费220元及二审中举示的淋浴阀70元等问题……一审处理错误”，但是判决主文中却遗漏了该判项。另外，除浴霸未维修外，贺某珍对二审判决主文第四项中的其余义务已经履行。

贺某珍辩称，二审判决正确，应予以维持。事实和理由：1. 刘某请求的维修费与本案无关，刘某在一审中亦未提出房屋占用损失25200元的问题。2. 其已经将钥匙返还给刘某。3. 刘某举示的维修费清单、空调加氟和更换浴霸证明等证据的真实性无法确认，不能实现刘某的证明目的。4. 如果集中时间修理被损坏的家具，2 天就可以完成。5. 其于 2014 年 8 月 19 日通知刘某解除了租赁合同，刘某也收回了房屋。7. 二审判决之后，其已让工作人员向刘某支付了 900 多元的维修费，履行了二审判决的有关义务。另外，案涉租赁合同的签订时间应当是 2012 年 2 月 21 日。

再审审理中，刘某举示了工商银行流水、王某出具的修理费清单、空调加氟的证明和更换浴霸的证明等证据，拟证明双方对被损坏家具的修理费问题一直在协商，故贺某珍应当承担 18 个月的房屋占用损失 25200 元。贺某珍质证认为，这些证据的真实性无法确认，不能证明刘某的主张。再审法院对刘某举示的工商银行流水的真实性予以认定，鉴于刘某在二审和再审中均自认其于 2014 年 8 月 19 日实际控制并开始管理案涉房屋的事实，对刘某在再审中举示的其他证据的真实性、合法性和关联性不予认定。

重庆市高级人民法院审理认为：

案涉房屋租赁合同系双方当事人的真实意思表示，不违反法律法规的禁止性规定，合法有效，双方当事人均应按照合同约定履行义务。再审中，当事人争议的焦点为房屋占用损失和二审法院是否漏判维修费用等问题。

关于房屋占用损失问题。一方面，《中华人民共和国合同法》第二百二十二条规定："承租人应当妥善保管租赁物，因保管不善造成租赁物毁损、灭失的，应当承担损害赔偿责任。"本案中，贺某珍作为承租人，因保管不善导致案涉房屋内的家具毁损，应当承担维修等责任。维修需要一定的合理时间，且维修期间可能造成案涉房屋不能正常使用。因此贺某珍应当承担因维修造成的案涉房屋不能正常使用的损失。另一方面，《中华人民共和国合同法》第一百一十九条规定："当事人一方违约后，对方应当采取适当措施防止损失的扩大；没有采取适当措施致使损失扩大的，不得就扩大的损失要求赔偿。"本案中，刘某于 2014 年 8 月 19 日实际控制并开始管理案涉房屋，能够组织维修被损坏的家具，在其与贺某珍就维修家具的费用等问题不能达成一致意见的情况下，其应当依法及时采取证据收集、组织家具维修等适当措施，以便于案涉房屋及时投入使用而不至于不当闲置，进而防止损失扩大。但是其未采取适当措施，导致维修家具的时间不当延长，进而导致案涉房屋投入使用的时间不当延长。简言之，不当延长时间内的闲置损失，属于刘某怠于行使减损义务的自身行为造成，刘某无权要求贺某珍赔偿。关于维修家具的合理时间问题，刘某在庭审中陈述，如果集中时间维修，需要7到10天。贺某珍认可2天。根据被损坏的家具数量情况，本院酌情认定为9天。贺某珍应赔偿刘某这9天的损失。这9天损失参照双方约定的每月租金1300元的标准计算，每天为43.33元（月租1300元÷30天=43.33元）。刘某9天的损失为389.97元。刘某提出的因贺某珍一直不承认维修导致被损坏的家具以及维修费金额无法确定其不能组织维修等理由于法相悖，于理不合，本院不予采纳。

关于二审法院是否漏判维修费用问题。二审法院在判决书的说理部分载明："关于刘某上诉提出的要求贺某珍支付修理厕所门495元，更换床头柜150元，维修机顶盒花费130元，次卧室床板维修费220元及二审中举示的淋浴阀70元等问题（共计1065元），因刘某已经提交了相应的收据、收条及购物小票等证据，且有相关的照片予以佐证，一审法院认为无正规票据不予认可不当，该院予以纠正。刘某在一审诉讼请求中对该部分费用共计主张842元（修理厕所门495元+床头床尾150元+其他更换部分费用197元）不违反法律规定，该院对该诉讼请求予以支持。"但是，二审法院在判决主文中未作相应处理。对此，本院予以纠正。同时，全面审查刘某在一审中的诉讼请求可见，其对前述1065元的维修费均提起了赔偿的主张，因此，对刘某的该请求，本院予以支持。

需要说明的是，虽然当事人已经履行了二审判决中的部分义务，但因二审判决主文第四项不属于再审请求范围，本院对该判项不予变更。

基于上述内容，重庆市高级人民法院于2017年1月4日依照《中华人民共和国合同法》第一百零七条、第一百一十九条、第二百二十二条，《中华人民共和国民事诉讼法》第二百零七条第一款、第一百七十条第一款第（二）项之规定，判决如下：1. 维持重庆市第五中级人民法院（2015）渝五中法民终字第05966号民事判决第一项、第二项、第三项、第四项；2. 撤销重庆市第五中级人民法院（2015）渝五中法民终字第05966号民事判决第五项；3. 贺某珍于本判决生效之日起15日内赔偿刘某房屋占用损失389.97元；4. 贺某珍支付刘某的厕所门修理费、更换床头柜费用、维修机顶盒费用、次卧室床板维修费等共计1065元；5. 驳回刘某的其他诉讼请求。

十五、承租人已进场装修是否意味着出租人已交付租赁房屋

（一）理论解答

《中华人民共和国合同法》第二百一十二条规定："租赁合同是出租人将租赁物交付承租人使用、收益，承租人支付租金的合同。"因此，交付租赁物是租赁合同开始履行的重要标志之一。正因为如此，租赁双方一般都会在租赁合同中约定一个书面的交接手续。但在租赁实践中，一些当事人往往因种种原因在没有办理书面交接手续的情况下就进场进行了装修，这就出现了"承租人已进场装修是否意味着出租人已交付租赁物"的问题。

对此，有观点认为，按照当事人意思自治原理，参照《最高人民法院关于审理商品房买卖合同纠纷案件适应法律若干问题的解释》第十一条的规定，既然合同中约定了交付租赁物应当办理书面交接手续，没有办理书面交接手续就应被认定为没有交付租赁物，即此时承租人已进场装修的也不应被认定为出租人已交付了租赁物。另有观点认为，根据租赁的特殊性质，即使租赁合同双方当事人没有按照约定办理租赁房屋的书面交接手续，此时承租人已进场装修的也应被认定为出租人已交付了租赁物。

本书赞同上述第二种观点，具体理由有以下三个方面。

1. 因房屋买卖与房屋租赁有着本质的区别，故《最高人民法院关于审理商品房买卖合同纠纷案件适应法律若干问题的解释》第十一条规定的

“对房屋的转移占有，视为房屋的交付使用，但当事人另有约定的除外”对租赁合同的履行认定并不具有参照价值。

2. 根据《中华人民共和国合同法》第二百一十二条的规定，租赁合同履行的本质在于承租人对租赁物的实际使用、收益。已进场装修意味着不仅已实际占用了租赁房屋，还部分地改变了房屋的结构，构成已对租赁房屋进行了实际使用是理所当然的。

3. 没有依约办理租赁房屋的书面交接手续，仅是租赁合同履行的微小瑕疵，并不一定会影响到承租人对租赁房屋的实际使用、收益。

（二）案例指引

呼和浩特市理德企业管理服务有限责任公司与内蒙古锦联投资顾问有限公司房屋租赁合同纠纷案[1]

2009年9月25日，内蒙古业龙投资顾问有限公司（现更名为内蒙古锦联投资顾问有限公司，简称业龙公司、锦联公司）起诉至呼和浩特市玉泉区人民法院称：2007年12月5日，业龙公司整体承租了呼和浩特市中山西路212号立达国际商场，合同中与产权人约定了业龙公司对该租赁物享有转租权。2008年11月20日，业龙公司与呼和浩特市理德企业管理服务有限责任公司（简称理德公司）签订了《房屋租赁合同》，理德公司承租立达国际商场II段首层、6－15层的房屋，并约定了年租金为180万元，首期租金30万元，应于2009年2月20日前支付。2008年11月20日，理德公司接收租赁房屋并开始装修，但对应交纳的租金及各种费用不予支付，为此双方发生争议。依据双方签订的《房屋租赁合同》第八条的约定，业龙公司向理德公司已发出解除合同通知，但理德公司强行占据该租赁物不予腾出，给业龙公司造成了巨大的损失。请依法解除双方签订的房屋租赁合同，赔偿业龙公司损失855000元（其中租金675000元，违约金18万元）。

理德公司辩称：业龙公司的诉请不能成立。双方在签订房屋租赁合同

① 详见：呼和浩特市中级人民法院（2010）呼法民一终字第1380号民事判决书、内蒙古自治区高级人民法院（2013）内民提一字第27号民事判决书。

后，业龙公司并没有按时把房屋交付，即使交付，房屋也不符合合同的使用目的，应视为未交付。该房屋的基础设备不符合使用条件，是业龙公司违约在先。依据合同第八条的规定，应扣除理德公司应交纳的租金，理德公司也向业龙公司发过索赔通知书主张过索赔金。理德公司认为是业龙公司违约在先导致的合同解除。业龙公司 2009 年 4 月 1 日向理德公司发出合同解除通知书，理德公司认为解除通知书到达之日起为合同解除日。理德公司不存在违约，假使违约也是年租金的 10%。理德公司不存在拖欠租金的事实。双方诉争的房屋是酒店，消防设施应由出租方负责安装，该承租房屋消防设施不符合法律规定，理德公司认为是业龙公司导致的合同解除。

2009 年 11 月 4 日，呼和浩特市玉泉区人民法院作出（2009）玉民一初字第 441 号民事判决：1. 解除业龙公司与理德公司签订的房屋租赁合同；2. 理德公司在判决生效后 10 日内支付业龙公司房屋租金和管理费 675000 元，支付违约金 18 万元；3. 驳回业龙公司的其他诉讼请求。

理德公司不服，提起上诉。2010 年 4 月 6 日，呼和浩特市中级人民法院作出（2010）呼法民一终字第 287 号民事裁定，撤销一审判决，将本案发回重审。

呼和浩特市玉泉区人民法院重审查明：

2007 年 11 月 30 日，内蒙古立达国际商场（甲方）与北京业龙投资顾问有限公司（乙方）签订《租赁合同》，内容为：甲方是位于呼和浩特市中山西路 212 号的房屋所有权人，同意将建筑物租赁给乙方使用，乙方同意承租该租赁场所，租赁场所范围为立达酒店主楼 1－18 号及附属设施；合同第九条（四）项约定，租赁期内，乙方可将该房屋部分转租给他人，将次承租人情况向甲方书面备案且转租租期不得超过乙方租赁甲方租赁场所的期限，如乙方提前解约，乙方负责了结与第三方的租赁关系，第三方损失由乙方承担，乙方保证甲方不因转租产生的纠纷承担任何责任……

2008 年 4 月 1 日，甲方内蒙古立达国际商场，乙方北京业龙投资顾问有限公司，丙方业龙公司签订《确认书》，约定：甲方、乙方、丙方在此确认，甲方和乙方签订的房屋租赁合同中乙方的权利和义务全部转移至丙方，乙方不再承担上述合同中的权利和义务，合同中的其他条款内容依然有效。

2008年11月20日，甲方业龙公司与乙方理德公司签订《房屋租赁合同》，合同主要内容如下。第一条：甲方同意将位于呼和浩特市中山西路212号立达国际商场II段部分首层、6—15层的房屋整体租赁给乙方，房屋建筑面积7090平方米，该房屋乙方的经营用途为宾馆经营项下的客房、餐饮（非火锅类）、零售、会议等。租赁期间除双方另有书面约定，乙方不得改变承租房屋的用途。第二条：租赁期限自2008年11月20日起，至2024年4月30日止，共计15年。其中自2008年11月20日至2009年4月30日为装修期，该装修期不收租金，但需要缴纳水电暖气等费用。第三条：1. 房屋首年度租金为人民币50万元整，管理费为人民币130万元整，合计为180万元整，2009年2月20日之前，乙方支付甲方租金10万元整，管理费20万元整，合计30万元整。免租期结束起6个月内，乙方按月平均支付甲方首年度剩余租金和管理费，即自2009年5月开始至2009年10月，在每月15日前，乙方支付甲方25万元。2. 房屋租金和管理费不包括水电暖气等费用，乙方自行承担经营相关费用。3. 自2010年起，租金每半年乙方支付给甲方一次，年度租赁费及管理费支付明细表如下……4. 乙方支付租金的方式以现金或汇入甲方指定账户，在约定时间内支付。5. 本合同涉及的租赁税或房产税由乙方承担。第四条：租赁物的交付和返还。1. 本合同签订之日起三日内，甲方将租赁物交付乙方，届时甲方与乙方共同办理租赁物的交付手续，双方共同对租赁物及其附属设施的现状进行清点、查验和确认租赁物是否符合约定用途，并签署《交付验收清单》。如乙方届时未协助甲方办理交付手续，视同甲方已将符合约定用途的租赁物交付乙方。如甲方迟延交付租赁物，乙方有权按照甲方迟延交付的时间计算，扣除甲方迟延交付时间内的租金。2. ……第五条：甲方的权利和义务。甲方权利：1. 按照约定收取租金、水、电、暖、气等费用……甲方的义务：……2. 保证按照约定时间将租赁物交付乙方，并保证租赁物在租赁期间符合约定用途……4. 甲方为乙方提供照明用电、生活用水，如因维修需要停水、停电时甲方应及时通知乙方，但紧急检修或故障停电除外。5. 甲方负责在交房前为乙方租赁部分按相关部门的规定单独安装水、电表。乙方按该水电表的计量数字向甲方交纳水电费，并分摊其损耗……第六条：乙方的权利和义务。乙方的权利：……3. 乙方因经营需要对租赁物进行改善或增设他物，必须征得甲方同意并得到相关部门的许可和验收，同时保证不改变房屋的主体结构和安全。改造费用由乙方自行承担……乙方的义务：1. 按照约定支付租金和管理费、水、电、暖、气费等。2. 乙方负责租赁区内的物业管理和维护，包括水电暖气等终端设施的日常维修维护，防火消防等，由此产生的费用由乙方负责。3. 征得甲方书面同意乙方有权对租赁物进行改善或增设他物，但须自行承担对租赁物改善或增设他物所发生的一切费用。4. 按照约定用途和租赁物的性质合理使用租赁物，并保证租赁期限届满后返还的租赁物符合交接清单状态。乙方有权拆除所有乙方增设的设备、设施、家具、装修等，乙方自行放弃除外……9. 乙方承租区域内的安全防火工作，由乙方承担责任……11. 乙方应按甲方规定做好内保、消防、环保等工作，自觉接受政府有关部门、行业主管部门和上级主管单位的安全检查……第七条：违约规定。1. 甲方逾期交付租赁物，每逾期一日甲方应向乙方支付年租金的1%。租赁物交付以达到租赁物全部使用功能之日起为准。2. 乙方逾期支付水电气暖费、每逾期一日乙方向甲方支付当期应付费用的1%。……8. 租赁期限满或本合同解除后十日内，如届时乙方未按照约定时间返还租赁物，乙方须向甲方支付违约金，并赔偿甲方的造成的一切直接损失及甲方或第三人为防止损失扩大而支出的合理费用。9. 租赁期限满或本合同解除后三日内，如届时乙方未按照约定时间腾空房屋，视同乙方对存放在租赁物内的任何财产放弃权利，甲方有权任意处置，且无须给乙方任何补偿……第八条：合同的解除。1. 甲方逾期30日未交付租赁物，乙方有权单方解除本合同，自乙方发出解除通知到达甲方时本合同即告解除，甲方除返还乙方已经缴纳的租金和履约保证金外，同时甲方应按年租金的10%向乙方支付违约金。2. 合同签订后，乙方在约定时间内逾期30日内未按规定支付租金和管理费，甲方有权单方解除本合同，自甲方发出解除通知到达乙方时本合同即告解除，同时乙方应按年租金的10%向甲方支付违约金……

合同签订后，业龙公司于2008年11月20日按约定将出租的房屋交付理德公司，双方未签署《交付验收清单》，理德公司对租赁房屋进行装修，但其未按约定在2009年2月20日之前支付业龙公司租金及管理费。2009

年4月1日，业龙公司向理德公司发出《解除合同通知》，并于2009年4月2日经内蒙古自治区公证处予以公证，但理德公司拒不腾出租赁的房屋。2009年9月15日业龙公司收房时与理德公司发生争执，向110报警后自行解决，业龙公司收回房屋。从2009年4月30日（装修截止日）到2009年9月15日收回房屋，理德公司共租用4.5个月，应支付业龙公司房屋租金及管理费675000元（180万元÷12月×4.5月），应支付违约金5万元（50万元×10%）。

呼和浩特市玉泉区人民法院重审认为：业龙公司与理德公司签订的《房屋租赁合同》是双方的真实意思表示，合法有效，双方应按合同约定履行自己的义务。合同签订后，业龙公司按约定将出租的房屋交付给了理德公司，双方虽没有签署《交付验收清单》，但理德公司对该租赁房屋进行了装修，且理德公司所出示的证据不足以证明业龙公司交付的租赁房屋不符合合同约定，理德公司未按合同约定在2009年2月20日之前支付首期租金和管理费已属违约。之后，业龙公司按合同约定在理德公司不支付首期租金及管理费逾期30日后向理德公司发出《解除合同通知书》并进行了公证，而理德公司拒不腾出租赁房屋的行为又构成违约。故对业龙公司诉请理德公司支付2009年5月1日至2009年9月15日计4.5个月租金及管理费675000元的诉讼请求予以支持。对业龙公司诉请的违约金应按合同约定年租金的10%计算，应为5万元。依照《中华人民共和国合同法》第九十四条（四）项、第九十七条、第九十八条、第一百零七条、第一百零九条、第一百一十四条，《中华人民共和国民事诉讼法》第六十四条之规定，呼和浩特市玉泉区人民法院于2010年9月13日作出（2010）玉民一初字第141号民事判决：1. 解除业龙公司与理德公司签订的房屋租赁合同；2. 理德公司在判决生效后十日内支付业龙公司房屋租金和管理费675000元，支付违约金5万元，合计725000元；3. 驳回业龙公司的其他诉讼请求。

理德公司不服，提起上诉称：业龙公司没有按照合同约定的时间交付房屋，且交付的房屋基础设施不符合合同使用的目的，业龙公司违约在先，一审法院认定理德公司违约并判决理德公司支付违约金错误。计算租金的截止日期应为合同解除日2009年4月1日，一审法院计算至业龙公司强制理德公司搬离之日错误。请求二审法院撤销原判，驳回业龙公司的诉讼请求。

业龙公司答辩称：一审法院认定事实清楚，适用法律正确，应予维持。依据双方租赁合同，业龙公司已将符合合同约定的租赁物交于理德公司使用，理德公司实际按约使用了房屋，导致合同解除的根本原因是理德公司未按合同约定支付房屋租金。

呼和浩特市中级人民法院二审查明的事实与一审法院查明的一致。另查明，2010 年 5 月 27 日，业龙公司企业名称变更为锦联公司。

呼和浩特市中级人民法院二审认为：本案为房屋租赁合同引发的纠纷。理德公司与业龙公司于2008 年 11 月 20 日签订的《房屋租赁合同》系双方真实意思表示，内容不违反法律禁止性规定，为有效合同，双方应依约履行各自的权利义务。理德公司未依约在 2009 年 2 月 20 日之前支付首期租金和管理费构成违约，应承担相应的民事责任。关于理德公司辩称的业龙公司没有按照合同约定的时间交付房屋的问题，双方虽未签订房屋的《交付验收清单》，但理德公司已实际接收房屋并装修，依据《房屋租赁合同》第四条第二项的约定，应视为业龙公司已依约交付房屋。关于理德公司辩称的《房屋租赁合同》于 2009 年 4 月 1 日解除后，其不应再支付租金的问题，因 2009 年 4 月 1 日之后，理德公司并未腾房，仍占用租赁房屋，直至 2009 年 9 月 15 日业龙公司收回房屋，原判据此判令理德公司承担其占用房屋期间的租金及管理费，符合本案实际情况，予以支持。另外，原判依据《房屋租赁合同》第八条第二项的约定，判令理德公司支付违约金，符合双方约定，亦予以支持。综上，理德公司的上诉理由不能成立，原审法院判决认定事实清楚，适用法律正确。依照《中华人民共和国民事诉讼法》第一百五十三条第一款（一）项之规定，呼和浩特市中级人民法院于 2011 年 11 月 9 日作出（2010）呼法民一终字第 1380 号民事判决：驳回上诉，维持原判。二审案件受理费 12350 元，由理德公司负担。

理德公司不服，向内蒙古自治区高级人民法院申请再审称：1. 有新证据证明业龙公司违约在先。2008 年 11 月 20 日，理德公司与业龙公司签订了《房屋租赁合同》。合同签订后，业龙公司没有按照合同的约定向理德公司交付符合用途的房屋。原审法院在未查清事实的情况下判定理德公司违约错误，不是理德公司不支付租金和管理费，而是业龙公司违约在先。理德公司的新证据是：(1)《建设工程消防验收意见书》。该证据证明业龙公司租赁房屋是2010年8月4日向呼市公安消防支队申请验收的。依据《中华人民共和国消防法》第十一条规定："大型的人员密集场所和其他特殊建设工程，建设单位应当将消防设计文件报送公安机关消防机构审核。"第十三条又规定："(一)本法第十一条规定的建设工程，建设单位应当向公安机关消防机构申请消防验收;""依法应当进行消防验收的建设工程，未经消防验收或者验收不合格的，禁止投入使用。"业龙公司租赁给理德公司作为酒店经营的房屋，未经过消防验收，不能作为宾馆经营使用，违反了双方签订的《房屋租赁合同》第一条、第四条第一项、第五条甲方的义务第二项和第七条第一项，即"保证租赁物在租赁期间符合约定用途"和"全部使用功能"，是业龙公司违约在先。(2)《施工合同》和证明各二份。该组证据证明业龙公司租赁给理德公司的房屋未安装给排水设施和电器线路，水电不通，不能作为酒店经营使用。租赁的房屋是理德公司自己安装的给排水设施和接通的电器线路。业龙公司出租的房屋，不符合合同的约定，是业龙公司违约在先。2. 业龙公司一直未与理德公司办理租赁物交付手续，是业龙公司违约在先。业龙公司违反合同约定，在合同签订后三日内未向理德公司交付租赁物，未与理德公司一起对租赁物及附属设施进行清点、查验和确认是否符合约定用途，也未与理德公司签署《交付验收清单》。业龙公司不与理德公司签订租赁物《交付验收清单》，等于业龙公司至今未将租赁物交付给理德公司。《中华人民共和国合同法》第六十七条规定："当事人互负债务，有先后履行顺序，先履行一方未履行的，后履行一方有权拒绝其履行要求，先履行一方履行债务不符合约定的后履行一方有权拒绝其相应的履行要求。"因此，理德公司有权不向业龙公司支付房屋租金和管理费。3. 一审法院不受理理德公司反诉，属于程序违法。业龙公司提起本案之诉后，理德公司提出反诉要求业龙公司支付装修费等损失4922669.60元。一审法院以反诉请求超过该院受理金额限度，退回了理德公司的反诉状和反诉证据。综上，请求撤销二审判决，判决理德公司不向业龙公司支付租金、管理费及承担违约责任。

锦联公司辩称，原审法院审理程序合法，认定事实清楚，适用法律正确，应予维持。

内蒙古自治区高级人民法院再审查明的事实与原审判决查明的事实一致。另查明，2010年8月5日，理德公司作为原告起诉至呼和浩特市中级人民法院，请求判令业龙公司赔偿其装修本案租赁物的损失，并以业龙公司未按照合同约定交付房屋、房屋基础设施部分未完工及消防设施严重滞后等理由要求业龙公司承担违约金65万元。2011年11月9日，呼和浩特市中级人民法院作出（2010）呼法民一终字第117号民事判决：1. 锦联公司于判决生效后十日内补偿理德公司房屋装修款2959376元；2. 驳回理德公司的其他诉讼请求。理德公司与锦联公司均不服该判决，向本院提起上诉。2012年12月12日，本院作出（2012）内民一终字第5号民事判决：驳回上诉，维持原判。

内蒙古自治区高级人民法院再审认为：对被告提出反诉情形的，《中华人民共和国民事诉讼法》第一百二十六条只是作了可以合并审理的规定，并不是必须合并审理。合并审理有利于当事人之间纠纷的全面处理，但根据理德公司向锦联公司主张的数额，应由呼和浩特市中级人民法院作为一审法院受理。理德公司向锦联公司的主张已经呼和浩特市中级人民法院一审受理、裁决，并经过本院二审审理、裁决，其权利行使没有障碍，一审法院审理程序合法。理德公司此次再审请求追究锦联公司违约责任的主张是其作为原告起诉时已经明确提出的，该主张已经呼和浩特市中级人民法院和本院一、二审审理，理德公司对此有异议，应当通过对该案申请再审的方式解决。综上，理德公司的申请再审理由不属本案审理范围。原审判决认定事实清楚，适用法律正确。

2013年6月21日，内蒙古自治区高级人民法院依照《中华人民共和国民事诉讼法》第二百零七条第一款、第一百七十条第一款第（一）项的规定，判决如下：维持呼和浩特市中级人民法院（2010）呼法民一终字第1380号民事判决。

十六、如何确定临时建筑出租无效时的过错责任程度

（一）理论解答

根据《中华人民共和国城乡规划法》《中华人民共和国土地管理法》的规定，临时性建筑使用年限不得超出二年，并应当在批准的使用期限内自行拆除。临时建（构）筑物不予确权发证，不得改变使用性质，因特殊原因需延长使用的，建设单位应在期满前申请延期，且延期申请只能一次。据此，《最高人民法院关于审理城镇房屋租赁合同纠纷案件具体应用法律若干问题的解释》第三条规定："出租人就未经批准或者未按照批准内容建设的临时建筑，与承租人订立的租赁合同无效。但在一审法庭辩论终结前经主管部门批准建设的，人民法院应当认定有效。租赁期限超过临时建筑的使用期限，超过部分无效。但在一审法庭辩论终结前经主管部门批准延长使用期限的，人民法院应当认定延长使用期限内的租赁期间有效。"

对无效合同的处理，《中华人民共和国合同法》第五十八条的规定："合同无效或者被撤销后，因该合同取得的财产，应当予以返还；不能返还或者没有必要返还的，应当折价补偿。有过错的一方应当赔偿对方因此所受到的损失，双方都有过错的，应当各自承担相应的责任。"但是，对如何确定临时建筑出租无效时的过错责任程度，从而确定各方应承担的损失责任，因我国法律和司法解释并无明确规定，司法实践中争议不断。

本书认为，在确定临时建筑出租无效时的过错责任时，一般应判令出租人（业主）负70%的主要责任，理由包括以下两个方面。

1. 民商法通说认为，过错程度的区分应采取“未达到善良管理人的注意”这一统一的标准，在过错的统一框架内进行，通过主、客观加重因素依次提高过错程度：行为人仅仅违反交易上必要的注意义务，无其他主、客观加重因素的为一般过失；行为人违反注意义务的行为制造了一种明显且严重的危险，并且行为人对危险结果有高度或然性认识的为重大过失；行为人预见到自己违反注意义务的行为结果必定发生，或者相信自己违反注意义务的行为“基本上必定”会导致危害结果，仍然希望它发生或者听任它发生的为故意。[①] 一般而言，在临时建筑的租赁实务中，对于临时建筑是否申请延期、如何才能使延期申请获得批准以及延期申请何时会获得批准等，出租人往往比承租人掌握更多的信息和更大的主动。因此，临时建筑出租无效时，承租人一般仅应承担一般过失责任。

2. 相对于出租人而言，承租人一般处于社会弱者地位，给予其一定程度的倾斜保护，也有利于相关利益的平衡。

（二）案例指引

南通市崇川区钟秀街道联合村社区居民委员会与江苏华尔达置业投资咨询有限公司房屋租赁合同纠纷案[②]

2008 年 4 月 30 日，南通市崇川区钟秀街道联合村社区居民委员会（以下简称联合村居委会）与江苏华尔达置业投资咨询有限公司（以下简称华尔达公司）签订房屋租赁合同及附件，约定联合村居委会将总建筑面积不低于 17612 平方米的六幢毛坯房出租给华尔达公司，由华尔达公司自主经营或者自主分租。租赁期间自 2009 年 1 月 1 日至 2018 年 12 月 31 日。房屋的交付时间为 2008 年 8 月 1 日。2009 年 1 月 1 日前的免租期为华尔达公司招商、装修和前期营业准备时间。第一、二租赁年度，租金每年 440 万元；第三至第五租赁年度，租金每年 500 万元；第六至第八租赁年度，

---

① 参见陈本寒、艾围利：《怎样确定民法上过错程度及其区分标准》，载《中国社会科学院研究生院学报》2011 年第 3 期。

② 详见：江苏省南通市中级人民法院（2013）通中民初字第 0012 号民事判决书、江苏省高级人民法院（2014）苏民终字第 0081 号民事判决书、最高人民法院（2014）民申字第 1331 号民事裁定书。

租金每年550万元；第九、十租赁年度，租金每年605万元。第一年的租金交付时间为在合同签订5日内交付30万元，签订房产交付确认书之日起5日内交付60万元，免租期结束前10日内支付350元。其余租金在每个租赁年度按季交付，在每季度开始之日前15日内交付。联合村居委会应当对房屋进行定期保养维修，对提供的设施按照国家规定进行维保，并配合华尔达公司进行装修。如因房产或管线的缺陷造成华尔达公司损失的，由联合村居委会承担赔偿责任。华尔达公司不得因房屋系临时建筑，无土地使用权证等主张合同无效。华尔达公司对外转租房屋应当报联合村居委会备案。合同还约定了违约责任及合同解除的相关条件。合同附件三约定房产的面积为17612平方米，华尔达公司负责外部装修，并负责将水电安装至房产内各楼层等内容。案涉六幢房屋均为临时建筑，其中两幢批建于2007年10月10日，使用时间至2009年10月31日。后四幢批建于2008年8月27日，使用时间至2010年8月31日。3—5号楼的一、二层和6号楼的1—3层于2010年10月17日通过消防验收。1—2号楼于2010年4月7日进行消防备案，未被抽检。

2008年8月1日，联合村居委会与华尔达公司签订交付确认书。确认书载明，租赁房产已符合房产交付的技术条件（即附件三）。华尔达公司接收房产后，将房产进行装修，并对外招商出租，至今已分别出租给40余户经营。2009年1月17日，双方签订补充租赁协议，约定因受经济形势影响，对第一年的租金支付时间进行调整，将其中的350万元延期到2009年7月1日支付完毕。2011年12月20日，双方再次签订补充租赁协议，约定因房屋的第三层未能通过竣工验收致使租赁总面积减少，将第二年至第十年的租金调整，每年在原有租金标准上减少35万元。对因漏水和消防试水造成的损失、消防验收之后产生的罚款等由联合村居委会作出补偿共10万元，在华尔达公司应缴的租金中抵扣。至2012年12月31日，华尔达公司共欠租金105万元，自2013年起华尔达公司未缴纳租金。

华尔达公司在招商期间广告牌投入86086元；装修投入1506468.29元（含墙体投入，水电安装，仓库、配电房、水泵房隔断等，即1483200元+23268.29元）；认定配电房维修费用36000元；2011年12月20日前消防罚款、消防试水损失认定10万元；2011年12月20日后薛某民户因喷淋设备未能出水造成的损失55000元，有南通市崇川区人民法院2012年4月19日（2012）崇民初字第0342号民事调解书予以证明，冯福清户因消防管道漏水造成的损失500元，以上两项损失均由华尔达公司进行相应的赔偿。

联合村居委会诉至一审法院称：计算至2013年1月5日，华尔达公司拖欠租金3036986.25元（原审庭审中更正为计算至2012年12月31日拖欠租金105万元）。请求法院确认双方签订的房屋租赁合同和相关补充租赁协议无效，华尔达公司将租赁的房屋返还给联合村居委会；华尔达公司支付联合村居委会房屋占有使用费105万元，并自2013年1月1日起按照每天15479.45元的标准计算房屋占有使用费；华尔达公司承担案件受理费及保全费。

华尔达公司答辩称：华尔达公司因联合村居委会招商承租房屋，投入了大量资金进行基础设施安装。在市场初见成效时，联合村居委会要求确认合同无效违背了诚信原则。华尔达公司已将房屋转租给40余商户经营，分别签订了租赁合同，经营户也进行了装修。如确认合同无效，会造成较大的损失。因此，租赁物已无法返还，即使合同无效，也应当按照有效处理。导致合同无效的责任在于联合村居委会。另外租赁房屋的面积小于约定面积，二、三层层高不足导致华尔达公司无法出租，同时出租房屋消防设施不健全造成经营户的损失，均应由联合村居委会赔偿。

华尔达公司反诉称：联合村居委会提出合同无效，造成华尔达公司重大损失。其中合同约定的租赁面积为17612平方米，经华尔达公司测算实际租赁面积为12980平方米，因三层层高不符合要求，扣除三层的面积4632平方米。现反诉要求联合村居委会赔偿损失700万元，其中包括装修基础设施损失250万元，前期招商费用50万元，租赁面积不足部分损失400万元。

联合村居委会答辩称：相关司法解释对房屋租赁合同无效后的处理和损失承担问题有明确的规定。在签订房屋租赁合同时已明确告知华尔达公司租赁物系临时建筑。华尔达公司称合同无效的责任完全在联合村居委会与事实不符。华尔达公司主张的前期招商费用50万元与本案无关。租赁房屋交付时，双方签订的交付确认书明确房屋符合交付条件。华尔达公司认为面积缺少没有任何依据。请求驳回华尔达公司的反诉。

在一审诉讼过程中，华尔达公司向一审法院提出鉴定申请，要求对华尔达公司的前期投入损失、项目装修、次承租人的装修费用、维修费用、房屋面积进行司法鉴定。联合村居委会则不同意对华尔达公司申请鉴定的项目进行鉴定。

一审法院认为：华尔达公司申请鉴定的前期投入损失、维修费用应由华尔达公司提供证据证明，无法通过鉴定的方式查明。因次承租人未向华尔达公司主张权利要求赔偿装修损失，华尔达公司申请鉴定的次承租人的装修费用尚不属于华尔达公司的损失范围，华尔达公司也未将次承租人的装修费用列入反诉请求，故在本案中对次承租人的装修费用无鉴定的必要性。如次承租人因本案的处理与华尔达公司发生纠纷造成损失，华尔达公司可另行主张权利。华尔达公司申请鉴定的房屋装修费用，已提供证据予以证明，联合村居委会也已认可，且华尔达公司不能提供装修图纸，既无鉴定的必要也无鉴定的可能，可依据华尔达公司的实际装修费用认定。至于房屋面积问题，根据联合村居委会提供的规划许可证，房屋面积不足17612平方米。联合村居委会解释为实际建筑时扩大了建筑面积。根据双方签订的交付确认书，确认房屋面积为17612平方米，说明华尔达公司实际已认可房屋的建筑面积为17612平方米。在庭审中，华尔达公司陈述经该公司实际测量，三楼面积为4632平方米，一、二层的实际承租面积12980平方米，那么可以得出结论整个房屋的建筑面积仍为17612平方米。现华尔达公司在本案中提出对房屋面积进行鉴定，无充分的依据，原审法院不予采纳。

关于联合村居委会的本诉部分，房屋租赁合同所涉及的房产系临时建筑，根据相关司法解释的规定，租赁期间超过房屋使用期间，超过部分无效。合同涉及1—2号楼部分自2009年11月1日起无效，自2010年9月1日起，整个合同无效。合同无效后，因合同取得的财产应当予以返还，故华尔达公司应当将六幢建筑物返还给联合村居委会。由于房屋至今为止仍处于华尔达公司控制下并出租，华尔达公司可以参照合同约定的租金标准支付房屋使用费。自2013年起，租赁合同约定每年租金的标准为465万（500万－35万），日租金标准为12916.66元。因双方在合同中约定“不得以临时建筑为由主张合同无效”，虽然该约定属于无效约定，但表明双方当事人对合同超过使用期间无效明知，并自愿避免该情况的发生。联合村居委会现以合同无效为由主张华尔达公司返还房屋有违诚信，对刚完成市场培育和步入良性经营的华尔达公司不可避免地造成影响，如仍按照约定的租金标准计算房屋使用费，有违公正原则。一审法院酌定华尔达公司在按照原审法院判决交还房屋前按照日 9041.66 元（12916.66 元 ×70%）的标准向联合村居委会支付房屋使用费。2012 年 12 月 31 日前所拖欠的房屋使用费 105 万元，应当一并予以支付。

按照法律规定，出租人应当负责租赁物的维修和保养，对租赁物不符质量要求造成的承租人的损失应当承担赔偿责任。本案房屋因消防试水、消防未能及时通过验收等原因造成的损失 10 万元，已通过双方在 2011 年 12 月 20 日的补充租赁协议予以赔偿。对此后因消防问题造成的损失薛某民户 55000 元、冯福清户 500 元，仍应计算为华尔达公司的损失，从租金中予以扣减。华尔达公司支出的配电房保养维修费用 36000 元应由联合村居委会负责，华尔达公司代为支付，亦应从租金中扣减。

关于华尔达公司的反诉部分，华尔达公司主张的前期投入费用为 50 万元，仅有灯箱的票据可以证明其投入，其余投入未有证据证明。考虑到华尔达公司在市场创建之初投入费用宣传招商必不可少，原审法院酌情认定 25 万元费用，该费用可作为损失予以计算。鉴于华尔达公司已从 2009 年经营至今，前期投入应当分摊计算。联合村居委会作为出租方和村级事务管理者的身份，更应了解房屋的使用期间情况，遵守国家法律规定，应当承担主要责任。故原审法院酌定联合村居委会对此项损失承担 20 万元。

华尔达公司反诉主张的基础装修损失为 250 万元。原审法院审核证据后认定其基础装修投入为 1506468.29 元。根据司法解释的规定，合同无效时，已形成附合的装修物，出租人同意利用的，可折价归出租人所有；出租人不同意利用的，由双方各自按照导致合同无效的过错分担现值损失。联合村居委会同意接收使用，应按现值折价归联合村居委会所有。因无法通过实物鉴定的方式确定现值，且可以确定华尔达公司在装修部分的投入数额，考虑到华尔达公司已实际使用了一段时间，原审法院亦酌定按照华尔达公司的投入数额的 70% 即 1054527.80 元折价归联合村居委会所有。

关于华尔达公司反诉主张租赁面积不足要求赔偿400万元的问题，双方在2011年12月20日签订的补充协议中已经约定扣除三楼的租赁面积，并自2010年起每年的租金减少35万元。因此，三楼的面积已未计算在租赁面积中。华尔达公司主张二楼的面积因消防和层高问题也不应当计算租赁面积。但是华尔达公司租赁的房屋是毛坯房，在租赁前华尔达公司应明知二层房屋的层高，但未提出异议。在合同的履行过程中，华尔达公司也未就二层层高问题向联合村居委会提出。在租赁协议中，双方也未对二层层高作出约定。因此，华尔达公司提出二层层高不足应扣减租赁面积，与双方约定不符，原审法院不予采纳。至于消防问题，在2010年案涉房屋的一、二层已通过消防验收。即使目前消防仍存在一定的问题，但房屋仍由华尔达公司占有使用，消防问题造成的损失已由双方协商赔偿或由原审法院在租金中扣减。房屋租赁合同中，出租人向承租人转让的是一定期间内的房屋使用权。如因房屋存在瑕疵导致房屋不能实际使用，应及时向出租人提出解除合同或减少租赁面积。如在承租人已取得房屋使用权并已实际使用的情况下，出租人应赔偿因房屋瑕疵造成的损失，不得要求减少计算房屋租赁面积。华尔达公司在租赁协议履行中，二层房屋仍有部分对外出租，相应的损失已由联合村居委会赔偿。华尔达公司在诉讼中提出减少计算房屋面积的理由不能成立。况且，华尔达公司在其反诉请求中主张的房屋面积不足的损失400万元，也仅是扣减了房屋三层的面积4632平方米，按照12980平方米计算。故华尔达公司主张的房屋面积不足造成的损失400万元，原审法院难以支持。

综上，案涉房屋因租赁合同超过使用期限无效而应予返还。华尔达公司应当支付联合村居委会至2012年12月31日的房屋使用费105万元，减去损失薛某民户55000元、冯福清户500元、配电房保修费用36000元，合计为958500元。华尔达公司应自2013年起按日9041.66元支付房屋使用费至房屋实际交付之日止。联合村居委会应当赔偿华尔达公司前期投入损失20万元，给付华尔达公司装修物价值1054527.80元。

本案系因联合村居委会将只有两年使用期限的临时建筑出租并订立十年租赁合同引发纠纷。联合村居委会明知超过使用期限的租赁合同无效，仍然签订合同，是纠纷发生的主要原因，应负主要责任。一审法院科以联合村居委会更重的责任，以期规范市场行为，加强诚信建设。

据此，一审法院依照《中华人民共和国合同法》第五十二条第（五）项、第五十六条、第五十八条、第二百一十六条、第二百二十条，《最高人民法院关于审理城镇房屋租赁合同纠纷案件具体应用法律若干问题的解释》第三条、第五条、第九条之规定，判决如下：1. 2008 年 4 月 30 日联合村居委会与华尔达公司签订的房屋租赁合同及附件超过临时建筑使用期限的租赁期间无效；2. 华尔达公司于判决生效后一个月内返还联合村居委会所租赁的南通市钟秀东路北侧沿街 6 幢建筑物（门牌编号为南通市钟秀东路 11、13、15、17、19、21 号）；3. 华尔达公司支付联合村居委会 2013 年前房屋使用费 958500 万元，华尔达公司支付联合村居委会自 2013 年 1 月 1 日起的房屋使用费，按日 9041.66 元计算至实际交还房屋之日止；4. 联合村居委会支付华尔达公司房屋装修现值 1054527.80 元，赔偿华尔达公司损失 20 万元，以上三、四项判决与第二项判决同时履行，一并结算；5. 驳回联合村居委会的其他诉讼请求和华尔达公司的其他反诉请求。

一审宣判后，联合村居委会、华尔达公司均不服，向江苏省高级人民法院提起上诉。

联合村居委会上诉称：1. 本案纠纷的起因是华尔达公司拒付租金的违约行为，并且在经营过程中提高次承租人租金标准引发矛盾影响社会安定，不是联合村居委会刻意要求认定合同无效。导致合同无效是因为房屋是临时建筑，双方签订协议时均明知，对于合同履行中可能出现无效的情形双方均有预期。对合同无效的过错双方应各半，综合全案，华尔达公司过错更重。2. 房屋占有使用费应当按照租赁合同约定的租金标准确定，原审将租金打折确定房屋使用费金额不符合《最高人民法院关于审理城镇房屋租赁合同纠纷案件具体应用法律若干问题的解释》第五条的规定。房屋占有使用费的确定不应当根据当事人的主观过错，即便司法解释赋予法院自由裁量权，重新确定标准也是要基于房屋质量等客观情况导致占有收益与约定租金标准失衡才应调整，而本案中涉及的消防问题、层高问题已经进行了租金标准的调整，不可以再重复调整。3. 薛某民户因喷淋设备未能出水造成的 55000 元损失产生于 2011 年 12 月 20 日双方签订补充协议之前。补充协议对于此前损失的赔偿约定一揽子处理，对方不得就此再提出其他要求。4. 原审酌定宣传招商费用25万元为损失没有客观依据，酌定后根据过错责任判决我方承担70%不公平，没有法律依据。而招商费用不能全部定为损失，招商费用应该在租赁期内摊销的。即使原审法院可以酌定25万元，其中至少有一半属于正常经营费用，剩余一半可以作为损失计算，按照各自承担一半过错的责任各自承担6.25万元。5. 装修物折价转让的方式错误，根据《最高人民法院关于审理城镇房屋租赁合同纠纷案件具体应用法律若干问题的解释》第九条规定，装修物属于折价转让的范围，而不是属于过错分担现值损失。华尔达公司的装修投入1506468.29元经过五年摊销后，装饰装修物实际剩余价值753234.15元。还应当考虑华尔达公司非法占有房屋期间应当摊销的装饰装修物的价值。6. 原审对诉讼费的分担不正确，请求二审法院调整。综上，请求二审法院撤销原审判决，改判支持联合村居委会的诉讼请求。

华尔达公司答辩称：1. 关于成诉原因，联合村居委会存在根本违约，交付房屋面积不符合合同约定，消防未达验收，二层层高不足，大部分面积不具有经营使用功能。对于次承租人提起的争议问题久拖不决。联合村居委会有条件申请临时建筑物使用期限延长的情况下没有延长，并在合同中单方面限定华尔达公司不得以临时建筑主张合同无效，但自己提起诉讼却以合同无效为由。2. 2011年12月20日的补充协议对相关费用赔偿原因及赔偿范围作出限定约定不包括薛某民户5.5万元损失，应当由联合村居委会赔偿。3. 关于招商费用50万元，我方主张的50万元应由联合村居委会全额赔偿。4. 关于房屋占有使用费问题，联合村居委会应当对合同无效承担全部过错责任。在签订合同时，联合村居委会没有明确告知临时建筑的具体期限，而是口头表示临时建筑期限到期后可以延长。临时建筑到期后，联合村居委会有条件延期情况下没有延期，而且至今也没有任何机关部门对涉案临时建筑作出拆除或停止使用的决定，华尔达公司在整个合同洽谈过程及履行过程中就临时建筑使用期限问题没有任何过错。对于原审判决参照合同约定的租金标准我方也有异议。5. 关于装修附合问题，双方明知华尔达公司并非自己使用租赁物，而是通过对外转租方式来实现合同目的。鉴于联合村居委会存在严重违约行为导致华尔达公司的租赁物其中大量租赁面积长期处于闲置状态，如果再用整体面积分摊使用年限方法确定装饰物现有价值有悖情理。6. 关于诉讼费，鉴于联合村居委会系恶意诉讼，诉讼费应由联合村居委会全部承担。

华尔达公司上诉称：1. 联合村居委会不具有房屋租赁合同的主体资格，无权请求返还房屋。从临时建设工程规划许可证看，涉案房屋的所有权属于南通市崇川区钟秀街道办事处。在出租涉案房屋时也未出示相关授权委托书。2. 联合村居委会违约，应承担全部过错责任。联合村居委会明知涉案房屋是临时建筑，使用期限一般不超过 2 年，却签订了 10 年租期的合同，存在故意隐瞒。在 2 年期限到后联合村居委会也未告知办理情况却主张租金支付，华尔达公司有理由相信联合村居委会申请临时建筑延长使用期限得到批准。联合村居委会未按照合同约定对消防设施设备进行按期安装验收，影响华尔达公司招商正常使用。3. 原审按照房屋租赁合同约定认定出租房屋面积计算房屋使用费错误。面积应当扣除不符合消防、层高使用要求的面积，2013 年以前不能按照合同约定租金标准计算房屋使用费。（1）实际使用面积远低于双方合同约定的 17612 平方米。按照居委会提供的临时规划许可证，即使含阁楼，总计只有 13937 平方米。二、三楼整体未达消防验收，属于禁止使用建筑物。该三楼整体面积均不应计入租赁面积。（2）在合同有效期间，双方约定的租金标准应降低。双方签订合同的租金标准以 10 年期限为条件，如果不能满足 10 年，华尔达公司不可能接受合同价格。从华尔达经营前几年实际情况看处于亏本培育市场过程。原定租金价格建立在 17612 平方米基础上，因交付面积严重缩水，应按实际可使用面积调减合同价格。（3）合同无效期间，华尔达公司同意按照 7 折计算占有使用费，但计算基价应照第（1）条原则调减后的 7 折。4. 华尔达公司的损失金额认定不正确。前期招商费用不止 25 万元，应为原审主张的 50 万元。装修投入 250 万元，双方争议应当通过鉴定解决。联合村居委会应赔偿 400 万元因房屋面积不足影响华尔达公司经营使用和分租收益造成的损失。2011 年 12 月 20 日双方补充协议不应作为双方已经认可租赁物面积以及认可 35 万减免租金的事实。5. 关于房屋面积、前期招商费用、装修投入应当进行鉴定，原审未予准许不当。6. 原审应当追加次承租人为第三人参加诉讼，一并审理赔偿次承租人的装修损失。7. 联合村居委会将房屋租给华尔达公司，华尔达公司分租给 40 余户商户，租赁期限未到期，商铺目前在商户控制中。原审法院简单判决要求华尔达公司将房屋交还给联合村居委会不现实，虽然按照法律规定租赁合同无效，但目前房屋的使用现状不宜返还。综上，请求二审法院依法改判或发回重审。

联合村居委会答辩称：1. 华尔达公司认为联合村居委会主体不适格没有事实和法律依据。联合村居委会行使的是合同上的返还请求权，不是所有物返还请求权，这与联合村居委会是否是房屋所有权人无关，依据是《中华人民共和国合同法》第五十八条规定。2. 关于当事人过错与相关责任。房屋占有使用费的确定依据是客观标准，不是主观过错，本案不存在支付的费用与占有的利益失衡的问题，不能用过错确定使用费的依据。而且本案主要过错在华尔达公司。3. 关于房屋质量问题，华尔达公司主张不能成立。2008 年 4 月 30 日合同第一条第一项约定按设计施工要求现状交付，2008 年 8 月 1 日交付房屋时双方签订确认书，华尔达公司确认出租房屋经验收符合房产交付技术条件。关于消防问题，仅有 3—5 号楼的三层存在消防问题。根据 2011 年 12 月 20 日的补充协议，双方就此问题所造成的总建筑面积低于原约定面积，进行了租金调整，已经解决。关于二层层高，按现状交付时，对方并未提出异议。交付后也一直没有提出异议。我方交付符合双方合同约定。这个问题双方已通过调减房租的方式解决，确定使用费时就不应再考虑这一因素。4. 关于损失，25 万招商费用及前期装修投入的意见同我方上诉意见。5. 关于通知次承租人参加诉讼，司法解释规定是“可以”通知次承租人，即不必须。本案不通知次承租人不违背法律规定。本案中涉及返还，也是法律意义上的返还，不是实物交付的返还。原审中我方向法院承诺，因此产生问题，我方会根据承诺进行处理。

经双方当事人确认，本案争议焦点为：1. 联合村居委会是否具备房屋租赁合同的主体资格？2. 本案租赁合同无效后应如何处理，包括：（1）双方过错如何认定？（2）涉案房屋是否应当返还？（3）房屋占有使用费如何认定？（4）前期招商投入的损失如何认定？（5）附合装饰装修物如何认定？（6）华尔达公司关于面积不足的赔偿请求能否成立？（7）华尔达公司赔偿薛某民户的 5.5 万损失是否应由联合村居委会承担？（8）华尔达公司项目装修、前期投入损失、房屋面积是否应进行司法鉴定？3. 是否应追加次承租人参加诉讼？

1. 联合村居委会是否具备房屋租赁合同的主体资格。

华尔达公司主张涉案房屋的所有权属于南通市崇川区钟秀街道办事处，联合村居委会不具备房屋租赁合同的主体资格，无权请求返还房屋。联合村居委会认为其行使的是合同上的返还请求权，不是所有物返还请求权，这与联合村居委会是否房屋所有权人无关。

江苏省高级人民法院认为：2008 年 4 月 30 日的房屋租赁合同及附件由联合村居委会与华尔达公司签订，2008 年 8 月 1 日联合村居委会与华尔达公司签订交付确认书，华尔达公司接受了房产并对外招商出租，2009 年 1 月 17 日、2011 年 12 月 20 日联合村居委会与华尔达公司因租赁期间相关事宜分别签订补充租赁协议，期间华尔达公司对于联合村居委会的主体资格从未提出过异议。联合村居委会作为该租赁合同订立及履行的主体，具有房屋租赁合同的主体资格。因本案是房屋租赁合同纠纷，联合村居委会可以依据合同关系主张返还房屋，华尔达公司主张联合村居委会没有涉案房屋的所有权就无权主张返还房屋的主张不能成立，本院不予支持。

2. 本案租赁合同无效后如何处理。

江苏省高级人民法院认为：《最高人民法院关于审理城镇房屋租赁合同纠纷案件具体应用法律若干问题的解释》第三条第二款规定："租赁期限超过临时建筑的使用期限，超过部分无效。但在一审法庭辩论终结前经主管部门批准延长使用期限的，人民法院应当认定延长使用期限内的租赁期间有效。"因本案涉及建筑属于临时建筑，超过临时规划许可证的范围合同无效，即合同涉及 1—2 号楼部分自 2009 年 11 月 1 日起无效，自 2010 年 9 月 1 日起整个合同无效。双方对此均无异议。

《中华人民共和国合同法》第五十八条的规定："合同无效或者被撤销后，因该合同取得的财产，应当予以返还；不能返还或者没有必要返还的，应当折价补偿。有过错的一方应当赔偿对方因此所受到的损失，双方都有过错的，应当各自承担相应的责任。"《最高人民法院关于审理城镇房屋租赁合同纠纷案件具体应用法律若干问题的解释》第五条的规定："房屋租赁合同无效，当事人请求参照合同约定的租金标准支付房屋占有使用费的，人民法院一般应予支持。当事人请求赔偿因合同无效受到的损失，人民法院依照合同法的有关规定和本司法解释第九条、第十三条、第十四条的规定处理。”房屋租赁合同无效的法律后果是返还房屋、支付房屋占有使用费、赔偿损失，关于损失部分按照双方的过错承担相应的责任。

（1）关于双方的过错如何认定。

联合村居委会明知临时建筑只有两年的使用期限，临时建筑超过使用期限却没有按照《中华人民共和国城乡规划法》第四十四条的规定在使用期限内自行拆除，也没有申请延长使用期限，而是与华尔达公司签订了十年租赁期限的租赁合同，在使用期限届满后继续向华尔达公司收取租金。诉讼过程中，在原审法庭辩论终结前也未获得主管部门批准同意延长使用期限。本院认为，联合村居委会一方作为出租方，依法应当在租赁期间保持租赁物符合约定的用途，其应承担主要过错责任，华尔达公司作为承租人在承租涉案房屋时对于涉案房屋属于临时建筑是明知的，也具有一定过错。

二审中，联合村居委会提交2012年10月16日的催款通知书，由张学燕签收。联合村居委会以此证明华尔达公司拖延支付租金，联合村居委会明确提出再不付清，将向法院提起诉讼，不存在违背诚信提起诉讼的问题。联合村居委会称原审已经提交了2012年8月23日的催款通知书，因为内容差不多，所以该份证据在原审中没有提交。华尔达公司对该催款通知书的真实性予以认可，但认为联合村居委会在原审中没有正当理由不提交不属于新证据，该催款通知书是对华尔达公司单方催要租金的函，其作出的结论性意见对华尔达公司无效，且与本案没有关联性和实体影响。本院认为，该证据在一审期间已经形成，但是联合村居委会没有正当理由未予提交。联合村居委会作为出租方将临时建筑出租却订立了超过二年使用期限的合同，在超过二年期限之后联合村居委会明知合同无效的情况下仍继续出租，因此认定联合村居委会对于合同无效的过错程度更大。无效的合同自始没有法律约束力，本案合同从2010年9月1日起整个合同无效。联合村居委会以合同无效为由诉至原审法院是客观事实，联合村居委会上诉提出2012年华尔达公司存在拖欠租金属于违约行为并不能当然减轻其对合同无效的过错责任，本院对于该上诉意见不予采纳。

（2）关于涉案房屋是否应当返还的问题。

江苏省高级人民法院认为：因本案租赁合同涉及1—2号楼部分自

2009年11月1日起无效，自2010年9月1日起整个合同无效，合同无效的法律后果是根据合同取得的财产应当返还。因华尔达公司依据本案合同占有涉案房屋，原审判决华尔达公司返还涉案六幢房屋并无不当。

（3）关于房屋占有使用费。

联合村居委会上诉称租金应当参照合同约定的标准支付，不应当打折，因为重新确定标准也是要基于房屋质量等客观情况导致占有收益与约定租金标准失衡才应调整，而本案中涉及的消防问题、层高问题已经进行了租金标准的调整，不可以再重复调整。华尔达公司上诉称，按照70%比例下调租金标准其没有异议。但是计算租金的标准应当考虑减去存在层高不足的面积和实际交付比合同约定不足的面积。在标准上，因为联合村居委会交付房屋面积、消防问题存在过错，对于2013年之前的房租也应当相应调低。

江苏省高级人民法院认为：原审参照双方租赁合同约定的租金标准，结合案件具体情况进行酌情裁量，并不违反《最高人民法院关于审理城镇房屋租赁合同纠纷案件具体应用法律若干问题的解释》第五条第一款的规定，符合无效合同的法律意义和处理原则。原审根据租赁合同、补充协议约定的年租金465万元计算出日租金标准12916.66元，在此基础上酌定按照日租金12916.66元的70%即9041.66元作为房屋占有使用费每日的计算标准。因本案租赁合同的租金标准是按照年租金确定的，交付房屋时房屋是毛坯，双方对于房屋现状都是明知的，对于面积问题、消防问题，双方在房屋交付之后多次进行过协商，达成了补充协议对房租进行调整，已经进行了处理，原审酌定的房屋使用费标准已经充分考虑了联合村居委会对于临时建筑超过期限仍对外出租的过错，并无不当。华尔达公司已经自认2013年之前的欠付租金105万元，在二审中推翻其自认没有合法依据。因2012年12月31日之前欠付的租金双方一致确认105万元，原审对于2013年之前欠付的房屋占有使用费认定为105万元并无不当。

（4）关于前期投入。

江苏省高级人民法院认为：因租赁合同无效，根据《最高人民法院关于审理城镇房屋租赁合同纠纷案件具体应用法律若干问题的解释》第五条第二款的规定，华尔达公司有权要求联合村居委会承担缔约过失责任，赔偿对其造成的损失。根据华尔达公司主张前期投入应为50万元，但是除了灯箱之外没有明确证据予以证明，原审酌定前期投入25万元作为损失，并且考虑到华尔达公司已经经营了一段时间以及联合村居委会对合同无效承担主要过错责任，酌定由联合村居委会赔偿20万元，并无不当。

（5）关于附合的装饰装修物。

江苏省高级人民法院认为：根据《最高人民法院关于审理城镇房屋租赁合同纠纷案件具体应用法律若干问题的解释》第九条第二款的规定，已形成附合的装饰装修物，出租人同意利用的，可折价归出租人所有。关于装饰装修物联合村居委会同意接收使用，应按现值折价归联合村居委会所有。华尔达公司主张装饰装修损失250万元，但是根据其提供的证据能够证明150余万元，联合村居委会对此认可，其他部分华尔达公司未能提供证据证明，因华尔达公司不能提供相关图纸，而且装修户对房屋进行了二次装修，如何鉴定区分存在困难。因无法通过实物鉴定的方式确定现值，考虑到华尔达公司已实际使用了一段时间，原审法院酌定按照华尔达公司的投入数额的70%即1054527.80元折价归联合村居委会所有。因联合村居委会同意对附合的装饰装修物利用，不需要对装饰装修物进行拆除，也不存在按照双方的过错分担现值损失问题。根据《最高人民法院关于审理城镇房屋租赁合同纠纷案件具体应用法律若干问题的解释》第十一条的规定，承租人经出租人同意装饰装修，合同解除时，双方对已形成附合的装饰装修物的处理没有约定的，区分不同情况以装饰装修物残值作为计算损失的依据。联合村居委会主张应当按照华尔达公司投入的装饰装修物价值根据使用年限进行摊销计算实际剩余价值是合同解除时的认定标准，而本案租赁合同无效，对于出租人同意利用的已形成附合的装饰装修物应当折价归出租人所有，联合村居委会的上诉主张没有法律依据。

（6）关于面积减少造成的损失400万元。

江苏省高级人民法院认为，华尔达公司主张的该400万元损失是其自行估算的。面积问题双方已经在补充协议中进行了处理，面积减少造成的损失400万元华尔达公司也没有提供任何证据予以证明，原审未予支持并无不当。

（7）关于薛某民户5.5万元赔偿问题。

联合村居委会认为客观上薛某民户 5.5 万元损失是由华尔达公司赔偿了，但该户的火灾是发生 2011 年 12 月 20 日双方签订补充协议之前，补充协议已经一揽子对消防造成的损失进行了赔偿。二审中，联合村居委会提交 2011 年 4 月 16 日接处警工作登记表对此予以证明。联合村居委会称原审判决后到公安机关调取了该证据。华尔达公司质证认为对该登记表的真实性予以认可，但原审期间联合村居委会客观有能力提供该证据而没有提供，该证据不属于新证据；从工作登记表内容看，报警人是匿名，看不出报警内容与本案争议的薛某民户 5.5 万元是同一事件；且补充协议中没有明确指称减免的 35 万元包含该项事宜；同时这份接警记录也可以说明居委会出租的房屋存在安全隐患。

江苏省高级人民法院认为：根据薛某民户的民事调解书，因喷淋设备未能出水造成的损失 5.5 万元赔偿在 2012 年 4 月 19 日确定，该损失的赔偿发生在 2011 年 12 月 20 日补充协议签订之后。在 2011 年 12 月 20 日的补充协议中也并未将该户的损失明确包括在内。出租人提供房屋依法负有瑕疵担保责任，因为喷淋头出水问题造成的损失应当由出租人即联合村居委会进行赔偿。联合村居委会提交的接处警工作登记表并不能证明其上诉观点，对于该上诉观点不予采纳。

（8）关于项目装修、前期投入损失、房屋面积鉴定问题。

江苏省高级人民法院认为：关于项目装修、前期投入损失因华尔达公司未能提交相应的证据证明，无法通过鉴定的方式查明，原审未予准许鉴定是当事人自身的原因，原审法院并无不当。关于房屋面积问题，双方交付确认书确认了房屋面积为 17612 平方米，华尔达公司要求对房屋面积进行鉴定没有充分依据，原审未予准许也无不当。

3. 是否应追加次承租人参加诉讼。

江苏省高级人民法院认为：根据《最高人民法院关于审理城镇房屋租赁合同纠纷案件具体应用法律若干问题的解释》第十六条第二款的规定，因租赁合同产生的纠纷案件，人民法院可以通知次承租人作为第三人参加诉讼。是否追加次承租人为第三人参加诉讼视案情而定，不是必须。且本案涉及次承租人 40 余户，均经联合村居委会同意转租，联合村居委会 2013 年 10 月 24 日向原审法院明确表态，只要华尔达公司退出租赁关系，联合村居委会不会申请法院强制执行腾房。原审根据合同相对性先处理本案双方的关系并不违反法律规定。华尔达公司关于原审应当追加次承租人为第三人参加诉讼的上诉主张，本院不予支持。

综上，原审判决认定事实清楚，适用法律正确。联合村居委会、华尔达公司的上诉请求均不能成立，应予以驳回。2014 年 6 月 6 日，依据《中华人民共和国民事诉讼法》第一百七十条第一款第（一）项之规定，判决如下：驳回上诉，维持原判。

二审判决后，华尔达公司不服，向最高人民法院申请再审称：1. 原审判决认定事实不清，证据不足。一是涉案临时建筑面积认定错误。双方合同约定面积为 17612 平方米，但涉案建筑面积实为 13937 平方米。其中未通过消防验收及层高不足的，不应计算为租赁面积。二是房屋租金及合同无效期内的占有使用费认定错误。合同有效期内因面积不足租金标准应予降低，无效期内的占有使用费也应根据面积及调整后的租金标准打折计算。三是华尔达反诉请求的招商费用、装修费用损失应予认定和支持。2. 原审审理程序存在问题。一是对华尔达提出的涉案租赁面积、招商费用、装修费用的鉴定申请，原审应予准许而未准许。二是对华尔达提出的追加次承租人作为案件第三人的问题，原审未予准许客观上增加了当事人的诉累，属于程序错误。华尔达公司依据《中华人民共和国民事诉讼法》第二百条第（二）项、第（六）项之规定，申请再审。

最高人民法院认为：

1. 关于华尔达主张的相关事实认定是否错误的问题。根据原审查明的事实，原审对华尔达主张的相关事实认定均依法有据。第一，关于房屋租赁面积。根据双方签订的交付确认书，一致确认房屋面积为 17612 平方米。一审庭审中，华尔达公司亦陈述经其测量，三楼面积为 4632 平方米，一、二层的实际承租面积为 12980 平方米，两者相加的面积也是 17612 平方米，二者并无变化。同时，实际履行中，双方除对三楼未通过竣工验收致使租赁面积减少经协商对原有租金予以调整外，华尔达公司对租赁面积未提出异议。据此，原审对房屋面积予以确认，并无不当。第二，关于未通过消防验收是否计算为租赁面积的问题。华尔达公司依据《中华人民共和国消防法》相关规定（未通过消防验收的建筑物禁止使用）主张减除未通过消防验收部分的租赁面积，但该法并无租赁问题的相关规定，据此，其主张无法律根据。同时，双方协议已实际履行，华尔达公司在履行期间对此亦未提出异议，其减除该部分面积的主张，原审不予支持，并无不当。第三，关于层高不足是否减除面积的问题。根据租赁合同第一条第一款规定，双方明确约定“甲方按设计施工要求现状交付”，华尔达公司对此具有注意义务，其在合同签订及实际履行中对此均未提出异议，应视为对房屋现状的认可。第四，合同有效期内的租金及无效后占用使用费的认定问题。原审依据双方生效的租赁合同认定合同有效期内发生的租金，事实清楚，华尔达公司认为其前期投入培育市场造成亏损与之没有法律上的因果关系，主张减少合同期内的租金，于法无据。合同无效后，原审综合合同无效及各方的过错程度，在华尔达退出房屋前酌情降低租金标准，已考虑到本案实际，认定事实依法有据。第五，关于华尔达提出的有关损失认定问题。华尔达公司虽提出原审认定的损失与实际损失存在差距，但并未提出其相关损失证据，原审根据其庭审中相关证据对其部分损失予以认定，并无不当。

2. 关于原审审理程序问题。第一，关于是否对涉案面积、前期招商费用、装修费用予以鉴定的问题。涉案租赁面积，华尔达公司已经过测量，联合村居委会亦未对此否认，其再行申请鉴定无实际意义。前期招商费用及装修费用问题，属于其自行举证范围，且部分用户对房屋进行了二次装修，如何鉴定存在困难，原审对其鉴定申请不予准许，并无不当。第二，关于次承租人是否参加诉讼的问题。根据《最高人民法院关于审理城镇房屋租赁合同纠纷案件具体应用法律若干问题的解释》第十六条第二款之规定，因租赁合同产生的纠纷案件，人民法院可以通知次承租人作为第三人参加诉讼，但是否追加次承租人作为第三人参加诉讼应根据案情决定，属人民法院司法裁量范围。华尔达公司认为原审法院违反法定程序，于法无据。同时，联合村居委会在一审期间即明确表示，不会申请法院强制执行次承租人，原审据此仅审理华尔达公司与联合村居委会的租赁合同纠纷，并无不当。

综上，华尔达公司的再审申请不符合《中华人民共和国民事诉讼法》第二百条第（二）项、第（六）项规定的情形。

2014 年 10 月 25 日，最高人民法院依照《中华人民共和国民事诉讼法》第二百零四条第一款之规定，裁定如下：驳回华尔达公司的再审申请。

十七、如何认定使用了出租人营业执照的租赁合同的性质

（一）理论解答

经营用房租赁实务中，由于各种原因，有的承租人在从出租人处租得经营用房的同时，还使用了注册在出租房屋之上的出租人名下的营业执照。这一同时使用营业执照的行为究竟会对双方之间的房屋租赁合同关系产生何种影响，理论界和实务界不无争议。

有观点认为，该种情形应认定为构成租赁经营合同关系。还有观点认为，这种情形应认定为一种特殊形式的租赁合同关系。另有观点认为，该合同包含了挂靠经营和房屋租赁两部分相互独立的内容。

本书赞同上述第二种观点，理由有以下两个方面。

1. 租赁经营是《全民所有制小型工业企业租赁经营暂行条例》（由国务院于 1988 年 6 月 5 日颁布，自 1988 年 7 月 1 日起施行，于 1990 年 2 月 24 日修改）中确立的一种特殊的企业经营形式，该种经营形式有其特定的历史背景、适用对象和严格条件，仅租赁营业用房和使用营业执照并不符合租赁经营的条件要求。

2. 根据我国现行法的规定，经营用房屋与注册在其之上的营业执照既可以一并被他人使用（如承包），也可以彼此分开被他人使用。因此，应认定承租人以出租人名义开展的经营行为为双方在房屋租赁合同之外形成的另一法律关系，而该种法律关系显然最符合挂靠的特征。

3. 挂靠虽不为我国现行法律所允许，但我国现行法律也并未一概否定其在民商法上的法律效力，这也是挂靠在社会实践中被当事人广泛合意采用的原因之一。

（二）案例指引

新疆中盛优拓商务咨询有限责任公司与新疆领先实业（集团）有限责任公司房屋租赁合同纠纷案[①]

2010年3月20日，新疆领先实业（集团）有限责任公司（以下简称领先公司）（甲方）与新疆中盛优拓商务咨询有限责任公司（以下简称中盛公司）（乙方）签订《整体租赁合同》。该合同约定：甲方将坐落于新疆哈密市人民路31号的哈密领先购物广场一期、三期整体商场出租给乙方，建筑面积为主楼一期整体1—6楼，主楼三期整体2—7楼，总面积约35000平方米，具体面积以房地产证确定的面积为准，出租标的包括外墙广告使用权、相关面积外广场停车场。乙方向甲方承诺，所租商场的使用用途与领先公司的经营范围相符，在乙方经营范围内对商场使用途径及用途进行调整的由乙方自行决定，甲方不得干涉。租赁期限为2010年9月1日至2025年12月31日。乙方以每年2000万元的价格支付租金，第二、三年在原租金基础上递增3%，以后租金每3年递增6%，第九年起递增10%直至首期合同结束；首期租金乙方于正式入住一月后一周内支付，每月1—5号为租金交付期，如遇节假日，应当在节假日后的第一个工作日内交付，若迟延交付，除应承担租金总额的日5‰滞纳金外，还应视为违约，连续两个月迟延交付或者一年累计三个月以上迟延交付的应承担违约责任，如逾期30日内不交付租金，甲方有权解除合同，乙方还应承担违约责任；甲方收取的租金不包括工商、税收等其他费用。甲方于2010年9月1日前向乙方整体交付租赁物。在租赁期内，甲方不得干扰或阻止乙方的合法经营活动，乙方拥有租赁物的完整合法经营自主权。在同等情况下，乙方应尽可能优先录用甲方的现有员工。若发生以下情形之一的，本合同自动解除，乙方向甲方承担违约责任：（1）乙方延期向甲方支付租金，时间

① 详见：最高人民法院（2014）民一终字第231号民事判决书。

长达三个月的；（2）乙方改变租赁物用途，造成租赁物损毁，经乙方修复，无法恢复原状的。租赁期满后，双方若无延期，本合同可自然解除，双方均无须承担违约责任。在本合同有效期内，未经双方书面同意，任何一方不得擅自修改、变更本合同内容，在本合同有效期内除本合同约定和不可抗力外，甲乙双方任何一方擅自不履行本合同，则视为违约，违约方除支付守约方应支付费用外，还需支付守约方200万元作为违约赔偿金，所有款项包括违约金须在违约发生之日起10日内一次性向守约方付清，逾期支付，利息按银行同期贷款利率的2倍执行。合同签订30日内乙方需向甲方缴纳100万元合同生效保证金，后续转为第一期应付租金。本合同在履行中发生争议，由甲乙双方协商解决，协商一致的应签订补充合同，补充合同和本合同同样具有法律效力。《整体租赁合同》签订后，领先公司依约交付了租赁场地，中盛公司依约支付了租金。

2010年8月3日，领先公司申请设立非法人分支机构领先中盛购物中心，同年8月6日，领先中盛购物中心注册登记，负责人魏某莉，系中盛公司法定代表人。中盛公司租赁经营期间，以领先中盛购物中心名义从事经营活动。2012年8月3日，领先公司以公司体制发生改变为由，申请注销分支机构领先中盛购物中心；同年8月8日，领先中盛购物中心被依法注销。《整体租赁合同》签订前，领先公司以其分支机构领先购物广场名义自行经营。《整体租赁合同》签订后，经双方协商一致，中盛公司须将领先中盛购物中心的经营款打入原领先购物广场农业银行账户，并共同在商业银行开设账户，作为团购销售专用账户。

2013年3月7日，双方召开会议，形成会议纪要，主要内容为：双方一致认为按时向供应商结算货款是当务之急，商业银行账户中原有款项为团购销售款，因领先公司已单方面转移该账户资金，领先公司承诺并保证此资金的绝对安全，仅用于给供应商返款之用。2013年3月10日，领先公司向中盛公司发函称：本公司采取自我保护性临时措施将商业银行账户中的存款已暂时转存，如有损失，由本公司承担全部赔偿责任。2013年4月6日，领先公司发函要求中盛公司将不足支付供应商的款项汇入农业银行领先购物广场账户中。

2013年4月11日，领先公司向中盛公司发出书面《告知函》，主要内容为：本公司2013年4月6日致函贵公司务必在接到该函后3个工作日内，将本公司不知去向、不知下落、转移挪用的全部营业款额，且是应当需要支付给供应商等单位（人）的缺额款项全部汇（存）入农行领先购物广场账户中，巨大的缺额款数完全是贵公司违反诚实信用原则，在履行《整体租赁合同》的同时实际用“领先购物广场”进行了实际经营的铁的事实，贵公司企图将其经营风险转嫁并嫁祸给本公司。鉴于发生了上述事实，本公司决定与贵公司解除终止《整体租赁合同》和实际用“领先购物广场”进行实际经营的行为，并要求贵公司赔偿全部损失。请贵公司在5日之内撤离领先购物广场，并恳请平稳交接，在10日内将转移挪用的全部营业款项汇（存）入农行领先购物广场账户中，请贵公司立即派员来协商、处置解除终止合同的各项相关事宜。

2013年4月19日，中盛公司向领先公司发出书面《关于立即停止一切违约及侵权行为的告知函》，主要内容为：贵公司提出解除终止合同的要求没有法律依据、合同依据和事实依据，本公司不认可不接受。近期贵公司实施的一系列行为已经对本公司构成严重的合同违约，同时也对本公司的经营构成严重侵权，贵公司须承担相应的违约责任和全部侵权赔偿责任。2010年3月20日双方签订的《整体租赁合同》是确定双方权利义务的唯一合法有效依据，虽然在合同开始履行后，贵公司又提出农行不允许贵公司对外租赁房屋，且为了维护贵公司在本地的持续形象，要求本公司在经营中对外继续延用“领先购物广场”的名称，但在实际操作过程中，为了满足本公司租赁房屋进行自主经营的需要，先后于2010年8月6日成立哈密领先中盛购物中心，于2012年3月18日成立哈密市铜锣湾中盛百货有限公司，并以此对本公司进行实际运营。自2010年9月以来，本公司一直是在严格按照该合同的约定，按时足额向贵公司交付房屋租金和物业管理费用，贵公司也都向本公司出具相关收据。以上事实表明本公司是在依法租赁贵公司房屋全面从事商业经营，并且本公司在履行与贵公司《整体租赁合同》方面没有违约。贵公司单方面采取终止合同的行为已经对本公司构成严重违约。本公司对贵公司房屋进行租赁经营，依照合同约定理应由本公司承担经营期间的全部经营责任，与贵公司无关，无需贵公司承担，本公司也无意牵连贵公司承担任何责任。在双方没有达成一致意见或没有通过司法途径最终解决之前，贵公司不得单方面剥夺或阻碍本公司对商场行使经营领导权和管理权，双方对自2013年3月6日以来由贵公司控制和转移的本公司商场全部销售款项（包括贵公司单方面销售本公司商场购物券的款项）进行核对，并全部转回我商场原经营账户中，用于商场的正常经营开支，否则本公司有理由视为贵公司已经动用了这些资金。对于因贵公司的原因导致本公司不能正常经营的现状，双方应从维护稳定大局、促进和谐的高度进行友好协商，以使问题得到切实有效的解决。

2013年4月18日和4月22日，领先公司先后发函要求中盛公司限期搬离。

2013年4月22日，中盛公司向领先公司书面回复，认为领先公司要求解除合同不符合合同约定解除条件和法律规定的通知解除合同的情形，是无效行为。

中盛公司租赁经营期间，为消费者办理了储值卡消费业务。领先公司发出解除合同告知函后，中盛公司于2013年5月关闭储值卡消费系统。此后，领先公司向消费者兑换部分购物券进行消费。领先公司代收了2013年3月至6月期间中盛公司营业款和相关费用，并用于支付供应商货款和发放工人工资。

2013年5月起，部分供货商起诉中盛公司和领先购物广场，要求支付货款。部分案件已作出生效判决，判令中盛公司支付货款，领先购物广场承担连带责任。

中盛公司向新疆维吾尔自治区高级人民法院（以下简称一审法院）提起诉讼，请求法院判令：1. 确认领先公司主张解除租赁合同的通知无效，双方继续履行合同；2. 领先公司返还2013年3月5日起转移的中盛公司销售货款5050万元；3. 领先公司承担本案诉讼费用。

一审法院认为，本案双方当事人的争议焦点问题是：1. 领先公司与中盛公司签订的《整体租赁合同》性质；2.《整体租赁合同》是否解除；3. 领先公司应否返还销售货款。

1. 关于《整体租赁合同》的性质问题。领先公司与中盛公司于2010年3月20日签订的《整体租赁合同》，系双方当事人真实意思表示，且不违反法律和行政法规的强制性规定，应认定有效。《整体租赁合同》约定，领先公司将领先购物广场一期、三期整体出租给中盛公司，总面积约35000平方米，出租标的包括外墙广告使用权、相关面积外广场停车场，中盛公司所租商场的使用用途与领先公司的经营范围相符。从该约定看，中盛公司承租标的系领先购物广场的经营场地，并不包含领先购物广场的经营权。合同履行过程中，虽然中盛公司以领先公司设立的分支机构领先中盛购物中心名义从事经营活动，并使用原领先购物广场账户，但是领先公司在租赁经营期间注销了领先中盛购物中心，表明双方之间并无企业租赁的意思表示。由此可见，中盛公司以领先中盛购物中心名义经营只是房屋租赁经营的一种特殊形式，并不改变房屋租赁的合同性质。因此，领先公司主张本案为企业租赁经营合同纠纷，其理由不能成立。本案应定性为房屋租赁合同纠纷。

2. 关于《整体租赁合同》是否解除问题。领先公司答辩认为中盛公司的以下行为表明其不再履行合同致使领先公司不能实现合同目的，故通知解除合同：中盛公司以领先公司名义从事经营活动，构成违约；中盛公司经营期间，领先中盛购物中心亏损，且中盛公司转移财产，逃避债务，导致领先公司为其垫付货款，应对供货商诉讼；中盛公司关闭储值卡购物系统，造成持卡人上访，这些行为给领先公司带来诸多不安。领先公司的上述陈述表明，其发出解除合同告知函的理由在于出现了“预期违约和不能实现合同目的”的法定解除条件而行使法定解除权。对此，本院认定如下：

（1）《整体租赁合同》约定，在租赁期内，领先公司不得干扰或阻止中盛公司的合法经营活动，中盛公司拥有租赁物的完整合法经营自主权。据此约定，中盛公司在经营期内无论盈亏，无论是否使用账户资金，均是依约行使经营自主权的具体体现，且未违反法律规定，领先公司无权干预。

（2）领先公司自愿申请设立分支机构领先中盛购物中心，并要求中盛公司以此名义经营，中盛公司并不存在擅自使用领先公司名义经营的违约行为。

（3）解除合同告知函发出后，由于中盛公司被领先公司限制使用两账户资金，导致中盛公司不能及时向供应商支付货款；被限制进行其他经营活动，致使中盛公司关闭储值卡消费系统。可见，这些行为的发生，并非中盛公司自身原因造成，不构成违约。况且，供应商提起诉讼和中盛公司关闭储值卡消费系统的事实均发生在解除合同告知函之后，领先公司在其认为的上述违约行为尚不存在时即通知解除合同，显然属于不具备法定或约定解除条件而擅自行使解除权的行为。

综上，中盛公司不存在预期违约行为，亦未影响领先公司实现合同目的。因此，领先公司发出的解除合同告知函不产生解除合同的法律效力，双方应继续履行《整体租赁合同》。

3. 关于领先公司应否返还销售货款问题。虽然领先公司自认其使用2013年3月至6月期间中盛公司的营业款支付了供应商货款和人工工资，但领先公司并未私自占有使用该款；加之租赁合同继续履行，有待于双方在今后履行过程中，认真核对纠纷期间款项去向和金额，诚信合作，尽快回归到合同正常履行状态。因此，中盛公司要求领先公司返还销售货款的主张，本院不予支持。

据此，一审法院依照《中华人民共和国合同法》第九十四条、第九十六条第一款之规定，判决：1. 领先公司与中盛公司继续履行2010年3月20日双方签订的《整体租赁合同》；2. 驳回中盛公司要求领先公司返还销售货款5050万元的诉讼请求。

一审宣判后，领先公司不服，向最高人民法院提起上诉，请求依法撤销一审判决第一项，改判确认双方签订的《整体租赁合同》业已解除，或发回有管辖权的人民法院重新审理。

最高人民法院审理认为，双方在二审中的争议焦点是：1.《整体租赁合同》的性质；2.《整体租赁合同》是否已经解除；3. 一审法院对本案是否具有管辖权。

1. 关于《整体租赁合同》的性质问题。中盛公司认为，合同约定的租赁物为房屋，合同性质系房屋租赁合同；领先公司则称，中盛公司以领先公司分支机构的名义开展经营活动，合同性质为企业租赁合同。鉴于双方对合同的性质存在不同理解，因此应当按照合同约定的内容，并结合合同的实际履行情况来确认双方之间的法律关系。首先，从《整体租赁合同》约定的标的物看，合同所称的整体租赁，即领先公司将面积为35000平方米的领先购物广场一期和三期及外墙广告使用权、相关面积外广场停车场一并出租给中盛公司。但双方约定的标的物不包括领先公司在领先购物广场中的全部资产，即其他固定资产、流动资金、债权和工业产权。其次，从合同约定的权利义务看，中盛公司对标的物仅享有使用权，且房屋用途与领先公司的经营范围相同，而对领先公司之相关财产不享有与企业租赁合同相符的处置权利。再次，从合同履行情况看，领先公司将房屋等场地交予中盛公司，中盛公司亦依约交纳了房屋租金。其间，虽然中盛公司以领先公司所设的分支机构领先中盛购物中心名义从事经营活动，并使用原领先购物广场的账户，但双方签订《整体租赁合同》之时领先中盛购物中心尚未成立，且领先中盛购物中心于2012年8月3日即被领先公司申请注销。而在领先中盛购物中心被注销后，中盛公司继续使用租赁物开展经营活动。由以上分析可以看出，《整体租赁合同》符合房屋租赁合同的一般特征，合同内容体现了双方建立房屋租赁关系的意思表示，该合同的性质应为房屋租赁合同。至于中盛公司以领先中盛购物中心名义开展的经营行为，为双方在房屋租赁合同之外形成的另一法律关系，而该法律关系并未取代双方的房屋租赁合同，从而《整体租赁合同》之房屋租赁合同性质亦没有改变。鉴此，一审法院确认本案为房屋租赁合同纠纷是正确的，故本院予以支持。

2. 关于《整体租赁合同》是否解除问题。如上所论，双方所签《整体租赁合同》之性质为房屋租赁合同，故领先公司应当按照房屋租赁合同的性质及《整体租赁合同》的约定享受权利，中盛公司亦仅需按照房屋租赁合同的性质及《整体租赁合同》的约定履行义务。从《整体租赁合同》具体履行情况看，中盛公司支付了房屋租金，履行了合同的主要义务；加之，中盛公司不存在足以导致房屋租赁合同解除的约定情形，也不存在《中华人民共和国合同法》第九十四条规定的解除事由，故领先公司无权单方解除《整体租赁合同》，从而领先公司2013年4月11日向中盛公司所发的《告知函》不发生解除合同的效力。诉讼中，领先公司称中盛公司利用管理便利，擅自转移、挪用2000多万商户销售款，擅自转移、挪用2000多万消费者储值卡款项，无法返还，并非法关闭消费卡刷卡系统，对销售商、消费者、领先公司造成严重损失，但此为双方在另一法律关系中所产生的权利义务纠纷，与履行《整体租赁合同》无直接关联性，故不能作为解除《整体租赁合同》的理由。当然，对于领先公司所称的上述情况，领先公司可另案解决。

3. 关于一审法院对本案是否具有管辖权问题。诉讼中，领先公司称本案应由新疆维吾尔自治区哈密市中级人民法院管辖，但中盛公司提起的诉讼请求为要求领先公司返还2013年3月5日起转移的销售货款5050万元，故本案诉讼标的额超过5000万元。根据最高人民法院2008年3月公布的《关于调整高级人民法院和中级人民法院管辖第一审民商事案件标准的通知》[①] 规定，新疆维吾尔自治区内诉讼标的额在5000万元以上的应由高级人民法院管辖，故一审法院审理本案并无不当。此外，根据《中华人民共和国民事诉讼法》第三十八条的规定，上级人民法院有权审理下级人民法院管辖的第一审民事案件，故即使本案的诉讼标的额不足5000万元，一审法院作为哈密市中级人民法院的上级法院审理本案亦不违反级别管辖之规定。

综上，一审法院认定事实清楚，适用法律正确。

2015年3月19日，最高人民法院依据《中华人民共和国民事诉讼法》第一百七十条第一款第一项之规定，判决：驳回上诉，维持原判。

十八、签订的租赁合同未履行是否适用买卖不破租赁

（一）理论解答

《中华人民共和国合同法》第二百二十九条规定："租赁物在租赁期间

① 该标准已于2015年4月30日被最高人民法院法发〔2015〕7号文修改。

发生所有权变动的，不影响租赁合同的效力。”该条款被广泛理解为是“买卖不破租赁”条款，但对该条款所说的“租赁期间”应如何理解，因我国法律和司法解释没有明确的规定，法学理论界和司法实务界不无争议。

第一种意见认为，该租赁期间应理解为租赁物被承租人实际占有期间。第二种意见认为，该租赁期间应理解为租赁合同的有效期内。

笔者赞同上述第一种意见，理由在于以下三个方面。

1. 买卖不破租赁制度的本意是要通过维持原租赁合同的效力来保证承租人对租赁物的持续控制和使用，以保护承租人的生存权，而租赁合同的合法有效与租赁合同的实际履行是两回事，若租赁合同并未实际履行，也就失去了买卖不破租赁制度要维持的基础。

2. 因我国法律并未规定租赁合同以登记为生效要件，善意买受人要获知买卖标的物上是否存在租赁事实以及租期多长十分困难。理解为租赁合同的有效期内虽可最大限度地保护承租人，但缺乏对善意物权人和债权人的有效保护。

3. 理解为租赁物被承租人实际占有期间，更有利于均衡保护善意买受人和承租人双方的利益。一方面，承租人的请求因买受人的实际占有使用而发生履行不能时，可请求出租人承担违约责任。另一方面，如若租赁合同未登记，承租人也未占有使用房屋，此时房屋仍处于出租人占有状态下，房屋买受人无从知晓房屋上有租赁的负担，相应的法律后果也不应由买受人承担。

（二）案例指引

梅某星与叶某英、王某春房屋租赁合同纠纷案[①]

2015年6月16日，梅某星作为乙方，叶某英作为甲方签订一份《租赁合同》，约定内容包括：甲方自愿将位于綦江区文龙街道大石路昌叶大厦四合院的地下室（建筑面积361平方米）租赁给乙方使用，租期10年，

① 详见：重庆市綦江区人民法院（2015）綦法民初字第05709号民事判决书、重庆市第五中级人民法院（2016）渝05民终1416号民事判决书。

从2015年7月1日至2025年6月30日；为保障合同的履行，乙方需向甲方缴纳履约保证金1000元，于本合同签订之日交纳给甲方，合同期满后，如乙方无违约行为，甲方应将履约保证金无息退还给乙方；甲方交付场地时间为2015年6月16日；关于租金及支付方式约定，2015年租金为每月700元，以后每年月租金在上年的基础上递增10%，乙方每年缴纳一次租金，先支付租金后使用，在每年7月份前15日内支付该年租金，自甲方将门面交付给乙方之日起提供半个月的装修时间，租期从2015年7月1日起开始计算；在乙方承租期间，非本合同约定的正当理由及不可抗力或不能预见的原因不得中途要求乙方退场；合同期满前30日需告知乙方本出租场地继续出租，或告知乙方本出租场地将在合同期满后不再续租；乙方的责任包括每月1—10日按时缴纳各项费用，在承租期间不得擅自改变房屋结构和用途、转租、装修、退场等；乙方的权利包括对租赁物有占用、使用和收益的权利，乙方在收到售房通知后30日内，若愿意接受甲方售房条件，在同等条件下有优先购买权，如在此期间未做书面回复，则甲方有对该场地出售他人的权利，但不影响本合同的效力至合约期满；关于违约责任，若甲方违约，应双倍返还履约保证金给乙方；合同在履行中发生争议，应友好协商，协商不成时，向甲方所在地人民法院起诉；甲乙双方都通读和理解并接受全部合同条款，并在合同相应处签字。梅某星、叶某英均在该合同上签字、捺印。

合同签订后，梅某星按约向叶某英支付了2015年7月1日至2016年6月30日期间的房屋租金8400元，并交纳1000元保证金，叶某英向梅某星出具了收据。后因叶某英欲出售该房屋，便在2015年6月23日向梅某星发送一份《房屋预出售告知承租人通知书》，内容包括：本人系綦江区文龙街道大石路昌叶大厦四合院地下室房屋产权人，现因准备将上述房屋以不低于45万元的价格出售，特发本函提前告知和询问贵方是否行使优先购买权及是否购买该房。如愿意行使优先购买权并购买该房，请收到本函后十日内书面回复我；若贵方放弃优先购买权，放弃购买该房屋，请在收到本函后十日内将放弃购买证明或申明以书面形式告知回复我。无论贵方是否行使优先购买权，是否购买上述房屋，请在十日内书面告知我，如逾期未书面告知我，则视为放弃优先购买权，我有权将房屋出售给任意第三人。我将房屋出售给第三人后，新产权人将继续履行贵我双方原租赁合同。叶某英在该通知“产权人”处签字。梅某星未同意购买该房屋，并准备对租赁的房屋进行装修。

2015 年 7 月 10 日，叶某英、杨某富（甲方）与王某春（乙方）签订转让协议，内容为“甲乙双方于 2015 年 6 月开始协商，决定于 2015 年 7 月 15 日起，将綦江区文龙街道大石路昌叶大厦地下室（四合院）转让给乙方使用，乙方于 2015 年 11 月 1 日前支付甲方转让费用合计肆拾伍万元整（￥450000.00 元）”。

2015 年 7 月 15 日，叶某英将房屋移交给王某春，王某春也陆续支付了购房款。王某春接到房屋后，在房屋里堆放了一些三轮车及其他物品，对房屋进行了简要改造。该房屋转让后，并未变更过户登记。

因王某春将房屋占用，导致梅某星无法对租赁物进行装修使用，产生纠纷，梅某星遂以买卖不破租赁为由将叶某英、王某春诉至重庆市綦江区人民法院，请求继续履行租赁合同。

案件审理中，梅某星明确诉讼请求中的价差损失 800 元/月无证据证明，也没有实际产生；违约金 2000 元实为叶某英应双倍返还的保证金，但如果法院判决叶某英继续履行合同，则不要求退还，待合同期满后由叶某英退还。

另外，本案诉争房屋已取得建设规划许可，叶某英已在 2000 年 3 月向国土房管部门申请领取房屋产权证。

重庆市綦江区人民法院审理认为：依法成立的合同，对当事人具有法律约束力。当事人应当按照约定全面履行自己的义务，应当遵循诚实信用原则，不得擅自变更或者解除合同。本案中，梅某星与叶某英签订的租赁合同，是双方当事人真实意思表示，不违反法律法规强制性规定，合法有效。梅某星已按照合同约定，向叶某英支付了保证金及一年的租金，叶某英即应当将房屋交给承租人使用。租赁物在租赁期间发生所有权变动的，不影响租赁合同的效力。叶某英虽将房屋卖与王某春，但并未办理所有权变更登记，并且是在租赁合同履行期限内出卖房屋，并不影响租赁合同的效力。当事人不履行合同义务或者履行合同义务不符合约定的，应当承担继续履行、采取补救措施或者赔偿损失等违约责任。叶某英的行为已构成违约，梅某星作为守约方，有权选择要求叶某英继续履行合同，叶某英无权以同意支付违约金为由而要求解除合同。王某春虽实际占用房屋，但对该房屋仅做了简要改造和堆放物品，不存在履行不能的情形，故叶某英与王某春有将房屋交付梅某星使用的义务。至于房屋装修，因租赁合同约定了承租人不得擅自对房屋进行装修，故具体如何装修由双方当事人自行确定。叶某英违反合同约定，未能按时交付房屋给梅某星使用，但梅某星已交纳了此期间的房租，故叶某英应赔偿梅某星的房屋租金损失。梅某星称叶某英还应赔偿其另行租赁房屋产生的租金价差损失800元/月，因其并未实际另行租赁房屋，并不产生价差损失，对此一审法院不予支持。梅某星同意若判令叶某英继续履行合同，不要求双倍退还保证金，对此一审法院予以确认。

据此，重庆市綦江区人民法院于2015年12月25日依据《中华人民共和国合同法》第六条、第八条、第六十条、第一百零七条、第二百一十六条、第二百二十九条之规定，判决：1. 叶某英、王某春于本判决生效后15日内将位于綦江区文龙街道大石路×号昌叶大厦四合院的地下室（建筑面积361平方米）交付梅某星使用；2. 叶某英于本判决生效后15日内赔偿梅某星自2015年7月1日起至房屋实际交付之日止期间的租金损失（按照700元/月的标准计算）；3. 驳回梅某星的其余诉讼请求。

一审宣判后，叶某英不服，提起上诉，请求：撤销一审判决，改判解除叶某英与梅某星于2015年6月16日签订的《租赁合同》；二审诉讼费由梅某星承担。主要事实和理由：一审法院认定事实错误，王某春是善意的房屋购买人，按协议约定支付了购房款，叶某英也将房屋交付给了王某春，本案的租赁房屋存在交付不能的情况。王某春接房后，便对房屋进行了装修，安装了门窗、水电，并将购买房屋上方的自有门面的楼板打穿，形成了通道，门面与涉案房屋已经形成了一个整体，不论是事实上还是法律上都存在交付不能的情形。叶某英虽然与梅某星签订了《租赁合同》，但叶某英并没有把租赁房屋交付给梅某星，不存在买卖不破租赁的情形。买卖不破租赁的前提是租赁合同签订后已经实际履行，出租人已将租赁物交付给了承租人，承租人也已经合法占有使用租赁物，而本案不存在该情形。叶某英已经涉案房屋出卖并交付给了王某春，现在叶某英选择解除与梅某星的《租赁合同》更加符合实际情况，叶某英要求解除租赁合同的抗辩理由应当得到支持。

王某春亦不服，提出上诉，请求：撤销一审判决，改判解除叶某英与梅某星于2015年6月16日签订的《租赁合同》，并由叶某英赔偿梅某星的相应损失；案件一审、二审受理费由梅某星承担。主要事实和理由：上诉人王某春与叶某英的事实理由基本一致，并称已经投入了10多万元对涉案房屋进行了装修改造，房屋的使用功能已经大大提升，对外租赁的价格也随之增加，参照同等地段的租金价格，将会达到每月5000元以上。

被上诉人梅某星针对二上诉人的上诉请求答辩称：二上诉人的上诉状内容基本一致，证明二上诉人是恶意串通的，王某春装修房屋是在叶某英交付房屋给梅某星后，擅自将锁破坏了而进行了简单装修。王某春知道叶某英将涉案房屋交付给了梅某星，同时也看到了租赁合同，是在梅某星起诉之后才进行了实际装修，其装修行为是强占、非法行为。本案不存在交付不能的情况，不符合不可抗力的情形，完全是王某春主观故意的，故王某春必须将涉案房屋交给梅某星，并赔偿损失。叶某英与梅某星的租赁合同明确载明租赁期间产权变动不影响合同效力，王某春的行为严重影响了梅某星的合法租赁权益。请求驳回上诉，维持原判。

二审中，上诉人王某春举示照片一张，拟证明其自有门面与涉案房屋已经打通了形成了一个整体，进出涉案房屋的唯一通道就是其门面。上诉人叶某英质证后对其三性均予以认可。被上诉人梅某星质证后认为，照片属实，但除了照片的通道外另外还有通道。被上诉人举示房屋钥匙，拟证明叶某英在签订租赁合同后就交付了钥匙。上诉人叶某英质证后认为，不真实，其并未交付涉案房屋的钥匙。上诉人王某春同意叶某英意见。

重庆市第五中级人民法院另查明：2015年7月15日，叶某英与王某春签订了一份财产移交清单，内容有“根据叶某英、杨某富与王某春于2015年7月10日签订的转让协议，现叶某英、杨某富将位于綦江区文龙街道大石路昌叶大厦地下室（四合院，建筑面积361.81平方米）交付给王某春。”

重庆市第五中级人民法院审理认为：依法成立的合同，对当事人具有法律约束力，当事人应当按照约定全面履行自己的义务。本案中，叶某英于2015年6月16日与梅某星签订了《租赁合同》，又于同年7月10日与王某春签订了转让协议，两份合同均为合同当事人的真实意思表示，不违反法律法规强制性规定，合法有效。本案争议的焦点在于，本案是否应当适用《中华人民共和国合同法》第二百二十九条“租赁物在租赁期间发生所有权变动的，不影响租赁合同的效力”之规定，即通常所说的“买卖不破租赁”。本院认为，该条的本意，是要通过维持原租赁合同的效力来保证承租人对租赁物的实际租赁控制和使用。因此，“占有”既是“买卖不破租赁”的生效要件，也是衡量承租人是否失去对抗租赁物新权利人请求的要件。具体到本案而言，叶某英、杨某富在与王某春于2015年7月10签订了转让协议后，在同年7月15日签订了财产移交清单，在此之后，王某春即实际占有了涉案房屋，并对涉案房屋进行了装修和改造。虽然梅某星称其系先占有涉案房屋，王某春是擅自将其锁破坏后占有涉案房屋的，但对此并未举示充分的证据予以佐证，本院不予采信。故本案并不适用于“买卖不破租赁”之规定，涉案房屋已经客观上由王某春占有、使用，梅某星与叶某英签订的《租赁合同》存在履行不能之情形，梅某星可以请求叶某英承担相应的违约责任。鉴于本案的实际情况，梅某星请求继续履行《租赁合同》，要求叶某英及王某春将涉案房屋交由其装修、使用的诉讼请求无法得到支持；对于梅某星提出其房屋租赁费损失的请求，虽然梅某星起诉时表述为“自2015年7月1日起至交付使用时止的房屋租赁费损失，暂计一个月700元”，因叶某英未按合同约定交付租赁房屋，且事实上已经无法继续履行租赁合同，为减少当事人讼累，本院认为叶某英应退还梅某星支付的全部房屋租赁费8400元为宜；至于梅某星提出的叶某英还应当赔偿其另行租赁房屋产生的租金差价800元/月的诉讼请求，因该损失并未实际发生，本院暂不予支持；另外，因叶某英违反《租赁合同》约定，按照合同约定应当双倍返还保证金2000元，梅某星的该诉讼请求成立，本院予以支持。本案纠纷起因为叶某英违反其与梅某星签订的《租赁合同》，故本案的诉讼费均由叶某英承担较为合理。

综上，原审判决认定事实基本清楚但适用法律不当。叶某英与王某春的上诉请求部分成立。

2016年5月17日，重庆市第五中级人民法院依照《中华人民共和国合同法》第六条、第八条、第六十条、第二百二十九条，《中华人民共和国民事诉讼法》第一百七十条第一款第（二）项之规定，判决如下：1. 撤销（2015）綦法民初字第05709号民事判决；2. 叶某英于本判决生效后十日内退还梅某星2015年7月1日至2016年6月30日期间的房屋租赁费8400元；3. 叶某英于本判决生效后十日内支付梅某星违约金2000元；4. 驳回梅某星的其余诉讼请求。

十九、如何认定履约保证金与违约金并用约定的法律效力

（一）理论解答

在我国的房屋租赁实践中，不少出租方和承租方都在租赁合同中明确约定：如承租方违约，出租方除有权依据合同其他条款的约定要求承租方承担滞纳金、违约金等违约责任外，还有权没收承租方交纳的履约保证金（有的称为“押金”“按金”“保证金”）。对于此类约定的法律效力，法学理论界存在较大争议，司法实务界的看法也不相同。

有观点认为，履约保证金（押金、按金、保证金）制度是房屋租赁合同关系中普遍存在的一种履约担保方式，因我国法律并无明文的规定，根据合同自由原则，其收取和返还规则如无显失公平的情形，法律应对当事人的有关约定予以尊重与保护。

另有观点认为，履约保证金（押金、按金、保证金）在本质上也属于违约金的范畴，此类约定如严格得到履行，会造成显失公平的结果，使出

租方过分地压迫承租方，故此类约定应认定为无效。[①]

本书认为，滞纳金和违约金都是指按照当事人的约定或者法律的直接规定，合同一方违约时承担责任的一种方式，在性质上具有补偿性和一定的惩罚性。而履约保证金（押金、按金、保证金）是指为合同的履行所提供的一种金钱保证，并在双方合同到期或者依法解除时才予以退还。履约保证金（押金、按金、保证金）不是法定的债的担保方式，其性质和效力都缺乏法律依据，需要根据具体案情和合同约定来确定，即履约保证金（押金、按金、保证金）条款约定的具体内容不同，其性质和效力也不同。因此，履约保证金（押金、按金、保证金）与滞纳金、违约金等违约责任是不同的概念，不能简单地视为等同。

根据民商法“法无禁止即可行”的基本原理，既然我国法律和行政法规对履约保证金（押金、按金、保证金）没有禁止性的规定，合同当事人自愿设定履约保证金（押金、按金、保证金）以担保合同的全面履行是应该被允许的。当然，根据《中华人民共和国民法通则》和《中华人民共和国合同法》关于“所得违约赔偿应与所受违约损失基本相当”的规定精神，承租方如有证据证明履约保证金（押金、按金、保证金）和滞纳金、违约金等违约责任相加过分地高于出租方所遭受的损失，其完全可以依据相关法律的规定申请人民法院或仲裁机构对滞纳金、违约金等给予适当调减。

（二）案例指引

天津滨海快速交通发展有限公司与开心购物广场（天津）有限公司等房屋租赁合同纠纷案[②]

2011年7月19日，天津滨海快速交通发展有限公司（以下简称滨海快速公司）（甲方）与君信诚（天津）投资有限公司（以下简称君信诚公司）（乙方）签订《泰达市民广场商业部分（南区）租赁合同》约定：甲

① 参见吴兆祥主编：《房屋买卖、租赁案件裁判要点与观点》，法律出版社2016年版，第421页。

② 详见：天津市高级人民法院（2014）津高民一初字第0008号民事判决书、最高人民法院（2015）民一终字第184号民事判决书。

方是泰达市民广场所有权人，已将该房产部分区域用于出租或对外经营，现拟将该房产除已出租和对外经营区域及地下一层外的部分出租给乙方。乙方系从事商业经营的企业，对泰达市民广场现状有充分了解，愿意按照协议约定承租相关房产。1. 租赁房产坐落于天津经济技术开发区第一大街86号泰达市民广场。租赁范围：一层南侧部分（1号消防通道以南），一层北侧部分（1号消防通道以北、2号消防通道以南），二层至五层，详见《租赁及物业管理区域图》之（一）至（五）。租赁面积：租赁范围内计租面积共计约75118.88平方米（含公摊）。租赁用途：乙方租赁房屋主要用于商业经营，在租赁期内独自承担经营方面的法律责任。2. 租赁期限为15年，自2011年8月1日起至2026年7月31日止；其中12个月的免租期，自2011年8月1日起至2012年7月31日止。自2012年8月1日起开始计算租金。3. 租金数额：租金按年租金计算，年租金基价为每年5300万元，此后每3年在上一年租金标准的基础上递增5%。4. 租金支付方式：首笔租金（2012年8月1日至2012年10月31日）1325万元于2011年10月20日前5个工作日内支付。第二笔租金（2012年11月1日至2013年1月31日）于2012年10月20日前支付。此后按正常付款周期支付租金，乙方以三个月为一个付款周期，每个周期的最后10个工作日内以支票方式支付下一个付款周期的租金。甲方收到租金后向乙方开具正式发票。5. 乙方需要承担的租赁范围内的相关费用：包括但不限于电费、制冷费、供热费、水费、设施和设备的维护维修费及保养与年检费、物业管理费等。合同生效后，乙方为了独立核算制冷费用和供热费用，自行对供热系统和制冷系统进行独立性改造并承担全部费用，且不得影响其他租赁商户正常使用和经营，乙方2011年度不使用制冷系统，若乙方未完成制冷系统独立性改造前使用，承担的费用详见《泰达市民广场商业部分（南区）能源及物管协议》。6. 履约担保：签订本租赁合同后5个工作日内，乙方缴纳500万元作为履约保证金。乙方未按本合同约定期限支付履约保证金，本合同自动失效。若合同期满或解除、终止，在双方结清租金、相关费用和违约金及赔偿金后5个工作日内，甲方将履约保证金不计息退还给乙方。本合同项下的履约保证金作为包括但不限于乙方按时交纳租金、各项费用及承担违约责任等切实履行本合同项下全部义务的保证。但因乙方原因导致甲方解除合同，甲方除有权依据本合同其他条款约定要求乙方承担违约责任外，还有权没收保证金。7. 交付房产：本合同签订前，乙方已对租赁房产的现状进行了实地考察，同意按照租赁房产的现状进行交付。其中涉及租赁房产附属设施、设备详见附件三《租赁房产设施、设备清单》（甲方应确保清单范围内所有设施设备在双方办理租赁房产交付手续时处于完好状态），向乙方移交相关资料。租赁房产在乙方交付履约保证金后 1 个工作日内进行交付。交付租赁房产时，双方签署《租赁房产移交确认书》。8. 租赁房屋的装修、改造、修缮：乙方须在装修入场前向甲方缴纳 20 万元作为装修保证金。乙方自行办理所有装修审批备案手续，在审批备案手续未办理完毕前，不得开工装修。如乙方未按上述条款约定进行装修工作，甲方有权扣留装修保证金，一切后果由乙方自行承担。在合同期内，乙方不得改变租赁房产的主体结构、外檐立面及建筑风格。除变压器的增容改造，其他装修及改造所需的全部费用由乙方承担。装修工程验收合格后，乙方应将设计图纸和设计方案、政府审批文件、工程验收图纸、验收报告和其他工程验收资料交付甲方一份存档。乙方凭甲方出具的档案移交确认书申请退还装修保证金。9. 合同终止后的事宜：（1）租赁期限届满或非因乙方原因导致合同解除或终止，在期满、解除或终止后 30 日内，乙方应撤出租赁房产并将租赁房产交还甲方，该撤空期内不计租金，但乙方应将撤空期内发生的能源费、物业费等相关费用全部缴清。（2）乙方在租赁期内单方面提前解除合同或因乙方违约导致合同被依照约定或法定原因而解除或终止的，乙方按本合同约定承担违约责任，且该撤空期内乙方应按日支付占用费（占用费按照合同解除时的日租金标准计算）。（3）无论因何种原因导致本租赁合同解除或终止，甲方在接到乙方交还租赁房产的书面通知或 30 日撤空期满后 3 个工作日内派人接收租赁房产。若甲方在收到乙方书面通知后逾期未接收房屋的，视同乙方已经按期交还房屋。在撤空期内乙方必须停止对外营业。乙方撤出租赁房产时，应自费搬运和清理租赁房产内的乙方有关物品。乙方逾期交还房屋的，应按合同解除或终止时的日租金标准上浮 20% 支付逾期返还期间的占用费。（4）无论因何种原因导致本租赁合同解除或终止，乙方对土建装修和拆改部分保持正常经营时的使用状态交予甲方。乙方在本合同解除或终止后 30 日内仍未取回其物品，视为放弃遗留物之所有权，其遗留物归甲方所有。10. 甲方的权利和义务：甲方有权对乙方租赁区域进行监督检查。甲方租赁给乙方的租赁房产，其房产税、土地使用费由房产所有者缴纳的费用由甲方承担。11. 乙方的权利和义务：（1）乙方须遵守甲方或其指定的物业管理方的统一管理。（2）乙方可以根据其经营需求采取分租、联办展台等形式转租租赁房产给第三方使用，但未经甲方同意，乙方不得将租赁区域整体或大部分（超过全部租赁面积50%的区域）转租给任何一个单独的第三方，乙方必须对租赁房产实行整体经营和管理。（3）若乙方股权发生重大变化，现有控股公司失去相对控股地位，需提前一个月书面通知甲方，甲方有权决定是否与乙方继续合作。（4）租赁期内，乙方自行办理在租赁物业进行合法经营活动所需的一切报批手续、审批文件和许可证照（包括治安、文化管理、环保、市容管理等）。租赁期限内乙方只能以自己名义对外签订合同、开展经营活动及对内签订劳动合同，乙方与其相关的第三方发生的经营关系、纠纷等均与甲方无关。（5）承租区域内甲方提供的设施设备乙方予以妥善管理，未经甲方书面同意，乙方不得擅自改动。如造成损坏，由乙方承担责任。12. 违约责任：（1）乙方未按期支付租金、各项能源费等费用的，每迟付一天，乙方按所欠金额的万分之三的比例支付滞纳金。若乙方拖欠租金、各项能源费用等费用，甲方有权停止水、电、暖、冷等的供应和其他任何措施。若拖欠租金达20个工作日，或拖欠电费、水费、供热费、供冷费等费用超过60个工作日，则甲方有权选择终止本合同，要求乙方停止租赁区域内的经营，并采取相应的措施。双方按本合同约定处理租赁终止后的事宜。如因此解除或终止合同，甲方有权向乙方按当时租金标准收取相当于3个月租金的违约金。13. 其他相关约定：（1）泰达市民广场四至五层原剩余装修装饰材料问题的解决办法，见附件四《关于泰达市民广场四、五层装修材料的补充协议》。（2）乙方为便于履行本合同将在租赁房产所在地设立专门用于经营本合同约定项目的关联公司（关联公司形式为乙方全资子公司或分公司，注册资金不低于1000万元）。待关联公司成立后，双方另行签订补充协议，乙方可将本合同约定的乙方权利和义务全部转移给关联公司，由关联公司实际履行本合同，乙方为关联公司向甲方提供连带担保。14. 特别约定：为便于乙方对租赁房产进行统一经营和管理，甲方同意将原有自营区域一并租赁给乙方。同时，为确保甲方自营商品能够销售完毕，并确保甲方收回成本，乙方同意按以下约定包销全部甲方自营商品。（1）乙方同意按照甲方成本价格包销其自营商品。经双方初步核实，上述商品的成本总价约为3200万元，具体商品名称、数量和成本价格由双方核实确认。乙方应按照成本总价支付包销款。（2）乙方承诺应在租赁房产范围内销售上述商品，甲方派人对上述商品的销售情况进行复核。（3）乙方包销期限为5年，自2012年1月1日开始计算。无论销售情况如何，乙方保证每半年向甲方支付300万元包销款，支付时间为每年6月1日前和12月1日前，最后一次付款结清全部包销款，每次收款后甲方开具正式发票。（4）若乙方未按本条约定时间支付包销款，视为乙方违约，甲方有权按照迟延交付租金的相关约定要求乙方承担相应违约责任，包括支付违约金和解除合同。15. 合同未尽事宜，经双方协商可另行签订补充协议，补充协议与本合同具有同等法律效力。本合同的补充协议及附件均为本合同组成部分。同时，该合同包括《租赁及物业管理区域图》等十份附件。

2011年8月1日，滨海快速公司与君信诚公司、案外人天津天孚物业管理有限公司签订泰达市民广场设施设备交接文件，陆续对租赁房屋的装修现状和装修材料、空调暖通设备、大屏幕设备、网络设备、配电箱设备、配电设备、消防设备、土建给排水设备、各层设备间和强弱电井钥匙和图纸、电梯设备、各层房间钥匙、绿化植物等进行了交接，并确认设备运行良好。完成交接工作后，君信诚公司即开始占有使用租赁房屋。

2011年9月1日，滨海快速公司（甲方）与君信诚公司（乙方）签订《补充协议一》约定，甲乙双方同意以泰达市民广场四、五层装修材料的单价和数量为依据，按三方协议据实清点接收计算增加租金数额。现清点工作已经完成，甲乙双方与圣美、恒益确认的装修材料款为2954842元，即乙方同意增加租金2954842元。增加的租金总额平均分摊到租赁期前5年，即乙方需在租赁期前5年每年12月1日前支付平均增加部分租金590968.40元。

2011年12月16日，滨海快速公司（甲方）与君信诚公司（乙方）签订《补充协议二》。该协议主要约定：乙方确认甲方自营商品包销总价款为31605200元。乙方每半年支付包销款300万元，支付时间为每年6月1日前和12月1日前。经双方对货品包销总价款确认后，最后一次包销付款应于2016年12月1日前支付，支付金额为4605200元。库存货品存放于甲方管辖物业范围内，本协议签订后，货品由乙方负责管理并承担相应责任。乙方每次提取货品由双方派人按照提货品牌、数量进行核对，并由乙方填写货品出库单据，经双方确认无误后方可出货。货品出库单据须由乙方盖公章、甲方人员签字方可生效，单据一式两份进行存档备查。

2012年2月，开心购物广场（天津）有限公司经工商行政主管部门批准注册成立，注册资本2000万元。该公司股东包括李某（持股20%）、金某龙（持股5%）、牛某（持股20%）、君信诚公司（持股55%）。2012年5月4日，滨海快速公司作为甲方、君信诚公司与开心购物广场（天津）有限公司（以下简称开心购物广场）作为乙方共同签订《补充协议三》约定：1. 本协议签订之日起，君信诚公司与开心购物广场共同作为本协议的乙方承担原租赁合同项下的全部权利和义务，共同履行原租赁合同项下的全部条款。2. 关于乙方注册资本及股东组成结构的约定：（1）开心购物广场应维持不低于现状的注册资本（即2000万元），且君信诚公司应保持不低于现状所持有的在开心购物广场所持的股权比例（即55%）。未经甲方许可，不得违反前述约定的注册资本调整股权结构。（2）乙方应每6个月向甲方书面提交本公司的股权组成结构，甲方亦有权向相关行政主管部门核查乙方的股权组成结构。（3）若开心购物广场私自调整、变更注册资本以及股权组成结构，甲方有权终止本协议及原租赁合同。合同终止后，乙方按照原租赁合同的约定承担违约责任。（4）君信诚公司股权发生重大变化，如现有控股公司失去相对控股地位，须提前一个月书面通知甲方，甲方有权决定是否与乙方继续合作。3. 原租赁合同项下租金、水费、制冷费、采暖费、设备和设施的维护、保养年检、大中修及其他乙方应支付的费用均由开心购物广场实际支付，君信诚公司对前述款项的支付承担连带责任。

2012年5月28日至2012年9月6日，开心购物广场分14次向滨海快速公司支付第一笔租金1325万元，即2012年8月1日至2012年10月31日期间的应付租金。2012年6月19日，开心购物广场向滨海快速公司支付第一笔装修材料折价（增加租金部分）590968.40元。2012年7月29日，开心购物广场向滨海快速公司支付履约保证金500万元、装修保证金20万元。此外，开心购物广场与君信诚公司未再支付租金，亦未支付水费、电费、供热费、电力检测费、冷却塔大中修费用、防雷检测费等相关费用。自拖欠租金等各项费用之日至2014年4月，滨海快速公司每月均向开心购物广场送达催缴通知。催缴通知载明开心购物广场自2013年1月至2014年3月累计拖欠水费59016.30元。前述催缴通知分别由开心购物广场股东金某龙及该公司员工郑某莲、穆某江、潘某军等签收确认。

2013年4月11日，开心购物广场向滨海快速公司出具确认函件，载明：自开业以来由于种种原因一直未能达到预期营业效果，导致客流量减少，商户物业费、扣点、租金收不上来，已拖欠能源费用，包括1号变压器电费（2013年1月至3月）322030.10元、2号变压器电费（2012年12月至2013年3月）208620.29元、供热费1312297.50元。

2013年4月26日，滨海快速公司向开心购物广场、君信诚公司送达《关于缴纳2013年度市民广场电力年检费用的通知》，载明：依照租赁合同约定，由承租人承担2013年市民广场变压器检测费用51000元的65%，即33150元。开心购物广场股东金某龙在该通知上签字确认。

2013年5月16日、7月2日，滨海快速公司先后两次向开心购物广场、君信诚公司送达《关于缴纳2013年度市民广场裙楼空调制冷系统冷却塔大中修维修费用的通知》，载明：依照租赁合同约定，由承租人承担2013年市民广场裙楼空调制冷系统冷却塔大中修维修费用306451元的65%，即199193.15元。开心购物广场股东金某龙在上述通知中签字确认。

2013年7月2日，滨海快速公司向开心购物广场、君信诚公司送达《关于缴纳防雷年检费用的通知》，载明：依照租赁合同约定，由承租人承担防雷年检费用8050元的65%，即5232.50元。开心购物广场股东金某龙在该通知上签字确认。

2013年8月21日，滨海快速公司与君信诚公司签署《货品数量盘点确认单》，载明：双方自2013年7月23日至8月19日进行服装数量盘点交接，货品交接数量为18486件，其中部分货品吊牌丢失，有吊牌17419件，无吊牌或吊牌丢失的1067件。

2013 年 9 月 12 日，滨海快速公司向开心购物广场送达《缴费通知》，载明截至 2013 年 9 月 12 日开心购物广场欠缴 1 号变压器电费 349120 元、基本电费 312990.30 元，合计 662110.30 元。上述电费需立即补交。开心购物广场员工郑某莲在该通知上签字确认。

由于开心购物广场、君信诚公司长期拖欠租金等各项费用，滨海快速公司于 2014 年 3 月 4 日向君信诚公司、开心购物广场发出《关于解除〈泰达市民广场商业部分（南区）租赁合同〉及相关补充协议的通知》，主要内容为：自贵公司收到本函之日起，各方签订的租赁合同及相关补充协议立即解除。收到本函后 30 日内，请贵公司撤出并交还租赁房产，按照解除时日租金标准按日支付房屋占用费。收到本函之日起 3 日内，请贵公司支付拖欠的租金、能源费用、物业管理费用、装修材料费用、包销商品货款，并支付相应的违约金和滞纳金。同日，开心购物广场的股东金某龙在回执上签字，确认前述通知的内容已知悉。因开心购物广场、君信诚公司在撤空期内既未腾还租赁物亦未支付欠付租金等费用，各方当事人遂成讼。

后滨海快速公司向天津市高级人民法院（以下简称一审法院）提起诉讼，请求：1. 确认各方当事人签订的《泰达市民广场商业部分（南区）租赁合同》及其附属《补充协议一》《补充协议二》《补充协议三》已于 2014 年 3 月 4 日解除；2. 判令开心购物广场在 2014 年 4 月 3 日前（签收解除通知之日起 30 日撤空期满）返还坐落于天津经济技术开发区第一大街 86 号泰达市民广场房屋；3. 判令开心购物广场支付自 2012 年 11 月 1 日至 2014 年 1 月 31 日欠付租金等费用共计 72040300 元，包括欠付租金 6625 万元、欠付能源费等费用 2509686.74 元、欠付材料费 2363873.60 元、欠付服装包销款 916726.04 元；4. 判令君信诚公司与开心购物广场支付自 2014 年 2 月 1 日至撤空期期满之日欠付租金及房屋占用费共计 9002739.73 元及将租赁房屋腾还滨海快速公司之日止的房屋使用费（按照解除时日租金的 120% 计算）；5. 判令君信诚公司与开心购物广场支付自 2014 年 2 月 1 日至租赁房屋腾还之日止欠付的水费，包括 2014 年 2 月、3 月水费共计 4710 元，4 月至 6 月水费 8038.40 元以及至租赁房屋腾还之日止使用的水费；6. 判令君信诚公司与开心购物广场支付违约金 1325 万元、截至 2014

年 4 月 4 日逾期支付各项费用的滞纳金共计 7089973.98 元以及自 2014 年 4 月 4 日至实际支付租金等各项费用期间的滞纳金（按照日万分之三的比例计算）；7. 本案诉讼费用由君信诚公司、开心购物广场承担。

开心购物广场、君信诚公司提出反诉，请求：1. 判令开心购物广场与滨海快速公司继续履行《泰达市民广场商业部分（南区）租赁合同》；2. 判令滨海快速公司向开心购物广场返还租金 1325 万元；3. 判令滨海快速公司给付开心购物广场违约赔偿金 80261000 元；4. 本案诉讼费用由滨海快速公司承担。对于上述第三项诉讼请求，开心购物广场的理由是，案涉租赁合同签订后，开心购物广场投入巨额租金进行大规模的土建改造工程，并就相关房屋及设施进行了大量的维修，该部分费用支出达 80261000 元。现因滨海快速公司的违约行为造成招商工作停滞，商场无法正常经营，由此给开心购物广场造成的经济损失，滨海快速公司应予赔偿。

一审法院审理认为，本案的争议焦点为：1.《泰达市民广场商业部分（南区）租赁合同》及《补充协议一》《补充协议二》《补充协议三》是否已经依法解除；2. 开心购物广场和君信诚公司是否应给付欠付租金等各项费用；3. 出租人滨海快速公司与承租人开心购物广场和君信诚公司哪一方应承担违约责任。

各方当事人之间签订的《泰达市民广场商业部分（南区）租赁合同》及《补充协议一》《补充协议二》《补充协议三》均系真实意思表示，且不违反法律、行政法规的强制性规定，依法应认定为有效。各方当事人均应依约履行合同义务。开心购物广场与君信诚公司依约应共同承担合同义务。

滨海快速公司、君信诚公司与案外人天津天孚物业管理有限公司于 2011 年 8 月 1 日对合同约定的租赁物及附属设备、设施进行了交接，并签署书面文件确认符合约定的交付条件，即滨海快速公司已依约履行了出租人的主要合同义务。开心购物广场作为承租人应依约履行相应的合同义务，按时支付租金等各项费用。而开心购物广场除支付首笔租金、首笔装修材料折价、履约保证金、装修保证金等费用外，未能依约按时支付其他租金、水费、电费等各项费用，且欠付期间均已超过 60 个工作日，合同约定的出租人行使解除权的条件已经成就。开心购物广场主张滨海快速公司未履行漏水维修、电力外网改造、东湖停车场改造等合同义务，且提供的租赁物在消防、空调、电梯等方面存在瑕疵，但其提供的证据无法证实其主张。综上，滨海快速公司关于解除合同的请求符合法律规定，应予支持。滨海速快公司已于2014年3月4日向开心购物广场和君信诚公司送达解除通知，开心购物广场的股东金某龙于当日签收。开心购物广场在法定期限（收到解除通知后3个月内）届满后才向人民法院提起反诉主张继续履行合同。一审法院确认《泰达市民广场商业部分（南区）租赁合同》及《补充协议一》《补充协议二》《补充协议三》于2014年3月4日解除，开心购物广场和君信诚公司应返还其占有、使用的租赁物及相应的设施、设备。开心购物广场关于继续履行合同的反诉请求依据不足，不予支持。

关于诉讼时效，滨海快速公司作为出租人在承租人欠付租金等各项费用后，结合约定的付款期限多次向承租人送达了催款通知等函件，且均有承租人工作人员的签字确认。因滨海快速公司作为出租人在诉讼时效期限届满前，已向承租人主张权利，故开心购物广场关于滨海快速公司的诉讼请求已超过诉讼时效的主张不能成立。

关于滨海快速公司主张的租金、房屋占用费及相应的违约责任。

1. 关于租金部分。依照合同约定，承租人应自2012年8月1日起按照每年5300万元的标准给付租金。而开心购物广场仅支付了2012年8月1日至2012年10月31日的租金1325万元，故开心购物广场应依约给付自2012年11月1日欠租之日起至2014年3月4日合同解除之日止的租金6890万元。

2. 关于房屋占用费部分。依照合同约定，如因承租人违约导致租赁合同被解除的，承租人自解除之日起的30日撤空期内应按照解除时的租金标准计算房屋占用费。撤空期届满后，承租人逾期返还房屋的，按照合同解除时租金标准的120%计算实际使用期间的房屋占用费。开心购物广场主张上述约定虽系真实意思表示，但逾期返还期间的房屋占用费约定标准过高，应予调整。一审法院认为，上述约定依法有效，但合同同时约定交付履约保证金500万元作为承租人履行各项合同义务和承担违约责任的保证。考虑本案具体情况和当事人之间的权利义务关系，一审法院将合同约定的逾期返还期间的房屋占用费的计算标准调整为合同解除时的租金标准，即

5300 万元/年。综上，开心购物广场应按照 5300 万元/年的标准给付自 2014 年 3 月 4 日至实际返还房屋之日止的房屋占用费。

3. 关于逾期支付租金的违约责任。依照合同约定，承租人逾期支付租金的，应同时承担以下违约责任：（1）以欠付金额为基数按照日万分之三的标准给付滞纳金；（2）履约保证金 500 万元不予返还；（3）一次性支付相当于当时 3 个月租金标准的违约金即 1325 万元（5300 万元 ÷ 4）。开心购物广场主张合同约定的违约金数额过高，请求人民法院依法予以调整。一审法院认为，上述关于违约责任的约定合法有效，但依照约定同时适用上述违约罚则，违约金数额过分高于实际损失，应依法予以减少。考虑到开心购物广场长期拖欠租金、房屋占用费等各项费用且逾期返还房屋，逾期返还期间的房屋占用费已经适当调减等情形，一审法院将逾期支付租金的违约责任调整为支持滨海快速公司关于滞纳金、履约保证金部分的主张，驳回其关于一次性支付 1325 万元违约金的主张。即开心购物广场按照合同约定支付各笔逾期未付租金的滞纳金，同时其支付的履约保证金 500 万元不予退还。关于滞纳金的计算方法，滨海快速公司主张各笔欠付租金的滞纳金均自合同约定的应付款之日起计算至 2014 年 4 月 3 日撤空期届满之日止，标准为每日万分之三，一审法院认为该计算方法符合合同约定，应予支持。滞纳金总计 6737625 元，应由开心购物广场承担。具体计算方法：（1）第一笔滞纳金，计算期间自 2012 年 10 月 21 日起共计 530 天，数额为 2106750 元（1325 万元 × 530 天 × 0. 0003/天）；（2）第二笔滞纳金，计算期间自 2013 年 2 月 1 日起共计 427 天，数额为 1697325 元（1325 万元 × 427 天 × 0. 0003/天）；（3）第三笔滞纳金，计算期间自 2013 年 5 月 1 日起共计 338 天，数额为 1343550 元（1325 万元 × 338 天 × 0. 0003/天）；（4）第四笔滞纳金，计算期间自 2013 年 8 月 1 日起共计 246 天，数额为 977850 元（1325 万元 × 246 天 × 0. 0003/天）；（5）第五笔滞纳金，计算期间自 2013 年 11 月 1 日起共计 154 天，数额为 612150 元（1325 万元 × 154 天 × 0. 0003/天）。

关于滨海快速公司主张的各项能源费用及相应的违约责任。合同约定，承租人需要承担租赁范围内的费用包括但不限于水费、电费、供热费、设施和设备维护维修费及保养与年检费等。同时，滨海快速公司提供的《缴费通知》和当事人之间的往来函件已由开心购物广场股东及员工签字确认，故开心购物广场应给付水费（2013 年 1 月至 2014 年 3 月）59016.30 元、电费 870730.59 元（包括 1 号变压器电费 662110.30 元、2 号变压器电费 208620.29 元）、供热费（2012 年 11 月至 2013 年 3 月）1312297.50 元、电力检测费 33150 元、冷却塔大中修费用 199193.15 元、防雷检测费 5232.50 元，以上合计 2479620.04 元。由于合同中仅约定“逾期支付各项能源费用的，应按照日万分之三的标准支付滞纳金”，而并未约定各项能源费用的具体支付时间，故滨海快速公司关于按照每月欠付金额分段计算滞纳金的主张，缺乏事实依据，不能成立。一审法院认为上述各项能源费用的滞纳金应自 2014 年 4 月 4 日起诉之日起算，直至判决确定的给付之日止。

关于四、五层装修材料款（增加租金部分）及相应的违约责任。《补充协议一》约定，双方当事人与圣美、恒益确认四、五层的装修材料款为 2954842 元，即承租人同意增加租金 2954842 元。增加的租金总额平均分摊到租赁期前 5 年，承租人需在租赁期前 5 年每年 12 月 1 日前平均支付增加部分租金 590968.40 元。协议签订后，双方当事人已就相关的装修材料进行了清点交接，故承租人应依约支付相应价款。而开心购物广场仅支付了第一笔（2011 年度）装修材料款 590968.40 元，故其应支付剩余款项 2363873.60 元，双方当事人已交接的装修材料归开心购物广场和君信诚公司所有。关于违约责任部分，因开心购物广场未能依约支付 2012 年、2013 年分摊的装修材料款，故应承担相应的违约责任。开心购物广场应承担自约定给付之日起至 2014 年 4 月 3 日撤空期届满之日止的滞纳金 108679.08 元。具体计算方法：2012 年度，计算期间自 2012 年 12 月 1 日起共计 489 天，数额为 86695.06 元（590968.40 元 ×489 天 ×0.0003/天）；2013 年度，计算期间自 2013 年 12 月 1 日起共计 124 天，数额为 21984.02 元（590968.40 元 ×124 天 ×0.0003/天）。

关于开心购物广场包销出租人自营商品的货款。《补充协议二》约定，承租人应包销出租人自营商品并按照约定期限支付包销款。双方当事人亦于 2013 年 8 月 21 日对货品数量进行了盘点交接。但滨海快速公司提供的证据无法证实承租人已包销商品的具体品牌、单价、各种品牌的数量等事实，故其主张由承租人给付包销款 916726.04 元，依据不足，不予支持。

关于装修保证金 20 万元，合同约定“装修工程验收合格后，乙方应将设计图纸和设计方案、政府审批文件、工程验收图纸、验收报告和其他工程验收资料交付甲方一份存档。乙方凭甲方出具的档案移交确认书申请退还装修保证金。”前述条款的履行系以租赁合同继续履行为前提，而合同解除后约定的返还装修保证金的条件已无法实现，故滨海快速公司在解除合同的前提下应返还前述装修保证金 20 万元。

关于开心购物广场反诉主张返还已付租金 1325 万元、赔偿损失 80261000 元。一审法院认为，开心购物广场的上述反诉请求，缺乏事实和法律依据，不能成立。首先，如前所述，滨海快速公司提供的租赁物符合合同约定，且不存在其他违约行为，故开心购物广场主张滨海快速公司承担违约责任，事实依据不足。其次，开心购物广场主张返还的租金系 2012 年 8 月 1 日至 2012 年 10 月 31 日期间的应付租金，开心购物广场在该期间已实际使用租赁物，其请求返还该笔租金，有悖公平原则。最后，开心购物广场委托津海事务所出具的《审计报告》，仅是对其投入装修等项目和费用状况的真实性、完整性的统计，且其中包括开心购物广场自身运营成本等，无法证实开心购物广场已发生损失 80261000 元。而且，该《审计报告》亦未载明相关费用的发生与滨海快速公司存在关联性。

基于上述内容，一审法院判决如下：1. 确认各方当事人签订的《泰达市民广场商业部分（南区）租赁合同》及《补充协议一》《补充协议二》《补充协议三》于 2014 年 3 月 4 日解除；2. 判决生效之日起 30 日内，开心购物广场、君信诚公司将坐落于天津经济技术开发区第一大街 86 号泰达市民广场租赁房屋返还滨海快速公司；3. 判决生效之日起 30 日内，开心购物广场、君信诚公司给付滨海快速公司租金 6870 万元（已充抵应返还的装修保证金 20 万元）及滞纳金 6737625 元；4. 判决生效之日起 30 日内，开心购物广场、君信诚公司按照每年 5300 万元的标准给付滨海快速公司自 2014 年 3 月 4 日起至实际返还租赁房屋之日止的房屋占用费；5. 判决生效之日起 30 日内，开心购物广场、君信诚公司给付滨海快速公司水费 59016.30 元、电费 870730.59 元、供热费 1312297.50 元、电力检测费 33150 元、冷却塔大中修费用 199193.15 元、防雷检测费 5232.50 元，各项费用合计 2479620.04 元，并以 2479620.04 元为基数按照日万分之三的标准给付自 2014 年 4 月 4 日至判决确定的给付之日止的滞纳金；6. 判决生效之日起 30 日内，开心购物广场、君信诚公司给付滨海快速公司装修材料价款（增加租金部分）2363873.60 元及滞纳金 108679.08 元；如果未按本判决指定的期间履行给付金钱义务，应当依照《中华人民共和国民事诉讼法》第二百五十三条之规定，加倍支付迟延履行期间的债务利息；7. 驳回滨海快速公司的其他诉讼请求；8. 驳回开心购物广场反诉请求。

一审宣判后，开心购物广场不服，向最高人民法院提起上诉，请求：撤销一审判决，驳回滨海快速公司全部诉讼请求，支持开心购物广场全部反诉请求。

最高人民法院审理认为，本院二审双方当事人争议的焦点问题为：1. 案涉合同是否均已解除；2. 开心购物广场是否应支付能源费等相关费用；3. 滨海快速公司是否应赔偿开心购物广场的损失。

1. 关于案涉合同是否均已解除问题。

这一问题的解决，涉及如下问题的认定。

（1）滨海快速公司是否违约并因违约不享有合同解除权。本院就开心购物广场主张的滨海快速公司违约的事实分析认定如下：

关于滨海快速公司是否未履行电力外网增容施工改造构成违约的问题。案涉合同约定，变压器的增容改造费用由滨海快速公司承担。滨海快速公司在答辩状中称该公司与君信诚公司签约前就电力增容改造达成由滨海快速公司承担完成的一致意见。综合上述合同约定及当事人自认，可以认定电力增容改造是为满足君信诚公司承租房屋经营对电量的需求，应由滨海快速公司承担。案涉租赁合同并未约定滨海快速公司完成电力增容改造的时间。《中华人民共和国合同法》第四条规定：民事活动应当遵循自愿、公平、等价有偿、诚实信用的原则。依照上述原则解释，滨海快速公司的电力增容改造义务，应将其履行该义务的时间确定为符合开心购物广场用电量的使用需求，即在现有电量不能满足开心购物广场经营需求时，滨海快速公司即应及时履行电力增容改造义务。合同履行过程中，滨海快速公司将 1 号变压器（原由案外人假日酒店使用）进行回路改造专用于开心购物广场使用。开心购物广场始终未就滨海快速公司未完成电力增容改造影响其经营提出主张，表明并未出现电量不符合开心购物广场经营需要的情形，滨海快速公司履行了合同有关保证用电量的义务，开心购物广场主张滨海快速公司未完成电力增容改造构成违约，缺乏事实依据，本院不予支持。

关于滨海快速公司交付的房屋及附属设施是否符合合同约定问题。案涉租赁合同载明，君信诚公司系从事商业经营的企业，对泰达市民广场现状有充分了解。签约前，君信诚公司已对租赁房产的现状进行了实地考察，同意按照租赁房产的现状进行交付。其中涉及租赁房产附属设施、设备详见附件三《租赁房产设施、设备清单》（滨海快速公司应确保清单范围内所有设施设备在双方办理租赁房产交付手续时处于完好状态），向君信诚公司移交相关资料。2011 年 8 月 1 日，滨海快速公司与君信诚公司、案外人天津天孚物业管理有限公司签订泰达市民广场设施设备交接文件，陆续对租赁房屋的装修现状和装修材料、空调暖通设备、大屏幕设备、网络设备、配电箱设备、配电设备、消防设备、土建给排水设备、各层设备间和强弱电井钥匙和图纸、电梯设备、各层房间钥匙、绿化植物等进行了交接，并确认设备运行良好。上述证据表明滨海快速公司已经按照合同约定履行完毕租赁物交付义务。君信诚公司作为理性经营主体，与滨海快速公司平等协商缔结案涉合同，并确认租赁房屋设备正常运行后接收房屋。现开心购物广场认为滨海快速公司利用君信诚公司不了解实际情况恶意规避维修义务与合同中君信诚公司意思表示不符，并进而认为滨海快速公司交付的房屋不符合合同约定，缺乏事实依据。依照合同约定，房屋交付后相关的维修义务由开心购物广场承担，其认为房屋漏水反复维修未果影响商户经营，滨海快速公司违约亦缺乏合同依据，本院不予支持。

关于滨海快速公司是否提供了停车条件问题。停车场地系商场经营的配套设施，案涉合同约定君信诚公司按照现状承租房屋，表明其了解承租房屋的停车状况。合同并未就滨海快速公司是否应当提供停车场地及提供多少停车位作出约定，开心购物广场认为滨海快速公司没有提供停车条件构成违约，缺乏合同依据，本院亦不予支持。

开心购物广场主张滨海快速公司违约的事实均不成立，其认为滨海快速公司因违约不享有合同解除权的主张，本院不予支持。

（2）滨海快速公司解除合同通知是否送达了开心购物广场。

一审法院2014年8月20日庭审中，开心购物广场称金某龙当时系该公司副总，是君信诚公司股东。依照开心购物广场上述自认，滨海快速公司将解除通知送达开心购物广场，金某龙签收系履行职务行为，应当认定该解除通知已送达开心购物广场。开心购物广场称此时金某龙已经离开公司，但未提供证据予以证实，亦未提供证据证明上述签字非金某龙本人所签。故开心购物广场主张其未收到解除通知，缺乏事实依据，本院不予支持。

2. 关于开心购物广场是否应支付能源费等相关费用问题。

（1）开心购物广场是否应承担租金、能源费、材料费等给付义务。

案涉租赁合同依法有效，双方当事人均应依约履行合同义务。滨海快速公司已经履行房屋交付义务，开心购物广场应当对待履行交付租金义务。开心购物广场认为滨海快速公司交付的房屋不符合合同约定，但其未就该主张提供证据予以证明，故其不应支付租金的主张，本院不予支持。

依照案涉租赁合同约定，开心购物广场经营期间产生的水费、电费等费用，均由开心购物广场承担。合同履行过程中，滨海快速公司将应由开心购物广场承担的水费、电费等能源费的相关催缴通知送达了开心购物广场，开心购物广场工作人员予以签收。开心购物广场称其未收到能源费等催缴通知，与本案查明事实不符，开心购物广场接收催缴通知后并未对能源费的数额提出异议，诉讼中亦未提供证据证明能源费的数额不当，一审判决依据催缴通知载明的费用数额判令其支付相关费用，适用法律正确。开心购物广场认为在其尚未对能源费用数额予以确认前不应承担费用的主张，缺乏事实及法律依据，本院不予支持。

（2）滨海快速公司是否可以取得开心购物广场履约保证金。

案涉租赁合同约定，履约保证金作为但不限于开心购物广场、君信诚公司按时交纳租金、各项费用及承担违约责任等切实履行本合同项下全部义务的保证。但因开心购物广场、君信诚公司原因导致合同解除，滨海快速公司有权依据合同其他条款约定要求上述两公司承担违约责任外，还有权没收保证金。一审判决基于合同约定，在认定案涉合同因开心购物广场拖欠租金解除情形下，支持滨海快速公司收取开心购物广场履约保证金的请求，适用法律正确。开心购物广场认为合同有关履约保证金的约定应认定无效，但未提出理由及法律依据，其认为不应支付履约保证金的主张，本院不予支持。

（3）开心购物广场是否应支付材料费。

案涉补充协议约定的装修材料费，系双方针对买卖滨海快速公司所有的装修材料形成的合意，双方之间的权利义务应依照《中华人民共和国合同法》有关买卖的规定予以确定。《中华人民共和国合同法》第一百三十条规定：买卖合同是出卖人转移标的物的所有权给买受人，买受人支付价款的合同。第一百三十三条规定：标的物的所有权自标的物交付时起转移，但法律另有规定或者当事人另有约定的除外。开心购物广场已经接收滨海快速公司的装修材料，应当支付材料价款。至于开心购物广场接收材料后是否将材料用于租赁房屋装饰装修，系其购买材料的使用问题，不影响其支付材料价款。开心购物广场认为其购买的材料一部分用于租赁房屋装修，一部分未使用，不应支付价款，缺乏法律依据，本院不予支持。

3. 滨海快速公司是否应赔偿开心购物广场的损失问题。

从开心购物广场一审就该请求提出的理由看，其系在主张合同有效继续履行情形下，以滨海快速公司违约影响其经营为由，主张滨海快速公司赔偿其因此产生的损失，所提交的《审计报告》系对其因经营投入资金的汇总。一审判决在认定开心购物广场有关滨海快速公司违约的主张不成立前提下，驳回开心购物广场上述赔偿损失请求，适用法律正确。二审中，开心购物广场将该项请求解释为在合同解除情形下，对其装饰装修等损失的赔偿，该解释系对一审诉讼请求的变更，本院二审依法不予审理。开心购物广场就有关合同解除后租赁房屋装饰装修物处理等纷争，可另寻法律途径解决。

综上，一审判决认定事实清楚，适用法律正确，应予维持。

基于上述，最高人民法院于2015年10月11日依照《中华人民共和国民事诉讼法》第一百七十条第一款第（一）项之规定，判决如下：驳回上诉，维持原判。

二十、致租赁合同提前解除的承租方应否承担免租期的租金

（一）理论解答

经营用房租赁中，因租赁房屋往往都需要在正式经营前进行较大规模的装修或商业环境的培养（行话称之为“养”），不能完全按照租赁合同约定的起租期实际办公、营业，出租方通常都会给予承租方一定期限的免租期，在该免租期内，承租方可以占有、使用租赁房屋，但无须计付房租。因我国现行法律对租赁实务中的免租期没有明确的规范，在当事人无明确约定的情况下，“致租赁合同提前解除的违约方应否承担免租期的租金”这一问题在理论和实务界争议不断。

有观点认为，根据公平原则，如实际租赁期限缩短的，免租期也应同比例缩短，承租方违约致使租赁合同提前解除的，承租方应向出租方补回免租期缩短期间的租金损失。

另有观点认为，承租方违约致使租赁合同提前解除的，出租方因免租而遭受的租金损失也应被认定为承租方违约给出租方造成的实际损失，对此损失承租方应当承担赔偿责任。

本书认为，合同约定的免租期系为双方长期履约而设立，免租期条款的本质就是一项有条件的赠与，对其相关争议的处理应按我国法律有关赠与的规定处理。《中华人民共和国合同法》第一百九十二条规定：“受赠人有下列情形之一的，赠与人可以撤销赠与：（一）严重侵害赠与人或者赠与人的近亲属；（二）对赠与人有扶养义务而不履行；（三）不履行赠与合同约定的义务。赠与人的撤销权，自知道或者应当知道撤销原因之日起一

年内行使。”承租方违约致使租赁合同提前解除的，属于承租方没有履行赠与合同的约定义务。据此，出租人有权在一年内要求违约的承租方承担租赁合同中约定的免租期的租金。

（二）案例指引

杭州天星龙建材装饰会展管理有限公司与北京居然之家投资控股集团有限公司房屋租赁合同纠纷案[①]

2009年12月1日，杭州天星龙建材装饰会展管理有限公司（以下简称天星龙公司）（甲方）与北京居然之家投资控股集团有限公司（以下简称居然之家）（乙方）签订租赁合同。合同约定：第4条“租赁场地产权状况、位置、面积”4.1：甲方与浙江大光明集团公司（以下简称大光明）于2004年1月12日签订了《合作协议书》，约定由甲方承租大光明所有的、位于浙江省杭州市江干区凤起路与新塘路交汇处之西南角的商业用房及附属设施（以下称租赁场地）用于开展商业经营活动。甲方承租租赁场地后开办了名为“杭州天星龙建材装饰会展管理有限公司”的装饰材料市场。4.2：现因经营需要，在征得产权人大光明书面同意后，甲方将上述租赁场地转租给乙方，乙方同意承租上述场地。租赁场地现有租赁经营者83户，至本合同签订日止，合同到期的租赁经营者76户，合同未到期的租赁经营者7户……第6条“有关租赁场地的其他约定”6.1：甲方必须确保租赁场地的合法性，在本合同签订前向乙方提供甲方与产权人签订的《合作协议书》，并向乙方提供产权人名下的租赁场地的《国有土地使用权证书》《建设用地规划许可证》《建设工程规划许可证》《建设工程施工许可证》的复印件，在本合同签订后2年内向乙方提供租赁场地的《主体竣工验收文件》复印件和《房屋所有权证》复印件（以上材料均须加盖产权方公章）。在乙方配合下，甲方负责办理本合同在政府有关主管部门的租赁登记手续，申请及领取租赁许可证。具备上述条件，乙方视为甲方具有出租租赁场地的合法权利……第8条“物业管理”8.1：租赁场地由乙方自行管理，甲方应保证租赁场地具备独立管理的条件且不得向乙方收取任

---

① 详见：浙江省高级人民法院（2014）浙民再字第67号民事判决书。

何形式的物业管理费用……8.4：租赁期间房屋结构、空调系统、消防系统、供水供电系统、电梯、自动扶梯等各项属于甲方或产权人投入的物业设备设施发生质量问题，甲方应及时修复并承担修复费用。在乙方通知甲方1周内，甲方未进行修复也无回应时，乙方有权利自行组织修复，由此产生的费用从应付的租金中抵扣。乙方在装修及经营期间，未经甲方书面同意，不得对房屋结构、原有设备设施结构进行拆改。因乙方拆改行为引起的各种事故由乙方负责；同时因乙方的拆改导致租赁场地主体结构或使用功能出现不可弥补的缺陷，乙方应向甲方赔偿相应的全部损失……第9条“免租期及租赁期”9.1：租赁场地交付后6个月为免租期，暂定为2010年1月1日至2010年6月30日。租赁期限为18年，自免租期满之日起开始计算，暂定为2010年7月1日至2028年6月30日。9.2：甲方延期交付租赁场地的，免租期及租赁期相应顺延。乙方延迟接收租赁场地的，免租期及租赁期不予以顺延。第10条“租金及支付方式”10.1：以商业经营面积约41003.7平方米作为计租面积，具体面积以杭州市房屋管理部门实测面积为准。10.2“租金标准”：第一年至第三年租金按每天每建筑平方米2.2元计算；第四年至第六年租金按每天每建筑平方米2.4元计算；第七年至第九年租金按每天每建筑平方米2.64元计算；第十年至第十二年租金按每天每建筑平方米2.95元计算；第十三年至第十五年租金按每天每建筑平方米3.3元计算；第十六年至第十八年租金按每天每建筑平方米3.7元计算（以上所指的“年”为“合同年”，一年按365天计算）。10.3：租金按季支付。乙方应于每个季度前一个月的月底之前，在接到甲方开具的发票后的三个工作日内将下个季度的租金以支票或银行划款方式交给甲方，如遇周末或节假日则顺延。首个季度租金应按实际天数计算。乙方未按约定时间及额度支付租金时，每日按未付金额的万分之二点一（0.021%）支付违约金。因甲方未按时提供发票导致乙方未及时支付租金的责任由甲方承担。第11条“预付款及支付方式”11.1：乙方同意在本合同签订后7日内向甲方支付500万元预付款。11.2：乙方支付给甲方的预付款依次抵扣乙方应付甲方的租金……第16条“乙方的其他权利和义务”16.1：负责组建以乙方为实际控制人的经营“居然之家”品牌大型家居建材商场的有限责任公司，对租赁场地实施有效的经营管理……16.7：

负责办理乙方开业所需的全部手续。16.8：租赁场地的外立面乙方可根据经营需要进行改造，租赁场地屋顶乙方可根据经营需要安装“居然之家××店”LOGO支架及广告牌；但改造方案需经甲方及产权方同意，报政府相关部门批准后方可实施。16.9：乙方可根据经营需要对甲方原有室内室外装修进行合理改造……第21条“违约责任”……21.3：出现如下情形之一时，甲方有权提前解除本合同，乙方除赔偿甲方遭受的一切实际损失外，还应向甲方支付相当于6个月租金的违约金（以合同终止之前6个月的租金标准为依据）：(1) 如果乙方无正当理由逾期不支付租金及其他费用超过一个月且累计欠付金额达到300万元的；(2) 乙方利用租赁场地进行非法活动，损害公共利益的；(3) 其他因乙方严重违约造成合同无法履行的。甲方依据上述情形提前解除合同时，应书面通知乙方；甲方亦可选择不解除合同，但甲方仍有权要求乙方赔偿其遭受的一切实际损失。21.4：出现如下情形之一时，乙方有权提前解除本合同，甲方除赔偿乙方遭受的一切实际损失外，还应向乙方支付相当于6个月租金的违约金（以合同终止之前6个月的租金标准为依据）：(1) 未能在合同约定期限内向乙方提供合法有效的租赁场地房产证明影响乙方正常经营，或未能在合同约定期限内提供其他乙方要求的证明文件；(2) 租赁场地发生产权纠纷和债权债务纠纷或因第三人主张权利，影响乙方正常对外营业的；(3) 产权人对租赁场地进行出售、转让或设定抵押，以及合同第19条约定的甲方履约主体或控股股东发生变化，甲方未事先通知乙方或新的产权人、履约主体不同意继续履行与乙方的租赁合同导致本合同解除的；(4) 产权人采取分割产权的方式将租赁场地对社会公众出售，有可能导致乙方的利益受到伤害的；(5) 租赁场地交付后，因产权人或甲方原因导致合同约定的物业条件发生较大变化，如停车场不能保证、物业设备不能正常运转或建筑结构出现严重质量问题的；(6) 因产权人或甲方原因导致租赁场地周边情况发生重大变化，影响乙方正常经营的；(7) 因甲方与产权人的《合作协议书》提前终止导致本合同无法继续履行的；(8) 其他因甲方严重违约造成合同无法履行。乙方依据上述情形提前解除合同时，应书面通知甲方；乙方亦可选择不解除合同，但乙方仍有权要求甲方赔偿其遭受的一切实际损失……第22条“期满撤场”：在本合同到期或提前终止前，乙方应在至期满或终止2个月内，自费将其所有物品搬离，将租赁场地（包括所有的固定装置和设备）交回甲方；乙方交回场地时，所有物业设备设施应运转正常（自然磨损除外），若乙方未能按时搬出物品、把租赁场地交还甲方，应视为乙方放弃相关物品的所有权，甲方可随意清理。

租赁场地于2009年12月依约交付后，居然之家亦按照合同约定支付了500万元预付款，对租赁场地的内部及外立面等进行了装修，并由居然之家为出资方设立的杭州居然之家商业管理有限公司（以下简称杭州居然之家）对案涉房屋进行经营与管理。2010年6月22日，杭州居然之家收到天星龙公司开具的面额为297万元、297万元、2291492.77元的三张2010年7月1日至2010年9月30日的租金发票，后于2010年7月20日由杭州居然之家代为支付租金3231492.77元，迟延支付24天；2010年9月8日，杭州居然之家收到天星龙公司开具的面额为297万元、297万元、2291492.77元的三张2010年10月1日至2010年12月31日的租金发票，后于2010年11月24日由杭州居然之家代为支付租金8231492.77元，迟延支付租金71天；2010年12月3日，杭州居然之家收到天星龙公司开具的面额为8231492.77元的一张2011年1月1日至2011年3月31日的租金发票，后于2011年1月28日由杭州居然之家代为支付租金8231492.77元，迟延支付租金50天；2011年3月7日，杭州居然之家收到天星龙公司开具的面额为8231492.77元的一张2011年4月1日至2011年6月30日的租金发票，后于2011年3月28日由杭州居然之家代为支付租金8231492.77元，迟延支付租金17天；2011年6月28日，天星龙公司向杭州居然之家邮寄编号为12832273、开具面额为8231492.77元的2011年7月1日至2011年9月30日的租金发票一份，2011年7月2日杭州居然之家拒绝签收；2011年9月7日由杭州居然之家代为支付2011年7月1日至2011年9月7日的租金6224361.66元。

2011年7月18日居然之家发函给天星龙公司表示："我司杭州店至今仍无法取得市场证照，场内各商户也无法办理营业执照，经营难以为继，故我司决定撤场退租，终止租赁合同。"

2011年7月25日，天星龙公司向杭州市江干区人民法院提起诉讼，请求判令：1. 解除天星龙公司与居然之家于2009年12月1日签署的租赁合同；2. 居然之家支付违约金 27460177.89 元；3. 居然之家立即腾退租赁场地并恢复原状；4. 居然之家支付延期支付租金的违约金 265207.05 元；5. 居然之家支付实际使用租赁场地的租金 1804162.80 元（暂计算至 2011 年 7 月 20 日，2011 年 7 月 21 日至实际腾退之日的租金另计）；6. 诉讼费用由居然之家承担。同年 8 月 3 日，天星龙公司申请增加第 7 项诉讼请求：判令居然之家赔偿天星龙公司实际损失 1000 万元。

居然之家于 2011 年 8 月 8 日、8 月 29 日、9 月 13 日、10 月 29 日分别就场地交接、补偿款等问题发函给天星龙公司。天星龙公司于 2011 年 8 月 12 日、9 月 6 日、9 月 19 日、11 月 4 日分别作出回函，表示由于双方对租赁合同终止的相关事项并未达成一致，同时鉴于居然之家未按合同约定将租赁场地恢复原状，且租赁场地存在居然之家与承租经营户之间的司法诉讼，天星龙公司无法接收场地及希望双方就退场交接及相关事宜进行协商。

2011 年 10 月 19 日，居然之家收到起诉状副本、增加诉讼请求申请书、保全裁定等法律文书。同年 10 月 25 日，居然之家向杭州市江干区人民法院提出管辖权异议，要求将该案移送杭州市中级人民法院管辖。同年 10 月 27 日，天星龙公司根据实际情况，重新制作一份民事起诉状，对诉讼请求进行了调整与补充，请求判令：1. 解除天星龙公司与居然之家于 2009 年 12 月 1 日签署的租赁合同；2. 居然之家立即拆除其增添或变更的租赁场地的外立面及室内装修设施，并恢复原状；3. 居然之家腾退租赁场地；4. 居然之家支付违约金 27460177.89 元；5. 居然之家支付延期支付租金的违约金 265207.05 元；6. 居然之家支付实际占有租赁场地的租金（按每天每建筑平方米 2.2 元计算，自 2011 年 9 月 8 日至 2011 年 10 月 27 日为 4510407 元，2011 年 10 月 28 日至实际腾退移交之日按实计算）；7. 居然之家赔偿天星龙公司实际损失 61873632.94 元；8. 本案诉讼费用由居然之家承担。

杭州市江干区人民法院于 2011 年 10 月 28 日作出（2011）杭江民初字第 1236 号民事裁定，裁定该案移送杭州市中级人民法院审理。

诉讼期间，经杭州市中级人民法院现场查看，居然之家退场后，拆除电子显示屏，造成租赁场地 A 楼外墙圆弧处（周围为玻璃幕墙）和 B 楼

19－21轴线外墙（周围为干挂石材）上各有一个空洞，居然之家未予修复，也未与天星龙公司就租赁场地办理交接。

杭州市中级人民法院一审认为：

天星龙公司与居然之家于2009年12月1日签订的租赁合同是双方真实意思表示，且内容并未违反国家法律、行政法规的强制性规定，应属有效。

合同约定租金按季支付，居然之家应于每个季度前一个月的月底之前，在接到天星龙公司发票后的三个工作日内将下个季度的租金交给天星龙公司，如遇周末或节假日顺延。但居然之家在2010年6月22日收到天星龙公司2010年7月1日至2010年9月30日的租金发票后，于2010年7月20日才支付租金，迟延支付24天；2010年9月8日收到天星龙公司2010年10月1日至2010年12月31日的租金发票后，于2010年11月24日才支付租金，迟延支付71天；2010年12月3日收到天星龙公司2011年1月1日至2011年3月31日的租金发票后，于2011年1月28日才支付租金，迟延支付50天；2011年3月7日收到天星龙公司2011年4月1日至2011年6月30日的租金发票后，于2011年3月28日才支付租金，迟延支付17天。依据双方签订的租赁合同第10.3条，居然之家应当支付未按约支付租金的违约金253106.76元（8231492.77×0.021%×24＋8231492.77×0.021%×71＋8231492.77×0.021%×50＋8231492.77×0.021%×17）。对天星龙公司该项诉讼请求中合理部分予以支持。

2011年6月28日，天星龙公司向杭州居然之家邮寄面额为8231492.77元的2011年7月1日至2011年9月30日租金发票，2011年9月7日居然之家支付租金6224361.66元。虽然居然之家未足额支付部分租金，按合同约定居然之家应在收到发票后的三个工作日内支付租金，居然之家无正当理由逾期不支付租金或其他费用超过一个月且累计欠付金额达到300万元的，天星龙公司可提前解除合同，即使按天星龙公司邮寄时间计算，直至2011年7月25日天星龙公司诉至杭州市江干区人民法院，尚未超过一个月。由于本案双方合同是否解除正在法院审理中，居然之家因此而未按期支付上述租金，并不符合《中华人民共和国合同法》第九十四条中当事人可以解除合同的情形，也不符合租赁合同的相关约定。天星龙公司据此要求居然之家支付相应违约金的相关诉讼请求不予支持。

天星龙公司诉称的居然之家违约之情形并不存在，本案也无其他符合《中华人民共和国合同法》第九十四条以及案涉租赁合同中约定的天星龙公司可单方解除合同的情形。但2011年7月18日居然之家发函给天星龙公司以天星龙公司违约为由要求解除双方签订的租赁合同。2011年7月25日，天星龙公司以居然之家违约为由向杭州市江干区人民法院提起诉讼，请求解除双方签订的租赁合同。2011年10月25日居然之家以天星龙公司违约为由向该院提起诉讼，请求解除双方签订的租赁合同。本案庭审期间双方对解除合同并无异议，仅对违约责任存在争议。事实证明双方当事人在诉讼前与起诉等阶段实施的一系列解除租赁合同的行为，意在告知对方终止履行租赁合同约定的权利义务。故天星龙公司与居然之家请求解除案涉合同及要求居然之家腾退租赁场地的诉讼请求成立，予以支持。案涉租赁合同签订后，双方就租金进行了约定，因此对于租赁场地的租金，居然之家应按照双方约定予以支付。

《中华人民共和国合同法》第二百二十三条规定："承租人经出租人同意，可以对租赁物进行改善或者增设他物。"天星龙公司与居然之家签订的租赁合同约定租赁场地的外立面居然之家可根据经营需要进行改造，租赁场地屋顶居然之家可根据经营需要安装LOGO支架及广告牌；居然之家可根据经营需要对天星龙公司原有室内室外装修进行合理改造。居然之家经同意对租赁场地室内及外立面进行了装修，故天星龙公司要求居然之家拆除其增设的外立面及室内装修设施并恢复原状的诉讼请求无法律及合同依据，不予支持。

承租人经出租人同意装饰装修，租赁期间届满或者合同解除时，除当事人另有约定外，未形成附合的装饰装修物，可由承租人拆除。因拆除造成房屋毁损的，承租人应当恢复原状。居然之家经同意进行装修，在拆除其安装的显示屏后造成租赁场地外墙两处空洞，应当恢复原状。对天星龙公司的相关诉讼请求中合理部分予以支持。

天星龙公司要求居然之家赔偿天星龙公司为履行租赁合同清退原有商户支出的赔（补）偿款项和居然之家已享受的六个月免租期的租金损失，无合同及法律依据，不予支持。天星龙公司要求居然之家赔偿因租赁合同解除，天星龙公司需重新招商的空置租金损失，需支出策划、广告、人员工资等招商费用及外立面广告位租金收入损失，上述损失并未实际发生且无合同及法律依据，亦不予支持。

基于上述内容，杭州市中级人民法院依照《中华人民共和国合同法》第四十四条、第六十条、第九十三条、第九十四条、第一百零八条、第一百一十四条、第二百二十三条，《最高人民法院关于审理城镇房屋租赁合同纠纷案件具体应用法律若干问题的解释》第十条之规定，于2012年10月24日判决：1. 解除天星龙公司与居然之家于2009年12月1日签订的租赁合同；2. 居然之家于判决生效之日起30日内将租赁场地A楼外墙圆弧处和B楼19－21轴线外墙上的空洞修复并恢复原状（与空洞周围材质一致）；3. 居然之家于判决生效之日起30日内腾退租赁场地交还给天星龙公司；4. 居然之家于判决生效之日起30日内支付天星龙公司租赁场地延期支付租金违约金253106.76元；5. 居然之家于判决生效之日起30日内支付天星龙公司租赁场地租金（按每天每平方米2.2元，计租面积为41003.7平方米计算，一年按365天计算，从2011年9月8日计算至本案判决生效之日止）；6. 居然之家于判决生效之日起30日内支付天星龙公司租赁场地占用使用费（按每天每平方米2.2元，计租面积为41003.7平方米计算，一年按365天计算，从判决生效之日次日起计算至实际腾退之日止）；7. 驳回天星龙公司的其他诉讼请求。案件受理费512347元、保全费5000元，由天星龙公司负担277213元，居然之家负担240134元。

一审宣判后，双方均不服，分别向浙江省高级人民法院提起上诉。

浙江省高级人民法院经审理，对一审法院认定“2011年7月18日居然之家发函给天星龙公司”的事实更正为：2011年8月2日，居然之家向天星龙公司递交了落款时间为7月18日的《关于提前终止租赁合同的函》，居然之家表示“……我公司决定撤场退租，终止租赁合同”。

对双方就租赁场地交接、补偿款等事宜的来往函件等情况作如下确认：

2011年8月8日，居然之家发给天星龙公司《关于交接场地的函》，内容为：“根据贵我双方于2011年8月2日会谈所达成的共识，双方已同意于2011年8月15日终止租赁合同。目前，我司已着手清理场地并将于解约时将租赁场地全部交还贵司。我司将于2011年8月15日上午9点派专人在租赁场地办理交接手续，届时请贵司派人共同顺利完成交接事宜。自2011年8月16日起，由贵司负责租赁物业的使用和管理。”

2011年8月11日，天星龙公司就居然之家8月8日《关于交接场地的函》，作出《关于场地交接事宜的回复函》，内容为：“我司认为由于对租赁合同终止的相关事项双方并没有达成一致，同时鉴于目前贵司并未按照约定将租赁场地按原状恢复，且租赁场地存在贵司与承租经营户之间的司法诉讼，故我司无法接受场地。请贵司在处理完毕以下事项后再通知我司办理交接手续：1. 处理完毕贵司与承租经营户之间涉及租赁场地纠纷的司法诉讼；2. 对租赁场地的室内与外墙面等按我司移交给贵司的原状予以恢复；3. 赔偿我司的实际损失；4. 按合同约定支付违约金；5. 支付至交接日止尚未支付的租金。”

2011年8月29日，居然之家发给天星龙公司《关于交接场地的函》，内容为：“自2009年以来，贵我双方一直保持着友好协作的合作关系，但因我司杭州店无法办理营业执照使得店内所有商户均处于非法经营状态，我司也无法按照合同约定向商户收取租金，经营难以维系，因此我司决定暂时撤离杭州市场。根据双方于2011年8月2日会谈所达成的共识，双方同意于2011年8月15日终止租赁合同。目前，我司已将租赁场地清理完毕并将于2011年9月7日上午派专人在租赁场地办理交接手续，届时请贵司派人共同顺利完成交接事宜。我司将把租赁场地的租金支付至2011年9月7日，从2011年9月8日起，由贵司负责租赁场地的使用和管理。”

2011年9月6日，天星龙公司就居然之家8月29日《关于交接场地的函》，作出《关于场地交接事宜的回复函》，内容为：“贵司所谓杭州店无法办理营业执照的说法完全不能成立。……对于贵司决定暂时撤离杭州市场，我司表示理解。为了妥善解决因贵司原因造成租赁合同提前终止而给我司带来的损失赔偿，我司派代表于2011年8月9日专程赴北京与贵司协商，向贵司提出了我司实际损失金额，但至今未接到贵司的答复。因此，我司希望贵司在撤离之前，妥善处理好双方的租赁合同事宜。关于场地交接一事，我司要求，在交接之前，请贵司处理完毕与承租经营户之间涉及租赁场地的纠纷，向我司支付拖欠的租金及违约金，并对因贵司违约对我司造成的所有损失予以赔偿，同时还需对租赁场地按原状恢复并确保物业设备设施运转正常。”

2011 年 9 月 7 日，居然之家发给天星龙公司《关于场地交接情况的告知函》，内容为：“我司依照 2011 年 8 月 29 日向贵司发出的《关于交接场地的函》，已于 2011 年 9 月 7 日上午九时派人至现场与贵司办理场地交接手续，但贵司未派任何工作人员到达现场。针对这一情况，我司及时电话请许水木总经理派人至现场办理交接，但许总经理提出由于赔偿款未支付等原因无法接受场地，为分清贵我双方的责任，我司对电话通知行为采取了证据保全。目前场地内所有商户已经清空，我们对场地进行了全面清扫，已完全具备交付条件，而合同解约赔偿、场地外墙如何恢复等事宜并不影响场地的交接，为此我们也请公证处对场地现状进行了录像公证。我司再次郑重通知贵司：从 2011 年 9 月 8 日 00：00 时起，由贵司负责场地的使用和管理，相关的一切风险和责任（包括但不限于安保、消防等）由贵司承担；从 2011 年 9 月 8 日起，我司将不再支付场地租金。”

2011 年 9 月 7 日，居然之家委托吴某兴到杭州市钱塘公证处，申请证据保全公证，该公证处分别作出了（2011）浙杭钱证民字第 7071 号、第 7072 号公证书。第 7071 号公证书载明：“居然之家的委托代理人吴某兴于 2011 年 9 月 7 日上午来到本处，在本公证员李某和本处工作人员孙某的面前，进行了如下行为：吴某兴于 2011 年 9 月 7 日上午约 10 时 42 分开始，用本处的固定电话（0571－878××××2）拨打 1360580××××号码，电话接通后，双方就相关问题进行了交谈，上述过程持续约 2 分多钟。吴某兴的上述行为由本公证员和本处工作人员孙某在现场监督，所作的录音经本处刻制成光盘后共一式三份，其中两份交由申请人保管（其中一份进行了封存，一份未经封存），另一份留存本处。公证员李某，2011 年 9 月 28 日。”第 7072 号公证书载明：“根据《中华人民共和国公证法》的规定，本公证员与本处工作人员孙某会同申请人居然之家的委托代理人吴某兴于 2011 年 9 月 7 日下午来到杭州市凤起东路申请人居然之家所指称的位置，现场有一地上有五层的建筑，该建筑显示有‘A’和‘B’，均为五层，A 和 B 的门口门面上均有‘居然之家’的字样显示（经本公证员在现场察看，该幢建筑标识有‘A’的后面的一幢建筑显示为钱江七苑 17 幢）。

本公证员与本处工作人员孙某从该建筑 A 的外面及一楼一直到五楼，再从五楼的通道到 B，又从 B 的五楼到一楼，对该建筑及周围的相关部位进行了拍照和摄像，由本公证员进行拍照，本处工作人员孙某进行摄像。兹证明与本公证书相符的照片系本公证员所拍，与现场实况及实物相符，所作的摄像经刻制成光盘后一式三份，本处留存一份，另两份交由申请人（其中一份由本处进行了封存，另一份未经封存）。附件：照片 198 张。公证员李某，2011 年 9 月 28 日。”

2011 年 9 月 13 日，居然之家发给天星龙公司《关于补偿款的函》，内容为：“由于种种原因，我司决定提前终止租赁合同并已于 2011 年 7 月 18 日向贵司发函告知。经我司研究，决定以第一年的租金标准为计算基数，向贵司支付一年的租金作为提前终止合同的补偿款。”

2011 年 9 月 16 日，天星龙公司就居然之家落款日期为 9 月 13 日的《关于补偿款的函》及落款日期为 9 月 7 日的《关于场地交接情况的告知函》，作出《回复函》，内容为：“对因终止租赁合同而给我司造成的约 1 亿元巨额损失来讲，贵司来函所提到的补偿金额约 3300 万元是远远不足以弥补的。因此，我司希望贵司客观考虑我司的免租期租金损失、清理原商户的赔（补）偿款以及重新招商等巨额损失费用，同时如外立面及室内场地恢复原状工作委托我司实施的话，该费用也是巨大的。……对于场地交接事宜，我司在两次回复函中均已明确表达了态度，即贵司需在处理完毕涉及租赁场地的相关事项并对租赁场地按原状恢复后，才能向我司办理移交手续。鉴于截至 2011 年 9 月 7 日，贵司并未将场地的恢复原状工作委托我司，也未就场地交接前的其他事项落实解决，因此，交接场地条件尚不具备，我司当然有理由不予接收，相应的责任、风险以及租金依法仍应由贵司承担。有关场地情况及我司负责人讲话的内容，即使贵司不作录音或录像公证，我司也是基于事实予以认可的。”

2011 年 10 月 29 日，居然之家发给天星龙公司《提示函》，内容为：“贵司于 2011 年 7 月 21 日向杭州江干法院提起诉讼，要求我司腾退并归还场地。我司早已通知贵司于 2011 年 9 月 7 日接收场地并明确告知贵司：从 2011 年 9 月 8 日起，由贵司负责场地的使用和管理，相关的一切风险和责任（包括但不限于安保、消防等）由贵司承担。”

2011年11月3日，天星龙公司就居然之家落款日期为10月29日的《提示函》，作出《回复函》，内容为：“对于此前贵司通知我司于2011年9月7日接受租赁场地，因贵司未对租赁场地的外立面及室内装修进行拆除清理，更未按我司交付贵司时的原状进行恢复，且涉及租赁场地的其他纠纷尚未解决，因此，交接条件尚不具备，我司当然有理由拒绝接受。我司认为，在我司接收之前有关租赁场地的风险责任、租金等只能由贵司承担。”

2012年4月5日，天星龙公司发给居然之家《关于租赁费发票事宜的函》，内容为：“对2011年第三季度的租赁费发票，我司之前曾多次当面送交或邮寄给贵司杭州公司，但均被拒收。此后，贵司也只是交付了部分租金（仅交付至2011年9月7日止）。鉴于双方有关租赁合同的纠纷已经进入司法诉讼程序，在案件处理结果未确定之前，如贵司需要租赁费发票的，应当按照租赁合同约定支付2011年整个第三季度的租金，并将2011年第四季度以及2012年第一季度的租金一并付清。此外，审理本案的一审法院于2012年2月23日组织双方到租赁现场查看，明确要求贵司恢复原状，然后再办理场地交接手续。可至今已一个月有余，尚不见贵司进行恢复原状施工。我司真诚地建议，为了有利于早日移交租赁场地，贵司应当尽快恢复原状，以把损失降到最低，如自行修复不便的，也可委托我司进行，并就相关事宜与我司磋商。”

2012年4月11日，居然之家就天星龙公司《关于租赁费发票事宜的函》作出《关于租赁费发票及场地交接事宜的回函》，内容为：“1. 关于租赁费发票。根据函件内容，贵司认可我司已将租赁费支付至2011年9月7日，依据相关财务法律规定，贵司应在收到上述款项后出具相应的合法票据，这与正在进行的诉讼并不矛盾。对于租赁场地2011年9月7日之后的租赁费是否应由我司承担，我司将按照法院的最终裁决履行。2. 关于贵司提及的法院观点。对于租赁场地实际交付的问题，虽然法院于2012年2月23日组织双方实地勘察，但法官也明确表示最后是否能交接成功完全在于双方自愿，所以恢复原状并非法院的要求，况且在案件没有开庭审理的情况下，法官也不可能对案件的实体性问题作出评判。3. 关于场地交接。目前降低损失的最有效做法就是双方进行场地交接，之后贵司可尽快将租赁场地投入运营，减少租赁场地空置期损失。对于贵司提出的恢复原状，我司认为：租赁场地内部区域缺乏恢复原状的需要和可行性，贵司将租赁场地交予我司时，租赁场地内部遗留的商户隔断等均为我司自行拆除，而我司投入的装修也应根据后续使用者的需求来确定是否具备使用性，若无法使用，也应由贵司或后续的使用者按照实际需要进行改造调整。对于租赁场地的外立面装修，如贵司认为有必要恢复原状，可自行承担费用先行恢复，最终双方再按照法院裁决，确定该笔费用的承担方。”

再查明，2012 年 2 月 23 日，一审法院组织双方当事人现场查看案涉租赁场地，并作了调查笔录。法官询问天星龙公司对居然之家主张交接是什么意见时，天星龙公司代理人表示“现在不具备交接的条件”，提出“外立面空洞、蓝色铝板、电梯货梯、消防设施、中央空调、监控、通道和垃圾清理一定要恢复，如此才可谈交接”。居然之家认为“先做一个目前的现场交接，即现状交接。是不是需要承担责任，必须庭审审理后才能确认，而不是现在就要承担恢复原状的责任”。对法官提出的“为防止双方损失的扩大，居然之家是否可以将外立面和两个空洞先改善一下，天星龙公司也先行完成交接”的问题，双方仍各执一词。

浙江省高级人民法院认为，天星龙公司与居然之家于 2009 年 12 月 1 日签订的租赁合同，双方意思表示真实，内容不违反国家法律、行政法规的强制性规定，应为有效。就双方的上诉理由和主张分析如下：

1. 违约问题。

本案双方上诉均认为对方存在违约。就居然之家提出的天星龙公司违约问题，鉴于居然之家已在一审法院审理的其诉天星龙公司房屋租赁合同纠纷一案中，以天星龙公司违约为由要求天星龙公司承担相应的违约及赔偿责任，并已就此对该案提起上诉，故对居然之家在本案中提出的天星龙公司存在违约的主张，将在另案中评述。本案仅就天星龙公司主张的居然之家存在违约及相关问题进行分析处理。

（1）2011 年 6 月 10 日天星龙公司是否向杭州居然之家邮寄了租金发票。

经审查，一审中天星龙公司提交的证据 3 杭州市钱塘公证处（2011）浙杭钱证民字第 4078、4610 号公证书两份，查单、邮件批条各一份，欲证明天星龙公司于2011年6月10日、6月28日，两次通过EMS邮政特快专递形式向居然之家寄送2011年第三季度的租金发票，要求居然之家支付租金8231492.77元，但居然之家拒收发票。居然之家质证认为："因为双方纠纷已起，其拒收是行使抗辩权。"一审法院对该证据的真实性予以确认。根据天星龙公司提交的该组证据，可以确认以下事实：2011年6月10日天星龙公司通过EMS邮政特快专递向杭州居然之家邮寄开票日期为2011年6月1日、发票号码为12832273、金额为8231492.77元的2011年7月1日至2011年9月30日的租金发票一份，杭州居然之家拒收。之后，天星龙公司于6月28日再次通过EMS邮政特快专递向杭州居然之家邮寄前述发票，杭州居然之家拒收。

一审法院仅认定了2011年6月28日天星龙公司向杭州居然之家邮寄租金发票被拒收的事实，对同年6月10日天星龙公司邮寄租金发票的事实未予认定，欠妥。二审对此予以补充认定。

（2）天星龙公司是否有权单方解除租赁合同。

租赁合同第21.3条约定："出现如下情形之一时，甲方有权提前解除本合同，乙方除赔偿甲方遭受的一切实际损失外，还应向甲方支付相当于6个月租金的违约金（以合同终止之前6个月的租金标准为依据）：（1）如乙方无正当理由逾期不支付租金及其他费用超过一个月且累计欠付金额达到300万元的……甲方依据上述情形提前解除合同时，应书面通知乙方；甲方亦可选择不解除合同，但甲方仍有权要求乙方赔偿其遭受的一切实际损失。"天星龙公司在2011年7月25日向杭州市江干区人民法院递交的起诉状中，以"居然之家于2011年6月10日收到租金发票，应在6月13日之前支付下季度（2011年7月1日至9月30日）的租金8231492.77元，至今已超过30日，虽经多次催促，仍未支付租金"为由，并根据租赁合同第21.3条约定，认为其有权解除合同。

本院认为，租赁合同第10.3条约定，租金按季支付，居然之家应于每个季度前一个月的月底之前，在接到天星龙公司开具的发票后的三个工作日内将下个季度的租金交给天星龙公司。根据一审查明的事实，2010年7月1日至2011年6月30日期间的租金发票，天星龙公司均是在每个季度的前一个月（2010年6月、9月、12月、2011年3月）邮寄给杭州居然之家的，对于2011年第三季度的租金发票，天星龙公司也是按照租赁合同约定于2011年6月10日邮寄给杭州居然之家，但遭到拒收，天星龙公司再次于6月28日邮寄租金发票，仍遭拒收。居然之家拒绝签收租金发票，意欲拖延支付租金，事实上，居然之家在支付2011年第二季度的租金后，也未在2011年6月底之前支付第三季度的租金，即使在2011年9月7日支付了2011年7月1日至9月7日的租金，也已超过了租赁合同第21.3条（1）约定的一个月及欠付金额数。故天星龙公司依据租赁合同第21.3条约定，有权单方解除合同。一审法院认为天星龙公司无租赁合同中约定的可单方解除合同的情形，不当。天星龙公司该上诉理由成立。

（3）居然之家应否支付天星龙公司按6个月租金计算的违约金。

由于居然之家存在着租赁合同第21.3条（1）约定的情形，故天星龙公司有权提前解除租赁合同。依据租赁合同第21.3条约定，居然之家应支付天星龙公司相当于6个月租金的违约金。天星龙公司上诉主张居然之家支付其按6个月租金计算的违约金16462985.55元的请求，符合合同约定，予以支持。

（4）居然之家是否应支付迟延支付租金的违约金。

租赁合同第10.3条除了对居然之家支付租金作了约定外，对未按约支付租金的违约金也作了明确约定，即“乙方未按约定时间及额度支付租金时，每日按未付金额的万分之二点一（0.021%）支付违约金”。根据一审查明的事实，居然之家存在迟延支付租金的事实，其上诉亦未对此提出异议，故应按租赁合同的前述约定向天星龙公司支付相应的违约金。一审就此所作判决得当。居然之家上诉认为一审判决其承担迟延付款的违约责任错误的理由，不能成立，不予采纳。

2. 损失赔偿问题。

（1）居然之家应否赔偿天星龙公司因履行租赁合同而清退原有商户支出的赔（补）偿款项1000万元。

经审查，一审中，天星龙公司提交证据14天星龙公司清退商户赔（补）偿款清单，欲证明为履行与居然之家的租赁合同，天星龙公司清退了原有商户，合计支出款项8937784元，另加律师费、工作人员工资奖金、诉讼费等合计1000万元。居然之家质证认为：大部分仅有白条并无直接的付款凭证，对真实性有异议；证据均发生在租赁合同之前，与合同的履行无关联性；商场展位退场结算单上显示为合同已到期，法律上也没有补偿的义务。一审认定该证据系天星龙公司与案外人之间的结算，对关联性不予认定。二审期间天星龙公司未就该损失主张提交新的证据材料。

本院认为，双方签订的租赁合同第4.2条载明："租赁场地现有租赁经营者83户，至本合同签订日止，合同到期的租赁经营者有76户，合同未到期的租赁经营者7户。"第7.1条约定："天星龙公司同意在2010年1月1日之前向居然之家交付租赁场地，在正式交付租赁场地时，应完成对合同已到期商户和合同未到期但不同意在居然之家接受场地后继续经营的商户的清场工作。"据此，天星龙公司为履行案涉租赁合同而清退原有商户并为此支付相关费用的事实可以认定。虽然合同约定天星龙公司在交付租赁场地时应完成对商户的清场工作，但根据案涉租赁合同约定的租赁期限长达18年，而居然之家实际承租不足两年，且导致案涉租赁合同提前解除的责任在居然之家等情形，居然之家理应赔偿天星龙公司为清退原有商户而支付的费用损失。至于具体费用，虽然天星龙公司上诉主张其为此支付的费用达1000万元，但其一审中提交的证据尚不足以认定该数额，二审中也未能进一步举证证明，故根据本案实际，酌情确定天星龙公司为清退原有商户所支出的费用为500万元，居然之家应予赔偿。

（2）居然之家应否赔偿天星龙公司6个月免租期的租金损失16462985.55元。

租赁合同第9.1条约定："租赁场地交付后6个月为免租期，暂定为2010年1月1日至2010年6月30日。"案涉租赁场地于2009年12月交付，居然之家支付了2010年7月1日至2011年9月8日的租金。本院二审认为，虽然合同约定了6个月的免租期，但由于合同约定的租赁期限长达18年，而实际只履行了很短的期限，且导致提前解除合同系居然之家责任所致，故居然之家不应享有该6个月免租期的租金利益，天星龙公司主张居然之家赔偿其6个月免租期租金收入损失16462985.55元的请求，予以支持。

3. 居然之家应否支付天星龙公司2011年9月8日以后案涉租赁场地的租金或占有使用费问题。

（1）案涉租赁合同解除的时间。

《中华人民共和国合同法》第九十三条第二款规定："当事人可以约定一方解除合同的条件。解除合同的条件成就时，解除权人可以解除合同。"第九十四条规定："有下列情形之一的，当事人可以解除合同：……（二）在履行期限届满之前，当事人一方明确表示或者以自己的行为表明不履行主要债务。"第九十六条规定："当事人一方依照本法第九十三条第二款、第九十四条的规定主张解除合同的，应当通知对方。合同自通知到达对方时解除。对方有异议的，可以请求人民法院或者仲裁机构确认解除合同的效力。"

本院认为，天星龙公司于2011年7月25日向杭州市江干区人民法院递交起诉状，要求解除其与居然之家签订的租赁合同。根据天星龙公司2011年10月27日整理的起诉状中所陈述的内容，2011年8月2日居然之家与天星龙公司协商租赁合同解除事宜，居然之家向天星龙公司送交了落款时间为7月18日的《关于提前终止租赁合同的函》，故双方分别通过起诉或书面通知形式，向对方提出解除合同的事实清楚，本案亦不存在由于对方当事人对一方当事人主张合同解除持有异议的情形，据此根据《中华人民共和国合同法》第九十六条规定，可以确认天星龙公司与居然之家签订的租赁合同已于2011年8月2日解除。一审法院仅是判决双方签订的租赁合同解除，但未确定合同解除的时间点，存在不当，依法予以更正。

（2）居然之家是否应支付2011年9月8日以后案涉租赁场地的租金或占有使用费。

就合同终止或解除的处理，双方在租赁合同第21.6条及第22条中作了约定，其中第21.6条约定："合同解除时，双方同意租金按下列方式处理：……（3）因乙方违约导致本合同提前终止的，若乙方仍拖欠甲方租金等费用的，则应当在合同终止后10个工作日内一次性支付给甲方。（4）乙方未按上述约定支付拖欠租金的，按日0.021%支付违约金，超过30日的按日0.06%支付违约金。"第22条"期满撤场"约定："在本合同到期或提前终止前，乙方应在至期满或终止2个月内，自费将所有物品搬离，将租赁场地（包括所有的固定装置和设备）交回甲方，乙方交回场地时，所有物业设备设施应运转正常（自然磨损除外），若乙方未能按时搬出物品、把租赁场地交还甲方，应视为乙方放弃相关物品的所有权，甲方可随意清理。”据此，居然之家应在合同解除之日起10天内将拖欠的租金付清，并在2个月内将所有物品搬离并将租赁场地（包括所有的固定装置和设备）交回甲方，所有物业设备设施应运转正常。

关于租金是否结清。根据查明的事实，本案双方的租赁合同于2011年8月2日解除，居然之家于2011年9月7日支付了2011年7月1日至9月7日的租金，应认为居然之家已履行了合同第21.6条约定的结清租金的义务。

关于租赁场地的交接。根据查明的事实，双方就租赁场地的交接有过多次函件往来。居然之家在2011年8月8日即提出了场地交接的要求，之后在8月29日、9月7日、10月29日给天星龙公司的函件中均提出了办理场地交接手续的要求。天星龙公司在8月11日、9月6日、9月16日、11月3日的回函中，认为场地交接条件尚不具备，拒绝接收。在2012年2月23日一审法院组织双方现场查看案涉租赁场地的调查中，天星龙公司仍认为“现在不具备交接条件”。但根据居然之家2011年8月29日及9月7日给天星龙公司的函中所载的“已将租赁场地清理完毕”“所有商户已经清空，场地进行了全面清扫”等内容，以及居然之家在9月7日对案涉租赁场地现状进行证据保全公证的事实，可以认定居然之家在2011年9月7日已经清空了场地，且依据租赁合同第22条的约定，居然之家并不负有将租赁场地恢复原状的义务。据此，租赁场地未完成交接非系居然之家原因，而是天星龙公司拒绝接收所致。

天星龙公司一方面向法院起诉要求解除双方签订的租赁合同，判令居然之家立即腾退租赁场地，但同时却一再拒绝居然之家提出的场地交接要求。由于天星龙公司不予接收租赁场地，阻却租赁场地的交接，根据《中华人民共和国合同法》第一百一十九条“当事人一方违约后，对方应当采取适当措施防止损失的扩大；没有采取适当措施致使损失扩大的，不得就扩大的损失要求赔偿”之规定，天星龙公司应自行承担2011年9月8日以后发生的租赁场地占有使用费损失，故对其提出的要求判令居然之家支付自2011年9月8日至实际腾退移交之日的租金或使用费的主张，不予支持。居然之家提出的该部分上诉理由成立，予以支持。

4. 天星龙公司第二项上诉请求问题。

《中华人民共和国合同法》第二百二十三条规定："承租人经出租人同意，可以对租赁物进行改善或者增设他物。"根据双方在租赁合同第16条"乙方的其他权利和义务"中约定的内容，居然之家可以根据经营需要对租赁场地进行装修改造。具体为："第16.4条：（乙方）自行组织对租赁场地的二次装修，保证二次装修（含商户装修）设计和施工用材符合消防安全管理要求，负责开业之前的消防检查。"第16.8条："租赁场地的外立面乙方可根据经营需要进行改造，租赁场地屋顶乙方可根据经营需要安装'居然之家××店'LOGO支架及广告牌；但改造方案需经甲方及产权方同意，报政府相关部门批准后方可实施。"第16.9条："乙方可根据经营需要对甲方原有室内室外装修进行合理改造。"同时，从租赁合同第22条"期满撤场"的约定内容看，并未要求承租人在撤场时应将租赁场地恢复到原始状态，也未要求承租人拆除相应的添置物。故天星龙公司上诉要求居然之家拆除其增添或变更的租赁场地的外立面及室内装修设施，并恢复原状的请求无合同和法律依据，不予支持。

至于天星龙公司上诉提出的"商业用房内的空调、监控、自动扶梯货梯、消防、供水供电系统均严重毁损，居然之家应当对受损的设备设施进行修复并恢复原状"问题，尽管天星龙公司一审中提交了证据7（图纸移交清单与资料移交清单）、证据11（竣工图纸A区展销中心一套64张、B区展销中心一套75张、A主楼一套56张、B主楼52张、天星龙国际建材装饰展销中心建筑幕墙工程施工图一本）、证据12（天星龙建材装饰展销中心装饰工程施工招标补充文件一份、AB裙房装修补充说明一份、招标询标纪要一份、图纸会审纪要一份、天星龙公司工程联系单18份、华盛公司工程联系单19份）、证据13（天星龙建材装饰展销中心装饰工程二期工程招标答疑汇总一份、招标询标纪要一份、图纸会审纪要一份、天星龙公司工程联系单4份、东升公司工程联单3份）、证据15（公证书及光盘一张），但上述证据均指向案涉租赁场地交付以前的状况，无法证明居然之家承租时的状况，而天星龙公司上诉理由中所涉的"设备设施严重毁损"指向的是居然之家租赁案涉场地后发生的状况，但天星龙公司未能提供相关的证据证明设备设施被毁损的事实，故天星龙公司要求居然之家"对商业用房内受损的设备设施进行修复并恢复原状”缺乏事实依据，不予采纳。由于一审中天星龙公司未就设备设施存在严重毁损进行举证，且诉讼请求中对此也未予明确，故天星龙公司上诉所称“原审法院遗漏了出租商业用房内设备设施存在严重问题的事实”之理由，不予采纳。

综上，天星龙公司、居然之家各自上诉有理部分，依法予以支持。一审判决认定事实不清，适用法律不当，实体处理有误，依法予以纠正。

基于上述内容，浙江省高级人民法院依照《中华人民共和国合同法》第九十三条第二款、第九十四条第（二）项、第九十六条第一款、第九十七条、第一百一十九条第一款，《中华人民共和国民事诉讼法》第一百七十条第一款第（二）项之规定，于2013年7月18日判决：1. 维持杭州市中级人民法院（2011）浙杭民初字第13号民事判决第二、三、四项；2. 变更杭州市中级人民法院（2011）浙杭民初字第13号民事判决第一项为：确认天星龙公司与居然之家于2009年12月1日签订的租赁合同已于2011年8月2日解除；3. 撤销杭州市中级人民法院（2011）浙杭民初字第13号民事判决第五、六、七项；4. 居然之家于判决送达之日起30日内支付天星龙公司违约金16462985.55元；5. 居然之家于判决送达之日起30日内赔偿天星龙公司6个月免租期的租金损失16462985.55元及清退原有商户支出的费用损失500万元；6. 驳回天星龙公司的其他诉讼请求。

二审判决后，天星龙公司不服，向最高人民法院申请再审。最高人民法院于2014年10月30日作出（2014）民申字第212号民事裁定，指令浙江省高级人民法院再审本案。

经再审审理，浙江省高级人民法院于2015年4月8日依照《中华人民共和国民事诉讼法》第二百零七条、第一百七十条第一款第（一）项之规定，判决：维持本院（2013）浙民终字第20号民事判决。

二十一、出租人对其出租土地上的报建是否负有法定的督促义务

（一）理论解答

依我国现行法，欲在建设用地上构筑建筑物的，都应当先以土地使用权人的名义向国家有关主管机关提出申请，并在取得《建设工程规划许可证》及《建筑工程施工许可证》等相关证件后方可开始建设。但受经济利益等多重因素的驱使，土地使用权人未报先建的现象屡禁不止。在土地租赁中，因实际投资建设者与土地使用权人并不一致，且二者的利益诉求也不相同，未报先建的现象更加多发。在处理这类纠纷中，出租人对其出租土地上的房屋报建是否负有法定的督促义务经常是当事人经常争议的焦点问题之一，司法实务界的看法和态度也不一致。

有观点认为，先报再建是我国法律的强制性规定，出租人和承租人都有严格遵守的义务，尽管出租人并不是建筑物的实际投资建设者和直接使用者，但因承租人不能以自己的名义单独完成报建（我国施行房屋所有权与土地使用权主体统一的原则），且出租人也是建筑物的间接受益者，故出租人对报建除负有积极配合的义务外，还应负有法定的督促义务。

另有观点认为，先报再建是公开的法律规定，作为地位平等的民商事当事人一方，除非租赁合同另有约定，出租人对其出租土地上的报建除有积极配合的附随义务外，没有督促的法定义务。

本书赞同后一种意见。除上述理由外，还因为以下四个方面。

1. 督促，即监督催促，多用于上级对下级、长辈对小辈、群体对个体。因此，督促一词仅出现在《中华人民共和国民事诉讼法》《中华人民

共和国行政强制法》《物业管理条例》等管理性法律和行政法规中。而租赁是一种普通的民商事合同关系，出租人和承租人的地位是平等的，并无上下级的区别。

2. 履行义务应与享有权利相对应。根据《中华人民共和国土地管理法》《中华人民共和国城乡规划法》的有关规定，未报先建的要由县级以上地方人民政府城乡规划主管部门或乡镇人民政府责令停止建设、限期拆除或者予以没收、罚款。因出租人对未报先建的违章建筑永不享有合法的利用权利，所以也无督促报建的法定义务。

3.《中华人民共和国合同法》第六十条第二款：当事人应当遵循诚实信用原则，根据合同的性质、目的和交易习惯履行通知、协助、保密等义务。由此可见，督促义务也并非我国《中华人民共和国合同法》上明确规定的法定附随义务。

4. 实践证明，只有加大对违章建筑直接投资构筑者的相关责任追究，使其无利可图，才能有效遏制违章建筑的建设。

（二）案例指引

梁某滔、曾某成与岑某文、梁某娟土地租赁合同纠纷案[①]

2002 年 5 月 15 日，岑某文根据顺国出让字（2002）第 × × × 号土地出让合同取得位于佛山市顺德区某工业区某路之 2 的土地使用权，2013 年 1 月 21 日换领了新证，土地使用证号为佛府（顺）国用（2013）第 1001 × × × 号。2002 年 5 月 15 日，梁某娟根据顺国出让字（2002）第 × × × 号土地出让合同取得位于佛山市顺德区某工业区某路之 2 －1 的土地使用权，2013 年 1 月 28 日换领了新证，土地使用证号为佛府（顺）国用（2013）第 100 × × × 号。

2002 年 4 月 10 日，岑某文、梁某娟与梁某滔、曾某成（别名曾某）签订《使用土地合同》及附协议，附协议中标明岑某文、梁某娟出租的土地使用权证号分别为：顺府国用（2002）第 × × × 号及顺府国用（2002）

---

① 详见：广东省佛山市中级人民法院（2015）佛中法民三终字第 985 号民事判决书、（2016）粤 06 民再 49 号民事判决书。

第×××号，并主要约定了以下事项：1. 梁某滔、曾某成租用岑某文、梁某娟土地期限为20年，从2002年8月1日起至2022年8月1日，起租时间从2002年8月1日开始，租用土地总面积为8835.5平方米，其中岑某文享有位于顺德区某工业区某路之2的土地使用权面积为5577.8平方米，梁某娟享有位于顺德区某工业区某路之2-1的土地使用面积为3257.7平方米。2. 土地租价为每平方米3.00元，每三年递增一次，增幅为10%。梁某滔、曾某成于每月10日前向岑某文、梁某娟交纳租金，逾期按总租金金额按日加罚0.05%的滞纳金，梁某滔、曾某成连续拖欠租金超过四个月或者不定期拖欠租金五次则视为违约，自动放弃租赁权。3. 合同签订当日，梁某滔、曾某成支付岑某文、梁某娟68000元作为按金，按金于合同期满后退还梁某滔、曾某成，若梁某滔、曾某成中途自动放弃租赁或者违约，岑某文、梁某娟不予退还按金。4. 岑某文、梁某娟租给梁某滔、曾某成的属于工业用地，不得用作他用，梁某滔、曾某成必须合法生产经营，承担缴纳各项税收及所经营单位主管部门要求的一切费用和各类保险。企业的一切债权债务、工人工资、罚款、水电费和有关配套费、因租地而附增的各项费用均由梁某滔、曾某成自行承担，与岑某文、梁某娟无关。5. 梁某滔、曾某成在合同期满或中途违约，梁某滔、曾某成所投资的厂房、建筑、绿化、门闸及一切装修措施不得拆除、毁坏，归岑某文、梁某娟所有。岑某文、梁某娟在合同期内要求加租、中途收地、干扰梁某滔和曾某成合法建设而造成违约，岑某文、梁某娟要赔偿梁某滔、曾某成经济损失。6. 梁某滔、曾某成在使用该工业用地过程中，必须按照国家的政策法律办事，服从政府和有关部门的管理、合法经营，所有违章违法行为由梁某滔、曾某成负责，与岑某文、梁某娟无关。

合同签订后，岑某文、梁某娟依约将该工业用地交付梁某滔、曾某成使用，梁某滔、曾某成在与岑某文、梁某娟签订租赁合同之后两个月内自建了厂房和其他设施，但该厂房未办理规划和报建手续，至今也未办理产权证。

2012年底，佛山市顺德区国土城建和水利局告知岑某文、梁某娟上述工业用地未按规定开发建设，要征收土地闲置费，岑某文、梁某娟均向国土行政管理部门提出延建申请。

2012年11月26日和2012年12月27日，岑某文、梁某娟分别与佛山市顺德区国土城建和水利局签订《国有土地使用权出让合同补充协议》[合同编号分别为顺国出让字（2002）第×××号－补01号、顺国出让字（2002）第×××号－补02号]，该补充协议约定：1. 国土部门接受土地使用者即岑某文、梁某娟的申请，同意岑某文在2013年11月27日前开工建设，在2014年11月26日前竣工并申请竣工验收，梁某娟在2013年12月25日前开工建设，在2014年12月25日前竣工并申请竣工验收。2. 若岑某文、梁某娟超过动工日期未动工建设，或者按照协议约定日期动工开发，但已开发建设面积占应动工开发建设用地总面积不足1/3，或者已投资总额占总投资额（总投资额不低于686万元）不足25%，且未经批准中止开发建设连续满一年的，国土部门无偿收回国有建设用地使用权，但因不可抗力或者政府、政府有关部门的行为造成动工开发延迟的除外。3. 国土部门认定本宗地已经闲置满一年，岑某文须在2013年1月5日前缴纳土地闲置费385748.3元，梁某娟须在2013年2月4日前缴纳土地闲置费220566.5元。上述补充协议签订之后，岑某文于2013年1月6日向顺德区国土部门缴纳了土地闲置费385748.3元，梁某娟于2013年1月10日向顺德区国土部门缴纳了土地闲置费220566.5元。

2013年3月8日和2013年3月14日，岑某文、梁某娟委托律师分别向梁某滔、曾某成发出律师函，通知梁某滔、曾某成因其在所承租的土地上建造的建筑物及设施未办理规划和报建手续，属于违章建筑物，梁某滔、曾某成作为土地使用权人需要缴纳土地闲置费606314.8元。梁某滔、曾某成的行为构成了根本违约，且造成了岑某文、梁某娟损失，自律师函发出之日即解除梁某滔、曾某成与岑某文、梁某娟双方于2002年4月10日签订的《使用土地合同》及其附协议，并要求梁某滔、曾某成在一个月内将土地上的违法建筑物和设施予以拆除，将租用岑某文、梁某娟的土地恢复原状返还给岑某文、梁某娟。

梁某滔、曾某成于2013年3月14日收到律师函后未按岑某文、梁某娟的要求处理，岑某文、梁某娟遂于2013年4月8日向佛山市顺德区人民法院提起诉讼，案号为（2013）佛顺法容民初字第703号。

2013年8月28日，岑某文、梁某娟委托律师向佛山市顺德区环境运输和城市管理局发出一份《关于依法拆除梁某滔、曾某成违法在某工业区某路之2及之2－1土地建造的违章建筑的请求书》，但至（2013）佛顺法容民初字第703号案法庭辩论终结时止，佛山市顺德区环境运输和城市管理局未就岑某文、梁某娟的申请作出回复。

2013年11月8日，佛山市顺德区人民法院作出（2013）佛顺法容民初字第703号民事判决，判决：1. 确认岑某文、梁某娟与梁某滔、曾某成于2002年4月10日签订的《使用土地合同》及附协议于2013年3月14日解除；2. 梁某滔、曾某成应于判决发生法律效力之日起30日内向岑某文移交位于佛山市顺德区某工业区某路之2的土地使用权及其地上建筑物；3. 梁某滔、曾某成应于判决发生法律效力之日起30日内向梁某娟移交位于佛山市顺德区某工业区某路之2－1的土地使用权及其地上建筑物；4. 确认梁某滔、曾某成向岑某文、梁某娟交纳的60000元按金归岑某文、梁某娟所有；5. 梁某滔、曾某成应于该判决发生法律效力之日起30日内向岑某文支付231448.98元及利息（以231448.98元为本金，从2013年1月6日起按中国人民银行规定的同期贷款利率计算至清偿之日止）；向梁某娟支付132339.9元及利息（以132339.9元为本金，从2013年2月5日起按中国人民银行同期贷款利率计算至清偿之日止）；6. 驳回岑某文、梁某娟的其他诉讼请求。

（2013）佛顺法容民初字第703号案判决后，梁某滔、曾某成与岑某文、梁某娟均没有上诉。梁某滔、曾某成把地上建筑物内的生产办公设备搬到其他地方，并于2015年1月20日把涉案土地上的地上建筑物及附属设施移交给岑某文、梁某娟。岑某文、梁某娟收回地上建筑物及附属设施后把地上建筑物及附属设施拆除。

2014年5月21日，梁恒涛、曾某成向佛山市顺德区人民法院起诉，请求判令：1. 因梁某滔、曾某成与岑某文、梁某娟2002年4月10日所签《使用土地合同》及后面补签附协议于2013年3月14日被法院判决确认解除，确认岑某文、梁某娟负合同解除的全部过错责任；2. 岑某文、梁某娟共同补偿梁某滔、曾某成位于佛山市顺德区某工业区某路之2使用面积为8835.5平方米土地上面的梁某滔、曾某成出资建设的面积为4300平方米的建筑物及其他设施A和面积为3200平方米建筑物及其他设施B评估价值共227.8万元；3. 岑某文、梁某娟共同赔偿梁某滔、曾某成2002年4月10日所签《使用土地合同》及后面补签附协议涉及的位于佛山市顺德区某工业区某路之2使用面积为8835.5平方米土地上面的地上建筑物及其他设施A和B，从2013年3月14日合同解除之日起至2022年8月1日合同期满之日止合同未履行期间产生的租金（或占用费），以及梁某滔、曾某成厂房因合同解除需要搬迁的搬迁费损失，本来损失共约800万元，梁某滔、曾某成只主张220万元；4. 岑某文、梁某娟赔偿梁某滔、曾某成评估费损失1万元；5. 案件诉讼费用由岑某文、梁某娟承担。

在该案审理过程中，佛山市顺德区人民法院就相关问题向佛山市顺德区容桂街道国土城建和水利局发函咨询，佛山市顺德区容桂街道国土城建和水利局于2013年6月26日出具《容桂街道国土城建和水利局关于回复某工业区某路之2及之2－1土地建设及闲置问题的函》，回复：1. 根据2002年的相关政策，涉案土地须以土地使用权人名义报建，并取得《建设工程规划许可证》及《建筑工程施工许可证》等相关证件后方可进行建设；2. 涉案土地被认定为闲置土地，并按2002年出让土地评估地价的20%收取闲置费，已经存在的厂房及设施未办理报建手续，属违章建筑，不能办理产权登记手续。

在一审诉讼过程中，梁某滔、曾某成申请就涉案地上建筑物及其附属设施的市场价格、土地租金总额及生产和办公设备搬迁费用进行评估。2015年3月30日广东信德资产评估与房地产土地估价有限公司作出《资产评估报告书》，认为涉案建设物及附属设施合法报建情况下市场价格2892900元，涉案建设物及附属设施未报建情况下市场价格2274700元；土地租金5825800元［平均5.9元/平方米/月×114月（从合同解除2013年3月14日至合同到期2022年8月1日）×8661.64平方米］；机器设备移地安装费用1705500元；其他生产办公设备移地安装费用96800元。梁某滔、曾某成垫付评估费47300元、测量费20000元。

佛山市顺德区人民法院一审认为，本案争议焦点在于：1.《使用土地合同》及附协议的解除，双方是否存在过错；2. 合同解除后的损失如何分担。围绕上述争议焦点分析如下：

1. 双方就合同的解除是否存在过错。

（1）（2013）佛顺法容民初字第 703 号民事判决书是否已就合同解除划分了过错责任。

（2013）佛顺法容民初字第 703 号民事判决书认为“梁某滔、曾某成的行为违反了法律规定和双方在《使用土地合同》中约定的条款，导致岑某文、梁某娟被国土行政管理部门征收土地闲置费并且涉案土地可能被政府收回，岑某文、梁某娟与梁某滔、曾某成双方签订《使用土地合同》的目的已经不能正常实现，岑某文、梁某娟以此为由要求与梁某滔、曾某成解除《使用土地合同》及附协议符合法律规定，本院予以支持”。由此可见，（2013）佛顺法容民初字第 703 号民事判决认为由于梁某滔、曾某成违约，致使合同目的不达，依据《中华人民共和国合同法》第九十四条第一款第（四）项的规定“当事人一方迟延履行债务或者有其他违约行为致使不能实现合同目的”，确认双方合同解除。该判文是对合同解除是否达到法定条件进行认定，并不是认为梁某滔、曾某成对合同解除应承担全部责任。梁某滔、曾某成对合同目的无法实现存在过错，但并不由此推定岑某文、梁某娟不存在过错。由于生效判决尚未就合同解除的责任进行判决，因此本案仍应对合同解除的过错责任进行审理认定。

（2）合同解除的过错责任分担。

涉案合同为《使用土地合同》，其目的在于出租方收取租金，承租方获得土地使用权。合同目的不能实现原因在于涉案土地上未能在法定时间内建筑合法建筑物，土地将可能被政府收回，岑某文、梁某娟将可能丧失土地的所有权，梁某滔、曾某成也将因此失去使用权。在划分双方过错责任时，应据此进行划分。

梁某滔、曾某成与岑某文、梁某娟之间对合同的解除存在的过错责任如下：首先，梁某滔、曾某成与岑某文、梁某娟没有在合同中明确约定梁某滔、曾某成在使用涉案土地建设地上建筑物没有合法报建时应承担何种违约责任。其次，梁某滔、曾某成在涉案土地上建造建筑物时没有依法办理规划和报建手续。再次，岑某文、梁某娟作为土地的所有人，办理规划报建手续必须通过岑某文、梁某娟。岑某文、梁某娟明知梁某滔、曾某成没办理报建手续，不督促梁某滔、曾某成补办手续，也不及时采取补救措施，而于 2002 年合同签订至 2013 年合同解除期间，收取梁某滔、曾某成租金。综上，原审法院认为梁某滔、曾某成与岑某文、梁某娟对合同的解除负有同等过错，应各承担50%的责任。

（3）合同解除的过错责任与土地闲置费的分担依据准则不同，故比例不同。合同解除的过错责任分担依据的是合同约定及导致合同解除原因。而土地闲置费的分担依据的是产生土地闲置费原因及过错。两者之间的准则不同，因此，在本案划分合同解除过错时，不受（2013）佛顺法容民初字第703号判决的既判结果的约束。

2. 合同解除后的损失如何分担。

《中华人民共和国合同法》第九十七条规定，合同解除后，尚未履行的，终止履行；已经履行的，根据履行情况和合同性质，当事人可以要求恢复原状、采取其他补救措施，并有权要求赔偿损失。

涉案财产损失的赔偿数额计算主要依据为《资产评估报告书》的评估结果。梁某滔、曾某成与岑某文、梁某娟收到《资产评估报告书》后提出书面质证意见，鉴定机构就质证意见作出了书面回复及修正后，梁某滔、曾某成与岑某文、梁某娟双方均不要求鉴定人出庭质证。该鉴定报告形成程序合法，鉴定机构具备相应资质，鉴定人已就梁某滔、曾某成与岑某文、梁某娟提出的质证意见作出书面回复，鉴定结论亦没有不当之处，故原审法院予以采纳。

（1）涉案建筑物及附属设施。

（2013）佛顺法容民初字第703号案判决梁某滔、曾某成把地上建筑物及附属设施移交岑某文、梁某娟。梁某滔、曾某成于2015年1月20日把涉案土地上的地上建筑物以及附属设施交给岑某文、梁某娟。岑某文、梁某娟收回地上建筑物及附属设施后把地上建筑物及附属设施拆除。涉案建筑物及附属设施现已被拆除，梁某滔、曾某成与岑某文、梁某娟均不能再行取得其价值和使用价值。对于涉案建筑物及附属设施曾经存在的价值，应依据双方在合同履行中的过错承担责任。因涉案土地上的地上建筑物为无证建筑，其价值应依未报建情况下的市场价格计算，据《资产评估报告书》应为2274700元。按照梁某滔、曾某成与岑某文、梁某娟各50%责任，岑某文、梁某娟应补偿梁某滔、曾某成1137350元。

（2）土地租金差额损失。

梁某滔、曾某成租用土地，依法应当交纳租金。涉案合同的解除并不使梁某滔、曾某成免除交纳租金的义务，故梁某滔、曾某成要求合同解除后的租金全部由岑某文、梁某娟承担，于法无据，原审法院不予支持。但众所周知，梁某滔、曾某成与岑某文、梁某娟签订合同时，租金水平较低。随着社会的发展，现时市场租金相对较高。在合同解除后，岑某文、梁某娟再行出租土地时可获得额外的利益，而梁某滔、曾某成则需付出更高租金租用土地。原合同约定的租金与合同解除后的市场租金差额属于合同解除引起的损失，应依据过错承担。故梁某滔、曾某成诉讼请求租金部分中包含租金差额部分，于法有据，原审法院予以支持。依据梁某滔、曾某成与岑某文、梁某娟解除合同的过错，岑某文、梁某娟承担50%责任，岑某文、梁某娟应补偿梁某滔、曾某成租金差额损失432851.15元。

（3）搬迁费用损失。

据《资产评估报告书》反映，机器设备移地安装费用1705500元，其他生产办公设备移地安装费用96800元，合计1802300元。岑某文、梁某娟承担50%责任，则岑某文、梁某娟应补偿梁某滔、曾某成搬迁费901150元。

（4）评估费用。

梁某滔、曾某成在起诉前自行委托鉴定机构对涉案地上建筑进行评估，在诉讼中又再向法院申请进行评估。因诉前评估为梁某滔、曾某成单方委托，该评估报告并未被采纳，故诉前的评估费用应由梁某滔、曾某成自行承担。诉讼中的评估费用，梁某滔、曾某成已垫付评估费47300元，测量费20000元，合共67300元。依据梁某滔、曾某成与岑某文、梁某娟对合同解除的过错大小，结合本案实际情况，原审法院酌定梁某滔、曾某成与岑某文、梁某娟各负担评估费用33650元。

综上所述，依照《中华人民共和国合同法》第九十七条，《最高人民法院关于民事诉讼证据的若干规定》第二条的规定，判决：1. 岑某文、梁某娟应在判决发生法律效力之日起十日内，向梁某滔、曾某成给付补偿款2471351.15元（含涉案地上建筑物及附属设施的补偿款1137350元、土地租金差额损失432851.15元、搬迁费用损失901150元）；2. 驳回梁某滔、曾某成的其他诉讼请求。一审案件受理费42704元，财产保全费5000元，合共 47704 元，由梁某滔、曾某成负担 23852 元，由岑某文、梁某娟负担 23852 元。诉讼中的评估费用 67300 元，由梁某滔、曾某成负担 33650 元，由岑某文、梁某娟负担 33650 元。

一审宣判后，岑某文、梁某娟和梁某滔、曾某成均不服，均向佛山市中级人民法院提起上诉。

佛山市中级人民法院二审认为，本案二审期间的争议焦点为：1. 双方对于《使用土地合同》及附协议的解除是否存在过错；2. 合同解除后损失的赔偿。

1. 关于第一个争议焦点。岑某文、梁某娟上诉称《使用土地合同》的解除原因、责任均在已生效的（2013）佛顺法容民初字第 703 号民事判决中予以认定，本案再重新进行认定属实体和程序的双重错误。经审查，虽然（2013）佛顺法容民初字第 703 号民事判决认定了“岑某文、梁某娟与梁某滔、曾某成双方签订的《使用土地合同》及附协议解除的主要原因是由于梁某滔、曾某成未按合同约定使用承租土地所致”，但该判决并没有对岑某文、梁某娟是否存在过错进行认定，据此原审判决在本案中对涉案合同解除的过错责任进行审理认定并无不当。岑某文、梁某娟的该上诉理由，没有法律依据，本院不予支持。

梁某滔、曾某成上诉主张涉案建筑物未报建主要过错责任在于岑某文、梁某娟，岑某文、梁某娟应承担合同解除 70% 的过错责任；而岑某文、梁某娟则上诉主张其对于涉案合同的解除不存在过错。经审查，涉案建筑物虽然需要以岑某文、梁某娟的名义申请办理规划报建手续，但梁某滔、曾某成并未提供证据来证明其曾要求岑某文、梁某娟协助办理规划报建手续，因此岑某文、梁某娟对于涉案合同的解除不存在过错。原审判决岑某文、梁某娟与梁某滔、曾某成双方对合同的解除负有同等过错，各承担 50% 的责任，处理不当，本院予以纠正。岑某文、梁某娟的该上诉主张，有事实和法律依据，本院予以支持。梁某滔、曾某成的该上诉主张，缺乏理据，本院不予支持。

2. 关于第二个争议焦点。（1）对于涉案建筑物及附属设施的损失赔偿。虽然涉案建筑物及附属设施没有办理规划报建手续，但建造涉案建筑物及附属设施的建筑材料仍是梁某滔、曾某成的合法财产，现岑某文、梁某娟接收并拆除了涉案建筑物及附属设施，自行处理了上述建筑材料。根据本案实际情况，本院酌定岑某文、梁某娟向梁某滔、曾某成赔偿涉案建筑物及附属设施价值30%的损失。原审法院委托的广东信德资产评估与房地产土地估价有限公司所作的《资产评估报告书》认为涉案建设物及附属设施未报建情况下市场价格为2274700元，故岑某文、梁某娟应向梁某滔、曾某成赔偿682410元（2274700元×30%）。原审法院判决岑某文、梁某娟应补偿梁某滔、曾某成1137350元，处理不当，本院予以纠正。梁某滔、曾某成上诉主张岑某文、梁某娟应给付涉案建筑物及附属设施赔偿款2274700元及岑某文、梁某娟上诉主张不应就涉案建筑物及附属设施赔偿梁某滔、曾某成，均缺乏理据，本院均不予支持。岑某文、梁某娟上诉称梁某滔、曾某成构成违约，根据涉案合同的约定，涉案建筑物及其附属设施依约应全部归岑某文、梁某娟所有，岑某文、梁某娟不应作出任何赔偿。经审查，涉案合同并没有关于涉案建筑物为岑某文、梁某娟所有时，岑某文、梁某娟不需要作出赔偿的约定。岑某文、梁某娟的该上诉主张没有事实和法律依据，本院不予支持。

（2）对于土地租金差额损失、搬迁费用损失。由于岑某文、梁某娟对于《使用土地合同》及附协议的解除没有过错，因此无须向梁某滔、曾某成赔偿土地租金差额损失及搬迁费用损失。原审法院判决岑某文、梁某娟向梁某滔、曾某成补偿土地租金差额损失432851.15元、搬迁费用损失901150元，处理不当，本院予以纠正。岑某文、梁某娟上诉主张其不应向梁某滔、曾某成赔偿土地租金差额损失及搬迁费用损失，有事实和法律依据，本院予以支持。梁某滔、曾某成上诉主张岑某文、梁某娟向梁某滔、曾某成给付土地租金差额损失605991.6元、搬迁费损失1261610元，没有法律依据，本院不予支持。

综上，梁某滔、曾某成的上诉主张不能成立，本院不予支持。岑某文、梁某娟的上诉主张部分有理，本院对有理部分予以支持，无理部分予以驳回。原审判决认定事实清楚，但结果处理不当，本院予以纠正。依照《中华人民共和国民事诉讼法》第一百七十条第一款第（二）项的规定，判决：1. 撤销广东省佛山市顺德区人民法院（2014）佛顺法民一初字第162号民事判决；2. 岑某文、梁某娟应在判决发生法律效力之日起十日内向梁某滔、曾某成赔偿涉案建筑物及附属设施损失682410元；3. 驳回梁某滔、曾某成的其他诉讼请求。一审案件受理费42704元，财产保全费5000元，合共47704元，由梁某滔、曾某成负担38864元，由岑某文、梁某娟负担8840元；诉讼中的评估费用67300元，由梁某滔、曾某成负担53658.29元，由岑某文、梁某娟负担13641.71元。二审案件受理费46409.35元，由梁某滔、曾某成负担37002.35元，由岑某文、梁某娟负担9407元。

二审判决后，梁恒涛、曾某成不服，向佛山市中级人民法院申请再审称：1. 岑某文、梁某娟对涉案合同的解除存在过错已被生效的（2013）佛顺法容民初字第703号民事判决所确认；2. 岑某文、梁某娟是案涉的土地使用权人，负有办理规划报建手续的责任，即使转移给他人承担，其也具有督促义务；3. 梁某滔、曾某成不是土地使用权人，不具有办理建设规划许可证的主体资格，岑某文、梁某娟亦从未将办证义务委托给梁某滔、曾某成，岑某文、梁某娟亦从未举证证明要求梁某滔、曾某成提供材料办证而二人拒绝，故不能认为梁某滔、曾某成对涉案合同解除存在过错；4. 岑某文、梁某娟应对梁某滔、曾某成的建筑物及附属设施损失、土地租金差额损失、搬迁费损失承担责任。请求再审法院判令：1. 撤销佛山市中级人民法院（2015）佛中法民三终字第985号民事判决和佛山市顺德区人民法院（2014）佛顺法民一初字第162号民事判决；2. 岑某文、梁某娟向梁恒涛、曾某成支付涉案建筑物及附属设施损失2274700元、土地租金差额损失865702.29元、搬迁费损失1802300元；3. 本案一审、二审诉讼费、评估费由岑某文、梁某娟承担。

被申请人岑某文、梁某娟答辩称：1.（2013）佛顺法容民初字第703号民事判决已认定梁恒涛、曾某成因违规建厂而导致涉案合同解除，并在判决中判令岑某文、梁某娟没收梁恒涛、曾某成所交按金；2. 双方依据涉案合同约定承担各自的民事责任，与双方在面对政府土地监管部门所承担的行政处罚责任无关；3. 岑某文、梁某娟对梁恒涛、曾某成违规违章建造厂房的违约行为没有责任，梁恒涛、曾某成承租涉案土地后自主使用，但要合法使用，违章违法行为由梁恒涛、曾某成负责；4. 梁恒涛、曾某成应承担证明岑某文、梁某娟对合同解除存在违约的举证责任；梁恒涛、曾某成未办理涉案建筑物的报建手续是因为错误认识，认为当时的政策不存在报建的问题，这点在（2013）佛顺法容民初字第703号民事判决第15页有陈述。

佛山市中级人民法院再审认为，本案的争议焦点是：1. 双方对于《使用土地合同》及附协议的解除是否存在过错，过错比例如何划分；2. 岑某文、梁某娟是否需要赔偿梁恒涛、曾某成主张的各项损失。

1. 关于合同解除的责任问题。

涉案《使用土地合同》解除的原因是涉案土地的地上建筑物没有经过规划报建，涉案土地被认定为闲置土地，国土部门限期土地使用权人重新建设，导致本案合同目的不能实现。《使用土地合同》不能继续履行是因为梁某滔、曾某成的违约行为所致，理由如下：第一，案涉厂房及其他设施由梁某滔、曾某成建造，梁某滔、曾某成负有办理规划报建手续的义务。而且，《使用土地合同》第九条约定："梁某滔、曾某成在合同期内使用该工业用地过程中，必须按照国家的政策法律办事，服从政府及有关部门的管理，合法经营。所有违章违法行为由梁某滔、曾某成负责，与岑某文、梁某娟无关。"涉案建筑物未经规划报建即建造及使用所产生的法律责任按照约定应由梁某滔、曾某成承担。第二，即使对外应以土地使用权人岑某文、梁某娟的名义办理规划报建手续，梁某滔、曾某成亦未能举证证明曾提供办证材料给岑某文、梁某娟而两人拒绝配合办证，故并非由于岑某文、梁某娟的原因导致涉案建筑物被认定为违章建筑，因此岑某文、梁某娟对于涉案合同的解除不存在违约。第三，（2013）佛顺法容民初字第703号民事判决认定了"岑某文、梁某娟与梁某滔、曾某成双方签订《使用土地合同》及附协议解除的主要原因是由于梁某滔、曾某成未按合同约定使用承租土地所致"，但判决并未对岑某文、梁某娟是否存在违约行为进行认定。（2013）佛顺法容民初字第703号民事判决对土地闲置费的分担与《使用土地合同》解除责任分担不同，不能以土地闲置费分担标准作为《使用土地合同》解除责任的划分标准。因此，本案二审对《使用土地合同》解除责任进行认定与（2013）佛顺法容民初字第703号民事判决并无矛盾。综上，应认定由于梁某滔、曾某成的违约行为导致《使用土地合同》的解除，梁某滔、曾某成应承担相应的违约责任。

2. 关于损失赔偿问题。

第一，对于涉案建筑物及附属设施的损失赔偿。虽然涉案建筑物及附属设施没有办理规划报建手续，但涉案建筑物仍是梁某滔、曾某成的合法财产，岑某文、梁某娟接收并拆除了涉案建筑物及附属设施，自行处理了上述建筑材料，根据本案实际情况，本院二审酌定岑某文、梁某娟向梁某滔、曾某成赔偿涉案建筑物及附属设施价值30%的损失并无不当。根据广东信德资产评估与房地产土地估价有限公司所作的《资产评估报告书》，涉案建设物及附属设施未报建情况下市场价格为2274700元，故岑某文、梁某娟应向梁某滔、曾某成赔偿682410元（2274700元×30%）。第二，对于土地租金差额损失、搬迁费用损失。由于岑某文、梁某娟对于《使用土地合同》及附协议的解除没有违约，因此无须向梁某滔、曾某成赔偿土地租金差额损失及搬迁费用损失。梁某滔、曾某成主张岑某文、梁某娟应给付土地租金差额损失、搬迁费损失，没有法律依据，本院不予支持。

综上，二审判决认定事实清楚，适用法律正确，审判程序合法，应予以维持。

2017年2月27日，佛山市中级人民法院经本院审判委员会讨论，依据《中华人民共和国民事诉讼法》第二百零七条、《最高人民法院关于适用〈中华人民共和国民事诉讼法〉的解释》第四百零七条第一款的规定，判决：维持本院（2015）佛中法民三终字第985号民事判决。

二十二、如何区分农村农用土地租赁合同与农村农用土地承包合同

（一）理论解答

《中华人民共和国土地管理法》第六十三条规定：“农民集体所有的土

地的使用权不得出让、转让或者出租用于用于非农业建设；但是，符合土地使用总体规划并依法取得建设用地的企业，因破产、兼并等情形致使土地使用权依法发生转移的除外。”由此可知，法律对于农村集体的农用土地使用权并未禁止出租，只是不得出租用于非农业建设。然而，应如何区分一份农村农用土地使用合同是农村农用土地租赁合同还是农村农用土地承包合同呢？对这一问题，因农村农用土地租赁合同与农村农用土地承包合同确有不少相似之处，而《中华人民共和国农村土地承包法》以及《最高人民法院关于审理涉及农村土地承包纠纷案件适用法律问题的解释》（法释〔2005〕6号）对农村土地承包合同的概念又都没有明确的规定，不仅当事人经常混淆不清，法律理论和司法实务界也不乏争议。

有观点认为，应参照《最高人民法院关于经济合同的名称与内容不一致时如何确定管辖权问题的批复》①（1996年11月13日公布）和《全国法院知识产权审判工作会议关于审理技术合同纠纷案件若干问题的纪要》②（2001年6月15日公布）的规定，首先从合同约定的权利义务内容来确定，如仍难以确定，再按合同的名称确定。

另有观点认为，《中华人民共和国物权法》第一百二十四条第二款规定：“农民集体所有和国家所有由农民集体使用的耕地、林地、草地以及其他用于农业的土地，依法实行土地承包经营制度。”依据这一规定，农民集体所有和国家所有由农民集体使用的耕地、林地、草地以及其他土地，只要是“用于农业的”，其经营合同必然是农村土地承包合同，而不论其名称是“土地租赁”还是“土地承包”。

还有观点认为，《中华人民共和国农村土地承包法》对承包的原则、程序、期限、用途等做了非常严格的规定，这些规定应为农村土地承包合同的构成要件，不符合这些构成要件的合同就不是农村土地承包合同。

---

① 该答复规定：“一、当事人签订的经济合同虽具有明确、规范的名称，但合同约定的权利义务内容与名称不一致的，应当以该合同约定的权利义务内容确定合同的性质，从而确定合同的履行地和法院的管辖权。二、合同的名称与合同约定的权利义务内容不一致，而且根据该合同约定的权利义务内容难以区分合同性质的，以及合同的名称与该合同约定的部分权利义务内容相符的，则以合同的名称确定合同的履行地和法院的管辖权。”

② 该纪要的规定：“技术合同名称与合同约定的权利义务关系不一致的，应当按照合同约定的权利义务内容，确定合同的类型和案由，适用相应的法律、法规。”

本书赞同上述最后一种观点，理由有以下两个方面。

1. 农村农用土地施行租赁制度有其必要性和合理性，应予保护。土地不仅是农民的基本生产资料，而且是农民最主要的生活保障。正因为如此，赋予农民长期而有保障的土地使用权，保持农村土地承包关系的长期稳定，不仅是党的农村政策的核心内容，也为《中华人民共和国农村土地承包法》和《中华人民共和国物权法》所明确规定。《中华人民共和国农村土地承包法》第三条规定："国家实行农村土地承包经营制度。农村土地承包采取农村集体经济组织内部的家庭承包方式，不宜采取家庭承包方式的荒山、荒沟、荒丘、荒滩等农村土地，可以采取招标、拍卖、公开协商等方式承包。"《中华人民共和国物权法》第一百二十四条规定："农村集体经济组织实行家庭承包经营为基础、统分结合的双层经营体制。农民集体所有和国家所有由农民集体使用的耕地、林地、草地以及其他用于农业的土地，依法实行土地承包经营制度。"但随着我国社会经济的逐步发展和农村第二步改革的逐步深入，农村土地承包所带来的效益和热情近年来日渐萎缩，大量农村土地要么无人愿意承包，要么名义承包后也一直撂荒、浪费，正是为了减少这种撂荒和浪费，农村农用土地租赁制度才应运而生。

2. 正是因为土地承包制度有其特殊的意义，《中华人民共和国农村土地承包法》《中华人民共和国物权法》《中华人民共和国土地管理法》《最高人民法院关于审理涉及农村土地承包纠纷案件适用法律问题的解释》（法释〔2005〕6号）等法律和司法解释才对土地承包合同的原则、达成程序、期限调整、权利义务变更和纠纷解决等作了不同于合同法上任何一类有名合同的特殊规定。因此，不符合这些特殊规定的农村农用土地使用合同就不应当被认定为农村农用土地承包合同。

（二）案例指引

张某生与驻马店市驿成区东风街道办事处东张庄社区张庄村民组租赁合同纠纷案[1]

2012年3月12日，河南驻马店市驿城区东风街道办事处东张庄社区张庄一、二、三、四组起诉至驻马店市驿城区人民法院，请求依法解除其与张某生签订的土地转让协议，由张某生恢复原状，交付土地，并支付从2011年6月1日至2012年3月1日租赁款12086.10元，2012年3月1日至实际交付之日的租赁款按租金标准计算。2013年4月25日，驻马店市驿城区人民法院作出（2012）驿民初字第946号民事判决。驿城区东风街道办事处东张庄社区张庄一、二、三、四组不服一审判决，上诉至驻马店市中级人民法院。驻马店市中级人民法院于2013年8月23日作出（2013）驻民四终字第314号民事裁定，撤销一审判决，发回驻马店市驿城区人民法院重审。重审中，驿城区东风街道办事处东张庄社区张庄一、二、三、四组诉讼请求变更为请求依法解除其与张某生签订的土地转让协议，给付租金52679.85元。

驻马店市驿城区人民法院重审查明：

2006年6月1日，驿城区东风街道办事处东张庄村委会张庄村民组（甲方，以下简称张庄村民组）与张某生（乙方）签订《土地转让协议书》一份。协议约定：甲方将其位于驻新公路路北、中原大道西侧，面积13.429亩土地交给张某生使用；土地转让年限为15年整，使用时间从2006年6月1日起至2021年5月31日止；转让金为每亩每年1100元，每5年每亩地增加100元，15年共分三个阶段；付款方式为先交款后使用土地，甲方可以宽限乙方交款，最迟时间一个月；甲方不能无故收回乙方的土地使用权，如有违约，应赔偿乙方的经济损失，如乙方违约，甲方可随时收回土地使用权。

合同签订后，张庄村民组依约将约定土地交付给张某生使用，张某生

---

① 详见：驻马店市中级人民法院（2014）驻民四终字第302号民事判决书、河南省高级人民法院（2016）豫民再24号民事判决书。

开始交纳租金，第二年租金（2007 年 6 月 1 日至 2008 年 5 月 31 日，以下类推）于 2007 年 8 月 14 日交纳，以后每年租金的交纳时间分别为 2008 年 12 月 13 日、2009 年 12 月 18 日、2010 年 12 月 3 日。2010 年 12 月 3 日交纳的是第五年（2010 年 6 月 1 日至 2011 年 5 月 31 日）的租金，后张庄村民组以张某生未交纳第六年的租金等为由提起诉讼。

另查明：张某生至今未向张庄一组、二组交纳 2011 年 6 月 1 日至 2013 年 11 月 30 日的租金。张某生对此辩称，其在诉讼过程中，已向原张庄三组交纳了 2012 年 6 月 1 日至 2014 年 5 月 31 日的租金，并提交了 2012 年 9 月 12 日张某生与原张庄三组的部分村民张某珠、张某、张某妮、付某杰就本案争议的土地签订的《补充协议》，协议约定土地租金从 2012 年 6 月 1 日起上涨至每年 2300 元/亩。协议签订同时，张某生向原张庄三组部分代表交纳了 2012 年 6 月 1 日至 2013 年 5 月 31 日的租金 26056.7 元，原张庄三组于当日对该租金进行了分配，张峰等 10 户人员按 480 元/人的标准领取了分配的租地款，另有刘某等 3 户未领取该款。2013 年 9 月 15 日，张某生又向原张庄三组部分代表交纳了 2013 年 6 月 1 日至 2014 年 5 月 31 日的租金 26056.7 元，截至庭审结束时，该租金款尚未进行分配，保存在原张庄三组会计张某珠处。

再查明：1. 本案起诉前（2011 年 4 月 1 日至 2011 年 9 月 29 日），张庄村民组前后经过三次分组，最终分成四个组，分别为原张庄一组、原张庄二组、原张庄三组、原张庄四组；诉讼中，张庄村民组再次分组，最终合并成两个组，为张庄一组、张庄二组。为此，张庄一组、张庄二组提供了驻马店市驿城区东风街道办事处东张庄社区委员会分别于 2013 年 10 月 10 日和 2013 年 12 月 10 日出具的两份证明：在 2013 年 12 月 10 日，张庄村民组由起诉时的四个组合并为两个组，即张庄一组、张庄二组。张庄一组的组长为张某林，张庄二组的组长为李某华。2. 2011 年 11 月 19 日，原张庄一、二、三、四村民组经会议研究对原张庄村民组所有租赁土地进行了分配，分配方案显示：张某生所租赁的土地规划归原张庄三组，该租赁土地的面积为 11.329 亩；诉讼中，张庄一组、张庄二组提交了分配方案一份，用以证明张某生租赁的土地因修路占用了 2.1 亩，分配方案同意且已扣除该 2.1 亩占用地。3. 诉讼中，张庄一组、张庄二组提交租赁地款分配

表一份，分配表显示：2012 年 1 月 19 日，原张庄四个村民组从东张庄社区居委会领取了四个村民组的全年租地收入后，向四个村民组的全体村民平均进行了发放，每人领取 609 元。张庄一组、张庄二组用此分配表证明四个村民组的财务和利益分配是整体的、一致的，且此次分配款项不含张某生租赁地块的应交租金。4. 2011 年 3 月 10 日，中原大道北段道路排水工程开始施工，施工中因扩路占用证书土地 2. 1 亩；诉讼中，张某生以此为由辩称从 2011 年 3 月份以后的租金应扣除 2. 1 亩占用地，其中 2011 年 6 月 1 日以前的已交租金应核减后予以返还。5. 诉讼中，张庄一组、张庄二组提交证人证言 6 份，用以证明张某生拒绝按合同约定交纳租金。诉讼中，张某生提交证人证言 5 份，证人张某珠（系原张庄三组会计）证明：（1）2011 年11 月份，张某生去东张庄社区居委会交纳租金，就扣除占用地的租金问题与各组组长没有协商一致，未交成。（2）2012 年 1 月 19 日，张某生在接到张庄一组、张庄二组通知后，前往东张庄社区居委会交纳租金，双方就如何交纳租金问题再次发生争执，又未交成；证人杨某称，其是中原再生资源有限公司（以下简称中原公司）的法定代表人，是租赁张某生场地的承租人，租赁张某生的场地用于经营物资回收生意。

还查明：1. 2006 年 6 月 1 日，张庄村民组与张某生签订《土地转让协议书》时，租赁标的物为 13. 429 亩土地，该土地为菜园地，无建筑物。租赁合同履行中张某生先后在租赁土地上投资建设的项目有大棚、围墙、门卫房等设施。2. 为证明双方之间是土地承包合同关系，张某生提交了张庄村民组于 2009 年 2 月 1 日出具的证明一份，证明显示“兹证明我村民组一块荒地，位于村民组东南角，因无法耕种，经村民会议、村民代表同意给张某生使用”。3. 现争议土地已规划在驻马店市城市总体规划区内，为二类居住用地。4. 诉讼中，张庄一组、张庄二组提供了驻马店市中原公司的工商登记资料，用于证明张某生未经张庄一组、张庄二组同意将本案争议的租赁物转租中原公司。该资料显示证人杨某为中原公司的法定代表人，登记资料中有张某生与案外人杨某、张某齐于 2007 年 12 月 20 日签订的协议一份，显示张某生将本案争议的土地转租给中原公司，租赁期限为 13 年，自 2008 年 3 月 1 日至 2021 年 3 月 1 日止，租金每年 60000 元等。张某生对该协议的真实性无异议，但张某生辩称，张某生用本案争议的土地作为投资，与中原公司的法定代表人杨某系合伙关系。

驻马店市驿城区人民法院重审认为：

张庄村民组与张某生签订的协议约定有张庄村民组将其土地的使用权转让给张某生，使用年限15年，转让金每亩每年1100元，违约后可随时收回土地使用权等内容，该合同名为“土地转让协议书”，实为租赁合同。合同双方意思表示真实，内容未违反法律强制性规定，应确认为有效合同。

本案中，张庄一组、张庄二组提供了中原公司的工商登记资料，证明张某生未经张庄一组、张庄二组同意将本案争议的租赁物转租中原公司。该资料显示证人杨某为中原公司的法定代表人，登记资料中有张某生与案外人杨某、张某齐于2007年12月20日签订的协议一份，协议显示：张某生将本案争议的土地转租给中原公司，租赁期限为13年，自2008年3月1日至2021年3月1日止，租金每年60000元等。张庄一组、张庄二组提供上述资料证明张某生转租的事实与证人杨某的证人证言一致。张某生虽辩称其与中原公司的法定代表人杨某系合伙关系，但未能提供相关证据加以证明，故张庄一组、张庄二组主张张某生未经其同意将纠纷土地转租，事实清楚，证据充分，予以支持。依照《中华人民共和国合同法》第二百二十四条第二款规定“承租人未经出租人同意转租的，出租人可以解除合同”，现张庄一组、张庄二组以张某生未经其同意转租为由请求解除与张某生签订的《土地转让协议书》，于法有据，予以采信。

关于张庄一组、张庄二组请求的租金，张某生使用租赁的土地，依约应交纳租金，但张某生至今未向张庄一组、张庄二组交纳土地租金，故张庄一组、张庄二组有权依据合同请求张某生支付2011年6月1日至2013年11月30日（两年半）的租金。租金的数额应依照双方合同约定的标准计算，即从第六年开始每亩增加100元，为1200元/亩，按实际租赁面积11.329亩核算租金数额应为33987元（11.329×1200×2.5）。张庄一组、张庄二组请求超出1200元/亩的标准按2300元/亩计算，无事实依据，不予支持。故张庄一组、张庄二组请求的租金超出33987元的部分，不予支持。

关于张庄一组、张庄二组主体问题。1.2006年6月1日，与张某生签订《土地转让协议书》的主体为张庄村民组，2011 年至 2013 年期间张庄村民组历经了四次分组。在 2011 年 11 月，张庄一组、张庄二组将原张庄村民组所有的全部租赁土地分配给了各村民组，但是在年终分红时，张庄一组、张庄二组仍对全部的租金收入平均进行了分配，并向张庄每个村民组的全体村民每人发放 609 元，因此诉讼中，张庄一组、张庄二组主张分组后的各个村民组承继了原张庄村民组的民事权利义务，各个村民组的权利义务是整体的、一致的，应予采信，张某生辩称本案诉争的土地属于原张庄三组，与其他三个村民组无关，与事实不符，不予采信，故对张某生提出的应当驳回张庄一组、张庄二组起诉的辩称，不予支持。2.《中华人民共和国村民委员会组织法》第三条第三款规定，村民委员会可以根据村民居住状况、集体土地所有权关系等分设若干村民小组。依据上述规定村民委员会有权设立村民小组，因此根据张庄一组、张庄二组提供的驻马店市驿城区东风街道办事处东张庄社区委员会分别于 2013 年 10 月 10 日和 2013 年 12 月 10 日出具的两份证明，在 2013 年 12 月 10 日，张庄村民组由起诉时的四个组又合并为两个组，即张庄一组、张庄二组；张庄一组的组长为张某林，张庄二组的组长为李某华。鉴于此，张庄一组、张庄二组主张其已由原来起诉时的张庄一组、张庄二组、张庄三组、张庄四组四个小组合并为张庄一组、张庄二组两个小组，事实清楚，证据充分，符合法律规定，予以采纳。张庄一组、张庄二组作为本案的原告主体资格适格。

关于张某生辩称其已交纳了 2012 年 6 月 1 日至 2014 年 5 月 31 日的租金。2006 年 6 月 1 日，与张某生签订《土地转让协议书》的主体为张庄村民组，2011 年至 2013 年期间张庄村民组虽历经了四次分组，但根据每次分组后张庄各个村民组仍对租金进行平均分配的情况证明，分组后的各个村民组的权利义务仍是整体的、一致的，分组后的各个村民组共同承继了张庄村民组的权利、义务。综上，原张庄三组部分村民代表无权就本案诉争的土地签订合同并收取租金，因此，张某生辩称已交纳 2012 年 6 月 1 日至 2014 年 5 月 31 日的租金，无事实依据，不予采纳。

关于张某生辩称本案的土地纠纷是农村土地承包合同，不是租赁合同。《中华人民共和国农村土地承包法》对承包的原则、程序、期限、用途等做了非常严格的规定，而本案的《土地转让协议书》未履行相关土地承包的程序，未对土地使用的用途作出约定，不符合法律关于土地承包合同认定的构成要件，故张某生辩称《土地转让协议书》为农村土地承包合同，无事实和法律依据，不予采纳。

2014 年 3 月 21 日，驻马店市驿城区人民法院经其审判委员会讨论决定，判决：1. 解除张庄村民组与张某生于 2006 年 6 月 1 日签订的《土地转让协议书》；2. 张某生在判决生效后十日内向张庄一组、张庄二组支付 2011 年 6 月 1 日至 2013 年 11 月 30 日的租金 33987 元。

张某生不服重审判决，上诉至驻马店市中级人民法院，请求撤销重审判决，依法改判驳回张庄一组、张庄二组的诉讼请求。

驻马店市中级人民法院二审查明的事实除与重审判决认定的事实相一致外，另查明：1. 张某生庭审时提供 2014 年 3 月 19 日驻驿东办（2014）09 号驿城区东风街道办事处文件；2. 东张庄村民委员会证明一份；3. 驿城区东风街道纪律检查委员会证明一份；4. 二审开庭后又提供 2014 年 5 月 19 日中共驻马店市驿城区委办公室（通知）一份。此四份证据用以证明对张庄村民组分成一组、二组不予认可，就东张庄村民组的有关问题，正在调查处理中。2014 年 9 月 26 日，驻马店市驿城区民政局驿民文（2014）110 号文件，建议纠正驻驿东办（2014）09 号文件；2014 年 9 月 29 日，驻马店市驿城区东风街道办事处驻驿东办（2014）81 号文件，对 2014 年 3 月 19 日印发的《关于张某柱、张某生等信访事项的结案报告》、驻驿东办（2014）09 号文件，予以撤销。

驻马店市中级人民法院二审认为：

关于合同效力的问题。《中华人民共和国农村土地承包法》对土地承包的原则、程序、期限、用途等均有明确规定，在本案中，2006 年 6 月 1 日，张某生与张庄村民组签订的《土地转让协议书》未履行相关土地承包的程序，未对土地使用的用途作出约定，不符合《中华人民共和国土地承包法》关于土地承包合同的构成要件，重审判决将该协议认定为土地租赁合同并无不当。该租赁合同是双方当事人的真实意思表示，内容不违反法律法规的强制性规定，应为有效合同。同时依照《中华人民共和国合同法》第二百二十四条第二款的规定，张某生将争议土地转租给中原公司，没有证据证明是经出租人同意，因此，重审判决解除 2006 年 6 月 1 日双方签订的《土地转让协议书》正确。故张某生上诉称重审判决以其私自与杨某签订租赁协议，解除2006年6月1日双方签订的《土地转让协议书》错误的理由，与法律规定相悖，不予支持。

关于张某生上诉称张庄一组、张庄二组诉讼主体不适格的问题。根据《中华人民共和国村民委员会组织法》第三条第三款的规定，村民委员会可以根据村民居住状况、集体土地所有权关系等分设若干村民小组，本案中，驻马店市驿城区东风办事处东张庄社区委员会分别于2013年10月10日和2013年12月10日出具两份证明，证明在2013年12月10日，张庄村民组由起诉时的四个组，又合并为两个组，即张庄一组、张庄二组。张庄一组、张庄二组作为本案一审时的原告，主体资格适格。张某生虽上诉称张庄一组、张庄二组主体资格不适格，并提供2014年3月19日驻驿东办（2014）09号驿城区东风街道办事处文件、东张庄村民委员会证明、驿城区东风街道纪律检查委员会证明，二审开庭后又提供2014年5月19日中共驻马店市驿城区委办公室（通知），但2014年9月29日驻马店市驿城区东风街道办事处驻驿东办（2014）81号文件，对2014年3月19日印发的《关于张某柱、张某生等信访事项的结案报告》、驻驿东办（2014）09号文件，予以撤销，张某生所举证据已失去证明效力。对该上诉理由不予采信。

综上，重审判决认定事实清楚，审理程序合法，处理结果正确，应予维持。

基于上述内容，驻马店市中级人民法院于2014年11月10日作出（2014）驻民四终字第302号民事判决：驳回上诉，维持原判。

二审判决后，张某生不服，向河南省高级人民法院申请再审。围绕当事人的再审请求，河南省高级人民法院认定张某生提交的新证据有：1. 2016年3月10日张庄村民组对张庄三组开具的收据一份；2. 东风街道办事处出具的《信访事项处理意见书》一份；3. 2014—2016年分给张庄三组租赁费的明细五份（上述证据证明张庄三组是存在的）；4. 加盖驻马店市驿城公证处印章的证明一份，证明张某生转租时，张庄村民组是知道的。张庄一组、二组的共同质证意见为：证据1—3不能证明在原一、二审中存在张庄三组，关于证据4，杨克峰签字不能代表村民组知道转租一事。

本院认为，证据1上加盖的是张庄村民组的印章，证据2显示信访人张某柱不同意东风街道办事处的处理意见，证据3仅显示一些人员对于相应款项的分配明细，证据1—3不能证明本案原审中存在张庄三组。证据4仅加盖驻马店市驿城公证处印章，没有公证内容，证明内容也不显示张某生转租时，张庄村民组是知道的。本院再审查明的其他事实与原审一致。

河南省高级人民法院再审认为：

1. 张某生申请再审称涉案土地是农村荒地，根据《中华人民共和国土地管理法》第六十三条的规定不能出租，本案应定性为土地承包合同纠纷。《中华人民共和国土地管理法》第六十三条规定："农民集体所有的土地的使用权不得出让、转让或者出租用于用于非农业建设……"由此可知，法律对于农村集体的土地使用权并未禁止出租，而是不得出租用于非农业建设，张某生因此认为涉案土地不能出租，本案应定性为土地承包合同纠纷的理由不能成立。

2. 张某生在认为本案为土地承包合同纠纷的前提下，主张根据《中华人民共和国农村土地承包法》第三十四条的规定，张某生有权出租涉案土地，且张某生在2007年出租涉案土地时，有时任组长杨克峰签字确认，视为经过了村民组的同意。首先，张某生一方面主张涉案土地对方不能出租，一方面又主张自己有权出租，其观点前后不一；其次，《中华人民共和国农村土地承包法》第三十四条仅规定承包方有权依法自主决定土地承包经营权是否流转和流转方式，关于流转的前提条件，该法第四十九条规定："通过招标、拍卖、公开协商等方式承包农村土地，经依法登记取得土地承包经营权证或者林权证等证书的，其土地承包经营权可以依法采取转让、出租、入股、抵押或者其他方式流转。"本案中张某生并未提供证据证明其对涉案土地取得了土地承包经营权证书，其称自己有权对外出租不符合法律规定。最后，张某生称在其出租时，时任组长杨克峰签字确认即视为经过了村民组同意，理由不充分，不予采信。

关于张某生称对方请求解除合同超过《最高人民法院关于审理城镇房屋租赁合同纠纷案件具体应用法律若干问题的解释》第十六条规定的6个月异议期的再审理由，由于本案不属于城镇房屋租赁合同纠纷，故该条规定不适用于本案。张某生该项再审理由不能成立。

3. 张某生称由于土地使用情况发生变化，其要求按照土地使用现状交纳租金，对方拒绝协商，于是就将租金分给了张庄三组的村民，故其一直在自觉履行合同义务。根据查明的本案事实，在原审中张庄村民组的权利义务由张庄一组和张庄二组具体行使，但是张庄村民组的利益是整体的、一致的，而张某生在对方对其要求拒绝协商即将租金分配给原张庄三组部分村民的行为，不符合张庄村民组的整体利益，况且张庄一组和张庄二组对张某生该陈述不予认可，故张某生称其一直在自觉履行合同义务的再审理由不能成立。

4. 关于张某生称原审仅凭张庄社区委员会出具的证明即认定合组成立不当的再审理由。经查，原审中不仅有张庄社区委员会出具的证明，而且有村民代表和村民签字的村组合并和推选张某林和李某华分别担任张庄一组和张庄二组组长的证据材料。故张某生该项再审理由也不能成立。

综上，原判结果并无不当，应予维持。

2016 年 12 月 22 日，河南省高级人民法院依照《中华人民共和国民事诉讼法》第二百零七条第一款、第一百七十条第一款第（一）项之规定，判决如下：维持驻马店市中级人民法院（2014）驻民四终字第 302 号民事判决。

二十三、在农用土地上设立垂钓中心是否是一种非农建设行为

（一）理论解答

随着社会经济的发展，居民生活水平的提高，城市居民渴望回归自然、亲近自然的消费需求日益迫切，休闲渔业应运而生。目前，在租赁的农用土地上设立垂钓中心的现象在我国比较普遍，因我国现行法律严格禁止在农地上进行非农业建设，认定这一设立垂钓中心的行为是否是一种非

农建设行为直接影响着租赁合同的效力。但因我国现行法律、法规和规范性文件对垂钓中心的用地性质都没有进行明确的规定，理论和实务界争论不休。

有观点认为，垂钓中心在性质上是以渔业为依托的休闲观光度假场所，按照国土资源部、农业部《关于进一步支持设施农业健康发展的通知》（国土资发〔2014〕127号）的有关规定，其用地必须依法依规按建设用地进行管理，即在租赁的农用土地上设立垂钓中心的租赁合同无效。

另有观点认为，垂钓中心在性质上是一种新型的渔业形式，其设立只要不涉及永久性建筑物，就不是一种非农业建设行为，即在租赁的农用土地上设立非永久性建筑物式垂钓中心的租赁合同有效以下两个方面。

本书赞同上述第二种观点，理由在于：

1. 垂钓中心属于政策鼓励的休闲渔业。休闲渔业是新时期随着人们的业余时间富余而产生的新型农业形式，是未来渔业发展的方向，不仅已在世界上其他国家和地区广泛存在，也已得到我国相关部门的充分肯定和大力支持。2016年7月8日，我国农业部就会同发展改革委、国土资源部等14个相关部门联合印发了《关于大力发展休闲农业的指导意见》（农加发〔2016〕3号）。

2. 休闲渔业没有定式，鱼塘建设也没有国家强制性标准。设立非永久性建筑物式垂钓中心，本质上并非是以渔业为依托来进行其他经营，而是在对原渔业环境进行一定程度美化的基础上经营渔业的一种新型方式，不仅没有占用新的土地，也没有改变原渔业土地的用途。

（二）案例指引

济南银河农业开发有限公司与济南市槐荫区吴家堡镇东曹村村民委员会土地租赁合同纠纷案[①]

2005年11月18日，济南银河农业开发有限公司（以下简称银河公

① 详见：济南市槐荫区人民法院（2012）槐民初字第2083号民事判决书、济南市中级人民法院（2013）济民四终字第110号民事判决书、山东省高级人民法院（2015）鲁民提字第305号民事判决书。

司）（乙方）与济南市槐荫区吴家堡镇东曹村村民委员会（以下简称东曹村委会）（甲方，当时名称为济南市槐荫区吴家堡镇东曹家庄村民委员会）签订《土地租赁协议》，内容为：1. 甲方将所属东曹村原村址东至红旗干河棉张桥翅西、西至三教堂村公用排水沟、南至红旗干河北岸、北至棉张村承包地，共计 191.40 亩出租给乙方，由乙方开发管理、使用。2. 乙方租用后，发展种植、养殖、垂钓中心，并在原有废弃宅基地的基础上进行餐饮、休闲娱乐、水上世界、古典园林式别墅宾馆、体育健身等项目的开发和建设。3. 租赁价格及期限：租赁期限为 50 年，即自 2006 年 1 月 1 日起至 2056 年 1 月 1 日止。价格以亩计算：第一个五年为每年 550 元/亩，第二个五年每年 600 元/亩，第三个五年每年 700 元/亩，第四个五年每年 900 元/亩，第五、六个五年每年 1150 元/亩，后二十年为每年 1350 元/亩。4. 租金交付方式：乙方分批交纳前期土地租金 30 万元。即协议签订之日，乙方向甲方交纳定金 2 万元，本协议生效后十五日内交纳 28 万元，同时甲、乙双方确定地界及地面积。该租金期限届满后一次性交纳当年租金，每年 1 月 1 日前一次性交纳当年租金。如无正当理由拖欠租金半年以上，甲方有权追究乙方的违约责任。5. 承租土地的有关手续由甲方协助办理，并负责做好全村 80% 以上村民的同意确认工作。6. 甲方必须保证所租赁土地无债务纠纷，该土地上原有承包户、坟地、废弃民房等均由甲方负责清理，并确保在协议有效期内不出现新坟迁入的问题。该协议的 7 至 15 条中对甲方负责协调纠纷、甲方提供变电站、乙方使用道路等内容进行了约定。第 16 条约定，在协议有效期限内，在确保协议中规定的乙方经营性质不变的前提下，乙方有权与第三者合作经营、转让、转租；因政府行为确需改变经营性质时，双方可另行协商解决。第 17 条约定，本协议生效后三年内，乙方完成建设投资 500 万元。协议还对如遇国家建设征用该土地时地上物的补偿事项、乙方在协议到期时的优先承租权等进行了约定。就该协议，东曹村委会及该村党支部共同出具了《土地承包认定书》，载明：对银河公司与东曹村委会于 2005 年 11 月份签订的该《土地租赁协议》，经两委会、全体党员、入党积极分子和全体村民（共 80 户）一致同意后达成共识，随该认定书还有村民签字进行了确认。

2005 年 12 月 18 日，银河公司（乙方）与东曹村委会（甲方）又签订

《土地租赁补充协议》，载明：1. 甲方将土地出租给乙方，由乙方管理、使用（附土地平面图）。2. 租赁价格及期限同《土地租赁协议》。3.《土地租赁协议》第8条所述50KW变电站供乙方单独使用、维护并由乙方直接向供电局缴纳电费。4. 如遇村民影响乙方正常施工或经营时，甲方在接到乙方通知时应立即排除，否则，乙方有权按照实际损失要求行为人赔偿经济损失。5. 乙方承租甲方的土地内有废弃的宅基地且保留有旧村舍、墓地，经双方协商，该村舍及墓地由甲方负责清理、拆除、迁移；该清理工作甲方应于2006年4月5日前完成，到期仍无法拆除、迁移的将视为无主房屋、无主墓地交由乙方无偿拆除、清理。6. 本《土地租赁补充协议》生效后，《土地租赁协议》中第9条（即关于乙方使用村道路的约定）同时废止，但是，在乙方通往场地的道路竣工之前的前期建设准备工作中准许乙方的中小型车辆从东曹村新村中心街通行。7. 本《土地租赁补充协议》并入甲、乙双方签订的《土地租赁协议》并执行，且与《土地租赁协议》具有同等法律效力。

2007年10月15日，银河公司作为乙方与作为甲方的东曹村委会再次签订《土地承包协议补充协议》，载明：甲、乙双方于2005年11月18日签订的《土地租赁协议》，把甲方承包给乙方的土地经营使用性质规范为多功能的休闲度假经营项目，自协议签订之日起至今，虽经乙方多方努力，但因该地块大部土地性质为农用地且已部分复垦等原因，根据《中华人民共和国土地管理法》等有关法律法规之规定，该地块无法进行经营性项目的立项审批，故无法进行正常的投资建设。根据《中华人民共和国土地承包法》第十六条之规定，经甲、乙双方协商后，对《土地租赁协议》的部分内容作如下调整：1. 在乙方对原定的休闲度假经营项目立项审批之前，该块承包土地的经营使用性质由乙方自行确认、经营，立项审批后恢复原有项目的投资建设；在这段期限内，乙方不得终止项目申请的行为。2. 因上述内容的调整，《土地租赁协议》第17条暂停执行，待休闲度假经营项目立项之后再恢复执行该条款。3. 虽经双方协商，对该块承包土地的使用经营性质进行了重新确认，但乙方仍享有与第三者合作经营、转让、转租的权利。4. 甲方将该地块上的地上物及三座坟地清理完毕后于2008年4月5日将该地块交付乙方使用，该日期视为实际交付使用日期，地上物的清理工作双方按照《土地租赁补充协议》第5条的有关内容执行。5. 在本《土地承包协议补充协议》规定的交付使用日期之前，乙方可以进行部分地块的投资建设。6. 乙方承包的土地中有两户村民承包合同至2013年到期，面积约30亩。经双方协商，此面积在2013年以前不计入乙方的承包面积，不交纳该面积的承包费用。承包合同到期并交付乙方使用后合并缴纳。经甲乙双方协商后，可以采取其他措施提前解决上述问题。上述两承包户所承包土地的面积、位置、期限等问题由甲方负责提供有关文书并对其真实性负责。7. 甲方应严格按照本《土地承包协议补充协议》规定的交付日期交付乙方使用该土地，不得延期交付。8. 甲方不得以甲方换届、人员变更等原因为由影响和阻挠本《土地承包协议补充协议》和其他相关协议的执行。9. 甲方如有违反本《土地承包协议补充协议》第7条、第8条所规定的行为，甲方所给乙方造成的实际损失，由甲方进行赔偿。10. 本《土地承包协议补充协议》并入甲、乙双方签订的《土地租赁协议》一并执行，且与《土地租赁协议》具有同等法律效力。

2012年10月30日，银河公司向济南市槐荫区人民法院提起诉讼，请求判令：1. 解除双方签订的《土地租赁协议》及后续签订的《土地租赁补充协议》和《土地承包协议补充协议》；2. 东曹村委会返还银河公司土地租金30万元并赔偿利息损失（以30万元为基数，按照中国人民银行规定的贷款利率，自2005年11月30日计算至判决生效之日，暂计算至2012年11月1日利息为13.95万元），并承担本案诉讼费用。诉讼中又变更诉讼请求称：本案审理过程中得知，涉诉土地的用途为农用地。因双方签订的《土地租赁协议》关于在涉诉土地上进行建筑活动等约定改变了涉诉土地的用途，违反了《中华人民共和国土地管理法》第六十三条关于农用集体土地不得出租用于非农业建设的效力性强制性规定，银河公司变更诉讼请求第一项为确认双方签订的相关协议无效。双方在签订这些协议时，东曹村委会故意隐瞒涉诉土地的真实用途，提供虚假信息，对协议无效存在严重过错，因此，除返还因该协议取得的30万元外，东曹村委会还应赔偿因其过错给银河公司造成的损失。

东曹村委会提起反诉称：双方签订《土地租赁协议》后，银河公司未按协议对土地进行开发使用，导致东曹村的土地荒芜无法继续使用，且未按协议约定继续交纳后期租赁费，至今尚欠租赁费446460元，请求判令银河公司支付土地租赁费446460元。诉讼中变更诉讼请求数额为286772.50元。

济南市槐荫区人民法院认为，本案主要涉及以下两个问题。

1. 协议约定土地是否交付问题。银河公司与东曹村委会就土地租赁事宜共签订过三份协议，东曹村委会作为协议中的出租方，亦即土地提供方，其应就土地交付进行举证，但其在本案审理中并未对此提供充分证据。

2. 银河公司与东曹村委会签订协议的效力问题。银河公司与东曹村委会签订的三份协议就银河公司租赁东曹村委会191.40亩土地相关事宜进行了约定。依三份协议记载内容，反映出该片土地有废弃宅基地、旧村舍、墓地等，但经法院在国土部门调查，确定该片土地大部分为农用地。实际上，银河公司及东曹村委会对此也是明知且认可的，这一点在双方2007年10月15日签订的《土地承包协议补充协议》中已经载明。尽管双方于2005年11月18日签订《土地租赁协议》时提到了银河公司租赁后，发展种植、养殖等，但银河公司与东曹村委会签订承包协议，最终目的是将该片土地承包用于“多功能的休闲度假经营项目”。从双方约定的此内容上看，是要改变原农用地性质。《中华人民共和国土地管理法》第六十三条明确规定，“农民集体所有的土地的使用权不得出让、转让或者出租用于非农业建设；……”。因此，银河公司要求确认其与东曹村委会签订的协议无效，与事实相符，也有法律规定为依据，对此予以支持。银河公司在与东曹村委会签订协议后，交纳了30万元的租金，因双方签订的协议无效，东曹村委会应予返还，对银河公司的该项诉讼请求予以支持。银河公司还要求东曹村委会赔偿利息损失，但就本案查明事实而言，双方签订的协议无效，一方面是东曹村委会将农用地对外出租用于非农业建设违反法律强制性规定，另一方面银河公司租赁该片土地意图用于非农业建设，亦是违法行为。也就是说双方对签订无效协议均有过错，银河公司亦应对此承担相应责任，对其要求东曹村委会赔偿利息的诉讼请求不予支持。因双方签订的协议无效，协议自始就没有法律拘束力。东曹村委会反诉要求银河公司支付租赁费286772.50元的请求不予支持。

2013年4月13日，济南市槐荫区人民法院依照《中华人民共和国土地管理法》第六十三条，《中华人民共和国合同法》第五十二条第（五）项、第五十六条、第五十八条，《中华人民共和国民事诉讼法》第六十四条第一款的规定，作出（2012）槐民初字第2083号民事判决：1. 银河公司与东曹村委会于2005年11月18日签订的《土地租赁协议》、2005年12月18日签订的《土地租赁补充协议》、2007年10月15日签订的《土地承包协议补充协议》无效；2. 东曹村委会于判决生效之日起十日内向银河公司返还租金30万元；3. 驳回银河公司要求东曹村委会赔偿利息损失的诉讼请求；4. 驳回东曹村委会要求银河公司支付土地租赁费286772.50元的反诉请求。

一审宣判后，银河公司不服，向济南市中级人民法院提起上诉，请求撤销一审判决第三项，改判东曹村委会赔偿银河公司利息13.95万元（自2005年11月30日暂计算到2012年11月1日），上诉费由东曹村委会承担。

东曹村委会不服一审判决，提起上诉，请求二审法院撤销原判，依法改判或发回重审，一、二审诉讼费用由银河公司负担。

济南市中级人民法院（二审法院）认为，本案的争议焦点为：1.《土地租赁协议》的效力；2. 涉案土地是否已交付；3. 损失的承担。

关于土地租赁协议的效力。《中华人民共和国土地管理法》第四条规定，国家实行土地用途管制制度。本案中，因涉案土地大部分为农用地，以鱼塘、藕池为主，从双方约定的用途来看，协议约定“发展种植、养殖、垂钓中心”，没有改变原农用地性质，该部分约定有效；但“在原有废弃宅基地的基础上进行餐饮、休闲娱乐、水上世界、古典园林式别墅宾馆、体育健身等项目的开发和建设”，违反了《中华人民共和国土地管理法》第六十三条的规定。该条规定，农民集体所有的土地的使用权不得出让、转让或者出租用于非农业建设；但是，符合土地使用总体规划并依法取得建设用地的企业，因破产、兼并等情形致使土地使用权依法发生转移的除外。据此规定，该部分约定无效。《中华人民共和国合同法》第五十六条规定，无效的合同或者被撤销的合同自始没有法律约束力。合同部分无效，不影响其他部分效力的，其他部分仍然有效。故双方签订的土地租赁协议中除涉及废弃宅基地部分为无效外，其他部分有效。

虽然“该地块无法进行经营性项目的立项审批”，但双方在 2005 年 11 月 18 日《土地租赁协议》第 16 条中约定“在协议有效期限内，在确保协议中规定的乙方经营性质不变的前提下，乙方有权与第三者合作经营、转让、转租”，在 2007 年 10 月 15 日的《土地承包协议补充协议》中约定：1. 在乙方对原定的休闲度假经营项目立项审批之前，该块承包土地的经营使用性质由乙方自行确认、经营，立项审批后恢复原有项目的投资建设；……3. 虽经双方协商，对该块承包土地的使用经营性质进行了重新确认，但乙方仍享有与第三者合作经营、转让、转租的权利。由此可见，整体项目未能立项审批，不影响对租赁的鱼塘、藕池部分进行种植、养殖的经营，银河公司也可以通过合作经营、转让、转租等方式对土地以符合法律规定的方式进行使用，对于合同有效部分应按约履行。

关于涉案土地是否已交付。该院认为，《最高人民法院关于民事诉讼证据的若干规定》第七十三条规定，双方当事人对同一事实分别举出相反的证据，但都没有足够的依据否定对方证据的，人民法院应当结合案件情况，判断一方提供证据的证明力是否明显大于另一方提供证据的证明力，并对证明力较大的证据予以确认。本案中，双方对是否交付土地产生争议，基于以下分析，该院认定东曹村委会提供的证据的证明力大于银河公司提供的证据的证明力。

第一，从协议相关内容的履行来看，双方在协议中并没有约定租赁土地的交付方式，法律对此亦未规定，但双方均认可东曹村委会的两委会成员口头说明了土地的大体位置。东曹村委会及该村党支部按协议约定，共同出具了《土地承包认定书》，村民签字进行了确认。东曹村委会亦为银河公司提供 20 多亩地用于修路。

第二，从三份协议对土地交付的描述来看，在 2005 年 11 月 18 日的《土地租赁协议》中第 6 条约定：“甲方必须保证所租赁土地无债务纠纷，该土地上原有承包户、坟地、废弃民房等均由甲方负责清理，并确保在协议有效期内不出现新坟迁入的问题。”该协议涉及“该土地上原有承包户、坟地、废弃民房等”。而 2005 年 12 月 18 日的《土地租赁补充协议》第 5 条约定：“乙方承租甲方的土地内有废弃的宅基地且保留有旧村舍、墓地，经双方协商，该村舍及墓地由甲方负责清理、拆除、迁移；该清理工作甲方应于2006年4月5日前完成，到期仍无法拆除、迁移的将视为无主房屋、无主墓地交由乙方无偿拆除、清理。”此协议仅涉及“旧村舍、墓地”的清理。2007年10月15日的《土地承包协议补充协议》中第4条约定：“甲方将该地块上的地上物及三座坟地清理完毕后于2008年4月5日将该地块交付乙方使用，该日期视为实际交付使用日期，地上物的清理工作双方按照《土地租赁补充协议》第5条的有关内容执行。”此约定系对2005年12月18日的《土地租赁补充协议》第5条约定的补充。从以上三份协议的对比分析，可以看出后两份协议仅系对“旧村舍、墓地”清理进行约定，未涉及原承包户的鱼塘、藕池。

第三，从东曹村村民的证言来看，证人称村民原承包的藕池和鱼塘于2005年到期后就未再承包。而在2007年10月15日《土地承包协议补充协议》中亦载明“该地块大部土地性质为农用地且已部分复垦”，复垦的前提是撂荒，由此可以说明协议签订后，土地已经不再由东曹村委会发包。

第四，就银河公司提交的证据而言，其为主张东曹村委会在协议签订后一直未交付约定经营的土地，提交张某胜、胡某勇、张某、刘某的《情况说明》，张某胜及胡某勇在本案一审中出庭作证，就出具书面《情况说明》中的内容当庭进行了确认，但根据其证言，二证人系因拟倾倒建筑渣土而被制止，不足以证明土地未交付。证人张某、刘某未出庭，其证言不能采信。银河公司提交的《东曹村村民强烈要求弄清有关经济合同问题》，没有出具时间和签名，真实性无法确认，不能证明银河公司的主张。

综上，二审法院认定东曹村委会已按约交付部分土地。

对于已交付的土地面积，双方均认可协议约定的191.40亩中有曹兴杰和梁金海承包的土地共42.85亩未交付，应予以扣除。对于土地内旧村舍、墓地，虽然双方约定村舍及墓地由东曹村委会负责清理、拆除、迁移，到期仍无法拆除、迁移的将视为无主房屋、无主墓地交由银河公司无偿拆除、清理，但考虑到我国公序良俗，银河公司不便于自行拆除、清理，对该部分土地应当认定为未交付，双方均认可旧村舍约有20亩，应从191.40亩中扣除。对于三个墓地，考虑到对周边土地开发使用的影响，可酌定为按 1.55 亩计算，从 191.40 亩中扣除。扣除以上未交付的土地，该院认定有 127 亩已按约交付。

关于损失的承担。《中华人民共和国合同法》第九十六条规定："当事人一方依照本法第九十三条第二款、第九十四条的规定主张解除合同的，应当通知对方。合同自通知到达对方时解除。对方有异议的，可以请求人民法院或者仲裁机构确认解除合同的效力。"因银河公司未对交付的土地按约定进行开发经营，东曹村委会解除合同，符合法律规定。银河公司应交付的租金期限为 2006 年 1 月 1 日起至 2011 年 12 月 28 日合同解除之日，共 6 年。对于东曹村委会已交付的土地，银河公司应按约交付该期间的租金。双方约定租期自 2006 年 1 月 1 日起，价格以亩计算：第一个五年为每年 550 元/亩，第二个五年每年 600 元/亩。据此计算，第一个五年的租金为 349250 元，第 6 年的租金为 76200 元，以上共计 425450 元。扣除银河公司已支付的 30 万元，银河公司应向东曹村委会支付 125450 元，银河公司要求东曹村委会返还 30 万元及利息的诉讼请求无法律依据，不予支持。

银河公司虽因未年检，被吊销营业执照，不能从事正常经营活动，但其诉讼主体资格依然存在，未成立清算组，由原法定代表人代表公司参加诉讼符合法律规定，银河公司诉讼主体适格。

2013 年 10 月 7 日，济南市中级人民法院作出（2013）济民四终字第 110 号民事判决：1. 撤销济南市槐荫区人民法院（2012）槐民初字第 2083 号民事判决；2. 银河公司于判决生效之日起 10 日内向东曹村委会支付租金 125450 元；3. 驳回东曹村委会的其他反诉请求；4. 驳回银河公司的诉讼请求。

二审判决后，银河公司不服，向山东省高级人民法院申请再审，请求撤销二审判决，改判支持银河公司的诉讼请求。

山东省高级人民法院再审认为：本案争议焦点包括涉案《土地租赁协议》及补充协议的效力与涉案土地是否已交付。

关于土地租赁协议的效力。2005 年 11 月 18 日双方签订的《土地租赁协议》约定："乙方租用后，发展种植、养殖、垂钓中心，并在原有废弃宅基地的基础上进行餐饮、休闲娱乐、水上世界、古典园林式别墅宾馆、体育健身等项目的开发和建设。"本案原审中，双方均认可，"原有废弃宅基地”约为20亩左右。根据上述协议约定，餐饮、休闲娱乐等项目应在该20亩左右的废弃宅基地的基础上进行开发建设，该部分占用的土地只占协议约定租赁土地191.4亩的一小部分，而协议约定的大部分土地应当用于发展种植、养殖、垂钓中心。由于发展种植、养殖、垂钓中心并没有改变原农用地性质，原审认定该部分约定有效并无不当。但“在原有废弃宅基地的基础上进行餐饮、休闲娱乐、水上世界、古典园林式别墅宾馆、体育健身等项目”的约定，违反了《中华人民共和国土地管理法》第六十三条关于农民集体所有的土地的使用权不得出让、转让或出租用于非农业建设的规定，该部分约定无效。根据《中华人民共和国合同法》第五十六条规定，无效的合同或者被撤销的合同自始没有法律约束力。合同部分无效，不影响其他部分效力的，其他部分仍然有效。因此，原审认定双方签订的土地租赁协议中除涉及“废弃宅基地”部分为无效外，其他部分有效并无不当。

关于涉案土地是否已交付。本案中，双方均认可东曹村委会的两委会成员口头说明了土地的大体位置。东曹村委会及该村党支部亦按协议约定，共同出具了《土地承包认定书》，村民也都签字进行了确认。2005年12月18日的《土地租赁补充协议》对租赁协议部分条款进行了变更，其中第五条对废弃宅基地上的旧村舍、墓地的处理进行了约定，2007年10月15日的《土地承包协议补充协议》中第四条又对上述补充协议第五条作了进一步的约定：“甲方将该地块上的地上物及三座坟地清理完毕后于2008年4月5日将该地块交付乙方使用，该日期视为实际交付使用日期，地上物的清理工作双方按照《土地租赁补充协议》第5条的有关内容执行。”二审中银河公司陈述协议约定的“地上物”就是指旧村舍，东曹村委会对此也予以认可，可见，双方此约定针对的是旧村舍、墓地的处理，并没有涉及合同约定的其他土地。银河公司原审中提交证人证言证实其在欲使用所租赁的土地时被村民阻拦，但东曹村委会不予认可，且双方于2005年12月18日《土地租赁补充协议》中专门针对该情形进行了约定：“如遇村民影响乙方正常施工或经营时，甲方在接到乙方通知时应立即排除，否则，乙方有权按照实际损失要求行为人赔偿经济损失。”诉讼中银河公司并没有提交证据证明其在遇到村民阻拦后通知了东曹村委会，因此，二审法院认定东曹村委会已按约交付部分土地并无不当。

关于银河公司再审中主张的二审法院扣除旧村舍及墓地的面积不当问题。本案二审庭审中，银河公司在陈述本案所涉土地的状况时主张“当时签订协议基本土地状况就是废弃的地，东曹村委会说是四荒地，有20亩的旧村址，其他的都是鱼池、藕池”。可见，银河公司认可旧村舍所占20亩，原审法院据此进行扣除并无不当。关于三个墓地所占面积，二审中东曹村委会主张每个墓地占地3到4平方米，二审法院考虑到对周边土地开发使用的影响，酌定按1.55亩计算并无不当。

综上，原审判决认定事实清楚，适用法律正确，应予维持。

基于上述，山东省高级人民法院于2016年3月22日依照《中华人民共和国民事诉讼法》第二百零七条、第一百七十条第一款第（一）项，《最高人民法院关于适用〈中华人民共和国民事诉讼法〉的解释》第四百零七条第一款的规定，判决：维持济南市中级人民法院（2013）济民四终字第110号民事判决。

二十四、土地租赁合同的最长期限是否必须以20年为限

（一）理论解答

自1999年10月1日起施行《中华人民共和国合同法》第二百一十四条规定：“租赁期限不得超过二十年。超过二十年的，超过部分无效。租赁期间届满，当事人可以续订租赁合同，但约定的租赁期限自续订之日起不得超过二十年。”据此，有观点认为，土地租赁合同作为租赁合同的一个具体分支合同，亦应受此约束，即土地租赁合同的最长期限必须以20年为限。

国务院于1990年发布的《中华人民共和国城镇国有土地使用权出让和转让暂行条例》第十二条规定："土地使用权出让最高年限按下列用途确定：（一）居住用地70年；（二）工业用地50年；（三）教育、科技、文化、卫生、体育用地50年；（四）商业、旅游、娱乐用地40年；（五）综合或者其他用地50年。"自1995年1月1日起施行（2007年修订）的《中华人民共和国城市房地产管理法》第十三条规定："土地使用权出让最高年限由国务院规定。"国土资源部为贯彻实施自1999年1月1日起施行的《中华人民共和国土地管理法实施条例》，于1999年7月27日印发的《规范国有土地租赁若干意见》第四条规定："国有土地租赁可以根据具体情况实行短期租赁和长期租赁。对短期使用或用于修建临时建筑物的土地，应实行短期租赁，短期租赁年限一般不超过5年；对需要进行地上建筑物、构筑物建设后长期使用的土地，应实行长期租赁，具体租赁期限由租赁合同约定，但最长租赁期限不得超过法律规定的同类用途土地出让最高年期。"自2003年3月1日起施行《中华人民共和国农村土地承包法》第三十二条规定："通过家庭承包取得的土地承包经营权可以依法采取转包、出租、互换、转让或者其他方式流转。"第三十三条规定："土地承包经营权流转应当遵循以下原则：……（三）流转的期限不得超过承包期的剩余期限。"据此，有人认为土地租赁合同的最长期限不以20年为限。

本书认为，土地租赁合同的最长期限无须以20年为限。理由在于以下四个方面。

1. 20年的最长期限不符合土地租赁的一般实际需要。实践中，承租方在租得土地后，一般都会对之进行数额较大的后续投资，并且往往会将这些投资作为企业的固定资产用于企业的持续经营和发展中，要对这些投资进行充分的利用，20年的最长租赁期限显然是不足的。

2. 国有土地出让与出租尽管在形式上有不少不同之处，但在法律关系的本质上却是一致的。[①] 因此，"国有土地租赁的最长期限不得超过法律规

---

① 参见谢怀栻等：《合同法原理》，法律出版社2000年版，第403页；高富平、黄武双：《房地产法新论》，中国法制出版社2000年版，第90页；冯乐坤：《土地租赁论》，载《甘肃政法学院学报》2003年第1期。

定的同类用途土地出让的最高年期”是国务院《中华人民共和国城镇国有土地使用权出让和转让暂行条例》的应有之意。

3. 从《中华人民共和国农村土地承包法》第三十二、三十三条的规定来看，对于农村的农用土地租赁，突破20年的期限是允许的。

4. 对于农村的建设用地租赁，因相关工作目前正处于国家允许的改革试点之中，司法实践对各地不同的试点方案理应给予合理的尊重，而从目前各地出台的试点方案来看，以20年为最高年限的方案是没有的。

（二）案例指引

曹某英与佛山市南海区大沥镇水头村镇东股份合作经济社土地租赁合同纠纷案[①]

2001年10月26日，佛山市南海区大沥镇水头村镇东股份合作经济社（当时名为“南海县大沥镇水头村镇头经济合作社”，以下简称经济社）向原南海市人民法院（现佛山市南海区人民法院）提起诉讼称：经济社与曹某英签订了《长期租地合约》，该合约违反了《中华人民共和国土地管理法》及其他有关法律法规，且损害了大沥水头镇东村民小组的合法权益，请求法院判令：1. 确认1988年5月29日与曹某英签订的《长期租地合约》无效，曹某英应向经济社返还合约项下位于潘村高田的共3亩用地的使用权；2. 由曹某英承担本案的诉讼费用。

2002年1月15日，原南海市人民法院作出（2001）南房初字第657号民事调解书确认曹某英与经济社达成如下调解协议：1. 大沥水头镇东村民小组与曹某英于1988年5月29日签订的《长期租地合约》，大沥水头镇东村民小组与曹某英一致确认无效，该合约项下位于潘村高田的3亩土地使用权为大沥水头镇东村民小组享有；2. 曹某英在上述讼争土地上建造的建筑物、构筑物由大沥水头镇东村民小组、曹某英另行协商解决。

后曹某英不服，向佛山市南海区人民法院申请再审。佛山市南海区人

---

① 详见：佛山市南海区人民法院（2012）佛南法民三再初字第1号民事判决书、佛山市中级人民法院（2012）佛中法民一终字第2593号民事判决书、佛山市中级人民法院（2013）佛中法审监民再字第41号民事判决书、广东省高级人民法院（2014）粤高法民二提字第4号民事判决书。

民法院再审判决：1. 撤销（2001）南房初字第657号民事调解书；2. 经济社与曹某英于1988年5月29日签订的租地面积为3亩的《长期租地合约》无效。

宣判后，曹某英不服，向佛山市中级人民法院提起上诉。佛山市中级人民法院二审判决：驳回上诉，维持原判。

二审判决后，曹某英不服，向广东省高级人民法院申请再审。广东省高级人民法院指令佛山市中级人民法院再审本案。

佛山市中级人民法院再审查明：1988年5月28日，经济社的前身南海县大沥镇水头村镇头经济合作社（以下简称镇头经合社）与曹某英签订《承包土地合约》，约定曹某英以99900元承包该社位于高田的3亩集体所有制土地。合约自镇头经合社收到款项日起即生效，土地自合约生效日起归曹某英长期永久使用。除国家征用外，镇头经合社不能中断该合约，否则承担造成曹某英的一切损失，并按经济损失总额10%处罚。

1988年5月29日，镇头经合社与曹某英签订《长期租地合约》，约定：曹某英租用镇头经合社位于该社高田的3亩集体所有制土地，每亩666平方米，每平方米50元，每亩33300元，共计99900元；土地由合约生效日起由曹某英永久性使用；租金由曹某英一次性支付给镇头经合社，租金结算清楚后由镇头经合社开付收款收据给曹某英。此外青苗补偿费及一次性耕地占用税由镇头经合社负责，报建手续由镇头经合社协助办理，费用由曹某英负责；合约生效后国家及集体的粮食保产及一切征收费等均由镇头经合社负担；合约自镇头经合社收到款日起即生效；除国家征用地外，镇头经合社不能中断合约。合约签订后，双方按合约履行，曹某英支付了租金，并在该土地上建造了厂房等。

1988年5月29日，镇头经合社与曹某英签订另一份《长期租地合约》，约定曹某英以233700元永久性租用该社位于高田的7.79亩集体所有制土地。在再审诉讼中，双方确认此合约约定的7.79亩土地面积包含本案案涉合约所涉的3亩集体所有制土地及上述《承包土地合约》所涉的3亩集体所有制土地。

原南海县国土部门先后向大沥镇政府作出三份批复。1.1988年5月14日向大沥镇政府作出南国土征复（88）373号《关于大沥镇水头村镇东队申请占用水田建五金厂和塑料厂的批复》，载明："你镇水头村镇东队申请占用水田建五金厂和塑料厂的报告收悉。经研究，同意你镇水头村镇东队占用本队土名'潘村高田'的水田2.90亩，作建五金厂和塑料厂用地，望按环保部门要求搞好'三废'治理，并搞好规划，不要无章乱建。"2.1989年4月14日，作出南国征复（89）154号《关于大沥水头村镇头经济社申请使用水田建五金塑料厂的批复》，载明："你镇水头村镇头经济社申请使用水田建五金塑料厂的报告收悉，经研究，同意该社使用本社位于（土名）'潘村高田'地段的水田1.90亩，作建五金塑料厂用地。希按环保部门要求搞好'三废'治理，并搞好规划，不要无章乱建。"1992年10月20日镇东村村长在该批复中加注："以上房屋所有权及土地使用权属曹某英所有。"1992年12月14日，镇头村的上级在该批复中加注"此地属集体所有，不得转让。按城区规划"。3.1991年5月21日，作出南国土政（1991）89号《关于大沥镇水头管理区办事处镇头村民委员会建五金厂、仓库申请使用土地的批复》，载明："你镇水头管理区办事处镇头村民委员会建五金厂、仓库申请使用土地的报告收悉，经审核研究后现批复如下：1.同意该村会使用本村位于（土名）高田地段用地红线范围内的水田2.99亩，作建五金厂、仓库用地；2.被使用耕地原负担的粮食征、定购任务，在镇头村委会按规定缴交粮食任务保险基金后由县粮食部门核实统筹解决；3.希按环保部门要求切实治理好三废，不得损害周围环境，并必须按规划进行建设；4.上述土地使用权属镇头村委会，未经批准不得转让。"而镇东村村长及其上级部门也在该批复中如（89）154号一样加注。

2001年10月26日，经济社提起本案诉讼。本案初始诉讼之后，经济社、曹某英双方因上述7.79亩土地的使用权问题，多次向佛山市南海区人民法院提起诉讼，具体为：

1.2002年5月9日经济社向原南海市人民法院提起诉讼，请求曹某英停止对其土地的侵权，并请求曹某英支付从2002年1月16日起至停止侵权日止的相关土地使用费。原南海市人民法院于2002年7月30日作出（2002）南房初字第99号裁定书，驳回经济社的起诉。

2.2002年5月9日经济社向原南海市人民法院提起诉讼，请求判令与曹某英于1988年5月28日签订的《承包土地合约》为无效合同，曹某英返还潘村高田3亩用地，曹某英返还非法占用的潘村高田1.9亩用地。后经济社变更诉讼请求为：双方于1988年5月28日签订的《承包土地合约》为无效合同，曹某英返还潘村高田3亩用地；确认1988年5月29日签订的《长期租地合约》无效，曹某英返还1.9亩土地。原南海市人民法院认为：经济社、曹某英签订的上述合约，约定曹某英一次性支付租金或承包款后永久使用土地，实为出让土地使用权的合同，两合同约定出让集体所有土地，违反了《中华人民共和国土地管理法》的强制性规定，是无效合同。并且，曹某英未经报建在涉讼土地上兴建厂房，涉及违反规划的行政处理问题，应先由政府行政主管部门进行处理。原南海市人民法院于2002年7月30日作出（2002）南房初字第100号民事判决，确认上述《承包土地合约》和《长期租地合约》（7.79亩）无效。

2005年2月23日，佛山市南海区城市管理行政执法局作出《处理决定》认定：曹某英在潘村高田的建设行为属于20世纪80年代农村建设管理范畴，涉及农村集体建设用地使用权流转的问题。该行为不适用国务院颁布实施的《城市规划条例》。鉴于曹某英的建设行为发生在《中华人民共和国城市规划法》和《村庄和集镇规划建设管理条例》颁布实施之前，当时该建设用地不属城市规划区域，因此曹某英该行为不属于违反城市规划方面法律、法规、规章规定的行为，在潘村高田建设用地上的建筑物不属违反城市规划的建筑物。

3. 2005年4月12日，经济社依据上述《处理决定》向佛山市南海区人民法院起诉，请求曹某英支付7.79亩土地的土地使用费，并返还涉讼的土地。当时由于该土地及地上建筑物被其他法院查封，构成法定的阻却事由。佛山市南海区人民法院于2005年11月24日作出（2005）南民三初字第227-2号民事裁定，驳回经济社的起诉。

2009年5月5日，佛山市国土资源局南海分局向经济社作出《处理答复》认定：潘村高田土地承包和租赁纠纷不是由曹某英过错造成的，曹某英已按签订合同时约定的价格支付了全部土地租金，并非无偿占有潘村高田7.79亩集体所有土地，只是其未向国土部门办理土地使用权有关手续；根据广东省现行有关集体建设用地管理政策，潘村高田7.79亩集体建设用地使用权可办理流转手续。建议经济社本着尊重历史、照顾现实的原则继续协商解决或依据法律文书申请法院强制执行。

4. 2009年6月23日，经济社向佛山市南海区人民法院起诉，请求曹某英支付其使用7.79亩土地的土地使用费。佛山市南海区人民法院于2009年7月27日作出（2009）南民三初字第699号民事判决，依法驳回经济社的诉讼请求。

5. 2009年12月29日，经济社再次向佛山市南海区人民法院提起诉讼，请求曹某英向经济社返还因双方的无效合同仍占用经济社的位于潘村高田7.79亩建设用地的土地使用权，曹某英在案涉土地上建造的建筑物及附属物等按评估价3204148元转让给经济社；曹某英承担本案的诉讼费用。曹某英提出反诉，请求经济社协助将潘村高田的7.79亩土地的使用权变更到曹某英名下（该土地1988年的购买价格为233700元）；全部诉讼费用由经济社承担。佛山市南海区人民法院于2011年8月9日作出（2010）南民三初字第140号民事判决，判决曹某英将该案所涉讼的7.79亩集体所有制土地返还经济社；上述所涉土地的地上物归经济社所有，由经济社补偿曹某英上述所涉地上物的对价3204148元。驳回曹某英的反诉请求。曹某英不服该判决提出上诉，该案仍在二审诉讼中。

佛山市中级人民法院再审认为：

本案再审争议的焦点为案涉合约的效力应如何认定。本案初始诉讼早在2001年，后续诉讼均是启动再审程序后引起。由于时间跨度大，且关于农村集体用地使用权出让、出租的相关法律法规变化大，故本案法律适用的确定直接影响到案件的实体处理。依据“法不溯及既往”的基本原则，新的法律法规开始适用之时已经立案但尚未审结的一审、二审和再审案件均不适用立案后才实施的新的法律法规。本案中初始诉讼的立案时间是2001年10月26日，《广东省集体建设用地使用权流转管理办法》的实施日期为2005年10月1日，《广东省高级人民法院关于审理农村集体土地出让、转让、出租用于非农业建设纠纷案件若干问题的指导意见》的颁布日期为2001年10月30日，《广东省高级人民法院关于集体建设用地使用权租赁期限适用法律问题的批复》亦是2010年作出，故上述相关规范均不适用于本案，否则法律的指引、预测功能将无从体现，且必将引起更大范围的混乱。

因《中华人民共和国土地管理法》六十三条明确规定“农民集体所有的土地的使用权不得出让、转让或者出租用于非农业建设”，当时并无法律法规对于该条所涉“农民集体所有的土地”内涵予以细化，更无法律法规明确规定集体建设用地可以依法出让、出租用于非农业建设，故原审依据当时的法律，以案涉合同违反《中华人民共和国土地管理法》第六十三条之规定而认定无效并无不妥。

至于案涉地块的性质，案涉地块目前尚未办证，亦无有效的行政机关颁发的书面文件明确其性质。原南海县国土局于1988年5月14日、1989年4月14日、1991年5月21日分别作出的批复中，同意批准案涉地块作为五金厂、塑料厂、仓库等用地。2009年5月5日佛山市国土资源局南海分局作出的《处理答复》中亦提及案涉地块为集体建设用地，故可以认定案涉地块为建设用地。但如前所述，依据本案初始诉讼时的相关法律法规，对于农村集体用地签订永久性使用的租地合约，亦缺乏认定合约有效的法律依据。

综上所述，原审判决认定事实清楚，处理正确，应予维持。

基于上述内容，佛山市中级人民法院经审判委员会讨论决定，依据《中华人民共和国土地管理法》六十三条，《中华人民共和国民事诉讼法》第一百七十条第一款第（一）项、第二百零七条之规定判决：维持原审法院（2012）佛中法民一终字第2593号民事判决。

宣判后，曹某英仍不服，向广东省高级人民法院申请再审。

广东省高级人民法院认为：

本案是土地租赁合同纠纷，根据曹某英与经济社的诉辩意见，本案提审阶段的争议焦点为案涉《长期租地合约》的效力如何认定。

曹某英与经济社于1989年5月29日签订《长期租地合约》，约定曹某英租用案涉潘村高田的3亩土地，该合约是曹某英与经济社自愿签订，是双方的真实意思表示。本案最初于2001年10月26日提起诉讼，此前原南海县国土部门已于1988年5月14日、1989年4月14日、1991年5月21日先后向大沥镇政府作出批复，同意在案涉潘村高田的土地上建设五金厂、塑料厂和仓库。此后，佛山市南海区城市管理行政执法局于2005年2月23日作出处理决定，确认将潘村高田总面积7.79亩农村集体所有土地转为五金塑料厂、仓库等工业用地的事实。佛山市国土资源局南海分局于2009年5月5日作出处理答复，明确根据广东省现行有关集体建设用地管理政策，潘村高田7.79亩集体建设用地使用权可办理流转手续。故案涉土地用于五金厂、塑料厂及仓库建设已得到国土部门的批准且根据相关规定其使用权现已可办理流转手续。但国土部门未对曹某英使用涉案土地的年限作出审批，而南海市大沥镇水头管理区批注涉案土地不得转让，故案涉合同关于案涉土地由曹某英永久性使用的约定未能得到相关部门的确认和批准。根据《关于审理农村集体土地出让、转让、出租用于非农业建设纠纷案件若干问题的指导意见》（粤高法发〔2001〕42号）第十三条“当事人在签订出让、转让、出租农村集体土地合同时，所涉集体土地虽然没有经依法批准为建设用地，但在起诉前已被依法批准为建设用地的，不影响合同的效力”、《广东省集体建设用地使用权流转管理办法》（广东省人民政府令第100号）第十三条第二款“集体建设用地使用权出让、出租的最高年限，不得超过同类用途国有土地使用权出让的最高年限”、《中华人民共和国城镇国有土地使用权出让和转让暂行条例》第十二条“土地使用权出让最高年限按下列用途确定：……（二）工业用地五十年”之规定，参照同类用途国有土地使用权出让的最高年限，曹某英租赁案涉土地最长不得超过50年。经济社的诉讼请求部分有理，应予部分支持。

基于上述内容，广东省高级人民法院于2014年11月13日，根据《中华人民共和国民事诉讼法》第一百七十条第（二）项、第二百零七条，《中华人民共和国合同法》第八条之规定判决：1. 撤销原南海市人民法院（2001）南房初字第657号民事调解书、佛山市南海区人民法院（2012）佛南法民三再初字第1号民事判决书、佛山市中级人民法院（2012）佛中法民一终字第2593号民事判决书、佛山市中级人民法院（2013）佛中法审监民再字第41号民事判决书；2. 经济社与曹某英于1988年5月29日签订的租地面积为3亩的《长期租地合约》中关于租赁期间超过50年的部分约定无效；3. 驳回经济社的其他诉讼请求。

二十五、如何认定违反农村民主议定程序签订的房屋租赁合同的效力

（一）理论解答

在依法治国的进程中，我国逐步确立了农村的民主议定程序。《中华人民共和国村民委员会组织法》第二十四条规定：以租赁方式处分村集体财产的，经村民会议讨论决定方可办理。第二十二条规定：召开村民会议，应当有本村十八周岁以上村民的过半数，或者本村三分之二以上的户的代表参加，村民会议所作决定应当经到会人员的过半数通过。第二十五条规定：人数较多或者居住分散的村，可以设立村民代表会议，讨论决定村民会议授权的事项。第二十六条规定：村民代表会议由村民委员会召集。村民代表会议每季度召开一次。有五分之一以上的村民代表提议，应当召集村民代表会议。村民代表会议有三分之二以上的组成人员参加方可召开，所作决定应当经到会人员的过半数同意。但对如何认定违反农村民主议定程序签订的房屋租赁合同的法律效力，理论界和实务界均存在不同意见。

有观点认为，既然《中华人民共和国村民委员会组织法》明确规定了以租赁方式处分村集体财产要经村民会议讨论决定方可办理，那么违反该民主议定程序签订的农村房屋租赁合同就应属无效合同。

另有观点认为，《中华人民共和国村民委员会组织法》中规定的民主议定程序仅是管理性规范（又称取缔性规范），并不是效力性规范，根据《最高人民法院关于适用〈中华人民共和国合同法〉若干问题的解释（二）》第十四条的规定，对民主议定程序的违反不影响相关租赁合同的法

律效力。

还有观点认为，村民委员会违反民主议定程序签订租赁合同的行为实质上是一种无权处分行为，因而该租赁合同应是一种效力待定的合同，如果村民会议事后进行追认就有效，如果不予追认则无效。

本书赞同第二种观点，理由在于以下两个方面。

1. 通说认为，违反法律强制性规定的合同之所以无效，根本原因在于其侵犯了强制性规定所保护的国家利益和社会公共利益。村民委员会违反民主决策程序所签订的租赁合同显然不会侵害国家利益。此外，村委会违反民主决策程序处分集体财产，侵害的只是村庄中特定集体成员的利益，而非不特定主体的社会公共利益。因此，《中华人民共和国村民委员会组织法》规定的民主议定程序当属管理性的强制性规定，而非效力性的强制性规定。

2. 村民委员会与村民的关系不是代理关系，而是一般的法人或其他组织的代表机关与其股东或成员的代表关系。因此，村民委员会擅自处分集体财产的行为属于超越代表权限的行为，而不是无权代理的行为。《中华人民共和国村民委员会组织法》规定的民主决策程序只是一种内部限制程序，我们不能要求外部第三人准确判断村民委员会的代表行为是否取得了村民会议的授权。所以，违反民主议定程序签订的农村房屋租赁合同也应属有效合同，除非承租人在签订合同时是明知的。

（二）案例指引

北京立尚嘉禾养殖专业合作社与北京市平谷区平谷镇赵各庄村民委员会等房屋租赁合同纠纷案[①]

1997年7月25日，北京市平谷区平谷镇赵各庄村民委员会（以下简称赵各庄村委会）与刘某森签订房屋土地租赁合同，约定赵各庄村委会出租给刘某森房屋三排（18间）及院落，租赁期限自1997年8月1日起至2000年7月31日止，租期三年，租金7800元整，分三次上交租金，每次

① 详见：北京市平谷区人民法院（2014）平民初字第262号民事判决书、北京市第三中级人民法院（2014）三中民终字第10791号民事判决书。

不超过8月1日上交1年租金2600元。后刘某森与其妻张某芹以家庭为单位租赁房屋及院落从事畜牧养殖，并交纳了租赁期限内的租金。租赁期满后，刘某森分别于2000年10月9日、2006年4月24日、2009年1月12日、2012年3月21日向赵各庄村委会交纳了2012年7月31日前的租金。

2012年11月30日，赵各庄村委会与北京立尚嘉禾养殖专业合作社（以下简称立尚合作社）签订房屋租赁合同，约定赵各庄村委会将位于赵各庄村南原养鸡场、房屋三排（18间）及院落租赁给立尚合作社管理使用，租赁期限自2012年12月1日起至2042年11月30日止，租期共30年；立尚合作社在每年12月31日前向赵各庄村委会交纳租金5000元，30年共计15万元；在房屋租赁期间，立尚合作社根据实际生产需要可以改建或新建生产性及办公用房；如遇国家、政府征占土地，土地补偿款归赵各庄村委会所有，立尚合作社获得地上物补偿款的80%，赵各庄村委会获得地上物补偿款的20%，赵各庄村委会根据实际租赁时间退还立尚合作社相应租金。立尚合作社于2012年12月22日向赵各庄村委会交纳了2012年12月1日至2013年11月30日租金5000元。赵各庄村委会在2012年12月31日换届后，未接收立尚合作社及刘某森、张某芹交纳的租金。

2014年初，赵各庄村委会向北京市平谷区人民法院提起诉讼，请求撤销与立尚合作社签订的房屋租赁合同。

北京市平谷区人民法院一审认为：集体所有的财产受法律保护，禁止任何单位和个人侵占、私分。《中华人民共和国村民委员会组织法》规定，以租赁方式处分村集体财产涉及村民利益，需经村民会议讨论决定方可办理。本案中，首先，在赵各庄村委会与立尚合作社房屋租赁合同的签订程序上，房屋及院落出租涉及村民利益，应经村民会议讨论决定方可办理。现赵各庄村委会两委成员对与立尚合作社签订的房屋租赁合同均不知情，亦未发现原两委成员有相关议事纪要以及村民会议纪要，而立尚合作社未能举证证明诉争合同的签订已经村民会议讨论决定，因此，赵各庄村委会与立尚合作社签订的房屋租赁合同未经法定程序。其次，双方签订的房屋租赁合同涉及的房屋系赵各庄村委会的财产，合同未约定立尚合作社应进行翻修建设，且立尚合作社未实际进行翻修建设的情况下，合同约定如遇国家、政府征占土地其取得大部分地上物补偿款，该约定显失公平。另外，刘某森、张某芹在房屋土地租赁合同届满后，仍然占用租赁物，赵各庄村委会亦接收了刘某森、张某芹交纳的租金，此种情形应视为不定期租赁；在刘某森、张某芹仍然占用租赁物的情况下，赵各庄村委会的相关人员又与立尚合作社签订了房屋租赁合同，其行为显然不妥，而时任赵各庄村委会法定代表人与立尚合作社法定代表人确系叔侄关系。综上所述，赵各庄村委会与立尚合作社签订的房屋租赁合同并非善意和等价有偿，损害了赵各庄村委会的合法权益，故应予撤销。现赵各庄村委会认为刘某森、张某芹的请求非独立诉讼请求，应另行解决与刘某森、张某芹的合同问题，刘某森、张某芹表示同意，故一审法院对刘某森、张某芹要求确认赵各庄村委会与其合同有效且应优先得到履行的请求不予判定。另对立尚合作社交纳的租金等问题，经释明，立尚合作社表示不在本案解决，故不予判定。

基于上述内容，北京市平谷区人民法院根据《中华人民共和国合同法》第五十四条第一款第（二）项、第五十八条的规定，判决：撤销赵各庄村委会与立尚合作社签订的房屋租赁合同。

一审宣判后，立尚合作社不服，向北京市第三中级人民法院提起上诉，请求：1. 撤销北京市平谷区人民法院（2014）平民初字第262号民事判决，改判驳回赵各庄村委会一审的诉讼请求。其主要上诉理由是：1. 2012年11月30日，上诉人与赵各庄村委会签订房屋租赁合同，并于2012年12月22日交纳了租金。在签订合同前，前任两委成员以及村民代表对所租赁的场地进行了研究讨论通过。现由于赵各庄村委会两委班子成员已经换届，现任两委成员对涉案租赁合同不知情，在庭审中立尚合作社向法院建议，赵各庄村委会应出示2011年度至2012年度期间的村务公开手册，但其仅提供了2012年1至12月份村务公开手册，未反映出上述内容。请求二审法院协助调查2011年度1月至12月村务公开手册。2. 签订租赁合同时，刘某森、张某芹的租赁合同期限是1997年8月1日至2000年7月31日。合同到期后，刘某森、张某芹于2012年3月21日向赵各庄村委会交纳了2011年7月31日至2012年7月31日租金，仍然按原合同的交款日期交款。2012年11月30日，上诉人与赵各庄村委会签订房屋租赁合同，是在刘某森、张某芹的租赁合同到期后签订的，并于2012年12

月 22 日交纳了第一年租金 5000 元。而刘某森、张某芹在 15 年后依然缴纳每年租金 2600 元，其不是本村村民，租赁合同低价继续履行，才是真正损害了赵各庄村委会的合法权益。3. 立尚合作社签订租赁合同欲经营养殖，而现有的场地、房屋均不符合办公和养殖的发展，故在租赁合同中第四条第四项约定了在房屋租赁期间立尚合作社根据生产实际需要，可以改建或新建生产性及办公用房。在租赁合同第六项中双方约定：如遇国家、政府征占土地，土地补偿款归赵各庄村委会所有，立尚合作社获得地上物补偿款的 80%，赵各庄村委会获得地上物补偿款的 20%，赵各庄村委会根据实际租赁时间退还立尚合作社相应租金。该条款是立尚合作社扩大养殖规模，改建或新建生产性及办公用房之后相辅相成的条款。现未能正常经营的主要原因是赵各庄村委会的过错。

北京市第三中级人民法院二审认为：因重大误解，在订立合同时显失公平，一方以欺诈、胁迫手段或者乘人之危，使对方在违背真实意思的情况下订立合同的，当事人一方可以请求人民法院或仲裁机构撤销合同。根据本案查明的事实，双方合同中虽然约定了拆迁补偿分配比例，但结合内容判断，地上物补偿应为立尚合作社的新建或改建设施。另外即使发生拆迁事实，双方对此产生争议，依租赁合同性质判断，租赁行为并不能使租赁物的所有权发生变更，赵各庄村委会仍可作为所有权人取得相应的补偿，故该约定不能构成显失公平；而未经村民会议讨论决定、第三人不定期租赁、亲属关系、合同租期超过法定最长期限等情况也不能构成上述可撤销合同的法定事由。综上，立尚合作社的上诉请求成立，本院对一审判决予以纠正。

2014 年 11 月 19 日，北京市第三中级人民法院依照《中华人民共和国民事诉讼法》第一百七十条第一款第（二）项、《中华人民共和国合同法》第五十四条之规定，判决如下：1. 撤销北京市平谷区人民法院（2014）平民初字第 262 号民事判决；2. 驳回赵各庄村委会的诉讼请求。

二十六、同一租赁合同项下分期支付的租金的诉讼时效期间应如何起算

（一）理论解答

租赁合同是指出租人将租赁物交付给承租人使用、收益，承租人支付租金的合同。租赁合同中，承租人按月、季度或半年等期限支付租金是一种广泛存在的交易习惯。但对分期支付的租金的诉讼时效期间应如何起算，我国现行法律和司法解释没有明确的规定，法学理论和司法实务界的争议很大。

第一种观点认为：应从每一期履行期限届满之日分别起算。理由是：第一，虽然同一合同约定的债务是一个整体，但在合同约定分期履行的情况下，实际是将整体的债务分割为若干个数额、履行期限，甚至是法律后果互不相同、相对独立的债务。第二，《最高人民法院关于审理民事案件适用诉讼时效制度若干问题的规定》第五条适用于“同一债务”的情形，而分期支付的租金债务学理上应归属于定期金债务，不属于“同一债务”范畴。第三，结合《民法通则》中延付或者拒付租金的，诉讼时效为一年的规定也可以看出，现行法律在租赁合同的权利保护方面，体现出一种督促出租人及早行使权利，避免租赁关系长期处于不确定状态，促进社会资源充分有效利用的价值取向。

第二种观点认为：应从最后一期履行期限届满之日起算。理由是：首先，双方当事人一般是长期合作关系，债权人没有及时追索和主张主要是基于维护双方友好合作关系及对债务人的信任和谅解，并非怠于行使权利，如果从每一期债务履行期限届满之日分别计算诉讼时效，则割裂了同

一笔债务的整体性，还将导致债权人因担心其债权超过诉讼时效而频繁地主张权利，动摇双方信任，背离诉讼时效制度所追求的效率价值目标。其次，《最高人民法院关于审理民事案件适用诉讼时效制度若干问题的规定》第五条明确规定对同一债务约定分期履行的诉讼时效要从最后一期开始计算。该规定的适用范围限定为“同一债务”，但对何为同一债务没有进行明确界定，实践中也很难区分。因此，尽管该规定是否适用于分期支付租金的情形存在争议，但应尽量采取与司法解释相一致的立场，以利于维护司法解释的适用性和权威性。第三，在法律和司法解释规定不明的情况下，当事人在订立和履行租赁合同的过程中不能够明确判断诉讼时效的起算时间，而诉讼时效对于当事人合同权利的实现至关重要，在没有明确规定的情况下，应当作出有利于保护权利人的解释。

第三种观点认为：应区分情况分别处理。对于分别约定了不同履行期限的各期租金，每期租金履行期限届满时起债权人即有权利主张债权，如果债务人未履行债务，该期租金的诉讼时效即开始计算。在欠付租金的情形下，如果租赁合同仍然在履行，承租人支付后续租金或继续使用租赁物都可以认为是对租金债务的认可，可以作为诉讼时效重新起算的依据，如此累计计算，就可以将最后一期租金的履行期限届满日作为诉讼时效的起算点，同时对各期租金亦可以分别提起主张，这种情形下存在双重的诉讼时效。

第四种观点认为：对于分期支付租金的诉讼时效，很难作出一个明确的规定，如果按各期租金的履行期限分别计算，对于债权人的权利及租赁合同的稳定性均有可能造成损害；如果按最后一期租金的履行期限计算，则可能会对债务人造成额外的负担，也可能会导致债权的追诉期过长。诉讼时效如何计算，从根本上说是各期租金是否具有同一性的问题，可以在具体案件中作出判断。同一合同项下，如果履行期限较短，应当统一计算诉讼时效；如果涉及不同合同或履行期限较长，则可以分别计算。

本书赞同第二种观点。除上述理由外，还在于：《法国民法典》第2277条规定：“下列请求权，因经过五年不行使而消灭：一、永久定期金或终身定期金；二、作为赡养的定期给付金额；三、房屋及土地租赁的租金；四、金钱借贷的利息及其他一切每年应付或在更短期间内应按期给付的款项。”《德国民法典》第197条规定：“对拖欠的利息以及为分期清偿本金，作为利息费而应支付的金额的请求权，对未在第196条第1款第6项（以经营为目的的动产出租人因租金而产生的请求权）中规定的使用租赁和用益租赁的拖欠租金的请求权，以及对养老金、迁居费、军饷、等待任用期间的薪金、退休金、赡养费以及一切其他定期给付的请求权，均因四年内不行使而消灭。”《日本民法典》第168条（定期金债权的消灭时效）规定：“（一）定期金债权，自第一次清偿期起，因二十年间不行使而消灭。自最后清偿期起，十年间不行使时，亦同。（二）定期金的债权人，为了取得时效中断的证明，可以随时请求其债务人提供承认书。”我国台湾地区“民法典”第126条规定：“利息、红利、租金、赡养费、退职金及其他一年或不及一年之定期给付债权，其各期给付请求权，因五年间不行使而消灭。”《中华人民共和国民法通则》第一百三十六条把延付或者拒付租金的诉讼时效期间规定为一年，相较于法国、德国、日本和我国台湾地区等租赁制度比较成熟的大陆法系国家和地区，这种规定存在明显偏短的不足，从最后一期履行期限届满之日起算可以使这一不足得到一定程度的矫正。

（二）案例指引

秦皇岛华侨大酒店与秦皇岛市海港区工商行政管理局租赁合同纠纷案①

秦皇岛华侨大酒店（以下简称华侨大酒店）的前身为秦皇岛康明餐饮有限公司，于1994年1月15日经秦皇岛对外经济贸易委员会批准和同年1月18日经秦皇岛市工商局批准成立，性质为中外合资经营企业，注册资本为218万元人民币，投资总额为312万元人民币，股东为辽宁省国安贸易总公司和台商徐永尧，股份份额分别为40%和60%。后因秦皇岛康明餐饮有限公司自批准成立以后场地被占用等原因一直未开业。1994年10月28日经该公司董事会讨论决定并经秦皇岛对外经济贸易委员会批准，秦皇岛

① 详见：河北省高级人民法院（2010）冀民二终字第54号民事判决书、中华人民共和国最高人民法院（2011）民提字第304号民事判决书。

康明餐饮有限公司将公司股权转让给秦皇岛盛世贸易有限公司（以下简称盛世公司）和美国同益有限公司（以下简称同益公司），辽宁省国安贸易总公司将其全部股权转让给盛世公司，徐永尧将其全部股权转让给同益公司，公司更名为秦皇岛格兰花园大酒店（以下简称格兰大酒店），投资总额由312万元人民币扩大为2500万元人民币，盛世公司出资250万元人民币，占公司10%股份，同益公司出资2250万元人民币，占公司90%股份。

1995年7月28日，盛世公司、同益公司与北京八大处农工商总公司（以下简称八大处公司）签订股权转让更名协议，约定盛世公司将其持有的格兰大酒店10%股权250万元人民币转让给八大处公司，同益公司将其持有的格兰大酒店的90%股权中的50%计1250万元人民币转让给八大处公司，格兰大酒店更名为华侨大酒店，八大处公司占华侨大酒店60%股权，同益公司占华侨大酒店40%股权。原格兰大酒店董事会成员自动退出华侨大酒店董事会，由八大处公司和同益公司重新委派人员组成董事会。经相关部门批准，华侨大酒店于1995年8月4日注册成立。1996年11月8日秦皇岛审计师事务所出具的验资报告显示，截止到1996年11月8日八大处公司向华侨大酒店投入货币资本260万元，实物资产2515.35万元，合计2775.35万元。同益公司没有按约定向华侨大酒店投资。2001年12月4日华侨大酒店因未参加年检被秦皇岛市工商局吊销营业执照，至今未进行清算。

1995年3月4日秦皇岛市海港区工商行政管理局（以下简称海港区工商局）与格兰大酒店签订《工商综合楼租赁使用合同》，主要内容如下：“第一条：海港区工商局为甲方，格兰大酒店为乙方。第二条：甲方将坐落在秦皇岛市海港区迎宾路北段的东方商贸城主体楼十层建筑面积10600平方米的宾馆与辅助楼商场部分一、二、三层和六层的娱乐场所以及辅助设施锅炉房、配电室、厨房、车库5间（甲方自用2间）租给乙方作营业使用。第三条：租用期限18年，租用期限自1995年6月15日开始到2013年6月15日止。第四条：甲方委托乙方对租用的楼房、场地及所需设备、设施进行装修，其金额如达2500万元人民币以上，甲方免收乙方前三年租赁费。租赁费免收期满后，甲方委托乙方装修的主楼设备、设施归甲方所有，附楼可移动的设备、设施18年内归乙方所有，18年后无偿交给甲方。

甲方在乙方租赁期内不得将上述设备、设施及其他物品转移或调走，上述设施、设备及其他物品如需更新，乙方可以以新换旧。第五条：租金自1998年6月15日起由乙方向甲方支付。每年均分为两次向甲方支付，为半年支付一次。支付方式为美元乘以当日牌价的人民币。同时，乙方在租赁费免收期满后，每年的6月15日和12月15日付清租赁费，每拖延一天，乙方按中国人民银行延期付款的规定向甲方支付违约金，如乙方在三个月内仍不能付清每半年租赁费，视为乙方单方中止合同，甲方除限期要乙方交纳所欠租金及违约金外，有权终止合同。第六条约定了每年租金的交付金额。……第九条：租赁期间，乙方将场地部分使用权转租给第三者，必须经甲方同意。但本租赁合同所需乙方承担的责任仍由乙方负全部责任。”该合同因格兰大酒店的中外方股东未按时出资到位未实际履行。格兰大酒店更名为华侨大酒店后，双方于1996年12月16日补签了一份《工商综合楼租赁使用合同》，该合同内容除乙方变更为华侨大酒店、合同于1996年12月16日由甲乙双方法人或授权代表在河北省秦皇岛市签字外，其他内容和海港区工商局与格兰大酒店签订的《工商综合楼租赁使用合同》完全一致。此合同于华侨大酒店注册成立后已实际履行，海港区工商局将租赁物交付给华侨大酒店，华侨大酒店中方股东八大处公司向华侨大酒店注资现金260万元，实物投资2515.35万元。华侨大酒店开业经营至营业执照被吊销时，1995年6月15日至1998年6月15日租金，按照合同约定海港区工商局予以免收，1998年6月15日至2000年10月1日租赁物租金96.83万美元，华侨大酒店没有向海港区工商局支付。

2000年9月20日，华侨大酒店与秦皇岛市海港区羊城大酒店（下称羊城大酒店）签订转租合同，主要内容如下：“第一条：华侨大酒店为甲方，羊城大酒店为乙方。第二条：甲方将坐落在秦皇岛市海港区迎宾路132号的工商综合楼主体楼十层建筑面积10600平方米的宾馆和副楼一、二、三、六层及辅助设施锅炉房、配电室、厨房、车库5间（甲方自用2间）、职工宿舍和餐厅，房前和院内场地及大酒店全部室内装饰设施物品转租给乙方作营业使用。第三条：租用期限14年，自2000年10月1日起至2014年12月16日止。如2000年10月1日甲方不能将房屋场地全部交给乙方使用，租期顺延，以全部房屋场地交给乙方之日起计算租期，租金支付也以此时间为准。第四条：租金每年220万元整。……第六条：租金支付的方法和时间为租金半年支付一次，分别于每年10月1日、4月1日支付。前十年每次支付99万元，后四年每次支付110万元。第七条：租赁期间，乙方将场地部分使用权转租给他人，必须经甲方同意，但本租赁合同所需乙方承担的责任仍由乙方负全部责任。……第十二条：甲方在2000年9月20日前将所租赁的楼房场地及有关设备、设施、各种物品全部移交给乙方。……第十三条：甲方原有的债权债务由甲方负责处理，海港区工商局与华侨大酒店之间的有关事宜由双方协商解决，不论原租赁双方出现什么问题，都不影响乙方的正常经营，更无权终止本合同或影响本合同的执行。……第二十五条：华侨大酒店是八大处公司的下属企业，华侨大酒店停业后，一切有关事宜均由八大处公司负责。”此合同除甲乙双方签字盖章外，八大处公司也在该合同上签章。海港区工商局对此合同内容认可。

2000年11月21日，海港区工商局与八大处公司、羊城大酒店签订《工商综合楼转租协议》（以下简称《转租协议》），主要内容如下：“第一条：海港区工商局为甲方，八大处公司为乙方，羊城大酒店为丙方。第二条：甲方同意乙方在双方签订的原《工商综合楼租赁使用合同》的有效期内（至2014年12月16日止）将工商综合楼十层10600平方米，副楼一、二、三、六层和锅炉房、配电室、厨房、车库5间（甲方自用两间）、职工宿舍、餐厅全部转租给丙方使用，如丙方再需转租或部分转租时必须经甲方同意后有效。第三条：乙方在承租期内将工商综合楼转租给丙方使用，租期为2000年11月21日至2014年12月16日，租金从2001年11月21日开始算起。期满后甲方如继续出租，丙方享有优先权。第四条：甲方在乙方与丙方达成年租金220万元协议的前提下，经请示市局后同意乙方以年租金220万元人民币转租给丙方，租金由丙方每年分两次（11月21日和5月21日）暂时向甲方支付，待甲乙双方就以后的租金分配方案达成协议后，丙方再按新的分配方案将应付的220万元年租金分别支付给甲方和乙方。如丙方在规定的期限内不能足额支付租金，甲方有权收回属于自己的工商综合楼。……第七条：甲乙双方1996年签订的《工商综合楼租赁使用合同》中属于甲方应尽的义务甲方对丙方继续履行，属于乙方应承担的责任转由丙方对甲方负责任。”签订该协议的当天，三方还签订了一份补充协议，主要内容为甲乙双方在签订的《工商综合楼租赁使用合同》有效期满后，甲方延期5年继续将租赁物租给丙方使用。《转租协议》主要内容与华侨大酒店和羊城大酒店签订的转租合同的主要内容基本一致。华侨大酒店于2001年被吊销营业执照，其权利义务一直由其股东八大处公司承接，转租合同实际履行的是由三方所签订的《转租协议》。

2005年2月3日，三方又签订《补充协议》，主要内容为：鉴于2000年11月21日海港区工商局（甲方）与八大处公司（乙方）、羊城大酒店（丙方）三方签订的《转租协议》中第四条“丙方应支付租金每年220万元，甲、乙双方分配比例未定，丙方暂时向甲方支付”及三方的权利、义务还需进一步阐明，特参照甲、乙双方于1995年3月和1996年12月签订的《工商综合楼租赁使用合同》及甲方与丙方于2000年9月20日签订的转租合同，三方尊重历史、面对现实、友好协商达成补充协议如下：1. 2000年11月21日签订的《转租协议》中，第四条“分两次暂时向甲方支付”修改为“每次按租金总额的50%支付”。甲、乙双方收取丙方租金的分配比例为甲方占63.6%，乙方占36.4%，即甲方收取140万元，乙方收取80万元。从2005年5月21日开始，丙方按以上比例分别将应付租金给付甲、乙双方。2. 自2001年11月21日至2004年11月21日，丙方已付给甲方的租金（含代收乙方应收的租金）共计3次，总计4053071元。依以上甲、乙双方对丙方应付租金分配比例，甲方应支付乙方3200000元，扣除甲方代乙方还贷款2000000元、楼内管道改造乙方承诺承担的300000元、工商楼锅炉电梯更新时三方均担的255981.80元费用、乙方消费的其他费用633259.26元，甲方实际应支付乙方10758.94元人民币，于本《补充协议》签约之日起7日内给付……5. 甲、乙双方1995年3月和1996年12月签订的《工商综合楼租赁使用合同》中的第三章“出租场地和租金交付办法”第五条、第六条、第七条因有《转租协议》的签订而失效。6. 本《补充协议》与《转租协议》具有同等法律效力。本《补充协议》与《转租协议》条款有抵触的，均以本《补充协议》为准。本《补充协议》和《转租协议》条款与甲、乙双方1995年3月及1996年12月签订的《工商综合楼租赁使用合同》条款有抵触的，均以本《补充协议》和《转租协议》为准。本《补充协议》和《转租协议》条款与乙方和丙方于2000年9月20签订的转租合同条款有抵触的，均以本《补充协议》和《转租协议》为准。

上述《转租协议》及《补充协议》三方履行至2008年10月15日，海港区工商局与八大处公司因1998年至2000年租金问题发生争议，海港区工商局于2008年10月15日向羊城大酒店发出书面函，要求羊城大酒店停止向八大处公司支付租金，羊城大酒店按照海港区工商局的要求不再向八大处公司支付租金。为此，八大处公司于2009年3月11日在秦皇岛市海港区人民法院起诉羊城大酒店，要求羊城大酒店按协议约定向其支付租金，海港区工商局以共同被告身份参加诉讼，因与本案的审理情况相关联，秦皇岛市海港区人民法院已于2009年8月26日裁定对上述案件中止诉讼。

2009年7月，海港区工商局向河北省秦皇岛市中级人民法院提起本案诉讼，请求判令华侨大酒店给付拖欠的1998年至2000年租金96.83万美元（折合人民币6613489元）。

河北省秦皇岛市中级人民法院审理认为：

华侨大酒店的前身曾为秦皇岛康明餐饮有限公司和格兰大酒店，秦皇岛康明餐饮有限公司和格兰大酒店在各自存续期间的民事法律行为对华侨大酒店有约束力，其民事权利义务应由华侨大酒店承担。海港区工商局与格兰大酒店签订的《工商综合楼租赁使用合同》系双方当事人真实意思表示，不违反法律、行政法规的强制性规定，为有效协议。因格兰大酒店更名为华侨大酒店，1996年12月16日海港区工商局与华侨大酒店补签的《工商综合楼租赁使用合同》系双方对1995年3月4日海港区工商局与秦皇岛格兰大酒店签订的《工商综合楼租赁使用合同》的确认，该合同也应为有效合同，对双方当事人有约束力。从华侨大酒店的工商档案可看出，华侨大酒店就其性质而言为中外合资企业，股东为八大处公司和同益公司，因同益公司没有按约定出资，八大处公司作为华侨大酒店的股东和唯一出资人，在华侨大酒店被吊销营业执照后，其权利义务应由八大处公司承接。故海港区工商局与八大处公司、羊城大酒店签订《转租协议》以及《补充协议》也系各方当事人真实意思表示，不违反法律、行政法规的强制性规定，均为有效协议，各方当事人均应按协议履行。按照海港区工商局与格兰大酒店签订的《工商综合楼租赁使用合同》以及海港区工商局与华侨大酒店签订的《工商综合楼租赁使用合同》的约定，华侨大酒店对其租用的海港区工商局综合楼投入的设备、设施及装修金额达2500万元以上，海港区工商局免收华侨大酒店前三年租金。因双方对华侨大酒店对工商综合楼投入已达2500万元以上不持异议，故合同约定的海港区工商局免收华侨大酒店前三年租金条件成就。华侨大酒店应按照合同约定自1998年6月15日开始向海港区工商局支付租金，华侨大酒店没有证据表明其已支付了自1998年6月15日至2000年10月1日转租前的租金96.83万美元（折合人民币6613489元），对此期间拖欠海港区工商局的租金，华侨大酒店应当给付。对于华侨大酒店主张的双方于2005年签订的《补充协议》第二条已对双方债权债务进行约定，华侨大酒店已不欠海港区工商局租金的抗辩，因该《补充协议》仅是对2001年11月21日至2004年11月21日期间双方的权利义务作出了处分，并未对2000年以前华侨大酒店拖欠海港区工商局的租金作出处理，故华侨大酒店的上述抗辩主张不能成立，法院不予支持。

关于诉讼时效问题，从各方签订的上述一揽子协议可看出，所有这些协议的基础协议为1995年3月4日海港区工商局与格兰大酒店签订的《工商综合楼租赁使用合同》和1996年12月16日海港区工商局与华侨大酒店补签的《工商综合楼租赁使用合同》，后续各方签订的相关协议约定的内容均是对该两份合同的变更和补充，该《工商综合楼租赁使用合同》现仍然处于履行状态，此合同双方并未解除。2000年9月20日华侨大酒店与羊城大酒店签订转租合同，海港区工商局对该协议内容认可，该协议发生法律效力，为有效协议。从该协议第二十五条约定的“华侨大酒店是八大处公司的下属企业，华侨大酒店停业后，一切有关事宜均由八大处公司负责”内容也能看出，协议各方已预见到华侨大酒店可能发生停业和营业执照被吊销的情形，此情形发生后，华侨大酒店的权利义务由八大处公司承接。基于此，2000年11月21日海港区工商局、八大处公司与羊城大酒店签订的《转租协议》应视为各方对华侨大酒店发生歇业情形后对转租合同的确认和变更，在华侨大酒店发生歇业情形后，此协议发生法律效力，对各方当事人均有约束力。从《转租协议》约定的内容可看出，《转租协议》以《工商综合楼租赁使用合同》为基础，对合同原约定内容和各方的权利义务进行了变更，原租赁合同并没有终止，仍然处于履行状态且合法有效。《转租协议》签订后，基于租金产生的债务履行主体和方式虽发生变更，但基于租金产生债务与《工商综合楼租赁使用合同》约定债务为同一债务，此债务呈连续状态，且此合同约定的履行期间尚未到期，约定的租金支付方式为分期履行，此情形属于《最高人民法院关于审理民事案件适用诉讼时效制度若干问题的规定》第五条规定的“当事人约定同一债务分期履行的，诉讼时效期间从最后一期履行期限届满之日起计算”的情形，故应当认定本案涉及的债权债务未过法定诉讼时效期间，华侨大酒店应当向海港区工商局支付拖欠租金96.83万美元（折合人民币6613489元）。

基于上述内容，河北省秦皇岛市中级人民法院判决：华侨大酒店于判决生效之日起十日内给付海港区工商局租金96.83万美元（折合人民币6613489元）。

一审宣判后，华侨大酒店不服，向河北省高级人民法院提起上诉。

河北省高级人民法院二审认为：华侨大酒店系由格兰大酒店更名而来，二者在权利义务上有承继关系。1996年12月16日海港区工商局与华侨大酒店签订的《工商综合楼租赁使用合同》是因为格兰大酒店更名为华侨大酒店，其内容是对海港区工商局与格兰大酒店所订立的《工商综合楼租赁使用合同》的确认。故本案中双方当事人所争议的租金给付之债仍为同一合同项下的债务。本案中，海港区工商局与格兰大酒店所订立的《工商综合楼租赁使用合同》是租赁关系产生的基础，其后华侨大酒店与羊城大酒店签订的转租合同，海港区工商局与八大处公司、羊城大酒店签订的《转租协议》及《补充协议》，均是海港区工商局与格兰大酒店所签订的《工商综合楼租赁使用合同》所确定的租赁关系的延续。1995年3月4日海港区工商局与格兰大酒店所订立的《工商综合楼租赁使用合同》及1996年12月16日海港区工商局与华侨大酒店订立的《工商综合楼租赁使用合同》均约定“租赁期间，乙方将场地部分使用权转租给第三者，必须经甲方同意，但本租赁合同所需乙方承担的责任仍由乙方负全部责任”，表明双方当事人已对转租后责任承担作出了约定，即转租后承租方仍要对出租方负担合同义务。参照《中华人民共和国合同法》第二百二十四条“承租人经出租人同意，可以将租赁物转租给第三人。承租人转租的，承租人与出租人之间的租赁合同继续有效，第三人对租赁物造成损失的，承租人应当赔偿损失”之规定，转租后原租赁合同仍然有效。故海港区工商局与格兰大酒店所签订的《工商综合楼租赁使用合同》在租赁物转租后仍然有效且始终处于履行状态，基于租赁关系产生的租金给付之债与《工商综合楼租赁使用合同》约定之债为同一债务，此债务呈连续状态，且约定的租金支付方式为分期履行，故一审法院认定此情形符合《最高人民法院关于审理民事案件适用诉讼时效制度若干问题的规定》第五条的规定并无不妥。华侨大酒店主张海港区工商局的起诉超过诉讼时效期间不能成立。此外，华侨大酒店诉称根据2005年2月3日海港区工商局与八大处公司、羊城大酒店签订的《补充协议》第二条的规定，海港区工商局已免除了其1998年6月15日至2000年10月1日的租金96.83万美元。但该补充协议第二条仅是对2001年11月21日至2004年11月21日的债权债务作了处理，并没有免除本案所争议债务的意思表示，故华侨大酒店的此项主张没有证据，二审法院不予支持。综上，一审判决认定事实清楚，适用法律正确，应予维持。

基于上述内容，河北省高级人民法院依照《中华人民共和国民事诉讼法》第一百五十三条第一款第（一）项之规定，判决：驳回上诉，维持原判。二审案件受理费58093元，由华侨大酒店负担。

二审判决后，华侨大酒店仍不服，向最高人民法院申请再审。

最高人民法院再审认为，根据华侨大酒店申请再审的请求及理由，本案再审争议焦点有两个：1. 海港区工商局是否已经免除了华侨大酒店1998年6月15日至2000年10月1日的租金；2. 海港区工商局的诉请是否超过了诉讼时效。

关于第一个争议焦点，即案涉诉争租金是否已经免除问题。华侨大酒店对于未向海港区工商局支付1998年6月15日至2000年10月1日期间的房屋租金96.83万美元这一事实予以确认，但主张海港区工商局已经免除了其支付上述租金的义务。根据《转租协议》第七条和《补充协议》第五条的约定，《转租协议》签订后，1995年和1996年签订的两份《工商综合楼租赁使用合同》中关于租金支付的条款均已失效，且《工商综合楼租赁使用合同》中约定由华侨大酒店承担的责任转由羊城大酒店承担，华侨大酒店据此主张海港区工商局已经丧失了要求其支付租金的合同基础。本院认为，从《转租协议》和《补充协议》的整体约定内容看，上述合同条款是对房屋转租后出租方、原承租方和转承租方这三方当事人权利义务的重新分配以及租金支付方式进行变更，但并未约定对于合同变更前已经发生的债权债务关系如何处理，各方当事人也未作出债务承担或免除的意思表示。由于《补充协议》第二条的约定是对于羊城大酒店 2001 年至 2004 年期间支付的租金作出分配，并未提及此前华侨大酒店与海港区工商局之间的租金债权债务关系，因此不能视为对案涉租金的免除。债务的免除对于债权人权利有较大影响，需有明确的意思表示方能认定，华侨大酒店主张根据《转租协议》第七条和《补充协议》第二条、第五条的约定以默示方式推定海港区工商局放弃权利，事实依据不充分，本院不予支持。

关于第二个争议焦点，海港区工商局的诉请是否超过诉讼时效问题。认定华侨大酒店欠付案涉租金的主要合同依据是 1996 年签订的《工商综合楼租赁使用合同》，该合同约定的租期是 18 年，自 1995 年 6 月 15 日起至 2013 年 6 月 15 日止。虽然海港区工商局、八大处公司和羊城大酒店于 2000 年 11 月 21 日签订的《转租协议》将案涉房屋进行了转租，但根据《中华人民共和国合同法》第二百二十四条的规定，1996 年《工商综合楼租赁使用合同》继续有效，且处于履行状态，合同项下的租金给付之债仍然存续。对于《工商综合楼租赁使用合同》而言，转租后羊城大酒店支付租金的行为应视为合同当事人以外的第三人向债权人履行债务的行为，根据《中华人民共和国合同法》第六十五条的规定，华侨大酒店对于租赁期间的租金仍负有支付义务。虽然《工商综合楼租赁使用合同》约定的租金支付方式为分期履行，使得各期租金的支付具备一定的独立性，但该独立性不足以否认租金债务的整体性。若从每一期租金债务履行期限届满之日分别计算诉讼时效，则不仅割裂同一合同的整体性，而且将导致债权人因担心其债权超过诉讼时效而频繁地主张权利，动摇双方之间的互信，不利于保护债权人，更将背离诉讼时效制度的价值目标。本案双方签订长达 18 年的租赁合同，无疑是基于长期合作和互信。在《工商综合楼租赁使用合同》正常履行且双方合作愉快、交往顺利的情况下，海港区工商局有理由相信华侨大酒店会依约履行租赁合同项下的租金支付义务，其未在2000年当期租金履行期限界至时立即主张支付租金，与其说是放弃该期间内的租金，不如说是基于维护双方的友好合作关系和对华侨大酒店的信任和谅解，符合社会经济交往的习惯，不应被认定为怠于行使权利。华侨大酒店于2001年被吊销营业执照，但与本案租赁合同相关的权利义务均由其股东八大处公司顺利承接，未对海港区工商局行使权利造成实际影响，华侨大酒店提出海港区工商局应在其营业执照被吊销后及时主张权利，其主张没有充分的事实依据。尽管本案争议租金的履行期限是2000年12月15日，但租赁合同履行期至今尚未届满，按照公平原则及诚实信用原则，海港区工商局对于同一租赁合同项下的租金可在合同履行期内要求债务人依约履行支付义务。华侨大酒店主张海港区工商局提起本案诉讼已经超过诉讼时效法律依据不足，本院不予支持。

综上，华侨大酒店的再审请求及理由不能成立，本院不予支持。一、二审民事判决认定事实清楚、适用法律正确，应予维持。

2011年12月2日，最高人民法院依照《中华人民共和国民事诉讼法》第一百五十三条第一款第（一）项，第一百八十六条第一款的规定，判决如下：1. 维持河北省高级人民法院（2010）冀民二终字第54号民事判决。2. 驳回华侨大酒店的再审请求。

二十七、租赁合同解除后至装饰装修鉴定前的房屋占有使用费应否由承租人承担

（一）理论解答

租赁合同解除后，因对装饰装修的处理不能达成一致而产生纠纷是房

屋租赁纠纷中的常见情形之一。为解决此类纠纷，人民法院一般都要委托独立的第三方鉴定机构，对相关装饰装修进行价值鉴定。但对合同解除后至装饰装修鉴定前这一期间内的房屋占有使用费应如何处理，因我国法律没有明确的规定，各地法院的态度和做法并不一致。

《最高人民法院关于审理城镇房屋租赁合同纠纷案件具体应用法律若干问题的解释》（法释〔2009〕11号，自2009年9月1日起施行）第五条第一款规定："房屋租赁合同无效，当事人请求参照合同约定的租金标准支付房屋占有使用费的，人民法院一般应予支持。"因合同解除与合同无效类似，有观点据此认为，租赁合同解除后至装饰装修鉴定前的房屋占有使用费应参照此规定处理，即应由承租人承担。

另有观点认为，租赁合同解除后，承租人本应及时将租赁场地返还给出租人，但因鉴定需要保留现场原貌，因此在鉴定完成后再退也是合理的，即租赁合同解除后至装饰装修鉴定前的房屋占有使用费不应由承租人承担。

本书认为，对租赁合同解除后至装饰装修鉴定前的房屋占有使用费，应根据导致合同解除的过错来处理。理由在于：《最高人民法院关于审理城镇房屋租赁合同纠纷案件具体应用法律若干问题的解释》第十二条规定："承租人经出租人同意装饰装修，租赁期间届满时，承租人请求出租人补偿附合装饰装修费用的，不予支持。但当事人另有约定的除外。"据此，若不发生租赁合同的提前解除，则无对相关装饰装修进行鉴定之需。换句话说，保留租赁现场原貌以供鉴定的合理需要之所以会出现，完全是因为租赁合同的提前解除使然。既如此，保留租赁现场原貌以供鉴定期间的房屋占有使用费理应根据导致合同解除的过错来处理。进言之，只有如此处理，才能更有力地维护租赁合同一经签订就不得随意解除的严肃性。

（二）案例指引

海南泰龙房地产有限公司与海口海日晖房地产开发有限公司房屋租赁合同纠纷案[①]

2008年11月22日，海南泰龙房地产有限公司（以下简称泰龙公司）与海口海日晖房地产开发有限公司（以下简称海日晖公司）签订《商铺租赁合同》，海日晖公司把位于海口市大同路26号万国大都会负一层A、B、C区三个单元共9346.34平方米商铺出租给泰龙公司从事商品超市和商铺、柜台出租及其他项目的商业经营活动，租期12年，自2008年12月1日起至2020年11月30日止。合同签订后，海日晖公司给予泰龙公司9个月的免租期，即2008年12月1日至2009年8月30日，在此期间前三个月的装修期内，泰龙公司不用向海日晖公司交纳租金、物业管理费和空调费；其余期限内，泰龙公司只向海日晖公司交纳物业管理费及空调费。物业管理费为每月9元/平方米，空调费为每月10元/平方米，实交金额177580.46元/月。付款日为每月前五日。自2009年9月1日至2012年11月30日止，泰龙公司交纳租金按每月11元/平方米，公共物业管理费按每月5.5元/平方米，维修费每月1.76元/平方米，装修补偿费每月3.74元/平方米。以后每三年递增一次。付款日为每月前五日。泰龙公司在签订合同时向海日晖公司交纳50万元作为保证金。该保证金不能用于抵作租金及泰龙公司应承担的费用。在本合同租赁期满或解除租赁合同时，由海日晖公司完成收铺手续，泰龙公司结清应承担的费用后，海日晖公司将保证金无息返还泰龙公司，海日晖公司收回泰龙公司保存的保证金收据并同意泰龙公司拆走属于泰龙公司的财产部分同时恢复原样。海日晖公司在交付租赁物时，保证该租赁物达到正常交付条件（即能满足泰龙公司从事商业经营的需要）。如水电安装到位、租赁物符合规划建设要求等。海日晖公司负责完成商场整体一次消防验收。泰龙公司负责场地内的二次装修、消防

---

① 详见：海南省海口市中级人民法院（2009）海中法民一初字第50号民事判决书、海南省高级人民法院（2013）琼民一终字第17号民事判决书、最高人民法院（2014）民申字第34号民事裁定书。

报建及其他消防器具设施。同时海日晖公司有义务协助泰龙公司办理二次装修的消防验收，但费用由泰龙公司承担。

《商铺租赁合同》签订后，泰龙公司依约向海日晖公司缴纳了50万元保证金。海日晖公司向泰龙公司交付了租赁场地。泰龙公司对租赁场地装修后，于2009年1月15日随万国大都会一同开业。2009年3月25日及4月18日的几场大雨，造成商场的墙面渗漏，地面积水，部分货物被水浸泡。2009年9月24日，海口市消防局给泰龙公司下达《公安行政处罚决定书》，认定海南大同货仓商场有限公司万国商场分店未经消防安全检查擅自投入使用、营业，处罚该店停止使用并处罚款3万元。

2009年10月15日，泰龙公司向海口市中级人民法院提起诉讼，请求：1. 解除泰龙公司、海日晖公司之间签订的《商铺租赁合同》；2. 海日晖公司赔偿泰龙公司损失25147472.53元（消防处罚3万元、投入的装修费3073308.22元、购置设备费2255459元、2008年12月至2009年7月期间营业亏损1056805.15元、可得利益即12年的收益18731900.16元，以上损失合计25147472.53元）；3. 海日晖公司返还泰龙公司50万元的保证金；4. 本案的所有诉讼费用由海日晖公司承担。

海日晖公司反诉请求：1. 判决泰龙公司支付自2009年3月1日起至2009年8月30日止欠付的物业管理费共计人民币532741.44元，以及自2009年9月1日起至2009年9月23日的租金人民币229269元；2. 判决泰龙公司所交纳的保证金50万元不予退还；3. 判决泰龙公司赔偿自2009年9月24日起至2011年3月25日止占用场地给海日晖公司造成的租金损失（暂按5383491.84元计，最终以评估鉴定的价值为准）以及因业态的缺失影响万国大都会项目的经营造成海日晖公司的损失（以评估鉴定为准）；4. 本案的全部诉讼费用由泰龙公司承担。

海南省海口市中级人民法院认为：

关于泰龙公司能否解除与海日晖公司签订的《商铺租赁合同》的问题。《最高人民法院关于审理城镇房屋租赁合同纠纷案件具体应用法律若干问题的解释》第八条规定："因下列情形之一，导致租赁房屋无法使用，承租人请求解除合同的，人民法院应予支持：……（三）租赁房屋具有违反法律、行政法规关于房屋使用条件强制性规定情况的。"据此，违反法律、行政法规定关于房屋使用条件强制性规定情况的，合同也应认定有效，因为在合同有效的前提下，才存在合同可以解除。故双方当事人签订的《商铺租赁合同》中涉及的租赁标的物虽存在违反消防法等法律关于房屋使用条件的强制性规定，但不影响合同的效力。因万国大都会负一层商场被消防部门处罚停业，商场被城管部门要求恢复为停车场，泰龙公司在租赁房屋无法使用的情况下请求解除与海日晖公司签订的《商铺租赁合同》，符合法定的解除条件，予以支持。

关于泰龙公司向海日晖公司所主张的装修费和购置设备费。因海日晖公司向泰龙公司交付的租赁物不符合合同约定的条件，导致泰龙公司对租赁房屋无法使用，造成装修费和购置设备费的损失，海日晖公司应予赔偿。经鉴定，泰龙公司投入的装修费为3245634.38元、购置设备费为1011832元（其中存放在万国负一层的设备评估值为648061元、泰龙城的设备评估值为363771元）。由于双方当事人签订的租赁合同期限是12年，泰龙公司投入的装修及设备从开业至被消防部门查封已经使用250天，故支持海日晖公司应赔偿泰龙公司剩余租赁期内装修的残值3050896.32元（3245634.38元×0.94）及存放在万国负一层的购置设备费的残值609177.34元（648061元×0.94）。对存放在泰龙城的物品，因海日晖公司提出异议及无法查实是否就是从万国大都会商场撤出的设备，另外还考虑到有些设备具有可重复使用性，故对此部分购置设备费不予支持。

关于泰龙公司主张海日晖公司赔偿2008年12月至2009年7月期间经营大同万国店的营业损失的问题。泰龙公司在消防部门责令其停业前属正常经营，由于企业的经营存在风险，造成营业损失的原因也有很多方面，但因在此期间商场确实几次被雨水浸泡，影响了正常营业，海日晖公司作为出租方，其提供的场地不符合合同中所约定的从事商业经营的需要，故认定泰龙公司对其营业损失应承担主要责任，即80%的责任，海日晖公司应对泰龙公司的营业损失承担一定的责任，即20%的责任。对于法院委托鉴定的项目是营业损失而鉴定单位鉴定的是实际经营利润的问题，由于实际经营利润为营业损失中的一部分，泰龙公司认可上述鉴定结论，应视为其愿放弃其他部分的营业损失，予以照准。根据鉴定，泰龙公司于2008年12月至2009年7月在经营大同万国店期间的经营利润为-1019867.61元。

故海日晖公司应赔偿泰龙公司在上述期间的营业损失 203973.52 元（1019867.61 ×20%），超过部分不予支持。

关于泰龙公司主张海日晖公司赔偿其经营大同万国店期间的可得收益损失 8348417 元。取得可得收益 8348417 元的前提是万国大都会负一层可正常持续经营，双方签订的合同有效履行。现泰龙公司要求解除双方的租赁合同，对其解除合同的请求予以支持，双方的合同不再履行，而可得收益的计算必须是将来实际会得到的切实的利益，故对泰龙公司主张尚未实现的未来收益 8348417 元不予支持。

对泰龙公司向海日晖公司主张海口市消防局处罚泰龙公司的 3 万元，因泰龙公司尚未缴纳，其向海日晖公司主张没有事实依据，不予支持。

关于泰龙公司主张海日晖公司返还其 50 万元的保证金，有相应的事实和法律依据，予以支持。

关于海日晖公司主张泰龙公司赔偿其 2009 年 9 月 24 日至 2011 年 3 月 25 日的租金损失 5383491.84 元。2009 年 10 月 30 日，泰龙公司通知海日晖公司解除租赁合同，泰龙公司应及时将租赁场地返还给海日晖公司。考虑到泰龙公司因申请对装修和购置设备费用进行鉴定，需要保留现场原貌，其返还时间可以延至鉴定后，但鉴定人员于 2010 年 2 月 4 日现场勘查结束后，泰龙公司在 5 日的宽限期内就应将场地移交给海日晖公司，而泰龙公司直到 2011 年 1 月 28 日才通知海日晖公司称场地内该司的财物由海日晖公司保管，原租赁场地与该司无任何关系。因双方当事人于 2011 年 3 月 25 日对泰龙公司遗留在租赁场地的物品进行了清点，对于泰龙公司迟延返还租赁物的行为，应支持海日晖公司主张从 2010 年 2 月 10 日至 2011 年 3 月 25 日的租金损失。参照双方在租赁合同中约定的租金标准，泰龙公司应向海日晖公司支付占用场地费 1387931.49 元。

关于海日晖公司主张的因超市业态的缺失对万国大都会经营造成的损失。合同法上的实际损失通常包括直接损失和可得利益损失。海日晖公司主张的上述损失既不属于直接损失，也不属于可得利益损失。因为可得利益损失是指在生产、销售或提供服务的合同中，生产者、销售者或服务提供者因对方的违约行为而受到的预期纯利润的损失。而海日晖公司是合同的违约方，其要求守约方赔偿损失，并且要求赔偿的是双方签订合同时不可预期的损失，没有相应的法律依据，对其此项诉请不予支持。

关于海日晖公司主张泰龙公司支付自2009年3月1日起至8月30日止欠付的物业管理费共计532741.44元及自2009年9月1日起至9月23日的租金229269元。由于海日晖公司向泰龙公司交付的租赁物不符合合同的约定，故泰龙公司拒付其物业管理费和租金有理，对海日晖公司这两项请求不予支持。

综上所述，泰龙公司的部分诉讼请求及海日晖公司的部分反诉请求理由成立，予以支持。

基于上述内容，海南省海口市中级人民法院于2012年12月19日依照《最高人民法院关于审理城镇房屋租赁合同纠纷案件具体应用法律若干问题的解释》第八条第（三）项、第十一条第（一）项，《中华人民共和国合同法》第九十四条第（四）、（五）项和第九十七条之规定，判决如下：1. 解除泰龙公司与海日晖公司签订的《商铺租赁合同》；2. 海日晖公司应在本判决生效之日起十日内向泰龙公司赔偿损失3864047.18元并返还50万元保证金；3. 泰龙公司应在本判决生效之日起十日内向海日晖公司支付占用场地费1387931.49元；4. 驳回泰龙公司的其他诉讼请求；5. 驳回海日晖公司的其他反诉请求。

一审宣判后，泰龙公司与海日晖公司均不服，均向海南省高级人民法院提起上诉。

泰龙公司上诉请求：1. 依法撤销原审判决第二项，改判海日晖公司向泰龙公司赔偿装修费的残值3050896.32元、存放在租赁场地的设备购置费的残值609177.34元、2008年12月至2009年7月期间的营业损失1019867.61元、可得收益8348417元，共计13028358.27元并返还50万元保证金；2. 依法撤销原审判决第三项，改判泰龙公司不用向海日晖公司支付占用场地费；3. 本案所有诉讼费用由海日晖公司承担。

海日晖公司上诉请求：1. 依法撤销原审判决第二项，改判海日晖公司无须赔付泰龙公司损失3864047.18元，并不予返还50万元保证金；2. 撤销原审判决第三、五项，改判泰龙公司向海日晖公司支付自2009年3月1日起至2009年8月30日止欠付的费用共计人民币532741.44元，以及自2009年9月1日起至2009年9月23日的租金等综合管理费用229269元；

改判泰龙公司向海日晖公司赔偿泰龙公司自2009年9月24日至2011年3月25日占用场地给海日晖公司造成的租金损失（暂按5383491.84元计，最终以评估鉴定为准）以及因超市业态的缺失影响万国大都会项目的经营造成海日晖公司的损失（以评估鉴定为准）。3. 本案的全部诉讼费用由泰龙公司承担。

海南省高级人民法院确定本案二审的争议焦点为：泰龙公司与海日晖公司签订的《商铺租赁合同》解除后的责任应如何承担。

本案中，双方签订的《商铺租赁合同》是双方当事人的真实意思表示，根据《最高人民法院关于审理城镇房屋租赁合同纠纷案件具体应用法律若干问题的解释》第八条"因下列情形之一，导致租赁房屋无法使用，承租人请求解除合同的，人民法院应予支持：……（三）租赁房屋具有违反法律、行政法规关于房屋使用条件强制性规定情况的"，该合同中涉及的租赁标的物虽存在违反消防法等法律关于房屋使用条件的强制性规定，但不影响合同的效力。租赁标的物被消防部门处罚停用，商场被城管部门要求恢复为停车场，泰龙公司在租赁房屋无法使用的情况下请求解除与海日晖公司签订的《商铺租赁合同》，符合法律规定，原审法院予以支持是正确的。

关于租赁合同解除后的责任承担问题。依照《商铺租赁合同》的约定，海日晖公司在交付租赁物时，应保证该租赁物达到正常交付条件（即能满足泰龙公司从事商业经营的需要），符合规划建设要求，并负责完成商场整体一次消防验收；泰龙公司则负责场地内的二次装修、消防报建及其他消防器具设施。但至起诉时止，海日晖公司尚未依约完成一次消防验收，且未经批准规划变更，擅自将停车场用作商铺出租给泰龙公司；泰龙公司未尽到相应的注意义务且未经一次消防验收和二次消防报建，即进场装修使用租赁场地，导致消防部门勒令停止使用，城管部门限期整改，并进而导致合同不能继续履行。对此，海日晖公司负有主要责任，泰龙公司负有次要责任，双方应对合同解除后的相关损失依法分担。

第一，关于泰龙公司向海日晖公司主张的装修费和购置设备费。租赁合同签订后，为经营需要，泰龙公司装修了场地，购置了设备，现合同解除，导致装修和设备损失，海日晖公司应承担70%的赔偿责任，泰龙公司应自行承担30%的责任。依据鉴定，泰龙公司投入的装修费为3245634.38元、购置设备费为1011832元（其中存放在万国负一层的设备评估值为648061元、泰龙城的设备评估值为363771元）。由于双方签订的租赁合同期限是12年，泰龙公司投入的装修及设备从开业至被消防部门查封已经使用250天，海日晖公司对泰龙公司剩余租赁期内装修的残值3050896.32元（3245634.38元×0.94）及存放在万国负一层的购置设备费的残值609177.34元（648061元×0.94）承担70%的赔偿责任，即（3050896.32元+609177.34元）×0.7=2562051.56元。对存放在泰龙城的设备，因泰龙公司无法举证证明系从万国大都会商场撤出，且原审判决不予赔偿后泰龙公司并无异议，故不再计赔。

第二，关于泰龙公司主张海日晖公司赔偿2008年12月至2009年7月期间经营大同万国店的营业损失。依照租赁合同的约定，2008年12月至2009年2月系海日晖公司给予泰龙公司的装修期，免收一切费用，泰龙公司实际开始营业也是2009年1月15日。因此自2008年12月至2009年1月15日泰龙公司并未营业，其请求海日晖公司赔偿此期间的营业损失显然没有依据。2009年1月15日至2009年7月间，泰龙公司系在正常营业中，泰龙公司主张系海日晖公司出租的经营场地不符合商业经营的要求导致其损失，但鉴于租赁场地未达到商业经营的需要泰龙公司自身也存在过错，且经营活动本身存在风险，故泰龙公司请求海日晖公司赔偿此期间的经营损失本院不予支持。

第三，关于泰龙公司主张海日晖公司赔偿其经营大同万国店的可得收益损失8348417元。租赁合同无法继续履行，双方均有过错，合同解除前的相关损失及其承担，本判决已依法作出判定。可得收益是合同继续履行且必然会产生的收益，鉴定报告以转租他人经营场地收取的租金作为该项利益损失并无依据。泰龙公司诉请解除租赁合同，并已得到支持，不存在合同继续履行的问题。合同不再继续履行，即不会产生收益。而且，即使合同继续履行，由于经营本身存在风险，也并不必然产生收益，故泰龙公司请求海日晖公司赔偿其经营大同万国店的可得收益损失8348417元没有依据，本院不予支持。

第四，关于泰龙公司向海日晖公司主张海口市消防局处罚泰龙公司的

3 万元及返还 50 万元保证金。因海口市消防局处罚泰龙公司的 3 万元泰龙公司尚未缴纳，其主张海日晖公司赔偿，原审法院不予支持正确。租赁合同约定："泰龙公司在签订合同时向海日晖公司交纳 50 万元作为保证金。该保证金不能用于抵作租金及泰龙公司应承担的费用。在本合同租赁期满或解除租赁合同时，由海日晖公司完成收铺手续，泰龙公司结清应承担的费用后，海日晖公司将保证金无息返还泰龙公司，海日晖公司收回泰龙公司保存的保证金收据并同意泰龙公司拆走属于泰龙公司的财产部分同时恢复原样。"现合同解除，租赁场地已移交回海日晖公司，故海日晖公司应返还该笔保证金。

第五，关于海日晖公司主张泰龙公司赔偿其 2009 年 9 月 24 日至 2011 年 3 月 25 日的场地占用费 5383491.84 元。2009 年 10 月 30 日，泰龙公司通知海日晖公司解除租赁合同，即应及时将租赁场地返还给海日晖公司，但鉴于原审法院需对装修和购置设备价值进行鉴定，因此在鉴定完成后再退还是合理的。鉴定人员于 2010 年 2 月 4 日现场勘查结束后，泰龙公司在 5 日的宽限期内即应将场地移交给海日晖公司，但泰龙公司直至 2011 年 1 月 28 日才通知海日晖公司称场地内该司的财物由海日晖公司保管，原租赁场地与该司无任何关系。2011 年 3 月 25 日双方在原审法院的主持下，经对泰龙公司遗留在租赁场地的物品进行清点后方将场地退还给海日晖公司。泰龙公司占用海日晖公司营业场地的时间为 2010 年 2 月 10 日至 2011 年 3 月 25 日，共计 13.5 个月。参照双方合同的约定、当时市场价格及租赁场地的现状，以每月每平方米 11 元计算该损失较为合理。由此，泰龙公司应向海日晖公司支付占用场地费 $11 \times 9346.34 \times 13.5 = 1387931.49$ 元。

第六，关于海日晖公司主张泰龙公司赔偿其因超市业态的缺失影响万国大都会项目的经营造成的损失。双方在合同中并未约定该项损失，其亦不属于《中华人民共和国合同法》第一百一十三条规定的可得利益损失，且双方签订合同时不可能预见，海日晖公司也未举证证明该项损失的存在及其具体数额，故其主张泰龙公司赔偿没有事实依据和法律依据。

第七，关于海日晖公司主张泰龙公司支付自 2009 年 3 月 1 日起至 8 月 30 日止欠付的物业管理费共计 532741.44 元及自 2009 年 9 月 1 日起至 9 月 23 日的租金 229269 元。尽管海日晖公司交付的租赁场地不符合合同约定，但泰龙公司在消防部门责令其停止使用前属正常经营，实际占有、使用了租赁物，依据公平原则，其应给付占有、使用期间相应的物业管理费及租金。该两项费用属于海日晖公司的损失，应当按照双方的过错责任3∶7予以分担。参照双方租赁合同约定的标准，泰龙公司占有使用租赁场地的时间为2009年3月1日至2009年9月23日，其中2009年3月1日至8月30日为免租期，泰龙公司仅需支付物业管理费每月9元/平方米和空调费每月10元/平方米，该期间的物业管理费、空调费共计：（9+10）×6×9346.34=1065482.76元，2009年9月1日至9月23日的租金为：（11+5.5+1.76+3.74）×（23/30）×9346.34=157641.60元，两项合计为1223124.36元，减去泰龙公司已经支付的空调费280390.26元、物业管理费252351.18元，泰龙公司尚欠海日晖公司物业管理费532741.32元及2009年9月1日起至9月23日的租金157641.60元。该两项费用合计690382.92元的30%合计为207114.88元应由泰龙公司承担，其余部分应由海日晖公司自行承担。

综上，原判认定事实虽无不当，但适用法律及判决结果有误，应予纠正。

基于上述内容，海南省高级人民法院经本院审判委员会讨论决定，依据《中华人民共和国合同法》第九十七条，《最高人民法院关于审理城镇房屋租赁合同纠纷案件具体应用法律若干问题的解释》第八条第（三）项、第十一条第（一）项及《中华人民共和国民事诉讼法》第一百七十条第一款第（一）、（二）项的规定，判决如下：1. 维持海南省海口市中级人民法院（2009）海中法民一初字第50号民事判决第一项；2. 撤销海南省海口市中级人民法院（2009）海中法民一初字第50号民事判决第二项、第三项；3. 海日晖公司应在本判决生效之日起十日内向泰龙公司赔偿损失2562051.56元并返还50万元保证金；4. 泰龙公司应在本判决生效之日起十日内向海日晖公司支付占用场地费1387931.49元、物业管理费及租金207114.88元，合计1595046.37元；5. 驳回泰龙公司的其他诉讼请求；6. 驳回海日晖公司的其他上诉请求。

二审判决后，泰龙公司不服，向最高人民法院申请再审称：1. 关于合同解除后的责任承担问题。二审判决认定由泰龙公司承担次要责任，并据此认定泰龙公司对装修费、设备购置费等损失承担30%的责任，违反法律规定，且缺乏证据证明。2. 二审法院对泰龙公司要求赔偿可得收益损失的诉讼请求作出不予支持的判决，属于适用法律错误。3. 二审判决对泰龙公司请求海日晖公司赔偿其营业期间的经营损失不予支持，属于认定事实及适用法律错误。4. 二审法院判决泰龙公司按租赁合同约定的租金标准向海日晖公司支付2010年2月10日至2011年3月25日期间的场地占用费明显不当。

最高人民法院审查认为：

1. 关于案涉租赁合同解除后的责任承担问题。依照《商铺租赁合同》的约定，海日晖公司在交付租赁物时，应保证该租赁物达到正常交付条件（即能满足泰龙公司从事商业经营的需要），符合规划建设要求，并负责完成商场整体一次消防验收；泰龙公司则负责场地内的二次装修、消防报建及其他消防器具设施。但海日晖公司并未依约完成一次消防验收，且未经批准规划变更，擅自将停车场用作商铺出租给泰龙公司。泰龙公司则未尽到相应的注意义务，且未经一次消防验收和二次消防报建即进场装修，使用租赁场地，导致消防部门勒令停止使用，城管部门限期整改，并进而导致合同不能继续履行。对此，海日晖公司应就合同解除负有主要责任，泰龙公司负有次要责任，二审判决据此作出海日晖公司承担70%的责任，泰龙公司承担30%的责任并无不当。

2. 关于泰龙公司要求海日晖公司赔偿其可得收益损失的诉讼请求是否应予支持的问题。《中华人民共和国合同法》第一百一十三条规定："当事人一方不履行合同义务或者履行合同义务不符合约定，给对方造成损失的，损失赔偿额相当于违约所造成的损失，包括合同履行后可获得的利益"。本院认为，首先，该条所规定的合同履行后可获得的利益是指当事人能够基于合同的履行而从该合同直接获得的利益，而并不包括因为合同无效导致超市无法营业所带来的预期营业损失。其次，当事人一方违约造成对方损失的赔偿额可以包括履行合同后可以获得的利益，但本案中不存在合同继续履行的问题，也不会产生任何收益。何况泰龙公司能否盈利取决于诸多因素，即使合同继续履行，由于经营本身存在的风险，也不必然产生收益。且泰龙公司并未提出充分的证据，以证明一旦双方履行合同，泰龙公司就必然能够取得其向海日晖公司所主张数额的收益。因此，二审判决依据“泰龙公司请求解除租赁合同，合同不再继续履行”的理由，对泰龙公司请求海日晖公司赔偿其可得收益损失不予支持，符合法律规定，并无不当。

3. 关于泰龙公司主张海日晖公司赔偿其营业期间的经营损失的请求是否应予支持的问题。本院认为，泰龙公司实际开始营业始于2009年1月15日，自2008年12月至2009年1月15日泰龙公司并未营业，其请求海日晖公司赔偿此期间的营业损失显然没有依据。2009年1月15日至2009年7月间，泰龙公司系在正常营业中，虽出现泡水、漏水事故，但并无证据显示泡水、漏水事故是由海日晖公司所提供的租赁场地不符合商业经营要求所引起。实际上，即便租赁场地建设规划为停车场，出现降水天气也一般不会出现此类事故，除非场地遭遇短时间强降雨等不可抗力事件。而且，租赁场地未达到商业经营的需要泰龙公司自身也存在过错，且经营活动本身存在风险，故二审判决对泰龙公司请求海日晖公司赔偿其营业期间的经营损失不予支持，认定事实清楚，适用法律正确。

4. 关于泰龙公司是否应按租赁合同约定的租金标准向海日晖公司支付2010年2月10日至2011年3月25日期间的场地占用费的问题。本院认为，泰龙公司虽于2009年10月30日向海日晖公司邮寄送达解除租赁合同的通知书，但并无证据表明其随后立即撤场，并将租赁场地归还海日晖公司。泰龙公司虽然提交（2011）琼州证字第844号《公证书》作为证据，但其仅仅能证明海日晖公司私自开通了仓库旁服装区电梯，广安堂电梯、观光电梯、货梯、收银台旁的电梯并可直接进入到原租赁场地，海日晖公司已在租赁场地内施工等事实，并不足以说明海日晖公司已经实际接收场地。而直到2011年3月25日，双方当事人才在本案一审法院海口市中级人民法院的主持下，对泰龙公司遗留在租赁场地的物品进行清点，海日晖公司在此时才实际接收场地。因此，二审判决认可一审判决所认定的事实，支持海日晖公司主张从2010年2月10日至2011年3月25日的租金损失，符合本案事实，并无不当。

综上，泰龙公司的再审申请不符合《中华人民共和国民事诉讼法》第二百条第（二）项和第（六）项规定的情形。

2015年3月30日，最高人民法院依照《中华人民共和国民事诉讼法》第二百零四条第一款之规定，裁定如下：驳回泰龙公司的再审申请。

二十八、如何认定未取得完全产权的经济适用房租赁合同的法律效力

（一）理论解答

经济适用住房，是指政府提供政策优惠，限定套型面积和销售价格，按照合理标准建设，面向城市低收入住房困难家庭供应，具有保障性质的政策性住房。

尽管我国《经济适用住房管理办法》（建住房〔2007〕258号）第三十三条规定了“个人购买的经济适用住房在取得完全产权以前不得用于出租经营”，但因多种原因，社会上出租未取得完全产权的经济适用房的现象仍然存在。应如何认定未取得完全产权的经济适用房租赁合同的法律效力，在法学理论界和司法实务界都有较大的争议。

有观点认为，经济适用房本身具有公共利益属性，制度目的在于保障中低收入城镇家庭的住房利益，允许未取得完全产权的经济适用房租赁无异于扰乱经济适用房的管理秩序，进而损害社会公共利益。根据《中华人民共和国合同法》第五十二条的规定，这类合同应认定为无效。

另有观点认为，这类合同应认定为有效。理由是：《经济适用住房管理办法》既非法律，亦非行政法规，不能以此为由否定租赁合同的法律效力。

本书赞同第一种观点。除上述理由外，还在于：经济适用房制度具有明显的公共福利性，土地使用费等费用的免除牵涉国家财政收入，限制经济用适房的转让和出租有利于维护社会的公共利益和轮候经济适用房这一

特定群体的利益，也更为符合经济适用住房制度的设立初衷。

（二）案例指引

张某蓉与祁某等房屋租赁合同纠纷案[①]

2010年9月1日，上海××有限公司（甲方），张某蓉、董甲、董某乙（乙方），上海市××中心（丙方）共同签订《上海市经济适用住房预售合同》，约定：乙方通过购买取得上海市松江区××路××弄××号××室房屋的有限产权。乙方承诺，购买的经济适用住房供购买申请户居住使用。在未经许可的情况下，乙方不得转让、出租、出借、赠与或者改变房屋使用性质，并不得设定除经济适用住房购房贷款担保以外的抵押权。该合同第五条载明，乙方购买该房屋有限产权的单价为每平方米4562元，乙方确认相同地段、质量的普通商品住房的市场价格为每平方米8099元。

2011年4月11日，上海市松江区××路××弄××号××室房屋登记于张某蓉、案外人董甲和董某乙名下，上海市房地产登记簿备注载明，该房屋为经济适用住房（有限产权），不得设定除经济适用住房购房贷款担保以外的抵押权，5年内不得转让或者出租。

2014年6月19日，张某蓉（甲方）与祁某（乙方）签订《上海市租赁合同》，约定甲方将其合法拥有的上海市松江区××路××弄××号××室出租给乙方使用，租赁期为5年，自2014年8月1日起至2019年7月31日，月租金为1400元，首期付3个月，另付1400元押金，以后每3个月结算一次，提前7天支付下次房租，押金不变。合同第七条第二款约定，乙方应按合同的规定，按时支付租金及其他费用，如有拖欠，甲方有权收回房屋，屋内设施应按无主处理。合同另对其他相关事宜进行了约定。

2014年7月1日，张某蓉（甲方）与祁某（乙方）签订《房屋租赁合同补充协议》一份，约定租赁期间内乙方不得有下列行为，否则甲方有权解除合同、收回房屋，并有权依据本协议要求乙方承担违约责任：……

① 详见：上海市松江区人民法院（2015）松民三（民）初字第4164号民事判决书、上海市第一中级人民法院（2016）沪01民终5440号民事判决书。

2. 利用承租房屋进行非法活动，损害公共利益的；3. 拖欠租金15天。其中原文的第一项“擅自将房屋转租、转让、转借的”已经划去，文字旁手写“不得将房屋有群租现象”。

2015年7月29日，祁某（甲方）与徐某敏（乙方）签订《租赁合同》一份，约定甲方将其合法拥有的涉案房屋出租给乙方使用，租赁期为1年，自2015年7月30日起至2016年7月29日，月租金为2800元，首期付2个月，另付2800元押金，以后每3个月结算一次，提前7天支付下次房租，押金不变。合同另对其他相关事宜进行了约定。

2015年8月7日，张某蓉向祁某寄送告知函一份，言明祁某未经房东允许擅自将涉案房屋转租，违反了《中华人民共和国合同法》第二百二十四条，对水费、电费、有线电视费经常逾期交付，违反了合同第7条第2款，现房东决定解除合约，限祁某于2015年10月底前搬离房屋并清空屋内物品，归还房屋钥匙。祁某确认收到了该告知函。

2015年9月18日，上海市徐汇区××街道××村居民委员会出具证明一份，言明张某蓉一家现居住于上海徐汇区××路××村××号××室，房屋房型为一室户（建筑面积33.5平方米），家中长辈都是外地回沪知青，一共有6个人，实际居住非常困难。

2015年11月，张某蓉向上海市松江区人民法院提起诉讼，请求判令：1. 张某蓉、祁某之间的房屋租赁合同关系于2015年12月10日解除；2. 祁某于合同解除后立即腾空并交还租赁房屋给张某蓉，徐某敏协助履行腾空交房义务；3. 祁某支付房租至合同解除时，合同解除后支付占用房屋使用费至实际交还房屋之日（按照合同约定的租金标准）；4. 张某蓉没收祁某交付的押金人民币1400元（以下币种相同）。

上海市松江区人民法院审理认为：

承租人未经出租人同意转租的，出租人可以解除合同。本案中，祁某主张“不得转租”划掉了就是允许转租，且祁某口头和张某蓉约定可以转租，但是，首先，“不得转租”划掉了并不能直接得出允许转租的结论，仅能说明双方同意在合同中对划掉的内容不再进行约定，故合同对能否转租并未进行书面约定；其次，祁某主张口头和张某蓉约定可以转租，张某蓉对此予以否认，祁某并未提供充分证据对此予以证明。故法院对祁某关于转租经过了张某蓉的同意的主张不予支持。祁某未经张某蓉同意转租，张某蓉可以解除合同，合同解除的时间为2015年8月7日。

合同解除后，尚未履行的，终止履行；已经履行的，根据履行情况和合同性质，当事人可以要求恢复原状、采取其他补救措施，并有权要求赔偿损失。合同既已解除，作为合同解除的后果，祁某及徐某敏应返还张某蓉涉案房屋，故对张某蓉关于腾空并返还房屋的相应诉请，法院予以支持。同时，祁某应按合同约定的租金标准支付张某蓉自2016年1月24日起至实际返还房屋之日止的使用费，故对张某蓉的相应诉请，法院予以支持。同时张某蓉应返还祁某押金1400元，此押金可冲抵一个月的使用费。

基于上述内容，上海市松江区人民法院依据《中华人民共和国合同法》第九十七条、第二百二十四条第二款，《最高人民法院关于民事诉讼证据的若干规定》第二条，《中华人民共和国民事诉讼法》第一百四十四条之规定，于2016年3月23日作出判决：1. 张某蓉与祁某于2014年6月19日签订的《上海市租赁合同》及于2014年7月1日签订的《房屋租赁合同补充协议》于2015年8月7日解除；2. 祁某及徐某敏于判决生效之日起十日内搬离并返还张某蓉位于上海市松江区××路××弄××号××室的房屋；3. 祁某于判决生效之日起十日内支付张某蓉自2016年2月24日起至返还房屋之日止的占有使用费（按每月1400元的标准计算）。

一审宣判后，祁某不服，向上海市第一中级人民法院提出上诉，请求：撤销原判，改判驳回张某蓉一审诉请。

上海市第一中级人民法院二审期间的2016年5月16日，上海市××办事处住房保障办公室向张某蓉发出《上海市共有产权保障住房违规违约使用房屋行为整改通知书》，载明：涉案房屋在使用过程中存在出租的违规违约行为，限定其家庭在2016年6月30日之内进行整改。另外，2016年8月5日，张某蓉与祁某签署房屋交接协议，确认涉案房屋已于当日归还给张某蓉，张某蓉向祁某支付了5000元装修补偿款。

上海市第一中级人民法院审理认为，涉案房屋系经济适用住房（以下简称经适房），产权登记信息中注明为“有限产权”，此类房屋属性不同于普通商品住房，本案租赁纠纷的处理应以合同效力问题审查为前提。

1. 关于系争租赁合同效力认定的问题。

根据建设部、发展改革委、监察部、财政部、国土资源部、人民银行、税务总局于2007年11月共同颁布的《经济适用住房管理办法》第二条之规定，经济适用住房是指政府提供政策优惠，限定套型面积和销售价格，按照合理标准建设，面向城市低收入住房困难家庭供应，具有保障性质的政策性住房。第三十三条规定，个人购买的经济适用住房在取得完全产权以前不得用于出租经营。《经济适用住房管理办法》属于国务院部门规章，其中关于经济适用房出租的限制性规定亦非法律的效力性禁止性规定。但本院需要说明的是：经济适用房建设是国家为了解决城市低收入家庭住房困难的重要民生举措，其制度目的在于保障特定困难人群的居住权益。根据《经济适用住房管理办法》第七、八条的规定，经济适用房建设用地是以划拨方式供应，经济适用房建设项目免收城市基础设施配套费等各种行政事业性收费和政府性基金。经济适用房项目外基础设施建设费用，亦由政府负担。通过上述措施，经济适用房购买人能够享受到大幅低于市场标准的优惠价格，本案中，张某蓉、董甲、董某乙购买涉案房屋有限产权的价格为每平方米4562元，而当时同类房屋市场价格为每平方米8099元，涉案房屋合同售价仅为市场价的56%。上述事实均说明，经济适用房的建造、购买不是按照一般市场经济的等价有偿交易原则，而是在政府的统一规划下，无偿划拨土地等公共资源进行开发建设，经济适用房购买人的价格优惠实际上是来源于公共资源的投入。因此，只有符合本地具体困难标准的人员才有资格进行经济适用房申购，经济适用房购买人初始取得的是有限产权，而不是物权法意义上的完全所有权。由于经济适用房的分配、使用状况关系公共资源的合理配置，《经济适用住房管理办法》明确规定经济适用房购房人不得擅自出租获利。本案中，张某蓉、董甲、董某乙亦在涉案房屋的《上海市经济适用住房预售合同》中共同承诺，其购买的经济适用住房供购买申请户居住使用。在未经许可的情况下，其不得转让、出租、出借、赠与或者改变房屋使用性质。综合上述分析，本院认为，张某蓉作为涉案经济适用房的有限产权人之一，其将涉案房屋出租给祁某以获取租金收益的行为违反经济适用房管理规定及其在经济适用房买卖合同中所作的承诺，系利用公共资源谋取个人利益，损害了社会公共利益。《中华人民共和国合同法》第五十二条规定：有下列情形之一的，合同无效：……（四）损害社会公共利益。根据该项法律规定，本院认定系争租赁合同依法应属无效。一审法院判令合同解除，未对合同效力作出正确认定，系属不当，本院予以纠正。

2. 关于系争租赁合同无效后果处理的问题，本院根据本案案情分别论证评析如下。

第一，根据《中华人民共和国合同法》第五十八条之规定，合同无效或者被撤销后，因该合同取得的财产，应当予以返还；不能返还或者没有必要返还的，应当折价补偿。有过错的一方应当赔偿对方因此所受到的损失，双方都有过错的，应当各自承担相应的责任。鉴于涉案房屋已于本案二审期间由张某蓉自行收回，故张某蓉原审诉请祁某、徐某敏返还房屋已无事实履行必要，故本院不予支持。

第二，张某蓉与祁某已就装修损失补偿达成合意并履行完毕，本院对此予以准许，对涉案房屋的装修价值问题亦不再另行处理。

第三，关于张某蓉主张的房屋占有使用费问题。系争房屋租赁合同应属无效，祁某已经实际占有使用了涉案房屋，其占有使用利益无法律依据，构成不当得利，应按照合同约定的租金标准予以返还。但张某蓉的出租行为系利用公共资源，损害公共利益，其无权取得该部分使用费收益，其在本案中诉请祁某向其支付2016年6月1日至实际交房之日止的房屋使用费，本院不予支持。为维护公共利益，促进保障性住房管理秩序规范，本院另行下达决定书对该部分收益予以收缴。

关于张某蓉与祁某在本案二审之前已经自行支付的房屋使用费问题，相关住房管理部门亦已就涉案房屋的违规出租问题出具了整改通知，故对于该部分收益可由住房管理部门依照相关规定进行后续处理。

鉴于系争租赁合同无效张某蓉、祁某均负有一定责任，故本院认定本案一、二审案件受理费均由双方分担。

基于上述内容，上海市第一中级人民法院依照《中华人民共和国合同法》第五十二条第（四）项、第五十八条，《经济适用住房管理办法》第二条、第七条、第八条、第三十三条，《中华人民共和国民法通则》第一百三十四条，《最高人民法院关于贯彻执行〈中华人民共和国民法通则〉若干问题的意见（试行）》第163条，《中华人民共和国民事诉讼法》第一百七十条第一款第（二）项之规定，于2016年9月1日判决：1. 撤销上海市松江区人民法院（2015）松民三（民）初字第4164号民事判决；2. 张某蓉与祁某于2014年6月19日签订的《上海市租赁合同》无效；3. 驳回张某蓉的全部诉讼请求。

二十九、如何认定为完成行政任务而签订的土地租赁合同的性质

（一）理论解答

在我国，不少土地租赁合同都是地方行政机关为完成上级下达的行政任务而签订的。对这类土地租赁合同应认定为民事合同还是行政合同，理论和实务界存在争议。

行政合同是现代行政法上较为新型且重要的一种行政管理手段。行政合同引进了公民参与国家行政的新途径，通过行政合同，普通公民可以以积极的权利方式而不仅仅是负担义务直接参与实施行政职能特别是经济职能。行政合同的广泛使用将会减少行政机关对个人进行单方命令的行政安排，以协商的方式提出要求和义务，便于公民理解，从而减少因双方利益和目的的差异而带来的对立性，有利于化解矛盾，创造和谐社会。2004年，最高人民法院在《关于规范行政案件案由的通知》（法发〔2004〕2号）中，首次把行政合同规定为行政案件的案由之一。2014年修正后的《中华人民共和国行政诉讼法》更是在国家立法上正式确立了行政合同制度。据此，有观点认为，为完成行政任务而签订的土地租赁合同应被认定为行政合同。

另有观点认为，最高人民法院在2011年修订后的《民事案件案由规定》（法〔2011〕41号）中，已明确把土地租赁合同纠纷设定为四级民事

案由，因此为完成行政任务而签订的土地租赁合同也应被认定为民事合同。

本书赞同后一种观点，理由在于以下两个方面。

首先，在国外各成熟法域，关于行政合同与民事合同的区分标准虽各具特色且尚处于不断发展之中，但大多采用的都是复合标准，即确定合同性质是属于民事合同还是行政合同，要从合同洽谈签订过程中双方的地位是否平等、合意载体是否为典型民事合同、合同中的主要权利义务是否对等、合同是否以实现行政管理为目的、合同履行是否是自主经营、审理程序是否便利和救济是否高效等方面综合加以考量。①

其次，《最高人民法院关于适用〈中华人民共和国行政诉讼法〉若干问题的解释》（法释〔2015〕9号）第十一条第一款明确规定："行政机关为实现公共利益或者行政管理目标，在法定职责范围内，与公民、法人或者其他组织协商订立的具有行政法上权利义务内容的协议，属于行政诉讼法第十二条第一款第十一项规定的行政协议。"从该规定来看，"为完成行政任务"这一因素并非构成行政合同的充分条件。

（二）案例指引

昆明市嵩明县人民政府滇源街道办事处与昆明云宇乡土树园艺有限公司土地租赁合同纠纷案②

2009年3月29日，甲方滇源镇人民政府（现昆明市嵩明县人民政府滇源街道办事处，以下简称滇源街道办事处）与乙方昆明云宇乡土树园艺有限公司（以下简称云宇园艺公司）签署《投资协议》，载明为强化松华坝水源区的治理和管护，有效削减农业面源污染，改善水源区生态环境，经市、县人民政府同意，滇源镇人民政府拟对冷水河两岸土地对外承包，用于林业生态及苗木基地建设。其中，冷水河两岸横向100米范围内须建设永久性生态林带，其余为高标准苗木基地。该协议主要约定：1. 乙方承

---

① 李洪堂：《行政合同与民事合同的区分与司法救济》，载《人民司法》2011年第2期。

② 详见：云南省昆明市中级人民法院（2012）昆民一初字第122号民事判决书、云南省高级人民法院（2014）云高民一终字第136号民事判决书、最高人民法院（2014）民申字第2192号民事裁定书。

诺承包上述项目的第二、三标段及第六标段十二号地块的土地，并负责投资林业生态及苗木基地建设。项目中永久性生态林带的绿化及苗木基地建设需按照县林业主管部门审核确定的景观绿化方案执行，苗木清单、规格、品种需经县林业主管部门审核确定后方可执行。乙方对标段内100米范围以内种植和补植的部分负责管养，该100米范围内的树木的所有权属甲方（满三年第四年内全部移交甲方）。2. 甲方负责无偿提供冷水河两岸100米范围内作为永久性生态林带建设使用用地，不收取任何承包金。同时，甲方负责提供冷水河两岸100米范围外的土地作为高标准苗木基地的用地，土地承包金标准为起始年690元/亩，以后每年每亩递增5%，递增10年为限。乙方入驻后享受头3年零承包金，后7年乙方承担50%，另外50%部分由甲方承担；后十年土地承包金全部由乙方承担。冷水河两岸100米范围内永久性生态林带建设土地承包金由甲方承担；苗木基地建设区域内不适于苗木种植的低凹积水面积用于生态湿地建设，土地承包金亦由甲方承担。3. 自本协议签订之日起三日内，乙方交纳保证金30万元到甲方指定账户，甲方监督用于项目建设（保证金在甲方验收后一周内退还乙方）。

合同签订后，云宇园艺公司于2009年3月30日交纳生态建设保证金30万元。2009年4月13日，滇源镇人民政府向云宇园艺公司退还生态建设保证金20万元。2009年4月25日及26日，滇源镇人民政府向云宇园艺公司发出函件，敦促云宇园艺公司应在4月26日前组织苗木及劳力开展种植工作，并应在约定时限内完成对涉案冷水河两岸100米范围内永久性生态林带的剩余建设任务，否则，滇源镇人民政府将启动应急预案自行组织建设。2009年4月27日云宇园艺公司回函：虽然冷水河两岸100米范围内的土地存在部分移交、100米范围外的土地尚未开始移交以及实际移交土地存在淹水地的情况，云宇园艺公司仍然组织劳力实施对100米范围内永久生态林带的建设，并有能力在约定时限内在已移交土地范围内完成预定种植任务。同时，云宇园艺公司将在近日组织苗木运抵100米范围内的种植现场，而镇政府在函件中所称的欲自行组织苗木种植，将给云宇园艺公司的正常种植工作造成严重干扰。2009年4月29日云宇园艺公司向滇源镇人民政府发出《紧急情况反映》，载明：2009年4月28日，云宇园公司用于永久生态林带建设所需的苗木运抵种植现场后，因滇源镇人民政府已自行组织苗木及劳力进行种植的行为，造成上述苗木无法在100米范围内进行种植，之后，云宇园艺公司欲将上述苗木在100米范围外进行种植时，又遭遇村民以相应土地权属问题未解决为由阻挠种植。望滇源镇人民政府尽快解决上述问题。2009年4月29日滇源镇人民政府书面回复：因云宇园艺公司未按之前镇政府的通知时限组织苗木及劳力对100米范围内的永久性生态林带进行建设，故镇政府已于2009年4月27日至4月29日自行完成了100米范围内的剩余种植任务。至于2009年4月28日云宇园艺公司在明知镇政府已启动应急措施的情况下，仍将苗木运抵现场的责任应由云宇园艺公司自行承担。如云宇园艺公司能保证诚实守信，双方仍可面商协调，继续合作。

2009年5月12日，滇源镇人民政府（甲方）与云宇园艺公司（乙方）签署《嵩明县滇源镇冷水河林业生态及苗木基地建设土地承包合同》（以下简称《土地承包合同》）载明：为强化松华坝水源区的治理和管护，有效削减农业面源污染，进一步改善水源区生态，昆明市人民政府及嵩明县人民政府同意甲方将冷水河两岸农地对外承包用于永久生态林带及苗木基地建设。其中冷水河两岸沿地表外延100米范围内的土地用于永久性生态林带建设，冷水河两岸100米永久性生态林带外全部土地用于苗木基地建设。该合同主要约定：1. 乙方承包上述项目地块中的第二、三、六（12号地）标段第3、4、5、6、7、8号，12号（庄科至中所进晃桥段）地块，用于永久生态林带及苗木基地建设。具体土地四至界限、范围、面积及现状，详见甲、乙双方共同确认的地块《宗地图》、《昆明市嵩明县冷水河农改林规划图》及《嵩明县水源区林业生态及苗木基地建设招商项目标段划分》。前述土地中有部分为不适于苗木种植的低洼积水土地，甲方无偿提供乙方用于湿地建设，不收取承包金。同时，有部分土地的水利灌溉及排水沟渠设施现状不利于苗木基地建设，乙方尽可能地利用现有的灌溉及排水渠道设施，确实需要改造的经甲方同意乙方可以进行改造，费用乙方自行承担。2. 涉案地块的土地用途为农用地、承包期限为30年。承包期届满后或因乙方原因终止承包合同，甲方有权收回项目土地，并无偿取得该地块上建筑物及除林木之外的其他不动产。承包期届满后或因乙方原因终止承包合同，乙方有权自行处置苗木基地内的所有林木，处置林木时间不得拖延超过承包期限届满或终止合同后的三个月。逾期尚无法处置的林木，甲乙双方协商处理。3. 项目建设规划。(1) 永久性生态林带建设。乙方无偿承担冷水河两岸沿地表外延100米范围内土地的永久性生态林带建设任务，并应在2009年4月30日前完成永久性生态林带的建设（种植），同时，由甲方按约定建设（种植）标准予以一次性验收，并出具书面验收意见或报告。永久性生态林带树木自种植之日起属甲方所有，自2009年5月1日起乙方无偿管护三年，三年管护期内乙方负责看守、浇水、施肥、打药、补植等管护义务，三年管护期届满保证在不低于本合同约定的数量、规格的基础上移交甲方管理。(2) 苗木基地建设。乙方将冷水河两岸沿地表外延100米范围外的土地用于苗木（包括但不限于经济果林、用材林等）基地建设。乙方对苗木基地进行市场化运作，甲方不予干涉，乙方对此自主经营、自负盈亏。苗木基地的具体苗木种植品种、规格、数量等由乙方自行决定。乙方应于2009年前完成苗木基地建设任务的60%以上，2010年前完成苗木基地的全部建设任务。乙方对苗木基地内种植的苗木具有所有权，依法享有占有、使用、收益、处置的权利。4. 承包费及支付。(1) 甲方无偿提供冷水河两岸沿地表外延100米范围内的土地，作为乙方永久性生态林带建设使用用地，甲方对此不得收取任何承包费。(2) 甲方有偿提供冷水河两岸沿地表外延100米范围外的土地，作为乙方苗木基地的建设用地。土地承包金为起始年690元/亩，以后每年每亩递增30元，递增10年。乙方入驻后前10年享受头3年零承包金；后7年乙方承担50%，另外50%部分由甲方承担；后20年土地承包金全部由乙方承担。5. 权利义务。(1) 永久性生态林带范围内的树木的所有权归甲方，甲方有权按期收取本合同约定的承包费或其他相关费用。甲方应按期向乙方提供合同约定的土地给乙方使用，并保证合同约定的地块使用权无任何权属纠纷及其他权利瑕疵。甲方无权干涉乙方的经营自主权。(2) 乙方有权按照合同的约定使用土地，有自主经营、自我决策的权利。乙方有权要求甲方按合同的约定履行本合同，以保障自己的合法权益。经甲方同意并现场勘定，乙方可在项目地块上建设所需生产、管理及生活用房。乙方应按期向甲方支付项目地块承包费，并承担土地承包经营活动中的债权债务和民事刑事责任。6. 合同的变更与解除。(1) 经双方协商一致,可以以书面形式提前解除本合同或变更本合同;(2) 遇国家规划建设需要,征收、征用项目土地,或者因法律、法规、政策或甲方及其上级政府原因,致使合同发生变更或解除的:①若甲方收回部分土地的,经双方协商,甲方核实所减少占用的土地面积后,应相应减少乙方的承包费;②政府因征收、征用给予乙方投资的苗木、地上附着物的补偿费、赔偿费全部归乙方享有。除此之外,双方还对土地交付时间及违约责任等合同条款一并作出约定。

2010 年 6 月 21 日,滇源镇人民政府向云宇园艺公司发出《解除合同通知书》,载明:因 2009 年 5 月 12 日滇源镇人民政府与云宇园艺公司签订的《土地承包合同》中约定“苗木基地建设:乙方应于 2009 年前完成苗木基地建设任务的 60% 以上,2010 年前完成苗木基地的全部建设任务”,经检查,云宇园艺公司未按约定完成任务,故根据《中华人民共和国合同法》第九十四条第四款规定,决定与云宇园艺公司解除合同。2010 年 7 月 29 日,滇源镇人民政府向云宇园艺公司发出通知,载明:根据市、区政府关于在滇源镇冷水河沿岸实施“碳汇造林”的相关要求,经报请上级相关部门同意,决定于 2010 年 7 月 30 日全面启动“碳汇造林”建设,请云宇园艺公司给予配合。2010 年 8 月 3 日,滇源镇人民政府向云宇园艺公司发出《关于对“农改林”中标地块停止建设的函》,载明:按照市政府决定收回云宇园艺公司在冷水河沿岸租用的土地并进行碳汇造林的相关要求,现告知云宇园艺公司从 2010 年 8 月 3 日起,停止对“3、4、5、6、7、8、12”号地块的一切建设活动。2010 年 8 月 24 日,滇源镇人民政府向云宇园艺公司发出通知,载明:鉴于云宇园艺公司未按要求完成林业生态及苗木基地建设任务,市、区政府决定收回云宇园艺公司在冷水河沿岸租用的所有土地用于碳汇造林基地建设,并通知如下:1. 对所有地块停止一切建设活动,区、镇碳汇造林施工队进场之日即视为土地交出之时,由云宇园艺公司引发的阻工、停工等一切损失概由云宇园艺公司负责。2. 滇源镇人民政府已完成对云宇园艺公司所有地块建设情况的评估,解除合同的相关补偿事宜,请云宇园艺公司按安排到会协商。2010 年 9 月 28 日,盘龙区人民政府办公室、法制办、农林局、滇源镇人民政府及云宇园艺公司召开专题会议,其间传达了区委、区政府主要领导关于妥善处理冷水河碳汇林基地建设中相关企业清退的指示精神，就云宇园艺公司退出冷水河生态林建设及补偿等后续工作进行研究商讨，并形成会议纪要：1. 云宇园艺公司明确表示，理解和支持冷水河碳汇造林基地建设工作；同意解除合同，退出在冷水河沿岸使用的全部地块；同意由云南双雁资产评估公司对原租用土地进行资产评估；期间继续协助和配合做好碳汇林基地建设的相关工作。2. 云宇园艺公司退出后，政府将就该公司在租用土地上修建的路网、沟渠、构（建）筑物以及种植的苗木给予适当的补偿。赔偿的数量、标准等，评估后予以确定。3. 固定并明确解除合同等相关事宜双方人员。4. 原租用土地上的苗木由云宇园艺公司负责继续管养，直到协商达成一致并签订协议后移交给区农林局。在未移交前，云宇园艺公司做好日常管护，不得移栽、拔除或者出售，确保苗木的存活率。

后双方因补偿事项协商未果，云宇园艺公司诉至昆明市中级人民法院，请求：1. 判令解除《土地承包合同》。2. 判令滇源街道办事处赔偿云宇园艺公司30982312.56元，包括：（1）项目第二、三、六标段第3、4、5、6、7、8、12号地块冷水河两岸100范围内的苗木赔偿7024512元；（2）项目第二、三、六标段第3、4、5、6、7、8、12号地块冷水河两岸100范围外：土地平整费用465360元；道路管网给排水工程建设费用7300515.61元；电网工程建设费用489653.95元，变压器工程建设费用1560000元；管养用房、育苗大棚及灌溉水井建设费用1824200元；投资苗木8486071元；补种苗木3832000元。3. 判令滇源街道办事处赔偿云宇园艺公司管养等费用24000000元。4. 判令滇源街道办事处返还云宇园艺公司签约保证金100000元。5. 判令滇源街道办事处支付上述三项赔偿金即55082312.56元自起诉之日至实际付款之日止的利息（按银行同期贷款利率计算）。6. 判令由滇源街道办事处承担本案全部诉讼费用。

案件审理中，经云宇园艺公司申请，昆明市中级人民法院依法向云南双雁资产评估有限公司（以下简称双雁评估公司）调取该公司云双评字（2010）015号《嵩明县滇源镇人民政府核实资产价值评估报告》，报告中载明双雁评估公司接受滇源镇人民政府委托对委托方拟核实其出租给云宇园艺公司及昆明美木景观绿化有限公司地块上的树木、树苗及构（建）筑物的资产价值提供参考依据。评估基准日为2010年8月7日。评估方法是对出租地块上的树木、树苗采用市场法评估其价值，对构（建）筑物采用成本法评估其价值。云宇园艺公司投入资产评估结果：1. 苗木评估价值（含100米范围内的苗木价值）为7024300元（取整）；2. 构（建）筑物评估价值为7947400元（取整）。两项合计14971700元（取整）。庭审中，云宇园艺公司对于上述评估报告的结论无异议，仅认为该评估报告未涉及云宇园艺公司自2010年8月7日至今对苗木进行管养的费用评估。滇源街道办事处亦明确认可上述评估所需资料均系其提供，并对评估结论的基本数额无异议，但认为报告所涉部分构（建）筑物因系云宇园艺公司擅自建盖，故不应列入此次评估范围，相应价值应从总价中予以剔除。

同时，经云宇园艺公司申请，昆明市中级人民法院委托云南省森特林业司法鉴定中心（以下简称森特鉴定中心）对云宇园艺公司在涉案冷水河沿岸生态林带及造林基地建设过程中，自2010年8月7日起至今对苗木养护范围内（面积1898亩）所投入的每年每亩的养护费用进行评估，该中心出具（2013）林工鉴字第1号《司法鉴定意见书》，载明：鉴定人员依据涉案鉴定地块平面位置图，对编号地块苗木经营种类、苗木生长状况及养护面积等逐地块进行分类别现场调查、记录统计，并确定了管护级别。涉案鉴定地块面积共计1929.47亩，其中苗木种植基地管护面积共计1381.47亩，生态林带管护面积548亩。在苗木种植基地管护中Ⅰ级管护面积360.3亩、Ⅱ级管护面积418亩、Ⅲ级管护面积603.17亩；生态林带管护均为Ⅱ级管护。为此，评估意见如下：1. 本次调查涉案苗木种植基地共计1381.47亩，年管护综合费用为2157458.2元，每亩年均管护综合费用为1561.71元；2. 本次调查生态林带共计548亩，年管护综合费用为772680元，每亩年均管护综合费用为1410元；3. 嵩明县滇源街道办事处冷水河沿岸生态林带及造林（苗木种植）基地面积合计1929.47亩，年管护费评估合计2930138.20元。

归纳各方当事人诉辩主张，昆明市中级人民法院认为，本案争议焦点在于：1. 涉案《土地承包合同》是否解除；2. 云宇园艺公司基于合同解除而诉请滇源街道办事处赔偿损失并返还保证金的理由是否成立。

昆明市中级人民法院认为：

《中华人民共和国合同法》第九十三条第一款规定，当事人协商一致，可以解除合同。本案中，滇源街道办事处明确要求解除合同，2010 年 9 月 28 日由政府各相关职能部门参与、云宇园艺公司及滇源街道办事处共同参加并召开的关于云宇园艺公司退出冷水河沿岸苗木种植及补偿协商的专题会议中，云宇园艺公司明确表示同意解除合同，在由参会各方对于合同解除之后的相关后续事宜作出部署并已初步形成框架性意见的情况下，涉案合同的解除事宜经缔约双方协商一致，应自 2010 年 9 月 28 日予以解除。至于滇源街道办事处主张涉案合同应自其 2010 年 6 月 21 日向云宇园艺公司发出《解除合同通知》之日即已解除的问题，根据之前已经查明的事实，滇源街道办事处系基于云宇园艺公司未按期完成苗木基地建设并致其不能实现合同目的为由通知云宇园艺公司解除合同。对此，虽然合同中对于苗木基地的建设时间约定为“2009 年前完成建设任务的 60%，2010 年前完成全部建设任务”，但该约定仅涉及项目建设的规划要求，合同中亦无云宇园艺公司如未能按期完成上述各部分建设任务时，则滇源街道办事处即享有合同解除权的进一步约定。况且，本案滇源街道办事处向云宇园艺公司发出解约通知时，距离约定完成苗木基地建设任务的最终时点还差半年的期限，故滇源街道办事处在无充分证据证实本案云宇园艺公司在苗木基地建设过程中因存在违约并确实导致其合同目的不能实现的情况下，主张已于 2010 年 6 月 21 日书面通知云宇园艺公司解除合同依据不足。与此同时，由于涉案合同已于 2010 年 9 月 28 日协议解除，现云宇园艺公司另行诉请合同解除不符合本案实际，法院亦不予支持。

关于合同解除后的法律后果及其损失赔偿问题。《中华人民共和国合同法》第九十七条规定，合同解除后，尚未履行的，终止履行；已经履行的，根据履行情况和合同性质，当事人可以要求恢复原状、采取其他补救措施，并有权要求赔偿损失。本案中，如前所述，滇源街道办事处对其关于涉案合同系基于云宇园艺公司的违约情形而导致解除的主张不能提交充分证据予以证实，且该主张亦与此后双方系经协商一致解除合同，并以会议纪要的形式确定对云宇园艺公司的前期投入于评估后可获适当补偿的事实不相符合。为此，会议纪要中关于“云宇园艺公司退出后，政府将就该公司在租用土地上修建的路网、沟渠、构（建）筑物以及种植的苗木在评估之后给予适当的补偿”的内容，其实质是对涉案合同解除之后云宇园艺公司交还土地及其地上建筑物和附着物的同时，滇源街道办事处亦应就云宇园艺公司之前所作投入（含苗木及固定设施）予以补偿的明确约定，故结合滇源街道办事处自行委托的评估报告的具体内容，其中对于云宇园艺公司的前期投入，包括所种植的苗木及相关基础设施（现值）已经作出适当估价，评估报告可以作为滇源街道办事处在一并收回地上附着物的同时，据实向云宇园艺公司作出适当补偿的依据。为此，基于前述会议纪要及资产评估报告的相关内容，本案云宇园艺公司应在合同解除之后向滇源街道办事处移交涉案冷水河两岸 100 米范围内及 100 米范围外的相应地块及所附苗木和地上构（建）筑物，而滇源街道办事处亦应向云宇园艺公司补偿其前期投入的苗木及构（建）筑物的损失 14971700 元。

至于滇源街道办事处以部分构（建）筑物系云宇园艺公司擅自修建而拒绝补偿的主张，因无充分证据证实且与会议纪要的内容不相吻合，不予支持。此外，关于滇源街道办事处主张涉案冷水河沿岸 100 米生态林带苗木的所有权自栽种之日起即属其所有而不应补偿的问题，根据涉案合同的具体内容，该部分苗木所有权之所以约定无偿归属滇源街道办事处，系与合同中滇源街道办事处同时应向云宇园艺公司提供 100 米范围外苗木种植用地 30 年的使用权及其自主经营权的内容相关联，因此，结合权利义务相一致的原则，鉴于涉案合同因履行期尚未届满即协议解除，且双方因合同解除所形成的会议纪要中亦未将 100 米生态林带的苗木价值排除于补偿范围之外的客观实际，本案滇源街道办事处的上述主张因无充分事实依据，不予支持。

关于管养费用的支付问题。本案中，由于涉案地块（包括生态林带及苗木基地）中已种植的苗木至今尚未移交，其势必存在管养费用。虽然之前所涉资产评估报告已确定了截至评估基准日 2010 年 8 月 7 日的苗木价值，但此后由于云宇园艺公司对于苗木的管养仍然处于持续状态，且云宇园艺公司最终须将涉案苗木向滇源街道办事处进行移交，结合权利义务对等原则，本案滇源街道办事处作为接受苗木的实际受益人，其仍应承担自 2010 年 8 月 7 日之后云宇园艺公司所支出的必要成本，即相应的管养费用。至于滇源街道办事处主张云宇园艺公司在合同解除之后应对苗木无偿管养的理由不符合本案实际（亦无约定），不予支持。为此，结合涉案合同关于生态林带内的苗木自2009年5月1日起应由云宇园艺公司无偿管养三年的约定，本案扣除前述约定期限之后，滇源街道办事处仍应向云宇园艺公司支付自2012年5月1日起至该部分苗木移交之日止的管养费用（按每年772680元计）。同时，结合之前所作论述，滇源街道办事处对于苗木基地内的苗木亦应自2010年8月7日起至该部分苗木移交之日止，按每年2157458.2元的标准向云宇园艺公司支付管养费用。

关于履约保证金的退还问题。由于本案双方已协议解除涉案合同，故滇源街道办事处继续占有云宇园艺公司所支付的履约保证金亦无相应法律依据，其应当向云宇公司退还剩余履约保证金10万元。至于滇源街道办事处以云宇园艺公司存在违约情形并据此拒绝退还保证金的抗辩主张无事实依据，不予支持。

基于上述内容，昆明市中级人民法院依照《中华人民共和国合同法》第九十三条第一款、第九十七条，《中华人民共和国民事诉讼法》第六十四条第一款之规定，判决：1. 原告云宇公司与被告滇源街道办事处签订的《土地承包合同》于2010年9月28日解除。2. 由被告滇源街道办事处于本判决生效之日起十日内补偿原告云宇公司苗木及构建筑物损失14971700元。3. 由原告云宇公司于本判决生效之日起十日内向被告滇源街道办事处移交本案所涉冷水河两岸100米范围内及100米范围外的相应地块以及苗木、构建筑物。4. 由被告滇源街道办事处于本判决生效之日起十日内向原告云宇公司支付苗木的管养费用。其中，冷水河两岸100米范围内生态林带的管养费用自2012年5月1日起计算至本判决确定的苗木移交的履行期限届满之日止（按每年772680元计）；冷水河两岸100米范围外的苗木基地的管养费用自2010年8月7日起计算至本判决确定的苗木移交的履行期限届满之日止（按每年2157458.20元计）。5. 由被告滇源街道办事处于本判决生效之日起十日内返还原告云宇公司保证金100000元。6. 驳回原告云宇公司的其他诉讼请求。

一审宣判后，滇源街道办事处不服，向云南省高级人民法院提起上诉，请求：撤销原判，将本案发回重审或者改判驳回被上诉人云宇园艺公司的全部诉讼请求。

云南省高级人民法院综合双方的诉辩主张，把本案二审争议的焦点问题确定为：1. 涉案的土地承包合同的性质应当如何认定；2. 涉案土地承包合同是否已经解除，合同解除时间应当如何认定；3. 涉案土地承包合同解除的后果如何确定；4. 上诉人认为一审程序违法的主张是否成立。

1. 关于涉案土地承包合同的合同性质和效力问题。

签订民事合同是双方或者多方当事人在平等自愿基础上形成的意思表示一致的民事法律行为，合同是以设立、变更、终止民事法律关系为目的的协议。本案中，上诉人滇源街道办事处虽然身份属于行政机关，签订涉案土地承包合同的目的也是为了强化松华坝水源区的治理和管护，改善水源区生态环境，但是双方当事人签订的《土地承包合同》仍然应当认定为民事合同。首先，涉案合同的签订是双方平等协商、自主决定合同条款的结果，双方当事人在签订合同过程中地位平等，确定双方权利义务的载体也是民事合同性质的《土地承包合同》，合同主要内容包括上诉人滇源街道办事处提供土地并收取租金，无偿获取生态林建设的成果，被上诉人云宇园艺公司栽种林木并获取苗木基地的相关收益，确定的都是典型的民事权利义务关系。其次，在履行合同过程中被上诉人云宇园艺公司也是自主经营，上诉人对被上诉人的监管均是根据合同确定的双方权利义务，而不是行使行政管理权，双方并不存在管理与被管理的行政关系。

关于涉案《土地承包合同》的效力问题，涉案《土地承包合同》是双方真实意思表示的结果，并不具有《中华人民共和国合同法》第五十二条规定的合同无效情形，应当认定为有效。上诉人认为涉案合同因违反了国家关于党政机关不得经商的禁令，应当认定为无效的主张，不予采纳。另外，根据《最高人民法院关于审理民事案件适用诉讼时效制度若干问题的规定》第四条的规定，对于当事人在一审期间未提出诉讼时效抗辩，在二审期间提出的，人民法院不予支持。故对于上诉人滇源街道办事处在二审中提出的诉讼时效抗辩，本院不予支持。

2. 关于涉案土地承包合同是否已经解除，合同解除时间应当如何认定的问题。

本院认为，如前所述，涉案《土地承包合同》的性质应认定为民事合同，故上诉人滇源街道办事处认为应当依据行政优益权解除合同的主张没有法律依据，本院不予采纳。但上诉人和被上诉人在 2009 年 3 月 29 日签订《投资协议》后，涉案《土地承包合同》签订之前，已经因为100米内生态林建设的进度问题产生矛盾，在涉案《土地承包合同》履行过程中，双方又多次为合同履行的进度发生争议，上诉人于2010年6月21日发出《解除合同通知书》，表达了解除涉案合同的意愿，被上诉人也诉至一审法院，要求解除合同，且涉案土地现已被确定为碳汇造林区域，双方通过签订《土地承包合同》建设生态林和苗木基地的合同目的已经不能实现，涉案《土地承包合同》应当解除。

关于合同解除的时间，本院认为，上诉人滇源街道办事处于2010年6月21日发出《解除合同通知书》，要求解除涉案《土地承包合同》，该行为既不符合合同约定，也不满足《中华人民共和国合同法》第九十四条规定的法定解除条件，《解除合同通知书》并不产生合同解除的法律后果，上诉人滇源街道办事处认为其自发出《解除合同通知书》之日涉案土地承包合同即已解除的主张不能成立。上诉人和被上诉人于2010年9月28日在盘龙区人民政府的主持下，协商解除合同并形成会议纪要，对于合同解除的后果予以了明确，虽然在此之后被上诉人云宇园艺公司曾经对会议纪要提出异议，但是根据本案查明的事实，被上诉人在2010年9月28日后，实际履行了会议纪要约定的由其承担苗木管养的义务，其一审诉请实际上也是要求上诉人履行2010年9月28日会议纪要的内容，故一审认定2010年9月28日为合同协议解除的时间无误，本院予以确认。

3. 关于涉案土地承包合同解除后的后果如何确定的问题。

本院认为，《中华人民共和国合同法》第九十七条规定："合同解除后，尚未履行的，终止履行；已经履行的，根据履行情况和合同性质，当事人可以要求恢复原状，采取其他补救措施，并有权要求赔偿损失。"双方在2010年9月28日协议解除合同时，以会议纪要的形式确定了合同解除后的处理原则，即：1. 云宇园艺公司退出在冷水河沿岸使用的全部地块；2. 云宇园艺公司退出后，双方同意由双雁评估公司对原租用土地进行资产评估，政府将就该公司在租用土地上修建的路网、沟渠、构（建）筑物以及种植的苗木给予适当的补偿；3. 原租用土地上的苗木由云宇园艺公司负责继续管养，直到协商达成一致并签订协议后移交给盘龙区农林局，在未移交前云宇园艺公司做好日常管护，不得移栽、拔除或者出售，确保苗木的存活率。被上诉人云宇园艺公司在一审中请求补偿苗木种植的损失、管养费用及相关土地平整和改造费用，符合双方确定的合同解除的处理原则，且双方在一审审理过程中又再次对由上诉人接收涉案土地、林木和构（建）筑物这一处理原则达成了一致意见，故上诉人滇源街道办事处上诉主张一审判决违反不告不理原则不能成立，本院不予支持。

关于如何确定涉案土地上林木、苗木和构（建）筑物的补偿数额问题。本院认为，根据双方2010年9月28日会议纪要确定的合同解除后的处理原则，上诉人应当按照双雁评估公司的评估结论，给予被上诉人适当补偿，双方在一审中还确定了以双雁评估公司的评估报告中的苗木价值加上之后发生的管养费确定苗木现值的方法，故在本案中要确定涉案土地上林木、苗木和构（建）筑物的补偿数额，首先要确定涉案两个鉴定意见的可采用性。

（1）关于双雁评估公司的评估报告的可采纳性的问题。本院认为，双雁评估公司的评估报告是诉前受上诉人委托作出，鉴定机构和鉴定人具有相应评估资质，评估程序合法，上诉人对于鉴定人主体资格的异议本院不予采纳。对于评估结果，被上诉人云宇园艺公司在一、二审中均表示接受，上诉人的诉讼代理人在一审中对评估报告确定的评估对象和评估范围也表示没有异议，只是认为砖房、活动板房和建房回填土等项内容应当剔除，现上诉人在二审中对于评估报告涉及的苗木数量、价值和构（建）筑物的价值均提出异议，并申请重新鉴定。根据本案查明的事实，双雁评估公司在评估过程中，首先作出征求意见稿，并根据上诉人的意见进行调整，作出正式稿后上诉人予以签收，应当认定上诉人滇源街道办事处以其签收行为对报告的评估范围和数额均予以了认可。该评估报告在2010年8月23日作出，双方在2010年9月28日协商解除合同的专题会议上确定了由双雁评估公司对租用土地进行资产评估的原则，当时上诉人对于评估报告的具体内容主观明知，也可以佐证上诉人滇源街道办事处在双方协商解除合同时对以评估报告作为补偿依据没有异议，现上诉人二审中又对于评估报告的鉴定范围予以否认没有依据，本院不予采纳。对于上诉人提出的其在被上诉人地块上有大量种植行为，应当在评估报告总额中扣除600余万元的主张，经查，上诉人二审提交的证据是区林业局出具的大额收据和发票，具体指向不清，上诉人要以此证明其在被上诉人地块上有大额投资依据不足。双方虽然在生态林建设中对于种植进度存在争议，上诉人据此主张其在被上诉人种植范围内进行过抢种，并在二审中提交了2009年4月27日应急种植图片六张及支付费用相应票据，要求予以扣除，但该部分证据只能证实上诉人曾经种植过苗木，但是否种植在诉争土地范围之内证据不足，且双方在二审庭审中均确认双方诉争的土地一直由云宇园艺公司控制，没有办过移交手续，进一步说明上诉人关于在云宇园艺公司控制的土地上种植苗木的主张不能成立。关于上诉人提出的评估方法问题，鉴定人根据苗木和建筑物的性质，采用市场法和成本法得出鉴定结论，应当在鉴定人职权范围内，上诉人的这一主张不能成立，上诉人提出的评估报告将与本案无关的昆明市花木公司大王家营苗圃搬迁费用计入评估报告，存在明显错误的问题，鉴定人在二审中已经作出了合理的解释。关于鉴定报告有效期的问题，因双方在一审确定了资产评估结论加管养费用确认资产价值的办法，故上诉人认为评估报告超过有效期的意见本院不予采纳。综上，双雁评估公司的评估报告予以采纳，上诉人要求重新鉴定的请求，本院予以驳回。

（2）关于森特鉴定中心鉴定意见的可采纳性的问题。本院认为，森特鉴定中心根据一审法院的指定进行管养费用的鉴定，双方在一审中对于鉴定机构和鉴定人鉴定资质没有提出意见，且经查森特鉴定中心及鉴定人具有林业资产评估资质，故上诉人对于森特鉴定中心鉴定资质的异议不能成立。森特鉴定中心的鉴定人在两审中均出庭接受质询，对于鉴定范围、鉴定方法、管护等级的确定原则和费用的计取标准作出了合理解释说明，对于森特鉴定中心的鉴定意见本院予以采纳。上诉人滇源街道办事处认为被上诉人实际没有承担管护义务，没有发生过管护费用的上诉理由没有证据证实，不能成立。上诉人要求对管养费用重新审计的申请本院亦予以驳回。

4. 关于上诉人认为一审程序违法的主张是否成立的问题。

关于上诉人申请追加当事人的问题。本院认为，本案审理的是上诉人和被上诉人因履行《土地承包合同》过程中发生的争议，上诉人要求追加的第三人杜文建、柳红平身份不明，与本案关系不清，不必然要参加到本案诉讼中，上诉人要求追加第三人的申请本院予以驳回。

关于上诉人认为一审判决书没有双方举证质证过程涉及程序违法的问题。本院认为，一审通过对双方诉辩主张的审理，听取了双方的举证质证意见，形成了相应笔录附卷，在判决书中认定了案件事实，针对双方主张做了评判，上诉人认为一审判决书写法涉及程序违法的主张依据不足，本院不予采纳。

基于上述内容，云南省高级人民法院于2014年6月18日，依照《中华人民共和国民事诉讼法》第一百七十条第一款第（一）项，判决：驳回上诉，维持原判。

二审判决后，滇源街道办事处仍不服，向最高人民法院申请再审。

最高人民法院审查认为，本案争议焦点为：1. 涉案合同应认定为行政合同还是民事合同；2. 两个鉴定机构的鉴定结论可否采信。

关于第一个焦点问题。滇源街道办事处为完成昆明市委、市政府下达的行政任务，采取将涉案土地对外承包的方式，用于林业生态及苗木基地建设。滇源街道办事处虽为行政管理机关，但其与云宇公司的《土地承包合同》并不是为实现行政管理目的而订立，而是约定由云宇公司负责承包涉案土地的林业生态及苗木基地投资建设，并交纳相应土地租金，同时获取相应收益。可以看出，双方在合同中确立的权利义务是对等的。且滇源街道办事处在合同中也不是以行政管理者的身份作为签约一方，而是与云宇公司完全平等的合同主体。故该合同应认定为平等主体之间订立的民事合同，而非行政合同。

关于第二个焦点问题。双雁评估公司的评估报告系在本案诉讼之前即由滇源街道办事处委托作出，且在2010年9月28日会议纪要中，双方确认以此评估报告作为滇源街道办事处补偿云宇公司在租用土地上修建的路网、沟渠、构（建）筑物以及种植苗木的依据。一审审理过程中，滇源街道办事处明确认可该评估报告所需资料均系其提供，并对评估结论的基本数额无异议，只是认为其中部分构（建）筑物系云宇公司擅自建盖，应从评估总价中剔除相应价值。森特鉴定中心的评估报告是由一审法院委托作出的司法鉴定，鉴定人员出庭接受了质询，并明确鉴定意见所涉实际踏勘面积未超出双方共同指认的地块范围，未种植苗木的面积已在鉴定结论中扣除。一审判决以两个鉴定报告作为认定滇源街道办事处赔偿云宇公司相关损失的依据，滇源街道办事处不服一审判决，提出不应采纳两个鉴定机构鉴定报告的上诉意见。为此，二审法院将两个鉴定机构的鉴定人员传唤到庭，进一步接受双方当事人的质询，并对质询意见在二审判决中作了明确阐述。在此基础上，二审法院确认了两个鉴定机构鉴定结论的可采性。滇源街道办事处再审申请中仍提出两个鉴定报告不可采信，但没有提交新的证据和意见。本院认为，二审判决有关两个鉴定报告可采性的分析认定依据充分、全面合理，对滇源街道办事处提出的意见亦予以了充分答复，本院予以确认。滇源街道办事处的该项再审申请理由亦不能成立。

综上，滇源街道办事处的再审申请不符合《中华人民共和国民事诉讼法》第二百条第（二）项规定的情形。

2015年1月26日，最高人民法院依照《中华人民共和国民事诉讼法》第二百零四条第一款之规定，裁定如下：驳回滇源街道办事处的再审申请。

三十、公有住房原承租人的继承人能否通过继承方式成为新的承租人

（一）理论解答

公有住房（简称公房）主要包括政府有关部门统一管理的直管公房和各单位自行管理的自管公房。由于多种原因，我国目前存在大量的公房优惠使用或承租现象，但因我国法律对公房使用权或称“承租权”的性质界定不清，纠纷的解决缺乏统一的法律规范和裁判标准，加之住房政策带有浓厚的地方特色，不同法院对此类案件的处理方式差异很大，当事人的合法权益不能得到及时有效的保护。实务中，公房原承租人的继承人能否通

过继承方式成为新的承租人等权属变更与确认纠纷是最具争议的案件类型之一。对于公房原承租人的继承人能否通过继承方式成为新的承租人主要有以下两种观点。

第一种观点认为，公房原承租人的继承人不能通过继承方式成为新的承租人。原因在于：按照《中华人民共和国继承法》的规定，遗产是公民死亡时遗留的个人合法财产，而《中华人民共和国继承法》及《最高人民法院关于贯彻执行〈中华人民共和国继承法〉若干问题的意见》皆没有把公房的承租权利明确规定为个人的合法财产。另外，我国公房的使用权分配是以家庭为单位来进行的，家庭成员中个别人死亡甚至是户主死亡的，不影响房屋的租赁关系，所有同住人都死亡的，收回租赁房屋。

第二种观点认为，我国继承法并没有将公民遗产的范围限定为所有权，而是规定公民的一切合法财产都属于遗产。公房租赁权作为一种具有物权特性的特殊债权，属于财产权利，应当具有可继承性。

本书赞同第一种观点。除上述理由外，还在于以下四个方面。

1. 我国公有住房的承租权与传统民法上私人所有权基础上的承租权是不同的，按照传统的民法理论，无论是将其界定为一般合同债权、用益物权还是具有用益物权性质的财产权，都有各自难以自圆其说的地方，这也是理论界对此长期争论不休的原因。

2. 公有住房一经分配并签订租赁合同，使用权便归于承租人，其核心法律意义在于明确公房管理（产权）单位和使用人之间对公房维护、管理、运营成本负担等权利义务关系，公示公房使用权人和使用权标的；公房租赁合同发生于具有行政管理关系的特定主体之间，内容多采用格式条款，具有不可议定性；在变更承租人时，公房管理单位有审核决定管理权。因此，公房租赁合同本质上并非民事合同，而是公房管理单位为实施管理需要签订的具有强烈行政管理色彩的权利凭证。

3. 公有住房使用权的分配是一个地方特色十分鲜明的政策性工作，具有极强的福利性和社会保障性，故不能严格依照合同法等相关规定处理，而应重点依据公房管理政策等因素处理。

4.《中华人民共和国合同法》第二百三十四条规定："承租人在房屋租赁期间死亡的，与其生前共同居住的人可以按照原租赁合同租赁该房屋。”法律赋予了承租人生前同住人享有一项法定权利，即承租人死亡后，同住人可以取得继续承租该房屋的权利，其权利基础是房屋租赁合同的法定变更，而不是基于继承关系中的法定继承发生的。由此，公房租赁权可以在原承租人死亡后有条件转移，但不是继承。

（二）案例指引

王某杰与孙某珍等公有房屋承租权纠纷案[①]

王某杰从小与其外祖父孙某礼、外祖母曹某荣共同生活。1992年以前，三人居住在大连市甘井子区××街××号建筑面积为28平方米的平房内，1992年该房屋被拆迁。1994年4月，孙某礼（已于1992年病故）所在单位国营五二三厂向拆迁单位缴纳了12253.50元投资代建费，取得了大连市甘井子区甘井子路27－3 ×－×号回迁房屋。该回迁房屋产权归属大连弘原房屋信息服务有限公司（以下简称弘原公司），由王某杰与其外祖母曹某荣共同居住，二人户籍地亦在房屋所在地。弘原公司与曹某荣签订了公房租赁合同，为曹某荣下发了公有住房租赁证，并因曹某荣经济困难，为其减免了部分房租。

孙某礼与曹某荣婚后育有五名子女，即孙某珍、孙某花（已于1983年病故）、孙某英、孙某慧、孙某恩。2005年10月，曹某荣病故。2005年12月13日，孙某慧在大连市公证处的公证下出具了声明书，声明同意上述房屋的承租人变更为其姐姐孙某珍。同日，曹某荣的长女孙某珍向弘原公司递交过户申请书，称经孙某礼、曹某荣婚生所有子女的同意，要求将房屋承租人变至其名下，由其承租该房屋。该申请上有被告妹妹孙某慧、弟弟孙某恩表示同意的签字。弘原公司在曹某荣死亡后，亦知道王某杰一直在该房内居住，其要求王某杰提供房证等资料才能变更承租，因房证及房租交费卡一直在孙某珍处，故王某杰未能提供。弘原公司在孙某珍持房证、变更申请、公证书等手续来办理更名时，考虑到该房屋应由曹某荣子

---

① 详见：大连市甘井子区人民法院（2007）甘民合初字第643号民事判决书、大连市中级人民法院（2007）大民房终字第561号民事裁定书、辽宁省人民检察院辽检民抗（2008）67号民事抗诉书、大连市中级人民法院（2009）大审民终再字第58号民事裁定书、辽宁省高级人民法院（2012）辽审三民提字第00023号民事判决书。

女继承这一理由，参照《大连市公有住房管理条例》的相关规定，结合孙某珍对王某杰另有住房的自述，在未落实王某杰是否另有住房的情况下，与孙某珍建立了租赁关系，向孙某珍下发了新的公房租赁证（公房租字第9907028号）。

2006年6月，王某杰在得知承租人变更为孙某珍后，多次找孙某珍和弘原公司协商，均未达成共识。

2007年2月14日，王某杰起诉至大连市甘井子区人民法院（以下简称甘井子法院），请求撤销孙某珍和弘原公司签订的房屋租赁合同，由其承租涉案房屋。

甘井子法院一审认为：案涉房屋的性质是单位自管公房，而非孙某礼、曹某荣夫妇的私有房产，其二人对该房屋只享有使用权，不具有所有权，公有住房的使用权不能作为遗产继承。故二被告认为该房屋应作为孙某礼、曹某荣的遗产由其子女依法继承的观点与法相悖，法院不予采纳。原告自1994年起就一直与其外祖母曹某荣共同居住在案涉房屋内，其户籍亦落在案涉房屋所在地，其虽不是案涉房屋租赁合同中确认的承租人，但应认定其为该房屋的共同居住人。《中华人民共和国合同法》规定："承租人在房屋租赁期间死亡的，与其生前共同居住的人可以按照原租赁合同租赁该房屋。"《城市公有房屋管理规定》规定："承租住宅用房的，承租人在租赁期限内死亡。其共同居住两年以上的家庭成员愿意继续履行契约的，可以办理更名手续。"《大连市城市公有房屋规定》亦有相同的规定，故原告在曹某荣死亡后，要求继续承租案涉房屋于法有据，应予支持。被告孙某珍不是案涉房屋的共同居住人，要求以继承的方式成为该房屋的承租人无理，弘原公司与孙某珍在对案涉房屋的性质存在重大误解的前提下订的公房承租合同应予撤销。

基于上述内容，甘井子法院于2007年4月28日作出（2007）甘民合初字第643号民事判决：1. 撤销被告弘原公司与被告孙某珍签订的9907028号公有住房租赁合同；2. 坐落于大连市甘井子区甘井子路27－3－×－×号公有住房由原告王某杰承租。

一审宣判后，孙某珍不服，向辽宁省大连市中级人民法院（以下简称大连中院）提起上诉。

大连中院二审认为：现已查明的事实表明案涉房屋为企业自管公房，产权人为弘原公司，承租人为曹某荣。在曹某荣去世后，根据孙某珍的申请，弘原公司与孙某珍建立了租赁关系，并向孙某珍下发了公房租赁证。基于上述可见：1. 弘原公司为孙某珍办理公房租赁证的这一行为系单位内部分房性质；2. 王某杰与弘原公司之间的纠纷不是产生于平等主体之间的财产关系之中。根据最高人民法院的相关规定、通知精神，该类纠纷不在民事案件的受案范围之内，人民法院不予受理，对王某杰的起诉应予驳回。上诉人上诉理由成立，应予支持。原判确有错误应予纠正。基于此，大连中院于2007年11月8日作出（2007）大民房终字第561号民事裁定：1. 撤销甘井子法院（2007）甘民合初字第643号民事判决；2. 驳回王某杰的起诉。

二审判决后，王某杰不服，向辽宁省大连市人民检察院提起申诉，经该院提请，辽宁省人民检察院于2008年11月17日作出辽检民抗（2008）67号民事抗诉书，向辽宁省高级人民法院提起抗诉。辽宁省高级人民法院于2008年12月18日作出（2008）辽立二民抗字第68号民事裁定：指令大连中院再审本案。大连中院于2010年3月15日作出（2009）大审民终再字第58号民事裁定：维持（2007）大民房终字第561号民事裁定。王某杰再次向辽宁省高级人民法院申请再审。

辽宁省高级人民法院再审认为：本案并非单位内部房屋分配纠纷，系公房承租权纠纷，系平等主体之间的民事法律关系，属于人民法院受理民事案件范围。与自有房屋租赁不同，公有房屋的产权单位在承租人的选择、租金标准确定等方面的权利受到公房管理规定的限制。本案中，弘原公司虽为涉案房屋的产权单位，但不得违反相关规定随意确定公房的承租人，原审法院再审裁定认为弘原公司与孙某珍建立租赁合同关系系对自己权利处分的观点不当。该裁定认为本案不属民事案件受理范围缺乏法律依据。按照《大连市城市公有房屋规定》第二十条规定，王某杰作为与承租人共同居住的人要求继续承租案涉房屋于法有据，应予支持。被告孙某珍不是承租人的共同居住人，要求以继承的方式成为该房屋的承租人没有法律依据。综上，一审判决认定事实清楚，判决结果正确。大连中院二审和再审裁定撤销一审判决、驳回王某杰起诉不当，本院予以纠正。

2014年4月18日，辽宁省高级人民法院依照《中华人民共和国民事诉讼法》第二百零七条第一款、第一百七十条第一款第（二）项之规定，判决如下：

1. 撤销大连中院（2009）大审民终再字第58号民事裁定、（2007）大民房终字第561号民事裁定；2. 维持甘井子区法院（2007）甘民合初字第643号民事判决。

三十一、对出租人交付的房屋面积提出异议的期限应如何确定

（一）理论解答

房屋租赁合同履行过程中，承租人主张房屋实际面积小于合同约定面积，并据此要求拒付或减付租金的案件时有发生。因我国法律对房屋租赁中的面积异议没有明确的期限规定，这类纠纷一直是审判实践中的难点问题。

有观点认为，租赁房屋需要依据合同约定的面积来确定具体范围，租金数额与租赁面积直接相关，承租人以合同约定面积与实际面积不符为由，依据《中华人民共和国合同法》第一百一十一条的规定[①]要求出租人承担减付相应租金等违约责任的，在诉讼时效期间内应予支持。

另有观点认为，承租人在房屋租赁期限届满后再以合同约定面积与实

① 《中华人民共和国合同法》第一百一十一条规定："质量不符合约定的，应当按照当事人的约定承担违约责任。对违约责任没有约定或者约定不明确，依照本法第六十一条的规定仍不能确定的，受损害方根据标的的性质以及损失的大小，可以合理选择要求对方承担修理、更换、重作、退货、减少价款或者报酬等违约责任。"第六十一条规定："合同生效后，当事人就质量、价款或者报酬、履行地点等内容没有约定或者约定不明确的，可以协议补充；不能达成补充协议的，按照合同有关条款或者交易习惯确定。"

际面积不符为由提出相关权利主张的，应不予支持。

还有观点认为，承租人进场进行装饰装修后就不得再以合同约定面积与实际面积不符为由提出相关权利主张，除此之外，在诉讼时效期间内皆可予支持。

本书认为，承租人在房屋租赁期限届满后再以合同约定面积与实际面积不符为由提出相关权利主张的，应不予支持。此外，承租人进场进行装饰装修后就不得再以合同约定面积与实际面积不符为由提出相关权利主张，理由包括以下三个方面。

1. 法律应被视为人类不断积累的生活经验的表达。房产测绘的技术性比较强，要求承租人在短时间之内对租赁房屋的质量、面积等进行查验以确保房屋符合合同约定是一种不切实际的强人所难。

2. 法律不应轻易地否定过去，也不应轻易地设计未来。租赁期限届满后再支持以合同约定面积与实际面积不符为由提出的相关权利主张不利于社会关系的稳定，也不利于租赁房屋的再出租。

3. 房屋租赁合同中，如果承租人对所租赁的房屋进行装饰装修，一方面可能对出租人的房屋所有权造成侵害，另一方面也可能因装饰装修物在租赁房屋上的固定而产生不动产的添附问题。因此，承租人对租赁房屋进行装饰装修的行为应视为其对包括房屋面积在内的房屋现状的认可。

（二）案例指引

蔡某与郑某等房屋租赁合同纠纷案[①]

潮州市湘桥区新桥西路 412 号雅乐园 A 幢 9－10 号门市（一层和二层）（建筑面积 149.18 平方米，一层建筑面积 84.11 平方米，二层面积 65.07 平方米）系方某所有，潮州市房地产管理局于 2000 年 5 月 23 日填发了该门市的房地产权证书。新桥西路 412 号雅乐园 A 幢 11 号门市（建筑面积 112.89 平方米）系陈某所有，潮州市房地产管理局于 2000 年 5 月 22 日填发了该门市的房地产权证书。

---

① 详见：潮州市湘桥区人民法院（2015）潮湘法民一初字第 670 号民事判决书、广东省潮州市中级人民法院（2016）粤 51 民终 302 号民事判决书。

2012年11月7日，方某作为出租方（甲方）与承租方郑某（乙方）签订《铺面租赁合同》，由郑某向方某承租新桥西路412号雅乐园A座9－10号门市。该合同的主要内容是："1. 甲方将潮州市新桥西路412号雅乐园A座9－10号门市租给乙方作铺面使用。产权问题由甲方负完全责任。2. 租赁期限：原合同自2009年7月15日至2014年7月15日止，共5年。现延续合同期3年，即2014年7月15日至2017年7月15日止。2009年7月15日至2014年7月15日为月租金人民币14000元整，2014年7月15日至2017年7月15日为月租金人民币27000元正。……4. 租赁期间，乙方如需改变用途或中途需做其他变更，必须先征得甲方同意。乙方不得将租赁铺面作为非法活动场所使用。否则，一切经济和法律责任由乙方负责，与甲方无关。5. 租赁期满，乙方必须无条件搬出，逾期不搬出，甲方有权强行收回房屋，一切损失由乙方承担，并在原租金的基础上增加100%收取逾期的租金。如属分期付款，乙方如未能按期交付租金，每天按逾期应缴金额的0.5%加收滞纳金罚款，如拖欠租金达1个月，甲方有权终止合同，收回出租铺面（营业）。期满后在同等条件下，乙方有续租优先条件。"该合同还对其他事项做了约定。

同日，陈某作为出租方（甲方）与承租方郑某（乙方）也签订《铺面租赁合同》，由郑某向陈某承租新桥西路412号雅乐园A座11号门市。该合同的主要内容是："1. 甲方将潮州市新桥西路412号雅乐园A座11号门市（建筑面积112.8平方米）租给乙方作铺面使用。产权问题由甲方负完全责任。2. 租赁期限：原合同自2009年7月15日至2014年7月15日止，共5年。现延续合同期3年，即2014年7月15日至2017年7月15日止。2009年7月15日至2014年7月15日为月租金人民币11000元整，2014年7月15日至2017年7月15日为月租金人民币26000元正。……4. 租赁期间，乙方如需改变用途或中途需做其他变更，必须先征得甲方同意。乙方不得将租赁铺面作为非法活动场所使用。否则，一切经济和法律责任由乙方负责，与甲方无关。5. 租赁期满，乙方必须无条件搬出，逾期不搬出，甲方有权强行收回房屋，一切损失由乙方承担，并在原租金的基础上增加100%收取逾期的租金。如属分期付款，乙方如未能按期交付租金，每天按逾期应缴金额的0.5%加收滞纳金罚款，如拖欠租金达1个月，甲方有权终止合同，收回出租铺面（营业）。期满后在同等条件下，乙方有续租优先条件。”该合同也对其他事项做了约定。

2014年3月6日，郑某作为转让方（甲方）与蔡某作为受让方（乙方）签订《商铺转让协议》，由郑某将上述潮州市新桥西路412号雅乐园A座9、10、11号门市转租给蔡某使用。该协议的主要内容是：“1. 依据《中华人民共和国合同法》及相关规定，经甲、乙双方友好协商，在平等、自愿的基础上，甲方于2014年3月7日将商铺（潮州市新桥西路412号雅乐园A座9、10、11号门市，建筑面积261平方米）转让给乙方作为珠宝经营场地使用，转让期自2014年3月7日至2017年7月15日止。2. 转租期限：转租期限为3年4个月零7天，租金为每月人民币53000元。3. 付款方式及付款时间：合同签订之日起收取最后4个月零7天租金作为保证金，即收取2017年3月8日至2017年7月15日租金合计共224300元。双方约定每半年交付一次租金，支付租金需提前一个月付下一次租金。付款时间为2014年4月7日支付2014年5月7日至2014年11月7日租金人民币318000元，以后付款方式以此类推。4. 租赁期间，该铺面（营业）的装修由乙方负责，乙方如需改变租赁铺面的原有建筑格局必须事先征得甲方同意，并负责一切费用，使用期满，固定装修（墙体、门窗、天面等）不得拆除，归甲方所有。……6. 租赁期满，乙方必须无条件搬出，逾期不搬出，甲方有权强行收回房屋，一切损失由乙方承担，并在原租金的基础上增加100%收取逾期的租金。乙方如未能按期交付租金，每天按逾期应缴金额的0.5%加收滞纳金罚款，如拖欠租金达1个月，甲方有权终止合同，收回出租铺面（营业），所付保证金作为违约金不予退还。期满后同等条件下，甲方协助乙方商谈续租优先条件。7. 甲乙双方应严格履行合同规定。如甲方违约未到期提前终止合同，合同期应赔偿乙方因此而造成的所有经济损失；如乙方违约，甲方有权解除合同，收回铺面，并追究乙方违约而造成的一切责任。乙方租赁期间应守法经营，水、电、税收及其他一切费用等一概由乙方自付。……其他：合同签订收取水电押金人民币20000元，在合同期满后一个月内乙方全部付清水、电、物业管理费时退还乙方。”该协议还对其他事项做了约定。

2014年3月6日协议签订后，蔡某于当日付郑某水电押金20000元及部分租金，郑某出具编号为NO101084收据及编号为NO101082收据交蔡某存执，内容分别为："兹收到蔡某先生租潮州市新桥西路412号雅乐A座9-11号铺面水电押金20000元，经手人郑某。""兹收到蔡某先生租潮州新桥西路412号雅乐园A座9-11号铺面2017年3月8日至2017年7月15日租金合计224300元，经手人郑某。"自2014年3月7日起，郑某将潮州市新桥西路412号雅乐园A座9-10号门市（一层）铺面及11号门市铺面交付蔡某使用。蔡某分别在2014年4月8日、2014年10月8日、2015年4月8日三次付郑某每半年租金人民币318000元。郑某于2015年4月8日出具编号为NO881352收据1份交蔡某存执，内容为："收到蔡某先生交来潮州新桥西路租金（2015年5月7日—2015年11月8日）人民币叁拾壹万捌仟元整，经手人盖章：郑某。"自2015年11月9日起的租金蔡某尚未支付。

后因蔡某认为合同约定面积与实际租赁面积不符，要求与郑某协商调整租金未果，遂于2015年11月2日向潮州市湘桥区人民法院提起诉讼，请求：1. 判令郑某继续履行租赁合同并变更租金为每月人民币40000元；2. 判令将郑某多收取的租金人民币264262.2元直接抵偿2015年11月8日至2016年5月7日的租金；3. 本案的诉讼费用由郑某承担。

针对蔡某的起诉，郑某提起反诉，请求：1. 解除双方于2014年3月6日签订的《商铺转让协议》；2. 蔡某立即腾退位于潮州市新桥西路412号雅乐园A座9、10、11号门市并交还郑某；3. 蔡某支付自2015年11月8日起至腾退交还潮州市新桥西路412号雅乐园A座9、10、11号门市之日止按照《商铺转让协议》约定的租金，并偿付逾期应缴金额的日0.5%的滞纳金；4. 蔡某于2014年3月6日交付的租金人民币224300元归郑某所有；5. 本案的一切诉讼费用由蔡某负担。

本案在审理过程中，蔡某当庭表示同意解除租赁合同，放弃要求郑某继续履行租赁合同的诉讼请求。方某主张出租交付给郑某使用的是潮州市新桥西路412号雅乐园A座9、10号门市一层铺面，不包括潮州市新桥西路412号雅乐园A座9、10号门市二层；郑某主张出租标的物为潮州市新桥西路412号雅乐园A座9、10、11号门市铺面，交付使用也是该三个门市铺面；蔡某主张承租的标的物为建筑面积261平方米的9、10、11号门市。

庭审中，蔡某自认没有向郑某或方某要求交付使用潮州市新桥西路412号雅乐园A座9、10号门市二层，但要求郑某交足建筑面积261平方米或要求重新计算租金。对于郑某收取蔡某水电押金人民币20000元的问题，蔡某与郑某共同确认至2016年3月15日止，潮州市新桥西路412号雅乐园A座9、10、11号门市铺面的水表度数值为01035，电表度数值为133448.01，郑某同意候蔡某向相关缴费部门缴清至2016年3月15日止的水、电费后，双方以人民币20000元水电押金进行结算。

本案中，蔡某使用租赁标的物为潮州市新桥西路412号雅乐园A座9、10、11号门市铺面，潮州市新桥西路412号雅乐园A座9、10号门市二层由方某居住、使用。2016年3月15日，蔡某将潮州市新桥西路412号雅乐园A座9、10、11号门市铺面腾退交还郑某，双方均确认租金应计算至2016年3月15日，自2016年3月16日起不再计算租金。

潮州市湘桥区人民法院认为：

2014年3月6日蔡某与郑某签订的《商铺转让协议》是双方自愿签订的，不违反法律、法规的规定，合法有效，合同双方当事人均应按合同的约定履行各自的权利义务。现郑某反诉请求解除双方签订的《商铺转让协议》，蔡某当庭表示同意解除，根据《中华人民共和国合同法》第九十三条第一款“当事人协商一致，可以解除合同”的规定，蔡某与郑某于2014年3月6日签订的《商铺转让协议》于2016年3月11日解除。

对于租金计算时间问题，由于蔡某已在2016年3月15日将潮州市新桥西路412号雅乐园A座9、10、11号门市铺面腾退移交完毕，故应付租金日期应计算至2016年3月15日。蔡某在2015年4月8日按双方签订的《商铺转让协议》约定的租金标准支付潮州市新桥西路412号雅乐园A座9、10、11号门市铺面租金至2015年11月8日，自2015年11月9日起，蔡某即没有按照协议约定向郑某交纳商铺租金。

本案的租赁标的物系蔡某与郑某认可的特定房屋，即为潮州市新桥西路412号雅乐园A座9、10、11号门市铺面，双方签订的《商铺转让协议》中约定的租金是以固定数额每月人民币53000元为标准计算，蔡某没有提供证据证明双方约定的租金标准以平方米数计算，且双方签订《商铺转让协议》后，郑某自2014年3月7日起将租赁标的物潮州市新桥西路412号雅乐园A座9、10、11号门市铺面转租交付蔡某使用，蔡某未在合理期限内提出异议。《中华人民共和国合同法》第五十四条规定："下列合同，当事人一方有权请求人民法院或者仲裁机构变更或者撤销：（一）因重大误解订立的；（二）在订立合同时显失公平的。一方以欺诈、胁迫的手段或者乘人之危，使对方在违背真实意思的情况下订立的合同，受损害方有权请求人民法院或者仲裁机构变更或者撤销。当事人请求变更的，人民法院或者仲裁机构不得撤销。"蔡某没有提供证据证明本案存在上述规定可变更的情形，故蔡某以租赁房屋面积不符合约定为由，请求减付租金及变更租金为每月人民币40000元，依据不足，依法不予支持。蔡某请求郑某应将其多收取的租金人民币264262.2元直接抵偿2015年11月8日至2016年5月7日的租金，没有事实依据及法律依据，依法不予支持。因蔡某自2015年10月起没有按时交纳租金，故其应承担《商铺转让协议》解除的违约责任，《商铺转让协议》中既约定了迟延交纳租金的滞纳金，又约定了迟延交纳租金的解约责任和支付违约金的责任，故应择一确定违约方应承担的违约责任。现双方合意解除《商铺转让协议》，故可由蔡某承担赔偿郑某违约金的责任，根据《中华人民共和国合同法》第一百一十四条第一款"当事人可以约定一方违约时应当根据违约情况向对方支付一定数额的违约金，也可以约定因违约产生的损失赔偿额的计算方法"的规定，因蔡某与郑某在《商铺转让协议》约定如蔡某未能按期交付租金，所付保证金作为违约金不予退还，故郑某反诉请求蔡某交付的人民币224300元归郑某所有，法院予以支持，对于郑某反诉请求蔡某付还滞纳金，法院不再支持。对于租金的具体数额，可按2014年3月6日双方签订的《商铺转让协议》约定的月租金人民币53000元标准计算，时间自2015年11月9日起计至2016年3月15日止。对于水、电押金人民币20000元，可候蔡某向相关缴费部门缴清至2016年3月15日止的费用后，双方再另行结算。

基于上述内容，潮州市湘桥区人民法院依照《中华人民共和国合同法》第五九十三条第一款、第一百一十四条第一款之规定，判决：1. 原告（反诉被告）蔡某与被告（反诉原告）郑某于2014年3月6日签订的《商铺转让协议》于2016年3月11日解除；2. 原告（反诉被告）蔡某于签订

《商铺转让协议》时所交保证金人民币224300元归被告（反诉原告）郑某所有；3. 原告（反诉被告）蔡某应于判决生效之日起10日内付还尚欠被告（反诉原告）郑某自2015年11月9日起至2016年3月15日止以每月人民币53000元计的租金；4. 驳回原告（反诉被告）蔡某的其他诉讼请求；5. 驳回被告（反诉原告）郑某的其他反诉请求。

一审宣判后，蔡某不服，向潮州市中级人民法院提起上诉。

潮州市中级人民法院认为，本案系房屋租赁纠纷，根据双方当事人在二审中的上诉和答辩，本案争议焦点是：1. 上诉人与被上诉人有否依约履行《商铺转让协议》、何方违约在先；2. 一审判决是否正确、可否维持。

关于上诉人与被上诉人有否依约履行《商铺转让协议》、何方违约在先的问题。被上诉人郑某和上诉人蔡某于2014年3月6日签订的《商铺转让协议》明确约定，租赁标的物为潮州市新桥西路412号雅乐园A座9、10、11号门市，建筑面积为261平方米，月租金53000元，租赁期限自2014年3月7日至2017年7月15日。上述协议合法有效，双方均应遵守履行，郑某作为出租方首先应履行其交房义务，即应于2014年3月7日将建筑面积为261平方米的三间门市交付给蔡某使用，而郑某实际交付的房屋面积只有197平方米，与双方签订的协议约定的面积明显不符。根据《中华人民共和国合同法》第六十条“当事人应当按照约定全面履行自己的义务”的规定，应认定郑某未依约交付房屋，其行为已构成违约；而蔡某作为后履行义务的一方，在依约交付了租金、押金后，以郑某交付的房屋面积与约定面积不符为由拒绝继续交付租金，根据《中华人民共和国合同法》第六十七条（“当事人互负债务，有先后履行顺序，先履行一方未履行的，后履行一方有权拒绝其履行要求。先履行一方履行债务不符合约定的，后履行一方有权拒绝其相应的履行要求。”）的规定，蔡某系依法行使其先履行抗辩权，其行为并不构成违约。在协议已明确约定租赁面积为261平方米而郑某未依约交付的情况下，一审法院以蔡某已接收部分房屋且前已交付头三期租金为由认定蔡某违约在先，据理不足，本院予以纠正。

关于一审判决是否正确、可否维持的问题。蔡某起诉请求继续履行合同并将郑某多收取的租金差额264262.20元（自2014年3月7日计至2015

年 11 月 7 日）直接抵偿 2015 年 11 月 8 日至 2016 年 5 月 7 日租金，郑某反诉请求解除合同并主张蔡某于 2014 年 3 月 6 日所交付租金 224300 元归其所有，蔡某在一审审理过程中表示同意解除合同并变更第一项诉讼请求为“租金按实际交付面积计算，每月人民币 40000 元”，可见，双方在一审中均同意解除合同并请求对蔡某应交付的租金进行认定处理。根据《中华人民共和国合同法》第九十三条第一款（“当事人协商一致，可以解除合同。”）及第九十七条（“合同解除后，尚未履行的，终止履行；已经履行的，根据履行情况和合同性质，当事人可以要求恢复原状、采取其他补救措施，并有权要求赔偿损失。”）的规定，一审判决确认涉案《商铺转让协议》解除是正确的，对租赁合同解除后双方的权利义务也应结合当事人的请求依法处理。郑某主张蔡某违约，所交付的租金 224300 元在合同解除后应归其所有，郑某上述主张缺乏事实依据，一审法院予以支持是错误的，本院依法予以纠正；蔡某上诉主张郑某应返还上述租金 224300 元，因其在一审中未对此提出请求，根据《最高人民法院关于适用〈中华人民共和国民事诉讼法〉的解释》第三百二十八条第一款（“在第二审程序中，原审原告增加独立的诉讼请求或者原审被告提出反诉的，第二审人民法院可以根据当事人自愿的原则就新增加的诉讼请求或者反诉进行调解；调解不成的，告知当事人另行起诉。”）的规定，本院对此调解不成，故不在本案中一并处理，蔡某可依法另行起诉。

关于双方争议的房屋租金应如何计算问题。涉案《商铺转让协议》虽没有对实际交付面积与约定租赁面积不符时的租金调整及郑某应承担的违约责任作出明确约定，但按照房屋的地段、面积确定租金总额系房屋租赁合同的履行惯例，也是符合日常生活法则及诚信公平原则的。郑某交付使用的房屋实际面积只有 197 平方米，蔡某提出对郑某未交付部分（面积 64 平方米）的租金按比例折算核减，按实计算其每月应付租金，根据《中华人民共和国合同法》第五条（“当事人应当遵循公平原则确定各方的权利和义务。”）及第六十一条（“合同生效后，当事人就质量、价款或者报酬、履行地点等内容没有约定或者约定不明确的，可以协议补充；不能达成补充协议的，按照合同有关条款或者交易习惯确定。”）的规定，蔡某的主张符合上述法律规定，本院予以支持。经核算，郑某已交付房屋每月应计租金为40003.83元［197平方米（实际面积）÷261平方米（约定面积）×53000元/月＝40003.83元/月］，自2014年3月7日租期开始至2016年3月15日房屋返还之日止的租金合计为972093.07元，而蔡某自2014年3月7日至2015年11月7日已交付给郑某的租金为954000元，相抵后，蔡某还应付还郑某租金人民币18093.07元。

综上所述，上诉人蔡某的部分上诉请求成立，可予支持。原审判决认定事实基本清楚，但适用法律部分错误，处理部分不当，依法予以纠正。

2016年10月19日，潮州市中级人民法院依照《中华人民共和国民事诉讼法》第一百七十条第一款第（二）项的规定，判决如下：1. 维持潮州市湘桥区人民法院（2015）潮湘法民一初字第670号民事判决第一项、第四项、第五项；2. 撤销潮州市湘桥区人民法院（2015）潮湘法民一初字第670号民事判决第二项；3. 变更潮州市湘桥区人民法院（2015）潮湘法民一初字第670号民事判决第三项为：蔡某应于本判决发生法律效力之日起10日内付还郑某租金人民币18093.07元。

三十二、如何界定经营用房出租人的适租义务的具体范围

（一）理论解答

《中华人民共和国合同法》第二百一十六条规定："出租人应当按照约定将租赁物交付承租人，并在租赁期间保持租赁物符合约定的用途。"第二百二十条规定："出租人应当履行租赁物的维修义务，但当事人另有约定的除外。"第二百三十三条规定："租赁物危及承租人的安全或者健康的，即使承租人订立合同时明知该租赁物质量不合格，承租人仍然可以随时解除合同。"上述条款是我国法律有关出租人适租义务的规定。因上述

规定过于概括，又因传统的适租义务的生存背景是居住用房租赁，[①] 而经营用房租赁与居住用房租赁又确实存在较大的不同，故应如何界定经营用房出租人的适租义务的具体范围是司法实务中经常面临的难题之一。

有观点认为，既然《中华人民共和国合同法》没有区分经营用房租赁与居住用房租赁，故经营用房出租人应同样受上述适租义务条款的约束，即经营用房出租人应当与居住用房出租人承担同样的适租义务。

另有观点认为，经营用房租赁与居住用房租赁在合同当事人地位及合同目的等方面均存在差异，因此经营用房出租人的适租义务应不同于居住用房出租人。在经营用房租赁中，出租人与承租人基本处于平等协商的地位，经营用房承租人的利益诉求使得我们不需要对出租人进行过多的限制。具体来讲，出租人要承担何种适租义务、承担何种强度的适租义务等，应从双方签订的租赁合同中去找到答案。

本书认为，第一种观点无视经营用房租赁与居住用房租赁中客观存在的诸多不同，的确存在过于粗糙的不足。第二种观点把经营用房出租人适租义务的具体范围完全寄托于租赁合同当事人的自由约定，显然也是不妥当的。因经营用房的基本用途是某一类业务经营，故经营用房出租人的适租义务的具体范围应围绕该项业务经营应具备的条件来展开。若租赁的经营用房根本就不具有经营某一项业务应具有的基本条件（该条件往往就是法律的强制性规定），即使租赁合同当事人没有就该基本条件进行明确的约定，也应当认定出租人没有履行其适租义务。

（二）案例指引

顾某与上海同鹏企业管理有限公司等房屋租赁合同纠纷案[②]

上海市普陀区长寿路×××号×××楼×××室产权人为中冶宝钢技术服务有限公司（以下简称中冶公司），该公司与上海同鹏企业管理有限公司（以下简称同鹏公司）于2010年4月签订了《物业租赁合同》，同意

① 欧春利：《商业用房出租人“适住义务”的合理界定》，载《卷宗》2014年第7期。

② 详见：上海市普陀区人民法院（2012）普民四（民）初字第330号民事判决书、上海市第二中级人民法院（2012）沪二中民二（民）终字第2587号民事判决书。

同鹏公司承租系争房屋并对外进行转租。该合同相关条款约定，房屋交接后承租方进行的任何设计、装修或增设不得改变租赁物业基本结构并应向出租方备案；如需按规定向有关部门报批的，则还应报批；消防、电梯、公用管线等设施由承租方办理审批手续并承担责任。

2010年10月11日，同鹏公司与顾某签订《房屋租赁合同》，主要内容为：1. 顾某向同鹏公司承租房屋作经营足浴用房，租金按月支付，每月58251元，先付后用，租期自2010年10月11日起至2018年8月31日止；2. 出租方于2010年10月11日前将房屋交付承租方先行装修，装修免租期自该日起至2010年12月10日止；3. 承租方须支付保证金174753元，承租方违反合同产生的违约金、赔偿金等费用可自保证金中扣除；4. 承租方需装修或增设附属设施的，应征得出租方同意，如需按规定报有关部门审批的，应经批准后进行；5. 在租赁房屋前，承租方已知晓房屋的性质与状况；6. 承租方应向有关政府部门取得必要执照或许可，如经营活动违反法律规章，后果自负。

合同签订后，顾某向同鹏公司支付了2010年12月11日至2011年4月10日的租金共计233004元、保证金174753元、2010年10月11日至2011年6月的物业费36560元，另有水电费、通信费等。同时，还将房屋作为上海寿远堂足部保健有限公司（以下简称寿远堂公司）开设的寿远堂足浴店的经营场所进行了装修。

2011年2月23日，普陀区公安消防支队向寿远堂公司发送《建设工程消防设计审核意见书》，认为“该场所应通过大楼疏散走道疏散至两部疏散楼梯间进行双向疏散，不应占用公共楼梯间影响其他场所疏散”，故“不同意该工程消防设计，图纸退回，请按照国家和本市的消防技术规范就该消防设计后另行送审”。

此后，租赁双方互致函件对房屋租赁过程中发生的一系列问题进行交涉，承租方要求出租方协助解决消防设计的审核问题，出租方则同意推荐相关“办证公司”给予协助。

2011年5月31日，普陀区公安消防支队出具《公安行政处罚决定书》，以“未经消防验收擅自投入使用”为由对寿远堂公司处以3万元罚款并责令停止使用涉案房屋。同年8月3日，经该消防部门再次审核后，寿远堂公司的装修设计方案被以相同理由退回。同年10月19日，该消防部门出具《行政强制执行决定书》，以违反“停止使用”的行政处罚决定为由，对系争房屋所在的经营场所予以查封。

2011年12月8日，同鹏公司向顾某发送《解除合同通知书》，认为承租方自2011年4月起拒付租金的行为已构成违约，故通知解除合同，要求承租方清偿租金等相关费用、迁出并交还房屋。

2012年2月6日，顾某向上海市普陀区人民法院提起诉讼，请求判令：1. 解除《房屋租赁合同》；2. 同鹏公司返还2010年12月11日至2011年4月10日的租金共计233004元、押金174753元；3. 同鹏公司赔偿实际损失，包括房屋装修费、物业费、设备费、广告费、消防罚款、定制用具等；4. 同鹏公司按银行同期贷款利率承担上述款项自起诉之日起至判决生效之日止的利息；5. 中冶公司承担连带赔偿责任；6. 本案受理费由同鹏公司与中冶公司共同承担。

针对顾某的起诉，同鹏公司提起反诉，请求判令：1. 解除当事人之间的《房屋租赁合同》；2. 顾某支付的保证金作为合同违约金不予返还；3. 顾某支付同鹏公司房屋租金469838元（自2011年4月11日算至2011年12月12日）、逾期付款违约金63956元；4. 顾某支付同鹏公司房屋使用费（参照房屋租金约定，以每月58251元计，自2011年12月12日起算至房屋交接之日，即2012年4月27日止）；5. 顾某支付租房过程中拖欠的物业费（自2011年7月1日起算至2012年4月27日止，按每月4213元计）；6. 顾某支付房屋租用过程中发生的公用事业费，包括水电煤费用等；7. 顾某负责注销注册于租赁房屋内的登记事项，包括营业执照、通信设备等；8. 本案受理费及诉讼发生的费用由顾某承担。诉讼过程中，同鹏公司根据案情撤回了反诉诉请第6、7项。

就涉案租赁场地装修工程的消防设计审核问题，上海市普陀区人民法院向审核方上海市普陀区公安局消防支队作了查询，该部门相关负责人答复为：1. 此类营业场所的装修工程消防设计审核可由场地实际使用方或房东申报；2. 即使此类营业场所所在的大楼原先已通过消防审核，一旦改变用途或重新装修，需再次报请审核批准；3. 只有待装修方案获消防部门审核通过后，方能启动工程施工；4. 此类营业场所装修的消防验收标准之一为“每一处场所应备有一条以上的消防通道”。如楼层布局为敞开式设计，同一楼层租户之间能够自由通行，则允许多家租户共用通道，如同一楼层有两家租户，两户之间采用密闭的方式进行分隔，彼此互不连通，则必须保证每一家租户有一条以上的通道，否则即不符合要求。

经现场勘查，系争租赁场所所在楼层有租户两家，其一为寿远堂公司，该两家租户之间采用密闭分隔，每一家租户的营业场地内设有安全通道一处，楼层的非营业场地（即公共走道）一端另有一处安全通道与架设在楼外的铁梯相连。据同鹏公司反映，铁梯及与之相连的通道系消防验收产生问题后加设。

因顾某要求赔偿的损失中包括了为租赁房屋所投入的装潢及为进行经营活动所购置的用具与设备，经顾某申请，同鹏公司、中冶公司同意，上海市普陀区人民法院委托相关机构进行了评估，并分别出具了《工程造价司法鉴定意见书》及《标的物价值评估咨询报告》。《工程造价司法鉴定意见书》评估结论为：房屋装潢工程的原价值为640598元，重置成本价为709814元，工程成新率为90%。《标的物价值评估咨询报告》评估结论为：房屋内的可移动物品原值为178200元，净值为148900元。对上述报告中的评估结论，顾某表示不持异议，并据此将诉请第3项调整为：同鹏公司赔偿实际损失971427元，包括房屋装修费709814元、可移动的设备费178200元、需返还的物业费53413元（其中2010年10月11日至2011年6月的物业费36560元已支付，2011年7月至2011年10月的物业费16853元属待付费用）、消防罚款30000元。

上海市普陀区人民法院审理认为，顾某与同鹏公司之间的租赁合同依法成立，租赁双方应按约定及法律规定，秉承诚实信用、善良守诺的原则加以履行，顾某应按约支付租金、物业费等费用，同鹏公司应提供符合功用的租赁房屋。

综合当事人本、反诉意见，现对本案作出如下认定：

1. 顾某作为承租方，对商用房屋投入经营所需要的条件，尤其是工商、税务、安全、消防等行政审批手续应该有所预见，其未采取合理的装修方式导致消防送审失败，应承担相应的责任。同时，其在装修设计方案尚未通过消防部门审核即完成了装修并投入设备进行营业，在受到行政处罚后仍拒绝改正直至被强制停业，故对产生的损失亦应承担主要责任。

2. 同鹏公司作为商用房屋的出租方，应对房屋及房屋所在楼层的基本状况，包括开设店铺所需的前置行政审批条件、房屋的功能、整体布局、可承载的商户数量、与商户数量所对应的设施能否满足经营使用条件等具有充分的认知，并在房屋不能满足商户使用需要时做好及时、必要的配合与协调工作。现经庭审查明，导致租赁关系无法继续的根本原因系楼层消防设计无法通过审核所致，而同鹏公司在向包括顾某在内的租户出租房屋时对楼层整体布局疏于审查、在问题发生后未及时应对，是造成消防设计审核失败、矛盾扩大的因素之一，对此应由其承担次要责任。

3. 根据上述第两项，租赁双方已失去彼此信任、合作的履约基础，且自愿解除合同并已交接完毕，故对租赁合同的解除应予确认，并以房屋交接日即顾某腾空房屋并撤出之日 2012 年 4 月 27 日为合同解除日。因导致合同的解除双方各有过错，故对顾某及同鹏公司将责任完全归咎于对方的诉辩称均不予采信。合同解除后，双方按责任各自履行义务及承担损失。

租金一节，消防部门既然对顾某擅自投入使用房屋作出了行政处罚，并于 2011 年 10 月 19 日作出了停止使用房屋的强制措施，表明顾某在合同开始履行后至 2011 年 10 月 19 日之间对房屋进行了经营使用，故在此期间内其应按约支付租金。现查明，2011 年 4 月 10 日前双方的租金已结清，故顾某应向同鹏公司支付 2011 年 4 月 11 日起至 2011 年 10 月 19 日的租金；2011 年 10 月 19 日后至房屋交接日即 2012 年 4 月 27 日之间属顾某停止营业并占用房屋期间，该停业状态系因消防设计送审失败造成，故此期间产生的租金损失应按双方过错分担，由本院酌定。

物业费一节，除起算日期、金额结算有差异外，承担的方式及理由与租金相同，在此不再赘述。

顾某主张的装修损失一节，如顾某本着规范、谨慎的原则，在消防设计送审合格后再对房屋进行装修并投入经营，则可以避免此类损失，而同鹏公司如能就楼层的消防问题妥善协调商户间的装修布局，必要时就租户的提前装修可能会造成的损失给予提醒而不是持放任态度，亦可在一定程度上减少损失。现双方均未对此装修问题予以足够的重视，故应分别承担责任，其中顾某负主责，同鹏公司负次责，承担损失的比例由本院酌定，装潢价值应以相关评估机构评估结论中的装潢残值，即原价值结合成新率为准。顾某主张的物品费、消防罚款一节，因移动物品尚有利用价值且顾某已在房屋交接时予以接收，而消防罚款系针对顾某违规经营的行政处罚行为，责任应由其自负，故该两笔费用由其自行承担。关于当事人主张的钱款利息、违约金及以保证金冲抵违约金的诉请，基于各自的过错均不予支持，合同解除后同鹏公司应将保证金返还顾某。

4. 中冶公司作为房东，其与顾某之间不存在合同关系，亦无证据表明其在顾某与同鹏公司的转租关系中存在过错，基于合同的相对性，顾某要求中冶公司承担连带责任的依据不足，不予支持。

基于上述内容，上海市普陀区人民法院依照《中华人民共和国合同法》第六十条和第九十七条之规定，判决如下：1. 顾某与同鹏公司之间关于上海市长寿路×××号×××楼×××室房屋的租赁合同于2012年4月27日解除；2. 同鹏公司应于判决生效之日起十日内返还顾某保证金人民币174753元；3. 同鹏公司应于判决生效之日起十日内支付顾某房屋装潢损失人民币180000元；4. 对顾某的其余诉请不予支持；5. 顾某应于判决生效之日起十日内向同鹏公司支付2011年4月11日起至2011年10月19日止的租金（按每月人民币58251元计）；6. 顾某应于判决生效之日起十日内向同鹏公司支付2011年10月20日起至2012年4月27日止的租金（按每月人民币40000元计）；7. 顾某应于判决生效之日起十日内向同鹏公司支付2011年7月1日至2011年10月19日止的物业费（按每月人民币4213元计）；8. 顾某应于判决生效之日起十日内向同鹏公司支付2011年10月20日至2012年4月27日止的物业费（按每月人民币2900元计）；9. 对同鹏公司的其余反诉诉请不予支持。

一审宣判后，顾某不服，向上海市第二中级人民法院提起上诉。

上海市第二中级人民法院认为，顾某应在消防设计方案审核通过后方能进行相关装修，而顾某在消防设计方案尚未通过相关消防部门审核时即完成装修并营业，在受到行政处罚后仍拒绝改正直至被停业，顾某应当对此承担相应的责任，原审法院已对此作出充分阐述，本院不再赘述。原审认定同鹏公司没有做好协调工作、疏于审查等，亦承担次要责任，分担损失，本院认同。顾某上诉称同鹏公司的责任导致消防未通过验收，依据不充分，本院难以采纳。原审法院依据查明的事实所作的判决并无不当，本院予以维持。

2013年1月14日，上海市第二中级人民法院依照《中华人民共和国民事诉讼法》第一百七十条第一款第（一）项之规定，判决：驳回上诉，维持原判。

三十三、如何认定店铺转让费（顶手费）的法律性质

（一）理论解答

店铺转让费，俗称顶手费，是指租户在征得房东同意后，将租期内的店铺房屋转租，把和房东之间的剩余租赁期限连同租户或有的装修、购买的设备、经营的项目（货物、加盟许可费、其他无形资产）等一并转给下一个租户，而向下一个租户一次性收取的超过应收取房租的费用。该费用的存在是市场经济发展的必然产物，固有其合理性，但因我国目前尚没有法律法规对其进行明确的规定，理论界和司法实务对应如何认定其法律性质争论不断。

综合现有争论，概有中介费说、担保金说和租金补偿说三种观点。

本书认为，采租金补偿说更为科学合理，理由包括以下三个方面。

1. 从店铺转让费的构成来看，其本质是对原承租人的一种综合补偿。按照店铺转让费的操作惯例，新的承租人向原承租人交纳店铺转让费的多少，往往是根据原承租人的投入规模大小、经营时间长短、现时经营状况、铺面所在位置等因素所形成的经营优势来确定的，该费用既包括现有装饰装修、设施设备等有形资产，也包括商铺因前期经营而产生的遗留客源、商业影响等无形资产。

2. 中介费说有鼓励非法中介的嫌疑。我国法律对房屋中介费的合法收取有严格的限制，包括收取主体必须是经房地产管理部门审批并在工商行政管理部门注册登记的房地产中介机构、从事中介服务的人员必须具备相应的资质、收费标准必须符合价格管理部门的有关规定等，而店铺原承租人一般都不具备这些条件。

3. 担保金说与《中华人民共和国担保法》的相关规定不符。《中华人民共和国担保法》规定有保证、定金、抵押、质押和留置五种担保方式，每种担保方式都有其特定的构成要件，而店铺转让费的操作惯例与任何一种担保方式的构成要件都不相符合。

顺便指出，店铺转让费既为一种租金补偿，那么如因其他事由导致租赁合同无法履行或提前终止的，出租人应按尚未履行的合同期限退还相应的顶手费，即应按承租人实际使用租赁物业的时间来确认其应支付的顶手费多少。

（二）案例指引

漆某与蔡某房屋租赁合同纠纷案[①]

2011 年 5 月 30 日，淮安市青河房屋拆迁安置有限公司（出租人）与漆某（承租人）签订《资产租赁合同》，约定淮安市青河房屋拆迁安置有限公司将其所有的乐园街 6 幢 10 - 2 号店铺出租给漆某；租期三年，从 2011 年 5 月 30 日至 2014 年 5 月 30 日止；租金收付按租期开始日推算，承租人按年支付出租人租金，承租人必须在签订合同前交纳全年租金，第二年租金在第一年的最后三个月内交纳，以此类推；承租人不得将该资产转租、转借他人或与他人调换使用，否则造成的后果由承租人承担。

2012 年 10 月 25 日，漆某与蔡某签订店铺转让合同，约定甲方（漆某）将位于淮安市清河区丰登路乐园街 6 幢 10 - 2 号店铺（面积 29 平方米）转让给乙方（蔡某）使用，租期自 2012 年 10 月 31 日至 2014 年 5 月 30 日止，年租金 57750 元。店铺交给乙方后，乙方同意代替甲方向淮安市

---

① 详见：淮安市清河区人民法院（2013）河民初字第 3277 号民事判决书、江苏省淮安市中级人民法院（2014）淮中民终字第 381 号民事判决书。

青河房屋拆迁安置有限公司履行该租赁合同，每月交纳租金及该合同约定由甲方交纳的水电费等各项费用，该合同期满后由乙方领回甲方交纳的押金，该押金归乙方所有。乙方在2012年10月31日前一次性向甲方支付顶手费（转让费）14万元，上述费用中包括甲方交给淮安市青河房屋拆迁安置有限公司再转付乙方的押金、装修装饰费用及其他相关费用。甲方不得向乙方索取任何其他费用。该店铺的营业执照由甲方办理，经营范围为餐饮，租期内甲方继续以自己名义办理营业执照、税务登记等相关手续，但相关费用及由乙方经营引起的债权债务全部由乙方负责，与甲方无关。

合同签订后，蔡某向漆某支付2012年10月25日至2013年5月底租金33678元，漆某向蔡某出具收条；2012年11月1日，蔡某向漆某支付转让费14万元，由漆某向蔡某出具收条。

2012年10月25日，漆某向蔡某交付房屋，由蔡某进行经营，2013年5月份，蔡某搬离诉争房屋，未将房屋钥匙交还。由于未及时缴纳第三年房屋租金，租赁房屋现已被产权人淮安市青河房屋拆迁安置有限公司收回。

蔡某向淮安市清河区人民法院提起诉讼，请求判令：1. 解除双方签订的店铺转让合同；2. 漆某退还蔡某转让费、赔偿装修费合计16万元，并承担违约金21000元；3. 漆某承担诉讼费。

淮安市清河区人民法院认为：

当事人应当按照约定全面履行自己的义务。双方签订的经营权转让合同，系双方真实的意思表示，合同成立。漆某将房屋及设施交付给蔡某使用，蔡某向漆某交付房屋转让费及租金，合同已实际履行。

双方签订的房屋转让合同载明："店铺交给乙方后，乙方同意代替甲方向淮安市青河房屋拆迁安置有限公司履行该租赁合同，每月交纳租金及该合同约定由甲方交纳的水电费等各项费用。"蔡某已依照与漆某签订的店铺转让合同向漆某支付了33678元租金，漆某辩称蔡某未及时交纳租金而违约的事实，不予采信。

漆某应依约办理餐饮营业执照。漆某辩称已在为蔡某办理营业执照，但蔡某不予配合且未交纳办理证件费用，仅提供房产证复印件举证不足，蔡某亦不予认可，故不予采信。

蔡某在搬离房屋时未缴纳5月份水电费，也未将房屋钥匙交还。因房屋租金及水电费未及时缴纳导致房屋现已被产权人收回并转租他人，合同已无法继续履行，对此双方均负有责任，蔡某要求解除与漆某签订的店铺转让合同，于法有据，应予支持。

蔡某主张漆某退还店铺转让费14万元，由于双方签订的转让合同期限为2012年10月31日至2014年5月30日，蔡某从2012年10月25日开始实际使用该店铺至搬离，合同已履行了7个月，本院认为退还全部转让费显失公平，故酌定漆某退还蔡某转让费8万元［≈14－（14÷19×7）］。

蔡某主张装修损失2万元，但未举证，漆某亦不予认可，不予支持。

对于违约金，庭审中双方对营业执照届满期限未作约定，故蔡某依据该条款主张违约金不予支持。

基于上述内容，淮安市清河区人民法院依据《中华人民共和国合同法》第六十条，《中华人民共和国民事诉讼法》第九条、第六十四条第一款之规定，判决：1. 解除原告蔡某与被告漆某于2012年10月25日签订的店铺转让合同；2. 被告漆某于判决生效之日起十日内返还原告蔡某转让费8万元；3. 驳回原告蔡某其他诉讼请求。

一审宣判后，漆某不服，向江苏省淮安市中级人民法院提起上诉称：1. 一审判决认定事实错误。蔡某没有按约缴纳房租及水电费导致房屋被产权人收回，也不配合漆某办理营业执照并擅自搬离店铺，也不通知漆某并交还钥匙，应是蔡某违约，漆某没有违约。2. 一审判决适用法律错误。一审判决返还蔡某转让费8万元没有法律依据，蔡某实际上购买的是商机，应自行承担风险。请求撤销一审判决第二项，依法改判驳回蔡某要求退还转让费、赔偿装修费及承担违约金的诉讼请求。

本案二审中的争议焦点为：本案租赁合同未能继续履行的原因以及违约责任应如何确定；租赁转让费14万元是否应予返还及如何返还。

江苏省淮安市中级人民法院认为：

双方当事人签订的店铺转让合同约定店铺营业执照由漆某办理，但漆某一直未予办理相关营业执照，影响了蔡某承租该店铺后正常经营。漆某称蔡某不配合办理营业执照，但未能提供相关证据证明，对此，漆某应承担相应的违约责任。

转让合同约定的转让费14万元包括租房押金、装修装饰费及相关费用，漆某上诉称蔡某应自行承担购买商机风险，没有事实依据。一审法院根据双方当事人合同约定及实际履行情况，酌定漆某退还蔡某租房转让费8万元，并无不当。

综上，漆某的上诉理由不能成立，对其诉讼请求本院不予支持。一审认定事实清楚，适用法律正确，应予维持。

2014年3月20日，江苏省淮安市中级人民法院依照《中华人民共和国民事诉讼法》第一百七十条第一款第（一）项之规定，判决如下：驳回上诉，维持原判。

三十四、商业房产租赁合同中的认租费约定是否有效

（一）理论解答

商业房产租赁实践中，不少出租人都与承租人在租赁合同中约定，承租人除了逐期支付相应租金外，还须一次性缴纳一定数额的所谓认租费（有的称为"进场费""认租设施建设费""综合管理费""前期装修费""装修补偿费""运营费"等）。可以说，这种现象已是一种早已存在的行业潜规则。鉴于这些费用都是出租人为了获取更大利益而巧立名目收取的，与实际服务没有直接的关系，我国商务部、发展改革委、公安部、税务总局、工商总局等五部门于2006年联合颁布了《零售商供应商公平交易管理办法》（商务部2006年第17号令）明确予以禁止。因该《零售商供应商公平交易管理办法》的层级较低且颁布的时间较早，目前对商业房产租赁合同中这种认租费的约定是否有效，理论和实务界存在较大争议。

有观点认为，认租费虽是行规，但没有法律依据，因此认租费的收取

约定应属无效，出租人应全额退还。

另有观点认为，认租费是当事人意思表示一致的市场行为，既然我国法律和行政法规没有予以明确禁止，司法就应当予以保护，但若租赁合同提前解除，则应将认租费平摊到约定租期内，判令出租人退回未履行部分租期所对应的部分。

本书认为，后一种观点更为可取，理由包括以下两个方面。

1. 市场经济的精髓是意思自治，而认租费的约定正是租赁合同当事人意思自治的结果。我们既然要“让市场在资源配置中起决定性作用”，就应当对这种意思自治的结果给予充分的理解和尊重。

2. 认租费在本质上应属整个租赁的一种对价，若租赁合同提前解除，只有将其平摊到约定租期内计算具体的收取和退回比例才符合民商事法律的公平合理原则。

（二）案例指引

广州市奇一旺电业有限公司等与柯某等租赁合同纠纷案[①]

2007年8月18日，广州市奇一旺电业有限公司（以下简称奇一旺公司）与深圳市高雅兰实业有限公司（以下简称高雅兰公司）签订一份《小罗商业城商铺租赁合同》，其中约定奇一旺公司将广州市番禺区沙头街小罗村小罗商业城商铺（以下简称涉讼商铺）出租给高雅兰公司用作商业经营场地使用。

同日，双方签订一份《认租确认书》，约定在签订《小罗商业城商铺租赁合同》前必须一次性缴清认租场地设施建设费397500元，从2008年1月1日开始，有关费用和租金的收费按合同约定标准收取。交铺日期为2007年8月18日，商铺用途为商场经营用地场所、仓库及员工宿舍。此后，高雅兰公司接收上述商铺用于经营国惠百货商场。

同日，高雅兰公司向奇一旺公司缴纳承租定金591756.87元。2007年8月21日，高雅兰公司向奇一旺公司缴纳进场费397500元。

---

① 详见：广州市番禺区人民法院（2011）番法民三初字第28号民事判决书、广东省广州市中级人民法院（2012）穗中法民五终字第3602号民事判决书。

2007年8月22日，由广州市番禺区房屋鉴定事务所对奇一旺公司位于广州市番禺区沙头街小罗村小罗商业城内的1号楼、2号楼和3号楼进行房屋安全鉴定，结论均为“基本完好房”。

2007年8月31日，广州市番禺区公安消防大队就奇一旺公司厂房消防验收合格的意见作出编号为番公消（建验）字〔2007〕第0395号《建筑工程消防验收的意见书》，内容为：“你单位位于广州市沙头街小罗工业区的广州市奇一旺电业有限公司厂房工程已竣工，该工程共3栋。根据你单位的申请，按我大队审核意见书［番公消（建）字〔2007〕第0359号］的要求，我大队对建筑消防设计工程进行验收，消火栓动作基本正常，建筑工程基本符合消防安全要求，在消防方面具备使用条件，并提出以下要求：一、对消防设施应当定期维修保养，保证功能良好完整有效；二、已经验收的建筑如有改建、扩建、内部装修、用途变更等，应向公安消防机构申报；三、厂房作五金产品的生产车间使用，生产火灾危险类别为丁类。”

2008年4月18日，高雅兰公司以上述场地作为营业场所注册成立广州分公司（以下简称高雅兰广州分公司），负责人为黄某康。

2008年5月5日，广州市番禺区公安消防大队向高雅兰广州分公司发出《责令限期改正通知书》，称该商场未经公安消防机构安全检查擅自开业，要求限期改正。2008年11月4日，广州市番禺区公安消防大队向高雅兰广州分公司发出不同意延期整改通知书，称对其关于延期整改的书面申请，决定不同意延期整改。2008年12月5日，广州市公安局番禺区分局防火科作出番公（消）决字〔2008〕第104、105号处罚决定书，分别罚款15000元和5000元。

2010年初，朱某海、柯某、陈某懂和卢某现等个体工商户先后以租赁方式入驻该商业城。

2010年8月12日，高雅兰广州分公司经工商行政管理机关核准注销登记。

2010年11月30日，高雅兰广州分公司的代表陈云伟向奇一旺公司签发一份《承诺书》，称该公司至2010年11月9日拖欠租金、水电费、管理费共计1817399.28元。

2010年12月23日，奇一旺公司以高雅兰公司、高雅兰广州分公司拖欠租金、水电费以及管理费为由诉至广东省广州市番禺区人民法院，要求解除合同、返还场地并付清所欠费用。同时，其以柯某、陈某懂违法占用部分涉讼商铺为由要求其支付使用费、返还该部分涉讼商铺，并对高雅兰公司的上述债务承担连带清偿责任。

2011年1月19日，奇一旺公司以朱某海、卢某现违法占用部分涉讼商铺为由申请追加其作为被告，并要求其支付使用费、返还该部分涉讼商铺，同时对高雅兰公司的上述债务承担连带清偿责任。

2011年1月19日，高雅兰公司以奇一旺公司违约为由提起反诉，请求判令：1. 奇一旺公司双倍赔偿高雅兰公司装修损失23085786元，具体金额以评估报告为依据；2. 奇一旺公司退还认租设施建设费397500元；3. 奇一旺公司双倍返还高雅兰公司定金1183513.74元；4. 奇一旺公司赔偿高雅兰公司消防罚款共计20000元；5. 本案所有的诉讼费由奇一旺公司承担。

2011年1月30日，奇一旺公司以高雅兰广州分公司已注销为由同意撤回对该分公司的起诉。

2011年4月，高雅兰公司申请对涉讼商铺内属于其不可移动的资产或者移动会使价值受损不适宜移动的资产价值进行评估。经法院摇珠选定并委托广东高迪评估咨询有限公司作为评估中介机构。该机构根据高雅兰公司的申请以及法院的委托，对涉讼商铺内九大部分的资产进行评估并出具最终报告书，评估结论为10594153元。

广东省广州市番禺区人民法院认为：

根据现有的证据，奇一旺公司作为出租人未能提供涉讼商铺的房地产权证，亦未能提供涉讼商铺的建设工程规划许可证或临时建设工程规划许可证，也未举证证明涉讼商铺经主管部门批准建设，故高雅兰公司与奇一旺公司签订的《小罗商业城商铺租赁合同》为无效合同。《中华人民共和国合同法》第五十六条规定，无效的合同或者被撤销的合同自始没有法律约束力；第五十八条规定，合同无效或者被撤销后，因该合同取得的财产，应当予以返还，不能返还或者没有必要返还的，应当折价补偿。因此，高雅兰公司应将租赁的涉讼商铺返还给奇一旺公司。双方未能就返还商铺达成一致，也没有办理交还租赁物的书面手续。2011年6月9日在本法院的主持下，双方同意由高雅兰公司在6月15日前搬出涉讼商铺内的财物，奇一旺公司同意接收，因此，奇一旺公司提出的诉讼请求原本可以就此解决。但高雅兰公司如期搬离财物时却遭拒，而且在高雅兰公司向本院再次提出申请并经本院发出书面通知要求奇一旺公司协助高雅兰公司搬出在涉讼商铺内存放的重要文件资料和财务账册后仍受到奇一旺公司的干预和阻扰。因此，尽管高雅兰公司仍应继续履行腾房义务，但作为出租方的奇一旺公司也应为高雅兰公司腾房履行相关协助、配合义务，如作为出租方的奇一旺公司自己不配合接收涉讼商铺，由此引起的损失应由责任方承担，权利人可另循法律途径处理。虽然奇一旺公司没有证据证明其与柯某、陈某懂、朱某海、卢某现存在直接合同关系，但柯某、陈某懂、朱某海、卢某现均以涉讼商铺中的部分租赁场地作为营业场所注册经营，故其占有部分涉讼商铺并无正当依据，同理，也应同时将其占有的上述场地腾空返还给奇一旺公司。

关于奇一旺公司主张涉讼商铺的占用使用费问题。《最高人民法院关于审理城镇房屋租赁合同纠纷案件具体应用法律若干问题的解释》第五条第一款规定，当事人请求参照合同约定的租金标准支付房屋占有使用费的，人民法院一般应予支持。但本案中对于该费用，双方存在的较大争议有两个。1. 关于占用使用费的标准问题。首先，虽然奇一旺公司称其提供三份欠款明细的证据用以证明的仅仅是水、电费的金额，而对其中载明的租金折扣、租金金额、物业管理费金额均不予确认，但根据日常生活法则并结合承租人向出租人逐月一并支付租金、水电费所形成的履行合同的方式来看，高雅兰公司称由奇一旺公司制作对账明细表后交由其确认的说法具有一定的合理性，本院对上述三份证据的真实性以及高雅兰公司的上述说法予以采信。由此，上述三份关于欠款的对账明细可视作双方就租金、水电费、管理费的标准、计算始期的变更达成一致并对欠费金额进行了确认。高雅兰公司同意以2010年4月23日柯某核对确认的欠费明细作为双方计费的依据，故截至2010年4月高雅兰公司应继续支付尚欠奇一旺公司的1500372.60元。至于2010年5月以后的计费标准问题，从以上双方同意变更的内容来看，自2010年1月至4月每月租金为117301元，自2010

年1月至4月每月管理费14439元；此后的租金标准和管理费的标准，在奇一旺公司没有证据证明双方有变更的情况下，均宜采该标准。而自2010年5月至2011年的水电费则已由双方共同确认分别为27692元、561817元。2. 计算占用使用费的截止时间。高雅兰公司主张应计算租金至2011年1月5日，奇一旺公司主张租金、管理费等均应计算至场地返还之日止。租赁合同关系中，出租人将租赁物交由承租人使用，而由承租人支付相应对价。但租赁物无法由承租人自由控制、使用，其使用权受到明显限制的情况下，仍由承租人支付对价，显然有违公平、合理的原则。在本案中，高雅兰公司已经明确表示腾房却最终未能办理正式的交接手续，作为出租人的奇一旺公司存在着重大过错，理由是：2011年6月9日在本院的主持下，双方同意由高雅兰公司在6月15日前搬出涉讼商铺内的财物，高雅兰公司如期搬离财物时却遭拒；在高雅兰公司向本院再次提出申请并经本院发出书面通知要求奇一旺公司协助高雅兰公司搬出在涉讼商铺内存放的重要文件资料和财务账册后，奇一旺公司仍进行干预和阻扰。这足以证明高雅兰公司对涉讼商铺的自由处分受到奇一旺公司的限制，奇一旺公司行为显有违反诚实信用之原则。双方确认2011年1月5日涉讼商铺已经关闭，至于是奇一旺公司强行关闭还是高雅兰公司经营不善自行关闭，双方产生较大争议，但奇一旺公司对其说法没有提供证据，而高雅兰公司以奇一旺公司掌握其货物供应商搬离货物的凭证即放行条的原件以及《广州日报》的报道内容作为证据，证明其租赁商铺被奇一旺公司强行关闭。综合双方证据比较以及奇一旺公司在本案中有上述违反诚信的行为，高雅兰公司主张是奇一旺公司强行关闭涉讼商铺的说法相对具有更高的可信性，本院予以采信。故高雅兰公司应向奇一旺公司支付占用使用费至2011年1月4日。

关于奇一旺公司主张物业管理费的问题。双方在合同中约定由奇一旺公司提供公共物业管理服务包括在整个小区范围内巡逻、对环境进行卫生清理、维修水电等服务并由高雅兰公司每月缴交管理费，奇一旺公司称其已经提供了相应的物业管理服务，并提供了邓雁容、蔡杏妹等人的十二份劳动合同以及工资签收单作为证据，而高雅兰公司称是由其自行安排人员进行保安和清洁的却没有提供证据予以证明。另外，柯某、陈某懂、朱某海、卢某现均表示奇一旺公司的物业管理服务不到位、管理不善，晚上没有人值班，也即其抗辩仅仅是物业管理服务的质量标准问题，即使如此其也没有提供证据予以证明。另外，高雅兰公司对2010年3月和4月分别由朱祖程和柯某核对确认的欠款明细予以确认，该明细表中均明确管理费的起计时间和标准，因此，综合以上内容，奇一旺公司主张物业管理费，本院予以支持。该费用的标准参照上述租金的变更方式，2010年1月之后的每月管理费宜以14439元支付。

综上，截至2010年4月，高雅兰公司总共累计尚欠奇一旺公司1500372.60元（含占用使用费、水电费、管理费）；从2010年5月至2011年1月，高雅兰公司尚欠占用使用费954048.13元、管理费117437.2、水费27692元以及电费561817元，合计1660994.33元。以上两项总共累计3161366.93元。奇一旺公司主张按照中国人民银行一年期同期贷款利率的标准计算逾期付款的损失，由于该标准未有超出法律规定，本院予以支持。但应以3161366.93元为本金，从其主张之日起（2010年12月23日）计至款项清偿之日止。

关于奇一旺公司主张的要求柯某、陈某懂、朱某海、卢某现对高雅兰公司的租金债务承担连带责任问题，双方并不存在直接的合同关系，其主张没有法律依据，故本院不予支持。

关于高雅兰公司的反诉请求问题。双方租赁合同被认定为无效，奇一旺公司收取的高雅兰公司定金591756.87元没有合同依据，故应该予以返还。而合同中约定的认租费由于是作为租赁的对价，故应当按照高雅兰公司实际使用涉讼商铺的时间进行分摊。合同约定的租期从2007年8月18日至2017年12月31日，合计10年零5个月，即125个月，认租费为397500元，每月相当于3180元，现高雅兰公司实际使用涉讼商铺为41个月，应支付的认租费合计130380元，因此，奇一旺公司多收取的267120元应该予以退还。

关于装饰装修损失问题。《最高人民法院关于审理城镇房屋租赁合同纠纷案件具体应用法律若干问题的解释》第五条第二款规定：“当事人请求赔偿因合同无效受到的损失，人民法院依照合同法的有关规定和本司法解释第九条、第十三条、第十四条的规定处理。”在本案中，高雅兰公司主张奇一旺公司赔偿其装饰装修损失，上述司法解释第九条、第十三条针对不同情况分别作出规定，就装饰装修而言，区分是否经过出租人同意对房屋的装饰装修。本案中虽然双方在合同中明确要求租赁场地的内部装饰施工方案须由奇一旺公司审核批准备案，并不得超过其规定的范围，而至今高雅兰公司没有提交直接证据证明其装饰装修经过奇一旺公司的批准。但是从双方实际履行的情况来看，首先，合同约定交付的商铺标准为框架结构，间隔为实心砖墙，墙面、天花板用双飞粉批荡抹平，地面水泥砂浆荡平。奇一旺公司在庭审中陈述的交付现状也为“商铺外墙贴了瓷砖以及相关外墙装饰，具备通水通电，并有铝合金窗和简单的照明设施”。显然，其交付的商铺根本不符合双方约定的作为商业经营场地进行使用的标准。适当的装饰装修是必需也是必要的。其次，双方合同约定商铺内部装饰由承租人高雅兰公司自行设计制作，故原则上奇一旺公司也是同意高雅兰公司进行装饰装修的，而且在高雅兰公司接收商铺后进行装修使用长达几年的时间里面，奇一旺公司对其装修没有提出过任何异议。最后，奇一旺公司提供的仅仅是用作办公室和厂房用途的消防标准而非商业经营用途的消防标准，导致高雅兰公司不可避免地需要按照商业标准进行消防设施的购买、安装。因此，本院原则上依据上述司法解释第九条、第十三条的规定进行处理。对于已形成附合的装饰装修物，奇一旺公司不同意利用，由双方各自按照导致合同无效的过错分担现值损失。高雅兰公司未能按照双方事先约定的“内部装饰施工方案须由奇一旺公司审核批准备案”，而且高雅兰公司没有依约依时支付其应缴交的费用，故宜适当加大对高雅兰公司的过错比例分担。至于装饰装修物的损失大小问题，评估公司根据高雅兰公司评估申请对涉讼商铺内九大部分的资产进行评估，得出结论为10594153元。虽然双方对该结论均存在异义，但都未提出证据予以推翻其效力和结论，故对该报告本院予以采信。高雅兰公司主张奇一旺公司赔偿因合同无效受到的损失，本院按照2∶8的比例进行分配，即奇一旺公司应向高雅兰公司赔偿2118830.6元。

关于高雅兰公司主张奇一旺公司赔偿其消防罚款共计20000元的问题，奇一旺公司提供的2007年8月31日广州市番禺区公安消防大队就奇一旺公司厂房消防验收合格的意见作出编号为番公消（建验）字〔2007〕第

0395号《建筑工程消防验收的意见书》显示其申报的仅仅是用作办公室和厂房用途的消防而并非商业经营用途的消防，而且在该意见书中明确要求已经验收的建筑如有改建、扩建、内部装修、用途变更等，应向公安消防机构申报。显然奇一旺公司提供的租赁标的物的消防标准并不符合双方约定的商业经营之用途的消防标准，也没有证据证明其已对用途改变作有关申报；但同时，作为承租人的高雅兰公司在租赁该商铺时也未尽到审慎的审查义务，根据公平合理原则，对其遭受的损失，双方应共同按同等的过错比例予以分担。

综合以上内容，广东省广州市番禺区人民法院根据《中华人民共和国民法通则》第四条，《中华人民共和国合同法》第五十六条、五十八条，《最高人民法院关于审理城镇房屋租赁合同纠纷案件具体应用法律若干问题的解释》第二条、第九条、第十三条的规定，判决：1. 高雅兰公司、柯某、朱某海、陈某懂、卢某现应于本判决书生效之日起十五日内腾空涉讼商铺，交还奇一旺公司，奇一旺公司应予以配合；2. 高雅兰公司应于本判决书生效之日起五日内向奇一旺公司支付3161366.93元（含占用使用费、物业管理费、水电费）；3. 高雅兰公司应于本判决书生效之日起五日内向奇一旺公司支付拖欠的占用使用费、物业管理费、水电费的利息（以欠款总额3161366.93元为本金，按一年期同类同期贷款利率的标准计至款项清偿之日止）；4. 奇一旺公司应于本判决生效之日起五日内向高雅兰公司返还已收取的定金591756.87元；5. 奇一旺公司应于本判决生效之日起五日内向高雅兰公司返还认租费267120元；6. 奇一旺公司应于本判决生效之日起五日内向高雅兰公司赔偿装修损失2118830.6元；7. 奇一旺公司应于本判决生效之日起五日内向高雅兰公司赔偿消防罚款损失10000元；8. 驳回奇一旺公司的其余诉讼请求；9. 驳回高雅兰公司的其余诉讼请求。

一审宣判后，高雅兰公司、奇一旺公司均不服，均向广东省广州市中级人民法院提起上诉。

广东省广州市中级人民法院认为：

依据《最高人民法院关于适用〈中华人民共和国民事诉讼法〉若干问题的意见》第一百八十四条的规定“在第二审程序中，原审原告增加独立的诉讼请求或原审被告提出反诉的，第二审人民法院可以根据当事人自愿的原则就新增加的诉讼请求或反诉进行调解，调解不成的，告知当事人另行起诉。”本院对本案进行了调解经调解，双方未能达成和解。高雅兰公司二审提出上诉请求中第二至第六项均增加了相关利息请求，而第六项请求则变更为赔偿其被扣在商铺内的可移动资产的价值，上述利息及可移动资产价值请求与一审反诉请求不一致，属二审新增加的诉讼请求，依上述法条规定，应另循合法途径解决，本院不予处理。奇一旺公司二审期间提出的第四项至第六项上诉请求，一审诉讼期间均未提出诉请，属二审期间新增加的诉讼请求，依上述法条规定，亦应另循合法途径解决，本院不予处理。

《最高人民法院关于审理城镇房屋租赁合同纠纷案件具体应用法律若干问题的解释》第二条规定：“出租人就未取得建设工程规划许可证或者未按照建设工程规划许可证的规定建设的房屋，与承租人订立的租赁合同无效。但在一审法院辩论终结前取得建设工程规划许可证或者经主管部门批准建设的，人民法院应当认定有效。”第三条规定：“出租人就未经批准或者未按照批准内容建设的临时建筑，与承租人订立的租赁合同无效，但在一审法庭辩论终结前经主管部门批准建设的，人民法院应当认定有效。”现奇一旺公司作为出租人除未能提供涉讼商铺的房地产权证外，亦未能提供涉讼商铺的建设工程规划许可证或临时建设工程规划许可证，故原审法院认定高雅兰公司与奇一旺公司所签订的合同无效正确。对于双方所签订的合同无效，奇一旺公司作为出租人应承相应的缔约过失责任。而高雅兰公司作为承租人与奇一旺公司签订《小罗商业城商铺租赁合同》将涉讼商铺作为商业经营场地使用，其签订合同前应就涉讼商铺是否已取得建设工程规划许可证或临时建设工程规划许可证尽审慎审查义务，其未尽审慎审查义务亦应对涉讼合同无效承担相应的缔约过失责任。

《中华人民共和国合同法》第五十六条规定，无效的合同或者被撤销的合同自始没有法律约束力。第五十八条规定，合同无效或者被撤销后，因该合同取得的财产，应当予以返还，不能返还或者没有必要返还的，应当折价补偿。如前所述，高雅兰公司与奇一旺公司所签订的合同无效，依上述法条规定，高雅兰公司应将租赁的涉讼商铺返还奇一旺公司，奇一旺公司则应返还高雅兰公司涉讼商铺中的财物。原审法院发出书面通知要求奇一旺公司协助高雅兰公司搬出在涉讼商铺内存放的重要文件资料和财务账册后，奇一旺公司未履行对高雅兰公司腾房的相关协助、配合义务，且奇一旺公司不配合接收涉讼商铺，原审法院认为由此引起的损失应由责任方承担，权利人可另循法律途径处理并无不妥。因柯某、陈某懂、朱某海、卢某现现均以上述商铺中的部分租赁商铺作为营业场地注册经营，亦已实际使用涉讼商铺中的部分租赁商铺，高雅兰公司与奇一旺公司所签订合同无效后，上述四被上诉人亦无继续使用涉讼商铺的依据，故应承担将其占有的场地腾空返还给奇一旺公司的义务。

关于涉讼商铺的占用使用费问题。高雅兰公司与奇一旺公司所签订的合同中第五条租金和租金的缴纳中第5.1条约定：交铺日期为2007年8月18日，自交铺日起计免收租金至2007年12月31日。第5.4条租金具体交纳办法约定：从2008年1月1日起至2009年12月31日止，每月租金人民币197252.29元；从2010年1月1日起至2011年12月31日止，每月租金人民币203169.85元；从2012年1月1日起至2013年12月31日止，每月租金人民币209264.95元……《最高人民法院关于审理城镇房屋租赁合同纠纷案件具体应用法律若干问题的解释》第五条第一款规定："当事人请求参照合同约定的租金标准支付房屋占有使用费的，人民法院一般应予支持。"为此，高雅兰公司应依据上述约定支付占用房屋的使用费给奇一旺公司。

1. 关于占用使用费的标准问题。奇一旺公司提供的三份欠款明细，其虽称用以证明的是水、电费的金额，而对其中载明的租金折扣、租金金额、物业管理费金额均不予确认，但本案高雅兰公司向奇一旺公司是逐月缴交租金、水电费的，结合高雅兰公司履行合同的方式，原审法院根据日常生活法则对高雅兰公司所述由奇一旺公司制作对账明细表后交由其确认的说法予以采信，并对上述三份欠款明细的真实性予以确认并无不妥。依据《中华人民共和国合同法》第七十七条第一款"当事人协商一致，可以变更合同"的规定，上述三份关于欠款的对账明细可视作双方就租金、水电费、管理费的标准和计算始期的变更达成一致并对欠费金额进行了确认。根据2010年4月23日柯某核对并确认的欠费明细，高雅兰公司现同意以此作为双方计费的依据，故截至2010年4月高雅兰公司应继续支付尚欠奇一旺公司的1500372.60元，本院予以认定。至于2010年5月以后的计费标准，从上述双方同意变更的内容可知，自2010年1月至4月每月的租金为117301元，自2010年1月至4月管理费14439元，故原审法院认为此后的租金标准和管理费的标准，奇一旺公司没有证据证明此后再有变更的情况下，宜采纳上述标准并无不当，本院予以维持。2010年5月至2011年的水电费已由双方共同确认分别为27692元及561817元，本院可予以认定。

2. 关于计算占用使用费的截止时间。本案高雅兰公司与奇一旺公司均确认2011年1月5日涉讼商铺已经关闭。奇一旺公司认为涉讼商铺的关闭系高雅兰公司经营不善所致，但并未提供证据予以证明，而高雅兰公司则以奇一旺公司掌握其货物供应商搬离货物的凭证即放行条的原件以及《广州日报》报道的内容作为证据，以证明其租赁商铺被奇一旺公司强行关闭。另从原审法院于一审诉讼中向奇一旺公司发出书面通知，要求奇一旺公司协助高雅兰公司搬出在涉讼租赁商铺内存放的重要文件资料和财务账册，奇一旺公司仍进行干预和阻扰的情况，本院认定奇一旺公司有上述违反诚信的行为，对高雅兰公司主张是奇一旺公司强行关闭涉讼商铺的说法予以采信。为此，高雅兰公司应向奇一旺公司支付占用费至2011年1月4日。

双方于合同中约定2007年8月18日至2007年12月31日为免租期，该免租期为双方约定给予高雅兰公司对涉讼商铺进行装修装饰的时间。合同虽无效，但双方实际约定了将涉案商铺交高雅兰公司作为商业经营场所，且如前所述，奇一旺公司并未依约定交付适租的商场，故高雅兰公司对涉讼商铺进行装修装饰需要适当时间。双方约定上述期限符合一般租赁物交付使用的惯例，故上诉人奇一旺公司上诉认为2007年8月18日至2007年12月31期间高雅兰公司使用涉案商铺依法应支付使用费及管理费无事实依据，本院不予采纳。

3. 关于管理费的支付问题。依据奇一旺公司与高雅兰公司于2007年8月18日所签订的《小罗商业城商铺租赁合同》中第七条约定，承租方每月向出租方缴纳管理费共人民币15182.77元，该管理费从合同租赁期限开始之日起计免收两年，从第三年起收取，故高雅兰公司应依约交付管理费。另奇一旺公司一审中为证明其提供了物业管理服务，提供了邓雁容、蔡杏妹等人的十二份劳动合同以及工资签收单作为证据。而高雅兰公司称是由其自行安排保安和清洁，并没有向法院提交证据予以证明。而柯某、陈某懂、朱某海、卢某现等人则表示奇一旺公司的物业管理服务不到位、管理不善、晚上没有人值班等，均为抗辩物业管理服务的质量问题，且亦未提供证据予以证明。综上，高雅兰公司应向奇一旺公司支付管理费。高雅兰公司对2010年3月和4月分别由朱祖程和柯某核对确认的欠款明细予以确认，该明细中已明确管理费的起计时间和标准，因此，原审法院参照上述租金的变更方式，认定高雅兰公司2010年1月之后每月管理费以14439元计付给奇一旺公司并无不妥。

综上，依据双方所确认的事实，原审认定，截至2010年4月高雅兰公司总共累计尚欠奇一旺公司1500372.60元（含占用使用费、水电费、管理费）；从2010年5月至2011年1月，高雅兰公司尚欠占用使用费954048.13元（117301元/月×8个月+117301元/30天×4天）、管理费117437.2元（14439元/月×8个月+14439元/30天×4天）、水费27692元以及电费561817元，合计1660994.33元。以上两项总共累计3161366.93元正确。奇一旺公司主张按照中国人民银行一年期同期贷款利率的标准计算逾期付款的损失，由于该标准未有超出法律规定，原审法院予以支持并无不妥。应以3161366.93元为本金，从其主张之日起（2010年12月23日）计至款项清偿之日止亦无不妥。

高雅兰公司所称其于2010年4月之后已付1263362元的使用费、水电费等费用给奇一旺公司，而奇一旺公司对此则予以否认。为此，本院给予高雅兰公司60日的举证期，要求高雅兰公司举证证明其所称以支票支付上述费用的付款对象是否为奇一旺公司。高雅兰公司虽于2013年4月10日向本院申请调取广州农村商业银行新造支行号码为9812100、41508418、41546732、41546747、41546749、41546750、46066216、46077850、00369277、47570128、47570129、47579151、47579152的支票支付对象，以证明其已支付上述1263362元给奇一旺公司，但高雅兰公司自认上述支票不能证明全部系直接支付给了奇一旺公司，其中的部分是支付给李旺兴。因高雅兰公司所提供的支票不能证明是全部支付给奇一旺公司，故本院对其请求不予照准。2013 年 5 月 16 日，高雅兰公司向本院递交一份《调取证据申请书》，请求本院调取奇一旺公司在 2010 年 4 月 20 日至 2011 年 1 月 4 日期间，为员工陈某芳、黄某霞、胡某旋、刘某、杜某添等人所购买的社会保险记录。经本院向广州市番禺区社会保险基金管理办公室以奇一旺公司为检索项进行查询，上述人员均未在奇一旺公司参加社会保险。2013 年 7 月 17 日，高雅兰公司向本院提交一份《调取证据申请书》，该司提供陈某芳、杜某添二人身份证号码供本院查询二人参加社会保险的情况。经本院向广州市番禺区社会保险基金管理办公室查询陈某芳、杜某添二人交纳社会保险情况，上述二人没有在奇一旺公司参加职工养老保险、职工医疗保险。据此，高雅兰公司没有充分证据证明其已向奇一旺公司交纳 1263362 元占有使用费，本院对高雅兰公司该项上诉理据均不予采纳。

关于奇一旺公司主张的柯某、陈某懂、朱某海、卢某现对高雅兰公司的租金支付义务承担连带责任的问题。根据合同相对性原则，因奇一旺公司与柯某、陈某懂、朱某海、卢某现不存在直接的合同关系，故奇一旺公司的主张于法无据，原审法院不予支持并无不妥。

关于定金与认租费的问题。如上所述，奇一旺公司与高雅兰公司的租赁合同无效，故奇一旺公司收取高雅兰公司定金 591756.87 元无合同依据，原审法院认为奇一旺公司应予返还正确。合同中约定的认租费 397500 元则为高雅兰公司租赁涉讼商铺的对价，原审法院认为应按照高雅兰公司实际使用涉讼商铺的时间进行分摊并无不妥。经计算，认租费每月相当于 3180 元，而高雅兰公司实际使用涉讼商铺为 41 个月，应支付的认租费合计应为 130380 元，故原审法院判处奇一旺公司多收取的 267120 元应返还高雅兰公司亦无不当，本院予以维持。

关于装修装饰损失问题。本案双方合同中约定了租赁场地的内部装修装饰施工方案须由奇一旺公司审核批准备案，而对已经进行的内部装修装饰，高雅兰公司未能提供证据证明其已按照双方事先约定由奇一旺公司审批核准备案。双方合同中另有约定奇一旺公司所交付的商铺标准为：框架结构，间隔为实心砖墙、墙面、天花板用双飞粉批荡抹平、地面水泥砂浆荡平。奇一旺公司于一审庭审中陈述的交付现状亦为“商铺外墙贴了瓷砖以及相关外墙装饰，具备通水通电，并有铝合金窗和简单的照明设施”。为此，奇一旺公司所交付的商铺根本不符合双方约定的作为商业经营场地进行使用的标准，高雅兰公司使用涉讼商铺必须进行必要的装修装饰。另从合同中亦约定有商铺的内部装饰由承租人高雅兰公司自行设计制作可知，奇一旺公司应是同意高雅兰公司进行装修装饰的，况且高雅兰公司接收并装修装饰商场，已使用涉讼商铺长达几年之久，奇一旺公司并未对高雅兰公司的装修提出过任何的异议。奇一旺公司所提供的消防标准，也仅仅是作为办公室和厂房用途的消防标准而并非商业经营用途的消防标准，这亦导致高雅兰公司不可避免地需要按照商业标准进行消防设施的购买与安装。在奇一旺公司对高雅兰公司的内部装修装饰不同意利用的情况下，依据《最高人民法院关于审理城镇房屋租赁合同纠纷案件具体应用法律若干问题的解释》第五条第二款规定，当事人请求赔偿因合同无效受到的损失，人民法院依照合同法的有关规定和该司法解释第九条、第十三条、第十四条的规定处理。该解释第九条第二款亦规定：“已形成附合的装饰装修物，出租人同意利用的，可折价归出租人所有；不同意利用的，由双方各自按照导致合同无效的过错分担现值损失。”如上所述，本院确认双方均应承担导致合同无效所应承担的责任，高雅兰公司与奇一旺公司应按5∶5的比例分担装修装饰损失为宜。一审诉讼中评估公司对涉讼商铺内九大部分的资产进行了评估，得出的结论为10594153元，现双方对于该评估结论虽存在争议，但均未向本院提供证据推翻，故本院对该评估结论予以采信。依评估结论确定的损失10594153元均分责任，奇一旺公司应向高雅兰公司赔偿5297076.50元。原审法院按照2∶8的比例分担装修装饰损失不妥，本院予以更正。至于高雅兰公司上诉提出一审评估节点问题，由于案涉场地至今没有办理交接手续，所以高雅兰公司上诉主张应以1月5日作为评估的节点的上诉请求缺乏事实依据，本院不予采纳。

关于消防罚款20000元问题。奇一旺公司提供的广州市番禺区公安消防大队就奇一旺公司厂房消防验收合格的意见作出编号为番消（建验）字〔2007〕第0395号《建筑工程消防验收的意见书》，显示其所申报的范围仅是用作办公室和厂房用途的消防而并非商业经营用途的消防，故奇一旺公司所提供的租赁标的物的消防标准并不符合双方约定的商业经营用途的消防标准。该意见书中亦明确要求已经验收的建筑如有改建、扩建、内部装修、用途变更等，应向公安消防机构申报，本案并无证据证实奇一旺公司向公安消防机关就用途改变为商业经营作有关申报，故奇一旺公司对本案所涉消防罚款应承担相应的责任。作为承租人高雅兰公司租赁涉案商铺进行商业经营，该租赁物的消防安全与其司息息相关，为此，高雅兰公司在对涉案商铺所进行的消防设施的购买与安装过程中，亦应对消防申报尽到审慎的审查义务，但其未尽该义务，亦应承担相应的责任。依公平合理原则，原审法院确认奇一旺公司与高雅兰公司对消防罚款的损失按同等过错比例分担合理，本院予以维持。

综上所述，上诉人奇一旺公司、高雅兰公司上诉请求、理据部分成立，本院予以支持，其余不成立，本院不予支持。

基于上述内容，广东省广州市中级人民法院依照《中华人民共和国合同法》第五十六条、第七十七条第一款，《最高人民法院关于审理城镇房屋租赁合同纠纷案件具体应用法律若干问题的解释》第二条、第三条、第五条第一款和第二款、第九条第二款，《中华人民共和国民事诉讼法》第一百七十条第一款第（一）、（三）项及《最高人民法院关于适用〈中华人民共和国民事诉讼法〉若干问题的意见》第一百八十四条的规定，判决如下：1. 维持广东省广州市番禺区人民法院（2011）番法民三初字第28号民事判决第一、二、三、四、五、七、八、九项；2. 变更广东省广州市番禺区人民法院（2011）番法民三初字第28号民事判决第六项为：奇一旺公司应于本判决生效之日起五日内向高雅兰公司赔偿装修损失5297076.50元。

三十五、承租人以出租人拒开发票为由拒付租金是否构成违约

（一）理论解答

在房屋租赁纠纷中，承租人以出租人拒开发票为由拒付租金的现象并不少见。若当事人没有在合同中明确约定出租人拒开发票时承租人可以拒付租金，承租人的这一行为是否构成违约，因我国相关法律法规并无明确的规定，理论和实务界存在较大的争议。

肯定者认为，出租人在房屋租赁合同中的最基本（主要）义务是交付租赁房屋，相对而言，开具已收取租金的相应发票只是出租人的附随义务，而支付租金是承租人在合同中的最基本（主要）义务，根据双务有偿合同应对等给付和对等抗辩的法律原则，承租人不能以出租人拒开发票为由拒付租金，否则构成违约。

否定者认为，根据《中华人民共和国税收征收管理法》《中华人民共和国发票管理办法》等相关法律法规的规定，发票是经营活动中的收付款凭证，应当按照规定开具、使用和取得，收款方收取款项后应当向付款方开具发票，付款方支付款项后应当向收款方取得发票。在房屋租赁合同中，收取租金后开具相应发票是出租人的当然法定义务，根本就不存在主要义务与随附义务之说。

本书赞成肯定说。除上述理由外，还在于：履行租赁合同与开具租赁费发票是两种不同的法律关系，不能相互混淆和直接挂钩。若当事人没有就开具发票事宜进行约定，根据《中华人民共和国税收征收管理法》《中华人民共和国发票管理办法》等相关法律法规的规定，出租人不依法及时

向承租人开具相应发票的，承租人也可依法向有关税务机关进行举报，由税务机关进行调查处理。此时，如果法院允许承租人以出租人拒开发票为由拒付租金，等于法院替税务机关履行了相应职权，而这明显是不适当的。若当事人就开具发票事宜有明确的约定，出租人不依法及时向承租人开具相应发票的，承租人可依约追究出租人的违约责任。无论出租人是否依法及依约向承租人开具租赁费发票，都不影响承租人对租赁物的实际使用、收益，因此支付租金与承担违约责任完全可以分开。

（二）案例指引

海口椰林听海酒店管理有限公司与北京神舟商旅酒店投资管理有限公司房屋租赁合同纠纷案[①]

2011年10月25日，海口椰林听海酒店管理有限公司（以下简称海口椰林公司）与北京神舟商旅酒店投资管理有限公司（以下简称北京神舟公司）签订《房屋租赁合同》，约定：海口椰林公司将其管理的房产出租给北京神舟公司做酒店、餐饮、会议、休闲及其他物业配套使用；海口椰林公司为北京神舟公司提供的运营筹备期为工程正式结束后一个月，运营筹备期不计入房屋租赁期且不产生房屋租金；租赁期限自2011年11月1日起至2031年10月30日止；双方在签订本协议时，北京神舟公司先行向海口椰林公司支付定金50000元，海口椰林公司收到定金后予以书面签收，并出具相关凭证；首期租金1200000元，按照每5年递增3%，北京神舟公司以汇款形式支付给海口椰林公司；租金按6个月为周期支付，即每年两次，遵照先付后用的原则，第一期租金于免租期截止前15日内缴纳；以后每期租金于该租金到期的前15日内缴纳；海口椰林公司收到租金后三日内应向北京神舟公司提供正式发票；一方如欲提前终止本合同，应提前三个月通知另一方，经双方协商一致同意后，可提前终止合同；北京神舟公司在租赁期满如需续租，应提前三个月通知海口椰林公司，由双方另行协商续租事宜，在同等条件下北京神舟公司享有优先续租权；租赁期满后，

① 详见：海口市龙华区人民法院（2013）龙民二初字第579号民事判决书、海南省海口市中级人民法院（2014）海中法民一终字第1166号民事判决书。

北京神舟公司应在30日内将北京神舟公司经营需要添置的经营物品及设备设施撤离并将房屋交还海口椰林公司；一方有下列情形之一的，另一方有权书面通知另一方解除合同，违反合同的一方，应向另一方按月租金的3倍支付违约金，给对方造成损失的，还应赔偿因此给对方造成的损失：海口椰林公司未按时交付房屋，经北京神舟公司催告后15日内仍未交付的；北京神舟公司逾期不支付租金累计超过90日的；自本《房屋租赁合同》签署之日起，原双方签署的《神舟商旅酒店项目合作协议书》自动终止；自正式起租日起两年后对该项目房屋的租金可进行重新调整确认；如双方就价格问题不能达成一致的，海口椰林公司须给予北京神舟公司6个月的准备、结算期，在此期间结束后的30日内，海口椰林公司有义务退还北京神舟公司的全部装饰装修、物资采购及开办费用等所有投资款项（折旧后）；为此，双方将签署《终止协议》，同时双方继续履行原签署的《神舟商旅酒店项目合作协议书》；等等。同日，海口椰林公司、北京神舟公司又签订一《补充协议》，约定：根据双方签订的《房屋租赁合同》，海口《南国印象国际公寓》神舟商旅酒店项目的房屋租赁日期自2011年11月1日开始正式计算租期。

上述《房屋租赁合同》及《补充协议》签订后，海口椰林公司依约将约定的房产交付给北京神舟公司，北京神舟公司收受后，即对租赁房产进行装修并在装修完后用于经营客房酒店。北京神舟公司依约先后共向海口椰林公司支付2011年11月1日至2013年4月30日期间的租金1800000元。依《房屋租赁合同》的约定，2013年5月1日至2013年10月31日期间的租金600000元，北京神舟公司应于2013年4月15日前向海口椰林公司支付，但北京神舟公司并未向海口椰林公司支付。

2013年5月28日，北京神舟公司向海口椰林公司发出《发票催缴函》，载明：依据北京神舟公司与海口椰林公司签订的租赁合同，北京神舟公司按照约定于2011年11月1日至2013年4月30日期间缴纳租金共计1800000元；北京神舟公司于2011年11月25日收到海口椰林公司开具房租发票600000元，尚有1200000元房租发票未收到；另外2011年9月30日至2012年9月28日期间北京神舟公司交纳水电费457093.99元，此笔款项海口椰林公司也尚未开具发票。故要求海口椰林公司开具上述款项的发票。

2013年6月8日，海口椰林公司向北京神舟公司发出《业务往来函》，载明：北京神舟公司2013年5月28日致海口椰林公司函收悉；海口椰林公司根据2010年12月28日与北京神舟公司签订的合作协议书支付北京神舟公司100000元开业筹备服务费，根据协议书北京神舟公司应将相关发票开给海口椰林公司，海口椰林公司也数次向北京神舟公司提出，但北京神舟公司至今仍未开具，因此，海口椰林公司恳请北京神舟公司尽快将上述发票开给海口椰林公司，海口椰林公司也将尽快将租金发票开给北京神舟公司，同时，恳请北京神舟公司将已到期租金支付海口椰林公司；关于水电费发票问题，因已有专业物业管理公司负责小区物业，海口椰林公司只是代缴代付，北京神舟公司前期水电费只支付了60%，现仍欠物业公司十余万元，物业公司要求补齐水电费后开具发票；根据双方《房屋租赁合同》第十一条第十一款的特殊约定，现有合同的租金将在2013年10月31日到期并重新调整，海口椰林公司请求北京神舟公司就租赁合同的变更进行协商并在合同到期前签订新的合同；等等。

2013年7月15日，海口椰林公司向北京神舟公司发出《关于协商房屋租赁合同续签及请付租金函》，载明：海口椰林公司曾于2013年6月8日就北京神舟公司致海口椰林公司的函相关问题予以复函，函中，海口椰林公司请求北京神舟公司就租赁合同到期重新确定事宜向北京神舟公司提出协商，但北京神舟公司至今未予以答复；考虑到双方《房屋租赁合同》第十一条第十一款关于合同租金的约定即将在2013年10月31日到期，海口椰林公司再次正式请求与北京神舟公司就租赁合同的变更进行协商并在合同到期前签订新的合同；北京神舟公司2013年4月15日到期应付房屋租金600000元，海口椰林公司在上次致函中恳请支付，北京神舟公司至今仍未支付，海口椰林公司再次恳请北京神舟公司支付海口椰林公司上述租金；等等。

2013年7月17日，北京神舟公司向海口椰林公司发出《回复函》，载明：关于100000元开业筹备服务费未开发票的事宜，根据双方最初的合作协议，海口椰林公司向北京神舟公司支付了100000元的开业筹备服务费，后因双方合作关系由委托经营转为承租经营，北京神舟公司已将100000元及时退还给海口椰林公司，故未考虑发票开具事宜，如海口椰林公司有财务账面处理的需要，北京神舟公司愿以双方互相开具等额收据或发票的方式全力配合海口椰林公司，以满足双方账面处理的需要；关于水电费用未交齐事宜，由于海口椰林公司一直未出示供电局和自来水公司的正式发票及收费标准，北京神舟公司按照当地相关部门的报价估算进行缴费，海口椰林公司所提出的40%未缴费用是海口椰林公司或海口椰林公司委托的物业公司代收代缴加价所产生的；关于海口椰林公司提出合同到期重新确定事宜，《房屋租赁合同》第十一条第十一款约定自正式起租日起两年后对该房屋的租金可进行重新调整确认，北京神舟公司希望海口椰林公司能够根据协议原则精神继续就租赁协议的条款与北京神舟公司进行讨论和协商；关于海口椰林公司提出的到期未付房租事宜，北京神舟公司于2013年5月28日的《发票催缴函》中已经提到，希望海口椰林公司能够考虑到北京神舟公司的企业特点，协助北京神舟公司尽快补齐发票，以免影响后续的付款程序；等等。

2013年7月31日，海口椰林公司向北京神舟公司发出《关于解除〈房屋租赁合同〉通知函》，载明：海口椰林公司2013年6月8日和2013年7月15日两次致函北京神舟公司，请求北京神舟公司支付海口椰林公司租金，北京神舟公司至今仍未支付所欠租金；根据北京神舟公司、海口椰林公司双方《房屋租赁合同》第十条第七款关于违约责任的规定，乙方逾期不支付租金累计超过90日的，甲方有权书面通知乙方解除本合同；违反合同的一方，应向另一方按月租金的3倍支付违约金，给对方造成损失的，还应赔偿因此给对方造成的全部经济损失；据此，北京神舟公司已累计超过90日未支付海口椰林公司上述租金，已符合合同约定的解除条件。为此，现根据《中华人民共和国合同法》第九十六条的规定，海口椰林公司行使合同解除权，自北京神舟公司收到本通知函之日解除双方签订的《房屋租赁合同》，同时，海口椰林公司愿意与北京神舟公司就双方原先签署的合作协议书进行磋商并继续执行。

2013年8月8日，北京神舟公司向海口椰林公司发出《回复函》，载明：海口椰林公司于2013年7月31日发出的《关于解除〈房屋租赁合同〉通知函》已收悉，北京神舟公司认为海口椰林公司单方解除双方间

《房屋租赁合同》的行为是无效的；根据双方间《房屋租赁合同》第五条租金条款中“甲方收到租金后3日内应向乙方提供正式发票”的约定，海口椰林公司于北京神舟公司支付每期租金后3日内向北京神舟公司提供正式发票是海口椰林公司对北京神舟公司承担的约定义务，而海口椰林公司除延期向北京神舟公司提供了第一期租金发票外，至今已拖欠北京神舟公司两期租金发票一年有余，发票金额1200000元，加上拖欠北京神舟公司的水电费发票，海口椰林公司拖欠北京神舟公司发票总金额已达1600000元，导致北京神舟公司一直无法对所支付费用进行下账处理；由于海口椰林公司严重拖欠发票行为，导致北京神舟公司在2012年年度财务审计过程中被上级主管单位警告批评，并责成北京神舟公司尽快解决拖欠发票问题后才能支出后续租金；北京神舟公司多次发函催促海口椰林公司尽快补齐发票以便北京神舟公司尽快支付租金，但海口椰林公司一直没有答复；北京神舟公司未支付本期租金，是因为海口椰林公司违反《房屋租赁合同》中有关发票提供的约定义务在先，且经北京神舟公司多次催促仍不提供发票的情形之下采取的无奈之举；海口椰林公司罔顾拖欠北京神舟公司发票而擅自单方解除双方间《房屋租赁合同》的行为于法无据，也是北京神舟公司无法接受的行为。但北京神舟公司愿意继续本着友好、诚信、互惠互利之原则与海口椰林公司积极协商解决双方在合作中存在的问题，以便双方间能够继续友好合作等。

此后，因北京神舟公司仍未向海口椰林公司支付拖欠的租金600000元，海口椰林公司向海口市龙华区人民法院提起诉讼，请求法院判令：1. 确认房屋租赁合同解除通知合法有效，双方《房屋租赁合同》于2013年7月31日解除；2. 北京神舟公司支付房租300000元，违约金300000元；3. 北京神舟公司立即搬出并返还租赁房屋；4. 诉讼费由北京神舟公司负担。

案件审理中，海口椰林公司向北京神舟公司发出《终止酒店经营通知函》，载明：海口椰林公司于2013年7月31日向北京神舟公司发送《关于解除〈房屋租赁合同〉通知函》，双方的房屋租赁合同已依法实际解除，因北京神舟公司未明确答复如何解决双方存在的问题，且未采取实际行动表明北京神舟公司解决问题的诚意，无奈海口椰林公司只能通过诉讼的方式寻求解决，现海口市龙华区人民法院已立案受理。虽已立案，海口椰林公司依然愿意与北京神舟公司就双方存在的问题通过友好方式协商妥善解决，但是北京神舟公司承诺海口椰林公司提供酒店投资和经营账目进行审核并协商后又拒绝与海口椰林公司合作，海口椰林公司认为这是一种失信行为，也表明北京神舟公司已不愿意协商解决问题。鉴于已解除双方的《房屋租赁合同》，且北京神舟公司、海口椰林公司双方签署的《房屋租赁合同》关于租金和租期的约定也已近到期，北京神舟公司已无继续经营酒店的权益，海口椰林公司将在必要时采取措施终止酒店的违约经营以保护海口椰林公司的合法权益，由此造成的一切经济损失和法律责任皆应由北京神舟公司负责等。

海口市龙华区人民法院审理认为：

海口椰林公司、北京神舟公司签订的《房屋租赁合同》及《补充协议》是双方真实意思表示，所约定的内容未违反法律、行政法规强制性规定，故该《房屋租赁合同》及《补充协议》为有效合同，依法应受保护。

上述《房屋租赁合同》及《补充协议》签订后，海口椰林公司依约将约定的房产交付给北京神舟公司使用。北京神舟公司已向海口椰林公司支付 2011 年 11 月 1 日至 2013 年 4 月 30 日期间的租金 1800000 元；依上述《房屋租赁合同》的约定，北京神舟公司应于2013 年4 月 15 日前向海口椰林公司支付 2013 年 5 月 1 日至 2013 年 10 月 31 日期间的租金 600000 元，但经海口椰林公司多次向北京神舟公司发函要求支付，北京神舟公司均以海口椰林公司未向北京神舟公司开具之前收取的 1200000 元的租金发票为由拒绝支付。上述《房屋租赁合同》虽约定海口椰林公司收到租金后 3 日内应向北京神舟公司提供正式发票，但在房屋租赁合同中，支付租金是承租方履行合同最基本的主要义务，而开具所收取租金的发票相对而言只是附随义务。北京神舟公司以合同附随义务作为抗辩，拒绝履行其合同主要义务，有失公平。

上述《房屋租赁合同》约定，北京神舟公司逾期不支付租金累计超过 90 日的，海口椰林公司有权书面通知北京神舟公司解除合同，违反合同的一方，应向另一方按月租金的 3 倍支付违约金，给对方造成损失的，还应赔偿因此给对方造成的损失。截至 2013 年 7 月 31 日海口椰林公司向北京神舟公司发出《关于解除〈房屋租赁合同〉通知函》之日，北京神舟公司仍未向海口椰林公司支付应付的租金600000元，北京神舟公司的行为已构成根本违约，因此，海口椰林公司向北京神舟公司发出上述《关于解除〈房屋租赁合同〉通知函》，通知北京神舟公司解除双方签订的上述《房屋租赁合同》，符合《中华人民共和国合同法》第九十六条的规定。海口椰林公司、北京神舟公司双方签订的《房屋租赁合同》已于2013年7月31日向北京神舟公司送达之日解除。

综上，海口椰林公司要求确认《房屋租赁合同》解除通知合法有效，双方《房屋租赁合同》于2013年7月31日解除的请求合理，应予支持。因北京神舟公司未向海口椰林公司支付租金，故海口椰林公司要求北京神舟公司支付2013年5月1日至2013年7月31日期间的租金300000元的请求及要求北京神舟公司支付违约金300000元的请求合理，应予支持。因《房屋租赁合同》已解除，海口椰林公司要求北京神舟公司搬出及返还租赁房产的请求，应予支持。

基于上述内容，海口市龙华区人民法院依照《中华人民共和国合同法》第九十六条、第一百零七条的规定，判决如下：1. 海口椰林公司于2013年7月31日向北京神舟公司发出的《关于解除〈房屋租赁合同〉通知函》合法有效，双方签订的《房屋租赁合同》于2013年7月31日解除；2. 限北京神舟公司于本判决生效之日起10日内支付拖欠的2013年5月1日至2013年7月31日期间的租金300000元及违约金300000元给海口椰林公司；3. 限北京神舟公司于本判决生效之日起30日内将位于海口市龙华区芙蓉路××号南国印象condo国际公寓的房产返还给海口椰林公司。

一审宣判后，北京神舟公司不服，向海南省海口市中级人民法院提起上诉。

海南省海口市中级人民法院认为：

1. 关于一审程序问题。北京神舟公司在一审审理过程中所提反诉请求已经另案起诉，海口市龙华区人民法院已经受理北京神舟公司的起诉，北京神舟公司关于一审程序违法，影响案件公正处理的上诉理由缺乏事实依据，本院不予支持。

2. 关于北京神舟公司是否可以以海口椰林公司未出具发票为由拒付租金问题。在房屋租赁关系中，作为出租人的海口椰林公司的主要义务是向承租人交付符合合同约定的房屋，作为承租人的北京神舟公司的主要义务是向出租人支付租金，向北京神舟公司出具发票是海口椰林公司在履行合同中的附随义务。本案房屋租金为分期支付，《房屋租赁合同》约定海口椰林公司在收到租金后3日内应向北京神舟公司提供正式发票，海口椰林公司虽然在收到租金后未按时向北京神舟公司出具发票，违反合同约定，北京神舟公司可向税务部门反映予以解决，但并不导致北京神舟公司可以占有、使用涉案房屋而不用支付下一期的租金。双方租赁合同中并未明确约定海口椰林公司收到租金未按时出具发票，则北京神舟公司有权迟延或拒绝支付后续租金。因此，北京神舟公司关于海口椰林公司不履行开具发票的合同义务在先，其有权拒付后续租金的抗辩理由不成立，与合同的约定不符，本院不予支持。北京神舟公司逾期不支付租金超过90日，海口椰林公司诉请解除合同、返还房屋有合同和法律依据，应予支持。至于拒开发票问题，北京神舟公司可向税务部门反映并要求解决，亦可向人民法院起诉，要求海口椰林公司赔偿因不开具发票而对其造成的损失，以维护其合法权益。

综上，原审判决认定事实清楚，适用法律正确，程序合法，应予维持。

2015年1月30日，海南省海口市中级人民法院依照《中华人民共和国民事诉讼法》第一百七十条第一款第（一）项之规定，判决如下：驳回上诉，维持原判。

三十六、出租人可否擅自搬离违约承租人存放在租赁房屋内的物品

（一）理论解答

房屋租赁合同到期后，承租人拒不搬离其存放在租赁房屋内的物品，甚至杳无音信，在房屋租赁实践中并不鲜见。此时，守约出租人可否擅自搬离这些物品，既是当事人间的常见争点，也是目前我国司法实务面临的难题。

有观点认为，根据我国现行法律法规，出租人此时不能擅自搬离违约承租人存放在租赁房屋内的物品，只能采取以下三种方式之一进行维权：

1. 在有关部门（如居委会、派出所等）的见证下，把房屋内承租人的物品逐项清点，然后找一个仓库将其搬入，届时再追索仓储费用；

2. 向人民法院或仲裁机构提起诉讼或仲裁，请求判决或裁决违约承租方限期搬离租赁房屋、支付搬离前的占用使用费；

3. 到公证机关将违约承租人存放的物品依法进行提存公证。

另有观点认为，出租人此时应可自行搬离违约承租人存放在租赁房屋内的物品，但应对这些物品据实清点（如录音录像）并妥善保存。

本书赞同后者，理由在于两个方面。

1. 出租人的自行搬离行为具有合法的正当性基础。《中华人民共和国合同法》第一百一十九条规定："当事人一方违约后，对方应当采取适当措施防止损失的扩大；没有采取适当措施致使损失扩大的，不得就扩大的损失要求赔偿。当事人因防止损失扩大而支出的合理费用，由违约方承担。"

2. 出租人此时自行搬离违约承租人存放在租赁房屋内的物品是一种自力救济行为，而各法域现代法律虽不鼓励但也并不绝对禁止自力救济。在我国找第三方见证困难、诉讼和仲裁耗时费力、提存制度极不完善的当下，赋予出租人适当的私力救济权，有利于维护合法的租赁市场秩序，促进房屋租赁市场的健康发展。

（二）案例指引

王某林与青海新华百货商业有限公司租赁合同纠纷案[①]

2014年6月18日，王某林与青海新华百货商业有限公司（以下简称新华百货）签订了乐尚都市广场租赁合同，约定新华百货将位于西宁市五四大街45号乐尚都市广场B2层12平方米的场地租赁给王某林用于纤体美品牌经营，租赁期自2014年8月1日起至2015年12月31日止，月租金2160元，于2014年7月15日前一次性缴纳全额租金共计36720元。签订合同时王某林向新华百货交付履约保证金5000元，该保证金在合同到期终止起60天后，对于无违约行为，无顾客索赔、投诉的商户，由新华百货全额无息退还，王某林凭新华百货开具的质量保证金单据办理退还手续；除正当理由，王某林不得以交付保证金为由，拒绝或延期缴付租金、物业管理费及其他应支付的各项费用，王某林任何欠付款项新华百货可以在履约保证金或贷款中扣除。租期届满，如双方有意续约，应于租赁期限届满90天前达成协议并签订续租合同，同等条件下，王某林对租赁场地有优先承租权；租赁期限届满或者根据约定解除本合同后，王某林不得在出租场地从事经营活动，王某林应于租赁期限届满或者本合同解除前3日与新华百货结清相关费用并迁离出租场地。王某林不得拆除或损坏任何装修及不可移动的装饰及固定的设施、设备及物品，不可移动物品无偿归新华百货所有，但在双方验收时发现场地、设施由于王某林过失造成损坏的，由王某林在上述期限内修复或赔偿。租期届满或者根据约定解除本合同后，王某林未在约定的期限内撤离出租场地的，其占用不能视为合同延期或续订，

① 详见：西宁市城西区人民法院（2016）青0104民初1059号民事判决书、青海省西宁市中级人民法院（2016）青01民终1222号民事判决书。

在占用期间王某林按占用面积需向新华百货支付每日每平方米500元人民币的场地占用费。逾期10天王某林仍未迁离出租场地的，新华百货有权将王某林物品搬离，所产生的费用由王某林承担。双方就有关事宜协商解决不成的，与本合同有关的通知可以用面交、邮寄或传真的方式送达。用面交方式送达的，对方签收的时间为送达时间；用传真方式送达的，发出时间即为送达时间；用邮寄方式送达的，一方于本埠的，寄出后三天即视为送达，一方于外埠的，寄出后五天即视为送达。双方的送达地址若有变更应及时书面通知对方。双方确认在本合同中注明的联系方式及地址均为真实、有效的信息，任意一方变更上述信息的应及时书面通知对方，否则仍以合同中注明的信息为准。合同签订后，王某林支付全额租金36720元。经营期间，新华百货于合同期最后一天（2015年12月31日）晚王某林下班后将其柜台拆除。

新华百货将柜台拆除时，经新华百货统计，王某林物品为：1、2号箱19双袜子；3号箱裤架31个、打底裤43条；4号箱夏日薄款102包、13个脚模、13双袜子；5号箱13个腿模、13个无价签的连体袜、9个短脚模、9双棉袜、3个空盒子；6号箱圆盘展架所有打底裤共38条；7号箱小货架30元一口价区域所有物品共计98条（双）；8号箱框内50元特价区域所有物品共计82条（双）；9号箱前台右方特价20元内裤69条、10元内裤73条、抹胸2个、蓝框内短袜72双；10号箱玻璃展台纤体美文胸82个；11号箱展柜下所有物品共计100条（双）；12号箱抽屉内货品共计78条（双）与一单只袜子；13号箱黑色塑料袋内货品共计90件（条）。

2016年6月20日，王某林以新华百货未经书面通知拆除其柜台并拿走物品构成违约为由，向西宁市城西区人民法院提起诉讼，请求判令：王某林享有优先承租权，由新华百货赔偿王某林货物损失123278.21元、货柜及模特损失25520元并承担违约金3672元，退还保证金5000元。

案件开庭审理之时，案涉铺面仍处于空置状态。

西宁市城西区人民法院认为：

王某林与新华百货签订的租赁合同，属双方当事人真实意思的表示，符合法律规定，应予保护。

双方签订的租赁合同明确约定，租期届满，如双方有意续约，应于租赁期限届满90天前达成协议并签订续租合同，同等条件下，王某林对租赁场地有优先承租权，租赁期限届满或者根据约定解除合同后，王某林不得在出租场地从事经营活动，王某林应于租赁期限届满或者合同解除前3日与新华百货结清相关费用并迁离出租场地。现双方并未达成协议并签订书面续租合同，同时在租赁期限届满前，新华百货以特快专递及报纸公告方式已明确表示不再续租，王某林在双方合同终止半年后主张新华百货履行王某林优先租赁权的诉讼请求，不予支持。

关于王某林主张新华百货赔偿货物损失123278.21元及货柜、模特损失25520元的请求，依据双方合同约定，租赁期限届满，不可移动物品无偿归新华百货所有；逾期10天仍未迁离出租场地的，新华百货有权将王某林物品搬离，且该货物实际存在，故理应由新华百货返还，王某林主张赔偿货物损失的诉讼请求，不予支持。

关于返还货物的数量，王某林虽主张其实际库存数量与新华百货清点数量不一致，但其所提供的证据不足以证实其所主张的货物在新华百货解除合同时实际存在并存放于租赁场地内，故以新华百货实际清点货物予以返还。

关于王某林主张退还履约保证金5000元的诉讼请求，依据双方合同约定，在合同到期满60天后，对于无违约行为，无顾客索赔、投诉的商户，由新华百货全额无息退还保证金，现王某林并无违约行为，亦无拖欠款项，故该请求应予支持。

关于王某林主张支付违约金3672元的诉讼请求，依据双方合同约定，租赁期限届满，不可移动物品无偿归新华百货所有。王某林逾期10天仍未迁离出租场地的，新华百货有权将王某林物品搬离，新华百货将王某林物品搬离时虽并未逾期10天，但双方之间的租赁合同已到期，且在合同履行期间新华百货亦无违约行为，王某林主张新华百货支付违约金的请求不予支持。

基于上述内容，西宁市城西区人民法院于2016年8月21日判决：1. 新华百货返还王某林1、2号箱19双袜子，3号箱裤架31个、打底裤43条，4号箱夏日薄款102包、13个脚模、13双袜子，5号箱13个腿模、13个无价签的连体袜、9个短脚模、9双棉袜、3个空盒子，6号箱圆盘展架所有打底裤共38条，7号箱小货架30元一口价区域所有物品共计98条（双），8号箱框内50元特价区域所有物品共计82条（双），9号箱前台右方特价20元内裤69条、10元内裤73条、抹胸2个、蓝框内短袜72双，10号箱玻璃展台纤体美文胸82个，11号箱展柜下所有物品共计100条（双），12号箱抽屉内货品共计78条（双）与一单只袜子，13号箱黑色塑料袋内货品共计90件（条）；2. 新华百货返还王某林履约保证金5000元；3. 驳回王某林要求新华百货履行王某林优先租赁权，并支付违约金3672元的诉讼请求。以上一、二项于判决生效后15日内履行完毕。

一审宣判后，王某林不服，向青海省西宁市中级人民法院提出上诉，请求：维持原判第二条，撤销原判第一、三条，改判由新华百货赔偿王某林货物损失123278.21元、货柜及模特损失25520元，并承担违约金3672元。

青海省西宁市中级人民法院认为：

本案的租赁合同，是当事人双方平等协商一致的意思表示，内容不违反法律、法规的强制性规定，合法有效，双方均应按约履行。

依约定，租期届满，双方如有意续约，应于租赁期届满90日前达成协议并签订续租合同，同等条件下，王某林对租赁场地有优先承租权。但截止至2015年12月31日租期届满，王某林与新华百货未达成续租协议，在此情况下王某林不具有优先承租权。

王某林与新华百货签订的租赁合同于2015年12月31日到期，意味着合同履行完毕，双方的权利义务终止，合同因履行期限届满而终止，所以涉案租赁合同并非因新华百货擅自解除合同而终止，新华百货不存在违约行为，不应承担支付王某林违约金3672元的责任。

王某林依约应在2015年12月31日租赁期届满前3日与新华百货结清相关费用并搬离出租赁场地，但王某林未按约搬离货物等，其应当预见到自己不搬离租赁场地会产生的后果，即会由新华百货将其搬离，王某林不搬离货物的行为实际是在放任该后果发生。

涉案场地系经营场所，合同约定王某林未在约定期限搬离租赁场地需每日每平方米支付500元场地占用费，新华百货为防止双方损失进一步扩大，将王某林货物搬离租赁场地存放于库房保管并无不妥，货物搬离时即使货物有部分损失，也是王某林未按约履行所致损失自担，所以将原物返还王某林并无不当。

综上所述，王某林主张判令其享有优先承租权，由新华百货赔偿王某林货物损失123278.21元及货柜、模特损失25520元，并承担违约金3672元的上诉请求不能成立，应予驳回。一审判决认定事实清楚，适用法律正确，应予维持。

2016年10月18日，青海省西宁市中级人民法院依照《中华人民共和国民事诉讼法》第一百七十条第一款第（一）项规定，判决：驳回上诉，维持原判。

三十七、事先放弃违约金调整请求权的租赁合同约定是否有效

（一）理论解答

近年来的房屋租赁特别是经营用房租赁中，为保持租赁关系的长期稳定，不少当事人都在租赁合同中约定了“天价”违约金，且承诺放弃向仲裁机构或法院以任何理由申请降低合同约定的违约金的权利。当事人的这种事先放弃违约金调整请求权的合同约定是否有效，因我国现行法律、法规和司法解释均没有明确的规定，理论界和实务界存在两种不同的观点。

一种观点认为，基于民事权利的可处分性，该约定应被认定为有效。

另一种观点认为，基于违约金调整请求权的诉权性质，该约定应被认定为无效。

本书认为，稳定租赁关系的努力值得肯定，但事先放弃违约金调整请求权的约定应被否定，理由在于以下五个方面。

1. 违约与侵权不同，违约责任与侵权责任应区别对待，“我国《合同

法》上的违约金具有赔偿与惩罚的双重性质，且以赔偿性为主、惩罚性为辅"①。赋予当事人违约金调整请求权，正是这种精神的充分体现；允许当事人对违约金调整请求权完全自由地进行自主约定则不能体现这种精神。

2. 违约金调整的司法介入蕴含了"合同自由"与"合同正义"相结合的公共政策，不应当允许当事人作为缔约内容予以事先放弃。

3. 当事人放弃违约金调整申请权的约定，可能导致违约金条款异化成为一方压榨另一方的工具，违背公平、诚实信用、公序良俗等民商事法律基本原则。

4. 违约金调整申请权是具有公法性质的请求法律保护的权利，当事人的事先放弃约定对人民法院和仲裁机构没有拘束力。

5. 合同法虽未规定法院可以主动对过高的违约金予以调整，但也未明确禁止。因此，当违约金过分高于对方的损失时，即使当事人没有提出申请，法院从公平原则出发也应主动予以调整。

（二）案例指引

大同市天力房地产开发有限责任公司与山西同至人商业管理有限公司等房屋租赁合同纠纷案②

2012年9月7日，大同市天力房地产开发有限责任公司（以下简称天力公司）与山西同至人商业管理有限公司（以下简称同至人公司）签订《房屋租赁合同》，该合同载明：由同至人公司承租天力公司上河时代商业广场项目地下一层至地上四层的部分商业用房，总租赁建筑面积为82000平方米，用于设立大型购物中心。暂定名称为"同至人上河时代广场"。租赁期限共12年。2013年1月1日开始计租。起租日至次年该日前一日为第一个计租年度，以后计租年度依此类推。租金及其支付：第1年2000万元，第2年1393.326万元，第3年1587.326万元，第4年1654.326万

① 叶林：《违约责任及其比较研究》，中国人民大学出版社1997年版，第30页；崔建远：《合同法》，法律出版社2000年版，第317页；郭明瑞、房绍坤：《新合同法原理》，中国人民大学出版社2000年版，第369页。

② 详见：山西省高级人民法院（2014）晋民初字第19号民事判决书、最高人民法院（2015）民一终字第340号民事判决书。

元，第5年2000万元，第6年2100万元，第7年2100万元，第8年2100万元，第9年2100万元，第10年2100万元，第11年2200万元，第12年2200万元，12年合计23534.978万元。支付期限：合同签订后十个工作日内，同至人公司向天力公司支付400万元定金，此定金自2012年12月1日自动转为房屋租金。本合同采用先付后租的方式支付租金。自2012年10月1日交房后十个工作日内，支付第二次预付款900万元，此预付款自2012年12月1日自动转为2013年1月1日至2013年12月31日期间租金。2012年12月1日，支付第一年度（2013年1月1日至2013年12月31日期间）剩余租金700万元。天力公司给予同至人公司补贴，前三年给予同至人公司经营及利息补贴，具体数额为：第一年经营补贴500万元，利息补贴106.674万元，小计606.674万元；第二年经营补贴300万元，利息补贴112.674万元，小计412.674万元；第三年经营补贴200万元，利息补贴115.674万元，小计315.674万元。三年经营补贴1000万元，利息补贴335.022万元，合计1335.022万元。房屋交付：交房时间在2012年9月30日以前，将符合本合同约定条件的房屋交付同至人公司。能源供应：天力公司有责任维持各项能源供应（包括强电、暖气、煤气或天然气）系统的正常持续运行，为同至人公司安装独立系统和独立的能源计量器具，对同至人公司实行分表计费。违约责任：天力公司擅自收回租赁物或者将租赁物整体或者部分出售或抵押的或者因建筑物质量问题无法继续使用的，或者因第三人主张权利导致合同无法继续履行的或者因房屋产权、抵押权等其他纠纷导致合同无法继续履行的，或者有其他严重（或实质性）违约行为的，应退还同至人公司已交纳但尚未到期的租金及利息，并支付1亿元违约金，同时，还应赔偿因其违约使同至人公司遭受的一切直接损失，包括但不限于同至人公司所有装修费、替代营业用房的租金差价、停业期间的经营损失、律师费和诉讼费。同至人公司未经天力公司书面同意擅自撤场或者擅自停业关门超过30日的，或未按照合同约定期限足额缴纳租金的，或者其他严重（或实质性）违约行为的，除应将天力公司前期给予同至人公司优惠期间产生的租金及利息补偿给天力公司外，并支付1亿元违约金。同时，还应赔偿因其违约使天力公司遭受的一切直接损失，包括但不限于天力公司的所有装修改造费用、替代经营公司的场地使用费差价、停业期间的名誉损失、律师费和诉讼费。但是，同至人公司在租赁期限内重新对租赁物进行装修、改造导致撤场或者停业的除外。同至人公司不得将租赁物全部停业装修、改造。双方均承诺放弃向仲裁机构或法院以任何理由申请降低本合同约定的违约金的权利。若发生任何一方严重违反本合同相关条款，并经相对方催告后合理期限内拒绝纠正的，守约方有权书面通知违约方立即终止本合同，同时违约方须赔偿守约方因此造成的所有损失。

2012 年 9 月 7 日，双方签订《补充协议》约定，签订的《房屋租赁合同》为主合同。同至人公司同意给天力公司交纳主合同约定的租赁标的物物业管理费，《补充协议》与主合同具有同等法律效力。同至人公司依据主合同约定的租金年度，按照年度每年给天力公司交纳物业管理费，具体标准：2013 年交纳管理费（含税）2055.8 万元，2014 年交纳管理费（含税）2055.8 万元，2015 年交纳管理费（含税）2055.8 万元，2016 年交纳管理费（含税）2055.8 万元，2017 年交纳管理费（含税）2055.8 万元，2018 年交纳管理费（含税）2161.74 万元，2019 年交纳管理费（含税）2161.74 万元，2020 年交纳管理费（含税）2161.74 万元，2021 年交纳管理费（含税）2161.74 万元，2022 年交纳管理费（含税）2161.74 万元，2023 年交纳管理费（含税）2264.68 万元，2024 年交纳管理费（含税）2264.68 万元，总计 25617.06 万元。物业管理费支付：合同签订后十个工作日内，同至人公司向天力公司支付 400 万元定金，此定金自 2012 年 12 月 1 日自动转为 2013 年 1 月 1 日至 2013 年 12 月 31 日期间物业管理费。物业管理费支付方式采用先付后用。自 2012 年 10 月 1 日交房后十个工作日内，同至人公司向天力公司支付第二次预付款 1004 万元，此预付款自 2012 年 12 月 1 日自动转为 2013 年 1 月 1 日至 2013 年 12 月 31 日期间物业管理费。2012 年 12 月 1 日，同至人公司向天力公司支付第一年度剩余物业管理费 651.8 万元。第二租赁年起，物业管理费每年支付一次，同至人公司于每年 12 月 1 日按照约定的年度物业管理费一次性支付给天力公司。

同日，双方又签订《备忘录》，约定天力公司负责完成商场内（地上一层至四层）所有吊顶施工及吊顶后照明电器安装，并承担由于吊顶需做的部分设施改造工程（包括但不限于消防系统、空调系统等），以上费用由天力公司承担。该工程于10月底完成。

同日，吴建功出具担保函称：本人吴建功（山西同至人畅货中心有限公司法定代表人）自愿以本人一切个人财产（包括但不限于房产、存款、股权、有价证券、知识产权、车辆等）作为同至人公司与天力公司于2012年9月7日所签订的《房屋租赁合同》中承租人同至人公司履行本合同之连带责任担保人，担保范围为因履行本合同而发生的一切法律责任。

合同签订后，同至人公司于2012年9月18日交付天力公司房屋租金800万元，2012年11月26日，交付房屋租金500万元，双方有关工程技术人员对商场进行了验收，并且予以交接确认。同至人公司于2013年4月17日交付房屋租金700万元，合计交付租金2000万元。同至人公司截至2014年3月合计支付天力公司管理费45558000元，总计65558000元。

同至人公司原定于2013年6月28日开业，因故推到9月12日开业。后双方在2013年12月19日签订《房屋租赁补充协议》，天力公司为同至人公司减免30天租金计3333300元，商场负一层（总面积22000平方米）在2014年1月1日至2014年12月31日期间租金全免。同至人公司2014年应付房屋租金27945960元，已付2500万元，至今尚欠天力公司房屋租金2945960元；欠物业管理、水电各项费用6399300元。两项合计同至人公司至今尚欠天力公司房屋租金和管理费计9345260元。上述欠款到期后，同至人公司未依约支付欠款本息。

天力公司向山西省高级人民法院提起诉讼，请求：1. 依法判令同至人公司支付欠缴的房屋租金2945960元和欠缴的物业管理、水电及采暖费6399300元，退返天力公司2013年的经营及利息补贴6066740元，判令同至人公司支付违约金1亿元，以上合计115412000元；2. 判令同至人公司支付以上欠付款项的利息损失，自2014年6月15日起至实际支付之日止，利息按同期银行贷款利率计算；3. 吴建功对上述款项承担连带责任保证；4. 判令本案诉讼费由同至人公司承担。

同至人公司提起反诉，请求：判令终止双方之间的合同，并由天力公司承担本案诉讼费用及其他相关责任。

山西省高级人民法院认为，本案争议的焦点问题是：1. 天力公司与同至人公司谁构成违约，应如何承担法律责任；2. 租赁合同是否应当解除；

3. 吴建功应否承担担保责任。

关于争议焦点一，天力公司与同至人公司签订的《房屋租赁合同》明确约定了构成违约应承担的责任，即天力公司有擅自收回租赁物或者出售、抵押等违约行为的，应退还同至人公司租金，并支付1亿元违约金以及赔偿同至人公司遭受的一切直接损失；同至人公司有未经天力公司书面同意擅自撤场、停业关门超过30日或未足额缴纳租金等违约行为的，除应将前期优惠租金及利息补偿给天力公司外，并支付1亿元违约金以及赔偿天力公司遭受的一切直接损失。本案中，同至人公司于2013年9月12日正式开业，2014年7月初陆续清退商户，搬走货架，撤走员工，关闭商场，至今尚欠部分房屋租金和其他费用，并没有按照合同的约定足额交纳房租及管理费和征得天力公司的同意。依据《中华人民共和国合同法》第八条规定，依法成立的合同，对当事人具有法律约束力，当事人应当按照约定全面履行自己的义务，不得擅自变更或者解除合同。因此，同至人公司的上述行为构成违约，对天力公司要求同至人公司支付房屋租金2945960元与管理费、水电费和采暖费6399300元以及返还2013年经营补贴及利息6066740元的诉讼请求，予以支持。同至人公司提出的主张，因缺乏事实和法律依据，不能成立。关于违约金支付问题，《房屋租赁合同》约定，无论双方谁构成违约，需向对方支付1亿元违约金。但从立法精神看，《中华人民共和国合同法》第一百一十四条规定的违约金性质是以补偿为主，以惩罚为辅的双重性质。为维护民法的公平和诚实信用原则，人民法院可以对不合理的违约金数额进行调整。依照《最高人民法院关于适用〈中华人民共和国合同法〉若干问题的解释（二）》第二十九条第二款规定，当事人约定的违约金超过造成损失的百分之三十的，可以认定为《中华人民共和国合同法》第一百一十四条第二款规定的“过分高于造成的损失”。因此，衡量违约金是否过高的最重要标准是违约造成的损失。结合本案实际，同至人公司未按时交付租金及物业管理等费用，给天力公司造成的损失应为未交租金及物业费和水电费、采暖费、经营与利息补贴的金额及所产生的利息之和，双方约定的违约金明显高出上述损失的30%，故应依法予以调整。

关于争议焦点二，同至人公司提出反诉请求称，该合同签订后，同至人公司按照约定支付天力公司租金，并对租赁物投入巨大人力、物力，但因天力公司的严重违约行为以及市场大环境的变化，导致案涉商场严重亏损、无法再继续经营。同至人公司自称其已于2014年7月中旬书面通知天力公司该合同于2014年7月31日终止，但无证据证明天力公司收到该通知，且在双方未达成一致意见时，同至人公司清退商户，关闭商场。由此看来，本案《房屋租赁合同》已无继续履行的可能，且现同至人公司提出解除租赁合同反诉请求。另考虑租赁合同解除应有合理的期间，故租赁合同应予解除，其解除的时间确定在2014年12月31日较为妥当。

关于争议焦点三，依照《中华人民共和国担保法》第十八条第一款规定，当事人在保证合同中约定保证人与债务人对债务承担连带责任的，为连带责任保证。吴建功于2012年9月7日给天力公司出具担保函称：本人吴建功自愿以本人一切个人财产（包括但不限于房产、存款、股权、有价证券、知识产权、车辆等）作为同至人公司与天力公司于2012年9月7日所签订的《房屋租赁合同》中承租人同至人公司履行本合同之连带责任担保人，担保范围为因履行本合同而发生的一切法律责任。因此，对天力公司要求吴建功承担连带责任的诉请，予以支持。

基于上述内容，山西省高级人民法院判决：1. 天力公司和同至人公司签订的《房屋租赁合同》于2014年12月31日予以解除；2. 同至人公司于判决生效之日起十日内支付所欠天力公司房屋租金2945960元，物业管理、水、电及采暖费共计6399300元，合计9345260元及相应利息（自2014年7月起至判决生效之日止，利息按中国人民银行同期贷款利率计算）；3. 同至人公司于判决生效之日起十日内支付天力公司2013年的经营及利息补贴6066740元；4. 同至人公司向天力公司按15412000元及15412000元自2014年7月起至判决生效之日止产生的利息之和的30%支付违约金；5. 吴建功对上述判项的付款义务承担连带责任；6. 驳回天力公司、同至人公司的其他诉讼请求。

一审宣判后，天力公司、同至人公司和吴建功均不服，均向最高人民法院提起上诉。

二审庭审中，对于同至人公司与同至人畅货中心有限公司之间的关系，同至人公司称，两个公司是同一个集团旗下的，但都是独立法人。对于是否同意解除《房屋租赁合同》及补充协议，天力公司明确表示同意。

最高人民法院认为，本案二审的争议焦点为：1. 案涉《房屋租赁合同》双方谁存在违约行为，原判决认定合同自 2014 年 12 月 31 日解除是否正确；2. 违约方应如何承担违约责任；3. 原判决认定同至人公司支付欠付款项的利息起算时间是否正确；4. 吴建功应否对同至人公司的合同债务承担连带责任。

1. 关于案涉《房屋租赁合同》双方谁存在违约行为以及原判决认定合同自 2014 年 12 月 31 日解除是否正确的问题。

关于天力公司是否违约的问题。同至人公司主张天力公司存在未按合同约定取得《消防整改意见书》和冬季供暖不足两项违约行为，最终导致商场经营失败。本院认为，根据已经查明的案件事实，对于同至人公司所称因消防部门于案涉商场开业当天突然查封商场导致其未能如期开业一事，双方已于 2013 年 12 月 19 日签订《房屋租赁补充协议》，天力公司为同至人公司减少 30 天租金和免除商场负一层 2014 年全年租金。据此，应当认定双方已就该问题的解决达成合意。现同至人公司仍以此为由主张解除合同，依据不足。对于案涉商场内温度过低问题，根据本院二审查明的事实，案涉商场确实存在温度偏低问题，同至人公司亦曾为此向天力公司反映过相关情况。根据《房屋租赁合同》约定，天力公司有责任保障各项能源供应（包括强电、暖气、煤气或天然气）以维持系统正常持续运行。作为出租方，天力公司有义务提供适宜使用目的的商场温度环境，商场温度过低，会对商场正常经营产生不利影响。但是从已经查明的事实看，同至人公司并未曾向天力公司提出温度过低导致其无法继续经营。天力公司的履约行为虽存在一定瑕疵，但不属于《房屋租赁合同》第十五条第一项约定的违约行为，不构成根本违约。

关于同至人公司是否违约的问题。根据已经查明的案件事实，同至人公司 2014 年 7 月初未经天力公司书面同意即陆续清退商户，关闭商场，亦未在《房屋租赁合同》约定的期限和天力公司同意的延展期限内足额交纳租金，以自己的行为表明不再履行租赁合同。同至人公司的上述行为构成违约。

关于《房屋租赁合同》的解除时间问题。根据《中华人民共和国合同法》第八条规定，依法成立的合同，对当事人具有法律约束力。当事人应当按照约定履行自己的义务，不得擅自变更或解除合同。在同至人公司存在严重违约的情况下，即便其于2014年7月发出通知要求解除合同，亦不能产生法律规定的合同解除效力。鉴于本院二审庭审中，天力公司已明确同意解除合同，根据《中华人民共和国合同法》第九十三条第一款规定，当事人协商一致，可以解除合同。原判决解除《房屋租赁合同》并无不当。对于具体的解除时间，根据《中华人民共和国合同法》第一百零七条和第一百一十四条第三款的规定，继续履行和赔偿损失均为违约方承担违约责任的形式。但是，除了迟延履行违约金外，违约方在支付违约金后，可以不再履行债务。本案中，天力公司一审的诉讼请求为要求同至人公司支付截至2014年12月31日欠付的租金和物业管理费等各项费用，同时要求同至人公司按照合同约定支付1亿元的违约金，根据租赁合同的性质，应视为天力公司实际上同意在2014年12月31日解除合同，并在其后选择赔偿损失来替代继续履行，因此，原判决综合本案实际情况，酌定《房屋租赁合同》于2014年12月31日解除，符合法律规定和双方当事人本意，并无不当。至于天力公司要求同至人公司支付2015年房屋租赁费和物业管理费的上诉主张，因超出了一审的诉讼请求，本院不予支持。

2. 关于违约方应如何承担违约责任的问题。《房屋租赁合同》合法有效，在合同尚未解除的情况下，天力公司按照《房屋租赁合同》约定，要求同至人公司支付截至2014年12月31日所欠的房屋租金与物业管理、水、电及采暖费，有法律依据，原判决此项正确，本院予以维持。如上所述，同至人公司为主要违约方，原判决根据《房屋租赁合同》第十五条第二项约定判决同至人公司返还天力公司给予其的2013年经营及利息补贴，并无不当，本院予以维持。关于双方约定的1亿元违约金是否能够调整以及如何调整的问题，本院认为违约金是为了补偿守约方因对方违约造成的损失，不主要体现惩罚功能。本案中，双方虽有关于不得调整违约金的约定，但是该约定应以不违反公平原则为限，考虑到天力公司的合同履行行为也存在一定瑕疵，从平衡双方当事人利益的角度考虑，原判决对此予以调整并无不当。至于如何调整，对于租赁合同来讲，承租方违约而给出租方造成的损失主要是二次招商运营的费用以及空租期的租金损失，原判决将同至人公司欠付的各项费用及利息之和作为天力公司的损失不当，本院予以纠正。对于因同至人公司违约导致的具体损失数额，天力公司并未提供充分证据证明，根据《中华人民共和国合同法》第一百一十九条规定，当事人一方违约后，对方应当采取适当措施防止损失的扩大，没有采取适当措施致使损失扩大的，不得就扩大的损失要求赔偿。考虑到天力公司早在2014年7月即已知道同至人公司撤离案涉商场而任由商场闲置至今，未采取任何措施防止损失扩大，本院酌定以双方《房屋租赁合同》约定的2015年租金的6个月作为调减后的违约金数额，即1587.326万×50%＝7936630元。

3. 关于原判决认定同至人公司支付欠付款项的利息起算时间是否正确的问题。虽然《房屋租赁合同》约定，2014年房屋租赁费用及物业管理费的支付时间为2013年12月1日，但是天力公司在2014年5月29日《致山西同至人商业管理有限公司工作函》中已经将欠付款项的支付期限延展至2014年6月15日，且其一审诉讼请求的利息起算时间即为2014年6月15日，故天力公司上诉主张同至人公司支付欠付款项的利息起算时间为2013年12月1日无事实依据，本院不予支持。同至人公司欠付款项的利息起算时间应自2014年6月15日起算，原判决认定自2014年7月起算利息亦无事实依据，本院予以纠正。

4. 关于吴建功应否对同至人公司的合同债务承担连带责任的问题。吴建功对其于2012年9月7日给天力公司出具的担保函为其本人签署不持异议，但辩称系理解错误。本院认为，当事人行使权利、履行义务应当遵循诚实信用原则。作为具有完全民事行为能力的自然人，应当理解其民事行为的含义及所应承担的法律后果。原判决认定其对同至人公司的付款义务承担连带责任正确。吴建功关于理解错误的上诉主张无法律和事实依据，本院不予支持。

基于上述内容，最高人民法院于2016年2月6日依照《中华人民共和国民事诉讼法》第一百七十条第一款第（二）项之规定，判决如下：1. 维持山西省高级人民法院（2014）晋民初字第19号民事判决第一项、第三项、第五项、第六项；2. 变更山西省高级人民法院（2014）晋民初字第19号民事判决第二项为：同至人公司于本判决生效之日起十日内支付所欠天力公司房屋租金2945960元，物业管理、水、电及采暖费共计6399300元，合计9345260元及相应利息（自2014年6月15日起至本判决生效之日止，按中国人民银行同期贷款利率计算）；3. 变更山西省高级人民法院（2014）晋民初字第19号民事判决第四项为：同至人公司于本判决生效之日起十日内向天力公司支付违约金7936630元。

三十八、政府出租人调整租赁房产法定用途的决策是否属于不可抗力

（一）理论解答

在我国目前的房屋租赁活动中，政府作为出租人的现象十分常见。在政府作为房屋出租人时，因政府具有商事主体和社会管理者的双重身份性质，且我国相关法律对于现实经济生活中的哪些社会事件可纳入一般商事合同纠纷中不可抗力的范围没有明确的规定，对政府就租赁房产法定用途作出的调整决策究竟是否属于不可抗力，理论界和实务界不乏争议。

有观点认为，应区分调整租赁房产法定用途的决策行为是商业行为还是社会管理行为，若属于后者，则属于不可抗力。

另有观点认为，无论调整租赁房产法定用途的决策行为是商业行为还是社会管理行为，都不属于不可抗力。

本书赞同后一种观点，理由包括以下三个方面。

1. 根据《中华人民共和国合同法》第一百一十七条的规定，不可抗力是指不能预见、不能避免并不能克服的客观情况，即必须是当事人自身原因之外的事件且具有外在于人的客观性。而政府的上述决策行为，即使是基于公共利益的公益性决策，也与构成不可抗力的自然灾害、社会异常事件存在根本的区别，不具有不可抗力所要求的客观性，不属于不能避免和

不能克服的情况。

2. 与不可抗力事件相比较，政府决策行为出现的次数太过频繁，如果把这类行为列为不可抗力，很容易导致对不可抗力制度的滥用，从而严重影响经济秩序，不利于契约精神以及公平原则的贯彻。

3. 通说认为，不可抗力造成的结果是致使合同无法履行，故不履行合同无须承担责任；情势变更[①]造成的结果是对于一方当事人明显不公平或者不能实现合同目的，故合同双方应当共担相应的风险。据此，把政府的上述决策行为划入情势变更的范围更为适宜。

（二）案例指引

深圳市世纪工艺品文化市场有限公司与深圳欧上美居投资有限公司等房屋租赁合同纠纷案[②]

2009年1月5日，深圳市福田区政府物业管理中心（出租方、甲方）与深圳市世纪工艺品文化市场有限公司（以下简称世纪公司）（承租方、乙方）签订了一份《房产租赁合同》，约定甲方将位于深圳市福田区福强路沙尾工业区内工艺品文化市场二期物业出租给乙方使用，计租面积53165平方米，实际面积以交付使用时双方的书面确认为准；租赁房产所有权人为福田区政府物业管理中心，租赁物的法定用途为工艺品文化市场；由于签订本合同时，租赁房产还在建设中，具体租赁期限及计租日期由甲乙双方另行签订书面协议；甲方按法定用途出租房产，乙方按法定用途使用租赁房产，不得擅自改变，乙方改变租赁房产法定用途的，须经甲方书面同意；租赁期间，乙方可将租赁房产全部或部分转租他人，并到房屋租赁主管机关办理登记手续，但转租期限不得超过本合同约定的租赁

① 关于情势变更，《最高人民法院关于适用〈中华人民共和国合同法〉若干问题的解释（二）》第二十六条规定："合同成立以后客观情况发生了当事人在订立合同时无法预见的、非不可抗力造成的不属于商业风险的重大变化，继续履行合同对于一方当事人明显不公平或者不能实现合同目的，当事人请求人民法院变更或者解除合同的，人民法院应当根据公平原则，并结合案件的实际情况确定是否变更或者解除。"

② 详见：广东省深圳市中级人民法院（2011）深中法民五终字第2679号民事判决书、广东省高级人民法院（2013）粤高法民二提字第15号民事判决书。

期限。

2009年11月24日，世纪公司（甲方）与深圳市百年居尚家具有限公司（以下简称百年公司、乙方）签订了一份《合作意向书》，约定甲方将福田区政府拥有产权的甲方拥有经营权的位于深圳市福田区福强路4001号的深圳世纪工艺品文化市场二期总建筑面积48000平方米（最终面积以双方共同划定并确认的平面范围图圈定的实测建筑面积为准）的项目转租给乙方开设家居饰品市场，租赁期限15年，期满后乙方享有优先续租权；租金采用固定租金的方式计算，租金的计算以最终实测的建筑面积为准，自第六年起将在合同租金的基础上每两年递增8%，其中地上一层至地上六层的租金标准为第一年至第五年租金每平方米每月人民币45元；签订本意向书后5个工作日内，乙方向甲方支付两个月的租金432万元作为定金，待签订租赁合同后转为租赁保证金；签订正式合同后5个工作日内，乙方须向甲方支付两个月的租金432万元作为租赁保证金以及两个月的水电押金；办理进场装修手续的同时应交付100万元作为装修保证金，装修免租期10个月；甲方按照现有房屋及条件移交给乙方，即完成标的房屋的主体土建工程、主体给排水安装工程、消防系统工程与现有安装完成的配电系统工程，并完成公共部分墙面、主通道地面和公共通道设备机房照明、现有公共卫生间精装修工程，其余设备及装修由乙方自行负责；本意向书一式两份，双方各执一份，由双方代表人签字生效，作为双方进一步合同谈判的依据，双方商定的所有条件以正式签订合同为准。该《合作意向书》没有约定涉案房产的交付时间。2009年11月25日，百年公司向世纪公司转账支付了定金432万元。

2010年7月12日，世纪公司、百年公司与深圳欧上美居投资有限公司（以下简称欧上公司）约定，百年公司退出《合作意向书》，《合作意向书》由世纪公司与欧上公司履行。

2010年12月31日，福田区政府召开世纪工艺品文化广场工作汇报会，要求园区整体转型为深圳文化创意园，定位于文化创意企业总部，高端文化创意品牌产品研发、设计、展示、交易、结算；一期已入园企业按新定位置换，二期由区政府把关。

2011年2月23日，福田区政府召开世纪工艺品文化广场二期移交工作会议，要求世纪公司接管世纪工艺品文化广场二期后，尽快对公共部分进行装修改造，装修改造要充分考虑园区产业归类布局。

2011 年 2 月 24 日，深圳市福田区政府物业管理中心与世纪公司办理了沙尾工业区 301—305 厂房拆除新建工程（深圳世纪工艺品文化市场二期）项目（建筑面积 75312 平方米）的移交手续。

2011 年 3 月 14 日，世纪公司委托律师向欧上公司和百年公司发出律师函，称 2010 年 12 月 31 日福田区政府召开会议，要求园区整体转型为深圳文化创意园，欧上公司和百年公司拟在工艺品文化市场二期开设家居饰品市场的计划已不符合政府的转型要求，世纪公司已无法向欧上公司和百年公司提供涉案房产，双方签订的《合作意向书》因不可抗力而终止。

2011 年 6 月 17 日，欧上公司起诉至广东省深圳市福田区人民法院，请求法院依法判令：1. 世纪公司双倍返还定金 864 万元；2. 由世纪公司承担诉讼费。

广东省深圳市福田区人民法院审理认为：

世纪公司与百年公司签订的《合作意向书》是双方的真实意思表示，不违反法律或行政法规的效力禁止性规定，对双方具有法律约束力，双方应按约全面履行自己的义务。

《合作意向书》签订后，百年公司已按约向世纪公司支付了 432 万元定金。在世纪公司、百年公司与欧上公司三方约定百年公司退出《合作意向书》，改由欧上公司向世纪公司承租涉案房产后，《合作意向书》的当事人已从世纪公司与百年公司变更为世纪公司与欧上公司，欧上公司与世纪公司应按《合作意向书》履行各自的义务。

签订《合作意向书》时，涉案的深圳世纪工艺品文化市场二期项目尚在建设中，没有约定涉案房产的交付时间。《合作意向书》约定：签订本意向书后 5 个工作日内，乙方向甲方支付两个月的租金 432 万元作为定金，待签订租赁合同后转为租赁保证金；本意向书一式两份，双方各执一份，由双方代表人签字生效，作为双方进一步合同谈判的依据，双方商定的所有条件以正式签订合同为准。因此，《合作意向书》实为双方将来签订正式的租赁合同的预约，并非正式的租赁合同（本约），欧上公司与世纪公司在《合作意向书》项下的义务即为签订正式的租赁合同。《合作意向书》

约定的定金也为订约定金，而非违约定金，即如因欧上公司的过错未能签订正式的租赁合同，欧上公司已付的定金无权要求返还，如因世纪公司的过错未能签订正式的租赁合同的，世纪公司应双倍返还欧上公司已付的定金。

欧上公司与世纪公司未能根据《合作意向书》的预约签订正式的租赁合同（本约），不可归责于世纪公司，欧上公司以此为由请求世纪公司双倍返还定金，不应获得支持。理由如下：（1）2009 年 1 月 5 日，深圳市福田区政府物业管理中心将涉案房产出租给世纪公司时，涉案房产的法定用途为工艺品文化市场。2009 年 11 月 24 日，世纪公司与百年公司签订《合作意向书》，拟将涉案房产转租给百年公司开设家居饰品市场时，没有违反涉案房产的法定用途。（2）涉案房产是福田区政府的物业，作为承租人的世纪公司无论是自己使用还是转租给他人使用均受福田区政府对涉案房产如何定位的影响。2010 年 12 月 31 日，福田区政府召开世纪工艺品文化广场工作会议，会议要求世纪工艺品文化广场整体转型为深圳文化创意园，园区定位为文化创意企业总部，高端文化创意品牌产品研发、设计、展示、交易、结算，一期入园企业按新定位置换，二期由区政府把关。由于欧上公司拟在世纪工艺品文化广场二期开设家居饰品市场，已与福田区政府对涉案房产的新定位不符，世纪公司因此无法与欧上公司签订正式的租赁合同从而使自己负担向欧上公司交付开设家居饰品市场的涉案房产的义务。（3）在 2011 年 2 月 24 日深圳市福田区政府物业管理中心将涉案房产交付给世纪公司之前，世纪公司无法确定向欧上公司交付涉案房产的时间，而交付出租房屋的时间属于房屋租赁合同的主要条款，世纪公司也就因此无法与欧上公司签订正式的租赁合同。

在福田区政府将涉案深圳工艺品文化市场整体转型为深圳文化创意园之后，《合作意向书》项下签订开设家居饰品市场的正式租赁合同的目的已无法实现，应予解除。《合作意向书》的解除不可归责于欧上公司与世纪公司双方。世纪公司委托律师通知欧上公司解除《合作意向书》，并无不当。合同解除后，双方的财产状况应恢复至签订合同之前的状态。世纪公司应返还欧上公司已付的定金，并支付占有定金期间的利息。

基于上述内容，广东省深圳市福田区人民法院于 2011 年 8 月 8 日，依照《中华人民共和国合同法》第八条、第六十条、第八十八条、第一百零七条、第一百一十五条，《最高人民法院关于适用〈中华人民共和国担保法〉若干问题的解释》第一百一十五条，《中华人民共和国民事诉讼法》第六十四条第一款、第一百二十八条，《最高人民法院关于民事诉讼证据的若干规定》第二条之规定判决：1. 世纪公司应于判决发生法律效力之日起10日内向欧上公司返还定金432万元及利息（以已付定金432万元为基数，按照中国人民银行同期贷款利率计算，从2009年11月25日起，至判决指定的履行期限届满内还清款项之日止）；2. 驳回欧上公司的其他诉讼请求。

一审宣判后，欧上公司不服，向广东省深圳市中级人民法院提起上诉，请求撤销一审判决第二项，改判世纪公司向欧上公司另需返还432万元。

世纪公司辩称，政府行为属于不可抗力，涉案房产因政府行为而无法交付，《合作意向书》已被依法解除，故请求驳回欧上公司的上诉请求。

广东省深圳市中级人民法院二审认为：

一审判决关于欧上公司与世纪公司签订的《合作意向书》合法有效及432万元为立约定金的认定合法正确，予以确认。

二审的争议焦点是：2010年12月31日福田区政府召开会议，要求园区整体转型为深圳文化创意园对于世纪公司不能继续履行与百年公司签订的《合作意向书》是否构成不可抗力。

2009年11月24日欧上公司与世纪公司签订的《合作意向书》载明，涉案房产由福田区政府拥有产权、世纪公司持有经营权，双方约定租赁面积以最终实测的建筑面积为准，且没有约定交付时间和签订正式租赁合同的时间。由此可知，欧上公司在签订《合作意向书》时明知涉案房产系世纪公司从福田区政府承租而来且尚未交付，若福田区政府不将涉案房产交付给世纪公司，则世纪公司无法向欧上公司交付。根据诚实信用原则和《中华人民共和国合同法》第六十二条关于履行期限不明的法律规定，本院认为，双方约定交付涉案房产和签订正式租赁合同的时间应是福田区政府向世纪公司交付后（2011年2月）的合理时间内。2010年12月31日福田区政府调整涉案房产用途，而此时福田区政府尚未向世纪公司交付涉案房产，故世纪公司与百年公司签订的《合作意向书》仍在履行期限之内。那么，该变更涉案房产用途的情况发生对于世纪公司不能继续履行《合作意向书》是否构成不可抗力？本院认为，《中华人民共和国合同法》第一百一十七条规定，不可抗力是指不能预见、不能避免并不能克服的客观情况，即必须是当事人自身原因之外的事件且具有外在于人的客观性。本案中，福田区政府变更涉案房产用途的行为虽然系政府行为，但不构成不可抗力。理由如下：2009 年 1 月 5 日福田区政府物业管理中心与世纪公司签订《房产租赁合同》，根据已查明的事实，涉案房产属于福田区政府所有，福田区政府物业管理中心代表福田区政府办理对外出租等事宜，世纪公司对此是知晓的，故《房产租赁合同》的双方当事人是福田区政府与世纪公司。该合同是平等主体之间设立民事权利义务关系的协议，是民事合同，双方形成房屋租赁合同法律关系。该合同中约定涉案房产的用途为工艺品文化市场，但在 2010 年 12 月 31 日福田区政府将涉案房产的用途转变为深圳文化创意园，即福田区政府已不能按照与世纪公司约定的用途履行双方签订的《房产租赁合同》。该变更涉案房产用途的行为不具有不可抗力所要求的客观性，不属于不能避免和不能克服的情况，不符合不可抗力的法定构成要件。故世纪公司主张适用关于不可抗力的法律规定以免责的理由不能成立，不予支持。根据《中华人民共和国合同法》第一百二十一条的规定，当事人一方因第三人原因造成违约的，应由当事人一方向合同相对人承担违约责任。世纪公司已收取定金 432 万元，根据《中华人民共和国合同法》第一百一十五条、《最高人民法院关于适用〈中华人民共和国担保法〉若干问题的解释》第一百一十五条的规定，可以适用定金罚则，即世纪公司双倍返还收取的定金，共计 864 万元。欧上公司的该主张成立，予以支持。一审判决适用法律错误，予以纠正。

一审法院判令世纪公司支付 432 万元的利息，虽然世纪公司对此判项没有提起上诉，但二审法院已经按照定金罚则处理本案，若维持该项判项，将会使欧上公司的上诉请求超过其一审诉讼请求，故不予支持欧上公司要求维持该判项的上诉请求。

综上所述，欧上公司的上诉请求部分成立，对成立部分予以支持。一审判决认定事实清楚，但适用法律错误，应予纠正。

2012年12月17日，广东省深圳市中级人民法院经审判委员会讨论决定，依照《中华人民共和国合同法》第六条、第六十二条第（四）项、第一百一十五条、第一百二十一条，《最高人民法院关于适用〈中华人民共和国担保法〉若干问题的解释》第一百一十五条、第一百二十二条，《中华人民共和国民事诉讼法》第一百五十三条第一款第（二）项之规定判决：1. 撤销一审判决；2. 世纪公司于判决生效之日起十日内向欧上公司双倍返还定金共计864万元。

二审判决后，世纪公司不服，向广东省高级人民法院申请再审。

2011年12月31日，福田区政府召开世纪工艺品文化广场工作汇报会，并形成《世纪工艺品文化广场工作汇报会会议纪要》，其中第三部分内容为：1. 原运营公司按要求征询园区整体设计方案，经区政府审定后负责组织施工；2. 二期公共服务部分由运营商提出方案，新入园企业由区文产办负责组织专家按区政府要求把关，2011年文博会前可推荐几家符合入园条件企业，先行施工、运营，争取在文博会展示企业形象和产品。

广东省高级人民法院再审认为：

一、二审法院认定，世纪公司不能继续履行诉争《合作意向书》，其原因是在《合作意向书》签订之后福田区政府调整租赁房产的法定用途，世纪公司没有于2010年6月底前交付房产的义务。再审申请人世纪公司对此认定没有异议，本院予以确认。

本案再审争议的焦点为：1. 福田区政府调整租赁房产法定用途的决策是否构成不可抗力；2. 如果该政府决策不构成不可抗力，那么世纪公司应否承担双倍返还定金的违约责任。

关于福田区政府调整租赁房产法定用途的决策是否构成不可抗力的问题。对于不可抗力的内涵及因此而产生的法律后果，《中华人民共和国合同法》第一百一十七条明确规定，“因不可抗力不能履行合同的，根据不可抗力的影响，部分或者全部免除责任，但法律另有规定的除外。当事人迟延履行后发生不可抗力的，不能免除责任。本法所称不可抗力，是指不能预见、不能避免并不能克服的客观情况。”根据该法律条款的规定，不可抗力作为免除一般商事合同民事责任的抗辩事由，既具有不能预见、不能避免并不能克服的特点，同时又具有客观的属性。对于现实经济生活中的哪些自然事件、社会事件可纳入一般商事合同纠纷中不可抗力的范围，我国相关法律并无进一步明确。关于不可抗力的表现形式，在司法实践中一般理解为包括地震、洪水、风暴等自然灾害以及包括诸如罢工、战争等社会异常事件。本案中，福田区政府的行为是否构成不可抗力，各方当事人对此存在重大分歧。《合作意向书》于2009年11月24日签订后，深圳市人民政府为顺利地完成中国国际文化产业博览交易会的承办任务，将诉争租赁房产确定为交易会的福田区分会馆。根据上级人民政府的安排，福田区政府随后作出对诉争租赁房产的法定用途予以重大调整的决策。该项政府决策的目的在于配合上级人民政府全力办好中国国际文化产业博览交易会，客观上有利于推动当地经济文化的发展，亦有利于推动我国文化产业的发展，具有强烈的社会公益的性质。本案特殊之处在于福田区政府是租赁房产的所有人，其以商事主体的身份委托福田区政府物业管理中心对外订立以出租物业为目的的合作意向。虽然福田区政府于本案纠纷中具有双重性质的身份，即商事主体和社会管理者，但是前述商业事实和其中具有的商事因素尚不足以否定或消除福田区政府的决策所具有的行政性质和公益性质。从这个角度来讲，该政府决策与前述构成不可抗力的自然灾害、社会异常事件存在根本区别。福田区政府在行使社会经济文化管理职能过程中针对具体事务作出的决策，其出发点是为了社会公共利益，不宜认定为不可抗力事件。二审法院认为政府变更房产用途的行为不具有不可抗力所要求的客观性故不构成不可抗力并无不当，本院予以维持。

关于世纪公司应否承担双倍返还定金的违约责任问题。本案争议的《合作意向书》成立于2009年11月24日，其目的在于订立开设家居饰品市场的正式租赁合同。2009年5月13日起施行的《最高人民法院关于适用〈中华人民共和国合同法〉若干问题的解释（二）》第二十六条规定，合同成立以后客观情况发生了当事人在订立合同时无法预见的、非不可抗力造成的不属于商业风险的重大变化，继续履行合同对于一方当事人明显不公平或者不能实现合同目的，当事人请求人民法院变更或者解除合同的，人民法院应当根据公平原则，并结合案件的实际情况确定是否变更或者解除。本案中，福田区政府的决策导致合同赖以成立的基础发生重大变化。在现代社会经济活动中，商业风险具有鲜明的投机性，当事人因此可能受损亦可能受益，它一般以市场需求和价格变化为主要特征体现为银行利率、外汇汇率、供求关系等方面的无形风险。而本案的政府决策是从社会公共利益出发而作出的社会管理行为，明显区别于商业风险。由于福田区政府将诉争房产整体转型为深圳文化创意园，且新入园企业由区文产办负责组织专家按区政府要求把关，故诉争《合作意向书》关于签订开设家居饰品市场的正式租赁合同的目的客观上无法实现。根据上述法律条款的规定，由于合同成立以后客观情况发生了当事人在订立合同时无法预见的、非不可抗力造成的不属于商业风险的重大变化，导致合同双方不能实现合同目的，故世纪公司依法享有请求法院变更或解除合同的权利。虽然世纪公司未依据以上法律规定以单独本诉或以反诉的方式提起解除合同的诉讼请求，而仅以抗辩方式主张解除合同，在权利行使的方式上的确存在一定瑕疵，但是鉴于世纪公司享有的解除合同请求权的实质要件已具备且正式租赁合同尚未订立、本案亦无证据证明欧上公司因此遭受其他重大损失等事实，一审法院关于《合作意向书》的目的无法实现故应予解除的认定与处理既符合上述条款规定的主要精神和立法目的，亦有利于彻底解决双方之间争议，本院对此予以维持。

《中华人民共和国合同法》第九十七条规定，合同解除后，尚未履行的，终止履行；已经履行的，根据履行情况和合同性质，当事人可以要求恢复原状、采取其他补救措施，并有权要求赔偿损失。由于诉争《合作意向书》的解除系不能归责于双方当事人的原因造成的，故一审法院按照恢复原状原则判决世纪公司向欧上公司返还已付定金 432 万元及占有期间的利息符合上述法律条款的规定，本院予以维持。二审判决双倍返还定金，运用法律不当，本院予以纠正。再审申请人世纪公司关于二审判决世纪公司双倍返还定金缺乏合同和法律依据故应返还其已收取的定金的再审请求理由成立，本院予以采信。

综上，一、二审判决认定事实清楚，程序合法，但二审判决适用法律错误，本院予以纠正。一审判决实体处理正确，本院予以维持。再审申请人世纪公司再审申请符合法律规定，本院予以支持。

基于上述内容，广东省高级人民法院于 2013 年 12 月 10 日，依照《中华人民共和国民事诉讼法》第二百零七条第一款、第一百七十条第一款第

（二）项，《中华人民共和国合同法》第九十七条，《最高人民法院关于适用〈中华人民共和国合同法〉若干问题的解释（二）》第二十六条的规定，判决如下：1. 撤销广东省深圳市中级人民法院（2011）深中法民五终字第2679号民事判决和诉讼费分担部分；2. 维持广东省深圳市福田区人民法院（2011）深福法民三初字第1444号民事判决。

三十九、如何认定房屋群租合同的法律效力

（一）理论解答

所谓房屋群租，是指建筑物的某一单位的所有权人或使用权人，将该建筑单位改变原来的结构或布局，把其分割改建成尽可能多的若干小间后，再次向两个以上的社会各类人员分别按间或按床位出租而形成的租赁关系。

近年来，在北京、上海、深圳、广州等经济发达、人口稠密的大城市，由于多种原因，房屋群租现象比较普遍，引发了社会各界的众多反响与激烈争论，也引起了国务院主管部门和不少地方政府的高度重视。为此，住房和城乡建设部出台了《商品房屋租赁管理办法》，北京和上海等地方政府也出台了地方性法规，对此予以了制约和规范。然而，对这类合同的法律效力该如何认定，我国法学理论和司法实务界存在很大争议。

有效论者认为，按照《中华人民共和国合同法》第五十二条和《最高人民法院关于适用〈中华人民共和国合同法〉若干问题的解释（一）》第四条的规定，认定合同无效应以违反法律、行政法规的强制性规定为依据，而不应以违反上述部门规章和地方性法规为标准。

无效论者认为，房屋群租构成了对他人宪法权利的侵犯、损害了社会公共利益，是对建筑物区分所有权的滥用；在将原房产改建为多间房屋

后，等于变更了原来的规划，在未获有关部门同意的情况下，就是未按建设工程规划许可证进行建设。

本书认为，这类合同一般应认定为有效。除上述有效理由外，还因为以下四个方面。

1. 房屋群租对其他业主产生的不利影响，体现的正是弱势群体的宪法生存权与其他业主的宪法财产权、安宁权、环境权的冲突。根据现代文明社会公认的权利位阶顺序，生存权的相对高位阶不容否认。

2. 我国现行法律并无规定所有住宅房屋的内部装修都应申领建设工程规划许可证，故一概以未按原建设工程规划许可证进行建设来认定房屋群租合同为无效合同缺乏法律依据。

3. 房屋群租并不必然危及建筑物的安全，也不必然损害其他业主的合法权益，故房屋群租不能简单地与对建筑物区分所有权的滥用划等号。

4. 公共利益的保护应主要依公法来进行，法院对房屋群租合同效力的有效认定，并不影响相关行政主管机关对违反行政管理规定的违法行为予以另行处理。

（二）案例指引

石某莲与北京大海云水房地产经纪有限公司房屋租赁合同纠纷案[①]

2013年8月24日，石某莲（乙方）与北京大海云水房地产经纪有限公司（甲方）签订《北京市房屋租赁合同》，该合同约定：乙方承租坐落于北京市通州区××小区104号房屋。房屋租赁期自2013年8月24日至2014年8月23日。租金标准为每月1000元。房屋租金交付方式为押一付三。甲方交付该房屋时，乙方向甲方支付房屋租赁保证金，金额为1000元。乙方承担垃圾处理费每季度180元。该合同还约定了其他内容。

合同签订后当日，石某莲入住104号房屋客厅隔断间中的一间，并向北京大海云水房地产经纪有限公司交付定金900元、卫生费180元以及6

① 详见：北京市通州区人民法院（2014）通民初字第05052号民事判决书、北京市第三中级人民法院（2014）三中民终字第09577号民事判决书。

个月的租金（包含空调押金）6100元。

2014年1月5日，上述104号房屋打隔断被政府有关部门清理整治，石某莲应北京大海云水房地产经纪有限公司的通知从该房屋中搬离。

此后，石某莲向北京市通州区人民法院提起诉讼，要求北京大海云水房地产经纪有限公司退还租金、押金共计2700元。

庭审中，北京大海云水房地产经纪有限公司和石某莲均认可，石某莲交纳的空调押金转为承租房屋的租金。

北京市通州区人民法院审理认为：依法成立的合同对当事人有法律约束力，当事人应当按照约定履行自己的义务。法院对租赁合同效力的认定不影响行政主管机关对违反行政管理规定的违法行为予以处理。本案双方签订的《北京市房屋租赁合同》系双方当事人真实意思表示，双方已建立房屋租赁关系。现104号房屋因存在隔断，违反了国家相关规定，致使合同无法再继续履行，故石某莲与北京大海云水房地产经纪有限公司签订的《北京市房屋租赁合同》理应解除。合同解除后，没有履行的应终止履行。已经履行的，根据履行情况和合同性质，当事人可以要求恢复原状、采取其他补救措施，并有权要求赔偿损失。故石某莲要求北京大海云水房地产经纪有限公司退还租金以及押金（房屋租赁保证金）于法有据，法院对于合理部分予以支持，对于过高部分不予支持。

基于上述内容，北京市通州区人民法院依据《中华人民共和国合同法》第八条、第六十条、第九十四条、第九十七条之规定，判决：1. 北京大海云水房地产经纪有限公司退还石某莲房屋租金1600元、房屋押金900元，以上共计2500元，于判决生效之日起七日内执行完毕；2. 驳回石某莲的其他诉讼请求。

一审宣判后，北京大海云水房地产经纪有限公司不服，向北京市第三中级人民法院提起上诉，请求：撤销原审判决，发回原审法院重审。

北京市第三中级人民法院审理认为：根据双方当事人的陈述，原审认定双方签订租赁合同合法、有效正确。因上述合同无法继续履行，合同解除后，石某莲要求退还租金及押金的主张理由充分，原审支持其主张的合理部分处理准确。北京大海云水房地产经纪有限公司的上诉意见，没有法律依据，本院不予采信。综上所述，原审法院判决认定事实清楚，适用法律正确，应予维持。

2014年9月19日，北京市第三中级人民法院依照《中华人民共和国民事诉讼法》第一百七十条第一款第（一）项之规定，判决如下：驳回上诉，维持原判。

四十、土地承租人是否当然对承租土地享有优先购买权

（一）理论解答

《中华人民共和国合同法》明确规定房屋所有人转让房屋时承租人享有优先购买权，[①] 但并未明确规定土地使用权人转让土地使用权时承租人是否也享有优先购买权，以致理论界和实务界对此均存在很大争议。

有观点认为，应参照房屋租赁的规定，认定土地使用权承租人也享有优先购买权。

也有观点认为，在法律法规无明确规定的情形下，不能赋予土地使用权承租人以优先购买权。

本书认为，应对《中华人民共和国合同法》第二百三十条规定的优先购买权作扩大解释，赋予土地使用权承租人以优先购买权，理由在于以下四个方面。

1. 赋予土地承租人对承租土地享有优先购买权，符合优先购买权制度的设置目的。法律设置房屋承租人优先购买权的目的，在于维护交易稳定、促进交易安全，进而保障承租人的生存权及居住权。土地作为不动

① 《中华人民共和国合同法》第二百三十条规定："出租人出卖租赁房屋的，应当在出卖之前的合理期限内通知承租人，承租人享有以同等条件优先购买的权利。"

产，同样具有独立的使用价值和交换价值，故在个案的土地使用权租赁关系中赋予承租人优先购买权实属合理和必要。

2. 土地承租人对承租土地享有优先购买权是“房地一体”法律制度设计的应有之义。尽管我国法律对国有土地项下的房屋承租人赋予了优先购买权，对国有土地使用权的承租人是否享有优先购买权并无明确规定，但由于房屋所有权的取得必然涉及房、地两项权属关系，且两者相互依存，不能割裂看待，而我国现行法律、行政法规对城镇房屋所有权的变动实行“地随房走”的原则，可见房屋承租人的优先购买权也必然及于该房屋项下的土地。

3. 虽然土地租赁合同在我国是一种无名合同，但《中华人民共和国合同法》对其法律适用并非没有规定。《中华人民共和国合同法》第一百二十四条规定：“本法分则或者其他法律没有明文规定的合同，适用本法总则的规定，并可以参照本法分则或者其他法律最相类似的规定。”土地租赁合同和房屋租赁合同显然是最相类似的两种合同。

4. 土地承租人对承租土地享有优先购买权早已被我国土地主管部门所认可。国土资源部 1999 年印发的《规范国有土地租赁若干意见》第六条第五款规定：“在使用年期内，承租人有优先受让权，租赁土地在办理出让手续后，终止租赁关系。”

（二）案例指引

陆某龙与华某刚、无锡市地方电力公司土地租赁合同纠纷案[①]

2001 年 12 月 11 日，陆桥宾馆（甲方）与华某刚（乙方）签订租用协议，由乙方向甲方租用位于陆桥宾馆游泳池附房西面（男女更衣房后面）宾馆东围墙东面中间的一块空地，搭建简易车库。协议内容如下：1. 甲方同意乙方租用该空地（约 10 米 ×30 米）搭建简易仓库，租期暂定至 2004 年年底，租金暂免，如以后乙方需要，经甲方同意双方另行协商再定。2. 该空地搭建简易车库费用由乙方自行承担，并保证不再另作他用，原先

---

① 详见：江苏省江阴市人民法院（2013）澄民初字第 0894 号民事判决书、无锡市中级人民法院（2014）锡民终字第 0703 号民事判决书。

进出游泳池的大铁门，甲方同意改动，费用由乙方承担。3. 该空地的所有权属甲方所有，乙方只有在甲方同意下的临时使用权，如甲方二年以后需将该地另作他用，可随时收回该空地，乙方不得以任何理由和方式阻挡。陈某鹰在甲方处签名，华某刚在乙方处签名。

2002 年 5 月 15 日，无锡市地方电力公司（甲方，以下简称无锡电力公司）、江阴市陆桥工业物资有限公司（乙方）、无锡市信托投资公司（丙方）、陆桥宾馆（丁方）签订协议书，约定甲方、丙方同意丁方将坐落于江阴市陆桥镇陆东大街 93 号（证号为澄房权字第 × × 号、澄房权他字第 99001055 号、澄土集建〔1998〕字第 14174 号）的房屋、土地、设备、装潢等，合计折价为陆佰柒拾壹万叁仟伍佰元（671.35 万元）转让给甲方（评估价九五折），冲抵乙方欠甲方 1999 年 6 月 22 日编号为 99019 委托贷款合同的借款。协议上有无锡电力公司、无锡市信托投资公司、陆桥宾馆的盖章以及陈某鹰签名。

2010 年 11 月 16 日，无锡电力公司（甲方）与陆某龙（乙方）签订转让交易合同，约定甲方将所拥有的江阴市华士镇陆桥宾馆主楼、附房及土地有偿转让给乙方。交易标的包括：地上建筑物共计房屋 4 幢，总计建筑面积为 3599.92 平方米。甲方将上述标的以陆百万元整（600 万元）转让给乙方。交易方式为上述标的经资产评估确认后，通过无锡市国联产权交易所有限公司两次公开挂牌，截至挂牌期满，仅征集到乙方一家意向受让人，故采用协议转让的方式，确定受让人和转让价格，签订产权交易合同，实施产权交易。无锡电力公司及其法定代表人毛某坤在合同甲方处盖章，陆某龙在合同乙方处签名。

2011 年 1 月 14 日，坐落于江阴市华士镇陆桥陆东大街 93 号房屋登记，房屋所有权人为陆某龙。2011 年 4 月 8 日，坐落于江阴市华士镇陆桥陆东大街 93 号土地登记，土地使用权人为陆某龙，登记证号为澄土国用（2011）第 6704 号，地号为 014020090044，图号为 31.00 – 27.00，使用权面积为 5640 平方米。

2013 年 7 月 11 日，陆某龙委托葛某敏律师向华某刚邮寄律师函，写明："关于您租用的原陆桥宾馆的部分空地，租期早已于 2004 年年底到期，故作出通知：1. 解除租用合同关系，租用关系解除自本通知到达之日即生效，于 2013 年 7 月 21 日前将该幅土地恢复原样并搬出该幅土地；2. 立即支付自 2005 年起土地使用费 8 万元。”华某刚于 2013 年 7 月 12 日签收了该律师函。

另外，自 2001 年至今，华某刚一直实际占用澄土国用（2011）第 6704 号国土登记证范围内的一小块土地。

2013 年 7 月 24 日，陆某龙以华某刚为被告，以无锡电力公司为第三人向江阴市人民法院提起诉讼，请求判令：1. 解除陆东大街 93 号陆桥宾馆围墙东面的空地租用合同关系；2. 华某刚立即对陆东大街 93 号陆桥宾馆围墙东面空地上的附着物拆除腾空，并将空地返还陆某龙；3. 华某刚支付 2011 年 4 月 8 日起至判决确定其迁出之日止按照市场价每月 2000 元计算的土地使用费。审理中陆某龙自愿放弃要求华某刚支付 2011 年 4 月 8 日起至判决确定其迁出之日止按照市场价每月 2000 元计算的土地使用费的诉讼请求。

被告华某刚辩称：……根据《江苏省城镇国有土地使用权出让和转让实施办法》第五条、第十六条、第十七条、第三十条、第五十三条、第五十八条，陆某龙跟无锡电力公司转让土地的时候，没有按照法律规定实施。他没有看到发布公告和招标公告，市县人民政府在土地拍卖的时候没有发布公告和招标书，没有发布拍卖公告。法律规定转让已出租的土地使用权时，转让人应提前 90 天通知承租人，而陈某鹰、无锡电力公司、陆某龙在转让土地时均没有通知他。同等条件下，承租人有优先受让权，他知道了之后要去优先购买的。故请求驳回陆某龙的诉讼请求。

综合双方当事人的诉辩主张，本案的争议焦点为：1. 陆某龙与华某刚之间是否存在租赁关系；2. 华某刚是否享有优先购买权；3. 陆某龙是否有权解除租赁合同；4. 华某刚是否要将占用的土地上的附着物拆除腾空并将土地返还陆某龙。

江阴市人民法院审理认为：

1. 关于陆某龙与华某刚之间是否存在租赁关系。租赁物在租赁期间发生所有权变动的，不影响租赁合同的效力。租赁期间届满，承租人继续使用租赁物，出租人没有提出异议的，原租赁合同继续有效，但租赁期限为不定期。华某刚与陆桥宾馆之间对于陆桥宾馆东围墙东面中间约 300 平方米的土地签订了租用协议，约定租期暂定至2004年年底，租金暂免。在租赁期间，该土地的所有权变动至无锡电力公司名下，但不影响租赁合同的效力。2004年年底租赁期间届满，无锡电力公司作为出租人没有提出异议，故原租赁合同继续有效，但租赁期限为不定期。2011年该土地所有权变动至陆某龙名下，但不影响租赁合同的效力，故陆某龙与华某刚之间形成租赁关系。

2. 关于华某刚主张的优先购买权问题。尽管我国法律对国有土地项下的房屋承租人赋予了优先购买权，对国有土地使用权的承租人是否享有优先购买权并无明确规定，但由于房屋所有权的取得必然涉及房、地两项权属关系，且两者相互依存，不能割裂看待，而我国现行行政法规对城镇房屋所有权的变动实行“地随房走”的原则，可见房屋承租人的优先购买权也必然及于该房屋项下的土地。鉴于法律设置房屋承租人优先购买权的目的在于维护交易稳定、促进交易安全，而土地作为不动产，同样具有独立的使用价值和交换价值，故在个案的土地使用权租赁关系中，赋予承租人优先购买权应属合理和必要，并不与法律的相关规定抵触。但法律同时规定，承租人在同等条件下享有优先购买权，本案中，无锡电力公司受让的面积为5640平方米，华某刚只在其中承租约300平方米，条件并非相同。就本案而言，只有出让方选择将转让的标的分割出售时，华某刚才会享有就其承租部分的优先购买权，而不是因华某刚承租少部分土地，而导致出让方丧失将建筑物整体出售的权利。无锡电力公司受让整幢房屋及土地没有侵犯华某刚的优先购买权。因此华某刚的此项抗辩意见本院不予采信。

3. 关于陆某龙是否有权解除合同的问题。对于不定期的租赁合同，出租人陆某龙可以随时解除合同，但应当在合理期限之前通知华某刚。故陆某龙有权解除与华某刚之间的租赁合同。2013年7月12日，华某刚收到了陆某龙解除租赁合同的通知，故双方的租赁合同已于2013年7月12日解除。

4. 关于华某刚是否要将占用的土地上的附着物拆除腾空并将土地返还陆某龙的问题。租赁期间届满，承租人应当返还租赁物。返还的租赁物应当符合按照约定或者租赁物的性质使用后的状态。陆某龙与华某刚之间的租赁合同解除后，华某刚应当返还租用的土地。按照原租用协议约定，该土地用于搭建简易车库，不再另作他用，华某刚可以改动进出游泳池的大铁门。如果2003年以后陆桥宾馆需将该地另作他用，可随时收回该空地，华某刚不得以任何理由和方式阻挡。故按照原租用协议约定，华某刚返还租用的土地时，土地应该为空地。故华某刚需要将占用的土地上的附着物拆除腾空并将该土地返还陆某龙。

基于上述内容，江阴市人民法院于2014年1月22日，依照《中华人民共和国合同法》第二百二十九条、第二百三十二条、第二百三十五条、第二百三十六条，最高人民法院《关于审理城镇房屋租赁合同纠纷案件具体应用法律若干问题的解释》第二十四条第（四）项的规定，判决如下：1. 解除陆某龙与华某刚之间关于江阴市华士镇陆桥陆东大街93号约300平方米的土地租赁合同；2. 华某刚于判决发生法律效力之日起十日内将占用的陆某龙所有的土地上的附着物拆除腾空并将土地返还陆某龙。

本案一审宣判后，华某刚不服，向无锡市中级人民法院提起上诉。

本案二审的争议焦点为：土地使用权转让时出租人未通知承租人的，承租人能否以侵害其优先购买权为由请求确认该转让行为无效。

无锡市中级人民法院审理认为：法律没有明文规定的合同，可以参照《中华人民共和国合同法》分则或者其他法律最相类似的规定。由于房屋所有权及对应的土地使用权不可分割转让，且两者均具备不动产的性质，故土地使用权转让没有法律明文规定的部分可以参照房屋所有权转让所涉法律。《最高人民法院关于审理城镇房屋租赁合同纠纷案件具体应用法律若干问题的解释》规定了当出租人出卖租赁房屋未在合理期限内通知承租人或者存在其他侵害承租人优先购买权情形下，承租人请求确认出租人与第三人签订的房屋买卖合同无效的，人民法院不予支持。据此，承租人对土地使用权的优先购买权也仅系土地租赁合同的权利义务，只能约束合同双方，而不能约束出租人与第三人之间的土地使用权转让行为。本案中，无论华某刚是否享有优先购买权，均不能以侵害其优先购买权为由主张陆某龙及电力公司之间的土地使用权转让行为无效，故陆某龙与电力公司之间的转让行为有效。因陆某龙已经取得房屋及土地的相应权利，当然有权在原租赁合同到期后解除双方不定期租赁关系并要求华某刚迁出。

基于上述内容，无锡市中级人民法院于2014年5月27日，依照《中华人民共和国民事诉讼法》第一百七十条第一款第（一）项的规定，判决：驳回上诉，维持原判。

四十一、为担保借贷债权的实现而签订的房屋租赁合同是否有效

（一）理论解答

在我国当前十分热络的民间借贷中，担保的形式纷繁复杂。不少时候，出借人都会要求借款人与其签订房屋租赁合同，以担保借贷债权的实现。对应如何认定这类合同的法律效力，理论界和实务界存在较大的争议。

有观点认为，这类租赁合同不是一般意义上为生产或生活便利而签订的房屋租赁合同，难以产生法律意义上的房屋租赁合同效力，且建立租赁关系并非双方签订租赁合同的真实意图，只是作为债权实现的一种担保形式，而该形式并非我国法律确定的担保形式，要确定该行为的法律效力缺乏法律依据，故应认定为无效。

另有观点认为，这类合同对借款人、其他债权人及法院执行存在巨大的潜在危害，故应当比照《最高人民法院关于审理民间借贷案件适用法律若干问题的规定》第二十四条的规定[①]，依照基础法律关系的法律规定进行实体处理。即出借人利用租赁合同为借款行为做担保的，对于出借人要

① 《最高人民法院关于审理民间借贷案件适用法律若干问题的规定》第二十四条规定："当事人以签订买卖合同作为民间借贷合同的担保，借款到期后借款人不能还款，出借人请求履行买卖合同的，人民法院应当按照民间借贷法律关系审理，并向当事人释明变更诉讼请求。当事人拒绝变更的，人民法院裁定驳回起诉。按照民间借贷法律关系审理作出的判决生效后，借款人不履行生效判决确定的金钱债务，出借人可以申请拍卖买卖合同标的物，以偿还债务。就拍卖所得的价款与应偿还借款本息之间的差额，借款人或者出借人有权主张返还或补偿。"

求继续履行租赁合同的，可以告知其按民间借贷纠纷处理，如坚持按租赁纠纷诉讼的，则可以驳回其诉讼请求。

还有观点认为，现行法律和司法解释虽未设定租赁等债权担保，但法律或司法解释未创设的权利类型，并不排除当事人通过契约方式设定。受契约自由原则和担保之经济目的双重规范的债权担保关系，只要不违反法律、行政法规关于合同效力的强制性规定，就应当予以认可。因此，只要不存在《中华人民共和国合同法》第五十二条规定的合同无效情形，不宜轻易否定以租赁权作为借贷关系之担保合同的法律效力。

本书赞同上述第三种观点，理由包括以下三个方面。

首先，物权的设立和变动固然要依据物权法的规定，而订立设立、变更、转让和消灭物权的合同属于债权法律关系的范畴，故其成立、生效等问题均应依债权法的规定来处理。

其次，为担保借贷而签订的租赁合同实为一种非典型的担保（让与担保），而让与担保与我国法律明确禁止的流质条款在实现方式上并不相同。

最后，尽管我国法律没有明确建立让与担保制度，但这类合同在促进交易、对抗风险、融通资金等方面具有积极的价值与功能，不宜轻易否定。

（二）案例指引

纳尔特公司与华星公司租赁合同纠纷案[①]

2012年11月21日，纳尔特公司（甲方）与华星公司（乙方）签订《房屋租赁合同》，约定纳尔特公司将涉案房屋租赁给华星公司。该合同第十条约定：双方一致同意，如在2013年5月11日前，甲方退还乙方已付房屋租金及已付租金20%的违约金（若甲方提前退还完毕乙方已付租金，则违约金相应递减），则甲方有权解除本合同，乙方退还甲方租金收条，双方不再承担其他责任。本条款为甲方的一次性选择性权利，逾期不再享有。甲方在上述期限内未全部偿还乙方租金及其违约金的，甲方无权再以

① 详见：北京市通州区人民法院（2014）民通初字第10581号民事判决书、北京市第三中级人民法院（2016）京03民终3343号民事判决书。

任何理由解除合同。

2012年11月22日，华星公司向纳尔特公司支付450万元租金。后纳尔特公司未能按照约定于2013年5月11日前退还租金及支付违约金，华星公司入驻涉案租赁场地及房屋。

后纳尔特公司诉至法院，主张华星公司向其提供的是借款，其已分5笔向华星公司支付利息787500元，故请求判令双方于2012年11月21日签署的《房屋租赁合同》无效。

北京市通州区人民法院经审理认为：纳尔特公司与华星公司虽然形式上签订的是租赁合同，但双方之间实际上是借款关系。纳尔特公司向华星公司借款450万元后，纳尔特公司按月向华星公司支付的实际是借款利息。因企业间的资金拆借行为被我国法律法规所禁止，双方是以签订租赁合同的合法形式掩盖企业间资金拆借的非法目的，故双方之间的租赁合同应属无效。

基于上述内容，北京市通州区人民法院判决：纳尔特公司与华星公司于2012年11月21日签订的《房屋租赁合同》无效。

一审宣判后，华星公司不服，向北京市第三中级人民法院提起上诉，主张双方签订的《房屋租赁合同》不存在以合法形式掩盖非法目的的情形，企业间的临时资金拆借行为现属合法有效，故请求撤销一审判决，改判驳回纳尔特公司的诉讼请求。

北京市第三中级人民法院审理认为：

1. 双方基础法律关系应为企业间借贷。当事人之间因民间借贷之外的其他表现形式形成的债权债务关系，虽当事人可以通过意思自治形成某种法律关系，但人民法院应当在审查双方当事人提交证据的基础上查明案件事实。本案中，双方虽然签订涉案租赁合同，且华星公司已实际占有、使用涉案房屋，但从双方约定的租赁合同解除条件、解除期限及租金数额、纳尔特公司按月支付数笔利息等事实，均存在不合常理或与房屋租赁关系不符之处，却更符合企业间借贷合同的实质要素。因此，双方的基础法律关系应为民间借贷合同关系。

2. 双方以租赁权作为借贷合同担保之效力。从涉案租赁合同第十条来看，双方签订的租赁合同实为对双方借贷合同的一种类似于让与担保的非典型担保行为——“租赁担保”。双方因借贷合同所签订的租赁合同实质上是对于华星公司450万元债权的担保，但此处让与的并非担保物的所有权，而是一种非典型但实践中存在的租赁权。本案中，鉴于纳尔特公司的诉讼请求为判令双方于2012年11月21日签订的《房屋租赁合同》无效，并不涉及是否以租赁合同作为借贷关系的担保履行问题，故本院只对双方之间的租赁合同及借贷关系的效力进行认定。因双方存在借贷法律关系，而签订的租赁合同不存在无效之情形，故一审法院的判决处理不当，应予纠正。

基于上述内容，北京市第三中级人民法院终审判决：1. 撤销北京市通州区人民法院（2014）通民初字第10581号判决；2. 驳回纳尔特公司的诉讼请求。

四十二、房屋承租人是否可以作为征收与补偿行政诉讼的原告

（一）理论解答

城市房屋征收中，如何对被征收房屋承租人进行补偿安置，一直是征收工作的难点之一。实践中，争议主要集中在被征收房屋的承租人是否可以作为征收与补偿行政诉讼的原告。

根据原《城市房屋拆迁管理条例》的有关规定，拆迁补偿安置对象除了作为房屋所有权人的被拆迁人，在一定情况下对房屋承租人也应予以补偿安置。而根据现行《国有土地上房屋征收与补偿条例》（2011年1月21日起施行）的有关规定，征收国有土地上房屋的，给予补偿的对象仅是作为被征收人的房屋所有权人，未明确规定房屋承租人是否有权得到征收补偿。

一种观点认为，对房屋征收行政诉讼的原告主体资格应从严把握。根据《国有土地上房屋征收与补偿条例》的规定，房屋征收的行政相对人是被征收房屋的所有权人，故承租人无原告主体资格；承租人等房屋使用权人因房屋被征收而遭受损失的，应由房屋所有权人依照租赁合同的相关规定进行补偿，如发生争议，应由租赁双方通过民事诉讼等渠道解决。

另一种观点认为，对房屋征收行政诉讼的原告主体资格应适当放宽。所有权人、公房承租人、营业用房的承租人对房屋征收决定和补偿决定均有权提起行政诉讼，尤其是直管公房、单位管理的国有公房被征收时，政府应当给承租人合理的安置或者补偿。

还有一种观点认为，应根据承租的不同情况区别对待。有的承租人既可以对征收决定提起行政诉讼，也可以对补偿决定提起行政诉讼；有的承租人则不能对征收决定提起行政诉讼，只能对补偿决定提起行政诉讼。

本书认为，除直管公房的承租人外，其余房屋的承租人均不应具有房屋征收与补偿行政诉讼的原告主体资格，这是因为以下三个方面。

1. 根据《中华人民共和国行政诉讼法》第二十五条的规定，有权提起行政诉讼的原告，须与行政行为具有直接的利害关系，而一般房屋的承租人与承租房屋的利害关系都是间接的。

2. 直管公房是计划经济的产物，以低租金、长期限为基本特征，具有明显的社会福利性质。在以往的城市房屋拆迁中，直管公房的被拆迁人通常是各地房产管理部门，作为社会福利的延续，直管公房拆迁的补偿安置通常直接针对承租人进行，这是符合当时的拆迁制度和社会经济条件的，也是能够体现社会公平的。而根据现行的《国有土地上房屋征收与补偿条例》，征收和补偿行为由市、县级人民政府代表国家实施，若说国家征收的是自己作为所有权人的直管公房，在法理逻辑上显然是不能成立的。因此，《国有土地上房屋征收与补偿条例》施行之后，对直管公房应不存在征收与补偿的问题。如国家需要拆除直管公房、搬迁承租人，则属于住房福利调整的范畴，不应适用《国有土地上房屋征收与补偿条例》的规定。所以，对直管公房的拆迁，根本不存在承租人作为征收与补偿案件原告的问题。

3. 征收决定的相对人与征收补偿的相对人不可分离，这既是“有征收必有补偿、无补偿则无征收”的应有之义，也是现代行政法治的基本要求。

（二）案例指引

张某安等24人与浙江省新昌县人民政府行政征收案[①]

2014年3月1日，浙江省新昌县人民政府作出《关于征收鼓山公园国有土地房屋的决定》，决定对鼓山公园规划红线范围内的国有土地房屋实施征收。

2014年8月25日，张某安等24人向浙江省绍兴市中级人民法院提起行政诉讼，请求依法撤销新昌县人民政府作出的上述决定。

绍兴市中级人民法院认为：国有土地上房屋征收决定是确定征收人与被征收人之间权利义务关系的行政行为，故该行政行为的相对人是被征收人即房屋所有权人。根据《国有土地上房屋征收与补偿条例》第十四条之规定，房屋所有权人对房屋征收决定不服的，可以依法提起行政诉讼。本案中，原告系涉案房屋的承租人，并非行政相对人，现原告以自己的名义提起行政诉讼要求撤销被告作出的新政房征（2014）1号房屋征收决定，于法无据。

基于上述内容，绍兴市中级人民法院依照《最高人民法院关于执行〈中华人民共和国行政诉讼法〉若干问题的解释》第四十四条第一款第（二）项的规定，裁定：驳回原告张某安等24人的起诉。

上述裁定作出后，张某安等24人不服，向浙江省高级人民法院提起上诉，称：1. 被上诉人作出的具体行政行为对上诉人合法权益产生直接影响，具有直接的法律利害关系。上诉人系新昌县七星街道一路的经营户，在该地均经营多年，且被上诉人亦承认上诉人是在被诉征收决定范围内的经营业者，根据《国有土地上房屋征收与补偿条例》第十七条和第二十三条等规定，征收补偿的范围应包括停产停业带来的损失，被上诉人作出房屋征收决定明显影响上诉人的经营活动，具有法律上的利害关系。另外，

---

① 详见：浙江省绍兴市中级人民法院（2014）浙绍行初字第44号行政裁定书、浙江省高级人民法院（2014）浙行终字第284号行政裁定书。

上诉人在向绍兴市人民政府提起行政复议过程中，绍兴市人民政府亦未对上诉人的复议资格提出异议，并对被诉房屋征收决定做了实质性审查，如果一审法院裁定理由成立，那么上诉人对行政复议决定不服就无权起诉了。2. 被上诉人所作房屋征收决定违法，一审法院对该事实不予审查，属于事实认定不清。（1）被上诉人未能提供证据证明被诉征收行为是为了公共利益的需要，即使其征收是为了公共利益需要，也没有达到确需的征收条件；（2）被上诉人作出房屋征收决定未提供符合国民经济和社会发展规划、土地利用总体规划等规划相关证据，无法证明其征收行为是否符合上述规划，故而征收违法；（3）被征收项目不是政府主导实施的，是由该县城市建设投资有限公司进行具体操作的，所以作出的征收决定是违法的；（4）被上诉人在没有作出社会稳定风险评估报告的情况下，作出征收决定违法；（5）在征收补偿安置资金未足额到位的情况下，被上诉人作出房屋征收决定违法（被上诉人的资金证明是2013年11月26日，但作出征收决定的时间是2014年3月1日，期间相差4个月）。综上，上诉人与被诉房屋征收决定存在法律上的利害关系，且被诉行政行为不管在实体上还是程序上均违法，侵犯上诉人的合法权益。一审法院对此不予审查，丧失了法院客观中立裁判立场。故请求撤销一审裁定，依法判令支持上诉人的一审诉讼请求。

浙江省高级人民法院经审查确认，根据上诉人提交的相关个体工商户营业执照、租赁协议以及被上诉人新昌县人民政府提交的被征收人名单等材料，可以认定上诉人属于涉案被征收房屋的承租人而非房屋产权人。

浙江省高级人民法院认为：《国有土地上房屋征收与补偿条例》第二条规定："为了公共利益需要，征收国有土地上单位、个人的房屋，应当对被征收房屋的所有权人给予公平补偿。"第十四条规定："被征收人对市、县级人民政府作出的房屋征收决定不服的，可以依法申请行政复议，也可以依法提起行政诉讼。"据此，针对房屋征收决定可提起行政诉讼的原告应当为被征收房屋的所有权人，并不包括被征收房屋的承租户。鉴于本案上诉人乃涉案被征收房屋的承租户，故其对被诉房屋征收决定不具有行政诉讼的原告主体资格。至于上诉人上诉状中提出因《国有土地上房屋征收与补偿条例》第十七条规定了停产停业损失属于征收补偿范围，故其与被诉房屋征收决定之间具有法律上的利害关系，该上诉主张属于对法律的错误理解。关于被诉房屋征收决定是否存在实体违法的事项，由于本案仅涉行政诉讼原告资格的审查认定，故该上诉事项不属本案的审查范围。综上，原审法院以上诉人不具有行政诉讼原告主体资格而裁定驳回其起诉并无不当，依法应予维持。

2014 年 12 月 15 日，浙江省高级人民法院依照《中华人民共和国行政诉讼法》第六十一条第（一）项、《最高人民法院关于执行〈中华人民共和国行政诉讼法〉若干问题的解释》第九十七条以及《中华人民共和国民事诉讼法》第一百七十一条之规定，裁定：驳回上诉，维持原裁定。

四十三、刊登了拍卖公告是否属于履行了对优先购买权人的通知义务

（一）理论解答

在我国目前的司法拍卖实务中，人民法院大多委托拍卖机构代为办理涉案出租房屋的几乎所有拍卖事务，包括但不限于通知承租人行使优先购买权，而拍卖机构也往往在《人民法院报》等全国或当地公开媒体上以刊登拍卖公告的形式代法院进行“通知”。由于我国法学理论界对司法拍卖的性质“众说纷纭、莫衷一是”[①]，各地法院对刊登了拍卖公告是否属于履行了对优先购买权人的通知义务这一问题存在极不一致的认识。

有的法院判决认为，拍卖公司代执行法院刊登的拍卖公告已起到公示公告效果，此后具有优先购买权的当事人以执行法院对优先购买权人未尽

① 具体争议情况可参见张民：《司法拍卖疑难问题探析》，人民法院出版社 2016 年版，第 33 ~ 39 页。

到通知义务为由请求确认拍卖无效、撤销拍卖成交裁定的，不应予以支持。

有的法院判决认为，拍卖机构代法院在媒体上刊登的拍卖公告是一种商业要约邀请，不是人民法院的法律文书，不能将拍卖机构刊登的拍卖公告等同于执行法院向其他具有优先购买权的当事人送达的诉讼文书，故在媒体上刊登了拍卖公告并不能证明已向承租人履行法定通知之义务。

本书认为，承租人对承租房屋的优先购买权事关承租人的居住权和生存权，意义重大，在司法拍卖中应给予慎重对待；司法拍卖环节是司法腐败的重灾区，必须给予高度重视、严格把握。鉴于此，要认定刊登了拍卖公告属于履行了对优先购买权人的通知义务，应同时满足以下三个必要条件。

1. 拍卖公告应在全国或当地有广泛影响的公开媒体上多次发布。这一点已是广泛共识，无须在此赘言。

2. 常规的通知手段在拍卖公告发布前已实际穷尽。这一条件的直接依据在于《最高人民法院关于人民法院委托评估、拍卖和变卖工作的若干规定》（自 2009 年 11 月 20 日起施行）第十四条规定了“人民法院应当在拍卖五日前以书面或者其他能够确认收悉的适当方式，通知当事人和已知的担保物权人、优先购买权人或者其他优先权人于拍卖日到场。”

3. 拍卖公告中应明确记载无法正常通知的理由并为公告的传播留有合理的时间。这一条件已被《最高人民法院关于人民法院网络司法拍卖若干问题的规定》（法释〔2016〕18 号，自 2017 年 1 月 1 日起施行）采用。该司法解释第十六条规定：“网络司法拍卖的事项应当在拍卖公告发布三日前以书面或者其他能够确认收悉的合理方式，通知当事人、已知优先购买权人。权利人书面明确放弃权利的，可以不通知。无法通知的，应当在网络司法拍卖平台公示并说明无法通知的理由，公示满五日视为已经通知。优先购买权人经通知未参与竞买的，视为放弃优先购买权。”

（二）案例指引

襄阳涌鑫鼎洁洗涤有限责任公司与中国人民银行襄阳市中心支行等确认优先购买权纠纷案[①]

位于湖北省襄阳市襄城区东街10号的房地产，建筑面积为4113.25平方米，占地面积2046.8平方米，土地使用者为中国人民银行襄樊市中心支行（后更名为中国人民银行襄阳市中心支行，以下统称人行襄阳支行）。

2005年6月15日，襄阳涌鑫鼎洁洗涤有限责任公司（原襄樊涌鑫餐饮娱乐有限责任公司，以下简称涌鑫公司）与人行襄阳支行签订房屋租赁合同约定：人行襄阳支行将其位于襄阳市襄城区东街10号的1号楼2楼和3楼（建筑面积约1299平方米）出租给涌鑫公司经营使用，租赁期限为2005年6月15日至2010年12月31日。

2005年7月31日，人行襄阳支行与涌鑫公司又签订一份房屋租赁合同，该合同约定：人行襄阳支行将其位于襄阳市襄城区东街10号的1号楼4楼（建筑面积约503平方米）出租给涌鑫公司经营使用，租赁期限为2005年7月31日至2010年12月31日。租赁合同第七条第一款约定："租赁期间，甲方人行襄阳支行有权依照上级行有关政策和法定程序转让该出租房屋的所有权，原所有权转让后，甲方负责协调本合同期内的租用事宜。本合同对新的房屋所有人和乙方涌鑫公司继续有效。"

2008年6月20日，中国人民银行武汉分行与汇达资产托管有限责任公司（以下简称汇达公司）签订《资产移交总协议》约定：汇达公司拥有人行武汉分行移交资产的处置权。同年6月26日，人行襄阳支行与汇达公司签订《襄樊东大街综合楼项目移交协议》约定：将位于襄樊市（现襄阳市）襄城区东大街10号的建筑面积约4113.25平方米的房地产移交给汇达公司。

2009年10月13日，汇达公司与武汉开元拍卖有限公司（以下简称开元拍卖公司）签订委托拍卖合同约定：将位于襄樊市襄城区东大街10号

---

① 详见：湖北省高级人民法院（2014）鄂民二终字第00004号民事判决书、（2016）鄂民再25号民事判决书。

的建筑面积约4113.25平方米的房地产委托开元拍卖公司进行拍卖。

2009年10月19日，开元拍卖公司在《楚天都市报》上刊登了关于拍卖上述房地产的公告，并制作了通知承租人享有优先购买权的告知书。

2009年10月22日，开元拍卖公司对向涌鑫公司邮寄送达告知书的国内特快专递邮件EA996015397CS详情单进行了公证。但湖北省邮政速递物流有限公司襄阳市分公司事后出具一份证明，载明该公司并未收寄编号EA996015397CS国内特快专递邮件。

2009年10月26日，襄阳人家大酒店以1910万元竞买了位于湖北省襄阳市襄城区东大街10号的综合楼和住宅楼。

2009年12月10日，襄阳人家大酒店通知涌鑫公司从2009年11月份起向其交纳租金。

2010年1月12日，人行襄阳支行与襄阳人家大酒店共同通知涌鑫公司改向襄阳人家大酒店交纳租金。

2010年3月12日，涌鑫公司以人行襄阳支行和汇达公司侵犯了其依法享有的优先购买权为由，向湖北省襄阳市中级人民法院提起诉讼，请求：1. 确认被告人行襄阳支行与第三人襄阳人家大酒店转让襄阳市襄城区东街10号房地产的行为无效；2. 确认原告对人行襄阳支行出卖的位于襄阳市襄城区东街10号房地产在同等条件下享有优先购买权；3. 判令人行襄阳支行以出卖给第三人的同等价格将襄阳市襄城区东街10号房地产出卖给原告；4. 本案的诉讼费用及原告聘请律师所支付的代理费由被告人行襄阳支行和汇达公司承担。

湖北省襄阳市中级人民法院审理认为：

根据《中华人民共和国合同法》第二百三十条“出租人出卖租赁房屋的，应当在出卖之前的合理期限内通知承租人，承租人享有以同等条件优先购买的权利”之规定，可知优先购买权是承租人的法定权利。

涌鑫公司与人行襄阳支行签订的租赁合同第七条第一款约定：“租赁期间，甲方人行襄阳支行有权依照上级行有关政策和法定程序转让该出租房屋的所有权，原所有权转让后，甲方负责协调本合同期内的租用事宜。本合同对新的房屋所有人和乙方涌鑫公司继续有效。”根据该款约定，2008年6月20日，中国人民银行武汉分行与汇达公司签订《资产移交总协议》，汇达公司取得中国人民银行武汉分行移交资产即包括襄阳市襄城区东街10号房产在内的资产处置权。而汇达公司委托开元拍卖公司拍卖上述房产。前者属政策性移交，后者属一般民事转让。即按租赁合同第七条第一款的约定，前者政策性移交时，涌鑫公司无优先购买权。后者一般民事转让时，且在涌鑫公司租赁期内，作为承租人的涌鑫公司在租赁期限内即租赁关系存续期间，当然享有对出租房屋的法定优先购买权。根据“买卖不破租赁”的民法原理与《中华人民共和国合同法》第二百二十九条规定，租赁物在租赁期间发生所有权变动的，不影响租赁合同的效力。因此，不论出租人即所有权主体发生几次变化，在出租人没有依法解除租赁协议的情况下，涌鑫公司仍然对出租房屋享有优先购买权。人行襄阳支行位于襄阳市襄城区东街10号房屋2号楼的5套住宅房与10号房屋的1号楼（综合楼七层）是不同的两幢楼房，可以分割处置。对10号房屋2号楼的5套住宅房，涌鑫公司仅提供了一份3楼、5楼2008年11月至2009年4月交纳房租的收据，不足以证明其在拍卖期间租赁2号楼的3楼、5楼两套住宅房。故对于涌鑫公司诉称其优先购买权及于襄阳市襄城区东街10号的所有房屋，不予以支持。其对襄阳市襄城区东街10号房屋的1号楼（综合楼）在同等条件下享有优先购买权。《最高人民法院关于审理城镇房屋租赁合同纠纷案件具体应用法律若干问题的解释》第二十三条规定：“出租人委托拍卖人拍卖租赁房屋，应当在拍卖5日前通知承租人。承租人未参加拍卖的，人民法院应当认定承租人放弃优先购买权。”因汇达公司拒绝提供、质证拍卖5日前通知涌鑫公司的证据，应认定汇达公司没有履行通知义务，违反了上述法定程序的规定，致使涌鑫公司未能参加拍卖。故汇达公司侵害了涌鑫公司的优先购买权。

关于涌鑫公司请求确认人行襄阳支行与第三人转让行为无效的诉讼请求。《最高人民法院关于审理城镇房屋租赁合同纠纷案件具体应用法律若干问题的解释》第二十一条规定：“出租人出卖租赁房屋未在合理期限内通知承租人或者存在其他侵害承租人优先购买权情形，承租人请求出租人承担赔偿责任的，人民法院应予支持。但请求确认出租人与第三人签订的房屋买卖合同无效的，人民法院不予支持。”因此，涌鑫公司请求确认被告与第三人转让襄阳市襄城区东街10号房产的行为无效及请求判令被告以出卖给第三人的同等价格将上述房产出卖给原告的诉讼请求，不予支持。

基于上述内容，该院经审判委员会讨论决定，于2013年9月17日作出（2013）鄂襄阳中民三初字第00020号民事判决：1. 确认涌鑫公司对位于襄阳市襄城区东街10号的1号楼（综合楼）在同等条件下享有优先购买权；2. 驳回涌鑫公司的其他诉讼请求。

一审宣判后，涌鑫公司不服，向湖北省高级人民法院提起上诉，请求：撤销一审判决，改判支持涌鑫公司对于涉案房屋在同等条件下享有优先购买权，并判令人行襄阳支行、汇达公司以出卖给襄阳人家大酒店的同等价格将该房屋出卖给涌鑫公司。

汇达公司亦不服一审判决，向湖北省高级人民法院提起上诉，请求：撤销一审判决，依法改判确认涌鑫公司对本案争议的房产不享有优先购买权。

湖北省高级人民法院二审认为：

根据《中华人民共和国合同法》第二百三十条关于“出租人出卖租赁房屋的，应当在出卖之前的合理期限内通知承租人，承租人享有以同等条件优先购买的权利”的规定，涌鑫公司对承租的该房屋享有优先购买权。2008年6月20日，中国人民银行武汉分行与汇达公司签订《资产移交总协议》约定：汇达公司拥有人行武汉分行移交资产的处置权。2008年6月26日，人行襄阳支行与汇达公司签订《襄樊东大街综合楼项目移交协议》约定：襄樊东大街10号的建筑面积约4113.25平方米的房地产移交给汇达公司。人行襄阳支行与涌鑫公司所签租赁合同第七条第一款规定：“租赁期间，甲方人行襄阳支行有权依照上级行有关政策和法定程序转让该出租房屋的所有权，原所有权转让后，甲方负责协调本合同期内的租用事宜。本合同对新的房屋所有人和乙方涌鑫公司继续有效。”因此，涌鑫公司在人行襄阳支行将涉案房地产移交给汇达公司时不享有优先购买权。《中华人民共和国合同法》第二百二十九条规定：“租赁物在租赁期间发生所有权变动的，不影响租赁合同的效力。”因此，当租赁房屋在租赁期间发生所有权变动，租赁合同对受让人具有法律拘束力，即“所有权变动不破租赁”原则。该原则是指租赁合同权利义务的法定转让，出租人退出租赁合同关系，房屋的受让人被加入租赁合同而成为新的出租人，使原房屋租赁合同在该受让人与承租人之间继续发生效力。因此，在人行襄阳支行将涉案房地产移交给汇达公司后，租赁权仍然存在，租赁物上亦存在优先购买权。故涌鑫公司仍有优先购买权。另外，汇达公司根据其与中国人民银行武汉分行签订的《资产移交总协议》，取得中国人民银行武汉分行移交资产即包括襄阳市襄城区东街10号房产在内的资产处置权后，委托开元拍卖公司拍卖襄阳市襄城区东街10号房产。因此，原审法院为查清事实，依照《中华人民共和国民事诉讼法》第一百三十二条关于“必须共同进行诉讼的当事人没有参加诉讼的，人民法院应当通知其参加诉讼”的规定，追加汇达公司为本案的被告并无不当，且汇达公司在原审亦认可以被告的法律地位参加诉讼。涌鑫公司主张的是对襄阳市襄城区东大街10号的建筑面积约4113.25平方米的房地产的优先购买权，而一审判决涌鑫公司只对该处房地产的1号楼（综合楼）享有优先购买权，并没有超出当事人的诉讼请求。

关于涌鑫公司能否主张判令人行襄阳支行、汇达公司以出卖给襄阳人家大酒店的同等价格将襄阳市襄城区东街10号房地产的1号楼（综合楼）出卖给涌鑫公司的问题。本院认为，涌鑫公司虽然有优先购买权，但优先购买权在法律没有规定为物权情形下，应为优先缔约请求权。因此，优先购买权人不能依出卖人与第三人间买卖合同所确定的条件取得标的物。2009年10月13日，汇达公司与开元拍卖公司签订委托拍卖合同约定：襄樊东大街10号的建筑面积约4113.25平方米的房地产委托开元拍卖公司进行拍卖。2009年10月26日，襄阳人家大酒店以1910万元竞买了襄城区东大街10号房产。《最高人民法院关于审理城镇房屋租赁合同纠纷案件具体应用法律若干问题的解释》第二十一条规定：“出租人出卖租赁房屋未在合理期限内通知承租人或者存在其他侵害承租人优先购买权情形，承租人请求出租人承担赔偿责任的，人民法院应予支持。但请求出租人与第三人签订的房屋买卖合同无效的，人民法院不予支持。”因此，涌鑫公司上诉请求判令人行襄阳支行、汇达公司以出卖给襄阳人家大酒店的同等价格将襄阳市襄城区东街10号房地产的1号楼（综合楼）出卖给涌鑫公司的上诉理由不能成立。

综上，汇达公司、涌鑫公司的上诉理由均不能成立。原审判决认定事实清楚，审判程序合法，适用法律正确，实体处理恰当。

基于上述内容，湖北省高级人民法院于2014年6月10日判决：驳回上诉，维持原判。

二审判决后，汇达公司不服，向湖北省高级人民法院申请再审。

湖北省高级人民法院再审认为，本案争议焦点为：1. 本案一、二审法院是否遗漏重要证据，审判程序是否合法；2. 涌鑫公司是否对涉案房屋享有优先购买权；3. 汇达公司是否于拍卖前履行了通知义务。

关于争议焦点一，本院认为，根据《中华人民共和国民事诉讼法》第六十四条、第六十五条的规定，当事人对自己提出的主张，有责任提供证据，并且应当及时提交支持其诉讼主张的证据。本案中，向涉案房屋承租人送达告知书的回执、相关照片等证据材料均形成于诉讼之前，且为汇达公司所掌握，但汇达公司在原一审法院确定的举证期限内并未及时向法庭提交。本院在原二审过程中经主动审查，认为汇达公司于原一审庭审后提交的上述材料与本案的基本事实有关，原一审法院未组织质证，可能影响对于汇达公司是否于拍卖前履行了通知义务的认定，故于2012年12月5日作出（2012）鄂民二终字第00030号民事裁定，撤销湖北省襄阳市中级人民法院（2010）襄中民三初字第00015号民事判决，将本案发回重审。并明确要求：应当对李云霄、李顺林等证人证言内容的真实性、照片的形成时间、2号楼5套住宅的租赁情况以及涉案房产的1号楼（综合楼）与2号楼是否可以分割处置等问题予以查清。本案重审时，汇达公司仅主张其系依照政策性规定取得涉案房屋的所有权，与涌鑫公司无租赁合同关系，涌鑫公司主张的优先购买权无前提条件等，并未提交可证明其履行了通知义务的证据。在此情况下，重审法院合议庭依照本院发回重审裁定书的要求，当庭向汇达公司进行了提示和说明，但汇达公司仍拒绝提交证据，不申请证人出庭，亦不质证。（重审）一审判决作出后，汇达公司不服，上诉至本院。在二审期间，汇达公司亦未将相关材料作为证据提交。上述事实有由各方当事人签字确认的一、二审庭审笔录在卷证实。湖北省襄阳市中级人民法院及本院按照法律规定的程序，对于各方提交的证据进行全面、客观审查，充分保障了当事人的诉讼权利，审判程序符合法律的规定。

关于争议焦点二，本院认为，位于襄阳市襄城区东大街10号的房地产原属于人行襄阳支行所有，涌鑫公司系承租人。2008年6月26日，人行襄阳支行按照上级银行的指示，与汇达公司签订《襄樊东大街综合楼项目移交协议》，将涉案房屋移交给汇达公司，属于政策性移交，涌鑫公司此时并不享有优先购买权。《中华人民共和国合同法》第二百二十九条规定："租赁物在租赁期间发生所有权变动的，不影响租赁合同的效力。"同时，人行襄阳支行与涌鑫公司所签的租赁合同第七条第一款亦约定："租赁期间，甲方人行襄阳支行有权依照上级行有关政策和法定程序转让该出租房屋的所有权，原所有权转让后，甲方负责协调本合同期内的租用事宜。本合同对新的房屋所有人和乙方涌鑫公司继续有效。"据此，涉案房屋在租赁期间虽然发生所有权变动，但本案租赁合同对于受让人汇达公司仍具有法律拘束力，人行襄阳支行将涉案房地产移交给汇达公司时，租赁权仍然存在，租赁物上亦存在优先购买权。而汇达公司在租赁合同期限内对外公开拍卖涉案房屋，属于一般民事转让行为，故作为承租人的涌鑫公司对其承租的该房屋1号楼（综合楼）享有优先购买权。

关于争议焦点三，首先，根据《中华人民共和国合同法》第二百三十条"出租人出卖租赁房屋的，应当在出卖之前的合理期限内通知承租人，承租人享有以同等条件优先购买的权力"的规定，汇达公司应当在拍卖涉案房屋5日前，通知承租人有权参与竞买。本案包括涌鑫公司在内的房屋承租人营业场所固定，处于正常经营状态，并非下落不明，而开元拍卖公司在《楚天都市报》上刊登公告，系其为拍卖房产而向不特定社会公众所发出的要约邀请。因此，开元拍卖公司在《楚天都市报》上发布拍卖公告，不能认定为汇达公司履行了通知义务。其次，从本案原一审、二审，重审一审、二审及本次再审的情况来看，汇达公司均没有提交可以证明其在拍卖5日前即2009年10月20日前已将拍卖事项通知了涌鑫公司的证据，应当认定汇达公司没有履行通知义务，违反了前述法律的规定，致使涌鑫公司未能参与涉案房屋的拍卖，本案一、二审判决确认涌鑫公司对位于襄阳市襄城区东街10号房地产的1号楼（综合楼）在同等条件下享有优先购买权，并无不当。

综上，原审判决认定事实清楚，审判程序合法，汇达公司的再审请求无事实和法律依据，不应支持。

2016年6月13日，湖北省高级人民法院经审判委员会讨论决定，依照《中华人民共和国民事诉讼法》第二百零七条第一款、第一百七十条第一款第（一）项之规定，判决：维持（2014）鄂民二终字第00004号民事判决。

四十四、原租赁合同在次承租人取得租赁房屋所有权后应否继续履行

（一）理论解答

对于原租赁合同（包括租赁合同和转租赁合同）在次承租人取得租赁房屋所有权后是否应继续履行的问题，我国理论和实务界存在两种截然相反的观点。

第一种观点认为，基于“买卖不破租赁”，此时的租赁合同和转租赁合同仍应继续履行，即租赁物上的原有租赁关系不受影响。

第二种意见认为，此时应终止租赁合同和转租赁合同的继续履行，即终止租赁物上的原有租赁关系，否则就会出现“居住自己的房子却要向他人支付租金”的不合理现象。

本书认为，原租赁合同在次承租人取得租赁房屋所有权后应继续履行，理由在于以下两个方面。

首先，《中华人民共和国合同法》第二百二十九条规定：“租赁物在租赁期间发生所有权变动的，不影响租赁合同的效力。”就该条语句的规范意义而论，所谓“不影响租赁合同的效力”，最合乎情理的解释只能是

“租赁契约依然只约束出租人与承租人”。[①]

其次，尽管所有权属于物权，而承租权则是债权，但“买卖不破租赁”原则作为处理物权与债权关系的一个例外，在调整市场经济秩序和人民的社会生活秩序中发挥着重要作用，其存在有着重要意义和法律价值，不宜轻易改变。基于租赁有着明显的期限限制，故“居住自己的房子却要向他人支付租金”的“不合理”现象实际上只是人们观念上的暂时“不适”。根据“两害相权取其轻，两利相权取其重”的人类共同理性，原租赁合同（包括租赁合同和转租赁合同）在次承租人取得租赁房屋所有权后应继续履行应该成为我们利弊相较后的理性决断。

（二）案例指引

彭某明与王某房屋租赁合同纠纷案[②]

许某贤系位于沈阳市和平区民族北街47号房屋的所有权人。2011年8月4日，彭某明作为乙方与作为甲方的许某贤签订租房协议一份，约定：乙方要求自己装修房屋，甲方同意，但在5年以内不涨房租，5年以后再谈变化问题（不包括动迁）。双方口头约定租金600元/月，每三个月给付一次。同日，彭某明向许某贤交纳了2013年7月30日至2014年4月30日期间的房租。

2013年12月1日，彭某明作为甲方与作为乙方的王某签订租房协议一份，约定：彭某明将涉诉房屋转租给王某，约定房屋租金为22000元/年，每半年给付一次，租赁期限从2013年12月1日至2014年12月1日。协议中还写明：因房屋系甲方从许某贤处租得，在甲乙双方合同有效期内，乙方与原房主发生的矛盾由甲方负责调解。2013年12月3日，王某向彭某明支付了2013年12月1日至2014年6月1日的房租11000元。

2014年5月5日，王某与许某贤签订房屋买卖合同一份，约定王某购买涉诉房屋。同日，许某贤收取王某定金20000元。房屋产权于2014年7

① 参见朱庆育：《“买卖不破租赁”的正当性》，载《中德私法研究》（第1卷），北京大学出版社2006年版，第32页。

② 详见：沈阳市和平区人民法院（2015）沈和民二初重字第37号民事判决书、辽宁省沈阳市中级人民法院（2016）辽01民终5768号民事判决书。

月23日登记在陈思月名下。王某与陈思月系母女关系，现房屋由王某及陈思月占有使用。

2015年初，彭某明向沈阳市和平区人民法院提起诉讼，请求：判令王某给付2014年下半年房屋租金11000元，同时承担本案诉讼费。

沈阳市和平区人民法院审理认为：

彭某明与许某贤签订的房屋租赁合同系双方真实意思表示，不违反法律和行政法规的强制性规定，故合法有效。

关于王某抗辩因彭某明转租房屋未经原房主同意、彭某明欠原房主租金，其与彭某明签订的租房协议无效。《中华人民共和国合同法》第五十二条规定："有下列情形之一的，合同无效：（一）一方以欺诈、胁迫的手段订立合同，损害国家利益；（二）恶意串通，损害国家、集体或者第三人利益；（三）以合法形式掩盖非法目的，（四）损害社会公共利益；（五）违反法律、行政法规的强制性规定。"因彭某明、王某签订的房屋转租赁合同系双方真实的意思表示且不属于上述无效情形，故对王某的抗辩，本院不予采纳。

关于彭某明诉请王某给付房屋租金11000元。虽然涉诉房屋登记在陈思月名下，但考虑王某与陈思月系母女关系、房屋买卖合同是王某与许某贤签订以及陈思月自身的经济状况，可以认定涉诉房屋系王某购买。王某作为次承租人在购买其承租的涉诉房屋时，对于该房屋之上的租赁负担是明知的，根据"买卖不破租赁"原则，本案中的租赁合同与转租合同的效力均不受租赁物所有权人变更的影响，因此两个合同约定的期限内，合同仍应被遵守和履行。虽然王某在转租赁合同期限内购得租赁物，但王某未能提供证据证明其取得涉诉房屋所有权后与彭某明解除了房屋转租赁合同，因此王某仍有义务继续履行转租赁合同。故对彭某明要求给付租金的请求予以支持。

关于王某抗辩彭某明自2014年5月1日至2014年12月1日亦未依约给付房租，要求予以扣除，因彭某明不同意，且王某未能提供证据证明其已取得许某贤与彭某明之间的房屋租赁合同中的债权，故对王某的该抗辩，本院不予采纳。

关于彭某明提出的其享有优先购买权及王某与原房屋所有权人签订的

房屋买卖合同无效的主张，依据《最高人民法院关于审理城镇房屋租赁合同纠纷案件具体应用法律若干问题的解释》第二十一条之规定，其无权以优先购买权受到侵害为由，主张房屋买卖合同无效，故对彭某明的该主张，本院不予采纳。

关于王某提出的另行给付了彭某明房租4000元的抗辩，因彭某明不予认可，且王某所举证据不足以证明该笔款项系房屋租金，故对王某的该抗辩，本院不予采纳。

基于上述内容，沈阳市和平区人民法院依据《中华人民共和国合同法》第一百零七条、第二百二十六条、第二百二十九条，《最高人民法院关于审理城镇房屋租赁合同纠纷案件具体应用法律若干问题的解释》第二十一条，《中华人民共和国民事诉讼法》第一百四十四条之规定，判决：被告王某于本判决生效之日起十日内给付原告彭某明房屋租金11000元。

一审宣判后，王某不服，向辽宁省沈阳市中级人民法院提出上诉。

辽宁省沈阳市中级人民法院认为，本案的争议焦点为：未经出租人同意，将租赁物转租给他人的转租合同的效力及次承租人在发生次承租人和房屋所有权人身份竞合的情况下，其是否仍有义务向转租的承租人支付租金。

关于未经出租人同意，将租赁物转租给他人的转租合同的效力的问题。《最高人民法院关于审理城镇房屋租赁合同纠纷案件具体应用法律若干问题的解释》第十六条规定："出租人知道或者应当知道承租人转租，但在六个月内未提出异议，其以承租人未经同意为由请求解除合同或者认定转租合同无效的，人民法院不予支持。"本案中彭某明将诉争房屋转租给王某的过程中，虽未经原房主许某贤的同意，但根据王某所述，在其承租期间许某贤多次到其承租房屋索要租金，王某亦支付给了许某贤租金，并在双方签订房屋买卖合同后租金转为定金，表明许某贤对于转租行为已表示认可，彭某明与王某的转租合同合法有效。故王某主张其转租合同属于无权处分，系效力待定合同没有事实依据，本院不予支持。

关于次承租人在发生次承租人和房屋所有权人身份竞合的情况下，其是否仍有义务向转租的承租人支付租金的问题。根据《中华人民共和国合同法》第二百二十九条"租赁物在租赁期间发生所有权变动的，不影响租赁合同的效力”之规定，即在租赁关系存续期间，即使所有权人将租赁物让与他人，对租赁关系也不产生任何影响，买受人不能以其已成为租赁物的所有人为由否认原租赁关系的存在。本案中王某的身份由次承租人转变为房屋所有权人，但并不影响其与彭某明所签订的房屋租赁合同的效力。在王某未取得诉争房屋权属即2014年7月23日前，其仅为房屋次承租人的身份，故其应向彭某明按合同约定支付租金。即其应按合同约定标准支付2014年5月1日至2014年7月23日期间的租金。在王某取得诉争房屋权属后，王某取代许某贤的出租人身份既有房主的身份亦有承租人的身份，因彭某明并未向许某贤支付剩余的租金，故王某应给付彭某明租金的金额应扣除彭某明应给付许某贤租金的金额，即扣除2014年7月23日至2014年12月1日的租金600元/月×4个月+8天×20元/天=2560元。综上王某应给付彭某明的租金为11000元－2560元=8440元。

关于王某提出的2014年3月其将4000元汇入彭某明提供的银行账户，系提交预付的租金的问题。彭某明对于王某汇入其银行账户4000元没有异议，但认为该笔款项系王某退给其的材料款，但彭某明在原审审理期间称不清楚该笔款项是什么钱，前后表述矛盾。本院认为彭某明对于王某称支付其租金提出异议，则其负有证明该笔款项不是租金的举证义务，但彭某明未能提供证据证明该款项的用途，故结合双方存在租赁合同的法律关系，王某称该笔款项系支付的租金较为合理，故本院认定该4000元为王某支付给彭某明的租金，故王某最后应支付彭某明的租金为8440元－4000元=4440元。原审法院未予认定不当，本院予以纠正。

基于上述内容，辽宁省沈阳市中级人民法院依照《中华人民共和国合同法》第二百二十九条、《最高人民法院关于审理城镇房屋租赁合同纠纷案件具体应用法律若干问题的解释》第十六条、《中华人民共和国民事诉讼法》第一百七十条第一款第（二）项的规定，判决：1. 变更沈阳市和平区人民法院（2015）沈和民二初重字第37号民事判决中“被告王某于本判决生效之日起十日内给付原告彭某明房屋租金11000元”为：王某于本判决生效之日起十日给付彭某明房屋租金4440元；2. 驳回彭某明其他诉讼请求及王某其他上诉请求。

四十五、部分共同共有人是否有权出租共有房屋

（一）理论解答

自有所有权概念以来，在单独所有之外，即伴随有数人共享所有权的共有现象。与单独所有情形相较，在物处于数人共有之下时，对物之管理、利用以及处分等，就不再取决于单个人的意志，而是要反映各共有人的利益与需求。各自利益与需求不同，共有人间不免就相互掣肘，纠纷自然因此而起；而一旦有纠纷，也就谈不上对物发挥最大效益的利用了。正是基于此一原因，罗马人视共有为纷争之源（mater rixarum）。也因此，《中华人民共和国物权法》用专门一章共十三条的篇幅规定了共有。但因该法对物的处分和管理缺乏明确的界定，我国理论界和实务界对部分共同共有人是否有权出租共有房屋存在较大的争议。

有的意见认为，部分共同共有人无权出租共有房屋，理由是对共有房屋进行出租属于处分行为，应当遵从共同共有的一致同意处分规则。

有的意见认为，部分共同共有人有权出租共有房屋，理由是出租不是我国法上的处分行为，而是一种普通管理行为，各共有人都有管理的权利和义务。

本书赞同后一种意见，理由在于以下两个方面。

1. 从《中华人民共和国物权法》第九十六条和九十七条的逻辑结构①

① 《中华人民共和国物权法》第九十五条规定：“共同共有人对共有的不动产或者动产共同享有所有权。”第九十六条规定：“共有人按照约定管理共有的不动产或者动产；没有约定或者约定不明确的，各共有人都有管理的权利和义务。”第九十七条规定：“处分共有的不动产或者动产以及对共有的不动产或者动产作重大修缮的，应当经占份额三分之二以上的按份共有人或者全体共同共有人同意，但共有人之间另有约定的除外。”

来看，第九十六条规定的对共有物的“管理”虽是一个外延宽泛的大概念，但也仅包括对共有物的保存、使用方法和简易修缮等，连重大修缮都不包括，就更不要说是处分了。

2. 物权法上的处分行为是直接使某种物权发生、变更或消灭的法律行为。租赁是将租赁物的占有、使用、收益的状态暂时（最长期限为20年）交由承租人享有的法律行为。租赁虽会对所有权人的所有权产生暂时的限制，但并没有使其权利状态发生根本的变化。因此，对物的租赁与物权法上对物的处分存在根本的不同。

（二）案例指引

金某林等与赵某民返还原物纠纷案①

金某林、金某芬、金某卫、金某勤、金某鑫与金某栋为兄弟姊妹关系。金某林、金某芬、金某卫、金某勤、金某鑫及金某栋的父母死亡后，留有济南市房产（以下简称40号房屋）一套，该房产由金某林、金某芬、金某卫、金某勤、金某鑫及金某栋共同继承。

2000年5月22日，金某栋办理了该房屋的所有权证书，房产证号为济房权证槐字第018604号。该房屋所有权证登记房屋所有权人为金某栋，共有情况为共同共有，其他共有权人为金某林、金某芬、金某卫、金某勤、金某鑫，共有权证号为自槐共002715至槐共002719。金某林、金某芬、金某卫、金某勤、金某鑫于2000年5月23日各自取得了该房屋的房屋共有权证。

2011年4月30日，金某鑫以共有权人代表的身份与赵某民签订《租房协议》一份，该协议约定赵某民自2011年5月1日至2014年4月30日承租40号房屋，前两年租金每年1.9万元，第三年租金2万元。签订该协议后，赵某民开始使用40号房屋。

2014年4月20日，金某栋作为出租人，赵某民作为承租人，双方签订《房屋（场地）租赁合同》一份，该合同约定：“第一条　房屋坐落

① 详见：济南市槐荫区人民法院（2014）槐民初字第1885号民事判决书，山东省济南市中级人民法院（2015）济民四终字第271号民事判决书。

（地址、门牌、楼层）：济南市，二层商业楼房，产权共有人将其房屋租予承租人使用，作为经营场所。第二条　租赁期限：租赁期共三年，出租使用人从2014年5月1日起将租赁房屋及设施交付承租使用人，至2017年4月30日止。第三条　租金及支付期限和方式：（1）2014年5月1日至2015年4月30日，租金贰万元整/年；（2）2015年5月1日至2016年4月30日，租金为贰万壹仟元整/年；（3）2016年5月1日至2017年4月30日，租金为贰万贰仟元整/年。合计叁年。承租使用人每半年交付一次或全年缴付，使用房屋前缴纳，否则违约，出租方有权终止合同协议。”该合同还约定了其他内容。该合同签订后，赵某民向金某栋缴付了第一年的房屋租金2万元。

2014年初，金某林、金某芬、金某卫、金某勤、金某鑫以赵某民为被告、金某栋为第三人，向济南市槐荫区人民法院提起诉讼，主张金某栋在签订上述合同前未经其同意，属于擅自出租共有房屋，赵某民属于非法占有，故请求判令赵某民立即搬离案涉房屋。

济南市槐荫区人民法院审理认为：赵某民及金某栋签订《房屋（场地）租赁合同》中租赁使用的40号房屋为金某林、金某芬、金某卫、金某勤、金某鑫及金某栋通过继承获得的房产，该房产已经按照共同共有登记在金某林、金某芬、金某卫、金某勤、金某鑫及金某栋名下，金某林、金某芬、金某卫、金某勤、金某鑫及金某栋为该房产的共同共有人。依据《中华人民共和国物权法》第九十五条的规定：“共同共有人对共有人的动产或不动产共同享有所有权。”该法第九十六条规定：“共有人按照约定管理共有的不动产或者动产；没有约定或者约定不明确的，各共有人都有管理的权利和义务。”本案中，金某林、金某芬、金某卫、金某勤、金某鑫及金某栋未提交证据证明其对40号房屋的管理形成过一致的约定。据此，金某林、金某芬、金某卫、金某勤、金某鑫及金某栋对40号房屋均享有占有、使用、收益和处分的权利，均可对该房屋进行管理和使用，包括对外出租。金某栋与赵某民于2014年4月20日签订了《房屋（场地）租赁合同》，该合同系双方当事人的真实意思表示，并不违反法律法规的强制性规定，且该合同约定的租金价格与此前金某鑫与赵某民签订合同相比约定的租金价格还有增加，金某林、金某芬、金某卫、金某勤、金某鑫也并无证据证明合同双方存在恶意串通损害金某林、金某芬、金某卫、金某勤、金某鑫利益的情形，故该合同应属有效。合同双方也依据该合同，各自履行了交付房屋使用权及支付房屋租金的义务，该合同已经实际履行并形成了稳定的交易秩序。现金某林、金某芬、金某卫、金某勤、金某鑫要求赵某民搬离40号房屋，但作为共同共有权人之一的金某栋则反对这一意见，坚持要求赵某民继续履行租赁合同。金某林、金某芬、金某卫、金某勤、金某鑫要求赵某民立即搬离40号房屋的理由是认为任何未经三分之二以上多数共同共有人同意订立的租房合同都是非法无效的，赵某民应与三分之二以上多数共同共有人订立租房合同方可合法正当使用该处房屋。金某林、金某芬、金某卫、金某勤、金某鑫的以上意见涉及对共有的法律规定理解和适用问题。根据法律规定，共有存在按份共有及共同共有之分，金某林、金某芬、金某卫、金某勤、金某鑫所述应当经占份额三分之二以上多数共有人同意的情形适用于按份共有的处分行为，而不适用于共同共有的处分行为。共同共有人对共有物的权利并不存在份额之分，而是共同享有所有权，且共同共有房屋的对外出租并非处分行为，而是共有物之上的负担行为，系债权行为。依上所述，共有权人均有管理使用共有财产的权利。金某林、金某芬、金某卫、金某勤、金某鑫将按份共有中对共有物的处分应当经占份额三分之二以上多数共有人同意的相关规定适用于本案40号房屋的出租，是错误理解和适用了法律规定。鉴于现共同共有人无法对共有财产的管理和使用形成一致意见，金某林、金某芬、金某卫、金某勤、金某鑫要求赵某民立即搬离40号房屋的诉讼请求，没有事实及法律依据，本院不予支持。

基于上述内容，济南市槐荫区人民法院依照《中华人民共和国物权法》第十五条、第九十六条，《中华人民共和国合同法》第六十条第一款，《中华人民共和国民事诉讼法》第六十四条第一款的规定，判决：驳回金某林、金某芬、金某卫、金某勤、金某鑫要求赵某民立即搬离济南市房屋的诉讼请求。

一审宣判后，金某林、金某芬、金某卫、金某勤、金某鑫不服，向济南市中级人民法院提起上诉，请求：撤销一审判决，撤销金某栋与赵某民签订的《房屋（场地）租赁合同》。

济南市中级人民法院认为：金某栋与赵某民签订的《房屋（场地）租赁合同》是双方当事人真实意思表示，且不违反法律、法规的强制性规定，金某林、金某芬、金某卫、金某勤、金某鑫亦未举证证明金某栋与赵某民签订合同时存在恶意串通等《中华人民共和国合同法》规定的合同无效或合同可撤销的情形；同时，2011年金某鑫作为共有权人代表与赵某民签订《租房协议》时也未向赵某民出具全部共同共有权人同意出租的书面证明材料，2014年金某栋持有金某栋为房屋所有权人的房屋所有权证与赵某民签订《房屋（场地）租赁合同》时，赵某民也有理由相信金某栋有权将涉案房屋进行出租，故依据《中华人民共和国合同法》第四十四条、第四十九条、第五十二条、第五十四条的规定，金某栋与赵某民签订的《房屋（场地）租赁合同》应为有效。故赵某民依据其该《房屋（场地）租赁合同》对涉案房屋具有合法占有权，金某林、金某芬、金某卫、金某勤、金某鑫要求赵某民立即搬出涉案房屋的诉讼请求没有事实及法律依据，原审法院不予支持并无不当。租赁只是将租赁物的占有、使用、收益的状态交由承租人享有，对所有权人的所有权产生一定的限制，但并没有使其权利状态发生变化，因此出租并不是对租赁物的处分，金某林、金某芬、金某卫、金某勤、金某鑫关于本案应适用《中华人民共和国物权法》第九十七条规定认定金某栋与赵某民签订的房屋租赁合同无效的上诉主张不能成立，本院不予支持。

2015年6月26日，济南市中级人民法院依照《中华人民共和国民事诉讼法》第一百七十条第一款第（一）项之规定，判决如下：驳回上诉，维持原判。

四十六、如何确定出租人侵害承租人的优先购买权的赔偿范围

（一）理论解答

承租人享有租赁房屋的优先购买权是当今世界各国普遍确立的一项民事法律制度，我国于1999年通过的《中华人民共和国合同法》也在法律层面上正式确立了这项制度。[①] 为明确这一制度的法律适用，最高人民法院于2009年公布的《最高人民法院关于审理城镇房屋租赁合同纠纷案件具体应用法律若干问题的解释》第二十一条规定："出租人出卖租赁房屋未在合理期限内通知承租人或者存在其他侵害承租人优先购买权情形，承租人请求出租人承担赔偿责任，人民法院要应予支持。但请求确认出租人和第三人签订的房屋买卖合同无效的，人民法院则不予支持。"因该司法解释对出租人应承担的赔偿责任的性质没有进行明确，理论界和实务界对应如何确定出租人侵害承租人的优先购买权的赔偿范围存在不同意见。

梳理我国民法学界对该问题现有的研究成果，大体上存在三种观点。第一种观点认为，承租人请求出租人承担的赔偿责任的性质是侵权损害赔偿，其基本机能是填补损害，故赔偿的范围应以被侵害之价值为限。第二种观点认为，承租人请求出租人承担的赔偿责任的性质是违约损害赔偿，故赔偿范围包括期待利益。第三种观点认为，承租人请求出租人承担的赔

---

① 《中华人民共和国合同法》第二百三十条规定："出租人出卖租赁房屋的，应当在出卖之前的合理期限内通知承租人，承租人享有以同等条件优先购买的权利。"

偿责任的性质是缔约过失损害赔偿，故赔偿的范围是信赖利益。[①]

本书认为，承租人优先购买权法律制度的本质是赋予承租人一个购买与否的优先选择权。尽管承租人的优先购买权具有法定性，但承租人是否选择行使该权利却具有不确定性。换言之，即便出租人履行了拟出售的通知义务，出租人与承租人之间亦不必然就租赁房屋成立买卖合同关系。所以，侵害承租人优先购买权需承担的责任形态及相应的赔偿范围应当依照诚实信用原则和公平原则，区分不同场景分别对待。

（二）案例指引

上海夏都实业发展有限公司与上海康邦房地产开发有限公司房屋租赁合同纠纷案[②]

2007年7月1日，上海夏都实业发展有限公司（以下简称夏都公司）作为乙方与甲方上海康邦房地产开发有限公司（以下简称康邦公司）签订《上海市房屋租赁合同》一份，约定由夏都公司承租康邦公司所有的上海市浦东新区秀沿路×××号住宅商铺（建筑面积为196.93平方米），房屋租赁期自2007年7月12日起至2010年7月11日止。合同5-2条约定："租赁期间，使用该房屋所发生的水、电、煤气、通信、设备、物业管理等费用由乙方承担。其他有关费用，均由乙方承担。"合同8-4条约定："在租赁期内，甲方如需出售该房屋，应提前三个月通知乙方。乙方在同等条件下有优先购买权。"合同补充条款2-6条第（1）项约定："乙方同意甲方带租约出售该房屋，在同等条件下乙方拥有优先购买权。如乙方行使该权利，则需在接到甲方出售该房屋通知的10天内予以书面确认，否则视为默认甲方出售行为。"

2007年7月27日，康邦公司与谈某某、刘某某签订《上海市商品房

① 参见陆慧：《论侵害承租人优先购买权的赔偿问题》，载《法治与社会》2012年第11期；宋良刚、范小华：《承租人优先购买权之侵权赔偿问题的理论与实证研究》，载《法律适用》2014年第2期；吴兆祥主编：《房屋买卖、租赁案件裁判要点与观点》，法律出版社2016年版，第438~441页。

② 详见：上海市浦东新区人民法院（2010）浦民一（民）初字第5510号民事判决书、上海市第一中级人民法院（2011）沪一中民二（民）终字第835号民事判决书。

出售合同》，康邦公司将上述房屋出售给谈某某、刘某某，总房价款为300万元。同日，康邦公司又与谈某某、刘某某就上述房屋签订《上海市房屋租赁合同》一份，约定由康邦公司向谈某某、刘某某承租该房屋，租赁期自2007年10月18日起至2010年10月17日止。该合同补充条款2-1条约定：甲方（谈某某、刘某某）同意乙方（康邦公司）转租该房屋，转租期间的租金收益归乙方所有。同年9月17日，上述房屋的权利人变更为谈某某、刘某某。

在夏都公司与康邦公司的租赁合同履行期间，直至2010年1月，夏都公司一直向康邦公司交纳租金并由康邦公司以自己名义向夏都公司开具收取租金的发票。

2010年2月4日，夏都公司以康邦公司为被告，向上海市浦东新区人民法院提起诉讼，请求判令被告：1. 因侵害原告优先购买权赔偿原告140万元；2. 赔偿原告查档费30元；3. 承担本案诉讼费。审理中，原告变更第1项诉讼请求，要求被告赔偿原告117.67万元，并增加诉讼请求：要求被告支付原告自2010年2月5日起至判决生效日止以117.67万元为本金、按银行同期贷款利率计算的利息。

审理期间，原、被告之间的租赁合同期限已经届满，原告夏都公司已将系争房屋返还给了被告康邦公司。

上海市浦东新区人民法院认为：出租人出卖租赁房屋，应当在出卖之前的合理期限内通知承租人，承租人享有以同等条件优先购买的权利。本案中，根据原、被告双方合同约定，在租赁期内，被告如需出售该房屋，应提前三个月通知原告。原告在同等条件下有优先购买权。该合同补充条款又进一步约定："乙方同意甲方带租约出售该房屋，在同等条件下乙方拥有优先购买权。如乙方行使该权利，则需在接到甲方出售该房屋通知的10天内予以书面确认，否则视为默认甲方出售行为。"而在本案原、被告租赁合同履行期间，原告一直向被告交纳租金并由被告以自己名义向原告开具收取系争商铺租金的发票，直至2010年2月向相关部门进行查询时才获知系争商铺已出售给案外人，虽然被告提供了其于2007年7月3日出具的台头为原告的《康邦城市园商铺房屋出售通知书》证明其在出卖租赁房屋前已在合理期限内履行了通知义务，但原告称其从未收到过该通知书，被告亦未能进一步提供证据证实其已履行了通知义务。根据相关法律规定，出租人出卖租赁房屋未在合理期限内通知承租人或者存在其他侵害承租人优先购买权情形，承租人请求出租人承担赔偿责任的，人民法院应予支持，故原告以被告侵害其优先购买权为由主张损害赔偿于法有据，本院予以支持，但要求被告承担利息损失的请求本院不予支持。至于损害赔偿的数额，虽然原告就系争商铺享有优先购买权，但该权利就其性质而言仅属缔约请求权，并非物权，只有在原告实际行使了优先购买权，即与出租方建立买卖关系并支付相应对价或支出一定成本后，原告才会取得系争商铺所有权。何况房价的涨跌起伏具有不确定性，即使原告行使了优先购买权，也并不必然会产生系争商铺房价上涨的情况，房价的上涨利益也非是原告当时会预期取得的必然经济利益，故原告以被告将系争商铺出卖给案外人谈某某、刘某某的价款与其以起诉日为基准日对系争商铺申请评估得出的评估价款的差价主张被告赔偿其117.67万元，依据不足，本院难以悉数支持，本院结合本案实际情况酌定为200000元。原告要求被告赔偿其查档费30元的请求于法无据，本院不予支持。

关于被告提出原告现要求被告赔偿损失的请求已超过诉讼时效的问题。本院认为，系争房屋的权利人已于2007年9月17日变更为案外人谈某某、刘某某，被告称原告早已知道系争房屋已出卖给了案外人，但对此未能提供证据予以证实。事实上，案外人在与被告就系争房屋签订出售合同时又将房屋出租给了被告，并同意被告转租该房屋，转租期间的租金收益归被告所有，在原、被告租赁合同履行期间，原告一直向被告交纳租金并由被告以自己名义向原告开具收取系争商铺租金的发票。2010年2月2日，原告向相关部门查询才获悉系争商铺已出售给他人，即于同月4日向本院提起诉讼。故被告的该项抗辩意见本院难以采纳。

基于上述内容，上海市浦东新区人民法院于2011年2月28日，依照《中华人民共和国合同法》第二百三十条、《最高人民法院关于审理城镇房屋租赁合同纠纷案件具体应用法律若干问题的解释》第二十一条之规定，判决如下：1. 被告康邦公司应于本判决生效之日起15日内赔偿原告夏都公司200000元；2. 驳回原告夏都公司的其余诉讼请求。

一审宣判后，夏都公司不服，向上海市第一中级人民法院提起上诉，请求：撤销原审判决，依法改判被上诉人赔偿上诉人117.67万元。

上海市第一中级人民法院认为：被上诉人康邦公司作为出租人出卖系争房屋，应该在出卖之前的合理期限内通知承租人即上诉人夏都公司，但被上诉人提供的证据并不足以证明其有效履行了该通知义务，故原审法院据此认定被上诉人因侵害上诉人的优先购买权而应承担赔偿责任，于法有据，本院予以认同。本案的争议焦点在于如何确定被上诉人应承担的损害赔偿责任的范围。上诉人主张起诉日系争房屋的评估总价与被上诉人出售给案外人的房屋总价之间的差价损失（117.67万元）应由被上诉人全部承担。对此，本院认为，首先，上诉人作为承租人虽享有优先购买权，但上诉人是否选择行使该权利却具有不确定性。换言之，即便被上诉人履行了通知义务，上诉人与被上诉人之间亦不必然就系争房屋成立买卖合同关系。其次，被上诉人出卖房屋至上诉人起诉之日长达两年半有余，期间仍存在较多不确定因素，故根据在案证据难以认定被上诉人的过错行为系直接造成上诉人所主张损失的唯一或者主要原因，而且该差价损失亦非双方当事人订立优先购买权条款当时所能预见。再者，被上诉人于2007年7月将系争房屋出售给案外人，其当时虽选择案外人而非上诉人作为买受人，但并未获取如此巨大的额外利益，考虑到被上诉人的过错程度，由其承担全部差价损失亦显失公平。

综上所述，基于本案的具体情况，上诉人主张房屋差价损失应由被上诉人全部承担，缺乏充分依据，本院难以认同。原审法院结合本案的实际情况，酌情判决被上诉人赔偿上诉人20万元，并无不当，数额亦属合理，本院依法予以维持。

基于上述内容，上海市第一中级人民法院于2011年6月20日，依照《中华人民共和国民事诉讼法》第一百五十三条第一款第（一）项之规定，判决：驳回上诉，维持原判。

四十七、以房屋使用权抵偿债务可否适用“买卖不破租赁”原则

（一）理论解答

以房屋使用权来抵偿债务，在社会经济生活中并不少见。“买卖不破租赁”是包括我国在内的当今世界各国普遍确立的一项民事法律制度。但对以房屋使用权抵偿债务可否适用“买卖不破租赁”原则这一问题，因我国法律没有明确的规定，理论界和实务界不无争议。

有观点认为，债务人以其房屋使用权抵偿欠款的合同之债，不同于出租人与承租人之间签订的房屋租赁合同，故不适用合同法规定的“买卖不破租赁”原则。

还有观点认为，“买卖不破租赁”原则不完全是对租赁合同的租赁债权的保护，实则是对在先占有权的保护，抵债而来的房屋使用权与租赁而得的房屋使用权本质上是相同的，故抵债而来的房屋使用权应是可以对抗此后第三人就该房屋取得的所有权的。

本书赞同第一种观点。理由是：“买卖不破租赁”之所以能成为民法的基本原则和世界各国的立法通例，是因为：“在不动产租赁中，无论租赁的目的是为了居住还是为了经营，因承租方本身不享有相应的不动产，相对于出租方而言，其在经济上往往处于劣势地位，衡量两者利益，法律倾向于保护承租人的生存权。”[①] 通过抵债获得房屋使用权的当事人的地位

① 最高人民法院民事审判第一庭编著：《最高人民法院关于审理城镇房屋租赁合同纠纷案件司法解释的理解与适用》，人民法院出版社2016年版，第262页。

显然不能与房屋租赁合同关系中的承租人的地位等同。

（二）案例指引

英联视动漫文化发展（北京）有限公司与北京恒华嘉辉科技有限公司等案外人执行异议之诉案[①]

2000 年 12 月，豪力房地产开发有限公司取得 M58 地块的国有土地使用权证。2001 年 11 月 5 日，豪力房地产开发有限公司取得 M58 地块豪力大厦综合楼等两项的建设工程规划许可证及附件，建设规模为 19966.37 平方米。2001 年 12 月 29 日，豪力科技综合楼软件研发楼工程取得建筑工程施工许可证。2003 年 12 月 26 日，上述工程项目在北京市建设委员会工程站竣工验收备案。

2002 年 11 月 14 日，北京锦天文化传播有限公司（以下简称锦天公司）与豪力房地产开发有限公司签订借款合同，约定：豪力房地产开发有限公司向锦天公司借款 300 万元，借款期限为 1 年，自 2002 年 11 月 14 日起至 2003 年 11 月 13 日止，双方还约定了借款利息。同日，锦天公司通过转账的方式给付豪力房地产开发有限公司 300 万元，豪力房地产开发有限公司为锦天公司出具了收据，该收据的主要内容为：今收到锦天公司交来往来款 300 万元。同年 12 月 12 日，豪力房地产开发有限公司名称变更为豪力公司。2003 年 9 月 26 日，以豪力房地产开发有限公司的名义取得 M58 地块豪力大厦综合楼用地的建设用地规划许可证及附件，用地面积为 13910.6 平方米。2004 年 3 月 22 日，锦天公司与豪力公司签订《房屋使用权抵债合同》，约定：豪力公司提供豪力大厦研发楼第五层全部房产共计 964.47 平方米的房屋使用权，以偿还其所欠锦天公司的 300 万元债务，锦天公司享有上述房产的使用权 18 年，期限自 2004 年 3 月 22 日起至 2022 年 3 月 21 日止；双方还约定了各自的权利义务。2004 年 5 月 30 日，豪力公司与锦天公司签订《委托转租协议》，约定：锦天公司必须委托豪力公

---

① 详见：北京市第一中级人民法院（2013）一中民初字第 659 号民事判决书、北京市高级人民法院（2013）高民终字第 3123 号民事判决书、中华人民共和国最高人民法院（2014）民申字第 215 号民事裁定书。

司或豪力公司委托的第三方以豪力公司的名义代锦天公司对外签订出租豪力大厦研发楼第五层房屋协议和收取租金；豪力公司每年必须向锦天公司交纳租金40万元，租金每五年调整一次，幅度按照同期银行贷款基准利率进行调整；委托期限自2004年6月1日至2022年3月21日止。2005年5月9日，锦天公司更名为北京联合锦天经贸有限公司。2006年12月20日，北京联合锦天经贸有限公司更名为北京联合锦天置业有限公司。2008年6月6日，北京联合锦天置业有限公司更名为英联视动漫文化发展（北京）有限公司（以下简称英联视公司）。

2012年11月30日，北京恒华嘉辉科技有限公司（以下简称恒华嘉辉公司）通过拍卖的方式竞得M58地块（北京经济技术开发区隆庆街18号豪力大厦）土地使用权及地上物。2012年12月17日，北京市第一中级人民法院作出（2006）一中执字第1054号执行裁定书，裁定内容为："一、解除对位于北京经济技术开发区23号街区M58号的面积13910.6平方米土地使用权及地上物［土地使用权证号：开有限国用（2001）字第011号］的查封。二、位于北京经济技术开发区23号街区M58号的面积13910.6平方米土地使用权及地上物［土地使用权证号：开有限国用（2001）字第011号］的所有权及相应的其他权利归买受人恒华嘉辉公司所有。位于北京经济技术开发区23号街区M58号的面积13910.6平方米土地使用权及地上物［土地使用权证号：开有限国用（2001）字第011号］的财产权自本裁定送达买受人恒华嘉辉公司时起转移。三、买受人恒华嘉辉公司可持本裁定书到财产管理机构办理相关产权过户登记手续。"

2013年初，英联视公司以恒华嘉辉公司为被告，向北京市第一中级人民法院提起诉讼，请求：1. 判决确认英联视公司在位于M58地块上的土地使用权及地上物（即豪力大厦研发楼、豪力大厦综合楼）上享有：（1）豪力大厦研发楼第五层全部房产共计964.47平方米房产使用权18年，自2004年3月22日起至2022年3月21日止；（2）豪力大厦综合楼第三层301—314共14间房间1699.59平方米以及第四层全部房产2447.07平方米，共计4146.66平方米的房屋使用权20年，自2004年3月22日起至2024年3月21日止。2. 案件受理费由恒华嘉辉公司负担。

案件审理中，因豪力公司与本案有利害关系，法院于2013年1月25

日追加其为本案第三人。

因英联视公司第（2）项诉讼请求已另案起诉，故英联视公司在本案审理中，放弃了要求确认其享有豪力大厦综合楼第三层301—314共14间房间1699.59平方米以及第四层全部房产2447.07平方米，共计4146.66平方米的房屋使用权20年，自2004年3月22日起至2024年3月21日止的诉讼请求。

北京市第一中级人民法院认为：

《中华人民共和国民法通则》第八十四条第一款规定："债是按照合同的约定或者依照法律的规定，在当事人之间产生的特定的权利和义务关系。享有权利的人是债权人，负有义务的人是债务人。"根据我国民法学理论，债权是一种典型的相对权，只在债权人和债务人之间发生效力，债权人只能向特定的债务人主张权利，不得向债务人以外的第三人主张权利。本案中，英联视公司与豪力公司签订的《房屋使用权抵债合同》是以豪力公司在一定期限内让渡其对豪力大厦研发楼使用权为代价作为其偿还所欠英联视公司300万元债务的条件，该合同关系具有相对性，即只在英联视公司与豪力公司之间发生效力，英联视公司只能向豪力公司主张权利，故该合同性质是规范双方债权债务的合同之债。

恒华嘉辉公司通过拍卖的方式取得了豪力大厦的所有权即物权，故恒华嘉辉公司已依法享有对豪力大厦的占有、使用、收益和处分的权利，至此豪力公司对豪力大厦已不再享有任何权利。当恒华嘉辉公司对豪力大厦的物权与英联视公司因债权而对豪力大厦研发楼取得的使用权同时存在于同一物时，物权具有优先于债权行使的效力。同时恒华嘉辉公司对豪力大厦的所有权具有追及权，即不论豪力大厦发生何种变动、被何人占有，恒华嘉辉公司均可行使权利请求返还。因此，当豪力大厦所有权由豪力公司变动为恒华嘉辉公司时，英联视公司与豪力公司签订的《房屋使用权抵债合同》的内容及效力不得及于恒华嘉辉公司，即债权不得对抗物权。

关于英联视公司在诉讼中称其与豪力公司就豪力大厦研发楼的使用权为租赁关系，应适用"买卖不破租赁"原则的主张，本院认为，房屋租赁合同是指房屋出租人将房屋提供给承租人使用，承租人定期给付约定租金，并于合同终止时将房屋完好地归还出租人的协议。根据前述论述，英联视公司与豪力公司之间的合同为债权债务关系并非房屋租赁合同，故不适用“买卖不破租赁”原则。英联视公司要求确认其对豪力大厦研发楼第五层全部房产共计964.47平方米房产使用权18年的诉讼请求，没有法律依据，不予支持。

基于上述内容，北京市第一中级人民法院依照《中华人民共和国民法通则》第七十一条、第八十四条之规定，判决：驳回英联视公司的诉讼请求。

一审宣判后，英联视公司不服，向北京市高级人民法院提起上诉。

北京市高级人民法院审理认为：锦天公司与豪力公司于2004年3月22日签订的《房屋使用权抵债合同》中约定：豪力公司提供豪力大厦研发楼第五层全部房产共计964.47平方米的房屋使用权，以偿还其所欠锦天公司的300万元债务。恒华嘉辉公司是在一中院执行程序中通过拍卖的方式取得了M58地块的土地使用权及地上物的所有权，并在其后取得了国有土地使用证及房屋所有权证。虽签约双方均认可上述《房屋使用权抵债合同》的效力，但该合同效力仅及于英联视公司与豪力公司之间，不能及于恒华嘉辉公司。英联视公司据此提出的对本案所涉房屋享有使用权的主张不能对抗恒华嘉辉公司已经登记的物权。综上，英联视公司的上诉理由不能成立，其上诉请求本院不予支持。一审法院判决认定事实清楚，适用法律正确，本院予以维持。

2013年12月20日，北京市高级人民法院依据《中华人民共和国民事诉讼法》第一百七十条第一款第（一）项之规定，判决：驳回上诉，维持原判。

二审判决后，英联视公司仍不服，向最高人民法院申请再审。

最高人民法院审查认为，本案再审审查主要涉及以下问题：1. 涉案《房屋使用权抵债合同》的性质认定；2. 英联视公司对涉案房屋所享有的权利能否对抗恒华嘉辉公司的物权。

1. 关于《房屋使用权抵债合同》的性质认定问题。房屋租赁合同是指房屋出租人将房屋提供给承租人使用，承租人定期支付租金，并于合同终止时将房屋归还给出租人的协议。故承租人缔约的目的是取得房屋的使用权，出租人则是为了收取租金。而本案中，豪力公司（乙方）与英联视公司（甲方）在《房屋使用权抵债合同》第一条第1.1款约定：由于乙方欠甲方300万元无力偿还，根据2004年3月22日双方所签订的本合同的补充协议的约定，乙方同意将其拥有的房屋交给甲方使用，用使用权益偿还所欠债务。第1.3款中约定：生效后，即视为乙方全部偿还所欠债务300万元；甲方同时获得所用房屋使用权18年，自2004年3月22日起至2022年3月21日止。从该合同内容看，英联视公司为了使自己的债权得到清偿，同意豪力公司以让渡豪力大厦18年的房屋使用权的方式抵顶300万元的借款。可见，《房屋使用权抵债合同》是债务人以其房屋使用权抵偿欠款的合同，不同于出租人与承租人之间签订的房屋租赁合同。因此，一、二审判决认定英联视公司与豪力公司之间签订的《房屋使用权抵债合同》为债权债务合同关系而非房屋租赁合同，并无不当。

2. 关于英联视公司对涉案房屋所享有的权利能否对抗恒华嘉辉公司的物权问题。根据上述分析，英联视公司与豪力公司之间签订的《房屋使用权抵债合同》为房屋使用权抵偿欠款的合同而非房屋租赁合同，故本案不适用合同法规定的“买卖不破租赁”原则。此外，根据合同的相对性原则，英联视公司与豪力公司之间签订的《房屋使用权抵债合同》仅对签约双方有法律约束力，不能对抗合同之外的第三人。而涉案豪力大厦的所有权已被恒华嘉辉公司通过拍卖方式取得，即恒华嘉辉公司已依法取得对豪力大厦占有、使用、收益、处分的物权权利。排他性是物权的基本属性，即使英联视公司基于债权取得豪力大厦的使用权，由于没有进行他项权利登记，亦不能对抗恒华嘉辉公司对豪力大厦所享有的物权。因此，二审判决对英联视公司以《房地产合作建房合同》及《房屋使用权抵债合同》提出对本案所涉房屋享有的使用权优先于恒华嘉辉公司对豪力大厦所享有的物权的主张未予支持，有事实和法律依据。英联视公司申请再审称其对涉案房屋所享有的权利可以对抗恒华嘉辉公司的物权，理由不能成立。

综上，英联视公司的再审申请不符合《中华人民共和国民事诉讼法》第二百条第（二）项、第（六）项规定的情形。

2014年6月21日，最高人民法院依照《中华人民共和国民事诉讼法》第二百零四条第一款之规定，裁定：驳回英联视公司的再审申请。

附　录

一、土地、房屋租赁相关法律、法规和规范性文件目录

1.《中华人民共和国民法总则》

2.《中华人民共和国民法通则》

3.《中华人民共和国合同法》

4.《中华人民共和国物权法》

5.《中华人民共和国土地管理法》

6.《中华人民共和国城市房地产管理法》

7.《中华人民共和国担保法》

8.《中华人民共和国城乡规划法》

9.《中华人民共和国消防法》

10.《中华人民共和国建筑法》

11.《中华人民共和国森林法》

12.《村庄和集镇规划建设管理条例》

13.《商品房屋租赁管理办法》

14.《国有土地上房屋征收与补偿条例》

15.《城市房地产开发经营管理条例》

16.《中华人民共和国土地管理法实施条例》

17.《建设工程质量管理条例》

18.《关于解决城市低收入家庭住房困难的若干意见》（国发〔2007〕24 号）

19.《最高人民法院关于李晓波诉红十字国际委员会东亚地区代表处房屋租赁合同纠纷一案豁免问题的请示的复函》

20.《最高人民法院研究室关于对租赁合同债务人因欠付租金而出具的“欠款结算单”不适用普通诉讼时效的复函》

21.《最高人民法院关于当前形势下进一步做好房地产纠纷案件审判工作的指导意见》

22.《最高人民法院关于金相哲诉朴仪洙房屋租赁合同纠纷一案能否受理的请示的复函》

23.《最高人民法院关于周慧儒等诉遵义市万里路蔬菜店房屋租赁纠纷案的复函》

24.《最高人民法院关于未经消防验收合格而订立的房屋租赁合同如何认定其效力的复函》

25.《最高人民法院关于承租部分房屋的承租人在出租人整体出卖房屋时是否享有优先购买权的复函》

26.《最高人民法院关于适用〈中华人民共和国担保法〉若干问题的解释》

27.《最高人民法院关于房地产案件受理问题的通知》

28.《最高人民法院关于当前形势下审理民商事合同纠纷案件若干问题的指导意见》

29.《最高人民法院关于审理城镇房屋租赁合同纠纷案件具体应用法律若干问题的解释》

30.《最高人民法院民一庭负责人就〈关于审理城镇房屋租赁合同纠纷案件具体应用法律若干问题的解释〉答记者问》

31.《最高人民法院关于审理离婚案件中公房使用、承租若干问题的解答》

32.《最高人民法院关于适用〈中华人民共和国民事诉讼法〉的解释》

33.《最高人民法院关于贯彻执行〈中华人民共和国民法通则〉若干问题的意见（试行）》

34.《最高人民法院关于张树江与陈伯寅房屋租赁案的批复》

35.《最高人民法院关于不予承认和执行国际商会仲裁院仲裁裁决的请示的复函》

36.《最高人民法院关于人民法院办理执行异议和复议案件若干问题

的规定》

37.《最高人民法院关于适用〈中华人民共和国合同法〉若干问题的解释（一）》

38.《最高人民法院关于适用〈中华人民共和国合同法〉若干问题的解释（二）》

39.《最高人民法院关于抵押人未经抵押权人同意擅自出租抵押物，抵押权人能否通过诉讼程序请求解除租赁合同的答复》

40.《最高人民法院民二庭负责人就最高人民法院发布的〈关于当前形势下审理民商事合同纠纷案件若干问题的指导意见〉答记者问》

41.《规范国有土地租赁若干意见》（国土资发〔1999〕222 号）

42.《农村土地承包经营权流转管理办法》（农业部令 2005 年第 47 号）

43.《国土资源部、农业部关于进一步支持设施农业健康发展的通知》（国土资发〔2014〕127 号）

44.《农业部关于大力发展休闲农业的指导意见》（农加发〔2016〕3 号）

45.《国土资源部关于新疆维吾尔自治区库尔勒市完善建设用地使用权转让、出租、抵押二级市场试点实施方案的批复》（国土资函〔2017〕291 号）

46.《国有企业改革中划拨土地使用权管理暂行规定》（国家土地管理局令第 8 号）

47.《建设部、国家工商行政管理总局、国家税务总局、解放军总后勤部关于进一步加强军队空余房地产租赁管理工作的通知》（后营字〔2004〕1285 号）

48.《产业用地政策实施工作指引》（国土资厅发〔2016〕38 号）

49.《经济适用住房管理办法》（建住房〔2007〕258 号）

50.《住房和城乡建设部关于加强经济适用住房管理有关问题的通知》（建保〔2010〕59 号）

51.《广东省高级人民法院全省民事审判工作会议纪要》（粤高法〔2012〕240 号）

52.《广东省高级人民法院关于审理农村集体土地出让、转让、出租用于非农业建设纠纷案件若干问题的指导意见》

53.《广东省高级人民法院关于集体建设用地使用权租赁期限适用法律问题的批复》

54.《江苏省高级人民法院关于审理城镇房屋租赁合同纠纷案件若干问题的意见》

55.《浙江省高级人民法院关于执行非住宅房屋时案外人主张租赁权的若干问题解答》

56.《湖南省高级人民法院关于房屋买卖、租赁纠纷案件适用法律问题的指导意见》

57.《北京市高级人民法院关于因直管公房租赁引发纠纷的受理问题的意见》

58.《北京市高级人民法院关于审理房屋租赁合同纠纷案件若干常见争议的解答》

59.《上海市高级人民法院关于处理房屋租赁纠纷若干法律适用问题的解答》

60.《城镇房屋租赁合同纠纷办案要件指南》（沪高法民一〔2010〕13号）

二、土地、房屋租赁合同参考文本

（一）国有土地租赁合同

出租方：____________（以下简称甲方）
法定地址：____________
法定代表人：____________

承租方：____________（以下简称乙方）
法定地址：____________
法定代表人：____________

根据《中华人民共和国土地管理法》《规范国有土地租赁若干意见》

《合同法》等和__________省（自治区、直辖市）、__________市（县）相关法规、规章规定，双方本着平等、自愿、有偿的原则，经协商一致，订立本合同。

第一条 本合同所涉土地的所有权属中华人民共和国，甲方依据本合同出租土地使用权，地下矿产资源、无主埋藏物和市政公用设施均不属土地使用权租赁范围。

第二条 甲方出租给乙方的土地位于__________省（自治区、直辖市）__________市（县）__________街道__________，面积为__________平方米。其位置与四至范围如本合同附件一《土地示意图》所示。附件一《土地示意图》已经双方确认。

第三条 本合同项下的宗地，土地用途为____________，乙方利用该地块____________。在租赁期限内，乙方未经甲方许可不得在该地块上新建永久性建筑物，乙方如须改变本合同规定的土地用途，须取得甲方和规划行政主管部门同意，依照有关规定重新签订土地使用权租赁合同，调整土地使用权租金，并办理土地使用权变更登记手续。

第四条 该幅土地在签订本合同之前已经存在的建筑物、构造物及建筑附着物的所有权归甲方所有，具体数量、位置及使用概况详见附件二《建造在土地上的建筑物、构造物、建筑附属物清单》，该附件双方已经确认无误。

第五条 租赁期限

本合同项下的土地使用权租赁年限自甲乙双方签订本合同生效之日起________年整。

第六条 续租

6.1 租赁期限届满后，在同等条件下，乙方享有优先承租权。

6.2 本合同规定的租赁年限届满，乙方如需继续使用该地块，应当至迟于租赁年限届满前3个月向甲方提交续期申请书。

6.3 除国家因社会公共利益建设需要收回该幅土地外，甲方应予以批准。

6.4 经批准准予续期的，双方应当在获得批准之日起3个月内重新签订土地使用权租赁合同，乙方依照规定支付土地使用权租金，并重新办理土地使用权登记手续。

6.5 如甲方在乙方提交续期申请书之日起3个月内未作出是否同意续期的答复，则本合同按原期限自动续期。

6.6 未申请续期或者虽申请续期但未获批准的，甲方依法收回出租地块的土地使用权，乙方应将土地恢复至签订本合同之时的状况，依照规定办理土地使用权注销登记手续。乙方在土地上经甲方同意新建的合法房屋等建筑物、构筑物及其他附着物，归甲方所有，由甲方对乙方给予适当的实物补偿或货币补偿。

第七条 租金标准及支付

7.1 乙方同意按本合同规定向甲方支付土地使用权租金和其他有关的土地费（税）。

7.2 本合同出租宗地经依法成立的土地评估机构评定，土地使用权租金每平方米为__________元。

7.3 租金按年支付。第一年的租金，乙方应在本合同签订生效后____天内，将合同要求支付的款项汇入__________专户内，开户银行__________，账号：__________。以后年度的租金，乙方应于每年____月____日之前将下一年的租金划入甲方指定的账户上。

7.4 租赁期间，如遇有国家政策调整，则租金应做相应调整。

第八条 租赁土地使用权的转租

对租赁土地使用权，乙方可以转租，但必须事先征得甲方的同意，且转租年限不得超过本租赁合同约定的年限减去土地承租人已租用的年限后剩余的年限。租赁土地使用权发生分割转租的，租赁土地使用权分割的界限和面积，按乙方报送相关资料、甲方进行审核的方式共同确定。转租后，次承租人按照承租的租赁土地使用权的相应比例，承担租赁合同约定的权利、义务。

第九条 租赁地块上房产的抵押

在本合同租赁期限内，乙方不得将租赁地块上依法建成的建筑物、构筑物和其他附着物进行抵押。

第十条 甲方提前收回与补偿

10.1 提前收回

本合同存续期间，甲方不得提前收回土地使用权。如有以下事项之一，甲方应当提前3个月书面通知乙方，本合同提前终止，甲方依照法定程序提前收回土地使用权：

10.1.1 因国家能源、水利等基础设施用地需要征用该幅土地的；

10.1.2 因国家国防建设需要征用该幅土地的；

10.1.3 政府批准的道路、管线工程、市政基础设施、大型基础设施建设项目需要征用该幅土地的；

10.1.4 国务院批准的建设项目需要占用该幅土地的；

10.1.5 为实施城市规划进行旧城区改建或因兴建经省政府批准的开发区的需要收回该幅土地的；

10.1.6 依照法律、行政法规需要占用该幅土地的。

10.2 补偿

10.2.1 依照前款各项使得本合同提前终止的，甲方应退还乙方多缴纳的租金；

10.2.2 依照前款各项使得本合同提前终止的，未占用的土地部分继续有效；

10.2.3 依照前款各项使得本合同提前终止的，甲方应对乙方给予合理补偿。补偿金额先由双方协商确定。协商不一致，则甲方应按实际情况予以相应的补偿。

10.2.4 依照前款各项使得本合同提前终止的，征用土地方对土地上合法建造的房屋等建筑物、构筑物及其他附着物的实物补偿或货币补偿归甲方所有。

第十一条　提前收回租赁土地使用权的程序

甲方依法和按照本合同有关约定提前收回租赁土地使用权的，应当在收回3个月前将租赁地块的坐落、四至范围、收回理由、收回日期书面通知承租人，并在租赁地块的范围内进行书面公告。

第十二条　甲方的权利与义务

12.1 甲方有权按本合同约定向乙方收取租金；

12.2 在合同履行期间，甲方有权对该幅土地的开发、利用情况进行检查、监督；

12.3 甲方有义务协助乙方办理相关登记、审批手续；

12.4 甲方不得随意收回土地使用权；

12.5 如乙方有违约或违法行为，则甲方有权责令限期纠正，并可视情节的严重程度依法给予行政处罚；

12.6 甲方保证该幅土地在本合同存续期间不设立任何抵押权。

第十三条 乙方的权利与义务

13.1 乙方有义务按时向甲方支付租金；

13.2 乙方有义务按批准的用途使用土地；

13.3 乙方未经甲方同意不得在该幅土地上建造永久性建筑物、构筑物；

13.4 乙方出于生产经营的需要，可依法定程序在该幅土地上建造临时性建筑物、构筑物等；

13.5 乙方可以将租赁土地使用权作为与他人合作、联营的条件。

第十四条 乙方在租赁用地报经政府批准之日起15天内，依照规定办理土地使用权租赁登记手续，领取《中华人民共和国国有土地使用证》，取得土地使用权。

第十五条 合同的解除

15.1 甲乙双方均可以解除的情形：

15.1.1 双方协商一致同意解除的；

15.1.2 因不可抗力，本合同无法履行或履行已经没有意义的；

15.1.3 非任何一方的原因，该幅土地灭失的；

15.1.4 法律、行政法规另有规定的。

15.2 甲方有权解除的情形：

15.2.1 由于本合同生效后国家立法的变动，甲方必须提前解除本合同的；

15.2.2 由于本合同生效后国家产业政策的变更，甲方必须提前解除本合同的；

15.2.3 乙方不按合同约定按时交纳土地租金，逾期90天以上的；

15.2.4 本合同另有约定的。

15.3 乙方有权解除的情形：

15.3.1 由于本合同生效后国家立法的变动，乙方必须提前解除本合同的；

15.3.2 由于本合同生效后国家产业政策的变更，乙方必须提前解除本合同的；

15.3.3 因乙方撤销、迁移、破产等原因，停止使用该幅土地的。

第十六条　违约责任

16.1 如乙方未能按时支付本合同规定的应付款项，从延迟付款之日起，每天按应缴纳款项的__________‰缴纳滞纳金。

16.2 如甲方未按照本合同之约定解除本合同，则甲方应在乙方收到解除通知书之日起30天内退还乙方多缴纳的租金，且向乙方一次性支付已收取租金总额的__________%违约金。以上违约金支付不影响乙方就其生产经营经济损失向甲方索取赔偿损失的权利。

16.3 任何一方不履行本合同约定的任一自己应履行的义务，均构成违约，应承担违约责任，即应向守约方赔偿其违约行为所造成的实际损失和可预见的损失。如双方都有过错，则由双方各自承担相应的责任。实际损失包括但不限于守约方直接经济损失、诉讼费、仲裁费、律师代理费、差旅费、司法鉴定费和取证费等费用。

第十七条　通知

17.1 依照本合同要求任何一方发出的通知或其他联系文件应以中文书写，通知可以专人递交，或以挂号信件，或以公认的快递服务或图文传真发送到另一方。通知视为有效送达的日期应按下述方法确定：

17.1.1 专人递交的通知在专人交到之日视为送达；

17.1.2 以图文传真发送的通知在成功传送和接收日后的第1个工作日视为送达。

17.2 任何一方在收到对方的具体说明违约情况的书面通知后，应在15天内对此确认或提出书面异议或补充说明。如果在15天内不予以书面回答，则视为其接受书面通知所述内容。

第十八条　争议解决

本合同在履行过程中发生的争议，由双方当事人协商解决；协商不成的，按照下列第__________种方式解决：

（1）提交__________仲裁委员会仲裁；

（2）依法向人民法院起诉。

第十九条　附则

19.1 本合同如有未尽事宜，可经双方协商作出补充规定，补充规定与合同具有同等效力。本合同的两个附件是本合同的重要组成部分，具有同等法律效力。

19.2 本合同中的“法律”指由全国人民代表大会或其常委会制定颁布的规范性文件，“法规”是指行政法规和地方性法规，“规章”是指部门规章和地方政府制定的规章。

19.3 本合同订立、效力、解释及争议的解决均受中华人民共和国法律的保护和管辖。

19.4 本合同经双方法定代表人签字盖章并报__________人民政府批准后生效。本合同正本一式________份，双方各执______份。

19.5 本合同于______年______月______日在__________签订。

附件一：《土地示意图》

附件二：《建造在土地上的建筑物、构造物、建筑附属物清单》

甲方（盖章）：__________　　　　乙方（盖章）：__________

法定代表人（签字）：________　　　　法定代表人（签字）：________

（二）农用土地租赁合同

出租方：__________（以下简称甲方）

承租方：__________（以下简称乙方）

根据《中华人民共和国土地管理法》《中华人民共和国合同法》及相关法律、法规和政策规定，甲乙双方本着平等、自愿、有偿的原则签订本合同，共同信守。

一、土地的面积、位置

甲方自愿将位于__________乡__________村面积__________亩（具体

面积、位置以合同附图为准）农用土地出租给乙方使用。土地方位东起__________，西至__________，北至__________，南至__________。附图已经甲乙双方签字确认。

二、土地用途及承租形式

1. 土地用途为__________。

2. 承租形式：__________承租经营。

三、土地的承租经营期限

该地承租经营期限为________年，自________年________月________日至________年________月________日止。

四、地上物的处置

该地上有______________________________，在合同有效期内，由乙方无偿使用并加以维护；待合同期满或解除时，按使用的实际状况与所承租的土地一并归还甲方。

五、承租金及交付方式

1. 该土地的承租金为每亩每年人民币________元，承租金每年共计人民币________元。

2. 每年______月______日前，乙方向甲方全额交纳本年度的承租金。

六、甲乙双方的权利和义务

（一）甲方的权利和义务

1. 对土地开发利用进行监督，保证土地按照合同约定的用途合理利用。

2. 按照合同约定收取承租金；在合同有效期内，甲方不得提高承租金。

3. 保障乙方自主经营，不侵犯乙方的合法权益。

4. 协助乙方进行农业高新技术的开发、宣传、应用。

5. 按照合同约定，保证水、电畅通，并无偿提供通往承租地的道路。

6. 按本村村民用电价格收取乙方电费。

7. 为乙方提供自来水，并给予乙方甲方村民的同等待遇。

8. 在合同履行期内，甲方不得重复发包该地块。

（二）乙方的权利和义务

1. 按照合同约定的用途和期限，有权依法利用和经营所承租的土地。

2. 享有承租土地上的收益权和按照合同约定兴建、购置财产的所有权。

3. 享受国家规定的优惠政策。

4. 享有对公共设施的使用权。

5. 乙方可在承租的土地上建设与约定用途有关的生产、生活设施。

6. 乙方不得用取得承租经营权的土地抵偿债务。

7. 保护自然资源，搞好水土保持，合理利用土地。

七、合同的转租

1. 在本合同有效期内，乙方经过甲方同意，遵照自愿、互利的原则，可以将承租的土地全部或部分转包给第三方。

2. 转包时要签订转包合同，不得擅自改变原来承租合同的内容。

3. 本合同转租后，甲方与乙方之间仍应按原承租合同的约定行使权利和承担义务，乙方与第三方按转租合同的约定行使权利和承担义务。

八、合同的变更和解除

1. 本合同一经签订即具有法律约束力，任何单位和个人不得随意变更或者解除。经甲乙双方协商一致签订书面协议方可变更或解除本合同。

2. 在合同履行期间，任何一方法定代表人或人员的变更，都不得因此而变更或解除本合同。

3. 本合同履行中，如因不可抗力致使本合同难以履行时，本合同可以变更或解除，双方互不承担责任。

4. 本合同履行期间，如遇国家建设征用该土地，甲方应支付乙方在承租土地上各种建筑设施的费用，并根据乙方承租经营的年限和开发利用的实际情况给予相应的补偿。

5. 如甲方重复发包该地块或擅自断电、断水、断路，致使乙方无法经营时，乙方有权解除本合同，其违约责任由甲方承担。

6. 本合同期满，如继续承包，乙方享有优先权，双方应于本合同期满前半年签订未来承租合同。

九、违约责任

1. 在合同履行期间，任何一方违反本合同的约定，视为违约。违约方应按土地利用的实际总投资额和合同未到期的承租金额的20%支付对方违约金，并赔偿对方因违约而造成的实际损失。

2. 乙方应当按照本合同约定的期限足额支付租金。如乙方逾期30日未支付租金，则甲方有权解除本合同。

3. 本合同转租后，因甲方的原因致使转租合同不能履行，给转租后的承租方造成损失的，甲方应承担相应的责任。

十、合同纠纷的解决办法

本合同履行中如发生纠纷，由争议双方协商解决；协商不成，双方同意向__________仲裁委员会申请仲裁。

十一、本合同经甲乙双方签字盖章后生效。

十二、本合同未尽事宜，可由双方约定后签订补充协议，补充协议（经公证后）与本合同具有同等法律效力。

十三、本合同一式______份，甲乙双方各______份。

甲方（签字）：____________

乙方（签字）：____________

签约日期：________年______月______日

签约地点：______________

（三）住宅房屋租赁合同

出租方：____________（以下简称甲方）

承租方：____________（以下简称乙方）

依据《中华人民共和国合同法》及有关法律、法规的规定，甲乙双方在平等、自愿的基础上，就房屋租赁的有关事宜达成协议如下：

第一条 房屋基本情况

该房屋坐落于__________。

该房屋为：楼房__________室__________厅__________卫，平房__________间，建筑面积__________平方米，使用面积__________平方米，装

修状况__________，其他条件为________________________，该房屋（□已/□未）设定抵押。

第二条 房屋权属状况

该房屋权属状况为第__________种：

（一）甲方对该房屋享有所有权的，甲方或其代理人应向乙方出示房屋所有权证，证书编号为：______________________________；

（二）甲方对该房屋享有转租权的，甲方或其代理人应向乙方出示房屋所有权人允许甲方转租该房屋的书面凭证，该凭证为：__________。

第三条 房屋用途

该房屋用途为：____________________。乙方保证，在租赁期内未征得甲方书面同意以及按规定经有关部门审核批准前，不擅自改变该房屋的用途。

第四条 交验身份证明

（一）甲方应向乙方出示（□身份证/□营业执照）及______________等真实有效的身份证明。

（二）乙方应向甲方出示（□身份证/□营业执照）及______________等真实有效的身份证明。

第五条 房屋改善

（一）甲方应在本合同签订后__________日内对该房屋做如下改善：______________，改善房屋的费用由（□甲方/□乙方）承担。

（二）甲方（□是/□否）允许乙方对该房屋进行装修、装饰或添置新物。装修、装饰或添置新物的范围是__________，双方也可另行书面约定。

第六条 租赁期限

（一）房屋租赁期自______年______月______日至______年______月______日，共计______年______个月。（期限超过20年的，超过部分无效。）

（二）租赁期满，甲方有权收回该房屋。乙方有意继续承租的，应提前______日向甲方提出（□书面/□口头）续租要求，征得同意后甲乙双方重新签订房屋租赁合同。

如乙方继续使用租赁房屋甲方未提出异议的，本合同继续有效，租赁期限为不定期，双方均有权随时解除合同，但应提前______日（□书面/□口头）通知对方。

第七条　租金

（一）租金标准：________元/（□月/□季/□半年/□年），租金总计：________元（大写：________元）。该房屋租金________（□年/□月）不变，自第________（□年/□月）起，双方可协商对租金进行调整。有关调整事宜由双方另行约定。

（二）租金支付时间：__________，__________，__________，__________，__________。

（三）租金支付方式：□甲方直接收取/□甲方代理人直接收取/□甲方代理人为房地产经纪机构的，乙方应在银行开立账户，通过该账户支付租金，房地产经纪机构不得直接向乙方收取租金，但乙方未按期到________________银行支付租金的除外。房地产经纪机构应于本合同签订之日起3个工作日内将其中一份合同送交________________________银行。

（四）甲方或其代理人收取租金后，应向乙方开具收款凭证。

第八条　房屋租赁保证金

（一）甲方交付该房屋时，乙方（□是/□否）向甲方支付房屋租赁保证金，具体金额为：__________元（大写：____________________元）。

（二）租赁期满或合同解除后，房屋租赁保证金除抵扣应由乙方承担的费用、租金以及乙方应承担的违约赔偿责任外，剩余部分应如数返还乙方。

第九条　其他费用

租赁期内，与该房屋有关各项费用的承担方式为：

（一）乙方承担（□水费/□电费/□电话费/□电视收视费/□供暖费/□燃气费/□物业管理费/□____________________）等费用。乙方应保存并向甲方出示相关缴费凭据。

（二）房屋租赁税费以及本合同中未列明的其他费用均由甲方承担。

第十条　房屋的交付及返还

（一）交付：甲方应于________年________月________日前将房屋按

约定条件交付给乙方。《房屋附属设施、设备清单》（附件）经双方交验签字盖章并移交房门钥匙及________________________后视为交付完成。

（二）返还：租赁期满或合同解除后，乙方应返还该房屋及其附属设施。甲乙双方验收认可后在《房屋附属设施、设备清单》（附件）上签字盖章。甲乙双方应结清各自应当承担的费用。

乙方添置的新物可由其自行收回，而对于乙方装饰、装修的部分，具体处理方法为（□乙方恢复原状/□ 乙方向甲方支付恢复原状所需费用/□乙方放弃收回/□归甲方所有但甲方折价补偿）。

返还后对于该房屋内乙方未经甲方同意遗留的物品，甲方有权自行处置。

第十一条　房屋及附属设施的维护

（　）租赁期内，甲方应保障该房屋及其附属设施处于适用和安全的状态。乙方发现该房屋及其附属设施有损坏或故障时，应及时通知甲方修复。

甲方应在接到乙方通知后的______日内进行维修。逾期不维修的，乙方可代为维修，费用由甲方承担。因维修房屋影响乙方使用的，应相应减少租金或延长租赁期限。

（二）对于乙方的装修、改善和增设的他物甲方不承担维修的义务。

（三）乙方应合理使用并爱护该房屋及其附属设施。因乙方保管不当或不合理使用，致使该房屋及其附属设施发生损坏或故障的，乙方应负责维修或承担赔偿责任。如乙方拒不维修或拒不承担赔偿责任的，甲方可代为维修或购置新物，费用由乙方承担。

（四）对于该房屋及其附属设施因自然属性或合理使用而导致的损耗，乙方不承担责任。

第十二条　转租

（一）除甲乙双方另有约定以外，乙方需事先征得甲方书面同意，方可在租赁期内将该房屋部分或全部转租给他人。

（二）乙方转租该房屋，应按规定与接受转租方订立书面转租合同，并向房屋租赁管理行政机关办理房屋租赁合同登记备案手续。

（三）接受转租方对该房屋及其附属设施造成损坏的，应由乙方向甲方承担赔偿责任。

第十三条 所有权变动

（一）租赁期内甲方转让该房屋的，甲方应当提前______日书面通知乙方，乙方在同等条件下享有优先于第三人购买的权利。

（二）租赁期内该房屋所有权发生变动的，本合同在乙方与新所有权人之间具有法律效力。

第十四条 合同的解除

（一）经甲乙双方协商一致，可以解除本合同。

（二）有下列情形之一的，本合同终止，甲乙双方互不承担违约责任：

1. 该房屋因城市建设需要被依法列入房屋拆迁范围的；

2. 因地震、火灾等不可抗力致使房屋毁损、灭失或造成其他损失的。

（三）甲方有下列情形之一的，乙方有权单方解除合同：

1. 未按约定时间交付该房屋达________日的；

2. 交付的房屋不符合合同约定严重影响乙方使用的；

3. 不承担约定的维修义务致使乙方无法正常使用该房屋的；

4. 交付的房屋危及乙方安全或者健康的。

5. 其他：________________。

（四）乙方有下列情形之一的，甲方有权单方解除合同，收回该房屋：

1. 不支付或者不按照约定支付租金达__________日的；

2. 欠缴各项费用达__________元的；

3. 擅自改变该房屋用途的；

4. 擅自拆改变动或损坏房屋主体结构的；

5. 擅自将该房屋转租给第三人的；

6. 利用该房屋从事违法活动的。

7. 其他：__________________________。

第十五条 违约责任

（一）甲方有本合同第十四条第三款约定的情形之一的，应按月租金的__________%向乙方支付违约金。

（二）因甲方未按约定履行维修义务造成乙方人身、财产损失的，甲方应承担赔偿责任。

（三）租赁期内，甲方需提前收回该房屋的，应提前________日通知乙方，将已收取的租金余额退还乙方并按月租金的________%支付违约金。

（四）乙方有本合同第十四条第四款约定的情形之一的，应按月租金的________%向甲方支付违约金。

（五）乙方擅自对该房屋进行装修、装饰或添置新物的，甲方可以要求乙方恢复原状或者赔偿损失。

（六）租赁期内，乙方需提前退租的，应提前__________日通知甲方，并按月租金的__________%支付违约金。

（七）甲方未按约定时间交付该房屋或者乙方不按约定支付租金但未达到解除合同条件的，以及乙方未按约定时间返还房屋的，应按__________________标准支付违约金。

（八）其他：____________________。

第十六条　无权代理

由甲方代理人代为签订本合同并办理相关事宜的，甲方代理人和乙方应在甲方开具的授权委托书或出租代理合同的授权范围内确定本合同具体条款，甲方代理人超越代理权或代理权终止后的代理行为，未经甲方书面追认的，对甲方不发生法律效力。

第十七条　合同争议的解决办法

本合同项下发生的争议，由双方当事人协商解决或申请调解解决；协商或调解不成的，依法向□__________人民法院起诉/□__________仲裁委员会申请仲裁。

第十八条　其他约定事项

（一）________________________。

（二）________________________。

（三）________________________。

……

本合同经甲乙双方签字盖章后生效。本合同（及附件）一式________份，其中甲方执__________份，乙方执__________份，房屋租赁管理行政机关备案一份，执__________份。

本合同生效后，双方对合同内容的变更或补充应采取书面形式，作为本合同的附件。附件与本合同具有同等的法律效力。

附件：《房屋附属设施、设备清单》

甲方（签章）：__________
住所：__________
证照号码：__________
法定代表人：__________
电话：__________

乙方（签章）：__________
住所：__________
证照号码：__________
法定代表人：__________
委托代理人：__________
电话：__________

出租方代理人（签章）：__________
住所：__________
电话：__________
签约时间：______年______月______日
签约地点：__________

（四）厂房租赁合同

出租方：______（以下简称甲方）
授权代表：__________
职务：__________
地址：__________
电话：__________
传真：__________

承租方：____（以下简称乙方）
授权代表：__________
职务：__________
地址：__________
电话：__________
传真：__________

出租方愿意将产权属于自己的厂房出租给承租方，双方依据《中华人民共和国合同法》、当地政府对厂房租赁的有关规定，为明确出租方与承租方的权利义务关系，在平等、自愿、公平和诚实信用的基础上经过充分协商，就租赁厂房一事达成以下协议，以约束双方行为，以便双方共同遵守。

第一条 租赁物位置、面积、功能及用途

甲方将位于________________的厂房（以下简称租赁物）租赁给乙方使用。租赁物面积经甲乙双方认可确定为__________平方米。

本租赁物的功能为__________。如乙方需转变使用功能，需经甲方书面同意，因转变功能所需办理的全部手续由乙方按政府的有关规定申报，因改变使用功能所应交纳的全部费用由乙方自行承担。

本租赁物采取包租的方式，由乙方自行管理。

第二条 租赁期限

租赁期限为____年，即从______年______月______日起至______年____月______日止。租赁期限届满前____个月提出，经甲方同意后，甲乙双方将对有关租赁事项重新签订租赁合同。在同等承租条件下，乙方有优先权。

第三条 免租期及租赁物的交付

3.1 租赁物的免租期为________个月，即从______年______月______日起至______年______月______日止。免租期届满次日为起租日，由起租日开始计收租金。

3.2 在本出租合同生效之日起______日内，甲方将租赁物按现状交付乙方使用。

第四条 租赁费用

4.1 租赁保证金

本出租合同的租赁保证金为首月租金的两倍，即人民币________元（大写：__________）。

4.2 租金

第1年至第2年租金为每月每平方米人民币__________元，第3年至第5年每年租金将在上年的基础上递增______%；第6年起的租金将以届时所处位置的房屋租赁的租金水平为依据，由甲乙双方另行共同商定。每年的______日作为每年租金调整日。

4.3 物业管理费

物业管理费为每月每平方米人民币__________元。

4.4 供电增容费

供电增容的手续由甲方负责申办，因办理供电增容所需缴纳的全部费用由乙方承担。

第五条 租赁费用的支付

5.1 乙方应于本合同签订之前，向甲方支付部分租赁保证金人民币__________元，租赁保证金的余额将于______日前向甲方一次性支付完毕。

租赁期限届满，在乙方已向甲方交清了全部应付的租金、物业管理费及因本租赁行为所产生的一切费用，并履行向甲方交还承租的租赁物等本合同所约定的义务后______日内，甲方将向乙方无偿退还租赁保证金。

5.2 乙方应于每月__________日或该日以前向甲方支付当月租金，并由乙方汇至甲方指定的下列账号，或按双方书面同意的其他支付方式支付。

甲方开户行：______________　　账号：______________

乙方逾期支付租金，应向甲方支付滞纳金，滞纳金金额为：拖欠日数乘以欠缴租金总额的______________%。

5.3 乙方应于每月__________日或该日以前按第4.3条的约定向甲方支付物业管理费。逾期支付物业管理费，应向甲方支付滞纳金，滞纳金金额为：拖欠日数乘以欠缴物业管理费总额的______%。

5.4 本合同生效后，甲方申办供电增容的有关手续；因供电增容所因交纳的费用，包括但不限于增容，由乙方承担。乙方应于甲方申办有关手续期间向甲方支付有关费用。

第六条 租赁物的转让

在租赁期限内，若遇甲方转让租赁物的部分或全部产权，甲方应确保受让人继续履行本合同。在同等受让条件下，乙方对本租赁物享有优先购买权。

第七条 专用设施、场地的维修、保养

7.1 乙方在租赁期限享有租赁物所属设施的专用权。乙方应负责租赁物内专用设施的维护、保养、年审，并保证在本合同终止时专用设施以可靠运行状态随同租赁物归还甲方。甲方对此有检查监督权。

7.2 乙方对租赁物附属设计负有妥善使用及维护之责，对各种可能出现的故障和危险应及时消除，以避免一切可能发生的隐患。

7.3 乙方在租赁期限内应爱护租赁物，因乙方使用不当造成租赁物损坏，乙方应负责维修，费用由乙方承担。

第八条　防火安全

8.1 乙方在租赁期间须严格遵守执行《中华人民共和国消防条例》以及__________有关制度，积极配合甲方主管部门做好消防工作，否则，由此产生的一切责任及损失由乙方承担。

8.2 乙方应在租赁物内按有关规定配置灭火器，严禁将楼宇内消防设施用作其他用途。

8.3 租赁物内确因维修等事务需进行一级临时动火作业时（含电焊、风焊等明火作业），须甲方主管部门批准。

8.4 乙方应按消防部门有关规定全面负责租赁物内的防火安全，甲方有权于双方同意的合理时间内检查租赁物的防火安全，但应事先给乙方书面通知，乙方不得无理拒绝或延迟给予同意。

第九条　保险责任

在租赁期限内，甲方负责购买租赁物的保险，乙方负责购买租赁物内乙方的财产及其他必要的保险（包括责任险）。若甲乙各方未购买上述保险，由此而产生的所有赔偿及责任分别由甲乙各方自行承担。

第十条　物业管理

10.1 乙方在租赁期满或合同提前终止时，应于租赁期满之日或提前终止之日将租赁物清扫干净，搬迁完毕，并将租赁物交还给甲方。如乙方归还租赁物时不清理杂物，则甲方清理该杂物所产生的费用由乙方负责。

10.2 乙方在使用租赁物时必须遵守中华人民共和国的法律、法规以及甲方租赁物物业管理的有关规定，如有违反，产生的责任由乙方自行承担。若由于乙方违反上述规定影响建筑物周围其他用户的正常活动，所造成损失由乙方赔偿。

第十一条　装修条款

11.1 在租赁期限内如乙方须对租赁物进行装修、改建，须事先向甲方提交装修、改建设计方案并经甲方同意，甲方须向政府有关部门申报。

如装修、改建方案可能对公用部分及其他相邻用户造成影响的，甲方可对该部分方案提出异议，乙方应予以修改。改建、装修费用由乙方承担。

11.2 如乙方的装修、改建方案可能对租赁物主结构造成影响的，则应经甲方及原设计单位书面同意后方能进行。

第十二条 租赁物的转租

经甲方书面同意后，乙方方可将租赁物的部分面积转租，但转租部分的管理工作由乙方负责，包括向转租户收取租金等。本合同规定的甲乙双方的责任和权利不因乙方转租而改变。

如发生转租行为，乙方必须遵守下列条款：

1. 转租期限不得超过乙方对甲方的承租期限；

2. 转租租赁物的用途不得超出本合同第一条规定的用途；

3. 乙方应在转租租约中列明，倘乙方提前终止本合同，乙方与转租户的转租租约应同时终止。

4. 乙方须要求转租户签署保证书，保证其同意履行乙方与甲方合同中有关转租行为的规定，并承诺与乙方就本合同的履行对甲方承担连带责任。在乙方终止本合同时，转租租约同时终止，转租户无条件迁离租赁物。乙方应将转租户签署的保证书，在转租协议签订后的五日内交甲方存档。

5. 无论乙方是否提前终止本合同，乙方因转租行为产生的一切纠纷概由乙方负责处理。

6. 乙方因作为转租行为的转租人应付的税、费由乙方负责。

第十三条 提前终止合同

13.1 在租赁期限内，若遇乙方欠交租金或物业管理费超过一个月，甲方在书面通知乙方交纳欠款之日起五日内，乙方未支付有关款项，甲方有权停止乙方使用租赁物内的有关设施，由此造成的一切损失（包括但不限于乙方及受转租户的损失）由乙方全部承担。

若遇乙方欠交租金或物业管理费超过两个月，甲方有权提前解除本合同，并按本条第2款的规定执行。在甲方以传真或信函等书面方式通知乙方（包括受转租人）之日起，本合同自动终止。甲方有权留置乙方租赁物内的财产（包括受转租人的财产）并在解除合同的书面通知发出之日起五日后，甲方将申请拍卖留置的财产用于抵偿乙方应支付的因租赁行为所产生的全部费用。

13.2 未经甲方书面同意乙方不得提前终止本合同。如乙方确需提前解约，须提前六个月书面通知甲方，且履行完毕以下手续，方可提前解约：a. 向甲方交回租赁物；b. 交清实租期的租金及其他因本合同所产生的费用；c. 应于本合同提前终止前一日或之前向甲方支付相当于当月租金两倍的款项作为赔偿。甲方在乙方履行完毕上述义务后五日内将乙方的租赁保证金无息退还乙方。

第十四条 免责条款

14.1 若因政府有关租赁行为的法律法规的修改或政府行为导致甲方无法继续履行本合同时，将按本条第2款执行。

14.2 凡因发生严重地震等自然灾害、战争或其他不能预见的，其发生和后果不能防止或避免的不可抗力致使任何一方不能履行本合同时，遇有上述不可抗力的一方，应立即用邮递或传真通知对方，并应在三十日内，提供不可抗力的详情及合同不能履行，或部分不能履行，或需延期履行理由的证明文件。该项证明文件应由不可抗力发生地区的公证机关出具，如无法获得公证机关出具的证明文件，则提供其他有力证明。遭受不可抗力的一方由此而免责。

第十五条 合同的终止

本合同提前终止或有效期届满，甲、乙双方未达成续租协议的，乙方应于提前终止之日或租赁期限届满之日迁离租赁物，并将其返还甲方。乙方逾期不迁离或不返还租赁物的，应向甲方加倍支付租金，但甲方有权书面通知乙方其不接受双倍租金，并有权收回租赁物，强行将租赁场地内的物品搬离租赁物，且不负保管的责任。

第十六条 广告

若乙方需在租赁物建筑物的本体设立广告牌，须按政府的有关规定完成相关的报批手续并报甲方备案。

若乙方需在租赁物建筑物的周围设立广告牌，需经甲方书面同意并按政府有关规定执行。

第十七条 有关税费

按国家有关规定须就本合同缴纳的印花税、登记费、公证费及其他有关的税项及费用，按有关规定应由甲方作为出租人，乙方作为承担人分别承担。有关登记手续由甲方负责办理。

第十八条 通知

根据本合同需要发出的全部通知、甲方与乙方的文件往来及与本合同有关的通知和要求等，应以书面形式进行；甲方给予乙方或乙方给予甲方的电传或传真一经发出，挂号邮件以对方在本合同第一页所述的地址并以对方为收件人付邮七日后或以专人送至前述地址，均视为已送达。

第十九条 纠纷解决与适用法律

19.1 本合同在履行中如发生争议，双方首先应本着平等互利的原则协商解决，若协商不成，任何一方可向□__________人民法院起诉/□__________仲裁委员会申请仲裁。

19.2 本合同受中华人民共和国法律管辖，并按中华人民共和国的法律进行解释。

第二十条 其他条款

20.1 本合同未尽事宜，经双方协商一致后，可另行签订补充协议。

20.2 本合同一式贰份，甲、乙双方各执壹份。

第二十一条 合同效力

本合同经双方签字、盖章，并收到乙方支付的首期租赁保证金款项后生效。

甲方（盖章）：__________委托代理人（签字）：__________

乙方（盖章）：__________委托代理人（签字）：__________

签约地点：__________签订时间：______年______月______日

（五）商场柜台租赁合同

出租人：__________（以下简称甲方）

承租人：__________（以下简称乙方）

根据《中华人民共和国合同法》及有关规定，为明确甲乙双方的权利、义务，经双方协商一致，签订本合同。

第一条 甲方将__________节柜台总面积__________平方米出租给乙方，用在甲方店内从事商业经营。柜台坐落于__________。

第二条 租赁期共__________年零______个月，甲方从______年______月______日起将出租柜台交付乙方使用，至______年______月______日收回。

第三条 租金每月为__________元（国家有规定的按规定执行，国家没有规定的则由双方协商确定），租金交纳期限为__________。

第四条 甲方权利和义务

（一）甲方权利

1. 组织乙方来店人员学习有关法律政策，制定依法经营的具体规章，建立健全各项有关管理制度，并有权要求乙方遵守。

2. 有权监督检查乙方遵纪守法、文明经营情况，对乙方违反有关规定及出售假冒伪劣商品和“雇托”经营欺骗消费者等行为进行教育和管理，并报告有关执法部门。

3. 有权要求乙方更换违纪人员。

（二）甲方义务

1. 严格执行《__________市商业服务业企业出租柜台管理暂行规定》。

2. 不得擅自提前终止合同，将柜台转租他人。

3. 对乙方损害消费者利益行为的后果承担连带赔偿损失责任。

4. 对乙方人员经营提供必要方便，支持乙方的工作。

第五条 乙方权利和义务

（一）乙方的权利

1. 在工商行政管理部门核准的经营范围内享有自主经营权。

2. 甲方违反合同规定给乙方造成损失的，乙方有权要求甲方赔偿。

3. 有权抵制甲方的各种不合理要求，并可向有关部门反映。

（二）乙方义务

1. 严格执行《__________市商业服务业企业出租柜台管理暂行规定》，承租柜台明显处悬挂承租柜台标志，服从有关部门的管理，自觉遵守甲方企业的各项规章制度，维护甲方利益及声誉。

2. 严格依法经营，明码标价，现货交易不得超范围经营，不搞批发业务，不得出售假冒伪劣商品，不得“雇托”经营。

3. 遵守国家物价及有关政策，照章纳税，文明经商，做到售出商品包退、包换、包修，保证商品质量，讲求信誉。

4. 爱护柜台及其他设施，不得损坏，如有损坏应负担全部修理费用或照价赔偿，租赁期满乙方应完好归还承租的柜台。

第六条 违约责任

1. 租赁期限内，任何一方违约，由违约方承担违约赔偿责任。

2. 乙方在租赁期限内，如要求退租的，应提前____个月通知甲方，并支付年租金的____作为赔偿。因甲方自身原因提前解除协议的，按约定支付年租金的____作为违约金。

第七条 免责条款

若因政府有关法律法规的修改或变更，或因发生严重自然灾害（如地震、洪水等）或其他不能预见的因素致使任何一方不能履行本合同时，本合同自动终止且互不承担责任。

第八条 合同的解除

乙方有下列情形之一的，甲方有权随时终止合同收回柜台：

1. 擅自将承租柜台转租、转让或转借他人的；

2. 利用所租柜台进行非法活动，损害公共利益的；

3. 严重违反有关部门的规定或甲方单位的管理制度；

4. 给甲方造成严重不良影响的；

5. 拖欠租金累计达__________个月的。

第九条 争议的解决方式

双方因履行本合同发生争议时，应协商解决，也可由当地__________部门调解；协商或调解不成的，按下列第______种方式解决：

1. 提交__________仲裁委员会仲裁；

2. 依法向人民法院起诉。

第十条 其他约定事项__________。

第十一条 本合同未尽事宜，一律按《中华人民共和国合同法》的有关规定，经双方共同协商作出书面补充约定，补充约定与本合同具有同等效力。

第十二条 本合同期满前__________日双方如愿延长租赁期，应重新签订合同。

甲方（公章）：__________ 乙方（公章）：__________
代表（签字）：__________ 代表（签字）：__________
日期：____年____月____日 日期：____年____月____日

（六）店铺转让合同

转让方：__________（以下简称甲方）
顶让方：__________（以下简称乙方）
房东：__________（以下简称丙方）

甲、乙、丙三方经友好协商，就店铺转让事宜达成以下协议。

一、丙方同意甲方将自己位于__________市__________区（县）__________街道（镇）__________街（路）__________号的店铺（原为：__________）转让给乙方使用，建筑面积为__________平方米，并保证乙方同等享有甲方在原有房屋租赁合同中所享有的权利与义务。

二、丙方与甲方已签订了租赁合同，租期到____年____月____日止，年租金为人民币__________元（大写：__________），租金为每年交付一次，并于约定日期提前一个月交至丙方。店铺转让给乙方后，乙方同意代替甲方向丙方履行原有店铺租赁合同中所规定的条款，并且每年定期交纳租金及该合同所约定的应由甲方交纳的水电费及其他各项费用。

三、转让后店铺现有的装修、装饰及其他所有设备全部归乙方所有，租赁期满后房屋装修等不动产归丙方所有，营业设备等动产归乙方（动产与不动产的划分按原有租赁合同执行）。

四、乙方在______年______月______日前一次性向甲方支付转让费共计人民币__________元（大写：__________），上述费用已包括第三条所述的装修、装饰、设备及其他相关费用，此外甲方不得再向乙方索取任何其他费用。

五、甲方应该协助乙方办理该店铺的工商营业执照、卫生许可证等相关证件的过户手续，但相关费用由乙方负责；乙方接手前该店铺所有的一切债权、债务均由甲方负责，接手后的一切经营行为及产生的债权、债务由乙方负责。

六、如乙方逾期交付转让金，除甲方交铺日期相应顺延外，乙方应每日向甲方支付转让费的千分之一作为违约金；逾期30日的，甲方有权解除合同，并且乙方必须按照转让费的10%向甲方支付违约金。如果由于甲方原因导致转让中止，甲方同样承担违约责任，并向乙方支付转让费的10%作为违约金。

七、如因自然灾害等不可抗因素导致乙方经营受损的与甲方无关，但遇政府规划、国家征用拆迁店铺，有关补偿归乙方。

八、本合同一式三份，三方各执一份，自三方签字之日起生效。

甲方（签章）：____　　乙方（签章）：____　　丙方（签章）：____
日期：________　　日期：________　　日期：________

（七）地下停车位租赁合同

出租方：__________（以下简称甲方）
承租方：__________（以下简称乙方）

根据《中华人民共和国合同法》《中华人民共和国城市房地产管理法》及其他有关法律、法规的规定，出租人和承租人在平等、自愿、公平、协商一致的基础上，就本合同项下的停车位（以下简称本停车位）租赁事宜，达成如下合同，以兹信守。

第一条　本停车位位置及面积

本停车位位于__________。

该车位长________米，宽________米，左侧为□停车位/□墙体/□其他：________，右侧为□停车位/□墙体/□其他：__________，适于停放车辆类型为__________。甲方应确保本停车位处于适租状态。

第二条　租赁期限

乙方租用本停车位期限为______年，自______年______月____日起至

______年______月______日止。在乙方向甲方支付全部本停车位租赁费后，甲方同意于______年______月______日前将本停车位交予乙方使用。

第三条 本停车位的租赁费及物业管理费

（一）车位租赁费

1. 金额

乙方租赁本停车位每一年应向甲方支付租赁费为人民币________元（大写：__________元）。该租赁费□包含/□不包含本小区物业管理单位收取的停车管理费。

2. 交付期限及方式

乙方应于本合同签订之日一次性向甲方全额交付本年度的本停车位租赁费，下一年度的租赁费为每年度周期开始的首月5日前交付。

（二）物业管理

1. 本小区物业管理公司收取的本停车位管理费由□甲方/□乙方承担，费用标准为每一年______元。承担本停车位管理费的一方应当及时、足额缴纳费用，否则，发生任何纠纷及后果应由费用承担方负责。

2. 乙方同意，本小区物业管理公司对车库场地（不包括本停车位）负有的保洁、维修保养、线路指引标志设置等物业管理责任，遵照本小区物业管理规定执行。如因发生争议而需要甲方予以协调，乙方应当及时通知甲方，甲方应及时予以处理，确保本停车位处于适租状态。

第四条 本停车位的使用

1. 乙方不得更改本停车位用途。乙方使用本停车位应当遵守本小区物业管理单位对本停车场的相关规定，该等规定乙方有义务自行了解。

2. 乙方已考察本停车位，乙方保证所停车辆不超过车位空间限额的长、宽、高以及停车场地面承受压力要求，停放车辆的水平投影面积小于本停车位面积，并保证不妨碍相邻车位的使用。

3. 乙方停放的车辆内不得有人、生物留置。乙方车辆不得外附或内装任何危险物品，包括易燃、易爆、腐蚀性、毒害性、放射性等违反国家规定的物品，不得存放任何易腐烂性物品；否则，产生的一切责任由乙方承担。本小区物业管理单位有权对认为可疑的车辆进行检查，乙方应当协助检查，不得阻挠。

4. 未经甲方同意，乙方不得将本停车位转租、转借任何第三人使用；否则，甲方有权解除合同。

5. 乙方应当按物业管理单位规定的进出时间使用车位，乙方车辆在进入停车场后应当立即停放于本停车位，不得造成道路或通道堵塞。

6. 乙方离开车辆时应尽到包括锁好防盗锁、关闭电路、锁好门窗等谨慎检查义务；车内物品丢失责任与甲方无关，但乙方向物业管理公司索赔，甲方应证实乙方为车位合法租赁方。

7. 乙方不得在停车场内乱扔废弃物，有义务对因油品泄露、强酸强碱等原因导致车位污损进行清洁、维修；乙方不得将漏油车辆开进停车场。

第五条 双方责任

1. 乙方在停车场内所受损失，乙方应当自行向造成损害的他方索赔。

2. 乙方停车位的使用及其车辆进出停车场、停车位或停放不得损害其他人的合法权益。因乙方原因造成他方损害，乙方应当赔偿。

第六条 保险

乙方应当为在本停车位停放的车辆自行投保包括车辆盗抢险等保险。甲方无义务对本停车位及地上停放车辆投保。

第七条 续用

本合同使用期限届满前，乙方如欲继续使用，应当在届满前十日向甲方提出，双方另行签订车位租赁合同。

第八条 违约责任

（一）甲方责任

甲方逾期交付本停车位或因甲方原因造成乙方无法使用本停车位的，每日应当承担本停车位月租赁费千分之三的违约金；逾期达十五日，乙方有权解除本合同，甲方应当返还未使用期间的车位租赁费，同时，甲方应按应返还的车位租赁费的5%向乙方支付违约赔偿金。

（二）乙方责任

1. 乙方未按本合同约定按期交纳任何一项费用的，每逾期一日，应当承担应交纳款项千分之三的违约金；逾期达十五日，仍未全额交纳的，甲方有权解除合同，收回车位。

2. 因乙方原因合同解除的，乙方应当承担本车位租赁费总额5%的违约赔偿金。

3. 乙方应当按照本合同及有关规章、制度的约定及操作规程停放车辆，对于任何不符合本合同及有关规章、制度规定停放车辆的，甲方有权要求乙方限期改正，如逾期乙方仍未改正的，甲方有权解除合同，乙方应承担一切责任。

第九条 免责条款

本合同期内，因不可抗力原因，如地震、战争等自然灾害或政府决策导致该停车场丧失使用功能或不能使用的，本合同自然终止，甲乙双方不承担任何责任。

第十条 争议解决

本合同在履行过程中发生的争议，由双方当事人协商解决；协商不成的，按照下列第______种方式解决：

1. 提交________仲裁委员会仲裁；

2. 依法向人民法院起诉。

第十一条 附则

1. 本合同自甲乙双方盖章签字之日起生效，合同正本一式二份，双方各执一份，具有同等法律效力。

2. 未尽事宜，双方另行协商并订立书面补充协议。

3. 其他约定：__________。

甲方（签章）：__________　　乙方（签章）：__________

联系方式：__________　　联系方式：__________

签订日期：______年______月______日

（八）房屋出租居间合同

委托人：__________（以下简称甲方）

联系方式：__________

居间人：__________（以下简称乙方）

联系方式：__________

第一条　委托事项

1. 甲方委托乙方为其居间出租具备以下条件的房屋（内容包括所有人、产权证号、房屋用途、租金标准、面积、朝向、家具清单等房屋基本情况），并协助其与承租人签订房屋租赁合同。

2. 甲方对承租人条件的特别要求：______。

3. 乙方还应提供以下服务：______。

第二条　委托期限

本次委托自____年____月____日起至____年____月____日止。

第三条　现场看房

1. 本合同签订后______日内，乙方应到房屋现场对甲方提供的房屋资料进行核实，经核实房屋状况与甲方提供的资料不一致的，乙方应要求甲方对合同进行修改。

2. 乙方陪同承租人现场看房的，甲方应予以配合。

3. 因甲方提供的资料与房屋状况不一致造成承租人拒付看房成本费的，甲方应支付全部费用。

第四条　甲方义务

1. 应出示身份证、营业执照、______等真实的身份资格证明。

2. 应出示房屋所有权证书或证明自己对出租房屋依法享有出租权利的其他证明。

3. 应保证自己提供的房屋资料真实、合法。

4. 应对乙方的居间活动提供必要的协助与配合。

5. 应对乙方提供的承租人资料保密。

6. 不得在委托期限内及期限届满后______日内与乙方介绍的承租人进行私下交易。

7. 在委托期限内不得将出租房屋同时委托其他房地产经纪机构出租。

第五条　乙方义务

1. 应出示营业执照、房地产经纪机构资质证书等合法的经营资格证明。

2. 应认真完成甲方的委托事项，按照房屋用途和甲方对承租人条件的特别要求寻找承租人，将处理情况及时向甲方如实汇报，并为承租人现场看房及甲方与承租人签订房屋租赁合同提供联络、协助、撮合等服务。

3. 不得提供虚假信息、隐瞒重要事实或与他人恶意串通，损害甲方利益。

4. 收取必要费用、佣金的，应向甲方开具合法、规范的收费票据。

5. 本合同签订后，乙方不得以任何形式向甲方收取任何名目的预收费用。

第六条　佣金

1. 委托事项完成后，甲方应按照实际月租金的______%（此比例不得超过100%）向乙方支付佣金。

2. 佣金应在甲方与承租人签订房屋租赁合同后（即时/______日内）支付。

3. 佣金的支付方式：________。

第七条　费用

1. 委托事项完成的，居间活动的费用由乙方承担。

2. 非因乙方过失导致委托事项未完成的，甲方应向乙方支付必要费用如下：______。

第八条　转委托

甲方（是/否）允许乙方将委托事项转委托给第三人处理。

第九条　本合同解除的条件

1. 经核实房屋状况与甲方提供的资料不一致，乙方要求甲方对合同进行修改而甲方拒绝修改的，乙方有权解除合同。

2. 甲方没有房屋所有权证书或证明自己对出租房屋依法享有出租权利的其他证明或身份证、营业执照等身份资格证明的，或提供虚假的房屋资料的，乙方有权解除合同。

第十条　违约责任

1. 甲方未如约支付佣金、必要费用的，应按照____________的标准支付违约金。

2. 甲方与乙方介绍的承租人进行私下交易的，乙方有权要求甲方按照__________的标准支付违约金；甲方与承租人私下成交的，乙方还有权收取约定的佣金。

3. 甲方违反保密义务的，应按照________的标准支付违约金。

4. 甲方在委托期限内将出租房屋同时委托其他房地产经纪机构出租的，应按照__________的标准支付违约金。

5. 乙方提供虚假信息、隐瞒重要事实或与承租人有恶意串通行为的，除退还已收取的佣金外，还应赔偿甲方因此受到的损失。

第十一条 合同争议的解决办法

本合同项下发生的争议，由双方当事人协商或申请调解解决；协商或调解解决不成的，按下列第______种方式解决（以下两种方式只能选择一种）：

1. 提交______仲裁委员会仲裁；

2. 依法向有管辖权的人民法院起诉。

第十二条 其他约定

1. 本合同一式____份，甲乙双方各执______份，在双方签字盖章后生效。

2. 本合同生效后，双方对合同内容的变更或补充应采取书面形式，作为本合同的附件。附件与本合同具有同等的法律效力。

甲方（签字/盖章）：______　　　　乙方（签字/盖章）：______

日期：______　　　　　　　　　　日期：______

（九）房屋租赁居间合同

甲方（委托方）：______　　　　乙方（受托方）：______

联系方式：______　　　　　　　联系方式：______

甲方为能租赁到合适的________用房，特委托乙方提供房屋租赁居间服务。现经甲乙双方平等、友好协商，签订本居间合同。

第一条 居间委托服务标的

1. 受甲方委托，由乙方促成甲方与出租方正式签订《房屋租赁合同》（具体地址、面积、期限、租金等均以租赁合同为准）。

2. 本居间委托服务的实施，以甲方正式签署《房屋租赁合同》为考核评判标准。

3. 乙方为甲方提供真实可靠的房屋信息，积极促成双方订立《房屋租赁合同》，并对该合同的主要条款做协调工作。

4. 乙方保证，租赁房屋的年租金将不高于____万元人民币（双方协商后的租金递增不包括在内），房屋使用年限不低于____年。

第二条 居间委托服务费用

1. 甲方承诺拿出______万元作为回报乙方的居间服务费用。

2. 乙方收到甲方预付的______元服务费后，负责约见出租方洽谈，剩余费用在《房屋租赁合同》正式签订后三个工作日内一次性付清。

3. 甲方拖延支付居间服务费的，每拖延1日应按照应支付额的______支付滞纳金。

4. 乙方追索本合同项下的居间服务费所发生的一切费用（包括但不限于律师费、保全费、仲裁费和诉讼费等）均由甲方全额承担。

5. 乙方收取居间服务费的指定账户为：________________________。

6. 若甲方与出租方在租赁期间产生纠纷，无论任何一方违约均与居间人无关，甲方所付居间费用不予退回。

第三条 委托期限

1. 本次居间服务的委托期限自______年____月____日起至______年____月____日止。

2. 在乙方向甲方引见出租方后，若租赁合同不能签订完成，此后两年内甲方不得以任何借口或方式就此地址再行租赁；反之，视同本合同继续有效。

第四条 争议解决

本合同项下发生的争议，由双方当事人协商或申请调解解决；协商或调解解决不成的，按下列第______种方式解决（以下两种方式只能选择一种）：

1. 提交______仲裁委员会仲裁；

2. 依法向有管辖权的人民法院起诉。

第五条 其他

1. 本合同经甲乙双方签字盖章后生效。

2. 本合同一式______份，甲乙双方各执______份，每份均具同等法律效力。

3. 本合同生效后，双方对合同内容的变更或补充应采取书面形式，作为本合同的附件。附件与本合同具有同等的法律效力。

甲方（签字盖章）：______　　　　乙方（签字盖章）：______

日期：______　　　　日期：______

参考文献

[1] 最高人民法院民事审判第一庭.最高人民法院二审民事案件解析:第6集.北京:法律出版社,2007.

[2] 杨立新.最高人民法院审理城镇房屋租赁合同纠纷案件司法解释理解与运用.北京:中国法制出版社,2009.

[3] 戚兆岳.不动产租赁法律制度研究.北京:法律出版社出版,2009.

[4] 戴宣宝,何发菊,胡铁军.房屋租赁案例精释.北京:法律出版社,2010.

[5] 黄健雄.农村房屋买卖、租赁、抵押法律政策解答.北京:法律出版社,2010.

[6] 刘先勇.房地产买卖与租赁.合肥:黄山书社,2010.

[7] 中华人民共和国最高人民法院民事审判第一庭.最高人民法院民事案件解析:房屋买卖、租赁纠纷.北京:法律出版社,2010.

[8] 国务院法制办农林城建资源环保法制司.国有土地上房屋征收与补偿条例释义.北京:中国法制出版社,2011.

[9] 周珺.美国住房租赁法的转型:从出租人优位到承租人优位.北京:中国法制出版社,2011.

[10] 王莉.房屋买卖租赁案例评析.北京:对外经济贸易大学出版社,2011.

[11] 阮忠良.房屋租赁案例精选.上海:上海人民出版社,2011.

[12] 吴兆祥,韩君贵.房屋租赁、买卖合同疑难问题案例解析.北京:法律出版社,2012.

[13] 胡凤滨.中国指导案例、参考案例判旨总提炼:房屋买卖、租赁与物业管理纠纷.北京:法律出版社,2012.

［14］孙巍，张歆伟．商业物业租赁合同法律实务．北京：中国法制出版社，2012．

［15］高益民．房屋租赁合同纠纷诉讼指引与实务解答．北京：法律出版社，2013．

［16］周珺．住房租赁法的立法宗旨与制度建构．北京：中国政法大学出版社，2013．

［17］王松．最高人民法院司法观点集成：民事卷．北京：人民法院出版社，2014．

［18］刘继承．商业地产租赁典型案例评析及操作指引．北京：中国法制出版社，2014．

［19］李平．房产纠纷案例大全．北京：中国法制出版社，2015．

［20］段建辉．房屋租赁不可不知的法律常识．北京：中国政法大学出版社，2015．

［21］曹珊，黄伟．军用土地合作开发实务操作与案件审判研究．北京：法律出版社，2015．

［22］万国营．房屋租赁合同纠纷．北京：法律出版社，2015．

［23］最高人民法院民事审判第一庭．最高人民法院关于审理城镇房屋租赁合同纠纷案件司法解释的理解与适用．北京：人民法院出版社，2016．

［24］吴兆祥．房屋买卖、租赁案件裁判要点与观点．北京：法律出版社，2016．

［25］王玉国，皇甫家果．最高人民法院城镇房屋租赁合同司法解释精释精解．北京：中国法制出版社，2016．

［26］王良斌．房屋租赁法律实务与纠纷解决．北京：法律出版社，2016．

［27］傅显扬．军队房地产诉讼实务与案例评析．北京：法律出版社，2016．

［28］王林清，郭燕枝，杨心忠．房屋租赁合同纠纷裁判思路与裁判规则．北京：法律出版社，2017．

［29］李方民．房屋租赁合同纠纷诉讼指引与实务解答．北京：法律出版社，2017．

［30］杨现领，粟祥丹．租赁新时代．厦门：厦门大学出版社，2017．